张培健／主编

南宁市中级人民法院／编

南宁法院司法改革探析

NANNING FAYUAN
SIFA GAIGE TANXI

法律出版社 LAW PRESS · CHINA

序 Preface

党的十八大从发展中国特色社会主义民主政治、加快建设社会主义法治国家的高度，作出了进一步深化司法体制改革的重要战略部署。党的十八届四中全会通过《中共中央关于全面推进依法治国若干重大问题的决定》，将建设中国特色社会主义法治体系、建设社会主义法治国家确立为全面推进依法治国的总目标，从科学立法、严格执法、公正司法、全民守法等方面提出了一系列重大改革举措。党的十九大报告明确指出："深化司法体制综合配套改革，全面落实司法责任制，努力让人民群众在每一个司法案件中感受到公平正义。"党的十九大对深化全面依法治国实践、推进司法体制改革提出了新要求，新时代人民法院司法体制改革正面临前所未有的重大历史机遇，面临着新期待、新挑战，改革的担子更重、任务更艰巨。

在深化改革的伟大实践中，南宁市两级法院切实以习近平新时代中国特色社会主义思想为指引，坚持党对政法工作的绝对领导，坚持以人民为中心的发展思想，坚持走中国特色社会主义法治道路，积极引导法院干警深入探索解决司法体制改革中遇到的问题，鼓励法院干警用"一线"视角阐释对法治精神、司法价值、法律规则、审判方式、机构改革等多层次、多方位的理解与感悟，许多成果也在全市法院司法改革中起到了积极作用。

为了总结南宁市两级法院司法改革研究成果，南宁市中级人民法院将相关调查研究成果精选出 19 篇优秀调研报告和论文，汇编形成《南宁法院司法改革探析》一书。本书展示了 2015 年以来南宁市两级法院在司法体制改革中对相关理论和实践的探索，以论文和报告的形式梳理了南宁市两级法院司法体制改革三年多的记忆，以文字实录呈现了南宁市两级法院司法体制改革的实施与完善进程，具有一定的学术研究和实践参考价值。

全面深化司法体制改革是推进全面依法治国的必由之路。切实落实“让审理者裁判，由裁判者负责”的司法责任制，完成司法责任制综合配套改革，以人民满意作为检验改革成效的唯一标准，南宁市两级法院的司法体制改革仍任重而道远。我在此衷心希望各位同仁继续携手努力，勇于担当，以习近平新时代中国特色社会主义思想为指导，不断推进全面依法治国更为波澜壮阔的航程！

寥寥数语，以此为序。

二〇一八年七月十九日

目录 Contents

调研报告

理论研究

调 研 报 告

落实司法责任制改革的制度构建研究

——以法官违法审判责任追究标准为中心

南宁市中级人民法院课题组*

一、前言

（一）研究背景

如何既保障司法权独立行使又防止司法权滥用？这是现代社会共同的法治难题。在西方发达国家，学者们正在反思深入人心的司法独立观念，并注意到它与司法责任是一枚硬币的两面。[①] 许多发展中国家对司法独立的制度移植则面临着司法腐败、法官不能胜任等实践问题的挑战。[②] 我国同样亟须解决独立行使司法权与司法责任的平衡问题。一方面，对独立行使司法权的讨论方兴未艾；另一方面，如何加强司法责任也一直是司法改革的重要课题。过去二十多年的司法改革逐渐加强了司法责任，特别是党的十八大以来的司法体制改革中，司法责任制更是核心和“牛鼻子”。[③] 党的十八届三中全会通过的《中共中央关于全面深化改革若干重大问题的决定》提出，要健全错案防止、纠正、责任追究机制，让审理者裁判、由裁判者负责，完善主审法官、合议庭办案责任制。党的十八届四中全会通过的《中共中央关于全面推进依法

---

* 课题主持人：张培健，南宁市中级人民法院党组书记、院长；余万庆，南宁市中级人民法院党组成员、副院长；韦穆，南宁市中级人民法院党组成员、政治部主任。课题组成员：宋桂芬、许威、欧云略、谢李章、罗欧阳。执笔人：许　威、欧云略、谢李章、罗欧阳。

① 王伦刚、刘思达：《从实体问责到程序之治——中国法院错案追究制运行的实证考察》，载《法学家》2016 年第 2 期。

② 王伦刚、刘思达：《从实体问责到程序之治——中国法院错案追究制运行的实证考察》，载《法学家》2016 年第 2 期。

③ 中央政法委书记孟建柱说：“司法责任制是提升司法公信力的关键，司法体制改革的核心，也是本轮司法体制改革必须牵住的‘牛鼻子’。”参见《统一认识、攻坚克难、锲而不舍抓好各项司改任务落实》，载《法制日报》2015 年 7 月 10 日。

治国若干重大问题的决定》进一步要求“明确各类司法人员工作职责、工作流程、工作标准，实行办案质量终身负责制和错案责任倒查问责制”。《人民法院四五改革纲要（2014—2018）》明确提出，“健全司法过错追究机制，统一司法过错责任的认定标准”“将完善主审法官、合议庭办案责任制作为关键环节，推动建立权责明晰、权责一致、监督有序、配套齐全的审判权力运行机制”。2015 年 8 月 18 日，中央全面深化改革领导小组第十五次会议审议通过了《关于完善人民法院司法责任制的若干意见》。2015 年 9 月 21 日，最高人民法院公布《关于完善人民法院司法责任制的若干意见》，要求完善人民法院司法责任制，让审理者裁判、由裁判者负责，并落实法官在职责范围内对办案质量终身负责，严格依纪依法追究法官违法审判责任。但是目前法官责任制存在追责主体和范围不明、程序缺乏，特别是追责标准不科学等诸多问题。鉴于此，本课题从理论与实践两个层面，分析当前我国法官责任制存在的问题，并在借鉴域外经验的基础上，提出一些完善建议，以求对本次司法改革中法官责任制度的完善有所裨益。

（二）研究意义

本选题具有重要的学术价值，显著的应用价值和社会意义。

1. 学术价值

第一，提升法官责任制的学术水平。国内外对于法官责任制度的研究在不断发展、充实，我国应当结合人民法院司法改革背景，在尊重司法规律、考虑具体国情基础上，研究适合我国的法官责任制度。第二，充实司法学的理论内容。司法学是蓬勃发展的法学学科。以往我们对司法制度的研究，往往是从宪政或者诉讼的角度切入，缺乏专门的司法学视角。法官责任理论属于司法学的重要部分。本课题研究法官责任制度，一定程度上可以充实司法学的理论内容。

2. 应用价值和社会意义

提出完善我国法官责任的对策建议，供决策者和执行者参考。第一，当前我国法官责任制度总体比较粗糙，行政化色彩浓厚，追责实施效果较差，必须予以改革和完善。本课题的研究目的之一是提出完善我国法官责任追究和豁免制度的对策建议，重点表现在提出《法官法》的修改建议，适时出台《法官责任法》。第二，本课题的研究成果有助于法官员额制、法官单独序列改革措施的开展。一国的法官制度具有整体性、系统性。我国当前正在试点的法官员额制、法官单独序列和人民法院人财物省以下统一管理等改革措施与法官责任制是密切相关的，因此本课题研究有助于上述改革措施更加符合司法规律。

（三）研究状况

1. 已有研究成果梳理

法官责任制是司法制度的重要内容，科学的法官责任追究与豁免机制对于保障法官独立，约束法官严格司法具有重要意义。当前，判决找不到责任人、责任无法落实、集体负责沦为集体不负责等现象非常突出，对人民法院的权威和司法公信力造成了不良影响。司法责任制是本轮司法改革的重点领域，对法官责任制度的研究也成为理论研究的热点。域外关于法官责任制的研究起步较早，我国对法官责任制度的研究大致始于20世纪90年代，研究的切入点主要是错案追究制。20世纪末到21世纪初，法官违法审判责任追究机制建立起来。近年来，错案终身追究机制、责任溯源倒查机制建立。党的十八大以来，现代法官责任机制、豁免机制、惩戒机制逐渐成为研究的重点。

第一，对错案追究制的检讨。对法官错案追究制度的检讨成为20世纪末21世纪初法官责任理论研究的主体，总体上批判的意见居多。王晨光认为："错案追究制"很难保证不挫伤审判人员的积极性和主动性，也很难保证不削弱法院依法审判的独立性，因此，不宜以"错案"为名对有关审判人员进行责任追究。周永坤认为：我国实施的错案追究制对于法治目标的实现是弊大于利，这一举措是找错了病因，开错了药方。贺日开、贺岩认为：错案追究制虽然发挥了一定的积极作用，但在实际运行中产生了种种迷雾，给审判工作带来了一系列负面影响。应当将错案追究制纳入法官惩戒制，从而完善法官惩戒制度。魏胜强认为：错案追究制度存在错案认定逻辑混乱、无视审判规律、划分责任显失公平、法律依据明显不足等问题，应当将错案追究制度与法官惩戒制度结合起来，构建我国法官责任追究制度。

第二，对法官惩戒制度的研究。一般认为，法官责任制度更注重实体方面，而法官惩戒更注重程序方面。马进宝认为：我国有必要建立法官、检察官惩戒制度，法官、检察官惩戒委员会应当设在人大常委会内务司法工作委员会内，由人大或人大常委会作出罢免、免除职务的最终处理决定。严仁群指出：美国模范司法行为准则确立了"行为不当"这一基础性标准，联邦法与州法都设置了惩戒禁区：不得针对法官的实质裁判行为进行弹劾。我国忽略了或者不愿接受行为不当这一更为重要的惩戒标准，却又常陷入前述惩戒禁区。徐静村、潘金贵认为：我国法官惩戒制度具有权力主体二元性、惩戒事由广泛性、惩戒程序模糊性、惩戒种类多样性等特点，并提出应当将法官惩戒权统一赋予全国或者省级人大及其常委会，设立司法弹劾委员会，对法官的司法内不当行为和司法外不当行为依照法定程序进行惩戒。蒋银华认为：单纯以结果为导向的“错案追究”难以有效实现惩戒效果。在我国，理想的方案是将“错案追究”制度纳入司法惩戒的制度轨道，并与“不适当行为”共同构成司法惩戒事由的二元机制。

第三，法官责任豁免制度研究，责任豁免是法官独立的重要条件。谭世贵、孙玲认为：法官责任豁免制度起源于西方国家，对维护司法的独立与公正发挥了十分重要的作用。《法官法》和最高人民法院的相关规定仅赋予法官一定范围内的责任豁免权，且实践中亦难于实行。在我国建立完善的法官责任豁免制度不仅必要而且可行，为此应当在《法官法》中明确规定法官责任豁免权及其界限，并废除错案追究制度。郭宁认为：法官责任豁免的制度实践首先来自英国，并伴随着依法独立行使司法权、司法权威的建设而不断完善。法官豁免权的直接目的在于保障法官行使审判权时的独立性，并最终实现对公民权益的维护。目前，虽然两大法系国家法官豁免权的界限和范围不尽相同，但均确立了法官的相对豁免权。我国应借鉴法治发达国家的先进经验，在《法官法》中明确法官的豁免权，并合理界定其内容和范围。

第四，法官责任制度的其他领域。例如，主审法官责任制度，周长顺认为：在主审法官责任制下，必须改革错案追究制，对错案责任追究的原则、错案的界定、错案的罚则等以规章的形式加以统一。再如，中国古代法官责任制度，巩富文就中国古代法官责任制度的基本内容与现实借鉴问题进行了全面系统的分析和研究，认为法官责任制度是中国古代刑事诉讼法的核心内容和传统特色，也是中华法系区别于世界其他四大法系的显著标志，更是华夏民族对人类诉讼法律文化宝库的巨大贡献。此外还有对司法责任制、法官责任制的总括性研究，田成有认为：完善司法责任制是当今最大的司法改革，必须明确何种责任、谁有责任、什么责任、何种情形、如何识别、如何追究、程序如何启动、如何监督、如何保护法官等基本问题。

2. 已有研究成果评价

法官责任追究和责任豁免制度的研究成果已初具规模，并形成了一定的理论深度。但是仍存在进一步系统、深化、提升和落实的巨大空间，具体表现在：

第一，理念有所偏差。早期对法官责任制度的研究存在较大理念偏差，意图通过对法官设置严格的责任抑制法官违法、违规判案，并据此建立了法官错案追究制等。然而，这些制度在实践中不仅未产生预期的效果，反而发生了变异，产生了消极影响。这些早期研究成果现在看来理论价值比较小。

第二，缺乏系统性。对法官责任制的研究呈现出较强的历史阶段性，如 20 世纪 90 年代集中于讨论法官错案追究制。进入 21 世纪以来，法官惩戒机制的研究也逐步展开，当前则有一些关于法官责任豁免的研究。上述研究时间阶段性较强，关注焦点各异，因此缺乏系统性。

第三，实践性不足。已有法官责任制的研究成果偏重于理论说教，一部分是对错案追究制的理论声讨，另一部分则是对法官惩戒机制的域外介绍，对于我国司法实践中法官责任的具体问题缺乏深入的、实证的调查，很难反映一线法官的心声，对于解决中国的现实问题还有一定的距离。

第四，未提出现实方案。法官责任制、法官责任豁免、法官惩戒机制在理论虽有章可循，但解决我国的现实问题却颇具挑战性，尤其是我国司法体制改革正如火如荼地开展，各种思想、观点层出不穷。我国怎样构建切实可行的法官责任追究和责任豁免制度，是非常紧要的问题。

（四）总体问题和预期目标

1. 总体问题

本课题的总体问题是法官责任制度，包括法官责任制度的基本理论和我国法官责任制度的检讨与完善。

2. 预期目标

本课题的预期目标是：

第一，学术思想理论方面：对法官责任、法官责任豁免、法官惩戒机制进行系统研究，弥补我国在法官责任研究领域缺乏系统性、完整性研究成果的缺憾，特别是对我国司法改革形势下法官责任制度改革的推进路径提出意见和建议。

第二，学科建设发展方面：法官责任制度作为法官管理学和司法学的重要内容，本课题研究对法官责任制度进行理论梳理并提出法官责任管理机制，可以充实当代司法学的内容，并作为法官管理、法院管理的学科内容。

第三，文献资料发现利用方面：既有的法官责任制度研究成果主要集中于美日德法等发达国家的法官责任制度的考察借鉴，对其他国家和地区的法官责任机制缺乏必要的关注。本课题研究拟对其他国家和地区的法官责任制度进行探究，从而在文献资料发现利用方面实现突破。

（五）研究思路和研究方法

1. 研究思路

本课题遵循从理论到实践的总体研究思路。首先，对法官责任制度进行理论梳理。这将为下一步研究奠定基础。其次，对我国的法官责任制度予以检讨和完善，这是本课题的落脚点和现实价值所在。具体来说，对我国法官责任制度的内容进行考察，分析其存在的问题及形成的原因，提出完善我国法官责任制的对策建议。上述研究思路的依据是：

第一，对法官责任制度的理论梳理，是先于我国法官责任制度检讨和完善而进行的，符合从理论到实践的基本逻辑。而且没有对法官责任理论科学、系统的研究，考察我国法官责任制度就会缺乏理论指导，很可能犯经验主义的错误。

第二，国内外关于法官责任制的研究已经比较丰富，不足之处是相对零散，缺乏系统性。由于特殊国情，我国法官责任制度的具体改革方案尚有不少待明确之处。先研究理论，再以理论为基础，提出我国的方案，也是遵循先易后难的研究策略。

第三，在研究内容上，遵循实体与程序相结合的路径，将两者结合起来可以确保研究内容的完整性，也可以增加方案设计的可操作性，但是研究重点是责任追究的标准。

2. 研究方法

本课题拟采用理论研究法、价值分析法、经验总结法、实证分析法、历史分析法和比较分析法等主要研究方法。

第一，理论研究法：梳理法官责任制度的基本理论等需要使用理论研究的方法，主要是进行理论演绎和归纳；研究中国法官责任制度也需要理论研究的方法。

第二，比较分析法：比较域外不同国家和地区法官责任制度，提炼对我国法官责任制度有参考借鉴意义的经验和做法，这是本课题研究的重要方法。

第三，实证分析法：通过试点法院的调研，深入了解和掌握目前我国司法责任改革的具体情况，是保证本课题“接地气”的条件。

（六）重点难点和创新之处

1. 重点难点

本课题拟解决的重点问题是：在当前人民法院司法改革大潮下，我国如何构建符合现代司法规律的法官责任制度。原因是：

第一，这一问题具有承前启后的地位，既是法官责任理论梳理的落实，也是提出完善我国法官责任制度具体方案的理论前提。只有解决这一问题，法官责任理论梳理才具有突出意义，完善我国法官责任制度的具体方案也才具有扎实的基础。

第二，我国司法体制具有自身的独特性，在现实的运行中也呈现出独特之处，且我国法院司法体制改革正在如火如荼地开展，提出符合现代司法规律、具有可操作性的方案，对于推进我国的法官制度改革具有非常重要的意义。

本课题的难点问题是：如何客观、科学评估我国的法官错案追究制，以及被广泛提及的错案终身责任制。原因是：

第一，毋庸置疑，错案追究制的现实运行状况并不乐观，错案终身责任制也存在不少理论争议。从域外的状况来看，现代法官责任制度几乎不采用错案责任和错案终身责任这两项制度。因此，两者究竟是法律制度，还是仅作为政治口号，还有待明确。

第二，错案追究制，特别是错案终身责任制，在我国实践中被推行、推广，甚至还被比较高级别的文件所确定。因此，对它们进行客观评估就可能存在一定障碍，特别是意识形态、思想观念的障碍。如何克服难题，有待进一步研究。

2. 创新之处

本课题在文献资料、调研数据、研究落脚点方面具有一定的创新性，具体表现在：

第一，文献资料方面。前人对于域外法官责任制度的研究成果主要集中在美国、德国、法国、日本等，其他国家和地区涉及得很少。本课题拟在文献资料方面有所突破，对其他国家和地区的法官责任制度进行全面系统的考察。

第二，调研数据方面：本课题拟对若干试点法院的司法责任制进行调研，从而形成一手的、真实的、具有一定代表性的法官责任制度调研数据和材料，为本项课题研究和以后其他类似课题的研究提供支撑材料。

二、构建我国法官违法审判责任追究制度的现实和理论依据

（一）现实依据

党的十八届三中全会的召开，标志着新一轮司法体制改革正在拉开序幕，加强司法责任制是此轮司法改革的重心，被形象地誉为改革的“牛鼻子”。

对于司法责任制，理论界尚没有一个统一的概念，主要可以概括为两种观点：一种观点以司法责任后果说为基础，即司法官对其行为所引起的不利法律后果应承担新的义务的法律制度；另一种观点以司法责任监督说为基础，这种监督在国家赋予其司法权的同时，保证其忠实履行自己的义务，公正处理事务。课题组更倾向于第二种观点，司法责任制度是指国家特定机关或特定主体根据法律规定，通过必要程序确认司法官的行为是否应承担法律责任以及承担何种法律责任的制度。①

---

① 蒋嘉烁：《论司法责任制》，载《法制博览》2015年第2期。

1. 权责相统一原则的必然要求

在现代民主法治国家，国家公权力是人民赋予的，在运行时需要遵循三个原则：权力法定原则、权力受监督原则以及权责相统一原则。在此三原则的统摄下，国家公权力才能良好地运行，与私权利并行不悖，并对公民合法权利起到保障作用。其中，权责统一理论首先是在行政法领域建立发展起来的，权责统一是政府行使公共权力应当遵循的基本原则之一。现代政府理论认为，任何公共权力都应当处于责任状态，任何公共权力的行使者都应当是责任的承担者，没有不承担责任的权力行使者。权责统一理论的逻辑起点肇始于公共权力的矛盾性：一方面，公民让渡私权利形成了公共权力，由国家行使公共权力来管理社会，形成良好的社会秩序，这是公民对于公共权力的需要和期待，是权力与社会的统一状态。另一方面，公共权力由政府私掌又有可能使其失去控制，而异化为危害社会的强权力量，这是权力与社会的对立状态。这一对矛盾始终存在于公共权力的运行领域，因此必须严格遵循权责统一原则，防止公权力被滥用。司法责任制的构建与完善，是权责统一原则在司法权运行领域的重要体现和必然要求，是公权力运行共有原则与司法权运行具体特点所共同决定的。一方面，司法权作为公共权力的重要组成部分，应当遵守“有权必有责”“权责相统一”的法治原则。权力的行使始终伴随着责任的承担，现代法治国家不存在没有责任的权力。就我国而言，在司法领域，司法工作者在司法案件中行使着由人民所赋予的（通过立法的形式）侦查、公诉、审判、执行等司法权力，这些权力的行使直接关系着公民的自由、财产，甚至是生命安全等重要权利。因此，司法权的行使必须接受人民的监督，当权力脱离法律轨道运行时必须承担司法责任。另一方面，司法权本质上属于判断权，有其独特的运行规律。作为一种判断权，司法官员在行使司法权力时享有自由裁量的权力，即对某特定行为是否构成犯罪，除了依据法律规定外，能够依照自己内心确信来进行认定。为了保障自由裁量权的正确行使，司法官员不得受到外在力量的干扰，这也是我们通常所讲的依法独立行使司法权。在建构司法责任制时，要充分考虑司法权运行的自身特点，确保司法责任的追究不会损害司法的独立性。但是，需要注意的是，司法权首先是作为一种公权力而存在的，这种公权力的共性决定了其必须遵循权责相统一的原则，而不能以特性否定共性，以司法权必须独立行使而主张一种责任虚无论，即强调司法责任完全豁免。我们认为，司法权强调司法独立这一特性是在具体建构司法责任制时需要在追究范围以及免责情形之间考量的一个重要因素，而不能以此为根据来否定责任的承担，因此法官行使司法权的同时也要受到责任的制约。法官必须依法行使司法权，一旦违法、不当行使其职权就要承担相应的责任。

2. 提高司法公信力的重要举措

独立行使司法权的现实根源来自于司法公信力，司法公信力来自于大众的司法信赖感。而要强化司法信赖感，除了强调法官超然中立的地位、丰厚的业务素养和高巧的道德品质外，必须明确法官行为的相应责任。近年来，大量冤假错案如网络热炒作的杜培武案、张氏叔侄强奸杀人案和平英生杀妻案等，本身就极大地破坏了大众对司法公正的认知，而此后却迟迟没有追究相关人员责任的报道，则是导致司法公信力更大减损的原因之一。[①] 司法公信力可理解成社会公众对司法主体、司法程序、司法运作过程和司法裁决的尊重、认同以及司法由此在公众心目中所建立的信服状态。过往很多因司法腐败或司法程序不规范而产生的冤假错案，使民众对司法公正性产生怀疑，但是主审法官责任制推行后，司法责任主体的明确使法官不再敢轻易拿前程冒险，减小了司法腐败的可能。而且，该制度的施行也可以在一定程度上增强法官对抗行政干预的决心，而依从于内心审判案件，维护当事人的合法权益，保证司法活动过程的正当性。此外，主审法官责任制推行后，主审法官专注审判案件本身，无行政性事务累身，审判质量得到保证，审理效率得以提升，司法活动的结果正当性得到保证，司法公信力必然提升。

3. 维护司法公正的基本保障

司法公正是司法改革的目标，也是审判独立的本质要求。公平、正义是法律所追求的最高价值，司法公正是法官职业赖以存在的基础。如果法官的裁判不能维护司法公正，不以实现公平、正义为目标，那么法官就失去了存在的意义。而建立司法责任制，强调法官为自己的行为负责，正是约束法官，从外力上推动其公正裁判的保障。

构建和完善司法责任制是其中一条重要的途径。司法责任制在本质上是一种司法惩戒制度，通过规定法官、检察官在违法违纪时承担的不利后果，来促使其正确行使司法权。其对司法公正的保障作用至少体现在以下两个方面：首先，法官、检察官作为行使司法权的主体，本身是国家公权力的代表，被誉为“正义的守护神”，具有强烈的身份认同感、职业荣誉感和国家使命感。如果法官、检察官勤勉尽责，正确行使法律赋予的司法职权，能够得到单位的嘉奖、人民的赞誉与社会的认可。可是，正如一枚硬币的两面，如果法官、检察官不遵循法律行使权力，滥用职权、徇私枉法，被追究了司法责任，其办案能力、职业素养甚至人品道德会受到来自司法机关以及社会

① 王晶晶：《论法官责任制》，南京师范大学2015年硕士学位论文，第28页。

的否定评价。在此意义上，为了维护个人名誉，增强司法职业荣誉感，司法责任制会促使法官、检察官依法履职、公正行权。其次，从边沁所主张的功利主义角度出发，作为个体的人都有趋利避害的本性，作为行使司法权的个体，法官、检察官在司法活动过程中也会追求自身利益最大化。司法责任制所规定的应当承担司法责任的情形，意味着如果法官、检察官踏入“雷区”，就要承担法律上的不利后果。正如凯尔逊所指出的：“当我们说某人在法律上负责于某个行为时，或者某人承担该行为的法律责任，我们的意思是说：如果他作相反的行为，他就有被制裁的可能。”司法责任制能够在司法活动过程中倒逼法官、检察官正确行使手中权力，不触犯责任底线。

在全面推进依法治国的新形势下，应当更加强调司法公正在社会中的作用。党的十八届四中全会《决定》提出要“严格司法”“健全事实认定符合客观真相、办案结果符合实体公正、办案过程符合程序公正的法律制度”，从而对司法公正提出了更高的要求。“严格司法”，一方面强调司法不公对于社会公正的致命破坏作用，从而建立更加公正、公平的司法制度；另一方面强调当司法不公尤其是冤假错案出现时，要贯彻严格的司法责任追究制度，杜绝违法违纪行为的发生。唯有如此，才能限制权力行使的任意性，才能保障司法公正的实现，努力让人民群众在每一个司法案件中感受到公平正义。①

4. 推进新一轮司法改革的关键环节

党的十八大三中全会提出要“让审判者裁判，由裁判者负责”，建立健全司法责任制成为当前司法改革的一项重要议题。十八届四中全会提出，全国推进依法治国2016年7月在长春召开的“全国司法改革工作推进会”，中共中央政治局委员、中央政法委书记孟建柱出席会议并在讲话提出，司法责任制改革作为司法体制改革的基石，对提高司法质量、效率和公信力具有重要意义，“要知难而进、攻坚克难，坚定不移推动司法责任制改革全面开展”。紧接着在全国高级人民法院院长座谈会上，最高人民法院院长周强提出：“要按照全国司法体制改革推进会部署，抓紧全面推开司法责任制改革，确保改革政策落实到位、改革红利释放充分、改革效果明显提升。”由此，“全面推开司法责任制改革”实际上是将中央部署的以司法责任制为核心的四项基础性重大改革试点全面推开，并要求各地、各部门尽快将有关配套政策措施落实到位。司法责任制的意义不仅仅是维护司法公正、树立司法权威，而且与审判独立、司法去行政化等改革相配套。司法责任制会是司法改革中极为重要的环节，这项制度

① 陈光中、王迎龙：《司法责任制若干问题之探讨》，载《中国政法大学学报》2016年第2期。

实施的好坏直接关系司法改革的成败。司法责任制对今后国家司法工作具有重要的导向作用，完善司法责任制迫在眉睫。

5. 中外诉讼制度发展的必然趋势

世界各国的立法和司法实践都重视和强调法官在裁判活动中尽可能地发挥其主观能动作用，同时也要坚持法律的原则性和灵活运用法律的意识。那么这样一个过程中就必然涉及法官的自由裁量权，如果要突出法官的能动性，那么对其自由裁量权的限制也就要相应地减少，而诉讼制度的不断发展，也是对法官裁量权不断放宽的过程，因为法律制度在不断地完善，法律人才不断涌现，对于法律知识的把握也越来越准确，那么就使法律运用于诉讼活动更加灵活，在坚持原则性的同时，减少这样的约束，才能促使更多的法律人才在审判活动中去创新审判形式，从而使法律更加灵活地运用于司法实践中。在裁量权放宽的同时，对于责任的约束则要加大，那如何在这两者中寻找平衡点呢，就是要尽快确立主审法官责任制，强化其责任，同时独立其职权。关于如何对法官权力进行有效的监督，可以采用一些发达国家的做法，如部分大陆法系国家就通过公开制度允许社会各界人士加入对法官裁判活动的评判中，这无疑就是一种大众舆情监督，从公众层面加强了对法官裁判行为的制约。

（二）理论基础

司法责任制是司法制度的重要内容，科学的法官责任追究与豁免机制对于保障法官独立、约束法官严格司法具有重要意义。当前，判决找不到责任人、责任无法落实、集体负责沦为集体不负责等现象非常突出，对人民法院的权威和司法公信力造成了不良影响。司法责任制是本轮司法改革的重点领域，对法官责任制度的研究也成为理论研究的热点。域外关于法官责任制度的研究起步较早，资产阶级三权分立思想就涉及法官责任的内容。我国对法官责任制度的研究大致始于20世纪90年代，研究的切入点主要是错案追究制。20世纪末到21世纪初，法官违法审判责任追究机制建立起来。近年来，错案终身追究机制、责任溯源倒查机制建立。党的十八大以来，现代法官责任机制、豁免机制、惩戒机制逐渐成为学术研究的重点。法官违法审判责任是指法官在审判、执行工作中，故意违反与审判工作有关的法律、法规，或者因过失违反与审判工作有关的法律、法规造成严重后果的，应当承担违法审判责任。

1. 域外研究现状

在英美法系国家，判断案件裁判结果是对还是错的通常标准仅仅是程序意义上的对与错。他们认为单纯就案件的裁判结果来说，要求人们完全达成一致认识的可能性微乎其微，毕竟每个人的文化、背景和法律认知都不一样。但是只要遵从了事先预定的程序，对于通过这种程序进行案件审理得出的裁判结果就具有合法的基础，因此也可以说是正确的。英美法系所谓的对抗性诉讼，也就是在事先设定的认为公平的诉讼程序中解决双方当事人的纠纷。在他们看来，诉讼就是一场竞技，不是对错的斗争，而是输赢的博弈，法官只是这场博弈的裁判，其并不需要找出案件的事实真相，只是在公正公平的程序中解决纠纷。因此，在英美法系的国家中基本上没有“错案”这个概念。而大陆法系国家中的纠问式诉讼不一样，纠问式审判的主要目标就是发现案件事实真相，为此，法官在庭审中的作用就显得极其重要，其似乎应该对发现案件事实真相负责，理念中对于裁判的结果就存在着对错的问题。

对于实体错案，西方学者普遍认为，因为每个法官都具有独立性，有着不相同的职业背景、法律素质和独特的思考方式，加上具体的案件各有疑难复杂性，所以结果有着很多的不确定性，在案件审理过程中很难追求“唯一正确的答案”。鉴于此，《美国司法行为与资格丧失法案》之3A明确规定：“如果投诉是直接关于判决或程序裁决的实质性问题，则应予以驳回。即法官可以依照自己对于法律的理解和对具体案件事实的认定独立进行裁判，且不得因此裁判行为受到追究。”①

国外虽然没有错案追究制度，但是，国外普遍建立有司法惩戒制度，用来制裁法官的违法或不良行为，如法官的弹劾制度、法官的一般惩戒制度。并且在实践中，法官惩戒制度在保障法官公正、遏制司法腐败方面起到了举足轻重的作用。多数发达国家在制定司法惩戒制度时，都选择弹劾制度和惩戒制度中的一种或者两种作为司法惩戒的内容。同时，对于司法人员的惩戒机构在相关的法律中也都作了明确的规定，只有法律规定的具有专属管辖权的部门才有权对出现问题的司法人员进行调查和实施惩戒，其他任何部门和个人都无权采取任何惩戒措施。

2. 域内研究现状

对法官错案追究制度的检讨成为20世纪末21世纪初法官责任理论研究的主体，总体上批判的意见居多。通过对我国目前法官错案责任追究制度的分析与研究，可以发现，理论界主要存在两种观点：第一种观点反对追究法官的错案责任，要求废除法官错案责任追究制度，这种观点是目前的主流观点。这种观点认为，现行的错案追究制度存在诸多弊端：一是没有统一的责任追究制度，各项规范杂乱且不规范；二是错案的概念模糊，认定标准与范围无法确定；三是现有的责任追究制度难以操作，无法发挥有效作用。因此，建议废除法官错案责任追究制度。在废除的同时，要重建一套

---

① 严仁群：《美国法官惩戒制度论要》，法学评论2004年第6期。

科学理性的法官惩戒机制，甚至应当实行法官责任豁免制度，确保司法权独立行使，还原司法理性。王晨光认为："错案追究制"很难保证不挫伤审判人员的积极性和主动性，也很难保证不削弱法院依法审判的独立性，因此，不宜以"错案"为名对有关审判人员进行责任追究。周永坤认为：我国实施的错案追究制对于法治目标的实现弊大于利，这一举措是找错了病因，开错了药方。贺日开、贺岩认为：错案追究制虽然发挥了一定的积极作用，但在实际运行中产生了种种迷雾，给审判工作带来了一系列负面影响。应当将错案追究制纳入法官惩戒制，从而完善法官惩戒制度。魏胜强认为：错案追究制度存在错案认定逻辑混乱、无视审判规律、划分责任显失公平、法律依据明显不足等问题，应当将错案追究制度与法官惩戒制度结合起来，构建我国法官责任追究制度。第二种观点赞同错案追究制度。这一观点认为，尽管法官错案责任追究制度在具体实施中存在一些问题，但毋庸置疑，该制度的存在是有其合理性的。对错案责任追究制度存在的问题要具体问题具体分析，并加以调整。法官错案责任追究制度不应废除，而应进一步加以完善。

3. 笔者的观点

笔者赞同陈瑞华教授关于我国法官违法审判责任追究上的模式分类。在法官责任的追究上，我国存在三种制度模式：一是结果责任模式；二是程序责任模式；三是职业伦理责任模式。[①] 所谓结果责任模式，是一种在案件出现裁判错误的情况下，对存在过错的法官予以追责的制度模式。所谓程序责任模式，是指在法官在审判过程中存在程序违法行为并造成严重后果的情况下，对其予以追责的制度模式。无论结果责任还是程序责任，都属于广义上的"办案责任"，也就是法官在办理案件的过程中，或者因为造成结果错误，或者因为存在严重的程序违法行为而承担的法律责任。因此，上述两种模式还可以被并称为办案责任模式。所谓职业伦理责任则属于法官因违反职业伦理规范而要承担的法律责任。这种责任可以发生在法官办案过程之中，也可以发生在这一过程之外，但与办案本身的结果和过程没有直接关系，因而带有"职业责任"的性质。

（1）结果责任模式

结果责任主要是指"实体差错责任"，这与我国平常法律语境中所称的"错案责任"不太一样。错案责任通常是指作出错误司法裁判的法官必须承担的法律责任，范围相对较宽，包括实体差错、程序差错和裁判文书差错。

---

① 陈瑞华：《法官责任制度的三种模式》，载《法学研究》2015年第4期，第5页。

结果责任模式的基本特征为：

一是结果责任模式的追责前提是错误的结果。根据目前的规范性文件规定，以下几种情况法官会被追究结果责任：故意违背事实和法律，作出错误裁判的；因过失导致裁判错误，造成严重后果的；内外勾结制造假案的。[①]

二是结果责任模式的承担方式。目前追究法官结果责任主要包括纪律处分和刑事责任。纪律处分包括警告、记过、记大过、降级、撤职和开除等；刑事责任如我国《刑法》规定的徇私枉法罪，民事、行政枉法裁判罪，玩忽职守罪，滥用职权罪等。

结果责任模式的存在实质上既是司法行政化的必然产物，[②] 也是为了应对当前法官素质总体不高、司法腐败依然存在的现实情况而提出的应激措施，与社会舆论压力和政治压力是密不可分的。

一是司法行政化的必然产物。结果责任模式是建立在目前这种司法行政化的机制基础上的。无论是法院内部还是上下级法院之间，司法裁判都是上令下从的，上级法院的裁判规则对下级法院有很强的制约力，代表着权威性和终局性。

二是应对法官总体素质不高、司法腐败依然存在的现实情况。近年来，通过提高法官专业在职教育和培训，法官职业素质得到了大幅度的提高。但是由于高素质法官在地域分布上有所不同，法官的整体素质仍然有待进一步提高。再加上我国法律目前对于法官的自由裁量权没有得到较强的规制，司法腐败问题依然不容忽视。在这样的现实情况下，采取结果责任模式对法官是一种有效的影响机制和淘汰机制。

三是社会舆论和政治压力的必然结果。一旦出现冤假错案，在这个新媒体和自媒体高速发展的信息时代，社会舆论就会迅速“一边倒”，急切要求追究法官的责任。此时法院将面临极大的舆论压力。再加上当前司法行政化的机制基础，迫于政治上的压力，为了社会的和谐稳定，法院不得不迅速将责任法官抛出来，并追究其相关的责任。

长期以来，法学理论界和实务界对于依据案件裁判结果来追究法官责任的结果责任模式，大多都是不予认可的：

一是存在操作层面上的误区。结果责任模式存在的基础是：案件事实真相都是客观存在的，法官应该具备洞察事实的能力，如果法官没有理清事实真相，则因为违背事实作出错误裁判，就应该承担作出错误裁判的责任。而从操作层面上来说，断定法

① 2010年最高人民法院发布《人民法院工作人员处分条例》，将七类法官违反法律、法规的行为列为纪律处分的适用对象。其中，明确追究法官结果责任的有三个条款：一是故意违背事实和法律枉法裁判的；二是内外勾结制造假案的；三是因过失导致错误裁判的。

② 巩富文：《中国古代法官出人人罪的责任制度》，载《政法论坛》1990年第1期。

官违背事实作出错误裁判是较为困难的，认定法官违反法律作出裁判却是相对容易的。

二是缺乏正当性。现代司法制度已经设置了上诉程序和再审机制，并且还确立了国家赔偿制度。已经通过法律设置了司法救济程序对错误的裁判做了最大限度的防范，也通过国家赔偿制度对错误裁判的受害者作出了补偿。在这样的情况下，还执著于对作出错误裁判的法官追究责任，特别是追究那些并没有任何违法行为的法官的责任，这种责任模式的正当性是不是值得反思。

三是与司法改革要求去司法行政化格格不入。结果责任模式在本质上破坏了法官审判内心的独立，在很大程度上消除了司法改革致力于去司法行政化的影响。在结果责任模式的驱动下，本应该处于中立地位的法官却被迫与案件的裁判结果发生了实质的联系，造成一定程度的审判恐惧症。法官们不得不更加依赖院长、庭长的审批，依赖审判委员会的讨论，依赖上级法院的审判指导和指示，这些都再一次沦陷在司法行政化的泥潭里。

（2）程序责任模式

随着违法审判责任制度的兴起，程序责任模式逐渐得到了确立。程序责任模式是指法官因违反诉讼程序而承担的法律责任。根据目前出台实施的规范性文件，以下几种情况法官会被追究程序责任：违反了与审判有关的诉讼程序；存在主观上的故意或者过失；一般要求造成严重后果。

程序责任模式的优势：

首先具有可操作性。法学理论界和实务界认为结果责任模式的最大缺陷是依据错误的裁判结果来认定法官的责任，而如何断定法官违背事实作出错误裁判缺乏可操作性。程序责任模式恰恰背道而驰，其将重点放置在对法官司法行为的规范和约束，针对的是法官的违法审判行为。这在如何认定上相比结果责任模式就具有更实际可行的操作性。

其次执行起来完全可以达到以下预期的效果：一是能够有效规范法官的司法审判行为。对违反法律程序的法官采取惩戒措施，并对其行为进行严厉谴责，这本身就构成了一种有效的报应；同时对一些存在危险倾向的法官也有威慑和警告的作用，遏制司法腐败的再次发生；在权利救济方面，能够对受侵害的当事人进行有效救济，保证当事人享有合法有效行使诉讼权利的途径，确保审判的公正；促使法官成为维护法律实施的楷模，维护司法机关的声誉，重建社会公众对司法机关和司法制度的信任。二是便于认定法官的主观错误。三是减少冤假错案的发生。

程序责任模式的劣势：

一是依然对法官审判独立的内心产生不良影响。这点与结果责任模式类似，程序责任模式也会影响法官的独立审判，因为害怕被追究责任，在审判中难免有畏首畏尾的心理。

二是追究的范围比较有限。程序责任模式只有在造成“严重后果”的情况下才追究法官的责任。所以，在防止法官违反法律程序、规范法官司法行为方面只有十分有限的作用。

三是存在对法官过度追究的问题。我国法律已经规定了程序性的制裁制度，对于一审法院存在程序性违法行为的，二审法院可以依法作出相关的裁判予以修正。所以，如果再追究法官的程序性责任，就显得没有必要和不合理了。

(3) 职业伦理责任模式

作为一种法官责任模式，职业伦理责任模式对法官进行追责的主要根据其是否有违反职业伦理规范的行为。改变了原来一味以裁判结果为中心的窘境，把大家的目光从关注裁判结果引向了法官是否存在违反职业伦理道德规范的行为上来。

职业伦理责任模式的优势：

一是有利于加强审判独立。职业伦理责任模式下，关注重点不再是裁判结果和程序责任，在本质上就是给予了法官办案责任豁免权。办案责任豁免权的最大优势就是让法官能够最大限度地免除后顾之忧，全身心地投入从容不迫的审判活动中去，而不用畏首畏尾，也不用担心太多与审判无关的问题，如案件的政治背景、舆论影响等。不必因此承受过大的职业风险，更不会为了转移职业风险而过多地依赖于合议庭、庭长、院长乃至审判委员会和上级法院。

二是能够更好地治理法官违背职业伦理的行为。法官在案件裁判结果和诉讼程序上的违法行为，已经能够通过审级制度、国家赔偿制度、程序性制裁制度等得到防范和治理。但是对于法官违法职业行为规范的行为，在诉讼程序内却缺乏治理的渠道。职业伦理责任模式下，将法官违背职业伦理规范的行为与其审判案件的行为剥离开来，成为能够更好治理法官违背职业伦理行为的有效方式。能废止过去不当实施的结果责任和程序责任，避免不当追责法官和过度惩戒，同时起到遏制司法腐败的功效。

三是有效遏制法官以审判独立为借口滥用审判权力。法官享有办案豁免权应该建立在遵守基本职业行为准则的基础上，如果违背了法官职业伦理规范，国家就有权收回赋予法官的职业特权，对违规法官予以惩戒。因此，必须建立职业伦理责任模式，一边对违背职业伦理的行为进行适格的惩戒，一边召集相关人员成立法官惩戒委员会，对法官的违规行为进行全面的调查和听证，给予法官以公正的对待。

职业伦理责任模式的劣势：

去司法行政化一直是近期司法改革的主要目标，但改革不是一蹴而就的，需要有一个过程。源于当前一些改革的措施仍然具有不彻底性，同时缺少必要的配套措施和制度，或许司法行政化将依然存在一段时间。而我们期待推行的职业伦理责任模式在很大层面上与司法改革的有效性息息相关，也取决于改革决策者全面推进去行政化的决心和毅力。但是，从目前改革试点的情况来看，推行这一新模式会遇到诸多方面的困难，如上下级法院的监督关系、法官的去公务员化等。

三、我国法官违法审判责任追究制度的现状与问题

（一）顶层设计

从我国法官惩戒制度发展的历史沿革来看，长期以来法官惩戒制度陷入错案责任追究制的泥潭不能自拔。错案责任追究制以案件实体审理结果对错为追责依据，广为司法界和学术界所诟病：一是惩戒主体不合理。以法院院长和同级纪检监察部门为追责主体，难逃内部追责的樊篱。基于政绩和集体形象的考虑，“家丑不可外扬”的心态在很大程度上会动摇法院院长处理本院法官的决心，而纪检监察部门面对“抬头不见低头见”的同事，多持“睁一只眼闭一只眼”“能放一马就放一马”的态度，导致惩戒效果极不理想，经常是能够在内部消化处理就消化处理，甚至大事化小、小事化了，最后不了了之。二是惩戒事由不切实际。由于对错案的界定缺乏明确统一的规定，各地法院查找错案来源时有两种做法，一种是将经二审或再审程序改判或发回重审的案件作为错案线索来源；另一种是将“检察机关提起抗诉的案件”“列入人大常委会监督的案件”、涉诉信访案件作为错案线索。[①] 案件被改判、发回重审的原因极其复杂，出现新证据、上下级法院法官对同一案件的法律认识不一致皆有可能。而根据裁判的社会效果来追究错案责任，会导致追责范围过宽而真正的错案却得不到有效追究的后果。三是惩戒效果不乐观。在错案追究制的压力下，法官为逃避追责，出现了种种逆向选择行为：或过分强调调解，以调代判；或让渡独立审判权，将案件层层请示汇报，依赖院、庭长或审判委员会转嫁责任；或动辄请示上级法院，防止案件被改判或发回重审，使二审终审制的纠错程序设计流于形式。基于以上原因，司法改革

① 陈瑞华：《法官责任制度三种责任模式》，载《法学研究》2015年第4期。

一直致力于克服错案责任追究制的顽疾，并逐步建立完善的法官惩戒制度，通过四个五年改革纲要实现法官惩戒制度的正式建立。笔者以表格形式（见表1）将人民法院四个五年改革纲要对法官惩戒制度的顶层设计进行纵向比较，以梳理顶层设计的改革脉络，更为清晰地展现法官惩戒制度日趋完善的变迁。随着改革走向纵深，人民法院第四个五年改革纲要成为新一轮司法改革的重要指导纲领。在法官惩戒制度设计方面，四五纲要提出了“明确不同主体、不同类型过错的甄别标准和免责事由，确保法官依法履职行为不受追究”的指导要求。2015 年 9 月，《最高人民法院关于完善人民法院司法责任制的若干意见》出台，该意见提出既要严格依纪依法追究法官违法审判责任，又要充分保障法官依法独立履行审判职责，实现司法责任与司法豁免相统一。其中，第四部分还专章研究了法官惩戒，对四五纲要进行了细化：一方面，明确了责任追究范围，列举了法官违法审判责任的七种情形，包括徇私舞弊、枉法裁判等；另一方面，明确将法律认识不一致等八类情形列为不予追究违法审判责任的豁免情况。而且遵循“以豁免为原则，以追责为例外”的司法规律，从正反两方面对法官惩戒进行了规定。此外，该意见还规定了追责的启动主体、调查主体及追责方式和形式，力求建立“权责明晰、权责统一、监督到位、制约有效”的法官惩戒制度体系。

表1　四个五年改革纲要对法官惩戒制度的顶层设计

纲要简称	改革设计亮点	对应法律及文件
一五纲要	1. 变错案责任追究制为违法审判责任制，从关注裁判结果实体错误转向关注程序性违法行为； 2. 规定法官不承担责任的 6 种免责情形	《人民法院审判人员违法审判责任追究办法（试行）》《人民法院审判纪律处分办法（试行）》
二五纲要	强调法官惩戒程序的司法性，要求制定法官惩戒程序规则，规范惩戒条件、审理程序以及救济途径，保障受到查处法官的正当权利	《人民法院工作人员处分条例》
三五纲要	1. 加入职业伦理责任，对法官违反“五个严禁”等职业伦理行为进行追责； 2. 提出违法审判责任追责制，用以取代错案追究制； 3. 强化纪检监察工作的内部监督作用，健全外部监督举报机制	《法官职业道德基本准则》《法官行为规范》

续表

纲要简称	改革设计亮点	对应法律及文件
四五纲要	1. 追责主体外部化，变内部问责为外部问责，首次提出在国家和省一级建立法官惩戒委员会，实现了问责主体横向独立和纵向高位设置； 2. 实现纪检监察程序与法官惩戒程序有序衔接； 3. 建立领导干部和法院内部人员过问案件记录和追责制度； 4. 建立符合司法规律的追责体系，区分不同主体职责，明确不同类型过错的甄别标准和免责事由； 5. 健全法官履行法定职责保护机制，完善法官申诉控告制度，建立法官合法权益因依法履职受到侵害的救济机制，健全不实举报澄清机制	《最高人民法院关于在审判工作中防止法院内部人员干扰办案的若干规定》《最高人民法院关于切实防止冤假错案的指导意见》《最高人民法院关于完善人民法院司法责任制的若干意见》

（二）立法层面

1. 立法现状

当前，我国在中央层面上并没有完整意义上的成文法官审判责任追究体系性制度，而是散见于《法官法》《公务员法》《人民法院组织法》《人民法院监察工作条例》等，依旧是同一般的行政机关一样，将对法官的违法惩戒工作交于各级法院的内设纪检监察部门，没有突出法官的司法特色。本次司法改革采取的是由中央向地方推进，且考虑到地方的试点示范效果，其中以重庆地区和上海地区出台的责任追究规定最为全面和规范。因此，在全局性的法官司法责任落实工作框架机制建立之前，笔者继续对现有的先进试点单位已经取得的成果进行分析和论述，明确其问题、原因和对策，为建立公正、高效和符合司法规律的法官司法责任追究制度提供国内经验。目前，我国大陆地区在审判责任追究标准上经历了从结果标准到行为标准，再到复合标准的发展过程，这主要体现在最高人民法院《审判责任追究办法》《人民法院工作人员处分条例》《司法责任制意见》三部规定之中，从而在全国法院系统内部已经形成了兼具过错、行为和结果等作为追究法官司法责任的标准。① 同时，经过全国法院系统中各研究单位以及高校法学院专家学者的共同努力，目前已经对复合标准进行了进一步的细化，尤其是在现阶段对各类追究标准均有已经生效并在司法实践中具体适用的相关规定如下：

① 陈华林：《错案追究与审判独立的博弈》，载《法治与社会》2010年第14期。

表 2　审判责任追究标准及相关规定

审判责任追究标准	相关规定一览	
结果标准	模糊错案	法官在执法活动中有下列情形之一的，应当追究责任： 办理的刑事案件，定罪量刑错误的
	明确错案	审判机关所办案件，有下列情形之一的，属于错案：原审人民法院判决错误，被二审人民法院改判或者按照审判监督程序改判的
行为标准	违反诉讼程序	违反法律规定，擅自对应受理案件不予受理或对不应受理的案件以违法方式受理
	违反决策程序	私自制作诉讼文书或故意违背合议庭评议结果的
	违反廉政纪律	审理过程中存在收受贿赂、枉法裁判等现象
复合标准	过错 + 不当行为 + 严重后果	因过失致使依法应受理案件未受理或违法受理，造成严重后果的
	过错 + 不当行为 + 错案	故意违背法律和事实，作出错误裁判的
	过错 + 不当行为 + 错案 + 严重后果	因重大过失遗漏主要证据、重要情节导致裁判错误并造成严重后果的

目前各地法院已经明确的追究标准即是 1992 年全国法院纪检监察工作座谈会上所提出的“错案追究制”，以此为基础，各省地方法院陆续开始实施错案追究制，在没有对法官责任进行区分的前提下直接把错案作为追究对象。如河南省高级人民法院出台的《错案责任追究暂行办法》列明：法院干警故意、过失或业务水平低造成错案的，应分不同情形追究。又如河北省高级人民法院 2012 年颁布《错案责任终身追究办法（试行）》，首创法官错案终身追责制路径。此外，中央司法层面上的《关于落实审判人员司法责任制意见的规定》第 25 条也列明：“法官应当对其履行审判职责的行为承担责任，在职责范围内对办案质量终身负责。”

2. 存在问题

目前，我国各种规定通过列举的方式已经总结出来的追究法官审判责任的标准有二三十种之多，而且不同规定之间的追责标准差异极大，实践中能够清晰可查的追究法官审判责任的事例反而数量不多，而且追究标准与相关规定存在背离，这主要体现在以下几个方面：

（1）追责标准不一致

基于我国当前单一制的国家机构模式，中央司法规定对地方司法实践影响极大，故在中央层面上的法官责任标准统一与否对地方积极有效适用以及保持全国范围内适用标准的统一具有举足轻重的意义。但遗憾的是，目前在中央层面上，尽管已经趋于采取复合标准的认定模式，并通过将相关规定汇总整编的形式予以明确，但还是在复合标准以内存在着“过错 + 不当行为 + 严重后果”“过错 + 不当行为 + 错案”“过错 + 不当行为 + 错案 + 严重后果”三种具体情形，且对三种情形是竞合责任还是有层次的区分责任没有进行解释说明，导致地方在适用时标准不一致，导致存在着追究法官司法责任“就高不就低”的情况。本课题组通过地方样本研究发现，江西、河北、河南、重庆和上海等地方法院已出台的相关文件采取的追责标准相差较大，不利于规范统一。

（2）追责标准不科学

目前，各地法院均参照全国性意见对自己管辖范围内法官的司法责任进行具体追究，这就要求中央层面上的规定必须具备科学性。但目前中央层面上的统一标准并不科学：一是追责标准缺乏可操作性。本课题组通过调研发现：江西、河北和河南等地法院坚持结果标准，主要依据是“模糊错案”和“明确错案”之区分。但对较为一致的“模糊错案”标准含糊不清，只是规定办理的刑事案件存在定罪量刑错误，而没有明确什么是错案，故司法实践中可操作性不强。二是对法官的司法责任追究标准是缺乏合理性。重庆、上海等地法院直接将二审改判案件确定为“错案”，在法理上缺乏合理性。

（3）追责效率低下

其一，就追责主体而言，现行的追责主体标准无法发挥出其作为追责依据的实际价值，人为地分裂为结果标准、行为标准和复合标准三部分，使法院作为追责机关无法获取到统一且规范的参照标准。其二，目前三类标准仅仅只是参照意见办法，没有形成统一的强制性规定，这对地方法院的约束力不强。这样，地方各级法院在司法实践操作中都倾向于按照最低标准对法官违法行为进行惩治。

（4）追责切入点面临困难

重庆和上海在制定法官司法责任追究具体规定办法时，也面临着切入点的问题，即究竟是以法官的主观过错认定为切入点还是以具体案件的过错问题为切入点？这其实是一个选择主观标准还是客观标准的问题。目前，绝大多数地方法院还是按照1992年全国法院纪检监察工作座谈会上提出的“错案追究制”要求，以具体错案作为追究审判责任的切入点，但全国性的指导意见依然允许主观标准、客观标准和复合标准三种标准存在，允许各地法院根据自身需要选择合适的标准进行操作，这无疑对客观标准乃至以后更为复杂和科学的复合标准在全国法院范围内的推广和普及带来极大的阻碍。[①] 主要体现在两个方面：一是错案追究以法官行为结果为标准，将会产生惩罚的随意性和不确定性，给人为操作留有极大的空间。同时，选择该标准，地方法院将不得不启动烦琐的错案甄别过程。这样，依托现有的审判委员会制度，将会在正常的案件审理工作以外加大法官的负担，以一个法院年平均43件疑似错案需要审议的标准来看，被确认为错案的平均每年只有1.38起，受到追究的法官年平均不到1人。二是不少地方法院担心错案追究会给予外部干扰审判工作的操作空间，对错案的系统性追究会严重干预到法官正常审判，这主要表现在其以结果推倒过程的错误路径，将会对法官的裁判造成实质性的干扰。三是系统性的错案追究制度一旦实施，将会破坏现有的两审终审司法体制，这主要体现为为降低错判率而顺从上级法院的案件指导意见，凡是遇到稍微复杂疑难和争议较大的案件，都要向中院请示，消耗大量时间和精力。故地方法院目前最为迫切的工作是在全国指导思想范畴内根据自身实际选择追究法官审判责任的切入点。

（5）过错案件认定存在难度

统计数据显示，目前河南、河北、海南、甘肃、宁夏、湖南、江苏和江西等地均采取客观标准，即主要通过切入法官所办理具体案件的过错问题，区分错案的不同性质、危害程度以及问题大小。但也存在着一些认识上的困境：如何要求案件有唯一正确的判决。因为对客观现实的主观认识存在不可避免的偏差，法官在办理案件时允许瑕疵存在，即允许在绝对错误与绝对正确之间存在中间地带。目前法院内部考核制度均由上级法院作出，其中重要的标准之一便是发回重改率，地方法院为了追求绩效考评的成绩，往往天然地抹杀了上下级法院和本院法官本应存在的对同一案件存在认识差异。虽然上级法院发回重审或者改判的案件是错案情形之一，但如果在实施发回重审率等考核指标时不对法官主观恶意与否进行区分，必将给今后的标准制定工作带来阻碍。

（6）追责程序不科学

追究法官司法责任的措施必须具有可操作性，尤其在目前我国制定法传统理念影响下，对法官司法责任的认定必须具体而明确，通过错案违规情况列明方式将法官司

① 蒋银芳：《法官惩戒制度的司法评价》，载《政治与法律》2015年第3期。

法责任轻重程度予以量化，确保顺利推进。目前，法官审判责任中需要追究的错案主要来源于二审改判或发回重审的案件，审判监督中被改判的案件，党政监督和社会监督渠道中发现线索的案件。故从保持法官队伍良性运行的角度来看，负面影响大的冤假错案只是个别特例，参考意义并不大，其程序违法程度必须造成“严重后果”才可能被追责，追责适用微乎其微。[①] 于是，行为过错认定模式目前在督促法官遵守法律程序、规范法官司法行为方面只发挥出极其有限的作用。

（三）运行层面

1. 运行现状

前文已经提到，我国法官违法审判责任追究制度的构建主要体现在《人民法院审判人员违法审判责任追究办法》《人民法院工作人员处分条例》《最高人民法院司法责任制意见》三部规定之中，在相关制度的规定下，我国违法审判责任追究运行虽然起步较晚，但也收到了一定成效。

最高人民法院院长周强在2014年两会上指出：“2013年，严格排除非法证据，各级法院依法宣告825名被告人无罪。以坚决果断的态度依法纠正‘张氏叔侄强奸杀人案’等一批重大冤假错案，从错案中深刻汲取教训，与公安、检察机关分工负责、互相配合、互相制约，坚守防止冤假错案底线。”仅仅从2013年错案数量来看，就能看到我国近年来发现的错案不少，也是能够引起社会关注的一个问题。典型案例如河北聂树斌强奸杀人案、湖北佘祥林故意杀妻案、河南李怀亮杀人案、浙江张氏叔侄强奸案、呼格吉勒图强奸杀人案、浙江5人劫杀案。不断出现的错案，牵动着每位守法公民的神经，也对司法权威造成了一定的损坏。错案因各种原因得以纠正，被告人得到法律的正确评价，但人民群众依然存在诸多疑问：错案是否仍在发生？司法公正是否经得住大众考验？错案后的问责是否真正发生过作用？答案并不能打消所有人的疑虑。发生错案是司法机关出现错误无疑，但现有的错案追究还不足以达到对相关责任人处罚的最佳效果。诚然，我们要综合考察错案发生的个中原因，但公正严明的法律，理应作出准确的判决，而不是制造一个错案。课题组调研发现，中共十八大以来我国陆续纠正了比较有影响力的错案共计23起，仅在2014年得到正确评判的错案就有12起。这23起冤假错案中，司法机关追究的标准主要是案件本身在事实证据、程序、法律适用方面存在疑点，纠正的案件以“疑罪从无”居多，而仅有小部分案件是因为出现了真凶。

---

① 陈雅丽：《豁免权研究——基于宪法的视域》，中国法制出版社2011年版，第37页。

同时，我们也注意到，错案追责情况却少有提及，各地的追责制度在适用标准、处罚尺度上也有所不同，且现有追责制度存在管理行政化、问责行政化等问题。在我国的司法体制环境下，审判机关依旧适用行政化管理模式，司法行政化现象较为突出，且无法避免来自外界的干扰，审判独立往往难以真正实现。以往的判决需层批到院领导一级，对于部分合议庭无法达成一致意见的案件更需要通过审判委员会讨论决定，而现在实行的司法责任制改革中，错案追究则被放在了重要位置，法官对办案需负责终身，可见，错案的责任已经超出了对法官个人的惩戒范畴，已然扩大到了法院、法官、辅助人员工作职责等方面。对于疑难复杂案件，法官们出现了不愿、不敢办案的情况，甚至有将办案独立权交于他人的情况。实践中法官为了规避可能存在的案件质量风险，更多地依赖审判委员会的意见或者交由上级法院裁定。在"佘祥林案"被纠正后的几天，当年办理该案的一名法官因为心理压力过大而选择结束生命，办理错案带来的心理压力会全部转嫁给具体的办案人员。而现在推进的司法责任制改革，要求落实法官违法审判责任，这种行政化管理模式无疑将法官推到薄冰上，对法官开展创造性审判工作造成很大影响。

此外，深耕我国司法界数年的司法行政化中的长官意志也有可能导致错案的发生，一旦发生错案也直接适用行政化的惩戒程序予以追责，这似乎与司法权的专有属性不相适应，且这种直接的处分也不符合各级人民法院之间"指导与被指导"的定位。全国政协社会和法制委员副主任陈冀平曾说道："强化司法办案责任制实施过程中，要与完善法官职业保证相结合，避免只讲责任不讲权利，追究错案责任，对错案要有明确的界定，依据法定程序进行，避免行政化追责。"顺应司法改革的潮流，完善现行的法官违法审判责任追究制度成为了司法机关迫切需要解决的问题，这是保障公正司法的要求，也有利于更好地维护广大人民群众的根本利益。我国的法官违法审判责任追究制度尚不健全，提示我们"只有法治精神、法治原则及其得以实现的制度、体制和机制，才能守护我们的生命和权益不被'依法'的错误剥夺"。

2. 存在的问题

认定错案是提起法官违法审判责任追究程序的前提，前文已经提及各地方法院在对待错案认定上存在不同的规定，本课题组选取以下几起案件，分别以事实认定、法律适用、审判程序等为标准判定的错案，进而发现现有法官违法审判责任追究制度中存在的问题。

[案例]

案例一：2003 年，张氏叔侄俩开着火车去上海送货，途中搭载了一位同乡女孩，后公安局接到举报称在某路段水沟内发现一具女尸，警方辨认后确认其为搭载顺风车的女孩。警方顺藤摸瓜，最终经过侦查，确认张氏叔侄为犯罪嫌疑人。后经过一审、二审，法院最终判决一人死刑缓期执行，一人15年有期徒刑。该案件在经过10年后，于2013年启动再审程序，最终改判二人无罪。在这起案件中，造成错案的最直接原因是事实认定错误。原因有如下两点：一是女孩指甲里的鉴定结果在一审、二审中没有得到重视。在公安局出具的鉴定报告中称，被害人8个指甲末端检出混合DNA谱带，可由死者和一名男性的DNA谱带混合合成，这可以排除叔侄二人与女孩的合成。这一证据是具有证明能力的，但是在庭审中却未被法官采纳。二是法官裁量的主要依据是张氏叔侄二人的有罪供述，但这份供述的取得有刑讯逼供之嫌，在公安机关未能提供证据证明其证据收集合法的情形下，法官非但没有将这份证据依照非法证据排除规则予以排除，反而将其作为裁判的主要依据，是法官在事实认定上出现的重大错误。从再审过程来看，本案并没有客观直接的证据来证明被告人有罪，仅有的证据也无法形成有效的证据链，法官本应作出无罪的判决。但法官在事实认定上出现了差错，没有严格审查证据，没有从法律事实出发，只凭自己的主观判断，最终造成了错案的后果。本案最终是从事实认定方面存疑而启动相应的错案责任追究程序。

但在追责时，我们从公开的报道上能了解到的只是侦查机关的“女神探”聂海芬受到了处分，而法、检两家办案人员却没有提及，主要是因为当时该案是重大敏感案件，提起公诉、判决是集体意志的体现，即使在某些事实方面还未完全接近排除合理怀疑的情况下，受到集体意志的压迫下，案件主办人只能服从，而追责时考虑到是集体意志的结果，无法追究到具体个人，故未对法、检两家相关人员予以追责。

案例二：杨某（男）与张某（女）是夫妻，某日凌晨，杨某因琐事与张某发生口角、厮打，随后杨某负气离家，同村李某刚好经过目睹整个过程，待杨某走后，李某潜入杨家强行欲与张某发生性关系，张某强烈反抗，李某将其杀死并强奸后潜逃。侦查机关将杨某列为犯罪嫌疑人并以故意杀人罪侦查移送，杨某承认与张某吵架、有邻居听到两人的吵架声、杨某离家不久张某便死去等种种现象使侦查机关相信杨某就是犯罪嫌疑人，并对其进行了刑讯逼供，后杨某不得不承认是自己杀死了张某。数年后，李某因一起盗窃罪案发，在交代盗窃行为的过程中将数年前强奸又杀死张某的行为供述了出来，方认定对杨某的定罪量刑错误。其实，本案在现场勘查取证中存在明显疏漏，张某的尸体下身赤裸，上衣被掀至胸部以上，有明显的遭受性侵犯的迹象，侦查机关在有条件的情况下却并未提取被害人阴道擦拭物供检验鉴定，如果当时提取阴道擦拭物并鉴定，至少可以排除杨某作案的嫌疑，但由于没有此项关键证据，侦查、公诉机关在把关不严的情况下，将案件移送到法院审理，而主办法官却依赖于公诉机关的意见，没有对全案进行严格审查，仅仅依靠杨某虚假的口供定了案，造成了错案。

该案以事实认定错误查实后，法院启动了错案追责程序，追究主办法官的错案责任，但由于案件本身情况和当时的情况限制，法院并未对该主办法官进行严厉惩处，仅仅处以行政处分简单了事。

案例三：一起河南省H市一死两伤的交通肇事案件，民事部分和刑事部分分别由河南省H市湖滨区法院和陕县法院审理。案件审理过程中，陕县法院以公函的形式要求湖滨区法院介绍案件民事部分审理情况，湖滨区法院便出具了一份内容为“据被告人称：能够及时赔付被告家属赔偿款近90万元”的赔偿证明。刑事部分主审法官依据这份证明作出了从轻处罚的判决。在这起案例中，刑事部分主审法官以其“特别的眼光”认定了一个难以令人信服的理由并进行了刑事裁判，造成了明显的错案，首先是“被告赔付被告”的说法错误；其次，根据“据称能够赔付”不能得出被告已经赔偿的结论。这两个问题非常明显，相信任何一名普通人都能看出来，更何况是一位以审查书面文件为主要工作的法官，事实是，原告家属没有收到任何赔偿。由此可推断该名法官在审理案件过程中存在主观过错，并且是故意。

该判决通过之后法院提起的审判监督程序对该案予以纠正。随后该市政法委牵头启动了追责程序，对主办法官以涉嫌违法犯罪，根据该省高级人民法院制定的《错案责任终身追究办法》移送司法机关查处；对分管副院长、部门负责人以管理监督不到位、把关不严，根据《中国共产党纪律处分条例》作出相应的行政处分；而对作出民事部分介绍内容的法官仅仅以文书有瑕疵由纪委进行了诫勉谈话。

案例四：2010年9月，云南律师刘某在代理一起发生在云南省昭通市鼻良县民事案件的过程中，因涉嫌“妨害作证罪”被逮捕。而对他实施逮捕，对案件进行调查的，是一个由彝良县政法委协调组成的“联合调查组”。刘某案卷宗显示，在公诉机关指控刘某的多份证据里，有部分讯问笔录和询问笔录是以“彝良县政法委员会联合调查组或彝良县人民检察院”名义制作的，2011年7月，彝良县人民法院作出判决：刘某犯妨害作证罪。2015年1月，刘某涉嫌妨害作证罪一案在盐津县人民法院再审开庭。2015年3月，盐津县人民法院经过审理后宣判刘某无罪。

本案得以纠正的依据是讯问笔录和询问笔录制作程序不符合法律规定，对法律适用的理解不透彻。后该省人大法工委、政法委注意到了该案背后存在的问题，并将相关线索移送该省检察院，检察院对该案中存在的渎职情况展开了调查，但相关结果未见公布。

案例五：2009年7月24日，河北省唐山市汉沽农场人民法庭法官马某审理了一起民间借贷纠纷案件。原告是汉沽农场的居民，起诉居住在丰南区的被告欠其38万元人民币。根据原、被告向法庭提供的一份两人自愿签订的协议书，马某出具了调解书，并于当天送达双方。后被告离婚多年的前妻多次上访，认为马某有帮助原、被告做假案，转移被告财产之嫌。经查，该院并没有对该案的管辖权，案件的管辖权是有法律明确规定的，法官马某根据相关的法律规定以及汉沽法庭之前的案例，汉沽法庭有权管辖这一起民间借贷纠纷。所以马某主观上当然不是明知没有管辖权，相反，她主观上是明知具有管辖权。但其并未真正地去研究法律规定，导致了对该案错误管辖审理，在主观上存在重大过失行为，造成了程序违法的后果。

该院对该案并没有管辖权，但没有提请指定管辖，存在明显的程序违法问题，检察院遂启动对法官马某的刑事调查，并提起公诉，认为其在所在法庭没有管辖权的情况下审理了这起民间借贷纠纷案件，涉嫌滥用职权罪。该案在法院未进行处理的情况下，直接就由检察院介入调查。

案例六：1990年元旦，李某在长春市某副食品商店门前卖橘子，被害人阮某购买橘子时对分量提出质疑，两人随即发生口角和厮打，李某照阮某面部猛击一拳，阮某当即倒地，鼻口出血，经送医院抢救无效，23天后死亡。案发后李某投案自首。案件发生后，某电视台发出“必须严惩无视国法的行凶者”等舆论向导，给司法机关很大压力，最终判处了李某死刑。而今看来，李某和阮某发生厮打中李某并未采用其他钝器或锐器作为工具，仅仅使用拳头击打，足以说明李某至少没有杀死阮某的故意，主观恶性并未达到足以判处死刑的程度，且案发后李某投案自首，这种种从轻处罚的量刑情节被当时的舆论所湮灭，导致司法机关量刑产生严重偏差，在适用法律方面存在严重问题。

这一方面出现的是法官裁判是否能够真正做到公正中立，另一方面是法官是否对案件本身有真正的认识，在对一些能够影响量刑的证据选择忽视的同时，是否做到了公正审判。该起案件不得不面对一个问题：如此可能会被认为是错误的裁判，是否该认定为错案进行追责？一旦认定为错案，何人对此负责？依据何种规定追责？又该追究什么责任？

［存在的问题］

从以上几个案例中，我们不难看出，我国现行法官违法审判追究制度中，在错案认定上除了有国家层面的规定还有地方层面关于错案的规范性文件，但都以认定错案为基准而对法官进行追责，但综合几起案例来看，不难看出我国现行违法审判追责制度存在以下问题：

（1）错案认定标准不一致

我国现在对何为错案尚未有统一的定论。理论界对错案的认定有狭义说和广义说，狭义说认定错案就是指冤案、假案，简单说就是抓错了人、判错了刑；广义说所指的错案还包括了案件还存在事实、证据方面的问题但又被作为犯罪提起公诉并审理，究其原因是此类案件未达到起诉或审判的法定条件却又被法律进行了评判，从规范意义上来说，也应当属于错案。也就是说，对于错案不仅包括抓错了人、判错了刑，还涵括理应疑罪从无却被惩处的情形。在具体的操作过程中，司法实务部门并没有对错案进行统一的划分，而是各地自行制定标准，导致同样的行为在不同的地方可能会存在不同的法律评价。法官也因此不一定会受到同样的评价，不可避免地会造成司法不公的情况，对司法的公信力造成一定不良影响。《最高人民法院关于完善人民法院司法责任制的若干意见》规定了法官应承担责任的类型，但未发布统一的判断标准，仅以列举的方式来进行列明。在各地相关的文件中，错案责任的相关规定也大有不同，如福建省高级人民法院 1998 年 3 月制定的《福建省各级人民法院错案责任追究制度（试行）》第 2 条规定："错案是指由于审判人员造成严重后果或过失地实施违法行为，导致发生法律效力的判决、裁定、调解和执行案件错误，造成严重后果或恶劣影响，使当事人合法权益受到损害，依法应予以纠正的案件。"1992 年 11 月制定的《江苏省高级人民法院关于错案追究责任的规定》中指出："需要追究责任的错案，是指从事审判工作的人员由于故意或过失，致使案件的主要事实失实，是非责任颠倒，定性明显不当，作出错误裁判，并且已经按照审判监督程序改判的案件。"这些规定的参差不齐使追究错案责任在实际运作中存在困难，以至于我国各地的错案追究制一直未得到大众认可。鉴于我国在错案认定不一致存在的问题，课题组认为，错案认定标准是错案责任追究的前提条件，只有统一认识，才能有效解决错案责任追责的问题。

（2）追责范围混乱

课题组认为，只有在主、客观等因素都存在的条件下才会导致错案的发生，但是对于非人为的客观因素导致的错案也一并追究办案人员的责任似乎过于苛刻。在美国，其法治程度相较于其他国家是比较发达的，但也存在 2.3% 的错案率，1997 ~ 2004 年期间，约有 18.5 万人被错误定罪，不可否认，美国的法官们局限于当时的认知范围而作出的善意判决是可以理解的。课题组认为，因主体认识的局限性、当下证据收集技术的制约以及因法律评价体系的价值观不同等客观因素的限制，因之后新技术的出现而认定原审错误的，应当得到大众的谅解。如果不排除前述情形，一味地把责任推向办案人员，会导致权责失衡、办案人员心理失衡等问题。鉴于此，课题组认为，为推进司法责任制的落实，将法官的违法审判责任限定在故意或重大过失较为适宜，这一点在《最高人民法院关于完善人民法院司法责任制的若干意见》中得到进一步明确。

此外，在刑事司法领域因为科学技术的日新月异而出现的对证据标准更具严苛的情况，不可一味地反查以前的案件，对于该类情形导致的错案要结合当时的技术条件等多方因素进行考量。基于司法机关行政化管理而发生的错案，在对待直接责任人的时候也务必慎重。行政化管理深扎我国司法机关中，对于因此而出现的错误判决可能并不是出于具体办案人员的本意，此类情况也不宜将追责范围无限扩张。

四、我国法官违法审判责任追究制度存在问题的成因

（一）审判监督与审判独立的价值冲突

监督审判权的行使是追究法官违法审判的应有之义，但这种监督又不能破坏独立审判，如此一来，监督审判与审判独立不可避免的导致了价值冲突，也是我国当前审判责任追究制度步履蹒跚的主因之一。一方面在于现行追责标准起源于结果标准，是直接针对错案追究法官责任，虽然近年来无论是司法界还是法学界，对于这种根据案件裁判结果来追究法官责任的制度大多持批评态度。即便如此，我国现有的追责制度依旧是以结果为主要参照标准，个别地方的规定甚至只强调追责而对免责只字不提，侧重于监督而轻保障。另一方面对追责的实践检验中，却更注重保障独立审判，实践中结果虽然错误但是程序合法的审判行为没有追责性，而以程序违法进行追究又比较符合司法实践中的司法判断。这两种价值冲突似乎到了难以平衡的地步。

（二）追责目的与责任体系的匹配错位

对法官违法审判责任进行追究的目的理应是多样性的，与其对应的责任体系也应当如此，但实践中追责目的与责任体系的匹配错位，导致审判责任追究制度陷入困境。一方面在于多种责任的交错存在，现行法官违法审判责任囊括了司法、法官、错案、审判等多种责任，对这几种责任的理解又多种多样，所以责任并不具有一致性。多种责任混淆错乱不仅造成学术界的讨论缺乏统一前提，更会导致实践的混乱。另一方面在于适用一个责任涵盖全部目的，追究法官违法审判责任的目的可以是多样性的，对应的责任体系也应当有所不同，其标准也各有不同，如果仅以“审判责任”

来追究法官不同过错、程度下的责任，就有可能导致追责不适当的问题。

（三）规定愿景与实践运行的现实差距

法官违法审判责任追究制度建立的初衷是实现有错必究，但在司法实践中这种初衷却难以实现。一方面在于对错案标准规定不明，从课题组了解到的各地规定来看，以错案追责来实现有错必究无疑是正确的思路，但实际操作中却发现所谓错案又存在不可归责性的问题，如一些规定明确将错案定义为二审改判的案件。在面对错案标准复杂性时，又推出模糊错案标准的思路，即不定义错案，但规定错案要追责，这种设计的目的是便于裁量，但实际上又导致了追责实践无所适从，不得不偏离原来设想，另行制定追责标准以实现有错必究。另一方面在于为了达到追求标准的全面化，一些规定不惜将追究标准抽象化。以“其他违法行为”作为兜底条款来追责，的确能够囊括所有行为，但是在实践中很难操作，对所有违法行为不问过错、程度、结果一律追责缺乏合理性。

（四）绩效考核的事实导向作用

目前，地方法院普遍没有按已规划的全国性或本地区指导意见进行追责。当前，地方司法行政化的趋势依然十分严重，法院领导按照指标考核要求而不是完全按照司法规律办事的现象依然存在，这就导致地方对中央司法层面上各项规定的理解并不是十分严格意义上的遵守。因此，法院作为国家司法机关，在具体案件中所面临的“信访维稳”需求要远远大于案件办理过程中适用法律、认定事实和量刑正当等法理考量。[①] 根据案件错误严重情况以及上级有关部门可能的处理意见出现如下两种情况：一是案件错误较低，没有引起上级有关部门的注意或者上级法院只是建议内部处分，那么，各地法院均采取先认定法官没有责任，再私下与当事人协商化解，确保将本院因法官违规审判给绩效考核带来的负面影响减少到最低程度；二是案件错误程度较严重的，法院领导认识到上级有关部门可能针对法官违规问题采取较为严重的处理意见，这需要本院对法官违规现象采取程度相一致之处理意见才能确保地方法院在政治上与上级有关部门的一致，将法官违规对本院绩效考核工作的负面影响降低到最低程度，此时，各地法院对本院所属法官违规的追责程度普遍要高于案件违规的真实情况。可见，在当前上级有关部门普遍采取绩效考核形式对各地法院的人事调动和审判执行工作进行指导和管理的整体框架设计理念影响下，各地法院均存在着以“普遍少追责”为主，“极端乱追责”为辅的现象，对法官司法责任的追究完全架

① 周永坤：《错案追究制度与法治国家建设》，载《法学》2005 年第 4 期。

空于全国指导意见，或者是仅仅将全国指导意见作为一种“适当参考”的标准，其推广效果大打折扣。

（五）实体与程序重视程度迥异

面对实体上结果标准的“显而易见”以及审判程序的专业性和规范性，非受过专业司法训练的理性第三人在正常程序下很难发现程序问题，这就需要法院内部专业法律人士对法官审理案件过程中的程序性违法事项及时进行纠正，强化法官的程序意识。本课题组研究发现，“在送达书面材料不齐全的情况开庭”“法官没有核实清楚当事人身份情况”等情形在实务中较为普遍，虽然对审理结果不产生实质性的影响，但在法理上却缺乏依据，导致案件审理过程中事实上的非公平正义。本课题组通过对现行规定进行对比研究，发现目前全国性的指导意见绝大部分列举的追责标准均是针对“错案”或者是“后果严重”的实体结果问题，而明确以程序是否合法作为追责标准的规定并不多。① 但事实上，程序上不符合规定的情况在错案中占据绝大多数，这导致各地法院在追究数量巨大的程序性违法审判事项中处于“依法办事”的真空地带，给工作带来极大的不方便。错案追究的实践标准在很大程度上由实体规制向程序规制的趋势是主流，这不仅体现在我国中央司法层面上已经出现的由单一的“结果标准”向“行为标准”，甚至是“结果标准”和“实体标准”相结合的“复合标准”转变，以及中央司法层面对行为程序事项越来越多的情形列举，更体现在越来越多的地方法院对法官司法责任追究“复合标准”的研究和探讨。但目前法院内部全国性指导意见所呈现出来的实体认证标准为主的列明式规则方法已经越来越不适应司法进步的现实需要，本课题组在充分调研各地法院目前在程序追责问题上所面临之困境基础上将问题的方方面面提出来，希望高层重视并提出完善意见。

（六）传统熟人社会的影响

本课题组认为，在通过错案追究典型案例分析目前的情况及依据的同时，不能忽视中国传统人情社会对于法官错案追究的负面影响。因为朋友圈的交往扩大、法律共同圈的交汇融合和经济收入的中等偏下，当下中国法官的社会生活不可能像西方国家那样处于相对隔离的地位，尤其体现在本院内部上下级领导和法官之间，本院领导对长期工作在审判一线的法官普遍持有包容和肯定的态度，不因法官个别的错案而改变其长期工作对法院的积极影响和贡献，而是对其持有“问题是有的，主流是好的”的看法，尽量在追究法官错案责任时寻找全国指导意见，多找目前程序追究的规定漏

① 付明亮：《关于完善错案责任追究制度的几点思考》，载《河南教育学院学报》2005 年第 2 期。

洞，并减少对实体错误的认定，从而在依法依规和人情世故中寻找到一个平衡点。这样，因为传统人情社会理念的负面影响，地方法院在错案追究问题上没有严格遵循全国指导意见的规定，致使其陷入“有名无实”的困境。以往的法院内部追责机制中，在最终认定法官的违法责任时，法院领导留有更多的讨论和妥协余地，这主要表现在具体规定中“造成严重影响”“在社会上造成不良影响”等事实上缺乏明确的界定标准，而基于目前中国社会人情理念的影响，法院领导对于这些标准都本着“就低不就高”的态度去认定，这样就造成适用标准的不统一，追责效果达不到社会各界的期待。

（七）试点地区的放权与探索

重庆和上海作为第一批试点法院，肩负着探索新领域、新问题的使命与责任，因此，它们在政策上得到了中央的大力支持。因为我国大陆地区具有制定法的传统，不仅在法院外部有具体的规章制度对法院工作予以明确，在法院内部也依靠具体的细则进行限制，做到泾渭分明。因此，重庆和上海两地法院目前采取制定内部规定的方法，分别通过《关于瑕疵错误案件责任追究的规定》和《错案责任追究办法》，用内部行政措施追责。在此背景下，尽管各地法院目前在法官责任追究机制的依据标准选择上依然存有较大的分歧，但重庆和上海两地还是依据客观标准即法官办理案件中所存在的过错问题，并以法院内部细则的形式加以规定，确保司法责任制改革工作的顺利推进。

五、我国部分试点地区法院法官违法审判制度的改革与探索

法官惩戒相关制度为改革勾勒出蓝图，而让各项改革措施能够落到实处才能真正推动制度转化为现实成果。司法改革责任重大，地方试点探路指向明显，并取得明显成果。本课题组选取上海①、广东②、海南③、重庆四地法院为研究样本，详细分析目前试点法官惩戒制度情况。

（一）四个试点地区法院的样本数据

上海作为全国首批司法改革试点省份，在法官惩戒方面要求办案人员对案件质量终身负责，严格错案责任追究制度。

广东省于2014年11月启动试点，在法官惩戒方面严格遵循过错责任原则。

海南省于2014年12月启动试点，设定案件“二维码”终身识别案件，建立与惩

① 卫建萍、高佳运、李则立：《遵循规律落实责任分类管理——上海法院司法体制改革试点工作纪实》，载 http：//tgxH. china court. org/public/detail. php？ id =9938，2015 年 4 月 23 日最后访问。

② 陈捷生、徐林：《广东优先抓好司法体制改革试点任务，改革试点方案亮点纷呈——健全落实办案质量终身负责制》，载《南方日报》2014 年 11 月 28 日，第 3 版。

③ 董治良：《忠诚廉洁司法担当司改试点责任》，载《今日海南》2015 年第 9 期。

戒机制相配套的业绩考评和案件评查制度，建立廉政风险防控措施清单。

重庆市第四中级人民法院着重以“错案责任倒查问责”为着力点，不断健全错案责任追究机制，全面落实审判责任制。

表3 上海法院法官惩戒规定

惩戒主体	上海市法院遴选（惩戒）委员会
遵循原则	对办案质量终身负责
惩戒基础	权力清单制度
惩戒事由	将办案责任分为案件差错责任和违法审判责任，将案件差错责任进一步分为一般和重大两类
责任承担方式	1. 违法审判责任承担：遵循《人民法院审判人员违法审判责任追究办法（试行）》《人民法院工作人员处分条例》等规定； 2. 差错责任承担：合议庭审理案件由合议庭成员共同负责。若原合议庭意见不一致，原少数意见或多数意见均不能成为追责的前提，而应对具体案情研判后，才能追责
责任豁免	依法履职不受法律追究，只有法官违法审判或渎职办“三案”，才依纪、依法追究纪律和法律责任
责任监督	1. 建立案件廉政回访制度和“上海法院廉政风险环节监督提示系统”；2. 严格落实一方退出机制

表4 广东法院法官惩戒规定

惩戒主体	法官惩戒委员会
遵循原则	错案责任追究，办案质量终身负责制
追究前提	因故意或者重大过失违反法律规定导致裁判错误并造成严重后果
责任承担方式	过错责任原则，独任审判案件由独任法官担责；合议庭案件，由故意违反法律规定或歪曲事实，导致评议结果错误的成员担责；承办法官故意隐瞒证据情节的，由承办法官担责；规定审委会讨论的案件，区分不同情况追究相关责任人责任
追责程序	审委会评定——提交惩戒委员会处理——移送纪检监察部门
责任豁免	8种情形免予追责
责任监督	将司法监督员纳入审务督察主题，对法院司法作风、纪律作风、司法礼仪等方面定期或不定期以明察暗访、录音录像等多种形式进行监督
制度保障	1. 建立领导干部干预司法活动、插手具体案件处理的记录、通报和责任追究制度； 2. 建立法官单独薪酬体系，法官待遇与行政级别脱钩，与法官等级挂钩

表5 海南法院法官惩戒规定

惩戒主体	全省各级法院设立法官考评委员会
遵循原则	主审法官、合议庭法官在各自职权范围内对案件质量终身负责
惩戒基础	明确各类人员职责清单
惩戒事由	违法办案、司法不廉、行为作风责任
制度保障	1. 职业保障：非因法定事由，非经法定程序，任何机关不得将法官调离、撤退或者作出免职降级处分； 2. 建立法官业绩考评和案件质量评查制度，惩戒与薪酬待遇挂钩
责任监督	1. 建立司法工作人员廉政档案制度，对83种廉政风险情形制定了43条防控措施； 2. 完善外聘廉政监督员、内设业务庭室廉政监察员制度

表6 重庆市第四中级人民法院法官惩戒规定

惩戒主体	由审委会、案件评查合议庭、法官评价委员会、党组组成的惩戒主体
遵循原则	错案责任倒查问责
追责前提	存在违法审判行为或者存在故意或重大过失导致裁判结果错误并产生严重后果
惩戒程序	错案发现程序：案件评查合议庭对已结案件进行常规评查、重点评查和专项评查，审委会每季度专题研究认定→民主评议程序，将疑似错案和严重瑕疵案件交由法官评价委员会讨论，作出民主评价→调查程序→党组会决定程序，确定追责并在一定范围内公开
责任豁免	法官依法履职免责
制度保障	1. 严禁过问、插手、干扰合议庭办案的行为； 2. 监督全程留痕，建立监督档案
责任监督	深化司法公开，通过裁判文书上网、信息化建设加大外部监督力度

（二）对样本法院法官违法审判制度的评析

1. 成效初显

表3到表6展现了各试点法院法官违法审判制度的具体做法，积累了宝贵的经验，成效初显。具体如下：

第一，设计了合理的权力分配清单。“过去审判案件，就像生产车间的流水线一样，每个人各管一段，最终出了错案，谁都有责任，谁又都不负责任，导致责任空转。”① 各类人员分工负责是惩戒的前提条件，必须避免模糊的责任划定标准成为细

① 汤维建：《人民法院司法责任制的构建与完善》，载《人民法院报》2015年10月21日，第3版。

分责任的障碍。上述四地法院均坚持“法定职责必须为、法无授权不可为”，将审判人员的权力予以详细罗列，厘清责任承担主体和方式。四地法院形式多样的“权力清单”和“负面清单”操作方式直观具体，让法官的权力运行更加明晰，让案件审理全过程更明晰，避免“集体负责归于零”的尴尬局面。

第二，细化了罚当其责的责任追究体系。试点法院中，上海方面着重于区分为违法审判和案件差错两者之间的差别，广东方面严格划定错案追责范围，重庆方面则出台了地方性规定《关于瑕疵错误案件责任追究的规定》。此外，上海方面增设“受处分期间暂缓晋升法官等级”、重庆市则采取“降低法官等级”“取消法官资格”等非党纪、政纪的责任形式，细化责任承担模式，淡化行政化色彩较浓的记过等处分方式。这些有益尝试均充分尊重司法规律，将责任分层，区分案件过错程度，将范围严格限定在故意或重大过失造成严重后果，其他一般差错案件则追究相应差错责任，初步建立了权责一致、罚当其责的责任追究体系。

第三，制定了完善的权力监督机制。“任何不受限制的权力必然导致绝对的腐败，任何没有责任的权力必然导致权力的任性。”① 试点法院均探索建立了逐步完善的内外部监督机制，即内部配套法官惩戒制度，如重庆市第四中级人民法院设立了常态化的案件评查制度。外部主动落实廉政监督，如上海市制定了案件廉政回访制度；海南省建立了司法工作人员廉政档案制度和廉政风险防控措施清单；重庆市积极加强司法公开，将裁判文书上网，让裁判过程和推理论证公之于众，将办案活动置于阳光下，为权力设定范围，让其处在有效的监督管理之下。

第四，建立了排除权力干扰的环境。司法权依法独立公正行使需要良好的外部环境。随着《领导干部干预司法活动、插手具体案件处理的记录、通报和责任追究规定》以及《司法机关内部人员过问案件的记录和责任追究规定》的相继出台，试点法院努力将这一制度落实，4 个试点法院均为审判监督和审判管理权设定了边界，要求院、庭长行使案中监督权，必须全程书面留痕。例如，重庆市依托信息技术数字化、可视化、全程留痕的特点，强化对干预办案追究责任的威慑作用，减轻地方法院办案法官的记录压力，有利于上级党委和纪检部门及时发现领导干部干预插手案件的线索。

2. 不足之处

“制度层面的改革成就要想转化为司法运作的实际效果，还有一个‘时滞’，而

---

① 贺小荣：《如何牵住司法责任制这个“牛鼻子”》，载《人民法院报》2015 年 9 月 23 日，第 2 版。

缩短‘时滞’需要全社会司法观念的深刻转变。”① 随着改革进入深水区，许多深层次的利益被触及。

（1）结构失调——惩戒主体设置欠妥

为克服错案责任追究制以内部监督为主的弊端，各试点法院均探索建立了省级法官惩戒委员会，以实现惩戒主体的高位设置和相对独立。以上海市为例，该市法官惩戒委员会由7位专门委员和8位专家委员组成。其中，专门委员全部来自政法委、组织部、纪委、人大内司委、公务员局、高级人民法院、市检察院，专家委员为各大法律院校和研究机构的专家学者。委员会附设专家库，由资深法学专家、律师代表组成，共20人。② 这样，就导致以下问题的出现：首先，专业性欠缺。15名委员中来自法检系统的人员仅为高院和省检领导各1人，律师代表也仅1人。纪检委、组织部等部门的领导可能并非法律方面的专家。其次，人员相对固定，法官、检察官占比过低。在此背景下，法官惩戒委员会在决断审判人员责任时缺乏权威性和正当性。重庆第四中级人民法院的法官评价委员会职责与法官惩戒委员会大致相同，却未实现高位设置，其设在同级法院内部，追责的公正性和有效性尚待考量。海南省法院则在各级法院设立了法官考评委员会，负责对本院法官进行考评。如此设置，一方面考评范围较广，除法官惩戒事项之外，还包括日常绩效考评；另一方面内部考评的方式既不公开也欠公允，考评过程和结果均缺乏透明度，公信力值得怀疑。

（2）衔接失当——法官惩戒委员会与同级人大、纪检监察部门的职能定位与分工不明

法官惩戒委员会与纪检监察部门的并存，陷入“钱穆制度陷阱”的危险大增。如何处理法官惩戒委员会与同级人大的关系，便成为新的问题。同时，纪检监察部门一直是法院内部行使检察职能的部门，有权对违纪违法法官进行调查并提出处分意见。从改革现状分析可知，目前4个试点法院均没有削弱纪检监察部门追责权，而是将其作为规范未来法官惩戒委员会的重要力量来建设，将使“钱穆制度陷阱”的危害凸显，迫使我们在偏离法官惩戒委员会制度建设的根本上去实现所谓的制衡，大有舍本求末之意。“改革者试图构建一套崭新的司法管理机制，却没有对原有的管理机制进行实质性调整或废止，结果造成两套机制并存甚至发生冲突的局面。”③ 故厘清未来法官惩戒委员会与纪检监察部门两者之间的权力边界，使其并行不悖相互制衡，

---

① 季卫东：《法律职业的定位——日本改造权力结构的实践》，载《中国社会科学》1994年第2期。
② 徐昕、黄艳好、汪小棠：《中国司法改革年度报告（2014）》，载《政法论坛》2015年第3期。
③ 陈瑞华：《法官责任制度三种责任模式》，载《法学研究》2015年第4期。

也是亟待解决的问题。

（3）追责失度——审判瑕疵责任无法作为审判责任承担方式

从试点法院的现状分析，目前4个试点法院均将案件区分为错误案件和瑕疵案件，对不同过错的案件区分不同的惩戒标准。诚然，从法理上分析具有一定的合理性，但是瑕疵案件是否可作为追责事由依然存在争议。先从法理上分析，《人民法院审判瑕疵处理办法（征求意见稿）》对其定义如下："在文书制作、审判程序、事实认定、法律引用、审判行为等方面存在损害司法公信力的错误和问题，但不影响裁判结果的正确性、不属于法律规定启动审判监督程序的条件，或对执行结果正确性不产生影响的，可以认定为审判瑕疵。"在瑕疵案件中，虽然法官主观上有一定过错，但与故意或重大过失的主观原因是有一定区分的，客观上未对裁判结果造成实质影响，未损害司法公信力。例如，适用简易程序审理的民事案件，向被告送达传票时未注明法定期限就属于瑕疵案件。

司法改革后，试点法院的法官普遍感受到司法责任制在瑕疵案件责任认定问题上给自己带来的压力巨大。"即使每个人都尽职尽力，不时出现一些偏差，错误是难免的。"① 把审判瑕疵责任纳入审判责任，则会给法官造成过重的心理负担，使法官承担责任风险，始终处于压力临界点状态。但并非审判瑕疵责任不需要负责，瑕疵责任更适合纳入审判绩效考评中，以更好地发挥法官惩戒体系和法官业绩考评体系的不同功能。

（4）权责失衡——法官职业保障机制不完善

"法院是法律帝国的首都，法官是帝国的王侯。"② 合理的法官惩戒制度，应该以完善的法官职业保障机制为后盾。在任期保障、安全保障、待遇保障均能到位之前提下，法官才有可能尽职尽责。而现实是司法责任制和法官惩戒制度步伐较快，职业保障机制不能同步跟进。第一，法官任期保障不能得到妥善保护。举例说明，洛阳市中级人民法院李慧娟法官因在判决书中认定河南省人大制定的一部地方性法规中与上位法相抵触的条款无效，而被河南省人大作出撤销职务的处分。虽然各试点法院均规定了法官依法履职免责条款，但在实际操作过程中，这些制度能否落到实处还有待观察。第二，法官待遇保障受到限制。试点法院中除上海市和广东省已着手建立单列式法官薪酬待遇体系之外，其他地区法院因受制于地方政府，还未建立单独的薪酬体系，甚至出现职级待遇明升暗降的隐忧。

---

① 苏力：《法治及其本土资源》，中国政法大学出版社1996年版，第159页。

② ［美］德沃金：《法律帝国》，李常青译，中国大百科全书出版社1996年版，第361页。

六、域外法官违法审判责任追究制度的经验与借鉴

（一）域外部分具体制度

表7　域外法官违法审判责任追究制度

国家	所属法系	惩治机制建设	具体制度规定
美国	英美法系	各级区划制度中明确要求成立司法委员会，作为作出惩治决定的负责机关，各级议会仅是批复决定的最终机关，确保专业性和普遍代表性	主要有贪腐、渎职、酗酒和与当事人不正当交往等列明事项，但只有弹劾和降级两种处罚种类
英国	英美法系	组建法官委员会，内部作出评价	法官有不良习性和不当行为即可启动追责程序
德国	大陆法系	建立起完善的法官评价体系，主要通过第三人评语对法官的违法审判问题进行论述，记入个人职业档案中	法官的一般性违法事项将记载在年度考核评价之中，直接影响到法官的晋升；出现重大违法事项由法院院长直接罢免
日本	大陆法系	建立法院裁定委员会，专门针对法官的违法事项进行裁定	法官如有明显违背职务上的义务或对履行职务有严重疏忽之行为，明显损害到法官威信，专门委员会根据各方反映信息提出惩处措施，交由日本国会或最高法院决定
挪威	大陆法系	全国只建立一个统一的法官司法责任追究委员会	专门惩治机构成员由法院内部法官构成，3/5 的成员通过即可
比利时	大陆法系	建立法官司法责任追究委员会	由各级司法委员会对本级法官审判责任进行追究

（二）共性经验

目前我国法官司法责任制度相关立法尚属空白，尤其是在框架制度设计上需要借鉴外国先进国家和地区的经验，从而在它们的基础上构建起符合我国司法规律发展的法官司法责任机制。目前主流司法学界可划分为大陆法系和英美法系两大类，其中大陆法系主要是德国和我国台湾地区在司法责任制实践方面有着较为突出的成就，而英美法系则主要以美国和我国香港地区为代表。故本课题组通过研究上述国家和地区关于法官责任制度的具体规定，总结出如下共性经验：

1. 列明对显而易见的行为的处理

列明对司法官员的贪腐、渎职、酗酒及违反司法道德的行为进行调查和处理。目前，我国法院系统中关于法官司法责任的惩治标准依然将法官司法责任局限在传统的错案、贪腐和渎职等范畴之中，而一些法官日常行为中足以对自身司法形象和公职行为产生决定性影响。因此，我们可以借鉴上述国家的规定，列明最为常见的司法行为，增强可操作性。

2. 确立弹劾和降级两项主要惩治措施

西方国家目前针对法官司法责任在惩罚手段上主要表现为弹劾和降级。在弹劾和降级之间没有类似我国违法审判责任追究制度的中间过渡性惩罚手段，这就对立法者提出了更为严格的要求，对违法审判的法官之震慑也最为严重。纵观我国现行法官审判责任追究体系，在开除公职和警告之间，还有很多介于其间的惩治措施，但适用的科学性和区分性均不强，因此，我们可以在完善我国法官责任追究制度的进程中将弹劾和降级制度引入其中，规定什么情况下适用弹劾程序，什么情况下适用降级程序，以进一步完善对法官违法审判的惩治。

3. 均制定出针对法官违法审判责任的单独立法

纵观各国，无论是英美法系还是大陆法系，都在现有法官责任制度的基础上进行了整合，单独立法把对法官的标准统一到具体细节上，形成严格的追究制度体系。如《德国联邦法官法》《美国联邦法官行为规范》《比利时法官条例》和《日本审判责任追究条例》，它们均将对法官违法审判的责任集中放置在单独的法律制度之中，确保司法追究机关可以在明确的法律框架内对于法官违法审判责任进行追究。

4. 均明确追究制度构建的标准

目前各国法院系统均从程序责任、结果责任和职业伦理责任这三方面着手，分别建立起符合各自司法实际情况的法官违法审判责任追究制度体系。其中，德国和美国等国家主要根据法官违法审判的程序和结果两方面细分出法官的责任，从而明确程序责任和结果责任兼顾的判断标准，凸显出力度不同的惩治措施；挪威、比利时等国主要从法官违法审判的结果着手，根据最终核准产生法律效率的法律文书中出现的引用法律条文错误、认定事实错误等问题套用相应的惩治标准，形成较为完善的惩治措施；我国香港地区则在完善的法官违法审判程序和实体惩治标准的基础上，突出对法官职业伦理责任的要求，涉及法官日常生活中的交际、娱乐活动、言论、政治主张表达和从业限制等方面。

（三）个性经验

随着对法官违法审判责任体系研究的深入，对体系制度的分支开始越来越集中于结果责任、程序责任和职业伦理责任三大部分，而本着对上述分支进行整合的目的，本课题组也注意到一些国家关于细化惩治措施的特殊举措，它们注重从结果责任、程序责任和法官职业伦理责任三方面对法官违法审判责任进行追究，这也符合本课题组从上述三方面责任体系出发构建符合当下我国司法改革现实需要的法官违法审判责任追究制度。

1. 大陆法系经验：注重从结果和程序两部分进行追责

大陆法系国家以德国为代表，其经验主要在于对结果和程序两方面责任进行详细的划分，并通过具体判例进行展示说明。

案例一（针对违法审判程序责任）

2014 年 5 月，德国萨克森州德累斯顿市法院拉姆法官被指控没有在核实当事人基本情况的情况下就直接开庭审理案件。为此，拉姆法官被德累斯顿市法官委员会予以惩戒。该州法官委员会 118 名成员以 99 人同意，12 人反对，7 人弃权的结果通过了对拉姆法官的弹劾动议，依照第三条认定拉姆法官违背了法律程序，给予弹劾处分。为此，拉姆法官表示不服，认为其仅仅是违背了行为规范，私下会见了一方当事人，其裁判结果并没有违背法律的规定。之后，德累斯顿市和萨克森州议会对拉姆法官的违法审判事项进行复核并认为，尽管拉姆法官的裁判结果没有违背相关法律规定，但其私自会见一方当事人的行为已经对法官的司法形象造成重大影响，故认定涉案的拉姆法官已经不能适应法官职业要求，予以撤职。

案例二（针对违法审判结果责任）

2015 年 3 月，德国巴登——福腾堡联邦州斯图加特市法院的韦斯特海姆法官因为在核对已生效的裁判文书中出现了瑕疵，误将 112.34 万美元赔偿金写成 11 240 美元，后被当事人发现后要求予以纠正。韦斯特海姆法官后来发现自己错误后马上予以纠正，重新核发了判决书，将赔偿金金额予以纠正。尽管韦斯特海姆法官在法律文书制作上的纰漏没有给当事人造成损害，韦斯特海姆法官事后纠正的措施非常及时和有效，有效地维护了当事人的合法权益，但斯图加特市法院还是根据斯图加特市议会关于惩治法官违法责任的规定正式报请议会启动了对韦斯特海姆法官的调查程序。考虑到韦斯特海姆法官过去一直对自身工作的敬业态度以及该瑕疵对于法官司法形象的影响较小，再参考涉案当事人对于韦斯特海姆法官所持有的宽容态度，斯图加特市司法委员会决定给予韦斯特法官警告处分。

2. 英美法系经验：列明法官职业伦理道德违规行为

英美法系如我国香港地区，法院主要通过列举的方式将常见的法官违反职业伦理的情形一一明确。这样，法官的违法事项将对比具体列明情形形成完善的追责体系。由此，我国香港地区在保留了英国法律制度中不成文法律列明之传统基础上，强调法官应该与一般社会生活相隔离，并对法官在日常生活中会遇到的违法事项进行了列举，主要有以下六个方面：（1）在其他当事人不在场时，法官不应与案件的其他方或代理人就案件做任何沟通，更不会与案件一方出现在任何私密场合。（2）法官不应与上诉法庭或上诉法官谈及正在审理的案件，更不会提前“请示汇报”。（3）对媒体和公众就案件给予的任何评论，法官不应作出明确的回应。（4）法官在某一案件中如果中立立场出现偏向会被取消审理资格，而“偏向”的认定标准包括实际和推定两种情形。（5）法官应避免与政治组织的密切联系，避免自身裁判被政治理念干扰。（6）退休后不可以当律师。

案例一：2015 年 8 月，我国香港地区最终法院对九龙地区法院林伟德法官个人违规事项进行裁定，鉴于林伟德法官在办理一起买卖合同纠纷案件期间多次接受一方当事人请吃，并在请吃场所对一方当事人进行案件提示，在法庭上也有暗示性表示，给予一方当事人以便利。对此，我国香港地区最终法院依据《法官行为准则》中列举的情形，明确林伟德法官的违法行为属于违规接受当事人请吃，因此对林伟德法官作出停职处理。

案例二：2015 年 11 月，我国香港地区最终法院对新界地区法院李振林法官个人违规事项进行裁定，鉴于李振林法官在周末时间违规出入娱乐场所被视频录像予以证实，符合《法官行为准则》中列举的“法官不应与上诉法庭或上诉法官谈及正在审理的案件，更不会提前‘请示汇报’”这一事项，故给予李振林法官停职处分。

（四）借鉴之处

1. 共性经验借鉴

在规定法官惩治达到一定触发标准的同时，也需要对作出惩处决定的机构和人数进行进一步的细化，一方面，要突破现有的惩治措施作出机构局限在法院系统内部的问题，让更多外部人士可以加入法院惩治立法中来，对本部门内的法官进行有效地限制，确保作出决定的上层法律框架制度的科学完整和规范。另一方面，我们也需要形成完善的制度安排，对法官司法责任认定的决策过程是关系到法官个人职业生涯和终身名誉的重大事项，不能像一般法院行政事项那样强调“一言堂”，集中体现高层领导意见，而要做到“有法可依”，具体如下：

（1）需要细化违规审判的程序标准。各国法院系统对于法官违法责任的一般认识均包括了贪腐、渎职、酗酒等，这种规制涉及影响法官作出正确价值判断的主观思维，必须在未来针对法官违法审判责任的单独法规中加以细化。我国法院系统中关于法官司法责任的惩治标准依然将法官司法责任局限在传统的错案、贪腐和渎职等范畴之中，而一些法官的日常行为中足以对自身司法形象和公职行为产生决定性影响。因此，我们可以借鉴上述国家中关于司法官员不良行为认定中最为常见的司法行为，完善现有制度自身适用的情形，增强可操作性。

（2）确立弹劾和降级两项惩治措施。西方国家目前针对法官司法责任的制度在惩罚手段上主要表现为弹劾和降级。在弹劾和降级之间没有类似我国违法审判责任追究制度所涵盖着的复杂的中间过渡性惩罚手段，这就对立法者提出了更为严格的要求，对违法审判的法官之震慑也最为严重。纵观我国现行法官审判责任追究体系，在开除公职和警告之间，还有很多介于其间的惩治措施，但适用的科学性和区分性均不强，对法官违法审判现象的震慑效果不甚理想，反而留有权利寻租和缓冲的空间。因此，可在完善我国法官责任追究制度的进程中将弹劾和降级制度引进其中，规定什么情况下适用与弹劾程序类似的解除职务措施，什么情况下适用降级措施以及在具体的降级措施中明确在何种情形下降多少级，以便对法官违法审判问题的惩治体系予以进一步规范。

（3）出台单独立法。纵观各国，无论是英美法系还是大陆法系，都在现有法官责任制度的基础上进行整合，单独立法把对法官的标准统一到具体细节上，形成严格的违法审判责任追究制度体系。因此，在我国法院系统中建立起单独的法官违法审判责任追究制度极为重要，要形成从追责标准、追责范围到具体情形的单独立法，将对法官违法审判的责任集中放置在单独的法律制度之中，确保司法追究机关可以在明确的法律框架内行使追究权力。

（4）明确追究标准。当前，我国法院系统关于法官违法审判的追责标准依然处于混杂的状态，各地分别采用结果责任标准、程序责任标准或是职业伦理责任标准。故一旦本课题组所设想的全国范围内可适用的单独立法正式实施，必然面临着确立统一标准的问题。纵观其他国家和我国香港地区，在结果责任标准、程序责任标准和职业伦理责任标准三者之间，无论选择何种标准或者是多种标准兼顾，均有详细且规范的制度予以明确。因此，在考察上述体例的基础上，本课题组认为，鉴于我国目前各地方法院已经在追责标准选择上形成了结果、程序和职业伦理三者各自的运行模式，如果为了追求统一使用的简便而偏废任一方，必然会造成地方适用上的不适应。鉴于此，必须明确未来我国法官违法审判责任制度应该坚持的追责标准，即是一种综合结果责任标准、程序责任标准和职业伦理责任标准三者各自优点的混合标准。

2. 个性经验借鉴

发生在德国的两起较为常见的法官违法审判责任追究案例，一起是关于行为过错责任，一起是关于结果过错责任。在这两起案例中，德国法院由司法委员会对法官责任予以规制，严格区分结果和程序两种责任模式，在处理影响到法官职业的重大事项时一定要做到慎之又慎，对于解除法官职务的规定做到可量化。故我们在制定具体的法官行为违规标准的同时，必须要具体分析目前法官违法审判的三种表现形式，具体如下：第一，案件办理质量，即由于法官认识、能力水平、工作疏忽等原因导致案件质量存在瑕疵或错误和非因主观故意或重大过失违反法定程序但造成实质严重后果的。第二，办案效率问题，表现为法官拖延办案、贻误工作等。当前我国法律对案件审限的规定过严，而且调卷时间不扣除审限，故应对延长审限的次数予以明确，并建立审限扣除制度，对调卷、案件转办等所必需的时间予以扣除。第三，违法审判问题，即法官由于故意或重大过失对案件处理造成严重后果的情形。法官利用审判权收受贿赂、以权谋私等行为属于违纪违法行为，按照党纪政纪和法律规定另行处理。

借鉴我国香港地区的做法，我们可以将法官平时社会生活中出现的各种违规情形尽可能地予以细化。因为必须充分考虑到社会经济生活内容变化快的特点，一段时间内较为流行的娱乐方式和交际手段将被更为新颖的社会经济生活方式淘汰。故我国香港地区严格依据软性的《法官行为准则》对法官的违法审判活动进行裁定，因为该准则对法官日常违规行为的列明极为具体而且经常更新，可以做到有法可依。例如，KTV 娱乐方式在五到十年之前作为一种较为流行的生活方式已经在更为新颖的生活方式中变得不再流行，如果继续将 KTV 这一传统的娱乐方式列明的话，将造成制度与现实生活不相符。此外，规定法官不能与案件一方出现在同一饭桌或同一包房。因此，我们在制定符合全国法院系统自身实际的制度时，必须充分吸取我国香港地区的具体规定，让更多常见的情形都能够在我们未来的制度中得以体现。

七、完善我国法官违法审判责任追究制度的对策与建议

本课题组通过上述分析中已经认识到，目前全国错案追究标准存在着多种责任混淆堆积的问题，现行的相关审判责任与以错案责任为切入点的现实需求并不是一一对应的关系。社会上普遍呼吁的全面司法责任包括了司法责任、法官责任、审判责任和错案责任，各种责任的内涵与外延不一致，缺乏统一的前提。故追究法官司法责任必须统一归于“审判责任”之下，厘清不同过错责任，具体对策如下：

（一）回归责任追究的理论价值

1. 追究结果转变为追究行为

一方面，应当果断放弃单纯针对特定结果的追责标准。不能简单地把出现“错案”或者严重后果作为追责依据，应当将追责对象明确为审判行为而非审判结果。另一方面，追究结果转变为追究行为并未意味着对特定结果的出现不予追究，应当将出现“错案”或者严重后果作为追究审判责任的线索或者启动条件，再结合其他要件追究审判责任。

2. 全面追责转变为科学追责

我们制定追责标准应当舍弃全面追责，转变为科学追责，理由有三：首先，这是尊重司法规律的需要。法官有权认定事实与判定责任，但最审慎的法官也可能把案子搞错。[①] 不论过错、程度无一例外地全面追究审判责任必然极大挫伤法官的积极性，而且也必然与司法规律相违背。其次，这是构建责任体系的需要，应就法官在审判行为中应承担的责任构建多层次的责任体系，责任体系整体发挥作用就能实现全面追责的目的，审判责任作为责任体系的其中一环不需要追求全面追责。最后，这是对接实践的需要。部分规定为了实现全面追责，不惜将追责标准制定得尽量模糊，这必然导致追责实践的困惑。徒法不足以自行，制定追责标准应当充分考虑能否施行，因此应当制定具体化、可操作的追责标准，突显科学追责而非全面追责。

3. 追责标准的构建适度偏向审判监督

首先，就司法现状而言，在目前裁判质量和司法公信力不高的情况下，在审判独立与责任的平衡上，应当适度向责任倾斜。[②] 其次，就追责目的而言，审判责任追究的主要目的在于审判监督，不在于保障审判独立。我们应当肯定司法制度的整体价值是追求审判监督与审判独立的平衡，但也应当明确审判责任追究标准这一具体制度的主要目的在于审判监督，追责标准与免责标准结合可以体现审判监督与审判独立的平衡，过分追求追责标准的保障功能显然是本末倒置。

4. 追责标准的构建避免冲击审判独立

强调追责标准的构建适度偏向审判监督，但不能因为审判监督而抹杀审判独立的价值。一方面，基于司法规律的要求，不能单纯因为裁判结果与客观事实不一致就认定该“错案”需要追责，应当尊重法官在符合程序要求及尽审慎义务前提下的独立性。另一方面，基于司法制度的特点，不能单纯因为二审发回改判等就认定一审法官

---

① ［法］勒内·佛洛里奥：《错案》，赵淑美、张洪竹译，法律出版社2013年版，第4页。

② 江必新：《关于法官审判责任追究若干问题的探讨》，载《法制日报》2015年10月28日，第9版。

需要担责，完全抹杀不同审级法官之间的独立性。[①]

（二）构建多层次责任体系

错案责任的追究要兼顾考量责任的惩罚性和过错致损补偿性两大问题，以确立法官审判责任的司法边界，使其依法办案。目前，中央层面上的审判责任追究机制既没有呈现出严格意义上的责任认定递进关系，也没有对如何适用作出进一步的细化规定。由此，应构建一个由刑、民和行政构成的责任体系，使这3种责任轻重结合、相辅相成，才能真正实现办案质量负责制促进司法公正的设置初衷。[②]本课题组通过调查也发现，各地法院追究的错案多是一般常识性案件，并不存在重大争议。除非同时存在违法犯罪行为，否则法官不会被追责。故本课题组就将法官在审判过程中应承担的责任建立起多层次的责任体系，新构建的责任体系从免除责任到承担刑事责任，已经将法官审判责任依其严重程度划分为不同的责任区间，具体如下：

表8　多层次责任体系

追责（免责）目的	责任程度	责任类型
尊重司法规律，保障独立审判	极为轻微	免除责任
提醒法官注意，提升审判质量	轻微	瑕疵责任
规范审判行为，惩戒违法审判	严重	审判责任
构筑行为底线，制止犯罪行为	极其严重	刑事责任

（三）区分违法审判责任类型

目前，我们有必要在具体制度制定出来之前对司法责任、法官责任、错案责任和审判责任等相关概念进行梳理，具体如下：首先根据现实情况，在法官责任框架下去区分审判责任所导致的结果错案和错案责任所导致的结果错案；其次在非法官责任范畴内划分出司法责任；最后才是对法官司法责任追究过程中到底是法官主观因素引发还是内部非法官之客观因素引发的管理责任和监督责任进行进一步的区分。具体来说，首先是要明确司法责任的概念，明确司法责任包括审判责任、管理责任和监督责任，其中最为核心的审判责任作为目前全国指导意见中行为标准的重要体现应该是与错案责任这一传统的结果标准相对应，明确为司法责任范畴中的一个类别。其次是要理清司法责任的范畴，改变过去一概而论的旧有思维，将其具体划分为法官责任和非

① 单纯以二审是否改判等认定“错案”并追责，必然驱使一审、二审法官作出裁判前先行沟通，是对审级制度独立性的重大冲击与破坏。

② 何家弘：《短缺证据与模糊事实》，法律出版社2012年版，第289页。

法官责任，在非法官范畴内的机构设置管理和监督上之责任要独立于法官责任。再次是常见的错案责任，对其研究一定要做到严格限制在错案结果问题分析之范畴内加以考虑，将因裁判结果有错误而造成的错案和裁判过程有误而造成的错案有效地区分开来，前者被追究的是审判结果，后者被追究的是法官行为。最后是要关注审判责任。本课题组认为，立法者应该在已有规定具体界定基础上进一步区分法官行为责任和错案责任。

（四）明确核心性的审判责任

综上分析，本课题组认为，必须在对相关司法责任类型进行区分的基础上对其中作为核心的审判责任加以区分。首先，明确追责的对象必须是法官，而不是其他法院机关工作人员在管理和监督上的责任，更不可将两者不作任何区分地混为一谈。其次，明确追究的行为应该是在审判工作中的行为，而法官在审判工作之外的行为不应该作为审判责任的追究对象。这些责任行为应该被划归到单行的法官业务行为规范中予以规制，与本课题组所要研究的审判责任相分离，避免责任混同。最后，追责的行为应该具备可视化的严重程度，这种程度应该符合当事人的主观感受以及法院一般法官的认识程度，做到适度合理，能够为各方所接受。为此，本课题组认为，必须严格将法官的审判责任严格限定在行为过错和结果过错之中，必须明确行为过错和结果过错各自在未来法官审判责任追究制度体系中的轻重程度。因为在我国，目前裁判结果违规造成的实质性后果要比行为和程序违法更为严重，因此，本课题组认为，必须要在现有框架内明确行为过错轻、结果过错重的先后顺序，然后追究法官责任。

（五）统一审判责任追究标准

针对现阶段全国和地方均出台审判责任追究标准的规定，且相关规定极为不一致的现状。课题组认为：

1. 全面清理地方立法中有关审判责任追究标准的规定

我国《法官法》明确规定：法官非因法定事由、非经法定程序，不被免职、降职、辞退或者处分。此处所指的“法”应严格定义为法律，地方规定认定审判责任不仅有违《法官法》的相关规定，也必然冲击宪法赋予法院的独立审判权。事实上，不少地方已发现该问题并进行了相应整改，[①] 剩余未整改的规定应当加快整改步伐。

---

① 参见《海南省人民代表大会常务委员会关于废止〈海南省各级人民法院、人民检察院、公安机关错案责任追究条例〉的决定》以及《淮南市人民代表大会常务委员会关于废止〈淮南市司法机关追究错案责任条例〉的决定》等文件。

2. 从全国立法层面明确审判责任的追究标准

当前从全国层面对审判责任追究标准作出明确规定的为最高人民法院出台的《人民法院审判人员违法审判责任追究办法》《最高人民法院司法责任制实施意见》以及《人民法院工作人员处分条例》，但三者所规定的追责标准与追责情形各有差异。最新出台的《最高人民法院司法责任制实施意见》所规定的追责对象、追责要件等明显与之前的规定不同，但《最高人民法院司法责任制实施意见》为指导司法改革的法律文件，其本身没有直接的法律效力，已有文件是否应当根据《最高人民法院司法责任制实施意见》的精神作出修订值得研究。审判责任追究标准的重要性已无须赘言，因此有必要从全国立法的层面统一审判责任的追究标准。

（六）构建科学责任标准

课题组认为，审判人员遵守法律、依程序审理案件，结果不一定正确，反之，程序上出现错误，最终结论不一定错误。所以说，判断错案的标准不仅是单方面的问题，而要全面综合考量主、客观因素来认定是否定义为错案。要对法官违法审判进行追究的前提是要严格错案标准，认定标准包括主、客标准两个方面，在主观标准方面表现为故意和重大过失，考虑到法官工作积极性的问题，主观方面不宜包括一般过失；客观方面表现在事实认定是否错误、法律适用是否错误、程序是否错误三个方面。主、客观标准相统一方能认定为错案，进而追责。具体认定标准如下：

1. 主观标准

主观标准方面包括故意和重大过失。故意着重体现为枉法裁判、徇私枉法等，重大过失着重体现为法官并非主动追求错案，甚至是拒绝的。

（1）故意

课题组认为，在法官主观故意且有实际行为情形下，不论是否造成后果，都可以确定为错案；而对于主观过失，不可以简单地以结果为标准，为保证法官工作的积极性，只有重大过失并造成严重后果的才可确定为错案。

第一，推定故意行为。法官在审理案件过程中可推定故意简单说就是做了不该做的事情，包括违反司法决策、诉讼程序、职业道德三种行为。同时，推定故意行为需具备确定性、重要性两个特征：确定性是指某一个行为根据法律规定具有不可选择性，如判决结果需以合议庭评议结果为依据，对于此类行为，裁判者应当是熟知且必须要遵守的，违反则有错；重要性是指某一行为能够对定罪量刑产生重大影响，如判决结果是经合议庭合议后的结论，则如果违反该行为，必将对定罪量刑产生重要影响。

第二，特定行为不以结果为追责要件。一是行为具备确定性、重要性两个特征，行为作出后具有不可逆性，一旦违反即可能影响公正裁判；二是考虑到对法官违法责任进行追责的意义不但在于事后纠正，更侧重于事前预防。所以结果不应当是追责的唯一要件，对于违反重要确定性程序、流程及伦理规范的行为予以追责才能充分保障程序的自身价值。

第三，慎重对待非特定行为认定为故意的情形。一方面考虑到法官故意违法裁判本身就是一个较为难准确认定的问题，如对于当事人申请调查取证是否准许，法官有权进行裁量，对于此类行为不考虑其他因素直接认定故意存在难度；另一方面从追责的要件来说，错误审判行为存在故意即可追责，对此务必要再三斟酌，尤其是在不能对某一审判行为准确认定存在故意的情况下，应当转向是否存在裁判错误并导致严重后果作为追责的启动条件，并进而探求是否存在重大过失。

（2）重大过失

第一，以存在重大过失作为追责的决定标准。在出现裁判错误并导致严重后果这一前提下，最终应当以是否存在重大过失作为追责的决定标准。基于法官无法拒绝裁判的必然性、复原客观事实的困难性以及理解适用法律的差异性，作为审判责任追责标准要件的重大过失，其程度应当从严把握。不仅不能是一般过失，而且程度“应当高于法律对行政人员所规定的‘重大过失’”。课题组认为作为追责标准要件的重大过失是指尽到一般注意义务即可避免相关结果，但因重大疏忽大意没有预见该结果，或者已预见该结果但因重大轻信而没有避免的行为。

第二，以裁判错误并导致严重后果作为追责的启动标准。一方面，启动追责的前提是出现了特定结果，结果出现才能启动追责程序，该后果如不具有严重性则无须追责；另一方面，该种特定结果因裁判错误而导致严重损害司法公正。这种裁判错误不仅包括结果裁判也包括过程裁判，如保全裁判就属于过程裁判。裁判错误应指颠覆性的错误，刑事案件把无罪认定为有罪或有罪认定为无罪作为需要问责的错案，民事、行政案件将裁判完全改变前审级的判决、前审级在性质判断上存在颠倒性错误作为需要问责的错案。此类严重后果是指重大人身伤亡或财产损失，且严重后果必须是因裁判错误直接导致的，是对司法公信力一种严重损害。

2. 客观标准

①事实认定是否错误

事实认定是指法官根据卷宗材料的反映，根据证据认定规则对事实进行法律判断的过程。一个案件分配到法官个人手上，法官首要解决的就是进行事实认定，进而查明真相，这是作出裁判的前提和关键。一般来说，案件起诉到了法院，即是说事实已然发生且不可逆转，在这样的环境下，要求法官彻底还原事件真相确实有点强人所难。即是说，法官审理案件难以实现还原绝对客观事实，只能尽可能地接近客观真实。因此，法官得基于达到客观事实的情况转而追求法律事实。法律事实是指遵照相关的法律程序、有合法证据予以证实案件真实情况的事实，是一种靠证据支撑起来的事实，而客观事实是不以人们的意志为转移、不依靠人类主观能动性的事实。可以说，法律事实与客观事实之间并不能简单地画等号。法官据以裁判的并不是客观事实，而是通过卷宗材料反映出来的法律事实。因此，课题组所研究的事实认定限定于法律事实的认定。

证据是法官进行事实认定的唯一凭证。在民事审判领域，双方当事人往往各执一词，都认为对方说的是虚假陈述，自己所说才是客观事实，法官在办理此类案件时就需要依赖庭审过程中双方提供的有效证据才能够分辨真假。即是说，认定事实的前提是准确地对证据进行审查、判断。一个材料是否能够作为证据使用，要符合客观性、关联性、合法性，只有这样才能够将此作为裁判的最终依据。客观性侧重于审查证据的证明能力，关联性在于现有证据与案件各个环节是否具有法律上的逻辑关系，合法性则要求审查证据的来源是否在法律规定的程序范围内。如果法官未尽到证据审查责任，而将一份存在问题的材料作为判决的依据，此时就出现了认定事实错误的情况，依此作出的裁判就导致了错案的发生。基于证据取得的特殊性，我国《刑事诉讼法》规定："证据不足，不能认定被告人有罪的，应当作出证据不足、指控的犯罪不能成立的无罪判决。"固然，主办法官如果没有完全达到内心确信，在证据不足的情况下依然根据自己的主观判断将证据作为裁判依据，这样就可能造成错案。因此，我们认为在具体的案件办理过程中，一旦出现事实认定方面的错误，就存在错案发生的土壤。

②适用法律是否错误

卡尔·拉伦次在《法学方法论》一书中说道："个案裁判者的眼光往返于（透过规范方案及规范领域而研拟出来的）法规范以及（个别化之后的）案件事实之间。"①适用法律是指具有法律使用权的国家机关、个人依照法律赋予的权限，将法律规定适用于具体事件的活动，具体是体现在司法人员适用法律处理案件。② 可见，适用法律错误指的是案件承办人在案件办理过程中，对法律规范的应用出现了偏差并造成了严

---

① ［德］卡尔·拉伦次：《法学方法论》，陈爱娥译，商务印书馆2003年版，第14页。

② 胡乔木：《中国大百科全书》，中国大百科全书出版社1993年版，第83页。

重后果。在具体办理案件过程中，法官运用法律规定处理案件可能会出现以下几种情况：一是法律明文规定一个条文可直接适用；二是多个条文规范同一种行为；三是某一行为尚未有相关法律法规予以规范；四是法律条文对某一行为规范较为模糊，需要法官进行释理后才能适用。这些情况都需要法官结合自身的学识及经验，通过主观能动性进行选择判断，最后达到内心确信程度较高后来选择如何适用法律，正是这种主观选择的过程，很容易发生选择法律错误的行为，最终导致错案发生。

适用法律错误包括适用法律内容、方法错误两种情形。适用法律内容错误是指错误地引用了法律规定。在刑事审判领域，涉及罪与非罪、此罪与彼罪、量刑轻重、一罪与数罪等适用方面出现的错误问题，如在此罪与彼罪的判断中，一种行为构成了犯罪是确定的，但在适用罪名时却没有达成一致，导致这种情形主要是法官对此类犯罪的构成因素、犯罪形态没有形成正确的判断而引起的。适用法律方法错误是指法官在具体的案件推理过程中出现了逻辑偏差。适用法律的过程，是法官对某一行为进行法律评价的前提，是法官个人通过法律逻辑推理进而得出法律唯一结论的过程。在这种高度精密的逻辑推理过程中，法官需要有严谨的法律逻辑思维，一旦疏忽就会导致推理错误，进而出现法律适用错误，触发错案产生。

③程序是否错误

所谓程序错误是指办案人员在案件办理过程中违反了法律上关于程序方面的规定，如超期羁押、连续传唤、异地拘传、缺乏合法的批准程序而随意拘捕进行讯问等情形，这些都是程序性的错误。[①] 程序错误是可以作为判断错案标准之一的，该标准并不一定是导致错案发生的直接原因，但其无形之中提高了错案发生的概率。“重实体、轻程序”在我国司法实务中依然普遍存在，程序错误对司法公正的损害不容忽视。程序公正是“看得见的正义”的一种外在表现，实体公正要通过程序公正来保障，只有程序正义了，才能保障案件处理的每个环节符合法律规定，以此得出的判决才能够是公平、公正的。

我国《刑事诉讼法》第 117 条明文规定：“传唤、拘传持续的时间不得超过十二小时……不得以连续传唤、拘传的形式变相拘禁犯罪嫌疑人。传唤、拘传犯罪嫌疑人，应当保证犯罪嫌疑人的饮食和必要的休息时间。”诚然，在司法实践中，不排除连续讯问、超时讯问的情况，或给压力于犯罪嫌疑人，对其造成巨大的心理压力，这些实际上是变相的刑讯逼供，犯罪嫌疑人往往在这种巨大的心理压力下受不了身心的

---

① 陶婷：《错案论》，华东政法大学出版社 2014 年版，第 108 页。

折磨而作出了不利供述，恰恰是这样方式得来的供述使被告人受到法律制裁。正如谷口安平所说："审判结果是否正确并不以某种外在的客观的标准来加以衡量，而充实和重视程序本身以保证结果能够得到接受则是其共同的精神实质。"① 程序公正是做到实体公正的前提和先决条件，我们在具体运用法律过程中应当侧重于程序上的正义，法官个人提高了对程序公正的认识才能有效减少错案的发生。

据此课题组认为，错案判断标准是主、客观标准的统一，主观标准主要包括故意违反法律法规或过失违反并造成严重后果，而客观标准主要包括事实认定错误、适用法律错误和程序错误，只要满足主客观标准方可以认定为错案。一旦认定为错案，即可启动相应程序对责任主体进行追责。

（七）建立"层进式"错案认定标准

课题组认为应当建立"层进式"错案认定标准。具体来说，就是将具有一定特征的案件初步认定为错案，在初步认定错案的基础上再去追究实体错案责任或是行为错案责任，以便减少认定成本，便于法院在下一步工作中具体认定法官的审判责任。

1. 第一层：初步认定为错案

以《江西省司法机关错案责任追究条例》为例，其第 8 条、第 11 条就采取列举的方式，将具有一定特征的案件初步认定为错案，减少认定成本，便于法院在下一步工作中具体认定法官的审判责任。其中，第 8 条列明："审判机关所办案件，有下列情形之一的，属于错案：（一）原审人民法院判决错误，被二审人民法院改判，或者按照审判监督程序改判的；（二）原审人民法院裁定错误，被二审人民法院撤销，或者按照审判监督程序撤销的；（三）原审人民法院违法调解，按照审判监督程序撤销的。"第十一条列明：各级司法机关及其工作人员在办案过程中有下列行为之一的，视为错案："（一）违反法定管辖权办案的；（二）为犯罪嫌疑人提供串供、假供机会或者泄露案情的；（三）隐匿、销毁证据或者作虚假笔录、鉴定或者出具错证、假证的；（四）检验报告、鉴定结论错误的；（五）逼供、诱供、非法拘禁的；（六）非法制作法律文书的。"

2. 第二层：最终认定为错案

在初步认定错案的基础上再去追究实体错案责任或是行为错案责任。第一，实体错案。以江苏省高级人民法院制定的《关于错案追究责任的规定》第 12 条为例，其

① 孙笑侠：《程序的法理》，商务印书馆 2005 年版，第 98 页。

中列举的、可归为实体错案责任包括以下几种情形：（1）私自办案或内外勾结造假的；（2）毁弃、改、匿证据或指使、帮助他人作伪证；（3）故意隐瞒主要证据或提供虚假材料的。第二，行为错案责任。以《河北省错案和执法过错责任追究条例（修订草案）》第10条为例，行为错案责任标准应包括以下几种情形：（1）私自制作诉讼文书或因重大失误致使文书主文错误；（2）故意违反法律规定采取财产或其他强制措施的，以及因在采取上述措施中有重大工作失误而造成案件当事人、案外人或第三人人身伤害财产损失的。

（八）列举过错案件类型

目前，重庆和上海两地法院均将过错案件分成瑕疵案件与错误案件两类，对瑕疵案件又分为一般瑕疵案件和严重瑕疵案件，进而追究责任。例如：《重庆市第四中级人民法院关于瑕疵错误案件责任追究的规定》第4条明确规定：一般瑕疵案件主要涉及文书制作、网上办案、卷宗装订归档等四个方面，并强调“对社会危害不大”的客观标准；将严重瑕疵案件明确界定为“事实认定、法律适用、审判程序错误、文书制作重大错误，超审理期限”，尤其是对于“超审限”目前较为常见的问题因为标准明确，直接归为“严重瑕疵”情形有助于强化目前群众反映最为强烈的审限意识。例如，上海地区法院《明确错案追究标准》略显保守，只是罗列错案的形式，没有区分“一般瑕疵”和“严重瑕疵”的情形，但也在其中的第6条采取列举方式明确将“法律明确规定应当立案受理而不予立案受理的，或依法不应立案受理而立案受理、定性错误造成量刑畸轻畸重、审判人员利用职权私自制作法律文书、采用强制措施不当，严重侵犯公民人身权利或者造成财产重大损失、未经批准，任意超越案件审理时限”等14项特定情形予以明确。

八、追责标准的实践检验

为了增加本调研课题的论证科学性，课题组将通过具体案例展示，从而将完整的法官违法审判责任追究制度的适用过程呈现出来。

（一）案情

聂树斌案是1994年发生在河北省石家庄市西郊的一起强奸杀人案，受害者聂树斌因涉嫌故意杀人、强奸妇女被石家庄中院一审判处死刑，案件到二审后被河北省高院维持死刑判决，遂于1995年4月27日执行死刑。2005年1月，强奸杀人案真凶王书金在河南省落网。2016年12月2日，最高人民法院第二巡回法庭宣告撤销原审判决。

（二）本案难点

1. 案件经过合议庭和审判委员会讨论，如何追究法官个体责任

聂树斌案因属于涉及适用死刑的重大刑事案件，尽管主审法官在认定案件事实和采信证据的过程中影响巨大，但由于经过合议庭成员集体讨论、法院审判委员会内部研究把关等程序，主审法官在违法审判中的比重应是多少需要予以厘清。

2. 诉讼程序外对法院压力巨大

聂树斌案经过十余年，期间受害者家属以及国内众多律师群体通过各种途径表达希望追究违法审判责任的诉求，还对再审结果的公正合理表示质疑，这对法院司法公信力负面影响巨大。

3. 案件负面影响大，法院信访压力大

由于聂树斌案在事实认定和证据采信上具有明显的缺陷，尤其是该案的真凶王书金落网后主动承认杀人案的犯罪经过后，致使法院在该案所引发的舆论中陷入完全被动的境界。对此，家属就该案多次信访，希望法院能排除妨碍、依法审判，致使该案在社会上得到各方极大的关注。

（三）法官违法审判责任制度适用

表9　法官违法审判责任制度适用情况

序号	项目	项目1	项目2	认定结果
1	区分违法审判责任类型	合议庭同意主审法官的意见，但合议笔录上主审法官的意见占据主要部分	审委会只是对结果给予完善建议，并没有对审判结果进行实质性改动	在合议庭整体内追究主审法官违法审判责任
2	核心审判责任认定	认定死刑的主要事实是聂树斌的体液出现在案发现场和在法庭上采信了没有形成完整证据链的关键证据	程序上没有对公诉机关提交的证据进行质证；结果上存在着判决结果明显错误	程序责任和结果责任兼顾
主观要件				
3	明确故意与过错的范围	故意情形：违法审判行为包括在法庭上没有进行证据质证、没有询问当时在现场取证的公安人员，符合故意的构成要件	无	认定主观故意

续表

序号	项目	项目1	项目2	认定结果
客观要件				
4	事实认定是否错误	作案时间、作案工具、被害人死因等方面均存在重大疑问，故意杀人罪认定事实存在偏差	聂树斌的体液出现在案发现场，但不能证明与强奸事实有直接关系	事实认定错误
5	法律适用是否错误	抓获后5天的询问笔录缺失	不能排除刑讯逼供	不足以适用故意杀人罪和死刑判决
6	程序是否错误	询问笔录缺失	有罪供述真实性没有聂树斌本人签字予以证明	认定程序错误
7	内心确信程度	原判建立在物证等实物证据上十分可疑	供述等言词证据不能采信，不能排除另有真凶	内心确信不足

（四）适用效果分析

通过案例适用，新型法官违法审判责任制度最终呈现出如下三大显著效果：一是对原审法官司法责任认定标准进行清晰阐述，全面概括原审主审法官违法审判的具体情况。从编号1－2的责任类型及种类区分项目逐步推进到编号3－7的主客观项目，兼容制度设计的演进脉络，向公众完整地展示了错案认定程序的全过程，减少理解语境困难，消除公众质疑。二是表格式列明法律依据，排除道德因素干扰。制度直接排除了道德因素干扰，聚焦罪名认定、对司法制度的损害情况等关键项目，为追究法官违法审判责任提供了最有力的支持。三是逐项核实确认。法官违法审判责任制度逐项核实确认，细抠归纳的程序和结果争议焦点，这需要结合证据和法律条文来理解。

调研成果转化情况

司法责任制是司法改革的“牛鼻子”，它是权责相统一原则的必然要求、提高司法公信力的重要举措、维护司法公正的基本保障、推进新一轮司法改革的关键环节、中外诉讼制度发展的必然趋势。课题组通过深入地甄别、分析和研究，并结合调研掌握的情况以及借鉴试点探索经验与域外立法经验，提出了建议。以此为基础，尝试起草了《南宁市中级人民法院关于对办案瑕疵错误进行责任追究的规定（建议稿）》《南宁市中级人民法院关于人民法院法官违法审判责任追究的规定（建议稿）》，供领导决策参考（相关成果内容见附件）。

附件1：

南宁市中级人民法院
关于对办案瑕疵错误进行责任追究的规定

（建议稿）

为深化司法责任制改革，完善办案责任制，落实法官审判“权责利统一”，防止办案过程中的瑕疵、错误，提高审判质量，根据《最高人民法院关于完善人民法院司法责任制的若干意见》，结合本院工作实际，制定本规定。

第一条 贯彻“让审理者裁判，由裁判者负责”原则，法官办理案件不受任何组织和个人的干涉，严格禁止过问、插手、干扰法官办理案件。

第二条 法官依法履行审判职责的行为不受追究。

第三条 本规定所称的办案瑕疵、错误责任，是指法官办案过程中存在瑕疵或者错误而应当承担的内部管理责任，不包括故意违反法律法规，或者因重大过失导致裁判错误并造成严重后果而应当承担的违法审判责任。

把认定办案瑕疵、错误中发现的问题作为教育法官的素材，作为强化内部管理和合理配置审判资源的依据。除涉及违法审判外，对办案瑕疵、错误的认定和有关责任人的追究，不对社会公开。

第四条 通过认定办案瑕疵、错误，发现问题，总结教训，激励法官不断提高审判技能，防止和减少学艺不精对审判质效和司法公信力的负面影响。经认定办案存在错误，院长认为确有需要再审的，应当提交审判委员会讨论决定。

第五条 对办案瑕疵、错误进行责任追究，坚持以下原则：

（一）实事求是；

（二）有错必究；

（三）公平公正；

（四）罚当其过。

第六条 认定办案瑕疵、错误，应当遵循以下规则：

（一）按照法律标准，坚持程序与实体并重；

（二）对审判过程和裁判结果进行评查；

（三）以已结案件为评查范围；

（四）符合正当程序。

第七条 办案过程中的瑕疵、错误，一般通过以下三种案件质量评查途径发现：

（一）常规评查。定期对已结案件按一定比例随机选定进行评查；

（二）重点评查。主要对被二审或再审改判、发回重审的案件进行评查；

（三）专项评查。主要对审务督查、信访反映和上级转办等案件进行评查。

第八条 办案过程中的瑕疵分为一般瑕疵和严重瑕疵。

一般瑕疵是指文书制作、网上办案、卷宗装订归档等方面不恰当不规范，但社会影响不大的情形。

严重瑕疵是指在事实认定、法律适用、审判程序上存在疏漏或偏差，或者文书制作有重大错误，或者超过审理期限，给当事人诉讼（执行）权利和司法公信力造成一定损害，但未造成实体裁判、执行结果错误的情形。

符合第二款规定的瑕疵情形，但造成较大社会影响的，视为严重瑕疵。

第九条 办案存在错误是指认定案件基本事实错误、适用法律明显错误或严重违反审判程序的情形。

第十条 认定办案过程中的瑕疵、错误，由评查合议庭依据办案瑕疵、错误认定标准提出评查意见，报分管审判管理的院领导审核后，提交审判委员会讨论认定。

评查合议庭作出的评查意见应当书面告知合议庭。案件承办人以及合议庭其他成员对评查意见有异议的，应当在三日内提出书面异议。

评查合议庭认为办案存在错误，合议庭成员有异议的，审判委员会讨论认定前，应通知其列席审判委员会陈述申辩意见。

经审判委员会讨论认定办案存在瑕疵、错误的，应作出认定结论。认定结论应包括认定事由和主要责任人。

第十一条 办案存在瑕疵、错误，应当追究有关人员相应责任。

审判委员会决定的案件，因法律适用问题改变合议庭多数意见，被二审发回重审、改判或者被再审发回重审、改判，或者导致错误执行的，院长或受委托主持审判委员会的副院长应当在专业法官会议上作出总结，审理该案的合议庭成员不承担责任。

审判委员会办公室在审判委员会作出瑕疵、错误认定后，应将瑕疵、错误认定结论提交法官评价委员会。由法官评价委员会对瑕疵、错误性质和发生原因、法官审判行为等作出评价，提出责任追究建议，提交院党组讨论决定。

第十二条 办案瑕疵、错误认定结论和责任追究决定向责任人送达，以适当方式在审判庭或全院公布，一般不向社会公开。

第十三条 办案瑕疵、错误责任追究方式包括对合议庭的负面绩效评价和对主要责任人的组织处理。

组织处理的方式主要有：

（一）批评教育

（二）通报批评

（三）书面检查

（四）离岗学习

（五）岗位调整

（六）退出员额

第十四条 办案存在瑕疵、错误的，按照本院法官绩效考核有关规定扣减绩效分值，并按照审判长、承办法官、其他法官各30%、50%、20%的比例计算到人。承办法官同时为审判长的，按照审判长、其他两名法官各60%、20%、20%的比例计算到人。

瑕疵、错误的发生与法官助理、书记员行为有关的，还应当按照本院绩效考核有关规定扣减法官助理、书记员绩效分值。

第十五条 办案存在一般瑕疵的，对主要责任人进行批评教育。在一个统计年度内累计三件案件存在一般瑕疵的，给予主要责任人通报批评；累计五件案件存在一般瑕疵的，责令主要责任人书面检查；累计八件案件存在一般瑕疵的，主要责任人离岗学习或者调整其工作岗位。

第十六条 办案存在严重瑕疵的，对主要责任人进行批评教育。在一个统计年度内累计二件案件存在严重瑕疵的，给予主要责任人通报批评；累计三件案件存在严重瑕疵的，责令主要责任人书面检查；累计四件案件存在严重瑕疵的，主要责任人离岗学习或者调整其工作岗位；累计五件案件存在严重瑕疵经考核不适应不适宜办案的，按照相关程序退出法官员额。

第十七条 办案存在错误的，给予主要责任人通报批评。在一个统计年度内累计二件案件存在错误的，责令主要责任人书面检查；累计三件案件存在错误的，主要责任人离岗学习或者调整其工作岗位；累计四件案件存在错误，经考核不适应、不适宜办案的，按照相关程序退出法官员额。

第十八条 办案存在瑕疵，除承担办案瑕疵责任外，还应当对瑕疵及时进行补正。

第十九条 通过案件评查、庭审评查、司法巡查等活动，发现法官有违反职业道德准则和纪律规定，接受案件当事人及相关人员的请客送礼、与律师进行不正当交往等违纪违法行为，依照法律及有关纪律规定另行处理。

第二十条 法官在审判工作中，故意违反法律法规的，或者因重大过失导致裁判错误并造成严重后果的，应当承担违法审判责任。依照法律及有关纪律规定另行处理。

第二十一条 通过案件评查、司法巡查等活动，发现法官有索贿受贿、徇私舞弊等司法不廉行为的，坚决实行“零容忍”，依据相关规定严格追究责任。构成犯罪的，依法追究刑事责任。

第二十二条 本规定解释权为本院审判委员会。

第二十三条 本规定自　　年　　月　　日起试行。

附件2：

南宁市中级人民法院
关于人民法院法官违法审判责任追究的规定

（建议稿）

第一章　总　　则

第一条　为深化司法责任制改革，完善办案责任制，落实法官审判“权责利统一”，防止办案过程中法官违法审判，提高审判质量，根据《最高人民法院关于完善人民法院司法责任制的若干意见》，结合本院工作实际，制定本规定。

第二条　员额法官、执行员，应当严格执行国家法律法规，忠实于案件的法律真实，公正、合法、廉洁、高效地处理案件。

第三条　违法审判责任追究应坚持实事求是，罚当其过，责任自负的原则。

第四条　员额法官、执行员在审判、执行活动中因违法违纪行为或因工作不负责任以及其他原因造成错案的，应承担违法审判责任。

第五条　本办法所称错案，是指员额法官、执行员因索贿受贿、贪赃枉法、徇私枉法、徇情枉法、严重渎职等违法违纪行为，致使所办案件主要事实不清，适用法律法规错误；或者明显违反程序法，程序上存在重大疏漏；或者对工作敷衍塞责以及其他原因致使所办案件主要事实不清，适用法律法规错误，具有一般审判业务水平的法官都认为是错案的。

第二章　违法审判的来源

第六条　违法审判来源，是指发现违法审判线索的一定的途径，主要通过以下途径发现违法审判线索：

（一）被二审全部改判、发回重审的案件；

（二）在审判监督程序全部改判的案件；

（三）执行过程中发现错案线索的案件；

（四）受理国家赔偿案件中发现错案线索的案件；

（五）审判监督庭在案件质量检查中发现案件可能存在重大质量问题的案件；

（六）备查法律文书中发现错案线索的案件；

（七）通过纪检、监察、来信来访和人大、政协、政法委以及检察机关等监督渠道发现错案线索的案件；

（八）通过执法执纪检查发现错案线索的案件；

（九）其他途径发现错案线索的案件。

第三章 违法审判确认的启动

第七条 根据发现违法审判的来源，对违法审判确认的启动分别采取以下方式：

（一）二审全部改判或发回重审的案件，承办人应在收到中院退卷后15日内，向审判委员会书面汇报改判、发回重审原因及是否属违法审判的具体意见；

（二）审判监督程序全部改判的案件，再审裁判文书生效后15日内，由审判监督庭向审判委员会书面汇报改判原因及是否属违法审判的具体意见；

（三）审判监督庭在案件质量检查中发现案件存在重大质量问题，由审判监督庭向审判委员会书面汇报案件质量存在的问题及是否属违法审判的具体意见；

（四）执行中发现原判可能有错，由监察室向审判委员会汇报案件存在的问题及是否属违法审判的具体意见；

（五）文书备查中发现案件存在重大质量问题，以及受理国家赔偿案件发现案件有重大质量问题，统一由监察室向审判委员会书面汇报案件存在的问题及是否属违法审判的具体意见；

（六）纪检、监察、来信来访和人大、政协、政法委以及检察机关等监督渠道发现案件存在重大质量问题，由监察室向审判委员会书面汇报案件存在的问题及是否属违法审判的具体意见；

（七）其他途径发现案件可能存在质量问题，由院长指定专人向审判委员会汇报案件存在的问题及是否属违法审判的具体意见。

第四章 违法审判的确认、总结和通报

第八条 违法审判的确认，由审判委员会本着实事求是原则确认。

第九条 员额法官、执行员在审判、执行活动中有下列违法违纪行为而造成错误判决、裁定以及错误执行的，应属违法审判。

（一）办案中索贿、接受当事人或当事人的代理人、辩护人吃请送礼而枉法裁判的；

（二）办案中，接受当事人及其委托代理人说情或为了照顾某种“关系”，迎合

他人意图而徇情枉法裁判的；

（三）利用职权私自制作法律文书的；

（四）违反法律、其他纪律规范造成的。

第十条 因工作责任心不强或严重违反程序法导致下列情形之一的，应属违法审判。

（一）案件事实不清，适用法律严重错误，且具有一般审判业务水平的法官均认为判决（裁定）错误的；

（二）严重违反程序法的；

（三）程序有重大疏漏，造成不良影响或严重后果的；

（四）审查不严、错误执行案外人财产的；

（五）有条件执行却不及时执行造成执行条件丧失等严重后果或严重不良影响的；

（六）采取保全措施明显不当，给当事人造成严重损失或造成严重不良影响的；

（七）其他原因造成的。

第十一条 有下列情形之一的，不属违法审判追究范围。

（一）在上诉或再审程序中当事人提出新的证据而导致案件改判的；

（二）因对事实、情节的认定或适用法律等方面存在认识上的差异而导致改判或发回重审的；

（三）在财产保全或执行过程中，因当事人违法行为造成人身或财产损失的；

（四）因当事人提供虚假证据，导致错误判决或错误执行的；

（五）不属于案件承办人的主观故意或过失而由于承办人自身以外的其他原因造成的。

第十二条 对二审全改、发回重审案件和审判委员会确认为违法审判的案件，审判管理办公室采取一案或类案分析的方法，不定期向全院通报。

第五章 违法审判责任的划分和处罚

第十三条 违法审判责任的承担，坚持责任自负的原则。

（一）主审人员因故意或重大过失致使案件主要事实失实，或不如实汇报涉及案件处理的有关事实和情节，或者有意歪曲事实及情节，造成错判的，由主审人员承担责任；

（二）合议庭审理的案件出现错案，审判长主审的由审判长承担60%的责任，其他成员各承担20%的责任；其他成员主审的，主审人、审判长各承担40%的责任，其他成员承担20%的责任；合议庭成员中坚持正确意见的，不承担责任；

（三）因院领导、庭领导违背法律规定或办案程序、强令审判人员、执行人员执行错误决定而导致错案的，由作出错误决定的直接领导者承担责任；

（四）执行员、书记员、法警和审判辅助人员等履行职责错误、造成严重后果或不良影响的，由执行员、书记员、法警和审判辅助人员等承担责任，承担责任的份额由审判委员会决定；

（五）审判委员会决定否定了主审人或合议庭的正确意见而导致错案的，主审人或合议庭不承担责任；审判委员会委员中坚持错误意见的成员，应当分别承担责任，分别承担责任份额由审判委员会决定；

（六）审判委员会指导性意见否定了主审人或合议庭的正确意见而导致错案的，审判委员会委员中坚持错误意见的成员，酌情分别承担责任，分别承担责任份额由审判委员会决定。

第十四条 员额法官、执行员有本办法第九条所列行为之一的，应当分别给予相应的纪律处分，构成犯罪的移送检察机关，依法追究刑事责任。

第十五条 员额法官、执行员或其他人员有本办法第十条所列行为之一的，应当视其情节给予处理：

（一）全院通报批评；

（二）按照本院《法院目标管理考核实施办法》《员额法官（执行员）考核办法》的规定，分别扣减所在庭目标分、个人季度办案补助以及员额法官（执行员）考核分；

（三）造成国家赔偿的，依照国家赔偿法的有关规定处理。

第十六条 违法审判责任的处罚条款，可以根据违法审判的性质、后果以及对违法审判认识的程度和态度，单独或合并适用。

第六章 操作程序

第十七条 经审判委员讨论确认是违法审判的，由政治处、审判管理办公室根据审判委员会的决定和本规定第十五条具体执行。

构成违纪的，由纪检监察根据人民法院查处违纪案件的程序，按照干部管理权限，分别情况给予纪律处分。

第十八条 经审判委员会讨论确认为违法审判的，具有强制性，一旦确定必须坚决服从。

第十九条 违法审判责任被追究后，应填表归档。构成违纪、受到纪律处分的应当装入干部档案。

第二十条 对违法审判责任追究，不受时间限制，随时发现，随时确认，随时追究。

第七章 附 则

第二十一条 本规定未列举的其他行为造成的违法审判责任，可根据错案事实、情节和后果，比照有关条款处理。

第二十二条 本规定解释权为本院审判委员会。

第二十三条 本规定自 年 月 日起试行。

关于法官员额制改革背景下民商事案件繁简分流机制的实证分析与对策研究

——以南宁法院为样本

南宁市中级人民法院课题组*

一、前言

2016年年底，广西壮族自治区法院系统通过考试与考核的双重选拔，完成了首批员额制法官的遴选和入额工作。2018年1月，广西壮族自治区法院系统又开始了第二批员额制法官的遴选和入额工作。根据广西壮族自治区高级人民法院下发的工作方案要求，在入额比例被严格限定的情况下，此次遴选和入额的条件比首次遴选更为严格，竞争也更为激烈。① 法官员额制改革在广西壮族自治区法院系统的推进与施行，一方面促使广西壮族自治区法官队伍稳步迈向正规化、专业化和精英化，另一方面也意味着一线办案法官数量进一步精减，员额法官的审判任务更为繁重。特别是立案登记制实施以来，大量案件特别是民商事案件涌入法院，在员额法官数量有限的情况下，广西壮族自治区内各级人民法院特别是中、基层人民法院“案多人少”的矛盾更为突出。以课题组所在的南宁市为例，在立案登记制实施首年即2015年，南宁市两级法院共计受理案件81,018件，占广西壮族自治区法院受理总数的18.49%。但仅仅两年后的2017年，全市两级法院受理的案件总数已达到140,883件，与2015年

---

* 课题主持人：张培健，南宁市中级人民法院党组书记、院长。课题组成员：张培健、韦光标、宋桂芬、罗晖、杨钉、黄向洁、沈刚德。执笔人：罗晖、杨钉、黄向洁、沈刚德。

① 根据广西壮族自治区高级人民法院下发的《关于做好全区法院第二批法官入额遴选工作的通知》（桂高法网传〔2018〕2号）的通知精神，广西壮族自治区法院第二批遴选员额法官数量以各级法院中央政法专项编制作为计算基数，根据员额法官人均办案数量等情况调整各市法官员额比例，调整后，各市法院总的员额比例如下：南宁市44%，柳州市40%，桂林市38%，梧州市36%，北海市38%，防城港市38%，钦州市38%，贵港市39%，玉林市37%，百色市36%，贺州市36%，河池市35%，来宾市35%，崇左市35%，铁路法院33%，海事法院33%，高院机关35%。

同期相比飙升了73.89%，占广西壮族自治区法院受理案件总数的24.12%。其中，南宁市辖区内的青秀区人民法院2017年受理各类案件3.6万余件，受理案件数和上升幅度均创下历史新高。[①] 在大量案件持续涌入的情况下，如果这些案件特别是与人民群众日常生活息息相关的民商事案件得不到及时审理和判决，就有可能形成“中梗阻”，进而导致审判质效的下降和人民群众的不满。从审判实践来看，民商事案件繁简分流能切实有效地缓解这一难题并促进审判质效的有效提升。为推进民商事繁简分流改革，广西壮族自治区高级人民法院在全区范围内确定了受理案件数量较多、少数民族集聚、开展案件繁简分流成绩较好的3个中级人民法院和6个基层人民法院作为试点法院。其中，南宁市辖区内的江南区人民法院和兴宁区人民法院两个基层人民法院也属于试点的范围。面对机遇和挑战，南宁市中级人民法院党组高度重视，根据南宁市两级人民法院立案审判工作以及试点法院改革的实际情况，充分准备，明确措施，确保民商事案件繁简分流改革工作在全市范围内稳步推进，得到了各级党委、政府、人大代表和社会各界广泛肯定。但是，由于现阶段民商事案件繁简分流机制本身尚不完善。而且，诸如部分法院和法官积极性不高、改革动能不足以及改革措施不到位等一些新的问题和矛盾在繁简分流推进的过程中也不断暴露。因此，课题组认为，要在法官员额制改革的大背景下解决当前民商事案件繁简分流机制运行中存在的问题，进一步优化司法资源配置，提高审判质效，就必须充分发挥司法统计数据实证分析的优势，多层次、全方位地对当前民商事案件繁简分流中存在的问题和矛盾进行梳理和分析，并找到问题解决之道，从而进一步完善民商事案件繁简分流机制，为破解案多人少难题，切实减轻当事人诉累，促进司法公平公正提供实证依据和参考，以期更好地推动繁简分流机制在我国各级法院民商事审判中的适用。

（一）调研思路及研究目标

课题组深刻学习和领悟最高人民法院于2017年召开的全国法院案件繁简分流机制改革推进会的会议精神，紧紧围绕会议强调的“破解案多人少的矛盾，不能简单寄希望于通过增加编制、人员来解决，而是要进一步深化改革，从制度机制上采取措施进行繁简分流”为研究重点，以南宁市两级法院繁简分流机制改革和运行实践情况的司法统计数据为研究样本，充分发挥司法统计“服务科学决策、支持科学管理、辅助规范司法、深化司法调研、促进科学立法”等方面的优势，在司法资源短时期内难以同向增加的情况下，希望以点带面，进一步推进和完善全国各级法院，特别是

---

① 张培健：《南宁市中级人民法院2017年工作报告》，第1页。

广大中、基层人民法院的民商事案件繁简分流运行机制，从而增强各级法院在法官员额制改革的背景下破解人案矛盾的信心和能力，切实解决当前人民群众反映强烈的民商事案件审理久拖不决的问题，让人民群众在每一个司法案件中感受到公平正义，实现人民法院的科学发展。

（二）调研组织与研究方法

1. 精心组织

针对课题理论研究深、专业性强、覆盖面广、影响层面大的特点，南宁市中级人民法院高度重视，由张培健院长担任课题主持人；韦光彪副院长和民四庭宋桂芬庭长共同协助张培健院长负责课题全面研究、指导工作；集合广西壮族自治区高级人民法院和南宁市两级法院的优秀调研骨干，由罗晖、杨钉、黄向洁、沈刚德等法官担任课题主要执笔人，共同参加完成。

2. 研究方法

课题调研主要以南宁市两级法院民商事案件繁简分流机制运行数据和现状为基础，提出问题，并综合采用文献研究法、现场访谈法、问卷调查法及统计分析法等多种实证研究方法进行深度调研，目的是深入了解法官员额制改革背景下民商事案件繁简分流机制的运行过程，探究民商事案件繁简分流的规律、了解员额法官、审判辅助人员、书记员以及人民群众对民商事案件繁简分流的需求，从而进一步优化司法资源的配置，提高民商事案件审判质效，为进一步推进繁简分流改革提供借鉴和参考。

（1）文献研究法。课题组通过对网络、报纸论文、实地调研、统计报表以及问卷调查等方式得出的文献资料进行搜集、鉴别和整理，并在此基础上进行归纳和总结，从而得出课题所需的相关资料。

（2）现场访谈法。课题组深入南宁市中级人民法院以及辖区内 12 个基层人民法院，重点听取一线员额法官、审判辅助人员以及其他人员对民商事案件繁简分流机制实施情况的意见和建议，并与律师、当事人代表等展开座谈，找准当前繁简分流过程中存在的困难和问题，全面掌握第一手的资料。

（3）问卷调查法。课题组针对民商事案件繁简分流过程中普遍存在的“案多人少”“简案快审不快”“繁案精审不精”等问题，重点针对如何提高繁简分流效率以及完善繁简分流机制设计调查问卷。一方面，通过下发通知的形式确保问卷调查的及时性、真实性和全面性；另一方面，通过向律师、当事人代表以及与法院协调联动较多的政府部门和企事业单位发放问卷的方式，尽可能地拓展问卷调查的范围。本次调研共发放问卷 100 份，回收有效问卷 83 份，占发出问卷的 83.00%，超过国际通用社会调查许可比例 8 个百分点，具有较强的代表性和研究价值。

(4) 统计分析法。通过对南宁市两级法院相关数据的收集和整理，并运用 SPSS 软件对南宁市两级法院 2015 年以来，特别是法官员额制改革以后民商事案件繁简分流机制运行中相关数据资料进行分析整理，并通过综合运用数据分析、交叉表分析以及参数对比检验等多种分析方法，挖掘出当前案件繁简分流机制运行中存在的问题，进而查找出原因并提出对策，并最终形成调研成果。

(三) 课题研究优势

1. 研究基础条件具备

为深入推进民商事案件繁简分流，南宁市两级法院在广西壮族自治区高级人民法院的高度重视和指导下，以顶层设计为原则，个别对接为补充，投入大量资金和人力物力，通过内部局域网将南宁市中级人民法院以及辖区内 12 个基层人民法院与广西壮族自治区高级人民法院的审判管理系统相连接，实时联网运行，为课题研究提供了必要的技术支持。

2. 研究对象内容丰富

南宁市两级法院大力推行网上办案，目前所有的案件从立案、分案、审判、执行到结案的各个节点均全程在审判管理系统中录入留痕。这些翔实的案件信息为课题研究提供了丰富的信息资源和研究样本，从而保障了课题所需统计信息的真实性和有效性。

3. 研究人员能力优秀

课题研究人员既有审判经验丰富的、管理能力强的院、庭领导，也有来自广西壮族自治区三级法院审判一线的博士、硕士法官，团队成员之间有很强的互补性。通过整合团队的力量，可以充分发挥课题组成员各自的知识、能力和经验优势，发挥司法统计的各项功能，从而更好地实现调研的目的并完成调研成果。

(四) 课题基本架构

第一部分："引言"，主要阐述法官员额制改革背景下民商事案件繁简分流机制问题的研究意义，课题的组成人员，进行课题调研的主要方法和基本思路，课题研究的优势以及分析报告的主体架构和内容。

第二部分："民商事案件繁简分流机制的理论基础和目标要求"，主要阐述包括民商事案件繁简分流的定义、特点和价值等在内的民商事案件繁简分流机制的理论基础。

第三部分："南宁法院民商事案件繁简分流机制运行现状分析"，主要介绍南宁市两级法院在法官员额制改革背景下民商事案件繁简分流机制运行的总体情况、主要特点，并对繁简分流机制在南宁市两级法院中运行的成效和试点法院的改革亮点进行探讨和分析。

第四部分："南宁法院民商事案件繁简分流机制运行中存在的问题和成因分析"，主要是对南宁市两级法院在民商事案件繁简分流机制运行过程中在繁简案件划分标准、繁简分流程序、司法资源配置、法官考评机制以及多元化矛盾纠纷解决机制等方面存在的问题进行梳理，并"抽丝剥茧"分析问题的成因，从而找准司法实践中繁简分流机制运行不畅的"痛点"，为下一步的对策建议打下基础。

第五部分："完善法官员额制改革背景下民商事案件繁简分流机制的对策建议"，主要围绕繁简分流机制运行中几个最亟待解决的主要问题多角度、多方位地提出对策和建议，为进一步优化和完善民商事案件繁简分流机制，以及推进民商事案件繁简分流机制在全国各级人民法院特别是广大中、基层人民法院的适用提供参考和借鉴。

二、民商事案件繁简分流机制的理论基础和目标要求

（一）民商事案件繁简分流机制的定义

关于民商事案件繁简分流机制的定义，当前我国理论界主要有以下两种观点。其中，王利明教授认为，所谓民商事案件繁简分流机制，是指"民商事案件在立案以后，根据案件的难易程度将简单的案件集中由少数几个固定的法官根据简易程序进行审理"的制度；[①] 王敏远研究员则认为，繁简分流机制是指"根据所审理案件难易程度的差别，采取繁简不同的程序进行审理。司法程序的繁简分流是现代司法特有的制度设计，是司法现代化的要求与体现"。[②] 虽然以上两位学者观点基本涵盖了民商事案件繁简分流机制的特征，但课题组认为，上述观点从司法实践的角度而言显得过于笼统，且未能与法院的审判实践工作深入结合。因此，课题组认为，所谓"民商事案件繁简分流机制"，是指民商事案件在立案以后，按照案件的性质、标的和案情难易程度等对简单案件和复杂案件进行区分，并根据案件的不同特点适用不同类型的审判方式，由专门的审判人员按照"简案快审、繁案精审"的要求，公正高效地对案件进行审理的一系列诉讼程序和诉讼活动的总称。

（二）民商事案件繁简分流机制的特点

民商事案件繁简分流的主要目的在于对立案后进入审判程序的民商事案件进行精

---

① 王利明：《司法改革研究》，法律出版社2001年版，第80页。

② 吴燕、张慧超：《积极推进我国"繁简分流"改革——专访社科院研究员、博士生导师王敏远》，载《人民法治》2016年第10期。

细化的区分，并根据繁简案件的不同特点适用不同的审判方式，实现类案集中审理。简而言之，民商事案件繁简分流的目标就是通过科学合理地配置审判资源，实现简案快审，难案精审，提升审判效率，促进司法公正。[①] 因此，民商事案件繁简分流机制的特点主要有以下几个方面：

1. 合理配置司法资源，为简单案件和复杂案件划分不同的“跑道”

对民商事案件繁简分流，可以有效地运用标准化、科学化和信息化的手段甄别和区分简单案件和复杂案件，并因地制宜适用普通程序、简易程序、小额诉讼程序、速裁程序等审判程序，从而便于集约处理、类案同判，快速解决简单民商事案件，精细审理复杂民商事案件，从而实现审判资源的优化配置，最大限度地提升案件审判效率，真正达到“当繁则繁、宜简则简、难案精审、简案快审”的目的。

2. 实施类案集中审理，优化审判权运行机制

《民事诉讼法》对不同类型的案件规定了不同的审判程序，包括普通程序、简易程序、小额诉讼程序、督促程序等。民商事繁简分流就是要根据不同的案件类型适用不同的诉讼程序，实施类案集中审理，从而充分发挥不同类型诉讼程序的作用，既满足人民群众及时、便捷、低成本、高效益处理纠纷的需求，又能化繁为简，繁简有度，合理配置司法资源，实现批量案件的高效审理。

3. 严格落实司法责任制，对审判人员及其他辅助人员分类管理

完善人民法院司法责任制，要以严格的审判责任制为核心。民商事案件繁简分流就是要进一步明确法官和审判辅助人员各自的职能定位，配齐配强审判团队，配足审判辅助人员，并通过设立科学的案件权重系数体系，推进审判辅助事务的集中处理并建立科学规范的法官和审判辅助人员考评机制，真正实现“让审理者裁判，让裁判者负责”的目的，进一步提升司法公信力。

4. 节约诉讼成本，实现司法公正与诉讼效率的衡平

从人民群众的角度出发，在司法活动中，人民群众对公正和高效的需求同等迫切。在繁简分流过程中，一方面，通过“简案快审”，促使法院以更低的经济成本和时间成本快速地处理民商事纠纷，有利于及时维护人民群众的合法权益，充分尊重当事人的程序选择权，突出当事人程序主体地位，促进当事人自愿接受案件处理结果，从而满足人民群众多元化的司法需求，进一步提升诉讼效率；另一方面，通过“繁案精审”，可以充分发挥审判团队的专业化优势，进一步增强庭审的对抗性，促进庭

---

① 姜伟：《以改革创新思维深入推进繁简分流调解速裁工作——在全国法院繁简分流和调解速裁工作培训会上的讲话》，第6页。

审的实质化，从而保障司法公正的有效实现，切实维护社会公平正义。

（三）民商事案件繁简分流机制的价值

从司法实践来看，实施民商事案件繁简分流，可以在一定程度上缓解司法资源与司法需求的矛盾，更有益于发挥人民法院在社会治理体系中的职能作用，确保实现社会公平正义，从而使程序的正当性在司法资源有限性与司法需求多元化的剧烈冲突中获得现实的可能性。具体而言：

1. 解决民商事审判“案多人少”矛盾突出的问题

进入21世纪，随着经济发展、社会转型，特别是全面依法治国方略的深入推进，人民群众法治理念和依法解决纠纷的意识进一步增强，人民法院作为维护社会公平正义最后一道防线的作用愈加凸显。2015年，全国民商事案件新收案件数量首次突破千万，达到11,044,739件。[①] 而随着立案登记制的全面实施，民商事案件数量只增不降，案多人少的矛盾已经成为人民法院面临的主要问题。但是，在法官员额有限的情况下，要破解这一难题，又不能简单的寄希望于增加编制和人员。因此，推进民商事案件繁简分流改革就成为化解案多人少矛盾的必由之路。通过繁简分流，可以从立案伊始就对简单案件和复杂案件进行准确甄别和划分，并因案而异适用不同的程序，提高审判质量和效率。

2. 解决审判权力运行机制不畅，法官权责不清的问题

从我国法院内部来看，当前部分法院存在案件分类不合理、分流机制不健全、程序设置不科学等影响繁简分流机制健康运行的问题，导致繁简案件都必须通过同一个“通道”适用同种程序进行流转，不仅容易造成“中梗阻”，而且导致大量的司法资源长期淤积、沉淀并浪费在程序的流转之中。而且，流转的过程又非常烦琐，员额法官、审判辅助人员和其他相关人员往往需要在报表统计、签发文书和文书打印等方面投入大量的时间和精力，无形中降低了审判效率，而且也容易引发各部门之间、员额法官与审判辅助人员之间相互推诿，导致案件无人负责的不良后果。通过繁简分流，可以对民商事案件分层处理，有效厘清法官和审判辅助人员之间的工作职责，建立以法官为核心的审判权力运行机制，让审理者裁判，让裁判者负责，充分发挥民事简易程序、小额诉讼程序、督促程序以及实现担保物权特别程序的作用，实现“简案快办、以简化多”，最大限度地避免司法资源的无端浪费和消耗。

---

① 最高人民法院研究室：《2015年全国法院审判质效情况》，载：http：//www. court. gov. cn/fabu-xiangqing-18362. html，2018年1月5日最后访问。

3. 解决司法公信力不高，裁判标准不统一的问题

公正是法治的生命线，司法公正对社会公正具有重要引领作用。但是，由于我国幅员辽阔、各地法官业务能力参差不齐和司法技术水平差异较大等诸多原因，使类案不同判的问题还没有很好地解决，一定程度上影响了司法权威和司法公信力。[①] 通过繁简分流，可以在立案阶段就对民商事简单案件和复杂案件进行分类，而后交由速裁团队或普通审判团队根据案件类型分类审理，这就有利于统一各种案件类型的裁判尺度，推进案件审理标准化，确立“类似案例类似处理”原则，确保同类案件的法律适用标准基本统一，裁判尺度基本相同，处理结果基本一致，从而规范法官自由裁量权的行使，并可以借助大数据挖掘和分析技术对同一类型的裁判文书数据进行量化分析，进而形成类案审判模板，实现事实要点和法律要点的类型化指引，确保裁判思路和类案裁判规则的统一，尽可能地避免“同案不同判”现象的发生，进一步提高司法公信力。

4. 解决员额法官专业化水平不高，审判效率低下的问题

法官员额制改革后，通过繁简分流，可以从立案伊始将繁简分流程序直接嵌入审判流程管理系统，使员额法官从大量烦琐的人工分案中解脱出来，专司审判。而且，通过繁简分流，可以进一步明确员额法官和审判辅助人员各自的职能定位和审判辅助事务的集中处理，并建立权力运行规范、职权配置合理以及术业有专攻的审判业务团队，从而充分发挥团队优势，实现“简案快审”和“繁案精审”。并且，繁简分流改革后，可以通过对立案、审判、执行工作各个环节和重要流程节点的全程监督、动态跟踪、无缝隙管理，实现审判管理清单化、法官考评动态化、审判监督透明化，便于对员额法官和审判辅助人员的工作效能进行全方位评价，倒逼法官进一步的提高审判的专业化水平，进而保障审判质效的稳步提升。

5. 解决人民群众日益增长的多元化司法需求的问题

司法公正是社会公平正义的最后一道防线。高质量、高水平的司法产品是人民法院实现司法公正的重要载体，也是人民法院回应人民群众司法需求的重要载体。人民群众在司法案件中感受到的公平正义，不仅指司法裁判的结果符合公平正义的要求即实体正义，而且要求司法裁判的过程也要符合公平正义即程序正义。[②] 在民商事审判实践中，绝大多数案件都是事实清楚、法律关系较为简单、当事人争议不大的简单案

---

① 周强：《公正高效审理民事商事案件确保司法廉洁》，载 http://www.bj148.org/zhenggong/zgdj/djzxjs/201512/t20151224_1099060.html，2017 年 12 月 24 日最后访问。

② 李玉萍：《满足人民群众多元司法需求》，载 http://www.chinacourt.org/article/detail/2018/01/id/3187656.shtml，2018 年 2 月 1 日最后访问。

件。对于这些简单案件，人民群众除了期待实现实体公正以外，还希望法院能提供优质、便捷、高效的诉讼服务，赋予当事人一定的程序选择性，并提高办案的效率。通过繁简分流，可以使简单案件能够通过紧凑审判节点或者集约化利用审判资源的方式实现案件的快审快结，从而实现案件效率与质量的“双赢”，防止小案拖成大案，简案拖成难案。

三、南宁法院民商事案件繁简分流机制运行现状分析

（一）民商事案件繁简分流机制运行的总体情况和主要特点

近年来，在习近平总书记赋予广西壮族自治区构建面向东盟的国际大通道，打造西南中南地区开放发展新的战略支点，形成21世纪海上丝绸之路和丝绸之路经济带有机衔接的重要门户等“三大定位”的指引下，广西壮族自治区在政治、经济、社会、文化等各方面始终保持良好发展势头，特别是作为广西壮族自治区首府的南宁市，经济社会发展在全区更是名列前茅。但随着市场经济的活跃、外来流动人口的增加以及经贸交易量急剧扩大，南宁市辖区内各类民商事纠纷也不断增加，南宁市两级法院受理的民商事案件数量与日俱增，形势非常严峻。

1. 民商事案件收案总数大幅增长

2015年立案登记制全面实施后，南宁市两级法院民商事案件收结案数量呈现“爆炸性”增长趋势。从统计数据来看，2015年至2017年，南宁市两级法院民商事案件收案总数分别为46, 499件、72, 285件、94, 890件，同比增幅分别为27. 95%、55. 45%、31. 27%（见图1）。

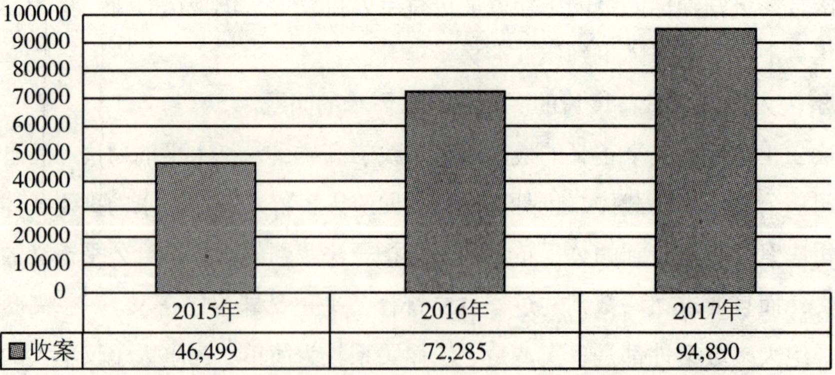

	2015年	2016年	2017年
■收案	46,499	72,285	94,890

图1　2015～2017年南宁市两级法院民商事案件收案总额情况

从辖区内各法院民商事案件收案情况来看，南宁市中级人民法院、青秀区人民法院、兴宁区人民法院、江南区人民法院、西乡塘区人民法院5个法院是南宁市辖区内

受理民商事案件数量最多的几个法院。5个法院在2016年和2017年受理民商事案件数量之和占该年度全市两级法院的案件比重均高于70%，2017年更是高达74%（见图2和图3）。

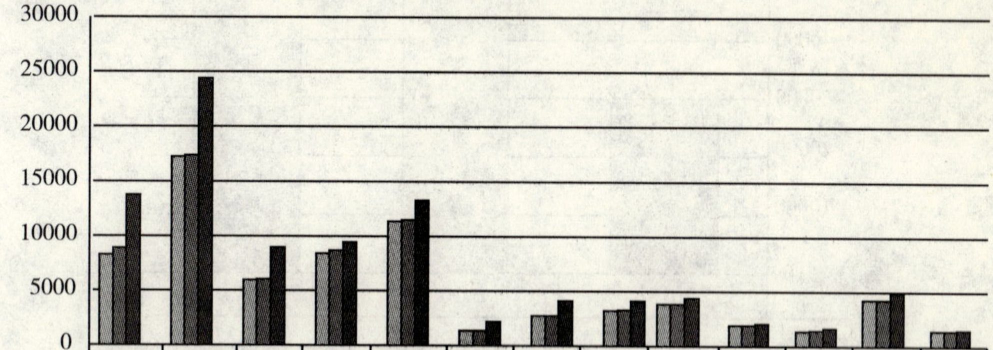

	南宁中院	青秀法院	兴宁法院	江南法院	西乡塘法院	邕宁法院	良庆法院	武鸣法院	横县法院	上林法院	马山法院	宾阳法院	隆安法院
2015年	8, 269	17, 236	5, 969	8, 411	11, 352	1, 370	2, 739	3, 204	3, 806	1, 902	1, 398	4, 222	1, 425
2016年	8, 895	17, 367	5, 989	8, 673	11, 459	1, 382	2, 748	3, 250	3, 843	1, 912	1, 404	4, 231	1, 432
2017年	13, 760	24, 378	8, 971	9, 455	13, 258	2, 179	4, 088	4, 106	4, 388	2, 053	1, 607	4, 843	1, 504

图2 2015～2017年南宁市辖区内法院民商事案件收案情况

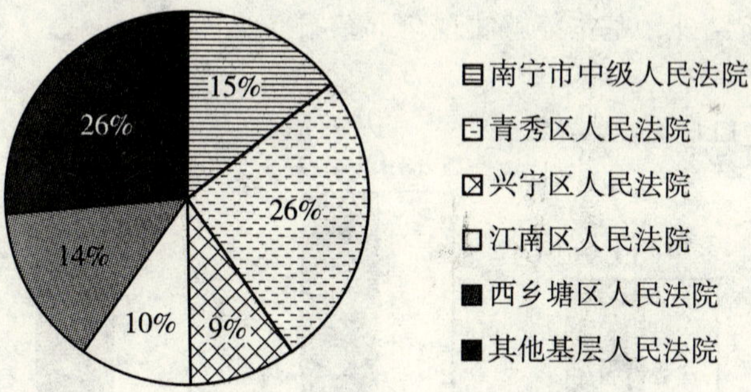

图3 2017年南宁市两级法院民商事案件收案比重

2. “简案”收案增速高于“繁案”

从民商事“简案”（简单案件）和“繁案”（复杂案件）的收结案情况来看，2015年至2017年，南宁市两级法院民商事简单案件收案总数分别为13, 947件、25, 181件、33, 337件，年平均增幅为56. 47%；复杂案件的收案总数分别为15, 178件、22, 542件、28, 184件，年平均增幅为36. 78%。从增速来看，简案收案数量年平均增幅高于繁案19. 69%（见图4）。

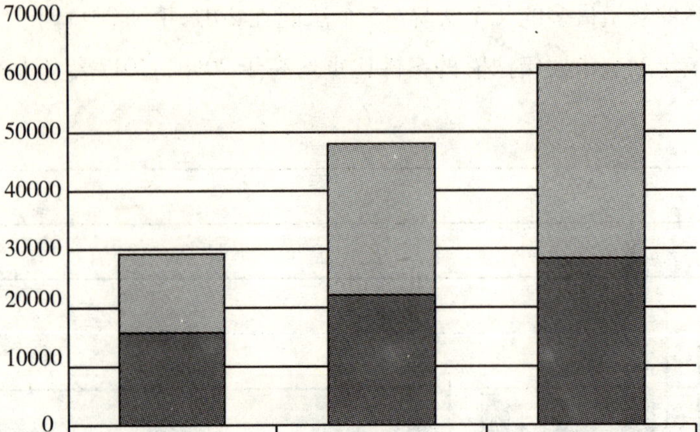

	2015年	2016年	2017年
简案	13,947	25,181	33,337
繁案	15,178	22,542	28,184

图4　2015～2017年南宁市两级法院民商事繁简案件收案数量

3. “简案”结案率高于“繁案”

2015年至2017年，南宁市两级法院民商事简案结案总数分别为13,912件、25,097年、33,312件，结案率均在99%以上，分别为99.75%、99.67%、99.93%。除个别简案未能审结外，基本能够实现全部结案（见图5）。

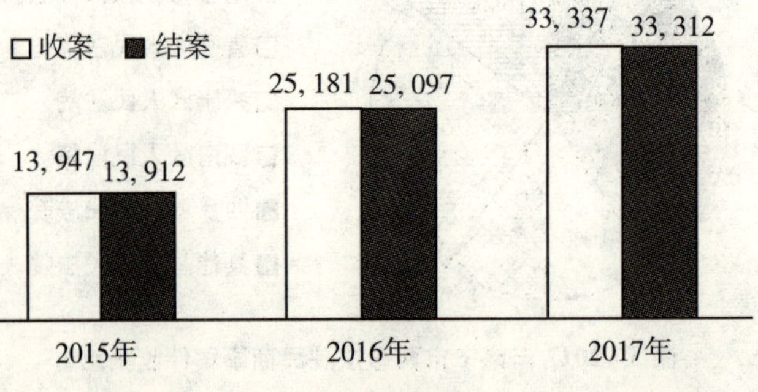

图5　2015～2017年南宁市两级法院民商事简案收案结案情况

同一时期，南宁市两级法院民商事繁案结案总数分别为12,961件、18,942件、23,945件，结案率分别达到85.39%、84.03%、84.96%。考虑到繁案案情复杂，普遍需要耗费较长的审理时间。因此，课题组认为，图表中的统计数据基本反映了繁案的结案规律和实际情况（见图6）。

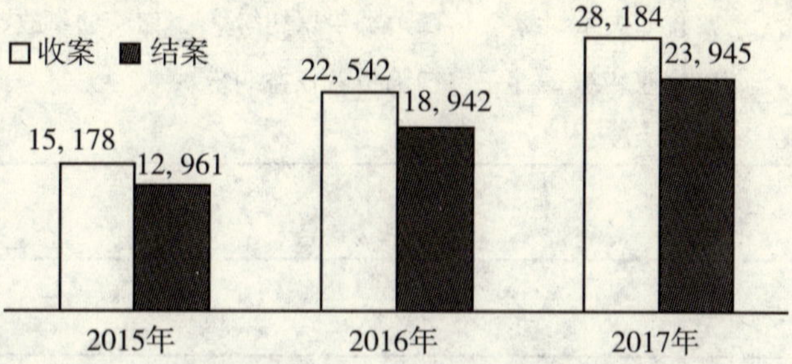

图6 2015~2017年南宁市两级法院民商事繁案收案结案情况

4. “简案”的类型相对集中

南宁市辖区范围内共有13个人民法院。其中，南宁市中级人民法院属于中级人民法院，其余的12个法院则为基层人民法院。而从地域来看，青秀区人民法院、兴宁区人民法院、江南区人民法院、西乡塘区人民法院、邕宁区人民法院、良庆区人民法院和武鸣区人民法院7个法院位于南宁市城区，属于城区法院。而横县人民法院、宾阳县人民法院、马山县人民法院、隆安县人民法院、上林县人民法院5个法院则位于南宁市所管辖的县份，属于郊区法院。各法院所在地经济社会发展程度的差异使各院对繁简案件的划分标准并不完全一致。但总体上，南宁市两级法院主要将案件事实清楚、权利义务关系明确、争议不大为标准划分为简案。反之，则划分为繁案。

具体而言，从统计数据来看，以2015年至2017年为例，南宁市两级法院受理的“简案”主要集中在以下类型：（1）家事纠纷；（2）相邻关系纠纷；（3）劳动争议纠纷；（4）交通事故赔偿纠纷；（5）医疗纠纷；（6）物业纠纷；（7）消费者权益纠纷。其中，家事纠纷所占比例最高，约占29.20%；劳动争议纠纷次之，约占19.52%；而后则是物业纠纷和交通事故赔偿纠纷，各约占8.35%和6.71%。在全市各基层人民法院中，青秀区人民法院、西乡塘区人民法院和兴宁区人民法院受理的家事纠纷案件和劳动争议纠纷案件数量位列三甲。而且，青秀区人民法院受理的物业纠纷案件和交通事故赔偿纠纷案件数量在全市范围内也是最多的。相对而言，宾阳县人民法院、横县人民法院、宾阳县人民法院、马山县人民法院、隆安县人民法院、上林县人民法院等几个位于南宁市郊县的法院受理的各类简单案件数量相对较少。值得一提的是，南宁市中级人民法院受理的家事纠纷案件和劳动争议纠纷案件在全市两级法院中数量最多。课题组认为，统计数据比较客观地反映了法院所在地的经济社会发展水平和人口流动的趋势，而人民群众的法制意识水平的不断高涨，也促进了上诉案件的不断增加。特别是在统计数据中排名前列的几类简单案件恰恰就是当前人民群众反映强烈的、事关人民群众根本利益并急需法院快速审理的重点案件（见图7）。

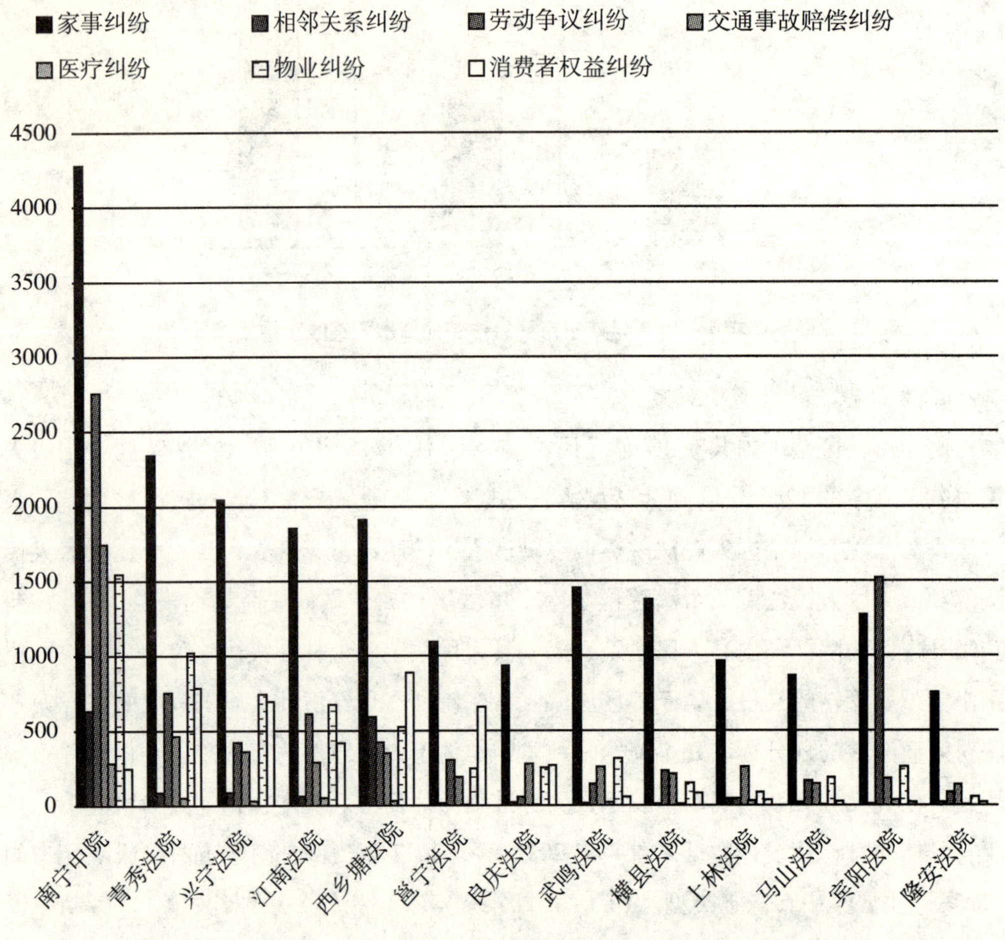

图7 2015~2017年南宁市两级法院受理民商事简案的主要类型

当然，由于司法实践中每一个民商事案件的具体情况千差万别，因此，各法院在繁简分流时也会综合考虑案件类型、标的额、争议大小和案情复杂程度等具体情况，而不单纯地以案件类型、案件标的额和当事人的数量等条件机械地对繁简案件进行划分。

5. 繁简分流的案件比例逐年扩大

2015年至2017年，南宁市两级法院累计繁简分流民商事案件138,369件，占两级法院收案总数的64.76%。其中，青秀区人民法院、江南区人民法院、兴宁区人民法院、西乡塘区人民法院尤为突出，共繁简分流案件88,545件，占收案总数的64%，繁简分流比例均超过50%以上，为进一步地推进民商事案件繁简分流打下良好的基础（见图8）。

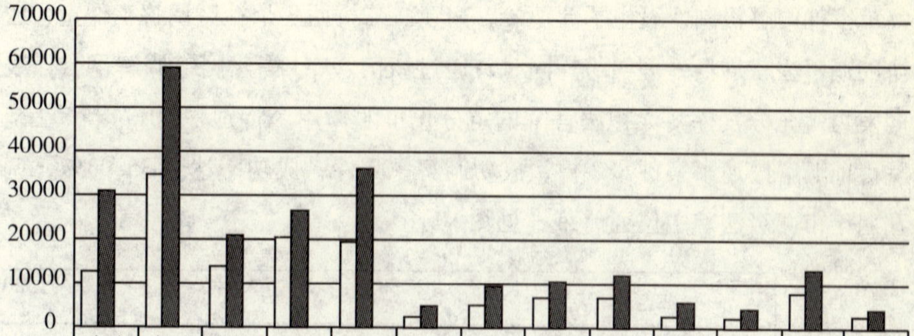

	南宁中院	青秀法院	兴宁法院	江南法院	西乡塘法院	邕宁法院	良庆法院	武鸣法院	横县法院	上林法院	马山法院	宾阳法院	隆安法院
□繁简分流案件数	12, 634	34, 751	13, 892	20, 448	19, 454	2470	5124	6885	6915	2648	2336	8026	2786
■民商事收案总数	30, 924	58, 981	20, 929	26, 539	36, 069	4931	9495	10, 560	12, 037	5867	4409	13, 296	4361
占全院收案总数	40.85%	58.92%	66.81%	77.05%	53.94%	50.09%	53.97%	65.20%	57.45%	45.13%	52.98%	60.37%	63.88%

图 8　2015～2017 年南宁市两级法院民商事繁简分流案件数比较

（二）民商事案件繁简分流机制的运行成效和亮点

1. 简易程序审理的民商事案件增长迅速

2015 年至 2017 年，南宁市两级法院适用简易程序审理的民商事案件数量分别为 19, 150 件、20, 617 件、29, 184 件，年均增长 24. 61%。特别是在 2016 年至 2017 年期间，由于南宁市两级法院在全市范围内大力推进民商事案件繁简分流改革，2017 年辖区内法院适用简易程序审理的民商事案件数量同比增长高达 41. 55%（见图 9）。

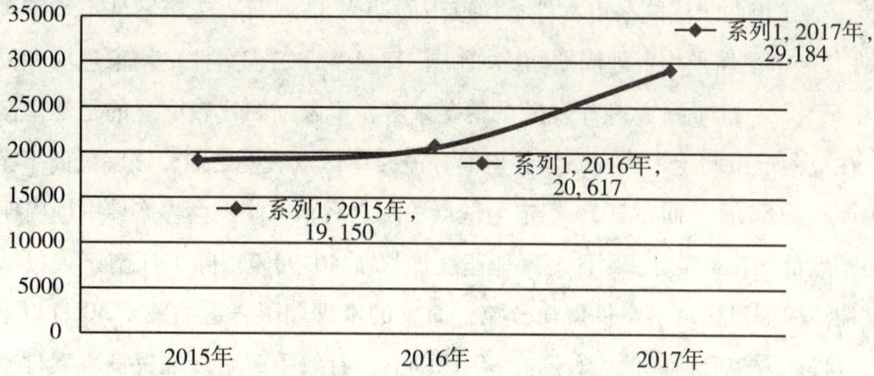

图 9　2015～2017 年南宁市两级法院适用简易程序审理民商事案件数量

2. 民商事案件调撤数量大幅上升

据统计，2015 年至 2017 年，南宁市两级法院民商事案件调撤数量增长迅速，分别为 15, 660 件、19, 435 件、26, 132 件，年均增长率为 29. 29%。其中，较为突出的是江南区人民法院。江南区人民法院在繁简分流改革中创新建立了人民陪审员参与民商事案件调解机制，设立了菠萝岭、南建、二桥西3个社区调解工作室，派驻陪审员协助调解法官现场处理纠纷。同时，通过微信、QQ构建网络调解平台，线下线上共同发力，充分发挥“无袍法官”的定分止争的作用。特别是2017年，江南区人民法院诉前调解民商事案件882件，成功调解309件，成功率达到35.03%，调撤成功率在南宁市两级法院中位列前茅（见图10）。

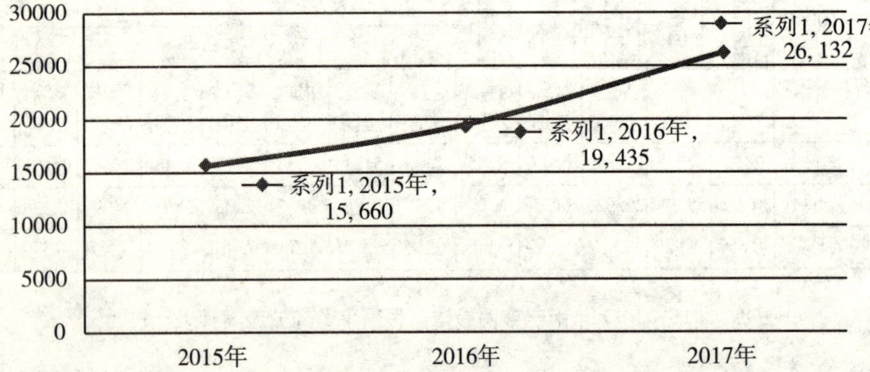

图10　2015~2017年南宁市两级法院民商事案件调撤数量

3. 民商事案件审理周期明显缩短

审理的周期快，意味着审判的效率提高，通过民商事案件繁简分流，大力推进简案快审，南宁市两级法院民商事案件总体审理周期明显缩短。据统计，2016年南宁市两级法院一审案件平均审理周期为97.8日，二审案件平均审理周期为84日。但在2017年，南宁市两级法院一审案件平均审理周期为82.6日，二审案件平均审理周期为76日，一审案件平均审理周期同比加快了18.4%，二审案件平均审理周期同比加快了10.53%。一方面，从单个法院的情况来看，审限缩短比较明显的是江南区人民法院。在被南宁市确定为民商事案件繁简分流改革试点法院之前，该院民商事案件平均审理周期为86日。而在2016年定为试点法院之后，该院民商事案件审理周期为61日，与试点前相比提高了25日，审理速度加快了40.98%。除了江南区人民法院以外，其他法院通过民商事案件繁简分流，简案的审理期限普遍缩减至50日以下，而繁案的审理时限也有所降低，普遍在90日以下，有效缓解了以往民商事案件平均审限畸长的问题，较好地实现了简案快审、繁案精审的目的。另一方面，青秀区人民法院、良庆区人民法院、西乡塘区人民法院的繁案平均审限有所升高，这主要是因为以往繁简案件混同的审理模式掩盖了部分法院繁案审理能力的不足。因此，持续推进民商事案件繁简分流改革刻不容缓（见图11）。

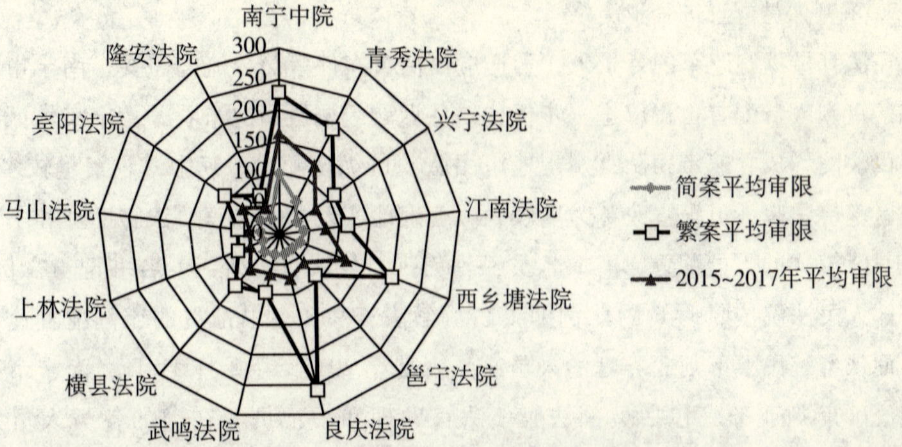

图 11　2015～2017 年南宁市两级法院民商事案件平均审限分布

4. 员额法官办案质效显著提升

"案多人少"是近年来南宁市两级法院面临的突出问题。其中，南宁市中级人民法院、青秀区人民法院、兴宁区人民法院、江南区人民法院、西乡塘区人民法院、良庆区人民法院 7 个法院的员额法官人均办案数量超过 200 件，青秀区人民法院甚至高达 428 件，远超辖区内的其他法院。而据统计，南宁市两级法院 2017 年累计受理民商事案件 94,890 件，与 2016 年同期相比增长 31.27%。但从结案数量来看，南宁市两级法院 2016 年、2017 年民商事案件结案数量分别为 50,769 件、71,976 件，结案率分别达到了 70.23%、75.85%。由于繁简分流改革的推进，2017 年南宁市两级法院在员额法官基本没有增加的情况下，通过民商事案件繁简分流，合理配置审判资源，实现办案数量、结案率稳步增长，不仅取得了较好审判质效，更重要的是极大地缓解了"案多人少"的矛盾（见图 12）。

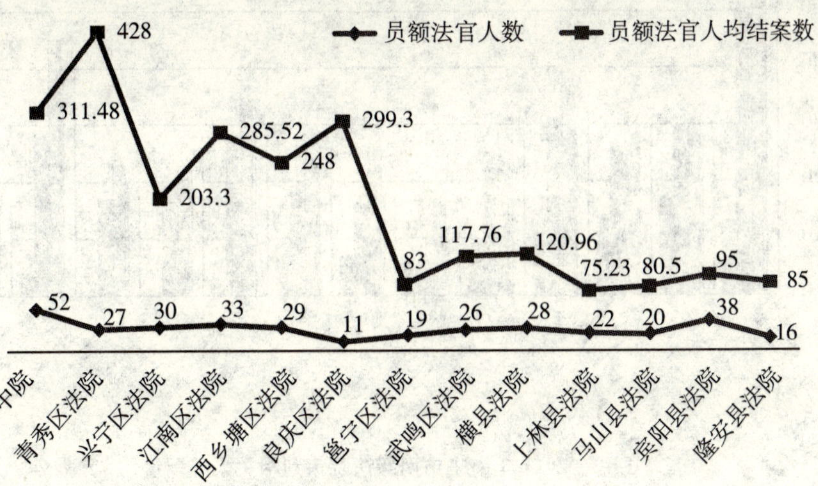

图 12　2017 年南宁市两级法院各法院民商事员额法官及人均办案数

5. 审判人员配置进一步优化

在法官员额制改革的背景下，为适应民商事案件繁简分流的需要，南宁市两级法院的审判人员配置也得以进一步优化。从课题组调研情况来看，南宁市辖区内基层人民法院均成立速审团队，实现速审团队人员优化配置。其中，收案量较多的4个城区基层法院人员配置改革力度较大，普遍能实现员额法官、法官助理和书记员“1∶1∶1”模式的人员配置，即1名员额法官+1名法官助理+1名书记员。例如，青秀区人民法院按照1∶3的比例即1名员额法官和3名书记员的比例配置速审团队。而从各院民事审判业务庭的人员来看，截至2017年12月31日，南宁市两级法院民事审判业务庭包括员额法官、法官助理和书记员等在内的各类人员共计1079人。从人员配置比例来看，呈现两头小、中间大的特点，即员额法官较少，共311人，占比28%，其他辅助人员较少，共75人，占比7%，法官助理、书记员较多，共693人，占比65%；从配置模式上看，平均采用员额法官、法官助理、书记员、其他辅助人员的1+1+1+1模式；从成员学历情况来说，本科学历占大多数，为795人，研究生学历109人，两者相加是全部成员的84%，知识结构较高的人员充实到位，为开展和完成相应的工作任务奠定了良好的基础（见图13、图14）。

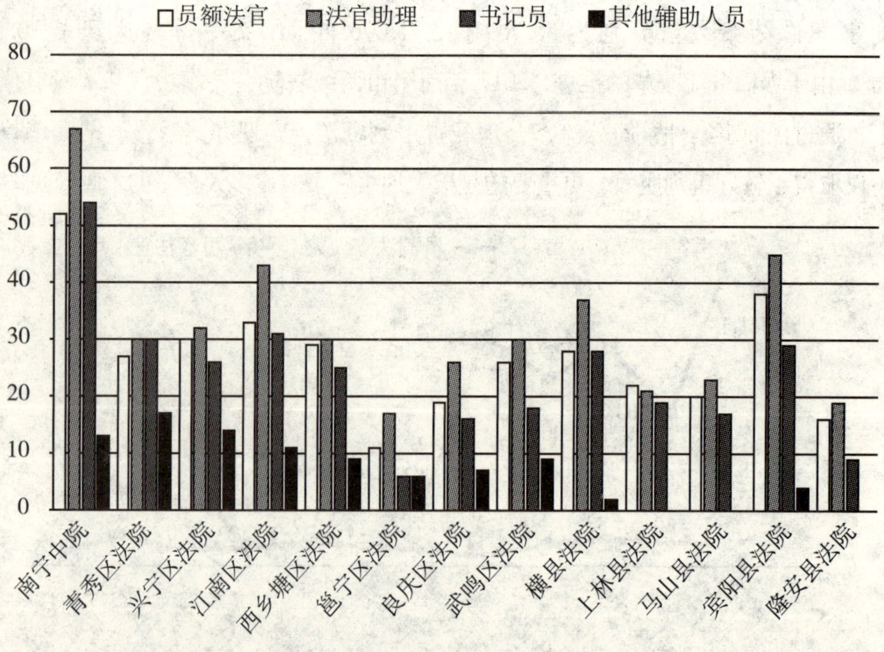

图13 2017年南宁市两级法院审判相关人员配置

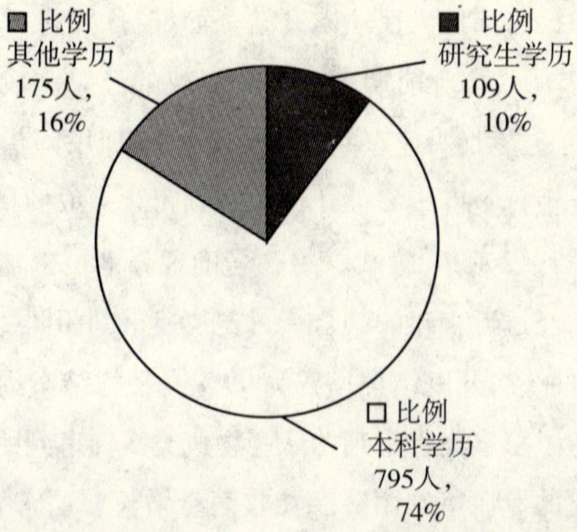

图14　2017年南宁市两级法院民商事审判相关人员学历比例

6. 试点法院改革亮点突出

在民商事案件繁简分流机制在南宁市两级法院全面推进的过程中，作为最高人民法院确定的案件繁简分流改革示范法院，南宁市江南区人民法院侧重于在审判团队建设方面进行创建和创新，逐步形成了以“打造高效运行的司法服务团队”为主要特色的“江南模式”；而作为广西壮族自治区高级人民法院确定的民商事案件繁简分流试点法院，南宁市江南区人民法院则以优化民商事繁简案件审判流程为轴心，通过在诉前、立案、庭审、文书四个不同阶段对民商事繁简案件进行分流，形成了具有江南特色的“四次分流”繁简分流模式，从而进一步优化了分流流程，提升了案件的审判质效。具体而言：

（1）江南区人民法院多措并举打造“1+n+n”专业化审判团队

江南区人民法院在全市范围内率先推出“1+n+n”审判团队模式。2016年2月，江南区人民法院在民一庭开展了审判团队试点，组建了一个由一名员额法官担任主审法官，带领一名法官助理及两名书记员组成法官审判团队。在这个审判团队中，审判人员和审判辅助人员有明确、细致的职责分工：主审法官主要负责案件的庭审、法律文书的制作及签发等核心审判工作；法官助理在主审法官指导下负责审查案件材料，组织庭前证据交换，办理委托鉴定、评估事宜，根据法官的指示草拟法律文书等；书记员在主审法官和法官助理的指导下负责庭审记录、法律文书校对、送达、归档等其他工作。审判团队里的法官助理和书记员承担了繁杂的事务性工作，使员额法官能够专注于审判，潜心研究法律知识和审判中遇到的疑难问题，办案质量和效率得到明显的提升。2016年，该审判团队累计审结案件553件，主审法官月均结案超过40件，同比审结案件增加60%，案件审理天数缩短20%，裁判正确率达98.8%。

在前期试点成功后，江南区人民法院开始全面推行“1+n+n”专业化审判团队的组建工作。2016年7月，结合前期审判团队组建的经验和成效，该法院正式按照“1+n+n”模式组建两支专业快速审判团队，分别审理民间借贷类、产品质量类民事案件和工程机械类、银行类商事案件。快速审判团队采取的是一名法官、两名法官助理、两名书记员的“1+2+2”模式，每一名助理分别负责辅助一种类型案件，打造专业化的法官助理。经过近半年的磨合，每支快速审判团队每周能够常态化开庭审理40~50件案件，案件一次开庭结案率约为99%，平均结案周期约为40天。此外，江南区人民法院还组建了家事案件审判团队、物业类案件审判团队、劳动争议类案件审判团队等多支类型化的专业审判团队。在收案量增长、法官人数未增加的情况下，截至2017年12月14日，该院已共审结各类案件9440多件，同比增长近60%。

目前，江南区人民法院先后成立了四个专业化的审判团队，包括一个调解团队、两个民事快速审判团队，以及一个商事快速审判团队。从2016年6月1日至2017年12月31日，上述四个审判团队累计收案4325件，结案3739件，占该院民商事案件收案总数的50.08%，结案总数的47.25%。

（2）兴宁区人民法院通过“四次分流”的模式优化分流流程，有效提升了繁简分流的整体效能

第一次分流是诉前阶段的分流。兴宁区人民法院通过设立以专门解决家事纠纷的惜缘工作室、法律援助律师工作站、交通事故巡回法庭以及族老工作室等多元化纠纷解决平台，积极引导当事人选择非诉讼纠纷解决方式化解民商事案件纠纷。2017年，惜缘工作室、法律援助律师工作站和族老工作室共接待来访164人次，在诉讼中参与家事纠纷调解32件、其他纠纷案件12件，诉前调解107人次，达成调解协议后经法院出具调解书确认的43件、出具司法确认书确认的5件，收到了良好的成效，缓解了该院民商事案件的审判压力。

第二次分流是在立案阶段的分流。兴宁区人民法院根据《民事诉讼法》的相关规定，结合审判实践，因地制宜制定了《兴宁区人民法院民商事案件繁简分流备忘录》，明确规定了该院简易程序、小额诉讼程序、督促程序、特别程序的适用条件，引导符合条件的当事人优先选择小额诉讼程序和简易程序，提高简单案件的审判效率。

第三次分流是在审理阶段的分流。兴宁区人民法院设立了一支专业化的速审团队审理专门负责审理“简案”。而“繁案”则由业务庭的主管领导或经验丰富的法官在综合案件类型、难易程度和庭室内各审判团队的工作量等方面因素后对案件在庭内进行再次分流。其中，部分标的额相对较大、当事人争议较多，案情复杂的案件交由庭

领导和资深法官审理，而部分相对简单的案件则由庭内其他法官审理，从而提升了人案配比的科学性，并最大限度地发挥了审判团队及团队各成员的优势。

第四次分流是在裁判阶段的分流。兴宁区人民法院在裁判阶段大力推进文书简化改革。通过在简案审理中大量使用包括令状式文书、填充式文书在内的各类要素式文书，拓展要素式文书的适用范围，进一步提升了裁判文书的制作效率。自2016年11月起，在民一庭首先推行要素式裁判文书之后，该院民一庭在2017年民商事案件收案总数比2016年同期增长49%的情况下，结案总数却同比增长了91%，结案率也增长了12%，取得了良好的效果。总之，兴宁区人民法院通过构建“四次分流”的繁简分流模式，为简单案件开辟了快速审理通道，同时也为复杂案件保留了充足的审判资源，从而在总体上实现了审判质量和审判效率的平衡，进一步提升了民商事案件的整体办案质效。

综上，通过分析以上数据可以得知，南宁市两级法院在法官员额制改革的大背景下民商事案件繁简分流呈现了“两高三升一降一优化”的良好态势，即繁简分流案件数量高、适用简易程序的案件比例高，员额法官办案质效稳步提升、结案率逐步增长、调撤率大幅上升，案件平均审限逐步缩短，人员配置逐步优化。但是由于各院的实际情况各有不同，繁简分流模式、分流标准也不尽一致等原因，南宁市两级法院的各个数据良莠不齐，特别是部分类型的民商事案件当事人息诉服判率较低，上诉率较高。可见当前并没有一个无可挑剔的民商事案件繁简分流机制，也说明了繁简分流改革已进入了“深水区”，需要进一步的优化和完善。但是，从南宁市两级法院的综合数据来看，繁简分流后各项数据普遍向好说明了民商事案件繁简分流机制对于优化司法资源、解决人案矛盾、提升审判质效发挥了重要的作用。

四、南宁法院民商事案件繁简分流机制运行中存在的问题和成因分析

民商事案件繁简分流是在解决立案登记制背景下带来的“诉讼浪潮”的“本能应对”，更是法官员额制改革应有的配改措施。但是民商事案件繁简分流从自主摸索到规范指引，其运行中也必然会遇到很多新情况、新问题。虽然南宁市两级法院在推进民商事案件繁简分流机制的过程中取得了一定的成效，但仍然存在以下一些亟待解决的共性问题，具体而言：

（一）民商事案件繁简分流机制运行中存在的问题

1. 繁简分流标准难以把握，分流程序有待进一步优化

一方面，民商事案件繁简分流标准难以把握。由于现行法律规定过于简单，造成

各院在审判实践中对民商事案件繁简分流的标准难以把握，只能根据各院受理案件的实际情况确定繁简案件的分流标准。但由于各院分流标准并不完全一致，无形中增加了繁简分流的难度，而且也容易引发当事人的不满。根据《民事诉讼法》第 142 条的规定，基层人民法院和它派出的法庭审理事实清楚、权利义务关系明确、争议不大的简单的民事案件适用简易程序，上述规定虽明确了简单民事案件的几个标准即“事实清楚、权利义务关系明确、争议不大”，但对具体司法实践而言这样的规定仍过于笼统。虽然《最高人民法院关于进一步推进案件繁简分流优化司法资源配置的若干意见》（法发〔2016〕21 号）对民商事案件繁简分流标准作了进一步细化，增加了案件标的额大小、案件事实繁简程度、社会影响大小、法律适用和裁判结果的指导意义等作为判断标准，但除了案件标的额大小有较为明确的法律及司法解释规定以外，其他的几个标准，如案件事实繁简程度、社会影响大小、法律适用和裁判结果的指导意义等本身就较为笼络概括，难以直接适用。而且，在司法实践中，繁案与简案之间并非泾渭分明，而是处于动态的变化过程，进一步增大了分流的难度。在司法实践中，一个案件的繁杂程度、社会影响大小、法律适用和裁判结果的指导意义等往往都只有在开庭审理之后才能作出准确判断。而且，随着对案件实体审查的深入、当事人提交新证据以及需要追加当事人等新情况的出现，简案也有可能转变为繁案。但是，繁简分流运行机制却要求在民商事案件进入实体审理阶段前（立案环节或分案环节）就确定案件是繁案抑或简案，这在无形中增加了繁简分流的难度，也易于造成案件定性的失误。

另一方面，在实际分流过程中对民商事繁简案件的划分过于依赖主观经验。由于《民事诉讼法》并未明确规定繁简案件的划分标准，使司法实践中各级法院在对民商事案件繁简分流时往往过于依赖分案法官的个人经验，即负责分流繁简案件的法官在分案时直接依据个人职业经验对案件的繁简难易程度进行判断，如果诉讼中涉及的一方或者双方当事人人数众多或者案件标的较大、案情复杂，则推定该案是“繁案”，否则为“简案”。这个问题在南宁市两级法院中也具有普遍性。由于法官的个人判断往往具有一定的随意性，法官自身的工作生活经验、学识和能力都可能对判断的结果造成不利影响，特别是从南宁市辖区内基层人民法院的实际情况来看，员额制改革后员额法官的稀缺，因而部分法院立案庭（或诉讼服务中心）所配置的一线立案干警普遍非员额法官，而是法官助理或书记员等审判辅助人员，甚至是刚刚毕业的大学生，普遍存在“学历能力有限、业务素质偏低、年龄层偏高”的特点，严重影响了繁简案件实际分流的效果。

2. 民商事审判力量不足，司法资源配置有待进一步加强

首先，现有的民商事审判力量不足，人案矛盾日益突出。随着改革开放的深入和经济社会快速发展，社会矛盾纠纷多发，人们的思想观念、利益诉求日益多元化，法治意识和权利意识日益增强，司法需求与日俱增。尤其在当前诉讼门槛不断降低的情况下，法院受理的案件数量也急剧增加，连年的“诉讼爆炸”使人民法院面临的案件压力迅速飙升。“案多人少”矛盾已困扰法院多年，而法官员额制改革以后，短期内员额法官的数量不仅远远不足以应对急剧增加的案件，员额法官的数量亦明显少于改革以前办案法官的数量，此消彼长，“案多人少”的矛盾困局凸显。以南宁市两级法院为例，2016 年未实行员额法官制度前，共有民商事法官 408 人，民商事案件收案 77, 285 件，结案 50, 769 件，法官人均结案 124. 43 件；2017 年实行员额法官制度后，共有民商事法官 311 人，民商事案件收案 94, 890 件，结案 71, 976 件，法官人均结案 231. 43 件。各法院审判力量和资源都尤为紧张，疲于应付案件压力、忙于清理积案包袱，一定程度上影响了繁简分流机制的探索与推行。

其次，现有审判资源的配置不尽合理，法官专业化程度不高。从法官员额制改革的初衷来看，其改革的目的是对审判团队中的核心审判工作与辅助事务工作进行合理分工，通过组建“员额法官 + 法官助理 + 书记员”的专业化审判团队，使员额法官能够专司于审判，而审判辅助性工作则交由法官助理与书记员承担，从而将员额法官从繁杂的辅助性事务工作中解放出来，专注于提升办案的质量和效率。但目前，南宁市部分法院的审判团队配置模式仍然停留在传统庭室格局的层面上，并未根据案件繁简或者类型差异进行区别化处理，虽然专门成立了“速裁庭”，但其职能集中在调解和小额诉讼程序案件审理方面，除此之外并未进行更深层次的细分，离案件“繁简分流”机制提出的精细化审判要求尚有一定距离。兴宁区人民法院在试点之初，对当事人同意调解的案件进行调解，从 2015 年 6 月开始，除案件调解外，对小额诉讼案件进行裁决，但在具体适用小额诉讼时过于谨慎。从 2016 年 6 月实行试点后，大胆使用繁简分流，从最初的 35% 到现在的 57. 3%。在这种传统审判资源配置模式下，即便人民法院对案件繁简进行了有效划分，审判效果也会因为法官精力不够集中、专业化程度不够而大打折扣。更何况，仅仅将员额法官从审判辅助事务性工作中解脱出来，并不意味团队的工作量实际减少。相反，由于在原有的“法官 + 书记员”的团队模式中增加了“法官助理”这一环节，部分法院对法官助理和书记员之间的分工并不明确，客观上也造成了审判辅助事务性各项工作之间的衔接不紧密，法官助理和书记员之间相互推诿的现象时有发生，导致了团队之间的内耗增加，进而影响了审判

效率。

最后，审判辅助事务繁杂，环节众多，极易引发“中梗阻”。特别是在诉讼材料送达方面。在民事诉讼中，人民法院与当事人的联络主要是通过送达进行的。但“送达难”一直是影响民商事案件审理效率的“老大难”问题。特别是随着经济社会的不断发展，人员流动性不断加大，诉讼材料的送达难度不断增加，许多简单案件往往由于诉讼材料无法送达被迫转为适用普通程序审理，降低了简易程序适用率。尽管法律规定了可以通过简便方式传唤当事人、证人，但由于简便传唤方式在法律上并没有相应的制度保障，一旦传唤对象不配合，故意躲避、拒不到庭或者否认接到法院传唤，法官就无法进行下一阶段的审理。对于当事人这些不当行为，法院在司法实践中却很难予以相应的惩戒，只能被迫改由书面传唤、传票送达以及公告送达的方式送达，极大地影响了简易案件的审判效率和繁简分流效果。面对送达难问题，南宁市部分基层人民法院探索使用了微信送达、电邮送达等电子送达方式。虽然电子送达方式相比传统送达方式提高了送达效率、节约了司法成本。但由于现有法律规定的不完善，造成电子送达在具体适用过程中面临着电子送达的确认方式不明确、电子送达“回证”固定难，以及电子送达安全性缺乏保障等问题，在很大程度上限制了电子送达的适用质效，需进一步明确、统一和改进。

3. 简易程序和简化文书的适用率不高，有待进一步提升

一方面，简易程序适用范围相对于传统的普通程序而言仍过于狭窄。随着经济社会发展与改革开放的不断深入，当前我国社会主要矛盾已经转化为人民日益增长的美好生活需要和不平衡不充分的发展之间的矛盾。由于人民群众的诉求日益多元化，各种社会矛盾纵横交织，使人民法院受理的民商事案件数量连年激增。目前，南宁市80%案件在基层，大部分法官也在基层人民法院工作，但每年法官的增长数量远远不能与案件的增长数量相匹配。而且，在司法实践中，简易程序法庭审理过程与普通程序法庭审理过程相同，都要经过查明身份、法庭调查、质证、法庭辩论、法庭调解等阶段。虽然南宁市两级法院也在积极探索各种简易案件速裁机制，如加大简易程序和小额诉讼程序的使用力度、推行简易案件集中审理等。但总体而言，简易程序的适用范围相对于传统的普通程序而言仍过于狭窄。从调研情况来看，2015 年至 2017 年，南宁市两级法院适用简易程序审理的民商事案件数量分别为 19, 150 件、20, 617 件、29, 184 件，而同期南宁市两级法院受理的民商事案件数量分别为 46, 499 件、72, 285 件、94, 890 件。因此，尽管南宁市两级法院大力推进民商事案件繁简分流机制，促使各法院适用简易程序审理的民商事案件绝对数量呈逐年上升的良好态势，但同期的

简易程序适用率却仅有41.18%，28.52%，30.75%。这在一定程度上表明，虽然从绝对数量来看适用简易程序审理的民商事案件总量逐年增长，但简易程序的适用率却并未随之大幅提升。而且，南宁市两级法院适用小额诉讼程序审理民商事案件的数量更少，比例较低。2015年至2017年，南宁市两级法院适用小额诉讼程序审理的民商事案件总数分别为1363件、3303件和4364件，仅仅占当年全市法院民商事案件收案总数的比例分别为2.93%、4.57%和4.60%。由于简易案件集中审理未能形成规模化效应，仍旧难以抵消民商事案件激增带来的巨大压力。从试点法院江南区人民法院来看，该院通过广泛适用简易程序，取得了民商事案件审理周期同比下降40.98%的显著效果，证明通过适用简易程序可以有效地缓解案件平均审限畸长的问题，切实推进"简案快审"。而与之相对应的是，2017年南宁市两级法院一审案件平均审理周期仅同比下降18.4%，二审案件平均审理周期仅同比下降10.53%。由于简易程序适用率不高直接阻碍了民商事案件审判效率特别是简案审判效率的进一步提升，因此，亟须进一步扩大简易程序的适用范围并增加使用频率，使得"简案快审"名副其实。

另一方面，简化文书的适用范围有限，文书简化不到位。民商事裁判文书简化改革是人民法院为缓解案多人少矛盾，提升审判效率而采取的又一改革举措，也是民商事案件繁简分流机制改革的重要内容之一。但在司法实践中，部分法院裁判文书简化不到位，误入"两个极端"，导致审判效率与案件质量难以兼顾，反过来又阻碍了简化裁判文书的推广应用，形成恶性循环。在南宁市部分法院中，文书简化不彻底主要体现在"两个极端"：其一，裁判文书简化程度不大，审判效率提升不明显。虽然《最高人民法院关于适用〈中华人民共和国民事诉讼法〉的解释》第282条规定了裁判文书简化后主要记载当事人基本信息、诉讼请求、裁判主文等内容，但对于如何简化以及简化到何种程度，并没有相关的示范样本。而且，最高人民法院在2016年发布的《民事诉讼文书样式》中虽然规范了相应的简易案件、小额速裁案件诉讼文书样式，但与普通程序的诉讼文书相比较，简化程度并不大，提升效率的意义仍不明显。这使在繁简分流运行过程中，部分法院产生了误区，即无论案件繁简难易，裁判文书制作一律充分叙事说理，保障"面面俱到"，不让当事人挑毛病。其二，过度简化裁判文书，文书质量下降。部分法院或某些法官为了实现快速审理案件的目的，在制作简单案件裁判文书时走向了另一极端，即将裁判文书中一些不该简化的部位进行简化或省略，比如遗漏案件的一些重要事实情节，或者不写法院认定的证据，或者不写判决理由，还美其名曰"提升裁判效率"，致使裁判文书的公正性与权威性受到影响，严重侵害了当事人的合法权益。

4. 繁案退出机制不健全，繁简案件之间衔接不畅通

立案阶段进行民商事案件繁简初次分流，在很大程度上取决于立案法官的个人判断，这就使一些“繁案”有可能因为立案法官个人的经验不足而被错误地划分为“简案”。相对于“简案”而言，“繁案”本身案情复杂，适用简易程序审理并不恰当。有鉴于此，需要建立繁案退出机制，确保繁简案件审理程序有序转换，从而提高繁简案件的审理效率和质量。但是，繁简退出机制没有现成的经验可循，仍然处于“摸着石头过河”的探索阶段。

司法实践中，南宁市各个法院对繁案退出机制的设置均有所不同，其中江南区人民法院、良庆区人民法院、隆安县人民法院等法院以繁简百分比确定繁简案件，认为只要案件进入速裁团队，不管是简案还是繁案，一律由速裁团队审结；而青秀区人民法院、兴宁区人民法院、宾阳县人民法院等法院持完全相反的态度，认为虽然案件进入速裁团队，但一旦发现是繁案，不管是否已经开庭，都应一律移送繁案专业团队来审理；邕宁区人民法院、武鸣区人民法院、马山县人民法院和横县人民法院则采取折中做法，即开完庭后才发现是案情复杂的案件不应移送繁案团队，其他时间节点一律移送。同时，关于繁案移送审批手续也存在不同。青秀区人民法院、江南区人民法院、武鸣区人民法院、横县人民法院由立案庭分案法官直接移送，而良庆区人民法院、西乡塘区人民法院、隆安县人民法院经立案庭领导批准后才能移送，而兴宁区人民法院、宾阳县人民法院、上林县人民法院甚至需要经过主管副院长的审批。南宁市各法院之所以出现不同的民商事案件繁案退出机制，取决于各法院对于繁简分流机制价值取向的取舍和各法院相关案件的多寡，即更注重“简案快审”，还是更倾向于“繁案精审”。而且，由于当前法官考评机制并未细化到繁简案转换过程中的各承办法官的工作量应当如何计算的问题，导致“繁案”退出并移交到繁案承办法官后，原先办理“简案”的法官在整个案件处理过程中所付出的劳动和工作量无法进行恰当的计算和评价，因此，造成了办理简案的法官不情愿将案件退出；而办理繁案的法官则认为，简案处理期间占用大部分的审限，有可能影响其绩效考评，也不愿意接受简案法官退出的繁案，这就人为造成了简案速裁团队与繁案审判团队的矛盾，不仅与简案快审、繁案精审的精神背道而驰，而且也不利于繁简案件的相互转化和衔接，直接导致了审判质效的下降。

5. 多元化矛盾纠纷解决机制的功能未能充分发挥

多元化矛盾纠纷解决机制是民商事案件繁简分流的关键一步，通过与其他社会化的行业调解组织、商事调解组织、律师调解组织、仲裁机构等共同构建诉讼与非诉讼

的衔接配合机制，可以分流化解相当大一部分社会矛盾纠纷，减少进入诉讼程序的案件。目前全国共有人民调解委员会77万个，每年调解纠纷近900万件；劳动人事争议仲裁机构3000多个，每年仲裁100多万件；商事仲裁机构250多个，每年仲裁10万多件，这些诉讼外纠纷解决机构处理纠纷的数量与各级人民法院每年处理2000多万件案件相比，还有相当大潜力可以挖掘。为推进繁简分流，促进简案快审，南宁市两级法院也因地制宜与劳动仲裁部门、交通管理部门、部分金融机构进行了合作，也取得了一定的成效。但由于缺乏统一、明确的上层制度规划和高层次的组织协调机构，特别是多元化矛盾纠纷解决机制在实践中往往存在权责界限不清、诉与非诉衔接程序不明、各纠纷解决组织工作衔接不畅、多元主体联动机制未形成系统化、规范化、常态化运行等种种问题，各多元化矛盾纠纷解决主体的作用并未得以充分有效地发挥，矛盾纠纷不仅没有减少和解决，反而不断地增加，严重地影响了繁简分流的效果。

（二）民商事案件繁简分流机制运行问题的成因分析

1. 民商事案件案由多样，收案形势日趋复杂

民商事案由是民商事案件名称的重要组成部分，反映案件所涉及的民事法律关系性质和诉讼争议所包含的法律关系，是人民法院进行民商事案件管理的重要手段。案由的科学划分不仅能够方便当事人进行诉讼，更有利于对案件进行科学管理、确定各民商事审判业务庭的管辖分工。随着经济与社会不断发展，最高人民法院根据工作需要也对民事案件案由规定适时进行修改。2011年4月1日施行的《民事案件案由规定》在第一级案由项下，细分出43类案由作为第二级案由，司法实践中最常用的第三级案由项下则细分为424种案由，基于审判工作指导、调研和司法统计的需要还列出了一些第四级案由。虽然从南宁市两级法院民商事案件的收案情况来看，婚姻家庭继承纠纷、合同纠纷以及权属、侵权纠纷为主要的案件类型，但是，这些类型的案件当中往往有多个法律关系互相交织，不能简单地以案件标的作为繁简分流的依据。例如，有的案件标的很大，但权利义务明确、当事人争议不太，只是在给付时间和给付方式上有争议，这类案件可定为简单案件，但有的案件标的较小，但案件涉及多种法律关系或涉及虚假诉讼，这类案件就不能作为简案来处理。而且，各级法院在司法实践中对简单案件的定义和要求有所不同，对繁简案件的划分标准也有所区别，例如，南宁市中级人民法院把交通事故赔偿案件三级以上伤残、赔偿数额在100万元以下的为简案，而青秀区人民法院没有这方面的限制，但只要造成伤残需要进行重新鉴定的就定为繁案；南宁市中级人民法院把案件标的和当事人人数作为繁简分流的条件，而青秀区人民法院则没有这方面的要求，如商品房预售合同纠纷、物业服务合同纠纷，

有的涉及整个楼盘和小区，当事人人数几十人甚至几百人，只要符合简单案件就按简易案件处理，案件可分配给多个员额法官，做到同类案件同类判决。因此，民商事法律关系的复杂性和多样性，为繁简案件的准确划分和分流带来了一定的不确定性，而这些不确定性又影响了民商事案件繁简分流机制运行的效率。

2. 部分干警缺乏改革的能动性，对繁简分流认识不到位

繁简分流机制改革是满足司法需求的民心工程、优化司法资源的效益工程，提高司法质效的创新工程。因此，人的因素非常重要。虽然在司法实践中，确实存在审判力量不足，案多人少矛盾日益突出的问题，但在改革推进过程中，从南宁市两级法院的实际情况来看，部分法院、部分干警在主观上对民商事案件繁简分流机制的认识不足，缺乏改革的能动性。具体而言：一是认识模糊心态。案件繁简分流机制是当前社会特别是司法系统的热门话题，但部分法院将繁简分流机制当成自我减负的权宜之计，并没有从满足人民群众多元司法需求的高度来认识和筹划推进。特别是在大多数法官期许赞同的同时，有些法官却安于现状，固守传统的习惯做法，心理上不接受改革。更有部分法官对改革前景、意义认识不到位，人云亦云，从众跟风议论，工作状态不佳。二是等待观望心态。随着员额制改革的不断推进，每个年龄、每个层次的法院干警都有自己的打算和顾虑，部分干警过于关注自己的个人前途和职业待遇，对本职工作得过且过，使案件繁简分流工作出现一定的懈怠，降低了繁简分流的效率。三是畏难发愁心态。法官员额制改革比以往更为强调法官的“精英化”，目的就是“让审理者裁判，由裁判者负责”，进一步提升审判质效。由于取消内部审批后，承办案件的员额法官将直接对案件质量负责，特别是立案审查制改为立案登记制之后，一些原本由其他行政部门化解的矛盾纠纷也涌入法院，不仅民商事案件总体数量会大幅上升，新类型疑难复杂和信访案件也会大量涌现，繁案的审理难度也会大大增加，加之司法公开力度加大，庭审直播录播，裁判文书上网公开等，办案责任更重、压力更大，诸多问题让法官们怀疑犹豫的同时，也导致了畏难心理的产生。四是患得患失心态。由于入额的比例较低，在“僧多粥少”的情况下，部分年轻干警担心从事审判辅助工作后晋升法官之路愈发艰难会遥遥无期。而已经入额的法官又担心今后职业风险更高、压力更大，导致部分年轻干警不愿意从事审判辅助工作，而已经入额的法官不愿意承办繁案的现象时有发生，制约了繁简分流机制作用的全面发挥。

3. 人员分类管理机制不完善，人案配比不合理

法官员额制改革要求“主辅分离”，即对审判团队中的核心审判工作与辅助事务工作进行合理分工，由法官助理与书记员承担审判辅助事务性工作，让员额法官专注

于核心审判工作。从调研情况来看，一方面，由于南宁市部分基层人民法院原有的书记员数量不足，达不到与员额法官一比一的数量比例。为了按照“1+1+1”的模式构建审判团队，部分法院不得已临时招聘一些非法学专业的书记员进入审判团队，并且让一些经验不足的新入职干警担任法官助理，极大地影响了团队的办案效率。而一部分不缺人手的法院虽然成立了专业审判团队，并实现了“1名员额法官+1名法官助理+1名书记员”的人员配置。但由于与法官员额制改革相配套的人员分类管理机制尚未完善，使部分法院也只能因地制宜“摸着石头过河”，对于法官助理和书记员等司法辅助人员的职能定位、职责分工、考核方法等一些较为敏感的问题不愿意规定得太严格和具体，特别是对于未入额法官能否参与办案、如何管理与考评等方面语焉不详。由于审判团队成员之间权责不清晰、管理混沌，导致部分审判团队内人员分配与司法实践需求相脱节。而员额法官与审判辅助人员之间的待遇落差，也在一定程度上影响了部分团队和团队成员的工作积极性，无形中降低了审判效率。另一方面，部分法院未能运用大数据科学测算各类案件人案配比，导致繁案审判团队与简案审判团队配比无法满足实际需求。其中，部分法院设置的简案速裁团队数量较多，导致简案速裁团队没有足够的简易案件审理，出现简案速审团队“吃不饱”的窘境；而部分法院设置的简案速审团队数量不足，却又出现简案速审法官超负荷运转的困境。目前部分法院在组建专业审判团队时仍然停留在传统的院庭室层面，未能进一步打破传统的层级管理、推进扁平化管理。加上南宁市各城区人口数量、经济发展程度的差异，不同法院之间、同一法院不同部门以及不同类型案件之间的案件数量差异较大，进一步加剧了不同法院、不同部门的审判团队之间忙闲不均的非正常现象。

4. 业绩考评标准设置不科学，难以调动司法人员工作积极性

在我国，法官是公务员的重要组成部分。在员额制改革前，法官的职级标准和职业待遇与普通公务员基本一致。因此，南宁市绝大部分法院现行的法官业绩考评标准与普通公务员的考评标准和方法类似，主要围绕“德、能、勤、绩、廉”五个方面对法官的业绩进行评价，而未能凸显法官与其他公务员、审判业务部门法官与综合行政部门工作人员在工作性质、特点、方式和工作难易程度等方面的差异。在司法实践中，对法官工作业绩的考评则主要按照《最高人民法院关于开展案件重量评估工作的指导意见》等文件要求，沿用其中的量化考评指标对法官的业绩进行评价。长期以来，对法官工作业绩的量化考评指标较大的依赖于案件的结案数量、发改率、信访率等指标，普遍较为简单和机械，未能兼顾繁简案件的不同特点和审判工作的复杂性，在一定程度上挫伤了法官办案积极性。

而且，目前以审判效率为基准的法官业绩考评体系部分考评指标的设定并不完全科学，也不完全符合审判工作规律和一线法官的办案实际。这一点在南宁市两级法院中也有所反映。具体而言：一是没有根据繁案和简案的不同特点设置合理的繁简案件折算标准，对显性的工作没有细化，对隐性的工作没有考虑到，忽略了办理“简案”数量更多、审限更短，法官可能存在的“隐性付出”等因素；二是未能根据各审判团队承担任务的具体情况科学设置考评标准，未能根据员额法官、法官助理和其他司法辅助人员承担任务的具体情形科学设置考评标准，这也间接造成了部分法院组建审判团队后，团队间不同的成员的分工不够细化，出现了“吃大锅饭”现象；三是未对员额法官、法官助理和其他司法辅助人员建立统一连贯的业绩档案，没有充分体现出繁简分流改革后奖优罚差、优胜劣汰的特点，也未能充分调动员额法官的积极性，反而引发了部分法官及审判辅助人员的不满和抱怨。尽管《法官法》对法官考核的作用定位为“作为晋级晋升，奖惩、培训、辞退以及调整等级和工资的依据”，但法官“晋升慢”已是业内人士公认的事实，业绩评价结果除了在年底评先评优方面起到一定作用，在其他方面几乎无用，未能发挥其应有的正向激励、反向鞭策功能。

5. 现有的审判软硬件设施与繁简分流需求不匹配

一方面，从硬件设施来看，审判工作所需的办公场所、办公设备、信息化系统等辅助资源亦是影响审判效率的重要因素。而从调研情况来看，尽管南宁市两级法院大部分基础建设都相对完善，但部分受理民商事案件数量较多的法院，如青秀区人民法院、西乡塘区人民法院、江南区人民法院等现有设施还是难以满足日益增长的民商事案件审判工作的实际需要，特别是法庭数量较少，简案速审团队缺乏相应的专用法庭，直接影响了审判效率的提升。

另一方面，现有的审判管理系统未能充分发挥信息化系统对提高司法生产力的促进作用，其主要体现在：一是现有的审判管理系统没有设置民商事案件繁简分流模块，无法实现系统根据填写的案件要素信息自动分流繁简案件，繁简案件的司法统计分析以及繁案退出也无法通过现有的审判管理系统实现；二是缺乏“互联网 + 司法”功能，因此，部分民商事案件数量较多的法院希望通过运用“互联网 + 司法”的方式实现跨区域网上立案、证据网络交换、异地网上庭审、在线调解等司法为民的举措，但由于现有的审判管理系统没有很好地将互联网与法院工作相关联，使相关法院心有余而力不足；三是没有运用大数据科学测算各类案件人案配比，不利于合理配置司法资源，提升人案配比科学性；四是未能强化人工智能的实际应用提高司法生产力，现有的审判管理系统在实现电子卷宗随案同步生成和有效应用、智能推送指导性参考性案例和法律文献、自动生成格式化裁判文书等功能上仍有欠缺，需要进一步改进和完善。

6. 简化文书样式与现行文书评价标准相悖

2016 年 8 月 1 日施行的《民事诉讼文书样式》中规范的民事诉讼文书样式有 568 个，其中由人民法院制作的文书样式 463 个。各地法院在推进裁判文书简化改革过程中都对法律文书进行了简化，但据调研了解，简化后的文书，如令状式文书、填充式文书等，南宁市两级法院的部分法官在使用时仍有顾虑，一是认为简化文书与标准文书不一致，文书上网后易引发当事人怀疑与误解；二是简化文书适用范围有限，特别是令状式文书限于民事裁定书，对判决并不适用；三是要素式文书与判决书差别不大，意义不明显；四是简化文书在案件评查中易于被认定为不合格文书，所以不愿使用。而从全国范围来看，当前裁判文书的简化改革仍在探索阶段，各地做法不一、格式不一，也造成简化文书的推广在一定程度上受阻。

7. 法院在多元化纠纷解决机制中的地位和作用不明

多元化矛盾纠纷解决机制需要行政机关、司法机关和社会各界等多方力量的广泛参与和共同协作，但目前在全国层面上，还缺乏针对多元化矛盾纠纷解决机制统一明确的上层制度规划和高层次的组织协调。因此，在多元化矛盾纠纷解决机制中，相关职能部门的职责界定、纠纷解决资源配置、工作机制和程序设置等问题当前仍然主要依靠地方政策和各个部门的独立推动，难以系统、全面地调动全社会资源化解矛盾纠纷。调研情况显示，在“案多人少”矛盾长期未能解决的情况下，南宁市各法院均对构建多元化纠纷解决机制建设存在迫切需求，但由于法院在多元化纠纷解决机制中的地位和作用不明，难免出现“剃头挑子一头热”的现象。并且法院作为司法机关，在统筹整合相关资源等方面权限不足、手段有限。因此，绝大部分法院将诉讼服务中心作为多元化解矛盾纠纷的平台。虽然根据广西壮族自治区高级人民法院发布的《全区诉讼服务中心实施细则》和《全区诉讼服务中心升级版建设方案》的要求，全区诉讼服务中心升级版建设重点包括诉讼服务中心基础建设和服务水平的提升、多元化纠纷解决机制改革、繁简分流机制改革三个方面的重点内容。特别是在多元化纠纷解决机制改革和繁简分流机制改革中要着力搭建诉调对接平台，把诉讼服务中心打造成为实现司法资源和社会资源交融共享、良性互动的大平台，赋予立案庭实体裁判权，把简单的民商事案件解决在立案前端，通过多元化解和繁简分流解决 30% 的民事纠纷。但从南宁市两级法院的实际情况来看，由于“案多人少”的矛盾突出，现阶段全市法院的骨干力量基本全部充实到审判一线，导致全市法院诉讼服务中心建设的重点仍侧重于基础建设和服务水平的提升方面，而繁简分流改革所涉及的人员调配、团队建设和相关的配套措施等仍在探索和推进的过程中，使诉讼服务中心的各项功能未能得以充分发挥。客观来看，南宁市两级法院面临的实际情况从全国范围来看也具有一定的代表性，特别是在部分经济发达民商事案件数量较多的城市法院也有类似的情况发生。而且，在法院对非诉讼纠纷解决方式的支持和保障上，目前还主要限于对人民调解协议的司法确认，尚未形成立体化的司法保障体系。虽然一些地方在现行法律框架内开展先行调解工作探索取得了一些成效，但总体来看，由于法律依据不足，民商事案件纠纷分流引导乏力，繁简分流效果不明显，改革的红利难以完全释放。

五、完善法官员额制改革背景下民商事案件繁简分流机制的对策建议

在全国大力推进法官员额制改革的背景下，如何规范和保障民商事案件繁简分流机制的有效运行，是当前最紧迫的任务。特别是在中、基层人民法院占全国法院绝大多数的情况下，进一步优化和完善民商事案件繁简分流机制显得更为迫切。对此，课题组将主要围绕繁简分流机制在当前运行中几个最亟待解决的问题提出建议，具体而言：

（一）科学确定民商事繁简案件划分标准，准确划分繁简案件

课题组认为，可以考虑“多元划分法”，即在划分民商事繁简案件时综合考虑案件的类型、构成要件、标的额等多种因素对繁简案件进行划分。一方面，根据我国现行《民事诉讼法》第157条规定的“简案三要件”确定民商事案件繁简案划分的基本标准，即案件事实清楚、权利义务关系明确、争议不大的案件为“简案”，但不单纯地以案件标的金额和案件类型确定“简案”的具体范围。下列民商事案件，可以作为“简案”：（1）适用小额诉讼程序案件。（2）选民资格案件、宣告失踪或者宣告死亡案件、认定公民无民事行为能力或者限制民事行为能力案件、认定财产无主案件、确认调解协议案件和实现担保物权案件等适用特别程序案件。（3）适用督促程序、公示催告程序案件。（4）不予受理、未预交案件受理费等程序性案件。（5）申请撤销仲裁裁决案件。（6）适宜速裁的简易程序案件、第二审程序案件。包括但不限于：①事实清楚、权利义务关系明确、争议不大的商品房预售合同、买卖合同、金融借款合同、民间借贷、租赁合同、居间合同、承揽合同、供用水、电、气、热力合同等各类合同纠纷；②银行卡纠纷、追偿权纠纷、股东知情权纠纷、产品责任纠纷；③侵害著作权纠纷、侵害商标权纠纷；④身份关系清楚，仅在给付的数额、时间、方

式上存在争议的赡养费、抚育费、扶养费纠纷；⑤责任明确，仅在给付的数额、时间、方式上存在争议的机动车交通事故责任纠纷和其他人身损害赔偿纠纷；⑥劳动关系清楚，仅在劳动报酬、工伤医疗费、经济补偿金或者赔偿金给付数额、时间、方式上存在争议的劳动合同纠纷；⑦劳务关系清楚，仅在劳务报酬给付数额、时间、方式上存在争议的劳务合同纠纷；⑧法律关系明确的家事纠纷、离婚后财产纠纷；⑨不服第一审人民法院管辖异议、不予受理、驳回起诉裁定的上诉案件。（7）因被告下落不明适用普通程序审理但适宜速裁的简单案件。（8）事实清楚、权利义务关系明确、争议不大，适用普通程序审理但适宜速裁的简单案件，包括但不限于金融借款合同纠纷、民间借贷纠纷等各类民商事案件。（9）其他适宜速裁的简单案件。另一方面，可以将符合以下条件的案件确定为“繁案”，包括：（1）上级法院发回重审或指令立案受理、指令继续审理、指定管辖的案件；（2）再审案件；（3）第三人撤销之诉案件；（4）涉外、涉港澳台案件；（5）知识产权纠纷案件，但侵害著作权纠纷、侵害商标权纠纷案件除外；（6）原告在起诉时提出评估、鉴定申请，人民法院认为应予准许的，或者当事人对诉前评估、鉴定结果有异议，并申请重新评估、鉴定，人民法院认为应予准许的案件；（7）新类型案件；（8）破产清算案件；（9）涉及国家利益、社会公共利益的案件；（10）当事人一方人数众多的案件；（11）重大疑难复杂或具有重大社会影响的案件；（12）其他不宜作为简单案件审理的案件。之所以采用上述的划分标准，主要是基于两点理由：一是进一步细化了我国现行《民事诉讼法》第157条的规定，便于广大一线法官在审判实践中对该法条设置的“简案三要件”进行具体操作；二是兼顾我国幅员辽阔各地经济社会发展水平不一的实际情况，将日常审判实践中的“简案”和“繁案”进行归纳和梳理，从中筛选出我国各级法院特别是广大中、基层人民法院最常见的一些类型进行规定，并设置了兜底条款，从而既没有机械地拘泥于“简案三要件”，又在客观上扩大了简易程序的适用范围，提高了审判效率。

（二）进一步优化司法资源配置，加快构建繁简分流调解速裁工作机制

要打破思维定式，进一步简化速裁程序，建立适应新型审判权力运行机制和办案机制的分流调解速裁工作模式，重点实现“三个转变”：一是由随机分案向按类分案转变。在司法实践中，各级法院可以因地制宜根据案件繁简程度、社会影响大小、裁判指导意义等因素进行分案，导入适宜的办理渠道，适用相应诉讼程序，用好督促、司法确认、小额诉讼、简易程序等简易纠纷解决方式，简化送达、审理、裁判程序，提高整体质效。二是由均衡办案向专业办案转变。对类型化案件实行专业化审判，全

区各中、基层人民法院可以在本院内根据民商事案件的具体类型建立相关的专业性审判团队，由专门法官集中办理；对于简单的案件，则由速裁团队或者速裁合议庭办理，做到“术业有专攻，繁简有专人”。三是由统一考核向分类考核转变。应当根据繁简案件的不同特点，建立分类明晰、权重科学的考核标准，区分案件类型和难易程度，分别设定不同考核重点，确定考核指标，实行动态管理，树立想作为、敢作为、善作为的良好激励导向。

（三）积极推进民事裁判文书改革，建立系统规范的繁简案件裁判指引

一是要打破传统思维束缚，及时转变观念。在繁简分流改革后，部分法官还是习惯于原有的裁判文书样式，而对简化后的裁判文书样式心存疑虑，不愿意使用简化后的裁判文书。而民商事繁简分流的目标是公正与效率并举。在保障公正的前提下，通过简化裁判文书制作，既可以减轻一线法官的负担，又可以切实提高案件的结案效率。因此，每一个法官都必须及时转变观念，在文书的制作和使用中，应当从“传统格式为主、简化格式为辅”调整为“简化格式为主、传统格式为辅”，充分体现繁简分流“简案快办”的要求。

二是适当地简化现行裁判文书的结构。现行裁判文书样式本身以传统的“三段论”逻辑为基础，不分案件类型均采用由首部、事实、理由、主文和尾部组成的五部式结构形式，对于简单案件而言过于拖沓、烦琐。因此，在“简案快审”的要求下，应当简化现行裁判文书的五部式结构，例如，对于文书“事实”部分中双方没有争议或争议不大的案件事实、二审裁判文书中对一审判决情况的引述、“理由”部分中的诉辩意见，以及“主文”部分中本院查明的无争议事实，均可以考虑简写或不写。但是，裁判文书的简化并不意味着“一刀切”的减少文书字数，而是要实事求是地根据不同案件情况“当繁则繁”“该简则简”。简化后的裁判文书必须包括最基本的文书结构和最低限度的内容，并且不能遗漏案件的要点和重要的事实情节，从而真正实现“繁案精写”“简案简写”。

三是根据案件类型确定简化重点，全面推行新式审判文书。令状式裁判文书、表格式裁判文书和要素式裁判文书等新式裁判文书是当前裁判文书简化改革的方向。上述三种新式裁判文书的已经在深圳市大力推广。从改革效果来看，深圳市宝安法院2014年4月至2016年6月，就制发令状式判决书1168份、要素式判决书7100份、表格式判决书205份，极大地提升了民商事案件的审判效率。由于我国绝大部分中、基层人民法院，常见的民商事案件类型主要是人身损害赔偿纠纷、婚姻家庭纠纷、民间借贷合同纠纷、交通事故责任纠纷和劳动争议等。因此，可以充分吸收和借鉴深圳

市法院的改革成果，在各级法院中因地制宜大力推广令状式裁判文书、表格式裁判文书和要素式裁判文书，并在此基础上针对常见的案件类型制定统一的通用格式样本，进而形成系统的繁简案件裁判指引，从而使法官能够根据相关要素及时作出裁判，进一步提升审判质效。

（四）多措并举完善繁案退出机制，实现繁简案件有序分流

明确民商事繁简案件的划分标准和分流规则，只是在客观上为提高繁简分流的效率创造了条件。但是，还需进一步完善繁案退出机制，才能最终保障繁简分流工作的有序进行。对于繁案退出机制而言，其关键点在于以下两点：一是繁案退出的时间，即已经适用简易程序审理的“繁案”，在何时可以转为普通程序审理；二是繁案退出的条件，即已经适用简易程序审理的“繁案”，在何种条件下可以转为普通程序审理。课题组认为，对于第一个繁案退出时间点的问题，为了确保案件裁判尺度的一致性，如果发现繁案被错误的划分为简案，但案件已经适用简单程序审理而且承办法官在法庭辩论终结前并未及时将案件退回，那么该繁案应当继续适用简单程序审理，而无须另行分配至审理繁案的相关审判部门或审判团队办理。因为经过一次开庭审理后，主审法官几乎可以完全判断该案是简案抑或是繁案，进而真正使简单案件得到快速出口，而繁案得以从简单案件的“队伍”中剔除，使繁案得到精细审理。而对于第二个繁案退出条件的问题，当下列条件成就时，已经适用简易程序审理的“繁案”应当转换为普通程序审理。这些情形包括：（1）当事人增加或者变更诉讼请求致使案情复杂的；（2）被告提出反诉或管辖权异议的；（3）需要追加当事人的；（4）需要进行调查取证、勘验、鉴定、审计、评估、检测的；（5）有初步证据证明涉嫌虚假诉讼的；（6）属于社会舆论关注、社会影响重大或者有涉诉信访可能的；（7）其他情形致使案件不适宜作为简单案件审理的。

因此，对于繁案退出机制的完善，课题组建议，各级法院可以采取以下措施：一方面，加强繁案退出的审查和审批。对于已经分流为简单案件的案件，当案件不适宜作为简单案件审理的，建议经立案部门负责人审核并报主管副院长批准，承办法官可以在法庭辩论终结前及时将案件退回，由负责程序分流的法官或法官助理将案件另行分配到审理繁案的相关审判部门或审判团队办理。另一方面，积极引导当事人选择适用简易程序，避免出现繁案频繁退出的情况。当繁案已被错误地划分为简案并已适用简易程序审理，如果双方当事人约定继续适用简易程序审理的，可以适用简易程序继续审理，无须转至普通程序审理，从而节省案件审理的时间，提高案件审判效率。

（五）大力提升信息化建设水平，不断完善繁简分流保障机制

一方面，要充分借助信息技术完善智能分流为主、人工分流为辅的案件分流机

制。各院可以重点根据一线法官、当事人和律师的应用需求和实践反馈，借助审判管理系统这一现代化的信息技术手段，打造“互联网+”分流工作模式，探索开发智能分案辅助系统，改变依靠经验丰富法官进行人工分案的传统做法，将繁简分流程序直接嵌入审判流程管理系统，实现立案后的自动分流，使法官从大量烦琐的人工分案工作中解脱出来，专司审判。同时，充分运用大数据的记忆、分析、计算功能，通过设定案件类型、审理周期、发改情况等指标，对民商事繁简案件转换全过程进行跟踪管理，确保案件转换过程全程留痕，做到与审判流程管理系统的互联互通，信息共享。全区各级法院要大胆使用智能语音识别技术、审判辅助系统、电子送达机制、网上办案平台等，用科技手段为繁简分流调解速裁工作换挡提速。要大力推行网上调解、视频庭审等做法，运用信息技术推动调解速裁方式创新，让信息多跑路，让群众少跑腿，让人民群众在家门口、掌心里就能办成事、办好事。

另一方面，要简化送达方式，提高送达效率，多措并举破解民商事案件“送达难”。一是严格执行《最高人民法院关于以法院专递方式邮寄送达民事诉讼文书的若干规定》，积极引导当事人在填写《诉讼文书送达地址确认书》时选择电子邮件、微信、QQ等电子送达方式。当事人为法人、其他组织，或者委托律师代理诉讼的，应当选择电子送达方式。特别是发挥原告（上诉人）的资源优势，鼓励原告（上诉人）参与送达。相对于法院来说，原告（上诉人）更熟悉被告（被上诉人）的情况，对被告（被上诉人）的身份情况、住址等信息更为了解，由于案件的进展情况与原告（上诉人）的利益密切相关，因此，应当充分借助和发挥原告（上诉人）的信息和资源优势，让原告（上诉人）尽可能在《诉讼文书送达地址确认书》中填写详细的送达信息，确保送达干警能及时有效的获取相关信息，提高送达效率。二是适用简易程序审理的简案可以采取传真、捎口信、电话、短信、微信等简便方式传唤当事人、通知证人和送达裁判文书以外的诉讼文书。如果受送达人因对法律知识不熟悉而对送达产生抵触情绪，可以事先联系受送达人的家属或近亲属，由其协助和配合完成送达。三是当事人在纠纷发生前约定送达地址的，可以将该地址作为送达诉讼文书的确认地址，因该地址不准确或者受送达人拒绝签收，导致诉讼文书未能被受送达人实际接收的，文书退回之日视为送达之日。四是经多元化解未达成调解协议的，可在化解结束前立即登记立案，当场送达受理案件通知书、应诉通知书、举证通知书等诉讼文书。立案后诉讼调解未达成调解协议，当事人不愿再调解的，可在调解结束前当场排期开庭、当场送达开庭传票等诉讼文书。五是创新送达工作机制，大力开展集中送达和跨部门联动送达。各级法院可以在立案庭或诉讼服务中心内设立专门的送达组，安排专门的审判辅助人员负责全院民商事案件的集中送达工作，从而将法官从烦琐的非审判事务性工作中解脱出来，进一步提高送达的效率。同时，各级法院可以主动加强与各级党委、政府以及其他相关部门的联系，拓宽送达途径，特别是要加强与邮政部门和基层政府、社区组织的沟通和配合，将送达过程中发现的问题及时会商、共同解决，保障送达工作的快捷、规范和有效。

（六）建立分类明晰、权重科学的司法人员考评标准，充分调动各类人员的主观能动性

一是要根据“简案”和“繁案”的不同特点设置合理的繁简案件折算标准，以提升考核工作的针对性。在民商事审判实践中，法官的工作量通常可以分为显性工作量和隐性工作量。显性工作量通常是指能“看得见”的工作量，通常表现为案件信息录入、文书送达、诉讼保全、开庭审理、法律文书的撰写以及判后答疑等工作，而隐性工作量则主要是指法官在审理案件的过程中为了准确适用法律、查明案件事实所付出的外人难以看到和体会的时间和精力。① 由于社会的不断进步、案件日益复杂、裁判标准不断提高，法官在审判案件时除了要综合考虑案件事实、证据和法律适用情况等以外，还要考虑社会各个方面的影响。这势必需要法官投入巨大的时间和精力去掌握和更新法学知识，增加与案件相关的法律资料的阅读和查询，思考并形成案件的审判思路。据统计，广西壮族自治区各级法院2016年新收各类民事案件279,785件，同比增长19.89%。其中，民事一审案件244,498件，同比增长18.32%；民事二审案件27,460件，同比增长30.78%。② 从上述数据和审判经验来看，民事一审案件中的“简案”数量往往比“繁案”更多，而且绝大部分案件都在基层人民法院消化。但法官在审理“简案”的过程中所付出的隐性工作量并不比“繁案”少，因为公正的基本要求不能“简”。简易审判在追求快的时候，也不能“糙”。③ 而过低的繁简案件折算比例往往容易挫伤简案承办法官的积极性。因此，在确定民商事繁简案之间的折算标准时，可以考虑将“繁案”和“简案”按0.6至0.8的系数比例进行折算，即审理1个“简案”等于审理0.6到0.8个“繁案”。这既可以鼓励“繁案”承办法官多办“繁案”，又充分照顾了广大基层法官特别是“简案”承办法官。因为客观上，基层人民法院的“简案”数量更多，多“劳”意味着多“得”，可以弥补“简案”折算比例较低的劣势。此外，要充分发挥信息化技术和审判管理系统

① 曾醒萍等：《科学核算法官工作努力实现人案协调》，载《人民法院报》2015年10月15日，第7版。

② 广西壮族自治区高级人民法院：《2016年度全区法院审判态势分析报告》，第8页。

③ 吴燕、张慧超：《积极推进我国“繁简分流”改革——专访社科院研究员、博士生导师王敏远》，载《人民法治》2016年第10期，第53页。

的优势，根据本院受理的民商事繁简案件数量、审理时间以及办案法官数量等因素动态调整繁简案件的折算标准，从而引导法官有针对性地调整办案方式，节约办案时间，促进审判效率的提升。

二是要针对繁案审判团队和简案审判团队承担的审判任务不同设置不同的考核重点，并对各自团队中的员额法官、法官助理和其他辅助人员进行分别考核。一方面，由于繁案案情相对复杂，需要较长的审理时间，作出裁判所需的证据也必须更加充分，需要法官投入的时间精力也更多。所以，对于繁案审判团队中的员额法官，考核的侧重点应当在于文书合格率、上（抗）诉案件发回改判率和申诉再审率等与案件裁判质量相关的指标。另一方面，简案则恰恰相反。如前所述，简案的数量远远多于繁案。如果严格按照繁案的审理标准有可能降低法官的办案效率，因而对于简案审判团队中的员额法官考核侧重点应当在于结案数、法定审限内结案率、超延审限率等与办案效率相关的指标。但是，无论是繁案审判团队抑或是简案审判团队，从法官助理和其他司法辅助人员的职业发展的角度出发，对法官助理的考核的侧重点应该是协助员额法官办理案件的数量、协助办案的质量以及个人的业务技能水平等，具体应当包括诉讼材料的审查、证据交换的组织、司法文书的写作以及跟案数量等方面的内容。而对于书记员等其他司法辅助人员的考核应当侧重于业务技能水平、协助员额法官办理案件数量以及日常工作表现等，具体包括笔录制作、案件送达、案件归档、跟案数量等。

三是建立员额法官、法官助理和其他司法辅助人员业绩信息化档案。在日常管理中，可以通过审判管理系统将上述三类人员的民商事繁简案件审判业绩数据一一罗列、对比和展示，并进行动态量化地跟踪和管理。这既便于实时观察繁简分流的实施效果，又能充分保障季度考评和年终考评的客观性，真正做到权责一体、奖优罚差、优胜劣汰，从而充分调动广大法官特别是一线法官的积极性。

（七）构建科学、准确、高效的诉调衔接机制，实现多层次诉讼机制无缝衔接

一方面，各级法院可以因地制宜设立诉调对接工作平台，创新诉调对接工作新模式。从南宁市两级法院的统计数据来看，交通事故纠纷、婚姻家庭纠纷、劳动争议纠纷这三类案件在中、基层人民法院受理的民商事案件中占比较大，因此，建议由各地的高级人民法院牵头与交通管理、妇联和劳动仲裁等三部门“先行先试”开展试点，召开“四方会谈”并形成诉调对接的合作文件或者备忘录，便于在本地区内的法院统一执行。同时，各地的高级人民法院还可以与上述部门共同建立示范性诉调对接中心，由四部门派出人员联合进驻办公，方便当事人咨询并选择适当的纠纷解决方式，

及时化解矛盾纠纷。在条件具备的情况下，各地的高级人民法院还可以将与三部门合作的成功经验推广到其他民商事案件领域，进一步扩大本地区各级法院与各级行政机关、人民调解组织、仲裁机构、行业性调解组织、民商事调解组织、公证机构、律师协会、工会、妇联和共青团等合作，通过充分整合各方各业的社会资源，促使更多的矛盾纠纷能够“一站式”解决，以有效提升矛盾纠纷的预防和化解能力。

另一方面，可以增设多元化解案号，科学量化诉前联调工作，提高调解队伍整体素质。当前，在一些中、基层人民法院，调解队伍的“主力”来自于没有“入额”的干警，究其原因，就是没有对调解干警设立科学的考评机制，无法合理量化调解法官的工作量。因此，课题组建议，可以借鉴《广东省高级人民法院关于进一步加强诉调对接工作的规定》第 18 条有关设置“诉前民调”案号的规定，对在起诉前可以通过多元化解调解结案的案件，增设多元化解案号，并明确调判衔接程序。[①] 如果调解法官能够通过多元化解的方式调解结案，那么在计算调解法官工作量时可以参照“繁案”审理工作量的规定予以执行，即处理 1 个多元化解调解结案的案件等于审理 1 个“繁案”的工作量，从而提高调解法官办理多元化解案件的积极性，并鼓励更多具有较高学历、业务能力强、素质水平高的法官和其他干警充实到调解队伍中，进一步提高多元化解水平。同时，还可以通过聘任、选任的形式大力引进“外脑”，通过购买社会服务、引入第三方资源、聘请志愿者等方式，从退休法官、检察官、警官、各类专家学者、律师、人民调解员、法律服务志愿者以及其他具有较高文化素质和水平的社会成员中选聘专业人员加入法院现有的调解队伍中。这不仅可以弥补员额制改革后调解法官的不足，而且也可以为他们提供平台，便于他们充分发挥其知识背景和工作能力，更有效处理和化解各类矛盾纠纷。

六、结语

综上，民商事案件繁简分流不仅仅是当前全国各级法院有限的司法资源与激增的司法需求矛盾的应对之举，从长远来看，其出现和发展是我国司法体制改革特别是法官员额制改革后的必由之路。特别是对于深受人案矛盾困扰的全国广大中、基层人民

---

① 《广东省高级人民法院关于进一步加强诉调对接工作的规定》第 18 条：“立案部门案件分流。立案部门认为起诉案件适宜调解的，编立‘诉前民调’案号，向起诉人出具《调解告知书》，告知案件编号、权利义务、调解流程和无正当理由不参与调解的法律后果等相关信息，并及时将案件移交诉调对接部门处理。起诉人要求登记立案后调解的，按照立案后调解流程处理。起诉人不同意参与调解的，应当填写《不参与调解确认书》，说明正当理由。起诉人拒绝填写的，立案部门在《调解情况登记表》上注明情况，并及时登记立案，将案件转入审理程序。”

法院而言，民商事案件繁简分流已经不是该不该推进和实施的问题，而是该如何改革、优化和完善的问题。而程序的正当性与扩大简易程序的适用范围之间并非相互对立，合理的简易程序恰恰与程序的正当化过程相辅相成。[①] 因此，唯有正确认识民商事案件繁简分流的重要作用，多措并举完善繁简分流的各项机制，才能在法官员额制改革背景下充分发挥“繁简分流”的作用，实现审判质效并举，真正让人民群众在每一个司法案件中感受到公平和正义！

① 傅郁林：《繁简分流与程序保障》，载《法学研究》2003 年第 1 期。

边疆民族地区审判权运行机制研究

——以广西壮族自治区基层人民法院审判组织运行行政化对审判权运行的影响为视角

南宁市江南区人民法院课题组*

一、前言

人民法院作为国家审判机关，其主要职责就是有效化解社会矛盾，最终实现公平正义。而建立一套科学的审判权运行机制，对于促进社会稳定、推进依法治国进程具有重要作用。作为司法改革重心的审判权制度，其发展变革已经走过了三十多年。党的十八大召开以后，司法改革又迎来了一个重要的战略发展时期。

无论是“让法院更像法院，让法官更像法官”① 的坚定目标，还是“法治中国”的宏大梦想，都离不开“深化司法改革”这个助推器和新引擎。2014 年两会前夕，修订后的《人民法院第四个五年改革纲要（2014—2018)》正式亮相，此次改革向社会展示了更大的勇气、更强的力度和更宽的辐射面，吹响了全面深化人民法院改革的“集结号”，其力度之大，令人振奋。

在党中央的领导下，以“健全审判权力运行机制”为核心的司法改革正在积极、稳妥、有序推进。然而，随着改革的逐步深入和各项举措的落实，一些深层次问题也显现出来。长期以来，人民法院（包括边疆民族地区法院）一直沿用行政科层制管理模式，审判权运行行政化色彩浓重，审判组织也在司法实践中产生一定程度的异化和偏离，成为改革的一大阻力。如何对症下药，真正实现审判权与审判管理权的良性互动已然成为一个亟待解决的重要问题。

---

* 课题主持人：林振明，南宁市江南区人民法院党组书记、院长；课题组成员：朱晖、玉明凯、刘绍锋、谭倩漪、潘心武、张海志；执笔人：林振明、朱晖、张海志。

① 郭伟清：《上海法院人员分类管理实现法官更像法官》，载《法制日报》2015 年 7 月 24 日，第 5 版。

如今，司法改革已不是一句口号，一种姿态，而是一次脚踏实地的破冰之旅。课题组希望本课题能在改革的浪潮中，为清除体制积弊、推动边疆民族地区司法改革提供一些有益的参考和借鉴。

（一）审判权、审判权运行机制与审判组织概述

1. 审判权概述

我国《宪法》第128条规定："中华人民共和国人民法院是国家的审判机关。"审判权（司法权）在《元照英美法词典》的解释为："赋予法院和法官听审并作出有约束力的裁判的权力或法院和法官依法享有的审理和裁决案件，并作出有约束力的判决的权力，与立法权和行政权相对。"① 笔者阐述的审判权（司法权）是狭义的审判权，指法院依法审理并裁判民事、刑事、行政和宪法案件的权力。审判权主要有以下八个特征：

（1）公正性。公正性是司法的基石，"只有当法律完全被法院公正地作出解释后适用时，法律才会被社会的大多数成员所接受"。② 司法权公正性是司法权的价值体现，它包括程序公正和实体公正。

（2）独立性。独立性是司法权摆脱侵扰、专司裁判进而实现司法公正的制度基础。法院及法官在行使审判权时只服从法律，其他机关、社会团体和个人不得违法干预。独立性有四个最低标准："法官的实质独立，即法官在执行职务时，除法律和良知外，不受任何干预。身份独立，即法官的职位及任期应有适当的保障，以确保法官不受行政干扰。整体独立，即法官作为一个整体，应与行政机关保持集体独立。内部的独立，即法官在履职时，应独立于其同事及上级法院。"③

（3）职业性。司法的独立性催生了法官的职业化："司法权的独立性有赖于司法的权威，司法的权威有赖于司法权的公正性，司法的公正性维系于法官的高素质。"④ 而司法的职业化是法官高素质的制度保障。职业化包括以下内容：健全的职业保障体系、科学的职业资格和培训制度、独特的职业思维和意识以及完善的职业责任与道德机制。

（4）中立性。法院及法官"对于法律实施过程中所发生的各种主体之间的各种

---

① 薛波：《元照英美法词典》，法律出版社2003年版，第748页。

② Henry J. Abraham, *Judicial Process*, New York, Oxford University Press, 1998, p. 1.

③ 汪习根主编：《司法权论——当代中国司法权运行的目标模式、方法与技巧》，武汉大学出版社2006年版，第37页。

④ 汪习根主编：《司法权论——当代中国司法权运行的目标模式、方法与技巧》，武汉大学出版社2006年版，第46页。

纠纷，以中立的身份和地位，依公正、科学的司法程序，居中加以解决”。① 因此中立性是司法机关的核心特点。

（5）被动性。法院在行使司法权的过程中只能依据当事人的诉讼请求进行裁判，而不能主动介入社会纠纷中。

（6）公开性。审判公开包含两层含义：一是法庭审理裁判过程的公开；二是作出的法院裁判结论及其形成过程、理由和根据的公开，这是保障司法公正实现的基础。

（7）终局性。审判机关作出的生效裁决，非经法定程序不得随意变更或者撤销。

（8）亲历性。法官要亲自经历裁判的全过程。要求法官必须始终在场，亲历亲为，根据当庭所听所见作出公正的判决，同时体现对被裁判者的尊重，使裁决更易于被接受和认可。亲历性具有两个最基本的要求：直接审理及以口头方式进行审理。

2. 审判权运行机制概述

在中国司法改革进程中，审判权运行机制已成为社会关注的热点之一。目前，关于审判权运行机制，无论是实务界还是理论界都没有明确的定义，对其内涵和外延也缺乏系统研究。原中央政法委书记孟建柱在《人民日报》上的署名文章对完善司法权运行机制作出权威解读：一是要解决好司法权运行机制涉及的司法体制和机制方面的问题；二是在政法单位权力过于集中的领域，实现岗位权力的合理配置，落实法官、检察官的办案责任制；三是进一步规范自由裁量权的行使，确保司法权严格依法运行；四是建立权责一致、加强监督、违法必究的管理体系。②

河南省高院审判委员会专职委员王韶华认为司法权运行机制主要包含四点：一是司法机关的内设机构及审判组织的组成形式、职责及运行机制；二是司法权运行程序、运行流程、运行规则、审判管理以及案件流程管理及节点控制；三是司法资源尤其是人力资源的优化配置；四是司法权的监督和违法行使司法权的责任追究。③

课题组认为，微观层面的审判权运行机制，是指在审判活动中，审判权对当事人之间的权利义务及其体现的社会关系进行实质性调整的全过程，包括审判权的启动、审判权的终结和审判权的实现等多个环节，还包括法院内部审判机构的职能分工，合议庭、主审法官、审委会等审判组织的权限以及院庭长、审判管理部门在审判事务的管理权限等内容。

---

① 蒋惠岭：《现代司法理念中的司法中立》，载《人民法院报》2003年2月10日，第5版。

② 孟建柱：《完善司法管理体制和司法权力运行机制》，载《人民日报》2014年11月7日，第6版。

③ 王韶华：《法治背景下的司法权运行机制研究——郑州大学法学院诉讼法学第二十四期学术茶座实录》，载王韶华：《前行中的司考：司法热点问题探究》，法律出版社2014年版，第326页。

纵观中共中央关于司法改革的文件以及最高人民法院相应的改革措施，其改革对象主要针对“审判权运行的行政化”。所谓“审判权运行的行政化”，是指审判权与行政权在整个构成和运作方面有着基本相同的属性，即两者都是按照行政体制的运作模式运行的。行政权要求行政机关的体制结构和运作方式需要满足整个行政管理自上而下的统一性和行政权力行使的效率性，以垂直命令和绝对服从为关系模式，具有主动性、倾向性、应变性、传授性、先定性、主导性等特征。因此审判权运行的行政化严重违背了司法活动的客观规律。

3. 审判组织概述

《宪法》第131条、《人民法院组织法》第4条均规定，人民法院依照法律规定独立行使审判权。《人民法院组织法》第9条规定：“人民法院审判案件，实行合议制……简单的民事案件、轻微的刑事案件和法律另有规定的案件，可以由审判员一人独任审判……”第10条第1款规定：“各级人民法院设立审判委员会，实行民主集中制。审判委员会的任务是总结审判经验，讨论重大的或者疑难的案件和其他有关审判工作的问题。”从而在法律上明确人民法院独立行使审判权，并就法院审判组织作出规定，即合议庭、独任审判员和审判委员会是审理案件的组织。审判权的行使必然要落实到审判组织和法官身上，他们与审判权的运行有着最为紧密的联系。因此，审判权是通过审判组织来实现的，以法官为主导的审判组织的活动就是行使审判权。

（二）调研的背景、目的及意义

1. 调研背景

全国各级法院中基层人民法院3000多个，30万法官及其他工作人员中有5/6在基层人民法院工作，90%的民商事一审案件在基层人民法院。从基层人民法院设置的数量、配置的法官人数以及审理执行案件的数量来看，基层人民法院实际上已经构成了中国司法的中坚力量，所以基层人民法院的审判权运行改革是中国法院司法改革的重头戏。

尽管自20世纪90年代开始，我国就司法改革出台了诸多举措，但并未取得预期的效果，法院内部审判权运行仍然带有较强的行政化色彩：一是法定审判组织审判职能被行政权渗透，存在“判者不审”“审判行政化”的现象；二是审判管理行政化，基层人民法院内部普遍存在院庭长签发法律文书制度、案件请示制度等问题，导致独立审判权被严重弱化，而不合理的考评机制也致使法院内部监督管理关系产生异化；三是审判人员身份行政化，目前我国法官是按照公务员序列进行管理的，法官任职条件相对宽松、待遇较低、晋升空间狭窄，一定程度上影响了法官队伍职业化发展和审判权运行主体权威地位。这些问题都与改革仅关注“工作机制”而忽视“司法体制改革”有着直接的关系。因此，有必要对法院内部行政化体制影响审判权运行进行研究分析。

随着司法改革的铺开和群众法律意识的增强，社会对法院的关注度也日益提高。然而无论是现实生活中还是在网络上，社会各界对法院工作的负面评价仍然存在，许多人认为法院立案难、执行难的问题没有得到改善，“人情案”“金钱案”“关系案”的现象仍然存在，而各种冤假错案的出现更进一步损害了法院的司法公信力。在这样的背景之下，只有深化司法体制改革，牢牢把握人民群众多元的司法需求，才能让人民法院工作更好地满足人民群众的新要求、新期待。

2. 研究综述

20 世纪 90 年代末，理论界对“审判权运行行政化”已有相关研究。例如，苏力《论法院的审判职能与行政管理》一文认为，法院内部的行政管理是为了支持法院审判职能，行政化管理其实不必然导致审判权行政化，但是在司法实践中，由于审判职能与行政化管理发生了混同，才造成审判权的异化。就如何理顺法院审判权运行和行政管理的关系，主要有两个方向：一是要明确法官独立审判的地位，破除层层审批的行政化决策机制；二是明确行政管理的辅助地位，从制度上支持法院审判职能。①

学者龙宗智在《审判管理：功效、局限及界限把握》中指出，受制于现实条件，行政化审判管理虽然不符合一般意义上的司法理念，但是对司法公正和效率有一定积极意义，并提出审判权管理应当在合理范围内进行。② 四川大学顾培东教授《人民法院内部审判运行机制的构建》一文分析了 C 法院审判运行系统化的制度构建和规范引导方面的有益探索。③

也有学者以“司法的组织结构”为角度对法院审判权运行去行政化进行分析论述。东南大学张洪涛教授在《司法之所以为司法的组织结构依据——论中国法院改革的核心问题之所在》中指出，中国法院改革的核心问题，就是要将“等级结构为主的组织结构变为以同等结构为主，将法院内可与审判分离的等级结构因素从法院中分离出来，进行更加集中化、行政化和等级化的管理。”④ 学者梁三利在《法院管理模式研究》一书中提出构建法院内部“矩阵型”管理结构模式，实现审判管理去行政化。⑤ 以上研究均对审判权运行去行政化有着积极的作用。

---

① 苏力：《论法院的审判职能与行政管理》，载《中外法学》1999 年第 5 期。

② 龙宗智：《审判管理：功效、局限及界限把握》，载《法学研究》2011 年第 4 期。

③ 顾培东：《人民法院内部审判运行机制的构建》，载《法学研究》2011 年第 4 期。

④ 张洪涛：《司法之所以为司法的组织结构依据——论中国法院改革的核心问题之所在》，载《现代法学》2010 年第 1 期。

⑤ 梁三利：《法院管理模式研究》，南京理工大学管理科学与工程系 2008 年博士学位论文，第 198 ~ 208 页。

目前，无论是理论界还是实务界，对构建怎样的审判权运行方式基本达成共识，即“由审理者裁判，由裁判者负责”。但已有的研究成果多集中在探讨审判权运行中存在的“共性问题”，对边疆民族地区基层人民法院审判权运行的“特殊性”则研究不够，关于广西壮族自治区全区法院审判权运行机制方面的研究较为单一零散，尚缺乏系统性、综合性的研究成果。

3. 调研目的、意义

党的十八大报告将“全面推进依法治国”的重大决策部署确立为推进政治建设和政治体制改革的重要任务；十八届三中全会把“司法权力运行机制改革”纳入全面深化改革的重点之一；十八届四中全会更是作出了“推进以审判权为中心的诉讼制度改革”的重大决策和部署。中央的这一系列决策部署为审判权运行机制改革提供了明确的改革方向和有力的制度保障，在今后一段时间里，人民法院将继续深化司法改革，审判权运行机制必将得到更进一步的优化和升华。由于我国边疆民族地区在自然条件、经济发展、风土人情等方面与发达地区有着明显差异，在司法改革时应当因地制宜，做到普遍性与特殊性相结合。

课题组所在的广西壮族自治区就有其独特的地域特点和民族特点。广西壮族自治区是我国唯一一个沿边又沿海自治区，世居民族有壮、汉、瑶、苗、侗等12个民族，拥有1595千米的大陆海岸线，8个边境县市与越南接壤，边境线长637千米。故本课题组拟从广西壮族自治区内沿边、沿海偏远民族地区的基层人民法院审判权运行实践出发，兼顾大城市、经济较发达地区基层人民法院，以边疆民族地区基层人民法院审判组织运行机制中行政化的影响作为重点研究对象，探讨审判组织在审判权运行中如何依法独立行使审判权这一问题，并提出祛除审判组织运行行政化的建议，为今后的改革提供有益借鉴，这便是本课题的选题价值和研究意义所在。

（三）调研的过程、思路及方法

1. 调研对象

针对审判组织运行存在的问题，课题组选取了崇左市、防城港市、百色市、桂林市、柳州市、南宁市共14家基层人民法院作为研究样本。其中崇左市4家（A法院、B法院、C法院、D法院）、百色市2家（G法院、H法院）法院均为边境地区基层人民法院，防城港市2家（E法院、F法院）为沿海又沿边的基层人民法院，桂林市1家（I法院）、柳州市2家（J法院、K法院）法院为民族自治县基层人民法院，南宁市3家法院（L法院、M法院、N法院）为首府所在地基层人民法院。其中A法院、G法院、H法院、I法院、J法院、K法院所在县地处山区，均为国家级贫困县，经济、交通相对落后。

2\. 调研过程

2014 年 9 月，课题组主持人及时组织成员制定研究切实可行的调研方案，分配写作任务。前期准备工作主要是收集相关文献、文件、资料。2015 年 3 月起，组织精干力量出访全区具有代表性的沿边、民族地区法院，与当地法院院领导、一线办案法官座谈交流，实地考察审判权运行现状，重点关注审判组织运行和法官配置情况，并设计问卷，向人大代表、法院干警、律师、当事人等发放，广泛了解各阶层群体对此次司法改革的意见和建议。在此基础上，课题组形成了调研报告的基本思路、框架和若干焦点问题。2015 年 4 月完成调研报告初稿，8 月正式定稿。

3\. 调研思路及方法

（1）本次调研活动分书面调研和实证调研两个层次进行：

书面调研方面包括，通过书籍、网络等渠道：①收集有关宪法、诉讼法以及最高法颁布的有关规定和制度；②收集整理我国改革开放以来的司法改革方案和经验做法；③收集国外法域相关经验做法。

实证调研方面包括：①实地调研走访 14 家样本法院，收集相关数据、组织座谈会等，掌握法院干警对当前审判权运行现状的认识，与一线审判法官进行交流，听取了一线办案人员的真实想法。②对于审判权运行涉及的相关问题，课题组分别设计了问卷，调查人大代表、法官、律师和当事人等不同群体对人民法院改革的认识，并征求意见建议。对搜集到的问卷资料进行分析、比较、总结，为课题组提供参考。

（2）调查问卷发放及回收情况

为摸清边疆民族地区人民法院基本情况，课题组制作了具有针对性的法院版、法官版、人大代表版、律师版和群众版五类调查问卷，共发出 714 份，回收 714 份。其中，共收到样本法官版问卷 280 份，均由各部门一线法官填写，此次调研对象人数较多、涉及面广，最终呈现的调研结果非常具有代表性（见表 1）。

表 1　调查问卷发放及回收情况　　单位：份

	发放问卷数	回收问卷数	有效问卷数	无效问卷数	回收率
法院版	14	14	14	0	100%
法官版	280	280	280	0	100%
人大代表版	140	140	140	0	100%
律师版	140	140	140	0	100%
当事人版	140	140	140	0	100%

二、边疆民族地区基层人民法院审判权与审判组织运行现状

课题组以实地调研收集各类数据及原始材料为基础，总结了14家样本法院审判权运行基本情况和审判组织运行行政化问题，并为边疆民族地区法院审判权内部运行机制改革提供全面、真实的数据支撑。

（一）样本法院审判权运行基本情况

1. 样本法院案件受理情况

表2　2014年A～N法院新收案及法官人均办案数情况　　单位：人，件

地区	法院	收案数	法官人数			人均办案数	
			总人数	一线人数	占比	法官	一线法官
崇左	A法院	1300	41	31	75.60%	31.70	41.93
	B法院	1040	41	28	68.29%	25.36	37.14
	C法院	1147	52	41	78.84%	22.05	27.97
	D法院	855	38	28	73.68%	22.50	30.53
防城港	E法院	1860	36	23	63.88%	51.66	80.86
	F法院	2137	20	17	85%	106.85	125.70
百色	G法院	3215	63	43	68.25%	51.05	74.76
	H法院	1249	27	15	55.55%	46.25	83.26
桂林	I法院	647	42	29	69.04%	15.40	22.31
柳州	J法院	861	37	26	70.27%	23.27	33.11
	K法院	2600	53	38	71.69%	49.05	68.42
南宁	L法院	5659	59	37	62.71%	95.91	152.94
	M法院	9428	89	58	65.16%	105.93	162.55
	N法院	4101	93	78	83.87%	44.09	52.57

表2显示，样本法院案件受理不均衡。案件量大的法院主要集中在南宁等经济发达地区法院，沿边、边疆民族等经济欠发达地区的法院案件量并不多。[①] A县、G县、

① 课题组发现，非诉多元纠纷解决机制有效解决了部分纠纷，减少了当地法院案件数。例如H、K法院均是山区民族农业县，由于当地极为重视多元化调解机制，在解决纠纷中主动邀请寨老、族老参与调解，有效整合了民族调解资源，因此多数纠纷案件未进入诉讼程序就已经得到妥善处理。地处中越边境线上的D、F法院均设立了边贸调解室，为中越边民、客商提供法律服务。许多涉外民商事案件未进入诉讼程序就得到有效解决，深受边民、客商的认同和欢迎，同时也为维护边贸互市正常秩序和边境地区和谐稳定、推动边关稳固作出了积极贡献。

H县、I县、J县、K县地处内陆山区，均为国家级贫困县，经济、交通相对落后，致使A法院、H法院、I法院、J法院收案量偏少，2014年收案数仅在600~1300件之间，4家法院收案总数为4057件，占14家样本法院收案总量的11.2%；G法院、K法院所在县由于地域广、所辖乡镇多（G法院辖19个乡镇、K法院辖20个乡镇）、总人口多（G县总人口65万、K县52万），收案数比A法院、H法院、I法院、J法院稍多，但总体收案数仍偏低。而L法院、M法院、N法院地处省会城市，首府经济较发达，人口多，法院收案数在4000~9400件之间，明显高于其他地区，特别是位于城市中心城区的M法院新收案数达到9428件，占14家样本法院收案总量的26.11%。

2. 样本法院法官办案情况

由表2可知，有9家法院法官2014年人均办案数均少于50件，占样本法院的64.28%，且其中8家法院一线法官年人均办案数也少于50件，占样本法院的57.14%，这些样本法院法官年人均和一线法官年人均办理案件数均不多。① 与之形成鲜明对比的是，F法院、L法院、M法院法官年人均办案数高于90件，且一线法官年人均办案数高于120件。尤其是经济较发达的省会城市所在地L法院、M法院，“案多人少”矛盾凸显。2014年，L法院法官年人均办案95.91件，一线法官年人均办案152.94件；M法院法官年人均办案105.93件，一线法官年人均办案达到162.55件。

表2还反映出，相当部分法官并不在审判一线办理案件，增加了一线法官办案压力。14家样本法院平均在一线办案的法官占法官总数的70.84%，近30%的法官未在一线办案，而具有审判资格又不办案的法官以院领导及正职庭领导居多，导致部分优质审判资源被浪费。

3. 样本法院案件类型

边疆民族地区法院案件类型主要以婚姻家庭（约占42%）、民间借贷（约占33%）、一般买卖合同（约占10%）三大类传统民事纠纷为主，占全部案件的85%左右（见图1）。② 即使边境地区多发的是涉及边民之间、中国公民之间的边境贸易、合同、劳务等纠纷，但实质上仍是传统意义的民事纠纷，争议标的额较小，案情相对清楚简单。

---

① 课题组了解到，虽然部分样本法院法官人均办案数少，但办案成本和难度仍较大。例如，部分样本法院辖区内山势险峻、沟壑纵横，偏远村屯的群众出行十分不方便。为方便群众诉讼，法院大量开展巡回审判，尽管审理案件数不高，但花费的时间和人力成本较高。

② 省会城市L法院、M法院、N法院，在相对偏远乡镇所设立的法庭，受理的案件亦是以这三类传统民事纠纷为主。

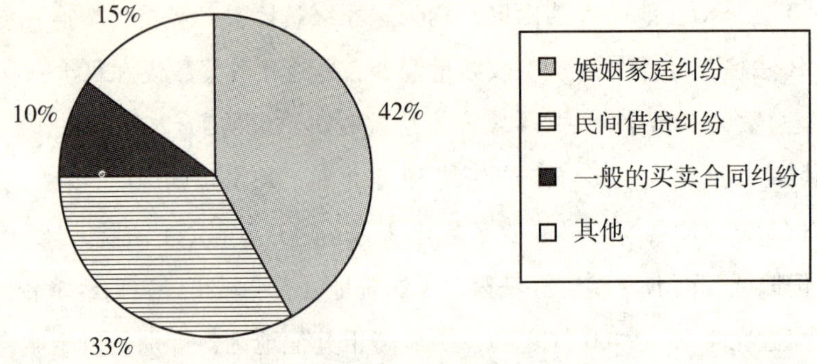

图1 A~K法院受理案件类型

此外，据沿边地区法院领导介绍，当地法院受理的刑事案件主要以涉毒、走私、偷越国边境等为主。近年来，随着涉疆偷越国边境案件量的增多，刑事案件审判压力不断增大。

4. 样本法院诉讼案件审理解决机制

边疆民族地区法院诉讼案件相对简单，解决机制也以简易程序为主，调解率高，但案件审理一定程度上会受到少数民族风俗习惯的影响，这对审判人员如何适用法律提出了更高的要求。

（1）诉讼案件相对简单，以简易程序审理为主①

表3 2014年A~N法院案件适用程序统计 单位：件

地区	法院	简易案件		普通案件		简易与普通案件比较	
		件数	适用率	件数	适用率	差额	百分比
崇左	A法院	693	53.30%	576	44.30%	117	20.31%
	B法院	610	58.65%	446	42.88%	164	36.77%
	C法院	782	68.17%	385	33.56%	397	103.1%
	D法院	203	23.74%	543	63.50%	-340	-62.61%
防城港	E法院	867	46.61%	643	34.56%	224	34.83%
	F法院	1273	59.56%	821	38.41%	452	55.05%
百色	G法院	2419	75.24%	622	19.34%	1797	288.90%
	H法院	1005	80.46%	262	20.97%	743	283.58%
桂林	I法院	368	56.87%	243	37.55%	125	51.44%

① 除了L法院、M法院外，其他法院均未设立诉调对接中心，也未安排专人负责诉前调解工作。调解工作仅由立案庭法官在当事人立案时辅助处理，缺乏规范的调解程序和操作规则。

续表

地区	法院	简易案件		普通案件		简易与普通案件比较	
		件数	适用率	件数	适用率	差额	百分比
柳州	J法院	362	42.04%	433	50.29%	-71	-16.39%
	K法院	1669	64.19%	1006	38.69%	663	65.90%
南宁	L法院	2776	49.05%	2112	37.32%	664	31.43%
	M法院	4725	50.11%	2774	25.95%	1951	70.33%
	N法院	3013	73.46%	1062	25.89%	1951	183.70%

表3显示，14家样本法院2014年适用简易和普通两种程序审理的案件中，简易程序适用率较高，其中10家适用简易程序达到50%以上，G法院、H法院、N三家法院更高达70%以上，最高的超过80%，一方面反映出大部分案件通过简易程序在较短的审理周期内可得到解决；另一方面也反映出基层人民法院受理的大部分案件相对简单，事实清楚、争议不大。

此外，D法院、E法院、J法院、L法院适用简易程序比例在50%以下，最低仅为23.74%。课题组调研了解到，多数适用普通程序审理的并非复杂疑难案件，简易程序适用率低的主要原因包括：一是在“案多人少”的法院，法官面临严峻的审判压力。为规避超审限，通过拉长审理周期来消化案件，将简单案件立为普通程序审理。二是送达环节不畅。因外出务工人数增加，且当事人普遍存在拒签法院应诉材料的情况，导致法院送达难度大，公告案件数量多，客观上延长了诉讼周期，导致简易程序适用率低。

（2）少数民族风俗习惯一定程度影响诉讼案件的审理

调研发现，边疆民族地区法院审理案件一定程度上会受到少数民族特殊风俗的影响。A~H法院8家调查问卷显示，16%的法官办理案件时“经常”受到边疆民族地区特殊风俗的影响，70%的法官办理案件时“偶尔”受到边疆民族地区特殊风俗的影响，另外，只有14%的法官办理案件时“从来未”受到边疆民族地区特殊风俗的影响（见图2）。就同样的问题，2%的律师选择办理案件时“经常”受到少数民族风俗的影响，80%的律师办理案件时“偶尔”受到少数民族风俗的影响，18%的律师办理案件时“从来没有”受到少数民族风俗的影响（见图3）。①

地处民族农业山区的I法院、J法院、K法院，解决纠纷时既根据国家法律，也依据和参考当地乡土的习惯做法。多家样本法院院、庭长在座谈中均认为，做好村民的矛

① 民族风俗习惯要求培养少数民族法官。近年来少数民族骨干计划确实为法院培养了部分有学历又知晓当地风土人情的年轻法官，但这些法官资历尚浅，如何留住这些年轻法官也是改革需要考虑的。

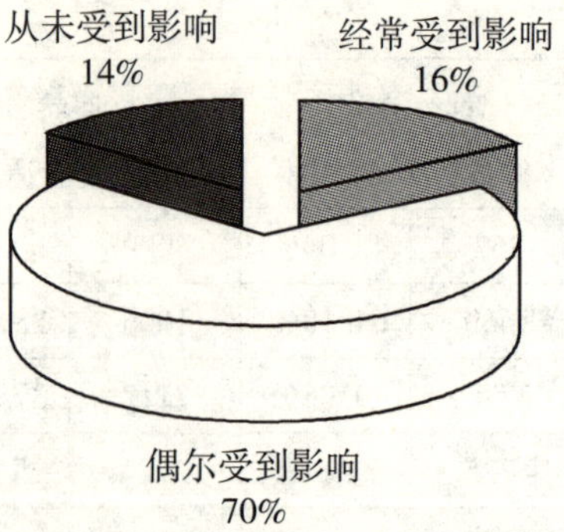

图 2　您所审理的案件中是否受到边疆少数民族地区特殊风俗的影响

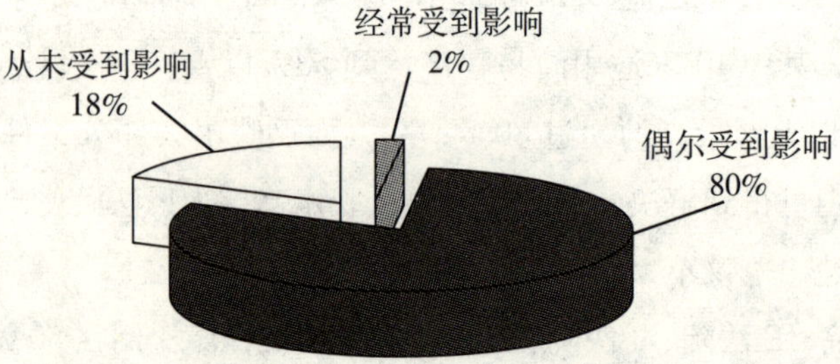

图 3　您所代理的案件中是否受到边疆少数民族地区特殊风俗的影响

盾化解工作不能照本宣科讲法律，必须熟悉少数民族风土人情，熟练运用民族语言，才能提高化解民间纠纷的能力。例如，在民族文化浓郁的 J 县，侗族群众通常在鼓楼议事、庆典和迎宾。J 法院将这种民俗形式运用到纠纷化解中，法官依靠当地长者、依据当地规范，以“法官＋寨老”“鼓楼法庭”等调解模式开展巡回审理，深受群众欢迎。

（3）沿边民族欠发达地区法院诉讼案件以调解结案为主

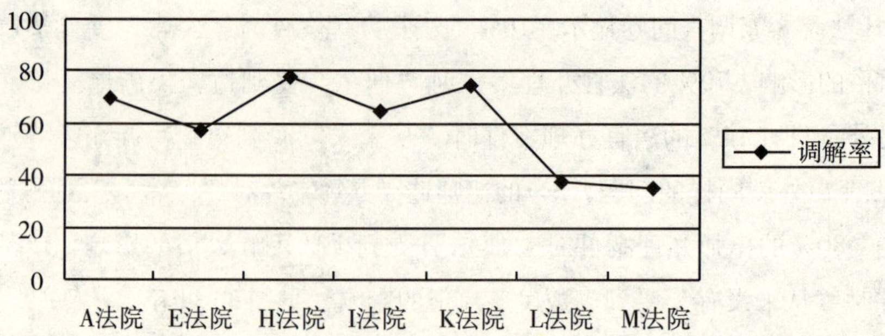

图 4　A 法院、E 法院、H 法院、I 法院、K 法院、L 法院、M 法院 2014 年案件调解率情况

课题组抽取了 A 法院、E 法院、H 法院、I 法院、K 法院、L 法院、M 法院 7 家样本法院案件的调解情况，其中 A 法院、E 法院、H 法院、I 法院、K 法院地处沿边、民族、山区农业县，L 法院、M 法院地处省会核心城区，通过分析结案数据，发现存在以下特点：

①欠发达地区样本法院诉讼案件调解率较高，案结事了效果好。例如，E法院案件调解率接近60%，A法院、H法院、I法院、K法院案件调解率均超过60%，H法院案件调解率甚至接近80%。这些法院调解率高主要原因在于，其所在地区因为“老少边山穷”，仍处于“熟人社会”阶段，当地群众普遍遵守乡规民约、民风民俗。样本法院充分利用民族调解资源，积极推行当地群众易于接受的审判调解模式。对部分案情简单的纠纷，当即受理，及时就地调处解决。在处理案件时，注重尊重民风民俗，最大限度地满足少数民族群众的司法需求，实现案结事了。

②较为发达地区样本法院诉讼案件调解率较低。L法院、M法院作为少数民族自治区省会城市所在地基层人民法院，位处中心城市，经济较为发达，人口流动大，属于典型的陌生人社区，纠纷类型多样，复杂性也较大，导致案件调解结案率低，L法院、M法院案件调解率均低于40%。

5. 样本法院司法人员配置情况

（1）法官素质良莠不齐

由于历史原因，边疆民族地区基层人民法院法官队伍结构复杂，学历差异较大，未接受正规系统法律专业教育的占有一定比例。图5选取了5家具有代表性的法院进行比较，分别是地处经济较为发达地区的L法院、M法院、边境地区E法院、F法院、H法院。例如，L法院全日制本科及以上学历（不含自考、电大、函授等形式取得的文凭，下同）的法官40人，占法官总数的67.8%，其他学历19人，占法官总数的32.2%；而经济相对落后地区的H法院全日制本科及以上者仅3人，占法官总数的14.3%，其他学历24人，占法官总数的85.7%。由于学历和专业背景有较大差异，法官素质良莠不齐，一定程度上影响了法官队伍的专业化发展。

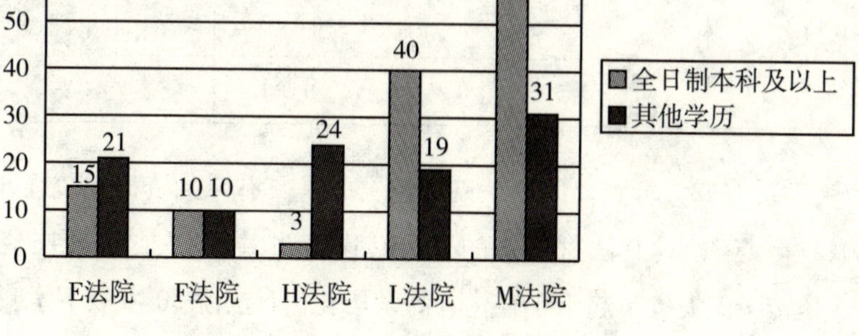

图5　E法院、F法院、H法院、L法院、M法院法官学历情况

(2) 法官队伍不稳定

大部分样本法院近年来均存在流失人数比招录人数多的困境。在招录方面，边疆民族地区基层人民法院位于偏远的贫困山区，无论是政治前景，还是物质利益，都缺乏吸引力。有9家样本法院甚至连续几年破例减额开考或取消岗位开考，原因就在于公务员招录报名人数不够。与此同时，越来越多的中层骨干和精英法官选择离职。14家样本法院的调查问卷统计显示，64%的法官“一直有离开法院的想法，但未能下定决心”，仅5%的法官“从来没有过离开法院的想法”，这表明法官队伍整体不稳定(见图6)。

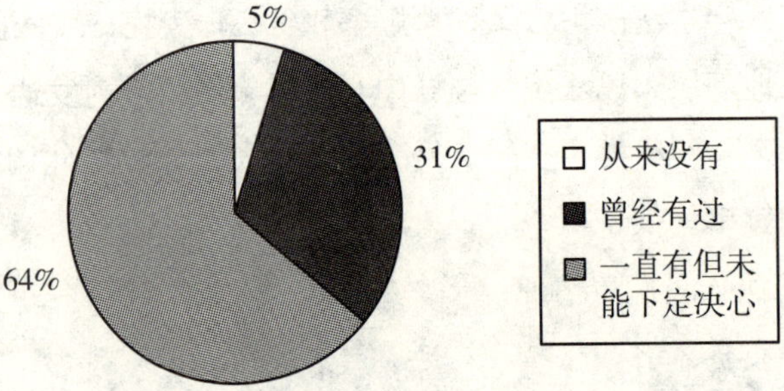

图6 您是否有过离开法院的想法

通过调出、考出、辞职等途径流失的人才主要流向上级法院、检察院、党政部门、金融机构等单位。就该问题，课题组选取了3家具有代表性的法院进行分析，分别是边境地区F法院、民族自治县K法院、省会城市所在地L法院（见表4）。

表4 F法院、K法院、L法院2012~2015年度人员转岗流失情况 单位：人

法院	合计	流失总人数		调出		考出		辞职		提前退休（满30年工龄）
		本地人	外地人	本地人	外地人	本地人	外地人	本地人	外地人	
F法院	9	4	5	1	4				1	3
K法院	16	7	9		5	1	3		1	6
L法院	23	12	11	5	8		1		2	7

法院流失人员有三大特点。以L法院为例：一是具有审判资格和较强业务能力的流失多。2012年以来，具有法官资格的人员转岗流失共17人，占转岗流失总数的73.91%。二是转岗流失人员趋于年轻化、高学历化。L法院30岁以下本科及以上的优秀年轻人才外流人数10人，占43.47%，导致基层人民法院人才年龄结构失调。三是流失人才中外地人员占比较大。共转岗流失11人，占47.82%。各家样本法院

领导均表示，本地少数民族法官知晓当地语言及风俗习惯，更容易开展工作，人员也就相对稳定。但当地经济教育发展相对落后，基层人民法院很少能招录到本地生源的法院干警。外地干警综合素质高、专业能力强，在考试中更具竞争力，却又受到工资待遇低、语言沟通困难以及家庭因素的多重因素影响，更容易流失，使法院陷入“招人难、留人难”的困境，给审判工作开展带来较大影响。

（3）审判辅助人员严重缺失

①未设置法官助理岗位，增加法官日常事务工作量。14家样本法院均未设立司法改革要求的专职法官助理，有两家法院也仅仅在个别审判团队中安排未任命法官的书记员从事法官助理工作。这就导致一线法官除了日常开庭、起草裁判文书、法律释明、判后答疑等工作以外，还承担了大量本应由法官助理承担的事务，如与案件裁判相关的送达、调查、调解、证据交换、接待当事人等辅助性工作以及其他审判、事务类、审判延伸、司法服务等工作（见表5），一定程度影响了法官办案效率。

表5　法官日常工作情况

裁判相关工作	特殊案件的立案审查意见出具、走访相关单位、调查取证、核实证据、阅卷、调解、开庭、案件评议、文书制作、宣判、法律释明、判后答疑、接待当事人等。审判长还需签发合议庭成员的相关文书
事务类工作	合议庭人员申请、排期、制作鉴定评估审计等工作单、文稿校对、案件信息输入、对当事人进行诉讼指导、处理代管款等
审判延伸工作	信访报告撰写、信访接待等
司法服务工作	司法建议、法制宣传、提供法律咨询等

②书记员配置情况不理想，严重影响审判工作开展。书记员是司法辅助人员的重要组成部分，对审判工作的正常开展起着重要作用。调研发现，边疆民族地区法院书记员主要存在以下问题：一是省会城市及较为发达地区法院的书记员以聘用制书记员为主，与法官的配比大多能达到1∶1，沿边民族欠发达地区法院以在编书记员为主，与法官的配比达不到1∶1。二是书记员文化水平相对偏低，非法律专业人员较多。三是样本法院书记员协助处理案件数较多，工作任务较重（以F法院、K法院、L样本法院为例，见表6～表8[①]）。

① 表6～表8统计的书记员为一线办案部门的书记员，不包括纪检监察、政工、办公室书记员。

表6 F法院书记员学历情况统计表 单位：人

学历 书记员		研究生		本科		大专		中专及以下	
		法律专业	非法律专业	法律专业	非法律专业	法律专业	非法律专业	法律专业	非法律专业
在编	0								
聘用	10			4	2	3	1		
说明：该院2014年总新收案数为2137件，书记员人均协助办案数至少为213.70件。									

表7 K法院书记员学历情况统计表 单位：人

学历 书记员		研究生		本科		大专		中专及以下	
		法律专业	非法律专业	法律专业	非法律专业	法律专业	非法律专业	法律专业	非法律专业
在编	13			7	4	1			1
聘用	11			2	2	1	5		1
说明：该院2014年总新收案数为2600件，书记员人均协助办案数至少为108.33件。									

表8 L法院书记员学历情况统计表 单位：人

学历 书记员		研究生		本科		大专		中专及以下	
		法律专业	非法律专业	法律专业	非法律专业	法律专业	非法律专业	法律专业	非法律专业
在编	7	3		3	1				
聘用	39	1	0	5	4	14	13	0	2
说明：该院2014年总新收案数为5659件，书记员人均协助办案数至少为123.02件。									

此外，在对14家样本法院发放的调查问卷中，81%的法官选择“书记员不稳定，经常换”，仅19%的法官选择“稳定”（见图7），可见书记员更换非常频繁。书记员作为审判工作高效开展的重要力量，是审判组织顺畅运行的重要因素之一。因此如何建立一支稳定的书记员队伍来服务审判，也是不容忽视的问题。

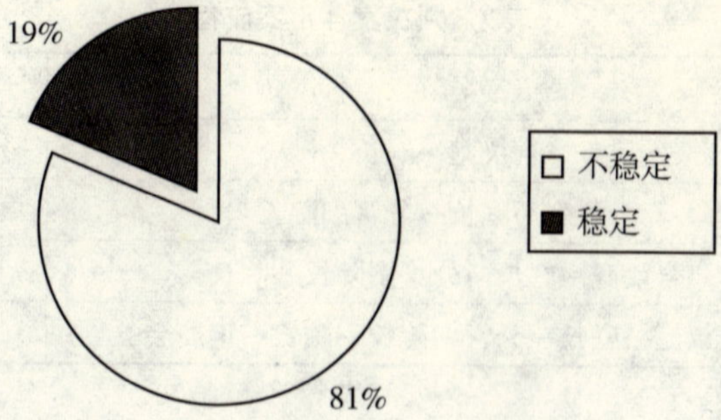

图7 您的书记员是否稳定

综上，整体而言，边疆民族地区法院在审判权运行机制上有其独特的功能和鲜明的特点：一是立案环节上，整合民族资源、回应现实需求，积极构建多元化调解机制。二是审判调节的对象上，主要是农村乡民之间“家长里短”式的传统型纠纷。三是庭审方式上，采用“法官+庭外”模式；手段上，法官倚重的是积累的审判经验和当地民族语言；法律适用上，法官反复权衡法律以及民间习惯法；结案方式上，形成以“调解为主，判决为辅”的格局。四是人民法院审判权运行的功能，在于妥善解决群众纠纷以及维护社会稳定、民族团结以及边防稳固。但各法院法官职业化发展不均衡，制约了边疆民族地区基层人民法院审判权运行机制改革的推行。

（二）样本法院审判组织运行的行政化问题

根据《人民法院组织法》第9条的规定，合议庭和独任审判员是审理案件的组织；根据第10条的规定，审判委员会对重大、复杂、疑难案件进行讨论并作出决定，除此之外，并未规定其他法定审判组织。同时，该法第9条还规定，合议庭由院长或者庭长指定审判员一人担任审判长。院长或者庭长参加审判案件的时候，自己担任审判长。该法条明确，除了指定审判长和参加审判案件时基于行政职务而“自己担任审判长”外，院、庭长的审判职责也未区别于其他法官。

1. 裁决程序被行政权主导

尽管《人民法院组织法》明文规定独任审判员、合议庭和审判委员会是法定审判组织，但法院内部管理行政化色彩浓厚，行政主导的思维惯性渗透到诉讼程序的各个环节，管理、指挥、监督等行政手段与诉讼程序混同，法院院长、副院长、庭长、副庭长等行政领导依据其行政领导职务拥有对案件的决定权。

表9是长期实践中形成的相对固化的案件裁判流程，定案节点均位处合议庭以上层级，而院、庭长等又位处审委会与合议庭之间，上能阻隔审委会，下能过问合议庭，从而导致“审者不判、判者不审”的逆法现象。

表 9 判决案件定案流程

	定案节点	案件结果
1	合议庭→庭长	判决
2	合议庭→庭长→分管副院长	判决
3	合议庭→庭长→分管副院长→院长	判决
4	合议庭→庭长→分管副院长→院长→审委会	判决

表 10 显示，除 L 法院、M 法院外，其他 12 家法院判决书及可上诉裁定书均由分管副院长签发。根据我国诉讼法规定，只有法院作出的拘传、罚款和拘留才需经院长批准，该批准不是依据司法审查作出的判断，而是对符合法律规定的行为作出的决定，实质上是一种行政审批权。可见人民法院在行使司法裁判权时，并不存在相关批准和由上级签发的规定。

表 10 A ~ N 法院裁判文书签发情况

地区	法院	调撤文书			判决书及可上诉裁定书		
		主审法官（含审判长）	庭长	分管副院长	主审法官（含审判长）	庭长	分管副院长
崇左	A 法院		√				√
	B 法院		√				√
	C 法院		√				√
	D 法院		√				√
防城港	E 法院	√				√	√
	F 法院	√				√	√
百色	G 法院		√				√
	H 法院			√			√
桂林	I 法院		√				√
柳州	J 法院		√				√
	K 法院		√				√
南宁	L 法院	√			√	√	
	M 法院	√			√	√	
	N 法院		√			√	√

为规范合议庭职能，完善院庭长职责，《最高人民法院关于人民法院合议庭工作的若干规定》（以下简称《规定》）第 16 条规定："院长、庭长可以对合议庭的评议意见和制作的裁判文书进行审核，但是不得改变合议庭的评议结论。"第 17 条规定："院长、庭长在审核合议庭的评议意见和裁判文书过程中，对评议结论有异议的，可以建议合议

庭复议，同时应当对要求复议的问题及理由提出书面意见。合议庭复议后，庭长仍有异议的，可以将案件提请院长审核，院长可以提交审判委员会讨论决定。”虽然《规定》赋予院、庭长对裁判文书的审核权和异议权，并明确了院、庭长不得改变合议庭的评议结论，有异议的则必须以书面形式提出复议，但这样的制度构建在实践中往往走样：一个案件在同一审级法院中可能会经历从普通法官到院长等多个主体和多层级的复合评价，进而限制了合议庭的直接定案权，强化了院、庭长的实质性职权；院、庭长的异议权按规定本应以书面的形式提出，但在现实中却往往被转为不留痕迹的口头形式。

这种行政职权与审判职责混同行使的模式表现出以下特点：

一是方式的行政化。一方面，院、庭长通过主动过问案件、听取汇报或签发法律文书，直接提出指导意见；另一方面，院、庭长以拥有提请审委会讨论的决定权及其审委会委员资格，对案件间接施加影响。

二是形式的随意性和隐蔽性。院、庭长影响合议庭有时表现为书面形式，但更多情况下则是外界无从知晓的不留痕迹、不走程序、不在案卷中披露的口头形式，其“隐形审理”的合法性值得质疑。

三是影响的普遍性。院、庭长对案件的干预权及其随意性和隐蔽性，使这些非法定审判权运行模式在基层人民法院处于垄断地位。课题组抽样 A 法院、G 法院、I 法院、K 法院 2014 年审委会讨论案件的情况发现，进入审委会讨论的案件绝对数量极少，比例极低，分别为 30 件、41 件、13 件、26 件（见图 8），占其 2014 年新收案数的 2.30%、1.27%、2.01%、1%，其他样本法院情况类似，这反映出绝大多数案件定案节点都终结在院庭长这一层级。

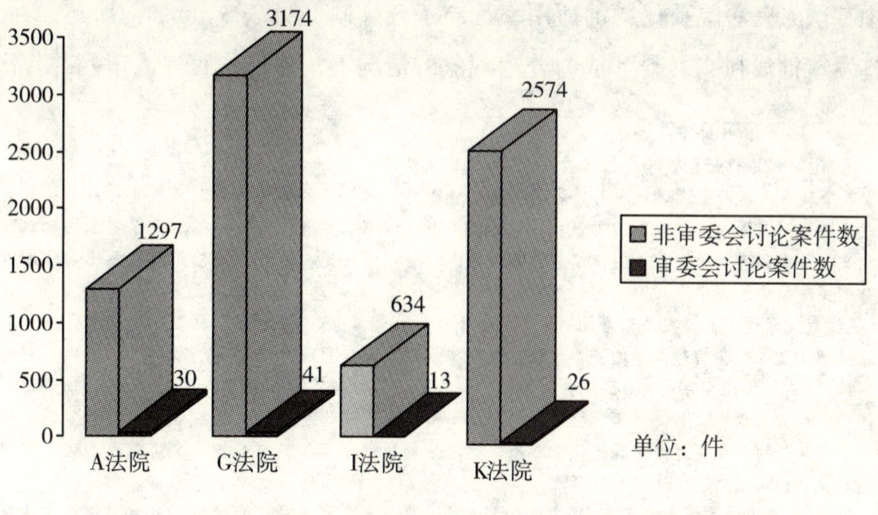

图 8　A 法院、G 法院、I 法院、K 法院 2014 年审委会讨论案件情况

2. 审判绩效考核加剧法院行政化管控

在我国，“行政化的管理模式已在法院的管理中被深深地内在化”。[①] 近年来，法院采用审判绩效考评机制开展审判管理，其浓重的行政化色彩在审判权运行上产生了深刻的烙印。这种考评客观上赋予院、庭领导“非法定考核权”，通过排名、通报等方式影响法官的独立品格，从而进一步强化了其对审判权的介入。主要体现在两方面：

一是“以绩效论英雄”的功利化追求，加剧了院、庭长审判监督指导的行政化。审判绩效指标是上级法院考核下级法院各项工作的核心内容，也是与同地区其他法院绩效竞争的重要方式，更是衡量院领导特别是院长领导能力、司法能力的重要指标，考评结果直接影响到上级法院、地方党委、人大对法院及院长工作的评价，进而影响法院干警的绩效收入以及法院领导的仕途升迁。为取得更好的绩效成绩，享有法院内部资源配置权的院长运用动员、管理、激励、惩戒等各种行政方式促使法院全体人员以绩效为中心开展工作，从而加强对案件的监督、管理。

二是考评结果对法官个人绩效评价产生直接影响。评价好坏不仅影响其荣誉奖励、职位升迁，还可能带来错案责任追究。法官在行使审判权中，为完成各项考核指标、转移考核压力或规避潜在错案风险，有可能会牺牲司法正义来保护自身利益。

3. 审判组织职权被行政权渗透

(1) 独任制下法官独审不独判

独任制[②]是由一名法官对具体案件作出裁判的组织制度。在我国的法律设置上，独任制是作为合议制的补充而存在的[③]。长期以来，理论界对独任制的关注不多，但实践中基层人民法院独任制的适用率远高于合议制（见表3）。如前所述，在“院、庭长签发审批裁判文书制”成为普遍现象的情况下，独任法官一人审判并作出的裁

---

① 王申：《司法行政化管理与法官独立审判》，载《法学》2010年第6期。

② 我国现行民事诉讼法律对适用简易程序和不能适用简易程序的案件做了明确规定：一是民事诉讼法典对简易程序的适用范围作出了规定，如《民事诉讼法》第157条：“基层人民法院和它派出的法庭审理事实清楚、权利义务关系明确、争议不大的简单的民事案件，适用本章规定。基层人民法院和它派出的法庭审理前款规定以外的民事案件，当事人双方也可以约定适用简易程序。”二是对不能适用简易程序的案件进行了规定，如《最高人民法院关于适用简易程序审理民事案件的若干规定》第1条：“基层人民法院根据《中华人民共和国民事诉讼法》第142条规定审理简单的民事案件，适用本规定，但有下列情形之一的案件除外：（一）起诉时被告下落不明的；（二）发回重审的；（三）共同诉讼中一方或者双方当事人人数众多的；（四）法律规定应当适用特别程序、审判监督程序、督促程序、公示催告程序和企业法人破产还债程序的；（五）人民法院认为不宜适用简易程序进行审理的。从上述法律规定可以看出，对独任制限制于事实清楚、权利义务关系明确、争议不大的简单的民事案件，仅基层人民法院可以适用。”

③ 《人民法院组织法》第9条规定：“……简单的民事案件、轻微的刑事案件和法律另有规定的案件，可以由审判员一人独任审判……”

判（尤其是判决书），仍然需要经过院庭领导签发。因而在事实上造成了独任制的裁判结果仍然是由“集体”作出，但院庭领导未必对案件有深入了解和判断，仅因为其身处领导岗位就拥有文书签发权，是“判者不审”“审判行政化”的典型表现。调研发现，大部分样本法院副院长独任审理案件时，判决书才由其自行签发或者提交院长签发，而庭长都不能签发自己独任审理的案件。

（2）合议制下形合实独、合而不议

合议庭是由审判员或审判员与陪审员3人以上组成审判集体，平等审判案件的组织形式。① 表5显示，合议制下法官审理案件仅有提出初步处理意见的权力，最后判决结果必须经院、庭长审批。院、庭长的意见名义上仅是一种参考，但分量很重，其通过签发审批裁判文书以及过问案件等行政化权力来引导、督促、约束合议庭进行审判工作，导致合议庭审判组织的功能定位几乎被架空。此外，对案件的追究和评价均集中于主审法官，忽视了合议庭的集体决策，加之绩效考核、法官管理的行政化，挫伤了法官的办案积极性，直接导致法官怠于行使审判权，使合议庭的运行出现形合实独、合而不议的异化表象。

①主办法官过度主导案件审判

课题组在14家样本法院整体抽样分析100件适用普通程序审理的案件发现，虽然审判活动均是以合议庭的名义对外作出，但一般审务性工作基本由主办法官负责（见表11），包括：a. 庭前阅卷、拟定庭审提纲、归纳争议焦点；b. 庭审中对部分证据的采信以及对法律的适用作出认定；c. 向合议庭其他成员汇报案情，对争议事实的认定、争议证据的采信以及对法律的适用等作出实质性的认定；d. 撰写裁判文书；e. 其他事项。由此可见，主办法官几乎包揽了合议庭的全部工作，合议庭其他成员仅是象征性地“坐庭”参审，致使合议庭审判变成了主办法官的个人审判。

表11　合议庭非主办法官参与庭外审判情况抽样结果统计

合议庭成员 / 庭外审判工作		主办法官参与件数	非主办法官（含人民陪审员）	
			参与件数	比例
组织庭外调解	40件	40	5	12.50%
庭前证据交换	18件	18	1	5.55%

① 《人民法院组织法》第9条规定：“人民法院审判案件，实行合议制。人民法院审判第一审案件，由审判员组成合议庭或者由审判员和人民陪审员组成合议庭进行……人民法院审判上诉和抗诉的案件，由审判员组成合议庭进行……”

续表

合议庭成员 庭外审判工作		主办法官参与件数	非主办法官（含人民陪审员）	
			参与件数	比例
外出补充调查	22 件	22	3	13.63%
撰写提交审委会汇报材料	9 件	9	0	0%
草拟裁判文书	100 件	100	19	19%

实践中，主办法官较合议庭其他成员掌握更多、更准确的案件信息，而后者因为案件不是自己承办，就主动放弃参与庭前准备和庭后审理工作。课题组对 14 家样本法院的法官进行问卷调查，发现大多数合议庭的非主办法官依赖承办法官汇报和参与庭审了解案情，高达 87% 的法官开庭后才了解到案件情况（见图 9）。

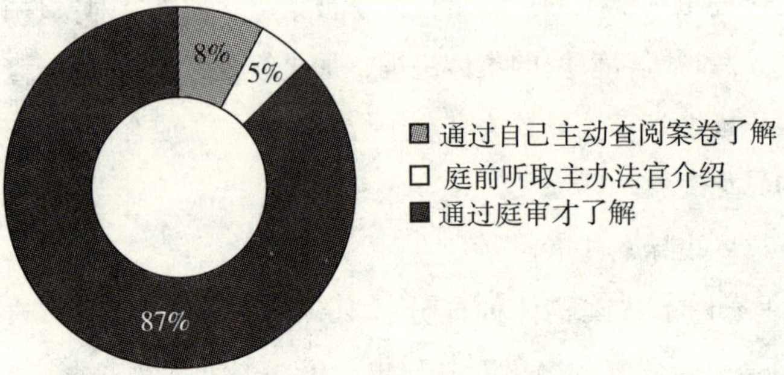

图 9　您参加他人承办案件时，以什么方式了解案情

②合而不议导致合议庭功能被虚化

合议是合议制极为重要的功能，其以自由充分地表达异议的方式，综合多人的经验及不同价值观，克服个体认识的盲区和价值观的极端性，从而确保裁判质量。合议庭成员思维趋同，容易形成思维局限和利益小团体，甚至导致合议庭成员之间因利益需要而相互让渡审判权，损害司法权威。

抽样剖析 14 家样本法院 100 件合议庭审结的案件，发现高达 88% 的案件中，合议庭成员之间未出现意见分歧；10% 的合议庭成员在案件适用法律、证据采信或事实认定中的某一方面与承办人的意见存有分歧；仅有 2% 的合议庭成员完全不赞同承办人意见（见表 12 ~ 表 13）。上述数据表明，合议庭成员怠于行使职权，案件未经多名法官就事实和法律适用诸方面进行充分辩驳即敷衍处置，审判实践中合议形式化、合而不议客观存在。

表 12　A～N 法院 100 件合议庭审结案件抽取情况

单位：件

崇左				防城港		百色		桂林	柳州		南宁		
A法院	B法院	C法院	D法院	E法院	F法院	G法院	H法院	I法院	J法院	K法院	L法院	M法院	N法院
7	8	7	7	8	6	6	6	8	9	7	7	8	6

表 13　A～N 法院 100 件合议庭审结案件分析情况

合议庭意见类型				与承办人意见关系类型			
完全同意	证据采信不认同	事实认定不认同	法律适用不认同	完全不认同	直接认可	略加说明	充分讨论
88%	3%	4%	3%	2%	81%	11%	8%

（3）审判委员会议事模式弊端凸显

《人民法院组织法》第 10 条规定审委会职能是通过“实行民主集中制”“总结审判经验，讨论重大或疑难案件和其他有关审判工作的问题”。实践中，审判委员会运行机制存在的行政化问题使其偏离了整体定位。

①审委会组成人员与行政职务紧密相连

调研显示，A～N 法院院长、副院长、各审判业务庭领导必然为审判委员会委员，除 E 法院、H 法院外，其他 12 家法院的纪检组组长、政工科科长等也是审委会委员。课题组还了解到仅 C 法院、H 法院、L 法院、M 法院设有专职审委，且均是院庭领导改任（见表 14）。可见，审委会委员的组成基本依行政职务而非依据专业而定，只要担任了院庭（科室）领导，几乎顺理成章担任审委会委员。在这种与行政职务紧密相连的选任制度之下，委员就成了一种权力和政治待遇的象征，审委会带有明显的行政会议性质。

表 14　A～N 法院审判委员会成员构成情况

法院 \ 职务		院长、副院长	专职审委	非审判部门领导	审判业务庭领导
崇左	A 法院	√		√	√
	B 法院	√		√	√
	C 法院	√	√	√	√
	D 法院	√		√	√
防城港	E 法院	√			√
	F 法院	√		√	√

续表

法院	职务	院长、副院长	专职审委	非审判部门领导	审判业务庭领导
百色	G法院	√		√	√
	H法院	√	√		√
桂林	I法院	√		√	√
柳州	J法院	√		√	√
	K法院	√		√	√
南宁	L法院	√	√	√	√
	M法院	√	√	√	√
	N法院	√		√	√

②发言顺序导致审委会委员服从领导权威

样本法院审判委员会讨论案件主要存在两种模式：模式一先由主办人介绍案情，再由主管副院长发表意见，接着按照委员顺序发表意见，最后由院长做总结发言；模式二先由主办人介绍案情，再由所在庭庭长发言，接着主管副院长发表意见，然后委员按顺序发表意见，最后由院长总结发言（见图10）。个别法院还由院长作为主持人带头发表看法，如此容易给其他成员造成压力，导致案件讨论倾向领导的观点。此外，审判委员会讨论一个案件多则两个小时，少则十几分钟，且仅仅在听取主办法官的汇报及简要翻阅案件材料后，便作出最终裁判结果，缺乏亲历性。表决也往往以举手或口头为主，形式过于简单，且附和其他委员观点的情况较多。

模式一

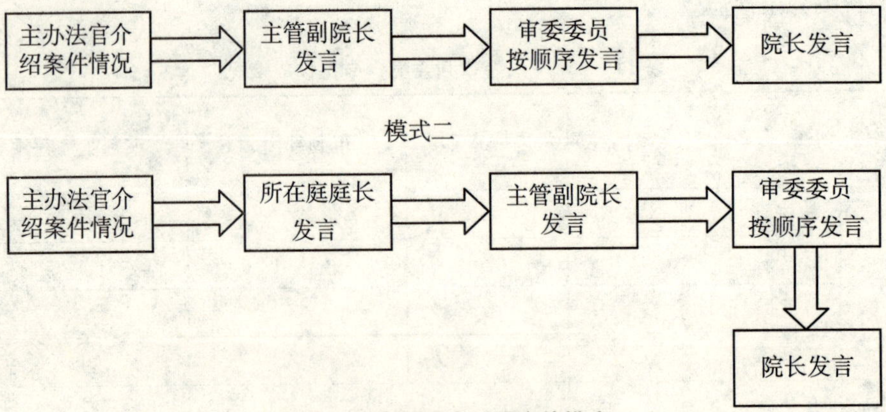

图10 审判委员会讨论案件模式

③“个案把关为主”制约审委会宏观指导功能的实现

14家样本法院审判委员会讨论审判管理情况及相关制度的占全部议题数的4%，其他议题占6%，二者相加仅占10%；而讨论案件数占全部议题数的比例则高达90%。审委会对“个案把关”导致其沦为推动个案流转的机构（见图11）。

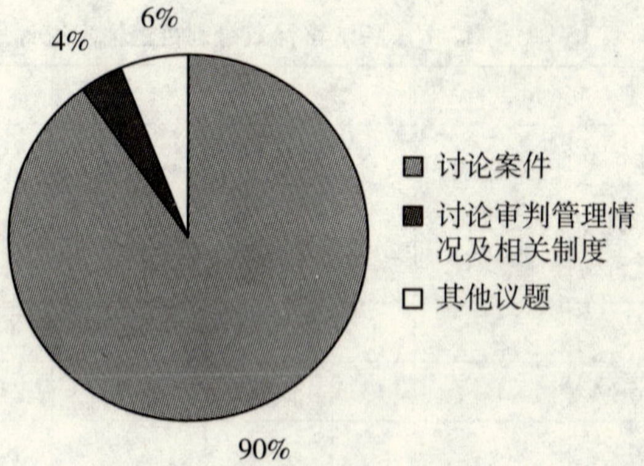

图11 审判委员会讨论议题情况

除了讨论法律规定的疑难复杂新类型案件外，审判委员会还讨论以下几类案件：领导过问的案件；媒体关注的案件；当事人闹访、缠访的案件；承办人因其他原因主动要求提交讨论的案件。事实上主办法官在遇到上述案件时也更愿意将案件提交审判委员会讨论。课题组在与考察的各法院座谈时，各院的领导、法官都不讳言，一旦案件遇到各种敏感因素，主办法官通常都会选择将案件提交审委会讨论，以此避免个人承担办案责任。现实中，审委会作为最高审判组织，讨论决定案件的过程却“秘不示人”，当事人不能旁听讨论过程，更无法发表意见。

4. 法官管理行政化

在法院内部，从审判员到书记员、法警及其他工作人员，均纳入行政级别的管理之中，其招录、晋升、待遇保障与政府公务员的管理方式完全一样。法官的行政化而非职业化管理表现为：

（1）法官身份公务员化

法院属于按照公务员序列管理的单位，基层法官按照公务员的标准享受工资和福利，进行考核、奖惩和晋升，审判职务有对应的行政级别。法官公务员化管理使法官的职业化道路面临重重困难。

样本法院法官普遍存在“职级低、待遇低、职业认同感低”的问题。目前，基层人民法院正科以下法官占绝大多数，法官晋升空间非常有限，许多法官到退休还仅是正科级或副科级，个别还有以科员级退休的，而法官工资待遇又与行政级别挂钩，因此普遍收入低、待遇差。以 E 法院、H 法院、I 法院为例，各法院副处级法官仅 1 人，E 法院科员级别法官 17 人，占法官总数的 47.22%，其中 15 人未享受法官津贴（见表 15）。据了解，从 2011 年开始全国法院系统对于新任命的助理审判员和审判员就不再发放法官津贴，也未出台替代津贴制度。

表 15 E、H、I 法院法官行政级别待遇情况统计

法院／级别待遇	E 法院			H 法院			I 法院		
	人数及比例		享受法官津贴人数	人数及比例		享受法官津贴人数	人数及比例		享受法官津贴人数
	人数	占法官比重		人数	占法官比重		人数	占法官比重	
副处	1	2.78%	1	1	3.70%	1	1	2.38%	1
正科	11	30.56%	11	13	48.15%	13	23	54.76%	23
副科	7	19.44%	7	7	25.93%	7	8	19.05%	7
科员	17	47.22%	2	6	22.22%	6	10	23.81%	0

基层人民法院法官的可期待利益不多，提升行政职级和获取行政职务成为提高待遇的唯一途径，行政领导职务成为衡量法官职业成就的重要标志。目前，多数法官工资仅略超过本地在岗职工平均工资水平。以 L 法院为例，科员级法官月平均实发工资不到 3600 元，而据《南宁市 2015 年国民经济与社会发展统计公报》显示，2014 年在岗职工月平均工资 3500 元。巨大的工作压力与相对较低的政治待遇和工薪待遇导致法官心理失去平衡，对自己的职业失去尊荣感，滋生倦怠心理。

（2）法官工作行政化

人民法院是国家的审判机关，其中心工作是依照法律规定对刑事、民商事和行政案件进行审理并作出裁决。法院中的非审判性事务，不仅增加了法院干警的工作量，更背离了法院工作以执法办案为核心的功能定位。14 家样本法院调研结果显示，73% 的法官经常会受到非审判性事务的影响，27% 的法官偶尔会受到非审判性事务的影响。而正是由于法院内部有大量的行政性事务，法院系统从内部形成一种对行政制度的需求，导致司法机关的运行如同行政机关一般（见图 12）。

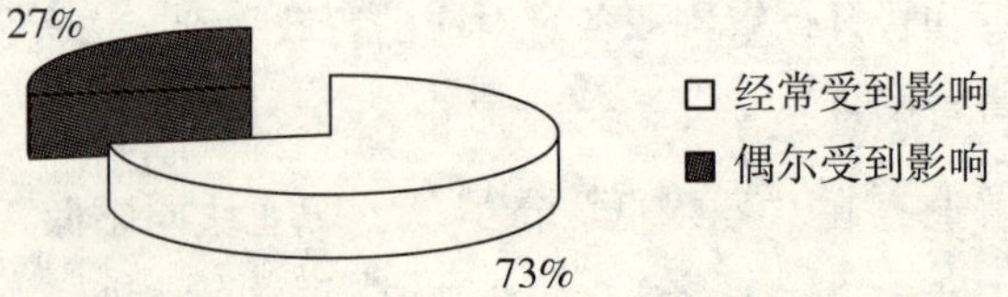

图 12 您在审理案件中会受到非审判性事务的干扰吗

课题组向 14 家样本法院法官进行问卷调查发现，无论是共有还是特有的非审判性事务都已严重影响了审判工作的开展（见图 13）。非审判性事务分为法院共有事务和边疆民族地区法院特有事务两种：一是共有非审判性事务。主要包括：运动式的政治性学习，相关上级指令的工作，当事人的涉诉信访，当地政府安排的工作，新闻宣传工作，调研论文等。二是边疆民族地区法院特有事务。包括守边、戍边、固边，维护民族团结等政治性任务，如参与打击走私活动、打击涉疆反恐，此外精准扶贫也是边疆民族地区法院的重要工作。

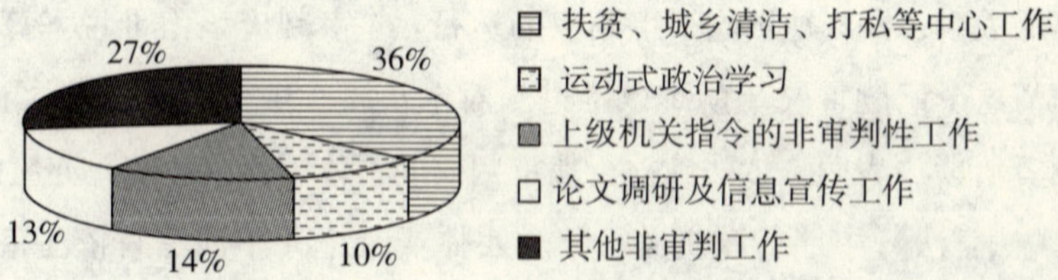

图 13　您认为哪些非审判性事务会比较严重的影响您审理案件

因目前现实中实际存在上下级法院之间的管理与被管理关系，以及同一法院内部的领导与被领导关系，对于共性的运动式的政治性学习、相关上级机关指令的非审判性工作、调研论文等，法官不得不认真对待并及时完成。边境地区法院受到党政行政领导的影响更为明显，其特有的政治性任务更为繁重。而这些行政化工作，并不符合人民法院作为国家审判机关应当承担的工作职能。

在审判工作上，院领导对法官的管理权和制约权实际上是行政首长制的缩影，这违背了法官职业特点和审判规律，导致法官责任心不强，业务素质提高缓慢。

三、边疆民族地区基层人民法院审判组织运行行政化原因及影响

（一）审判组织运行行政化原因分析

法律法规不完善、科层化审判管理、院庭长基于多重压力的夺权以及法官的自愿让权，这些因素致使行政权力恣意介入审判权，最终导致边疆民族地区基层人民法院审判组织运行的行政化。

1. 立法粗疏和制度缺失导致审判权运行偏离

司法所依据的法律文本是抽象的、定型的法律概念、法律规则和法律原则的集合，不可避免地会产生不确定性和不周延性，立法的稳定性则会导致法律的僵化。因此，成文法面对的最大障碍就是经济社会的发展与社会生活的多样带来的冲击，这会加剧法律的滞后性。本次调研证实，即使是同一个少数民族区域，经济发达地区与经济落后地区的法院、省会中心城市与偏远地区的法院、传统的少数民族聚居区与一般

地区的法院，无论是案件的司法过程还是人员素质，差异都非常大。在这样的现实面前，要落实“让审理者裁判，由裁判者负责”的改革的总体方向，法律的滞后性会加重边疆民族地区审判权运行改革的难度。

首先，我国《宪法》、三大诉讼法和《人民法院组织法》规定，“人民法院依照法律规定独立行使审判权，不受行政机关、社会团体和个人的干涉”，[①] 法律规定的独立办案者是法院而不是法官。同时，法律也未明示司法机关不受执政党或地方党委的干涉。实践中，法院内部的党组对审判组织进行的直接领导，党组与审判组织之间领导与下属的关系，深刻地影响了审判权的运行。“审判应该由谁说了算”，不从法律层面上理清这个问题，改革就难以推进。而十八届三中全会提出的“让审理者裁判，由裁判者负责”表明，依法独立行使审判权的主体不仅指法院，亦应涵盖法官。

其次，《法官法》中“行政机关、社会团体或者个人干涉法官依法审判案件的，应当依法追究其责任”的规定并没有解决法院内部的行政干涉问题。从行政管理学的角度来说，只要存在管理，就必然会出现行政权，法院也不能例外。如果不从法律层面分清法院内部行政权与审判权的界限，相对弱势的审判权根本无法抵御强势行政权的侵蚀。与此同时，《法官法》中法官高薪制、终身制、不可撤换制等法官身份确认和保障机制的缺失，严重削弱了法官办案的独立性，使法官缺少职业荣耀，无法形成一个有独立追求并有力量维护职业道德的群体，极易导致法官对司法权的滥用，产生腐败行为。

2. 审判管理科层化导致审判组织屈从行政权威

由于历史原因，我国基层人民法院都沿用与党政机关管理同质的模式，司法具有极深的行政化烙印。行政权与审判权在本质上是两种性质完全不同的国家权力，行政权运行的主动性、倾向性、应变性、传授性、先定性、主导性与司法权的被动性、中立性、终极性显然不相适应。[②] 在此模式下，审判组织内部以及审判组织与管理组织之间存在的等级关系，导致审判权与行政管理权高度重合，相对强势的行政逻辑入侵审判工作，造成行政权主导审判权的权力错位。审判管理组织构造呈现出从审委会、院庭长到一线办案人员权力界分清晰的塔形结构，法院行政管理者将法律规定的诉讼程序按照行政主导的原则重新塑造，内部的行政化就此形成。具体表现为：

一是院、庭长因其处于行政上位，而采取行政化“命令”手段。下级法官基于

---

① 参见《宪法》第131条、《民事诉讼法》第6条、《刑事诉讼法》第5条、《行政诉讼法》第4条、《人民法院组织法》第4条。

② 郝红鹰：《我国法院审判管理的去行政化研究》，载《理论与现代化》2011年第6期。

自身利益的考量和对权力的敬畏，更愿意选择“服从”，造成“命令—服从”模式在审判管理中的普遍存在，如法院内部对案件的请示、汇报制度。

二是审判绩效考核体系客观上强化了审判权行使的行政化。为加强审判管理，审判绩效考核体系对每个法官都设计了一个案件质量评估系统，以法官法定审限内结案率、撤诉率、调解率、服判息诉率、改判率或案件发回重审率等为主要考评权重，进而作为法官职级晋升和业务水平的重要考察内容。这些考核指标对法官的裁判倾向和心理产生微妙影响，如绕开某些争议点以提高结案效率。同时，“重考核法官、轻考评合议庭，重结案数量、轻案件专业化程度差异”易滋生法官功利主义办案色彩，不利于合议庭的职业约束。

3. 多重现实压力导致院、庭长无奈夺权

在我国法院，院、庭长因兼有业务和行政领导的双重角色，必须完成绩效考核指标、处理当事人信访、把关裁判尺度与质量，从而面临“一岗双责”的冲突。

（1）追求“排名”“业绩”等考核指标

在行政化的司法模式下，对于庭、院长的评价常以“排名”“业绩”等论英雄。《地方各级人民法院及专门人民法院院长、副院长引咎辞职规定（试行）》，规定让“未审而判”者——院长，而不是“审而未判”的法官承担责任，其本质是行政性追责。该规定加强了院长的行政职责，承办法官则演变成了与一般公务员无异的具体执行者，使行政领导要对本院内的所有审判问题担责。形成“法官具体执行、法院承受压力、院长承担责任”的格局。因此，庭、院长更愿意以行政管理权管住审判权，以提高审判质效、抑制腐败，进而演变成对案件的审批。

（2）防控“闹事”“上访”等极端行为

我国当前处于社会转型期，面临着错综复杂的社会矛盾。本应作为解决纠纷的最后一道防线的法院却被推到了第一线。寻求司法救济时强调案件“圆满解决”、高度期盼“实质正义”的当事人在遭遇司法的局限性时，势必希望司法作为兜底方式解决所有问题，突出表现在涉诉涉法信访居高不下。在现行维稳问责的体制下，院、庭长时常面临维稳不力的内外部指责，为快速达到加强内部控制的结果，必然要寻求正式制度以外的其他路径来解决问题。如主动过问案件、听取案件汇报、签发法律文书、直接提出指导意见等，各种行政化的“隐形审判”也就越来越大行其道。

（3）避免错案追究的负面影响

一个判决必须考虑法律效果、社会效果和政治效果，任何一方面出了问题，都有可能被认定为“错案”。“错案责任追究制度”将法官的行为和判决的结果作为错案追究的对象，采取连带式的责任追究方式，从而引发法院内部审判权行使的行政化。拥有审判管理权的行政领导为了规避责任，必然更加严格地控制审判活动。大多数样本法院领导均表示，几年前，都尝试将裁判文书的签发权交回给承办法官，由承办法官签发自己办理的案件，但发现无法保障文书的质量，还出现了一些其他问题，影响法院的形象，最后不得不将裁判文书的签发权回收，且只由主管副院长签发，以此控制法官的自由擅断。

行政管理者为了加强审判管理、防控风险，通过主导审判资源的分配，使行政权主导审判权。因此，要消除审判权运行行政化，只有先将其存在的土壤消除。

4. 法官基于自我保护而自愿让权

在行政管理模式下，本应享有独立决策地位的法官，实际上却处于审判系统的最底层。职业现实与理想之间博弈的巨大落差，使法官的顾虑也越来越多。

（1）素质能力欠缺导致法官不自信

尽管法官职业化在不断提升，但法官个人的能力和素质仍然不容乐观。调研情况显示，边疆民族地区，特别是边远农村山区基层人民法院，资历较深的法官虽然具有丰富的实践经验，但缺乏深厚的专业理论功底；而年轻法官虽然具备扎实的法学专业知识，却又面临着实践经验不足的困境。此外，法院行政化的人事管理导致真正审判经验丰富的资深法官（庭、院长）基本不办案，而年轻法官成了办案主力。在审理案件时，不仅院、庭长不放心，法官自己也没有信心，他们更愿意将自己的裁判文书交由庭长或者院长把关审查并签发。课题组就该问题进行调查：“您认为裁判文书应当由谁签发？A. 本人　B. 审判长　C. 庭长　D. 院长。”20%的法官选择由自己签发，20%的法官选择由审判长签发，45%的法官选择庭长签发，15%的法官选择院长签发。选择主办法官自行签发的仅占20%。他们选择由审判长、庭长、院长签发的理由主要有两种情况：审判长、庭长、院长有更高的司法能力，更丰富的司法经验、社会经验及政治方向驾驭能力；审判长、庭长、院长有更强的法律、社会、政治责任承受能力。

（2）考核晋升压力迫使法官让渡裁判权

科层制管理模式下的基层法官职务越高，收入越高，但基层人民法院法官普遍晋升困难。原因在于法院职数编制少，评先、晋升等事项考核的方式主要为民主推荐和领导决定，想挤进狭窄的上升通道，必须与同事关系融洽，处理好与领导的关系。这种行政等级化的司法环境严重侵蚀了法官对职业的认同和尊重，产生职业懈怠。而这种内部人情关系的滋长为腐败提供了温床，不利于内部监督。合议庭内部由于长期浸润在重视人情、以和为贵的中国传统文化环境之中，加之法院内部已形成关系稳固的“熟人社会”，为维护合议庭内部关系，创造宽松人际关系网络，合议庭评议也就不以准确裁判为唯一标准，合议时主审法官或审判长一旦提出了倾向性意见，合议庭其他成员往往只好“知趣”地附和，一般不会提出反对意见。

（3）职业保障缺失致使法官怠于行使职权

①工资及政治待遇低。身处边疆民族贫困地区的基层法官的囧况：一是工作强度高。法官除了完成本职及辅助工作，还要经常受到各种考核考评制约，学习新出台或新修订的法律法规，完成各种政治学习任务。二是收入低。同一地区法官的收入远低于某些行政人员的收入，与公安机关相比，法官津贴也远远低于警衔津贴。三是政治待遇低。相对于党政部门，基层人民法院获取同等政治待遇上的能力处于天然的劣势，其工作人员职务提升机会太少，法官的行政职级晋升缓慢。“两低与一高的巨大落差”造成法官心理的不平衡，从而产生职业倦怠。

②职业风险大。在科层式的权利体系中，缺乏职业保障的法官很难做到独立裁判。在法官职业保障制度不健全的情况下，“错案追究”采用随意宽泛的多元化批评体系，使法官面临难以预测的职业风险。为规避职业风险，法官以多主体决策的方式消解了合议庭的独立决策责任，但也造成法官在审理案件中遇到问题时不主动通过相关理论寻求解决之道，而直接采取“矛盾上交”的方式，从而造成法官的惰性。课题组认为，签发权的下放，不仅是下放裁判权，更是对法官责任意识的强化。

当前，对法官保护、激励和惩戒机制的最大问题在于，行政机关的晋升模式、各种数据考核、工作量与工资的巨大反差等，都不同程度地挫伤了法官公正办案的积极性，导致其关注点在法治路线上产生了偏移。他们更关心如何让领导满意，更关注指标成绩和法院内部效应，忽视了法律正义和社会效应。

（二）审判组织运行行政化的影响

如前文所述，审判组织运行的行政化表现出法定制度的“失效”与非法定制度的强化。审判权在现实运行中偏离了法律期许的应然轨道，判决成了行政活动的结果，而不再是审判活动的结果，严重影响司法权威。有学者通过研究，总结出司法行政化对我国司法公正的危害主要表现为五个方面：破坏构成司法公正三角模式的基石——双方当事人和法官平衡的三角结构、使法官丧失独立审判权力、为了执行行政命令而放弃公正、影响司法公开的实现、使司法公正的审级保障被破坏①。

---

① 张明乃、陆福兴：《司法行政化对司法公正的危害》，载《湖南农业大学学报（社会科学版）》2004年12月第5卷第6期。

1. 程序公正失范违背审判规律

“程序公正是司法公正的逻辑起点。”① 谷口安平认为，人们判断审判结果的正当性一般只能从制度上正当程序是否得到了保障来看。如果法院在制度性的正当程序方面得到了公众的信赖，自己的决定也就获得了极大的权威。② 在司法实践中，如果法定程序被规避、架空与虚置，势必引起人们对法官的合理怀疑，造成社会对司法的不信任和决裂。

“司法程序作为判断事实、处理个案冲突最合理、最公正的手段，一是因为它的亲历性，判断和处理者必须经历程序，以直接而全面审查证据的方式获取最丰富的证据资讯；二是因为它的程序制约，即程序的展开与心证的形成，都受到严格而公正的程序规则包括证据规则的制约；三是它的相对制度，即作为裁判者的第三方必须听取当事人双方的意见和辩论，在一种三方组合互动的关系中，获得案件处理的结论。”③ 要抵挡外界的质疑，就必须保证程序公正，因为程序公正是绝对的，而实体公正是相对的。院、庭长们即使有再高的专业水平，不参加庭审，仅凭听取合议庭汇报或者单纯阅卷所获得的信息，是不充分的。而院、庭长行政职务上的影响力，使真正平等讨论的决策氛围难以形成，且因其介入的随意性和隐蔽性，外部监督也很难有效形成。案件结果来自于程序之外，长此以往，“庭审形式化”问题严重加剧，再多的庭审改革也无济于事，甚至会因权力的过度集中，成为以权换权者、以权压权者或者以钱买权者“寻租”的重点对象。

2. 司法逻辑让位于行政逻辑损害司法公信

“司法是对冲突的事实及诉求进行判断和处断，司法的中立性、被动性、亲历性，司法官的独立性以及相伴随的德行和才能，是司法的逻辑。”④ 但如本调研所揭示，院、庭长的夺权和法官的自愿让权却是“上令下行”的行政逻辑，这培养了法官对行政领导的依赖，也加重了法官自身的不自信。“久而久之，一个缺乏自主精神、缺乏道德力量、依赖感强、遇事互相推诿、不愿意承担责任、工作质量低下的司法群体就会形成”⑤，从而进一步加剧院、庭长加强管理的迫切性。院、庭长的本意虽是为了妥善处理案件，但他们的把关实质上却是对程序公正和独立审判的一次打

① 徐显明：《何谓司法公正》，载《文史哲》1999 年第 6 期。

② ［日］谷口安平：《程序的正义与诉讼》（增补本），王亚新、刘荣军译，中国政法大学出版社 2002 年版，第 10 页。

③ 龙宗智：《审判管理：功效、局限及界限把握》，载《法学研究》2011 年第 4 期。

④ 同上。

⑤ 张建伟：《等级制与法官》，载《法官职业化建设指导与研究》人民法院出版社 2004 年第 2 辑。

击，使法院陷入越迎合大众和上级就越容易出错，大众和上级就越想管住法院的恶性循环中，最终连法院本应担负的责任都无力承担。

司法与行政靠得越近，处于弱势的司法权越容易被其他权力所混同甚至湮灭，司法就越没有权威。只有司法与行政确立了相对稳定的“隔离带”或“防火墙”，其专业性才能更好发展，其独特权威才更容易彰显，最终牢固树立司法公信。

3. 考核制度下的利益驱动导致司法公正难以保障

法官在审判活动中，有着双重角色，其显性角色是中立的裁判者，隐性的角色是理性的“社会人”，同样受到“趋利避害”的人性制约，并且可能在各种现实条件下进行理性的选择。[①] 实践中，绩效考评结果既及于法官，也及于法院，在审判运行中起着“导向标”和“指挥棒”的作用。法院、法官以此为工作指南，在案件裁判中调整自己的思维和行为，最终影响审判权的运行。绩效考评将法官个人利益与案件裁判结果相关联，有可能导致法官将当事人利益以及司法公正置于个人利益之下，在错案责任追究、功利的绩效考评等制度的挤压下，法官会变得更现实。

例如，合议案件的办案绩效尤其是错案责任全由承办法官一人承担，为规避职业风险，导致合议制在多数案件中处于名存实亡的状态。在审判权运行过程中，当法官个人利益与当事人利益以及司法公正发生冲突时，依靠个体的道德自觉来维护法律实效、抵制诱惑并不现实，案件的裁判反而会以法官利益最大化为导向，当法官通过牺牲司法正义可以获得更多利益时（如奖励、提拔），就可能对其他法官个体心理产生潜移默化的影响，并蔓延成为法官内部的隐形规则，最终导致司法公正被摒弃。

4. 法官职业尊荣丧失制约司法权威

法官职业尊荣感是支撑司法良好运行的内在动力，更是法官个人工作激情的力量源泉。法官只有忠于法律，自觉维护职业形象，从内心热爱法官职业，才能使社会民众尊重、信仰法律。因此树立起崇高的职业尊荣感和神圣感，可以达到法官和司法的双赢。

法院内部行政等级化的管理体制极大侵蚀了法官对职业的认同与尊重。法官被当做一般的行政管理对象，其上面还有多层“法官之上的法官”“法律之外的上司”。法官不仅在日常事务性管理和审判活动中要服从“上司”，在涉及晋升、评先等切身利益时更受到其制约，导致法官在职业追求和“官本位”价值观之间迷失。正如陇夫先生所说，“当一种制度将法官设计得和普通人无所区别时，当法官自己心甘情愿

---

① 艾佳慧：《司法知识与法官流动》，载《法制与社会法制》2006年第4期。

地混入世俗关系之中时，人们对司法的尊重也就无所依凭了。”① 而民众对司法和法官的信任也自然就会流失。有学者认为，“法治就是法律人之治”②，在当前不断被削弱的司法公信力亟须法官权威回归的大背景下，培养和重建法官的职业尊荣，成为司法改革和建设公平正义社会的关键所在。

四、域内外审判权运行机制考察及改革经验

审判权运行机制改革，是我国司法改革中的重点和难点问题。放眼域外法院和法官管理的发展演变，梳理我国审判权运行机制改革的发展历程，无疑对改革和完善边疆民族地区的审判权运行机制大有裨益。

（一）域外法院和法官管理的发展演变及启示

1. 法院管理模式向强化法院整体独立趋势发展

根据法院外部管理决策权力归属的主体不同，当前各国法院管理体制模式可分为行政型、司法自治型和司法委员会型三种。从根本上讲，这是由世界各法治发达国家不同的国情和价值目标所决定的。

（1）行政型法院管理模式。此种模式下，行政部门对法院管理事务享有决策权，法院行政管理权的大部分由行政部门掌握和管理。法院审判权力和司法行政权力实行外部分离，法官只负责审理案件，与审判直接有关的事务性工作由法官助理或法官秘书管理。典型的国家如法国、德国。

（2）司法自治型模式。由法院系统自己对法院管理事务享有决策权，管理主体是最高人民法院或者法官集体（法官委员会），向立法机关负责；在司法部门内部审判权和司法行政管理权分离。该模式以美国、日本为代表。

（3）司法委员会型模式。专门成立司法委员会负责法院管理，形成司法行政管理权力和司法部门审判权力的外部分离。委员会对法院进行宏观管理，其成员以法院系统的人员占多数，在法院管理中占主导地位的是法院（法官）权力，单个法院享有较多的自治性管理权限，由该法院院长、行政管理主任、法官代表组成的法院管理委员会负责法院内部行政管理，对司法委员会负责。司法委员会选任模式因其具有多方参与、有效祛除“科层制”、保障审判独立等优势而逐步被各国接纳。据统计，已

---

① 陇夫：《尊重司法的理由》，载《法制日报》1999年12月5日，第3版。

② 孙笑侠：《法律人之治》，中国政法大学出版社2005年版，第13页。

有60%的国家设立各种形式的司法委员会，98个国家将司法委员会写入宪法。[①]

2. 法官管理模式向强化法官独立裁判权的保障演进

（1）严格的选任制度。美国和英国的法官一般从能力出众的律师、法学教授等法律人才中选任，这些人有着扎实的专业素质和长期丰富的法律工作经验。而法国大部分法官候选人必须完成大学4年法学学习并通过国家统一组织的司法考试，进入波尔多国家法官学院进行专业培训而不被淘汰的才能成为法官。[②] 还有一部分法官必须是至少有8年工作经验的律师、公证人、法警和法院非法官工作人员，或者是至少有2年工作经验的法学教授与助教。

（2）完善的职业保障和晋升制度。各国对法官这一职业普遍给予较高的身份地位、任职期限和福利待遇等职业保障，因其既有利于保持法官行使审判权的独立性，也有利于维持法官队伍的稳定而成为全世界范围内的发展趋势。美国联邦法官因为品行良好可以“任职终身”，法官在总体上威望很高，工资由宪法和法律予以保障，较其他公职高得多，任职期间不得减少。英国从制度上赋予法官身份保障，使法官成为英国的高薪收入阶层。法国法官经共和国总统批准任命后，即享有终身的荣誉、职务和身份，在本国有着很高的地位和殊荣，且法官薪金略高于相应级别的公务员，退休后享有全薪待遇。[③] 法国的法官晋升由最高司法委员会决定，资历在晋升中起重要作用；美国法官不存在任何正式的晋升制度，法官一般不在司法系统中按级晋升，而且对晋升制度并不感兴趣；英国各级法官职位在名誉和经济利益方面差距小，因此大多数下级法院法官对晋升兴趣不大。

（3）非职业法官群体协助法官处理简易案件。为解决案多人少的困境，美国、英国、法国存在着“非职业法官”这一特殊职业群体，协助法官处理不断增加的工作量。[④] 其中英国的治安法官还分为带薪与不带薪两类，后者数量远远大于前者。[⑤]

---

① 何帆：《法官遴选委员会的五个关键词》，载《人民法院报》2014年6月27日，第5版。

② ［美］亨利·J. 亚伯拉罕：《司法的过程》，泮伟江、宦成奎、韩阳译，北京大学出版社2009年版，第107页以下。

③ 周道鸾主编：《外国法院组织与法官制度》，人民法院出版社2000年版，第104页。

④ 美国的非职业法官不具备特别法律训练，更多的见于偏远地区的州级治安法庭（justice of peace），负责审理交通案和轻度犯罪案。而在英国非职业法官主要指治安法官，在治安法院适用简易程序审理简易罪（summary offences）。参见周泽民主编：《国外法官管理制度观察》，人民法院出版社2012年版，第240页。

⑤ 在英国，治安法官往往是当地能力非常强而且口碑很好的人，这些人担任法官基本上都是出于公益心而不在意物质报酬。对他们而言，担任治安法官是个荣誉性职位，享有很高的社会名望，一般都是地方中上阶层的人士才有可能担任此职。他们以能在其名字后加上治安法官的头衔（justice of peace）而感到一种荣耀。参见同上书，第240页。

法国的非职业法官主要存在于商业法庭和劳工法院中，一般由其职业同仁选举产生。[①] 非职业法官处理大量简单纠纷，确保职业法官将精力用于相对复杂的案件审理中。

（4）强化法官责任制。为保障司法的独立性，有国家赋予法官司法豁免权。近年来，随着民众对司法公正更为关注，各国也逐步强化了法官责任。一是建立专门的法官惩戒机构，如美国联邦和州的司法行为委员会、德国联邦最高法院和州高等法院的纪律法庭等。二是法官惩戒的适用范围广泛，凡是影响公民对司法信任的行为均可成为惩戒法官的理由，“社会可能容忍其他职业的粗鲁和不诚实，但法官却要因这种行为受到惩罚。”[②] 三是追责程序保障惩戒的公正性，大体分两类：一类为弹劾程序，旨在对实施了严重犯罪行为、不法行为或不当行为的法官进行罢免；另一类为惩戒程序，旨在对有违法失职行为的法官进行纪律处分。追责程序体现出司法化的特点，采取审判或类似审判的方式进行。

3. 域外模式对我国审判权运行改革的启示

由于不同的历史文化背景、不同的政治制度、不同的国家结构形式和国家政权组织形式，不同国家从法院管理模式到法官管理制度，均呈现出不同的特点，但在制度设计上遵循了共同的规律：

（1）确保独立行使审判权。保障法院整体独立和法官个体独立，是各国法院管理体制差异性背后隐含的统一性。无论是司法委员会还是自治型法院管理模式，其一致的价值目标都是保障法院的独立性和法官的独立性。而各国从宪法与法官组织法上确立法官终身制，赋予其高尚的身份地位，并执行高薪。完善的职业保障，既有利于保持法官行使审判权的独立性，从制度上消除法官履职中对职位、晋升和业绩考核的思想顾虑，也有利于维持法官队伍的稳定，从而确保司法公正。

（2）审判业务与司法行政管理相分离。各种模式都注意到司法审判与行政管理运行的规律不同，将司法行政交由特定的专业化机构进行管理，使其从法院的审判职能中独立出来。不同之处在于有的将管理事务完全独立于法院系统的外部分离管理，有的在法院内部，实行相对独立的分离管理。

（3）法院工作以审判活动为中心。在法院审判权和法院管理权关系的制度设计上，都以法官为主体、以审判权行使为核心，体现出法官主体性和审判活动中心性。

① 在法国的主要城市，任何有兴趣成为非职业法官的人都可参加由私人行业会主办的考试，考试合格者再经过一段特别司法培训，就有机会参与审判。参见陈洪涛：《大陆法系与英美法系法官素质之考察——以英法两国为例》，载《中国政法大学学报》2008 年第 4 期。

② ［美］斯黛丽·弗兰克：《美国刑事法院诉讼程序》，陈卫东、徐美君译，中国人民大学出版社 2002 年版，第 194 页。

行政管理部门为法官提供行政服务，司法辅助人员围绕法官展开工作。审判权运行始终围绕“司法的独立性”这一主线，并经过审判实践的长期考察检验，已经形成一套较为完备的机制。而在我国，要实现“由审理者裁判，让裁判者负责”的司法体制改革，必须完善主审法官、合议庭办案责任制，祛除审判权行政化的运作机制，通过强化法官责任重建社会公众对于司法的信心，改革难度远远大于其他国家。

（二）我国审判权去行政化改革的演绎深化历程

1. 围绕独立行使审判权，完善审判组织运行机制

人民法院“一五改革纲要”即开始了对审判组织裁判权的改革历程。一是“做到除合议庭依法提请院长提交审判委员会讨论决定的重大、疑难案件外，其他案件一律由合议庭审理并作出裁判，院、庭长不得个人改变合议庭的决定。”可见，最高人民法院意图从规范层面逐步褪去法院内部行政层级干扰独立审判。二是从规范层面弱化审判委员裁判案件的权力，要求“逐步做到只讨论合议庭提请院长提交的少数重大、疑难、复杂案件的法律适用问题”，这一举措实质弱化了审判委员会裁判案件的权力。①

人民法院“二五改革纲要”提出要“改革审判委员会的成员结构，确保高水平的资深法官能够进入审判委员会。改革审判委员会审理案件的程序和方式，将审判委员会的活动由会议制改为审理制”“建立法官依法独立判案责任制，强化合议庭和独任法官的审判职责。院长、副院长、庭长、副庭长应当参加合议庭审理案件”。② 经过两轮的改革实践后，最高人民法院开始削弱裁判权的行政化和注重裁判权的亲历性。

人民法院“三五改革纲要”进一步提出“完善审判委员会讨论案件的范围和程序”“加强合议庭和主审法官的职责”的改革构想③。

前三个五年改革主要从审判权力运行机制如何完善方面进行了许多积极的探索，取得相当成效，但与日益增长的人民群众对司法的需求还存在不小距离。人民法院“四五改革纲要”要求完善“以审判权为核心、以审判监督权和审判管理权为保障的

---

① 参见《最高人民法院关于印发〈人民法院五年改革纲要〉的通知》（法发〔1999〕28号1999年10月20日）。

② 参见《最高人民法院关于印发〈人民法院第二个五年改革纲要（2004－2008）〉的通知》（法发〔2005〕18号 2005年10月26日）。

③ 参见《最高人民法院关于印发〈人民法院第三个五年改革纲要（2009－2013）〉的通知》（法发〔2009〕14号 2009年3月17日）。

审判权力运行机制”“做到让审理者裁判，由裁判者负责。到2015年年底，健全完善权责明晰、权责统一、监督有序、配套齐全的审判权力运行机制”“到2018年初步建成具有中国特色的社会主义审判权力运行体系”，[①] 充分体现出司法规律的客观要求。

通过以上对比分析不难发现，最高人民法院改革目的在于解决“审者不判，判者不审”的矛盾，增强法院内部审判权的独立性。20年来的改革举措始终围绕着“审判委员会放权，完善合议庭制度和强化法官职责”进行，并确立了两大审判理念：一是法官（审判组织）在司法过程中有独立裁判权，裁判结果要尽量减少行政干预，避免法官之间因行政职务高低影响独立审判；二是法官（审判组织）独立裁判时必须经过公正、公开、规范的庭审，强调庭审亲历性。

2. 围绕职业化建设，树立法官主体地位

纵观人民法院自20世纪90年代以来的法官队伍建设，“法官职业化”改革成为了规范审判权运行的重点内容。一方面，改革的目标更清晰、更全面，不断朝着正规化、专业化、职业化的道路迈进。如1996年最高人民法院《关于印发〈法官考评委员会暂行组织办法〉和〈初任审判员助理审判员考试暂行办法〉的通知》（法发〔1996〕20号）规定初任审判员、助理审判员必须经过全国统一考试；明确报考条件、考试方法等。《法官法》（2001年修正）确立了国家统一司法考试制度，进一步提升法官任职资格，规定必须是高校法律专业本科或非法律专业本科毕业具有法律专业知识等。2013年《最高人民法院关于新形势下进一步加强人民法院队伍建设的若干意见》（法发〔2013〕10号）提出要推进人员分类管理制度改革，加强法院队伍正规化、专业化、职业化建设。

另一方面，队伍建设的改革举措更广泛、更深入。从法官准入、法官管理、法官职业保障、作风建设等各个方面对法官职业化建设提出了具体措施，如，1997年《法官等级暂行规定》（组通字〔1997〕50号）确定实行法官等级制度，规范法官级别、身份，明确法官职务编制等级。2009年《人民法院工作人员处分条例》（法发〔2009〕61号）明确人民法院工作人员受处分的种类和适用情形。2014年《最高人民法院关于新形势下进一步加强人民法院纪律作风建设的指导意见》（法发〔2014〕1号）就人民法院队伍作风建设提出20个指导意见。

在西部地区审判资源配置方面，2006年中共中央组织部、中央机构编制委员会

---

① 参见《最高人民法院关于全面深化人民法院改革的意见——人民法院第四个五年改革纲要（2014—2018）》（法发〔2015〕3号 2015年2月4日）。

办公室、最高人民法院、最高人民检察院联合下发了《关于缓解西部及贫困地区基层人民法院、人民检察院法官、检察官短缺问题的意见》，提出合理配置现有资源、建立人才对口支援机制、改进省级统一招考等对策，解决西部偏远地区法官断层问题。通过以上举措，逐渐形成了培育专业化、精英化法官群体的初步体系，提升了法官尊荣感，也深刻地影响了我国法官队伍职业化的进程。

总体而言，改革开放以来人民法院内部的审判权机制改革，以“法院内部如何实现审判独立”为导向，紧紧围绕“司法公正和效率”这一核心目标，不断总结实践经验，发展方向越来越符合审判权运行规律，审判权运行的制度化、规范化、信息化和公开化建设取得长足进步，并初步形成了一支专业化、正规化的审判队伍，为深化司法体制改革打下了坚实基础。

（三）边疆民族地区基层人民法院审判权运行机制改革价值取向和目标定位

随着国际交往与合作增多，区域一体化和全球化加快，司法体制面临着新时代全球化冲击。在思想意识上表现为全人类的共同价值日益增长，超地域、超国家的全球主义观念空前普及。在此情形下，我国审判权运行机制改革应积极借鉴域外实践，总结我国改革经验，从而明确改革的价值追求，确保改革达到预期目标。

1. 审判权运行机制改革的价值取向

保障人权、审判权独立、司法公正和司法效率是我国审判权运行机制改革的价值取向。“国家尊重和保障人权”是我国宪法的基本原则，审判机关作为人权保护的最后一道防线，在审判权运行中，尊重和保障人的尊严和价值，体现为对当事人权利的保护。审判权独立和司法公正是一对互相依存的基本价值目标。保障审判权独立是为了实现司法公正，而实现司法公正则要求保障审判权独立。在司法过程中，司法效率体现了人们对短时间内获得司法权救济和保护的期待，还体现在司法诉讼成本方面，司法成本过高势必影响司法公正。保障人权是独立行使审判权、司法公正和司法效率的前提和目标，独立行使审判权、司法公正和司法效率最终是为了保护和实现人权。

2. 审判权运行机制改革的目标定位

（1）符合价值目标定位，价值目标决定了运行机制改革的设计与选择。十八届三中全会通过的《中共中央关于全面深化改革若干重大问题的决定》明确了深化司法体制改革的具体要求，指出要“确保依法独立行使审判权”。人民法院“四五改革纲要”提出，要完善审判权力运行体系，构建管理有序、监督留痕、权责明晰、权责统一的审判权力运行机制。2014 年 6 月，习近平总书记主持召开的中央全面深化改革领导小组第三次会议审议通过了《关于司法体制改革试点若干问题的框架意见》，明确了完善司法人员分类管理、完善司法责任制、健全司法人员职业保障、推动省以下地方法院检察院人财物统一管理、设立知识产权法院等司法体制改革的基础性、制度性措施。改革的设计自然要围绕上述目标进行。

（2）符合边疆民族地区特殊的司法区情。边疆民族地区的风俗民情、经济条件、民众素质等方面情况与发达地区有着显著的区别，尤其在法治方面往往缺乏发达地区具备的条件，因此必须要探索一条适合边疆民族地区的司法改革路子。以广西壮族自治区为例。广西壮族自治区是全国唯一一个集少数民族地区、边境地区、沿海地区、革命老区、贫困地区于一身的省区，为了实现民族团结、固边戍边、经济发展以及中国—东盟自由贸易区蓬勃发展的多重目标，广西壮族自治区各级人民法院在化解矛盾纠纷、服务改革发展、保障边疆稳定和谐方面必须充分考虑本土民情以及规则制度的适用性，根据顶层设计的总体方向，在审判权运行、审判组织模式、司法资源配置等方面设计出一套因地制宜、符合广西壮族自治区区情的改革方案。

（3）符合审判规律。马克思、恩格斯认为："司法权与行政权的混合，势必导致无法解决的混乱。"① 为保证法院独立行使审判权，祛除审判权行政化的运作机制，在法院内部实行审判业务与管理事务分离，既是这次司法改革的重点，也符合国际法院管理趋势。一是改造审判业务庭为单纯的专业化审判组织，实行合议庭和主审法官负责制。审判管理依托现代信息技术完全交由审判管理部门负责，庭长仅负责组建合议庭等事务，不再负责裁判文书的审签，法官按照法律独立行使审判权，独立办案，独立承担责任。二是成立专业化的司法行政管理机构。专业化的行政管理机构和人员是确保司法审判与行政管理事务有效分离的基础。行政管理机构应当从法官和法官事务的管理部门变成决策的执行者，这样有利于真正建立以法官为主体的法院内部管理结构，为审判独立提供条件。

五、边疆民族地区基层人民法院审判权运行机制改革路径

祛除司法行政化的干扰，建立符合司法规律的审判权运行机制，不仅要在法律制度上进一步理顺，也要考虑审判活动和审判机制的改革，重新构建新型的审判组织模式，因此必须通盘考虑、系统决策、配套实施，以保证在给定的约束条件下，能够较为有效地遏制司法行政化，促使审判活动符合司法运行的规律，实现"让审理者裁判，由裁判者负责"的目标。

---

① 《马克思恩格斯选集》（第41卷），人民出版社1982年版，第321页。

（一）遵循司法规律，确保审判权公正高效行使

1. 回归宪法法律定位，减轻法院非审判事务工作压力

法院从服从、服务大局出发，不断延伸扩展工作职能，承担了大量不属于法院承担的社会职能，部分工作甚至影响到审判权的行使，致使部分具有审判资格的法官不能从事审判工作，审判一线的法官也不得不分出精力应付非审判事务。课题组认为，建立符合司法规律的审判权运行机制，确保人民法院依法独立公正行使审判权，不断提高司法的公信力，必须严格落实人民法院的宪法地位，明确职能分工，理顺法院与其他国家机关及社会的关系，减少法院对非审判事务等工作的承担，确保法院逐步从各项社会活动和地方性事务中解脱出来，只在宪法和法律规定的职权范围内依法行使审判权，集中精力对案件事实和法律适用进行判断和裁决。

（1）制定地方性法规，规定法院参与社会事务范围。在配合中央有关部门推动建立省级以下地方法院人财物统一管理改革的同时，积极推进人民法院参与社会事务范围方面的立法，进一步明确人民法院参与社会事务的范围。具体而言，由自治区人大制定地方性法规，明确人民法院参与社会事务的范围和内容以及参与人员，禁止让具有审判资格的法官承担除案件审判以外的其他社会工作。如对于扶贫、城市管理、生态乡村建设等与审判权行使无关的社会工作，法院一律不得参与，对于守边、戍边、固边，维护民族团结、征地拆迁等工作，法院可以作为配合和协助单位派司法警察或司法行政人员参与。通过规范相关职能部门各司其职，从而进一步突出人民法院作为审判机关的职能定位。同时对落实情况进行检查，确保上述法规落地生根，落到实处。

（2）加强宪法及法律法规的宣传教育力度。要进一步加强对行政机关特别是领导干部宪法和法律意识的宣传教育，摒弃“人民法院就是党委政府职能部门”的错误思想，纠正在工作部署和安排时将法院纳入其职能部门的错误做法，进一步尊重和保障人民法院依法独立公正行使审判权。

（3）正确理解法院职能定位，充分认识司法的局限性。司法作为社会公平正义的最后一道防线，不应是矛盾化解的首选，更不能是唯一选择。人民法院在服务大局过程中应正确理解法院的职能定位，充分认识司法的局限性。在服务大局中不能冲在第一线大包大揽，将所有社会矛盾都引导过来通过诉讼途径解决。而是要根据本地的司法实情，在充分调研的基础上出台司法文件或司法建议，引导矛盾双方采取合理的纠纷解决渠道，尽量把社会矛盾消融在司法程序启动之前。

2. 完善法律法规，为深化审判权运行机制改革提供依据

现行的《人民法院组织法》等法律法规，对审判权的运行、法官依法独立行使审判权、审判权与审判管理权的界定与区分等内容均缺乏明晰和有效的规定，致使地方法院在探索审判权运行机制改革中，因法律依据不足而举步维艰，收效甚微。为破除先行改革弊端，必须加强修订修改相关法律法规，做到重大改革都得到法律授权，并及时将符合司法规律和祛除司法行政化要求的改革举措上升为法律。就目前而言，要加强对《人民法院组织法》等法律、法规的修改，并将如下内容写进法律：

（1）将审判权的运行写进法律。在法律中明确规定审判权运行的基本原则，管理和监督内容等，其核心是体现司法的“去行政化”。同时，应强化对审判权运行过程中的管理和监督，明确这方面的基本规范和要求。做到既保障审判权依法独立行使，又防止审判权被滥用。

（2）在法律中对法官依法独立办案作出原则性规定。虽然《法官法》对法官依法独立办案有明确规定，但作为组织法的《人民法院组织法》也应有原则规定，唯有如此，才能更全面地确保法官依法独立行使审判权。

（3）把司法行政权与审判权运行相分离的改革举措上升为法律。确保在推行内部机构撤并和整合的改革中做到有法可依。

（4）法官依法履职受保护的内容要进一步具体和细化。通过法律措施来保障法官在履职过程中受到保护，任何侵害法官的行为都将受到法律的制裁，以确保法官依法独立公正行使审判权。

（二）建立扁平化管理模式，推进法院内部机构改革

调研发现，边疆少数民族地区法院普遍存在内设机构设置过多的情况①，又因行政审批式的管理致使审判权与行政权混同、主次颠倒，出现了司法管理与司法服务界限不清、定位不准，法官与行政人员身份混同。结果导致具有审判资格的法官数量不少，一线办案法官却严重不足，司法效率低下。

如前文表 2 所示，14 家样本法院近 30% 的法官未在一线办案。为改变这种情况，课题组认为必须对现行内设机构的设置进行改革，引入扁平化管理模式②。具体而言，就是以审判庭和司法行政部门为切入点，分两个层面展开，分步进行，有效推进。

---

① 调研中发现，大部分基层人民法院内设机构为 15 个左右，部分法院多达 20 个，职能上重复交叉，设置上叠床架屋。

② 该管理模式的主要特点是：根据工作流程设置工作部门，简化纵向管理层，以实际需求为导向，所有资源侧重向基层倾斜。

1. 逐步整合综合部门，强化服务审判功能

进一步整合司法资源、优化职能配置。参照最高人民法院巡回审判庭和知识产权法院机构设置的改革思路和做法，边疆民族地区基层人民法院也应对内设机构进行整合，逐步撤销、合并一些综合机构，将具有审判资格的人员从综合部门解脱出来，根据自愿选择的原则调整到审判一线，充实一线办案力量。同时，通过优化综合部门的职能定位，强化其司法服务职能的建设，避免其对审判工作的干预和干扰。

具体思路是：在对外保存现有的机构编制的前提下，将立案庭、审判管理办公室、法警队、信访室、司法技术办公室、送达、诉讼保全等机构整合为审判事务管理中心，具体负责咨询、诉前分流纠纷、立案、分配案件、送达、保全、管辖异议的处理、接收传递当事人和法官之间、上下级法院之间的材料信息，对诉讼案件的流程、审限、程序、质量和效率等有关事项进行监督管理；其他综合部门整合为行政事务管理中心，负责为审判工作提供后勤保障及管理法院自身的运作，具体职能包括机关党务、党风廉政和队伍建设、人事管理、后勤保障等。通过改革最终建立以审判为中心，以服务审判工作为重点的内设机构设置格局。

2. 组建团队型审判组织，实现审判决策扁平化

法院内部目前仍存在金字塔式的权力结构模式，审判决策模式还遵循着自下而上的请示汇报和自上而下的命令传达，法律文书普遍需要分管院、庭长把关和签发。为实现马克思提出的“法官除了法律就没有别的上司”的目标，必须改变现在赖以存在的金字塔式权力结构模式，简化审判组织机构流程，组建团队型审判组织，实现审判决策扁平化。

（1）针对案件量少、审判力量充足的法院，建立以主审法官及合议庭为基本单元的审判组织结构①。如A、G、H、I、J、K等内陆山区法院，在改革过渡期可以弱化业务庭建制，从现在负责签发法律文书的院、庭长以及司法能力强的法官中挑选一批政治素质过硬、业务精湛、司法经验丰富的人员直接担任主审法官，并为主审法官配备相对固定的法官助理和书记员，组成审判单元（见图14）。由主审法官一人或与人民陪审员（其他主审法官）组成合议庭负责案件审理和裁判。改革后的审判权运行模式见图15，通过简化审判工作流程，不仅可以提高司法效率，也有利于提高法官队伍素质，提高审判质量，避免法官不敢担责的问题。

---

① 2015年1月28日挂牌成立的深圳前海合作区人民法院实行扁平化管理，不设审判庭，按照1名主审法官配备2名法官助理和1名书记员形式直接设立主审法官审判团队。

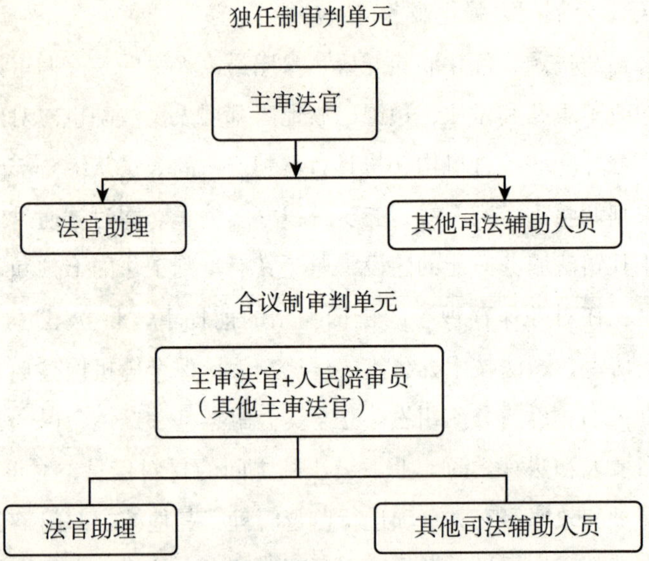

图14　改革后新的审判单元

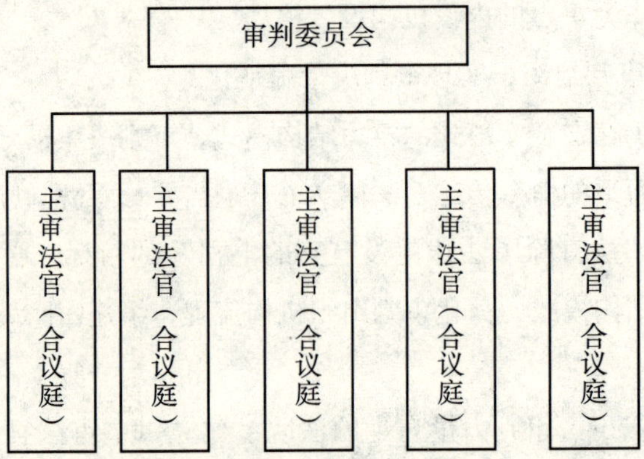

图15　弱化业务庭建制后审判权运行模式

（2）针对案件量大、人员较多的法院，以业务庭为单位设立若干审判单元，由庭长负责管理。如L、M、N等法院，如果立即弱化业务庭的功能，众多的审判单元由院部直接管理，可能存在一定的难度。因此，课题组认为，针对这部分法院可以采取循序渐进，逐步推进的做法，将审判单元建立在庭里（见图16），由审判单元对案件负责，裁判文书由主审法官或审判长签发。庭长负责监督和管理审判单元按照法律规定有序运行，为审判单元提供后勤保障，协调审判单元的对外关系。除直接承办案件或担任审判长审理案件外，庭长对审判单元负责的其他案件没有决策权。业务庭副职的主要职责是编入审判单元作为审判骨干办案。

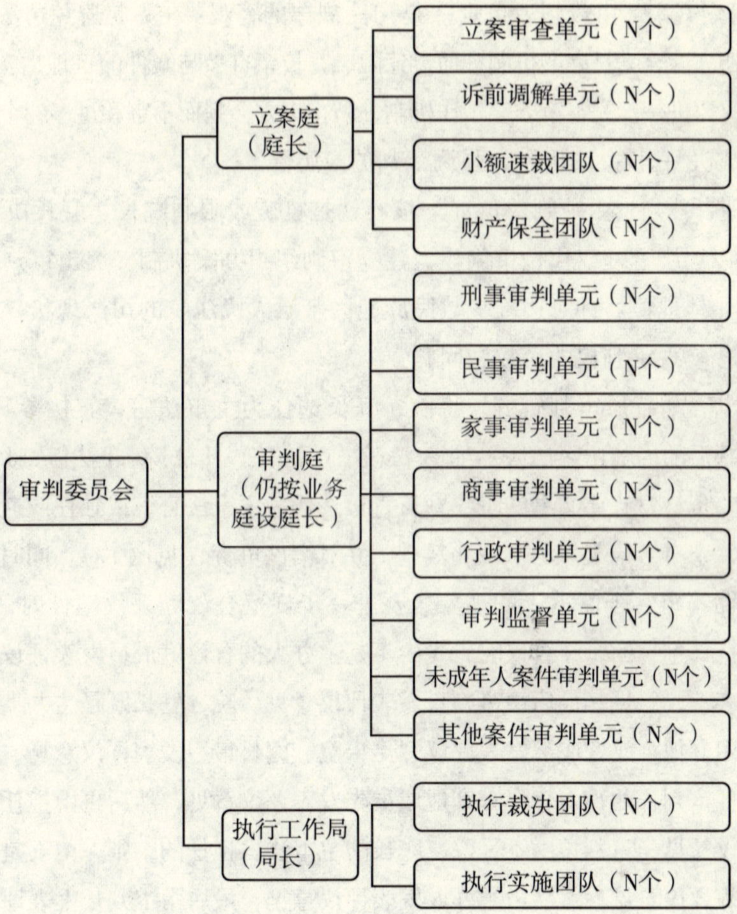

图 16　保持庭的建制和职能后组成的新的审判单元（团队）

改革后的办案流程由原来的四级结构简化为审判委员会和合议庭（独任审判员）两级结构（见图 15），实现审判组织机构扁平化。即使按图 16 设置，由于庭长的审判权被限制，实质上也能实现审判组织机构的扁平化效果。其优点是随着审判组织的简化，依附于这些组织结构上的行政审判权力及随权力产生的命令将不复存在，法官独立审判将得到组织保障。另外，从管理学角度来看，“决策时间与决策权的分配、决策方式直接关联，决策层次越少，决策方式越简单，则决策时间越短效率越高。较少审判组织机构的层级也有利于提高司法效率”。[①]

（三）改革审判权运行机制，落实审判责任制

司法权不同于行政权。行政权讲究上令下从、令行禁止，司法权则强调亲历性。因

① 陆伟：《法院行政化的“祛魅”与“回潮”——对我国法院“去行政化改革的论述”》，上海交通大学公共管理专业 2013 年硕士学位论文，第 16 页。

此，“让审理者裁判，由裁判者负责”是司法规律的客观要求，是避免司法行政化的必由之路。要建立院、庭长办案机制，通过让院、庭长亲自参与案件的审理，实现对案件的监督和把关；要进一步完善审委会工作机制，防止审委会判而不审和过多的个案把关。

1. 建立院、庭长办案机制，强调裁判的亲历性

“让审理者裁判，由裁判者负责”核心就是打破或限制院长、庭长决定个案的权力，防止其以层级管理权代行审判权，建立审判组织办案机制，突出审判组织在审判权运行中的主体地位。针对边疆少数民族地区基层人民法院的司法现状，课题组认为应从如下路径实现审判权的还权和回归：

（1）合理配置优质审判资源，将院、庭长选任为主审法官，直接参与案件审理。针对经济较落后的内陆山区法院：如 A 法院、G 法院、H 法院、I 法院、J 法院、K 法院，将原来负责签发法律文书的院、庭长直接选任为主审法官，或独任或通过担任合议庭的审判长，亲自参与案件的审理和裁判，并对案件负责（见图 17）。同时，为克服合议庭成员陪而不审、合而不议的现象，要进一步规范合议庭评议案件时的议事规则。院、庭长担任审判长的，在合议时，先由不是主办人的合议庭成员发表评议意见，其次由主办人发表评议意见，最后由审判长发表评议意见。院、庭长既是主办人又担任审判长的，则先由其他合议庭成员发表评议意见，院、庭长最后发表评议意见。主审法官主办案件并担任审判长的，由合议庭其他成员先发表评议意见，然后再由担任审判长的主办人发表评议意见。审判长由不是院、庭长的主审法官担任的，则先由不是主办人的合议庭成员发表评议意见，然后由主办人发表评议意见，最后由审判长发表评议意见。

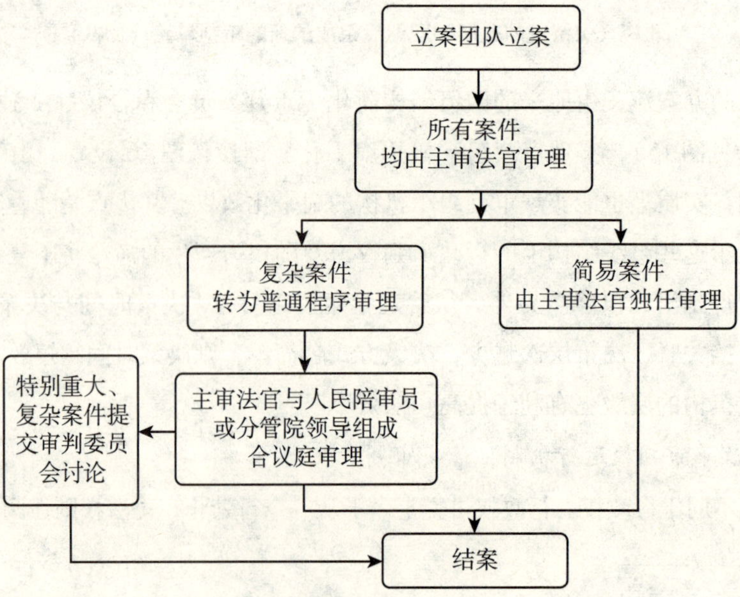

图 17　还权后案件的流程模式

（2）改签发制为签署制，不断提高院、庭长参与案件审理的比例。在L、M、N等案件量大且经济较发达地区法院，首先，一般案件直接由主审法官独立审理或组成合议庭审理，并由独任法官或合议庭审判长签名后直接裁判，无须院、庭长签发。其次，对于涉及疑难、重大、复杂案件或法律适用存在争议的新型案件直接将院、庭长编入合议庭担任审判长，通过“审”“判”职能在法庭交汇，实现院、庭长对个案的指导和监督。这是符合《人民法院组织法》规定的[①]，其既有利于将院、庭长这些优质审判资源配置到审判一线，夯实一线审判力量；也有利于减少审判权运行的层级，淡化法官之间的层级关系，防止对审判权的不当干扰（见图18）。

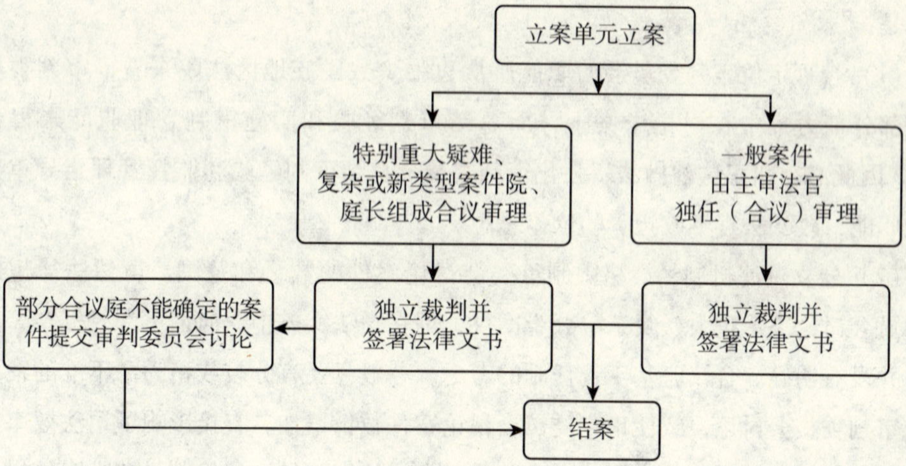

图18　案件流程

（3）建立办案责任制，做到权责明晰，权责统一。根据有权必有责、用权受监督、失职要问责、违法要追究的原则，在“还权”给审判组织的同时也应“定责”，建立“审者判、判者审，谁办案谁负责”的办案责任制，防止权责不明、权力滥用，造成司法腐败。一是根据主审法官、合议庭及其成员的审判职责，分类设定办案责任，[②] 做到权责对应。二是要明确免责条件。主审法官、合议庭及其成员办案责任应仅限于故意或重大过失，法律适用认识偏差、自由裁量权之内的认识差异不应受到追

---

① 《人民法院组织法》第9条：“人民法院审判案件，实行合议制……合议庭由院长或者庭长指定审判员一人担任审判长。院长或者庭长参加审判案件的时候，自己担任审判长。”

② 就个案责任，合议庭成员可以参照以下规则确定责任：程序质量责任，由承办法官承担责任；庭审过程中出现的程序质量责任，由审判长承担责任；实体质量责任，由持差错结论的合议庭成员承担责任；合议庭执行审判委员会决议导致差错的，合议庭持差错结论的合议庭成员仍应承担责任；合议庭执行审判委员会决议导致差错的，持差错结论的审判委员会委员应承担责任；由合议庭或审判委员会讨论决定的案件出现差错的，如系因承办人、相关人员漏报、瞒报或歪曲汇报案件主要事实或重要证据，导致合议庭、审委会作出错误决定的，由承办人、相关人员承担相应责任。

究，否则将无人敢办案件。三是落实办案责任制与相关配套机制（如法官的问责、惩戒机制，法官的退出和职业保障机制等）相互衔接，同步推进。

2. 完善工作机制，全面实现审委会职能

审判委员会作为人民法院的最高审判组织，主要任务是总结审判经验、讨论重大或疑难案件和其他有关审判工作的重大问题，① 这是《人民法院组织法》确定审判委员会的制度框架和职能定位。结合边疆少数民族地区法院的实际现状，课题组认为进一步完善审判委员会工作机制，使其回归②到法律规定的轨道上来应从成员组成、讨论案件的范围、议事规则的完善以及职能定位，体现参审性等方面着手。具体的回归路径是：

（1）合理定位审判委员会的职能。从边疆少数民族地区法院来看，审判委员会的大部分精力集中在讨论个案上，而总结审判经验和实施审判管理职能未得到发挥③。因此必须纠正这种做法，强化审判委员会总结审判经验和监督管理指导审判工作的职能，改变法官不敢担责的依赖思想。

（2）建立过滤机制，严格限制审委会讨论案件的数量和范围。虽然法律规定审判委员会讨论决定重大、复杂、疑难案件，但在司法实务中，何谓重大、复杂、疑难案件并没有明确。合议庭基于责任制的考虑，一般只要有分歧或稍为拿不准的案件均提交审判委员会讨论，致使审判委员会讨论案件数量增加，直接影响了司法效率，也影响了责任制的落实。故应当建立审判委员会讨论案件的过滤机制，减少案件讨论的数量。具体做法是，由院长指定 1～2 名委员或资深法官④对讨论的案件先行审查，看案件是否符合重大、复杂、疑难的标准，如符合则提交审判委员会讨论，如不符合则由合议庭直接裁决。同时，严格限缩讨论的内容，即审委会只讨论法律适用问题，不再讨论事实问题。

（3）进一步完善审判委员会的成员构成，摒弃审判委员会的行政色彩。审判委员会作为法院最高审判组织，其委员应是审判职务而非行政职务。但从样本法院的实

① 《人民法院组织法》第 10 条："各级人民法院设立审判委员会，实行民主集中制。审判委员会的任务是总结审判经验，讨论重大的或者疑难的案件和其他有关审判工作的问题。"

② 审判委员会的改革在"一五""二五""三五"改革纲要中多次作出部署并提出明确工作要求。2007 年和 2010 年，最高人民法院亦先后发了两份《关于改革和完善人民法院审判委员会制度的实施意见》，对进一步改革和完善审委会制度作出了具体、细化的制度安排。因此，课题组认为改革审判委员会工作机制的关键是回归到有关制度要求上来，狠抓制度规定的落实。

③ 如前文所述，从对样本法院的问卷调查显示，A、B、C、D、E、F、G、H、I 九家法院审判委员会讨论案件数占全部议题数 90% 以上，讨论审判管理情况及相关制度的占全部议题数的 4%，其他议题占 6%。"个案把关"使审判委员会沦为推动个案流转的机构，其统一裁判尺度的功能被严重弱化。

④ 部分法院设立了审判委员会办公室，也可以由审判委员会办公室对案件进行先行审查。

际来看，审判委员会组成成员带有强烈的行政色彩。正因如此，审判委员会无法正常发挥其职能。故应进一步完善审判委员会的成员构成，建立科学合理的委员选任机制和任期制，摒弃以行政职务选拔的标准，选拔一线业务水平高、经验丰富的资深法官或某审判领域的业务专家担任审委会委员。强化对审判委员会委员的动态管理，严格考核标准，对履职不力或不称职的，按法定程序免去其委员职务。同时，为保持整体的延续性，要探索建立和完善审判委员会委员后备人才库，健全后备人才的培养和选拔机制。

（4）完善审判委员会的议事规程。马克斯·韦伯认为，“处于科层制中被格式化的成员个体往往简单接受、服从较高级别成员的意见，哪怕是错误的意见”。① 在审判委员会讨论案件时，如果具有更高行政级别的委员在先评议，其他委员将出现不同程度的服从权威、服从领导的心理和现象。故在审判委员会讨论案件时委员应当充分发表意见，表决时应当按照资历由低到高的顺序进行，主持人最后发表意见和表决。同时，允许委员在一定时间内就自己发表的意见补充书面意见。

（5）审判委员会讨论案件应体现“审理制”原则。司法工作是一种专业性和实践性很强的实务工作。案件证据的采信、法律事实的认定、相关法律的适用均需强调亲历性，因此讨论案件应体现“审理制”原则。将审判委员会委员编入合议庭，直接参与讨论的案件审理。没有编入合议庭的委员则可以通过直接听审解决亲历性问题。同时，将拟讨论的事项、审委会名单、召开审委会时间、地点等提前告知当事人。当事人有权申请回避，有权提出新的陈述，相关记录应当附卷。一般而言，审判委员会成员数量较多，如果讨论案件时将所有委员编入合议庭参与案件审理，或其余没编入合议庭的委员全部参与听审，既不现实，也无必要。故应该对审判委员会成员进一步细分，探索建立专业委员会②，对绝大多数案件依其性质进行分专业讨论。这不仅利于提高讨论案件的质量和司法效率，也有利于节约司法成本。

（四）规范审判管理监督权，保障审判组织顺畅运行

1. 明确院、庭长管理职责，避免对审判权的不当侵蚀

院长作为人民法院的负责人，庭长作为内设机构的负责人，当然负有保证自己管理的组织正常运行的职责。但一直以来，院、庭长在审判活动中的角色和作用不明，导致对院、庭长的职能定位诟病较多。为防止院、庭长通过手中的行政权对司法审判

---

① ［美］彼得·布劳、马歇尔·梅耶：《现代社会中的科层制》，马戎、时宪明、邱泽奇译，学林出版社2001年版，第134页。

② 如可以探索设立民商事案件专业委员会、刑事案件专业委员会等。

权的不当侵蚀，需对院、庭长管理职能和作用进一步明确。通过划清权力的边界，切实让院、庭长负起与审判职务相应的审判管理、监督职责。

（1）采取清单管理模式，设置“权力清单”和“负面清单”，划清院、庭长权力界限和行为边界。“权力清单”主要规定院长、庭长的“可为”职权，涉及对相关程序性事项的审批、对审判工作的综合性指导、对审判质效情况的管理监督等。“负面清单”明确院、庭长“不可为”的行为，主要包括不得干涉主审法官、合议庭接受个案处理意见，不得改变案件评议意见，不得违反规定签发未参加审理案件的裁判文书等。

（2）进一步细化和明晰具体审批事项。针对院长正面权力清单中列举的审批事项及诉讼法等相关法律规定，对应当由院长审批的诉讼程序性事项进行梳理和列举，如院长只能对限制人身自由、财产保全、委托中介、审限变更、人员回避、合议庭及承办人变更、诉讼费减免及司法救助等事项进行审批或签发，做到院长审批有法可依，提请审批有据可查。

（3）公开管理监督方式。院、庭长对个案的监督应改变以往看案卷、听汇报的方式，采用担任审判长或审判委员会讨论公开发表意见建议的方式进行。

（4）建立院、庭长行使审判管理、监督权全程留痕制度。对需要提请院、庭长审批的事项及签发的法律文书，院、庭长应在相关审批表上签署意见，并存卷备查。院、庭长通过审判委员会讨论等方式，对未参与审理的案件发表意见应当记入会议记录，并存卷备查。院、庭长通过其他方式过问案件的，也必须全程留痕以备查。这样不仅有利于阻却司法行政化，也有利于减少人情案、关系案的发生，有效防止司法腐败。

2. 完善审判管理制度，科学建立案件质量评估体系

（1）着力构建科学规范的审判管理体系，确保为审判权的运行提供更好的服务

近年来，人民法院为应对日益加剧的“案多人少”的矛盾、提高工作效率、抑制司法不公与腐败加强了审判管理工作。审判管理工作从无序走向规范，从分散走向集中，从自发走向自觉，而且审判管理理念得到普遍认同，专门机构基本建成，职能逐步落实，制度渐成体系。然而，也正是这种自上而下的强权推进，行政要素过于强势导致审判管理工作出现明显违背审判规律的现象，加剧了“审者不判、判者不审”的尴尬局面。因此，在推行审判权运行机制改革过程中，应进一步理顺审判管理权与审判权的界限，着力构建科学规范的审判管理体系，确保为审判权的高效运行提供更好的保障和服务，从而保证法官既拥有真正的审判权，又不至于滥用审判权。

根据《最高人民法院关于新时期进一步加强人民法院审判管理工作的若干意见》（法发〔2014〕8号）的精神，审判管理权应涵盖案件信息管理、案件质量评估、案件质量评查、审判绩效考核、审判流程管理、审判运行态势分析、审判委员会事务管理等七个方面的管理。因此，审判管理工作应紧紧围绕上述七个方面展开，做到审判管理不失位、不缺位和不越位。结合边疆少数民族地区基层人民法院审判管理工作的实际，应从以下几个方面强化审判管理工作：

①优化职权配置，实现审判资源的合理利用。鉴于边疆民族地区法院的案件类型和案情大多相对简单，进一步建立健全以小额诉讼为重点的案件简繁分流机制，提高小额诉讼和简易程序的适用率，以提高办案效率，这不仅可行而且很有必要。要逐步建立电脑分案和排期开庭机制，完善收结案动态平衡机制，强化对审判、执行工作的监控管理，进一步提高司法质量和效率。

②完善审判流程节点管控。要建立和完善统一收案、统一立案、统一结案、审限管理等在内的审判流程管理工作机制，强化对分案、庭审、合议、签发等审判关键节点的监控。要加强审限的实时监督管理，强化审限内结案。要将卷宗移送、评估拍卖、鉴定审计、公告送达等诉讼服务的管理，纳入审判管理的格局之中，实现有效、系统和科学的管理。

③建立和完善审判动态分析研判机制。要定期分析审判执行工作的运行态势，特别是要收集工作中存在的类型化问题，对影响审判质效指标的突出问题进行专题研究，提出对策和建议。同时，还要十分注意综合分析不同案件类型的运行态势，以便对整个辖区的社会稳定和治安等情况作出分析研判，对社会经济发展出现的新趋势作出分析判断等，切实为审判管理提供正确的导向和可靠的依据。

④严格诉讼程序、统一裁判尺度。进一步规范庭审程序，做到依法、准时、文明开庭。建立和完善庭审评议机制，不断提高法官庭审能力。细化完善证据的认定标准，切实提高法官的办案能力和司法水平。完善合议庭议事规程，严格评议行为和评议方式，提高合议庭评议的质量。进一步完善法律文书的样式，不断提高制作案件审查报告、合议庭评议笔录、评议报告和裁判文书的质量。建立和完善精品案件竞赛制度以及优秀裁判文书评比机制，不断提高裁判文书的质量。进一步完善裁判文书上网制度，做到文书上网是常态，不上网是例外，提高审判工作的透明度和公信力。

⑤建立和完善案件评查制度。要充分利用现代科技手段，采取电脑随机抽查、外部专项督查、内部重点评查相结合的方式，多角度、全覆盖地对案件的立、审、执各个环节进行监控、评价，分析汇总存在的问题和原因，及时总结审判经验，以此切实

推动审判水平的提高。

⑥大力加强信息化建设，提升科学化管理水平。要进一步强化三大平台建设，充分利用网站、网络、微博微信等媒介，不断提高审判管理的科技含量，增强审判管理工作的科学性、系统性和针对性，促进审判工作的科学发展。

（2）建立科学的质量评估体系，避免以数字论英雄

人民法院开展案件质量评估工作和审判绩效考评工作以来，在评判与分析案件质量、正确把握审判形式、总结审判经验、增强审判能力等方面发挥了积极作用，但由于案件质量评估体系指标设置不科学、考评导向不合理、考核程序僵化，出现了很多违背司法规律的考评和考核①，在影响司法公正，损害当事人权益的同时，也加重了一线基层法官的负担。因此，必须重新修正质量评估体系，废除不符合司法规律的考评指标。

首先，废止违反司法规律的考评指标和措施，取消任何形式的排名排序。其次，强化法定审限内立案和正常审限内结案，建立长期未结案通报机制，促使法官在法定正常审限内结案，及时有效地保护当事人的合法权益，提升司法效率。最后，明确不再以考评结果的排名高低反映法院或法官工作的好坏，仅将其作为研判审判运行态势的“参谋助手”作用，促进审判管理规范、协调、有序运行以及审判资源合理配置。

（五）优化人员配置模式，彰显法官主体地位

1. 坚持顶层设计与本土实际结合，推进员额制改革

实行法官员额制，凸显了司法改革对“人”的因素的关注。法官员额制度的建立，能够进一步完善以法官为主体、审判为核心的工作机制，真正凸显法官的核心地位，是法院内部去行政化的有力举措。但推行法官员额制度后，必然要剥夺一部分人的现有利益，引发改革的阻力。因此，在推进法官员额制改革的过程中必须坚持顶层设计，即严格按照中央、最高人民法院的统一部署和制度要求，循序渐进，稳步推进。比如在确定员额比例方面，严格控制在中央政法专项编制的39%以下，不能突破。但同时也要看到我国地域间法治发展水平不均衡，区域间社会经济发展状况不同，人民法院的人员状况、案件数量、办理单个案件的劳动量亦各有不同。因此在推进员额制改革时必须注意与本土实践相结合，与人员分类管理机制、法官职业保障机制等相应配套机制相结合，做到同步谋划，同时推进。

---

① 有的法院将质量评估当成审判绩效考核，考核排名“唯数据论”，盲目攀比乃至恶性竞争，为了争取排名靠前，不惜进行“技术处理”弄虚作假；有的法院片面追求几个指标，对法官层层加码考核，导致负面效应；有的法院出于对“结案率”的考虑，每年11月即不予立案，或者拒收材料等。

综合边疆少数民族地区法院的案件特点和数量、人员结构和素质、辖区面积以及个案办理的难易程度等因素，课题组认为员额制改革路径是：

（1）动态设计员额比例。在全区法官总量不突破39%上限的情况下，由高院综合考虑各法院案件数量、司法环境和人员结构等因素，科学调配法官员额，尽可能向基层、向案件数量多的法院倾斜。即部分案件数量多，人员素质高的基层人民法院可以突破39%上限，而对全年受理案件数不超过1500件的法院，应该严格控制员额比例，原则上不得超过所在院政法编制的20%，课题组认为从院、庭长和素质相对较高的法官中选任出10~15个担任主审法官进入员额，配足配强审判辅助人员，组成10~15个审判团队即可。

（2）严格选任标准和程序，择优选任。在选任主审法官时，副院长、庭长、副庭长不必然成为主审法官进入员额，所有的审判员、助理审判员按照自愿报名的原则，放在同一平台参加考核，严格选拔标准，不以人划线、不论资排辈、不迁就照顾，确保选拔出优秀的法官进入员额。

（3）合理设计过渡期，做好人员的分流。对于新进人员素质普遍较高，而案件数量又大幅度上升的基层人民法院，如L法院、M法院，为减少阻力，防止人才的不当流失，可尝试单独设置一类简易法官。该类法官的特征包含：一是主要负责大量简单案件的审理工作，并赋予其相应的裁判权；二是不属于员额制度内的员额法官；三是工资待遇单独设定，福利待遇略低于员额法官而略高于审判辅助人员；四是按照“1+1”即一名简易法官配置一名书记员的审判权力资源配置模式；五是处理适用简易程序或小额诉讼程序的案件。设置简易法官的好处有：其一，有利于减少改革阻力。对于基础理论比较扎实、审判实践经验相对欠缺的年轻法官和资历较深、审判实践经验比较丰富，只是基础理论比较欠缺、司法能力相对较弱的部分老法官而言，虽未能进入员额，但担任与其能力相称的简易法官，没有从根本上改变现状，有利于防止这部分人员对改革的抵触。其二，有利于年轻法官成长。设立简易法官既不占员额比例，又符合司法改革严格控制比例的要求。有利于年轻法官积累审判经验，快速成长，从而调动广大年轻法官的积极性，防止人员的不当流失。其三，有利于缓解“案多人少”的矛盾。对那些人案比较高的法院，改革前法官全员办案尚且积案难消，员额制后入额法官的数量一般要比改革前的法官人数少1/3以上，入额法官的办案数量将因此大幅增加，而设立简易法官，让其办理与其能力相称的案件，有利于法官的梯次培养，提高部分未入额老法官的工作积极性的同时，也在一定程度上减轻入额法官的工作压力。

2. 实行人员分类管理，提升司法效率

根据目前法院从业人员的职责和性质，大致分为三类：法官、审判辅助人员（法官助理、书记员、司法警察、司法技术人员等）以及司法行政人员。由于长期以来，我国的法官采取与公务员相同的管理模式，带来不少弊端①。因此，必须结合司法特点，围绕法官的职业特性，建立法院人员分类管理制度，凸显法官的主体地位。

（1）建立符合法官职业特点的单独序列。司法对于法官而言是一项专业、实践性的活动，其职业要求不同于一般的公务员，因此必须进行单独管理和保障。具体而言就是依托法官等级制度，逐步建立法官专业职务序列，推动实现法官等级与行政职级脱钩，建立定期晋升和择优晋升相结合的法官等级晋升制度，使办案法官与行政级别脱钩，办案法官无须担任行政领导，也能晋升到较高的法官等级、享受较高的待遇。

（2）建立和完善审判辅助人员管理机制。审判辅助人员是协助法官履行审判职责的工作人员，包括执行员、法官助理、书记员、司法警察、技术调查官等。由于员额制改革后，法官数量将在一定程度上减少，配足审判辅助人员将是破解“案多人少”矛盾的重要举措之一。一定意义上讲，是否能建立和完善审判辅助人员的管理制度直接关系到员额制改革的成败。因此，在具体推行员额制改革时，必须同步推进司法辅助人员管理机制的建立和完善：一是各院可以根据自身的实际，科学配置法官与辅助人员的人员比例，建立辅助人员的正常增补机制；二是进一步拓宽和完善辅助人员的来源途径，在案多人少的法院，可以积极探索以购买社会化服务的方式解决人员不足的问题，并不断优化司法辅助人员结构；三是完善审判辅助人员的职业保障和晋升渠道，确保辅助人员队伍的稳定。

（3）建立司法警察单独管理制度。司法警察承担值庭、押解、看管等审判警务保障工作以及配合民事、行政等案件的执行事项，协助维护机关安全和办公秩序以及法律规定的其他职责。在整合进入审判事务管理中心之后，法警队对外的组织架构仍然存在，其职务仍需参照公安机关，实行单独警察职务序列管理。同时，在进行人员分流改革过程中，结合执行分权试点改革，将部分执行员②根据其自愿选择的原则进行司法警察的套改，实行警务化管理，提高执行效率。

（4）建立和完善司法行政人员的管理制度。司法行政人员是从事行政工作管理

① 常见的表现有：法官任职门槛低，不能体现专业特点；基层法官发展空间有限，司法行政化严重；审判辅助人员严重不足，法官与辅助人员存在倒挂现象，法官工作任务过重等。

② 传统的执行员包括有裁判权和无裁判权的执行局工作人员的总称，此处单指没有裁判权的执行员。

事务的工作人员，其主要职责是负责政工、党务、行政事务和后勤保障工作等。对于这类人员应综合参照公务员的管理进行，不再任命法官，不再占用员额比例。同时，案少人多的法院，其司法行政人员的比例可以高于15%，以应对本院无法推辞的非审务性工作，让入额法官和审判团队安心办案。

3. 完善法官职业保障，提升法官尊荣感

法官职业保障主要包括经济保障、身份保障和安全保障。良好的法官职业保障是法官依法独立办案、排除外来的不当干扰和司法去行政化的有力支撑。课题组认为，应该从以下三个方面建立与法官职业相匹配的法官职业保障制度。

（1）将法官专业能力和工作业绩作为评定等级的主要依据。法官等级应适当向办案一线、向基层、向条件艰苦的法院倾斜，打破目前法官等级的“天花板”设计模式，取消基层人民法院只能院长评定四高的限制，建立法官只要能通过相关业绩考核就能评定到较高法官等级，就能获得相应的职业待遇的制度，以此鼓励法官留在审判一线、留在基层、留在条件艰苦的地方。

（2）建立单独的法官工资制度和工资标准。课题组建议进入员额的法官薪酬至少高于同级公务员的50%，然后逐步过渡实行法官年薪制，并将这些经费纳入到省级财政预算中，以减轻法院对地方的依附，增强其抵御地方干预、确保审判独立的能力。法官薪酬可以考虑由法官基础工资、岗位津贴、办案补贴或奖金三部分构成。法官基础工资标准按法官等级确定，全国统一；岗位津贴适当向基层和条件艰苦地方的法官倾斜；办案补贴或奖金根据各地经济社会发展状况确定。

（3）完善法官安全保障机制。法官的精神自由和内心强大需要安全作保障。为确保法官排除外来不当干扰而专司审判，必须为法官提供如下安全保障：一是建立法官职业安全保障制度。要严格安检力度，加大对法院机关和庭审的巡查力度，确保法院机关安全和庭审安全，从而保证法官人身安全不受侵犯；二是要落实好现行法律和司法解释关于维护司法权威的规定，依法严惩暴力抗法以及威胁、侮辱、跟踪、骚扰、殴打法官或其近亲属等违法犯罪行为；三是逐步建立法官社会保障制度，依法为法官购买社会保险，提高因公牺牲抚恤的标准；四是提高法官任免层级，改变现有的法官由同级人大任免的规定，提高法官的任免层级，即统一由高级人民法院提请省级人大常委会任免，从而有利于法官身份的保障；五是建立法官豁免制度。即法官的任职期限和履行职务行为均受法律保护，法官一经权力机关任命，非因法定事由、非经法定程序，不得对法官免职降职、调任、辞退或者处分；未经任免机关同意，不能对法官采取拘留、逮捕和其他限制人身自由的措施，法官依法履行职务的行为不受法律追究。

六、结语

在司法改革的大背景下，结合国情、区情完善审判权运行机制，保障审判组织（法官）独立行使审判权，维护司法权威和当事人合法权益，是我们必须解决的问题。课题组通过大量的调研实践与理论分析，力求解决审判组织运行中的行政化问题。在分析审判组织运行现状、原因影响的基础上，借鉴国内外改革经验，从法院内部机构设置、审判管理职责定位、人员配置模式等方面提出边疆少数民族地区审判组织运行改革路径，希望本调研成果能对全区基层人民法院审判权运行机制改革起到抛砖引玉的作用。

虽然“法律最严峻的挑战不是来自民众，而是来自制定和执行法律的人。”但是，我们也应当清醒地认识到，司法改革绝非是仅靠法院的“自我救赎”就可以实现的，更需要更宏观的国家治理结构完善、社会法治共识形成等因素的配合与支持。法院审判权运行机制的真正理顺，还有很长的路要走。改革之途曲折艰辛，好在我们已经迈步前行。

调研成果转化情况

附件1：

审判权运行行政化问题及解决对策

——以边疆民族地区基层人民法院为视角

刊载于《广西法治日报》2015年9月1日3B版

十八届三中全会通过的《中共中央关于全面深化改革若干重大问题的决定》提出“让审理者裁判，由裁判者负责”。如何理顺审判权与行政管理权的关系已经成为一个重要的研究课题。笔者以边疆民族地区基层人民法院为视角，剖析审判权运行现状，提出建议，希望为边疆民族地区司法改革提供一些有益的参考。

一、基层人民法院审判权运行行政化的问题

（一）审判组织结构具有浓厚的行政科层色彩

尽管《人民法院组织法》规定独任审判员、合议庭和审委会是法定审判组织，但由于历史原因，事实上，一些法院院长、副院长、庭长、副庭长等这些非法定审判组织依据其行政职级高低拥有对案件的决定权。行政权与审判权相互作用、相互影响，彼此相互强化，形成审判主体结构的科层化特征。

非法定审判组织通过签发审批裁判文书以及过问案件等行政化权力来实现引导、督促、约束合议庭进行审判工作，导致独任制与合议庭的基本审判组织的功能弱化。一旦发生错案，由于责任主体不明，难以追责到位。现实中，当承办人与合议庭成员在行政科层级别上存在落差，例如，院长或庭长担任主办法官时，审判长、主办法官依靠“权力权威”获得审判活动的主导权，在合议决策中使其他成员成为“陪衬”。

（二）以绩效考核强化行政化管理控制

审判绩效考核对法官、法院的非法定考核权催生出行政化控制。近年来，法院采用审判绩效考评机制开展审判管理，其浓重的行政化色彩给审判权运行打上深刻的“烙印”。

一是“以绩效论英雄”的功利化追求，加剧院长、庭长审判监督指导的行政化。审判绩效指标是上级法院考核下级法院各项工作的核心内容，也是与同地区其他法院绩效竞争的重要方式。为取得更好的绩效成绩，法院领导以动员、管理、激励、惩戒等各种行政方式促使全体人员以绩效为中心开展工作，从而加强对案件的监督、管理。

二是考评结果对法官个人绩效评价产生直接影响。评价好坏不仅影响其荣誉奖励、职位升迁，还可能带来错案责任追究。有的法官在行使审判权中，为转移考核压力或规避潜在错案风险，有可能为保护自身利益而牺牲司法正义。

（三）审判委员会运行机制行政化

在基层人民法院，审判委员会委员的组成基本依行政职务而非依据专业而定，只要是担任院庭（科室）领导，几乎是顺理成章地担任审委会委员。在这种与行政职务紧密相连的选任制度之下，委员成为一种权力和政治待遇的象征，审委会带有明显的行政会议性质。

审判委员会讨论案件时，通常先由主办人介绍案情，主管副院长随后发表意见。这样容易给审判委员会其他成员造成压力，导致案件讨论倾向领导观点。

（四）法官管理行政化

法官与公务员同质管理，在工资福利待遇和奖惩办法上与公务员别无二致，追求行政职级晋升。这与前两个问题相互作用，严重影响法官的职业化进程。

由于历史原因，边疆民族地区基层人民法院法官队伍结构复杂，学历差异较大，未接受正规系统法律专业教育的占一定比例。特别是边远农村山区基层人民法院，早期进入法院仍坚守审判岗位的法官具有丰富的实践经验却缺乏专业理论功底，而具备法学专业知识的年轻法官则面临实践经验不足的困境。为规避职业风险，一些法官审理案件时一旦遇到问题，就主动“上交矛盾”，将裁判文书交由院长、庭长把关审查并签发，形成惰性思维。而法院领导为保障文书质量，不得不回收裁判文书的签发权。

二、基层人民法院审判权运行改革路径

为实现民族团结、固边戍边、经济发展的多重目标，边疆民族地区基层人民法院在化解矛盾纠纷、服务改革发展、保障边疆稳定和谐方面必须充分考虑本土民情以及规则制度的适用性。笔者认为，应结合城区法院案件多、人员多，山区法院案件少、人员较充足的特点，设计出一套因地制宜、符合地区实际的改革方案，促使审判活动回归司法规律。

（一）完善法律法规，为改革提供法律依据

现行的《人民法院组织法》等法律法规对法院内部审判权的运行、法官依法独立行使审判权、审判权与审判管理权的界定与区分等缺乏有效规定，致使地方法院在推行审判权运行机制改革过程中，由于缺乏法律依据而裹足不前。因此，有必要修改《人民法院组织法》等法律法规。

在法律中规定法院内部审判权行使、管理、监督的基本原则和规范。核心是体现审判权运行的“去行政化”，同时对审判权在运行过程中如何进行管理、监督亦可制定基本规范，从而既保障审判权依法独立行使，又防止违法审判、司法不廉等现象，并兼顾审判质量和效率。对法官依法独立办案作出原则性规定，确保法官依法独立行使审判权，并通过法律措施来保障法官能独立、公正地行使审判权，免除后顾之忧。

（二）探索建立新型审判组织模式，实现审判决策扁平化

针对案件量少、审判力量充足的偏远山区法院，撤销业务庭建制，从现在负责签发法律文书的院长、庭长中挑选一批政治素质过硬、业务精湛、司法经验丰富的法官直接担任主审法官，合议庭由主审法官和人民陪审员（其他主审法官）组成。同时配备相对固定的2至3名法官助理和书记员，组成审判单元。通过改革，避免边疆少数民族地区人民法院法官素质不高、不敢担责的问题，有利于提高审判质量，维护司法的公信力。

针对案件量大、人员较多的法院，保持业务庭建制，不同类型的审判单元由庭长负责管理。挑选一批政治素质过硬、业务精湛、司法经验丰富的审判员担任主审法官，配备1至2名法官助理和书记员，组成审判单元。庭长负责监督和管理，并为其提供后勤保障，协调审判单元的对外关系。同时，为尽量避免法官的上级过多，业务庭不再设副职。

（三）结合地区差异合理配置优质审判资源

针对经济较落后的山区法院，将原来负责签发法律文书的院长、庭长直接选任为主审法官，或独任或通过担任合议庭的审判长，亲自参与案件的审理和裁判，并对案件负责。

在案件量大且经济较发达地区的法院，一般案件直接由主审法官独任审判或组成合议庭审理裁判和签发；疑难、重大、复杂案件或新型的法律适用存在争议的案件，直接将院长、庭长编入合议庭担任审判长，通过“审”“判”职能在法庭交汇，实现院长、庭长对个案的指导和监督。这样，既有利于将院长、庭长这些优质审判资源配置到审判一线，也有利于减少审判权运行的层级，防止审判权的不当干扰。

（四）进一步完善审判委员会工作机制

建立过滤机制，严格限制审判委员会讨论案件的数量和范围。由院长指定1至2名委员或资深法官对讨论的案件先行审查，判断是否符合重大、复杂、疑难的标准。如符合，则提交审判委员会讨论；如不符合，则由合议庭直接裁决。同时，严格限制缩减讨论内容，即审委会只讨论法律适用问题，不再讨论事实问题。

进一步完善审判委员会的成员构成，摒弃审判委员会的行政色彩。选拔一线业务水平高、经验丰富的资深法官或某审判领域的业务专家担任审判委员会委员。强化对审判委员会委员的动态管理，严肃考核标准，对履职不利或不称职的，由院党组建议人大免去其委员职务。探索建立审判委员会委员后备人才库，健全后备人才的培养和选拔机制。

完善审判委员会的议事规程。讨论案件时委员应当充分发表意见，表决时应当按照资历由低到高的顺序进行，主持人最后发表意见和表决。同时，允许委员在一定时间内就自己发表的意见补充书面意见。

（五）推动边疆民族地区法院法官职业化建设

坚持顶层设计与本土实践相结合，动态设计员额比例。以广西壮族自治区为例，在全区法官总量不突破39%上限的情况下，由高院综合考虑各法院案件数量、司法环境和人员结构等因素，科学调配法官员额，尽可能向基层、向案件数量多的法院倾斜。部分案件数量多、人员素质高的基层人民法院可以突破39%的上限；全年受理案件数不超过1500件的法院，严格控制员额比例，原则上不得超过所在院的编制的20%，从院长、庭长中选出10人担任主审法官，配足配齐审判辅助人员，组成10个不同的审判团队即可。

在法官的培养上给予倾斜和扶持，打造一支适应边疆民族地区审判工作特点的法官队伍。通过定向培养、扩大招录范围、放宽招录条件，尽快建立一支双语法律人才队伍，确保每一个中基层人民法院应有一定数量的双语审判人员，着重培养一批通晓本民族语言、风俗习惯的少数民族法官，提高化解民间纠纷的能力，更好地维护民族地区社会和谐稳定。

附件2：

关于规范院、庭长审判管理权限的规定（试行）

第一章　总　　则

第一条　为充分发挥院、庭长审判管理职责，实现审判权与审判管理权的有效运行和监督制约，提高审判质量和效率，依据《中华人民共和国人民法院组织法》《中华人民共和国刑事诉讼法》《中华人民共和国民事诉讼法》《中华人民共和国行政诉讼法》及相关法律和司法解释，特制定本规定。

第二条　确定院、庭长的审判管理职责，应当符合遵循审判工作规律、权责统一、有利于提高审判工作质量和效率的原则。

第三条　院、庭长应当根据各自的工作性质和职责，按照公正、高效、廉洁、有序的要求开展审判管理工作。

第二章　院、庭长审判管理职责（正面权力清单）

第四条　院长对全院的审判管理工作负责，副院长对其分管业务庭的审判管理工作负责，庭长对本庭的审判管理工作负责。

第五条　院长应当履行以下审判管理职责：

（一）对全院审判质效进行全面监督管理；

（二）依法对生效案件进行监督；

（三）依法对审判过程中的相关程序事项作出审核决定，如批准逮捕等；

（四）主持审判委员会会议，并处理相关事项；

（五）从宏观上指导全面的或专项的审判工作；

（六）依照相关规定主持法官考评工作；

（七）组织研究制定有助于提高公正、效率和公信的司法政策；

（八）根据审判工作态势，采取优化管理的措施；

（九）管理与全院审判工作相关的其他事务。

第六条　副院长应当履行以下审判管理职责：

（一）监督、指导分管业务庭的审判工作；

（二）依照法律规定的权限和院长授权对案件审理中的回避、保全等程序性事项作出决定；

（三）听取相关人员对拟提交审判委员会讨论的案件的汇报，并作出是否提交审委会讨论的决定；

（四）对主管审判庭审理的重大督办案件进行效率督促。

（五）根据院长授权主持审判委员会会议。

（六）对本院审判管理办公室通报的所分管业务庭存在的问题，应组织和督促被通报的业务庭采取有效措施及时整改；

（七）及时主动向院长汇报工作，接受监督和指导；

（八）应当履行的其他审判管理职责。

第七条 庭长应当履行下列审判管理职责：

（一）指导、协调和监督合议庭、独任审判员的审判工作；

（二）直接担任重大、疑难、复杂案件合议庭的审判长负责案件的审理或执行；

（三）参加拟提交审判委员会讨论的案件的评议，并决定是否提请分管院长将案件提交审判委员会讨论；

（四）及时签阅各类案件流程审批表；

（五）组织本庭开展案件质量抽查工作，实施案件流程日常管理；

（六）对本院审判管理办公室通报的所属部门存在的问题，采取有效措施及时整改；

（七）总结审判工作经验，组织开展理论调研，不断提高审判人员的司法能力；

（八）及时主动向分管院长汇报工作，接受监督和指导；

（九）庭长应当履行的其他职责。

第三章 院、庭长不得滥用审判管理权行使以下行为（负面清单）

第八条 人民法院可以明确专门工作人员协助院长、庭长处理行政事务，要防止行政管理权与审判管理权相混淆，妨碍审判权的运行；法院集中行使审判管理权和院长、庭长行使审判管理权，不得干预个案实体审判。

第九条 院庭长在实行审判管理权过程中禁止有如下行为。

（一）禁止越级或超越分管范围进行管理；

（二）禁止对未参加审理的个案进行决策，对裁判文书进行签发；

（三）可以通过建议合议庭复议和提交审判委员会、主审法官联席会议讨论等方式，对规定范围内的审判事项进行监督，禁止就案件实体处理直接否定或者变相干预合议庭审理案件；

（四）院长、庭长行使监督权，必须全程书面留痕，并将有关材料装入案件副卷。

第四章 附 则

第十条 院、庭长在进行审判管理和监督时要充分运用信息化手段，依靠审判管理平台实现监督和管理的全覆盖。

第十一条 本规定所称的“院、庭长”包括院长、副院长、庭长。

第十二条 本规定由本院审判管理办公室负责解释。

第十三条 本规定自印发之日起试行。

附件3：

人民法院司法辅助人员培养办法（试行）

为提升司法辅助人员的职业技能和素质，更好地适应新形势下审判工作的需要，根据《中华人民共和国公务员法》《人民法院书记员管理办法（试行)》，特制定本办法。

第一条 本办法所称司法辅助人员，是指我院在职的在编和聘用制的法官助理和书记员。

第二条 司法辅助人员的培训，贯彻理论联系实际，讲求实效的原则。培训形式以内部培训为主，方式灵活多样，可采取上课、参观、素质拓展等形式。师资主要为本院各部门领导，必要时可邀请外单位相关人员参加。

第三条 培训包括包括初任培训、在职培训、转岗培训等。

第四条 初任培训内容包括政治理论、业务技能、法律法规等。课程安排由业务部门提出，报政工科备案，经主管副院长审批后实施。

第五条 在职培训内容包括新出台的法律法规、司法政策，新技术、新设备的使用等。

第六条 转岗培训指司法辅助人员调整工作岗位后为尽快适应新工作的需要而进行的必要的有关业务知识培训。

第七条 为保证培训工作的顺利进行，本院各部门要积极配合，群策群力。办公室应加大物质投入，保障有专门的培训场所，每年投入一定的经费用于培训，经费专款专用，不得挪用。

第八条 除内部培训外，也可采取去到派出法庭锻炼、去上级法院学习等多种形式。上述人员应定期写成书面的汇报材料，对培训收获进行总结。

第九条 新录用司法辅助人员实行“先培训、后上岗”原则。岗前培训由拟录用的业务部门和政工科负责，在试用期内进行。培训结束后，应进行考核。新进公务员试用期满经考核合格者，按规定办理转正手续；考核不合格者，延长试用期限。聘用制司法辅助人员经考核不合格者，取消录用。

第十条 司法辅助人员对本院组织的各类培训不得无故缺席，不得中途退出。

第十一条 司法辅助人员应保证每年至少参加一次培训。为保证培训效果，在培训期间，该司法辅助人员所属部门应做好相关的工作交接，保障其有充足的时间参训。

第十二条 加强与其他单位的交流，司法辅助人员每年至少与其他法院的司法辅助人员交流一次。

第十三条 政工科应建立司法辅助人员培训档案，包括培训签到表、学习情况、教师评语、实际应用情况等。

第十四条 司法辅助人员的年终考核由相关庭室、政工科、院领导组成的考核组进行考核。考核内容包括政治立场、业务技能、法律知识、工作态度、工作量等。考核的结果分为优秀、称职、不称职三个等次。

第十五条 对工作表现突出，有显著成绩和贡献，或有其他突出事迹的司法辅助人员，给予奖励。奖励以精神奖励为主，辅以适当的物质奖励。奖励对象包括但不限于下列情形：在国家级刊物上以第一作者发表文章的，获得见义勇为称号的，在省级比赛中获奖的，在工作中表现突出的。

第十六条 在编司法辅助人员有下列情形的之一的，予以训诫、警告或按照相关规定予以处罚：

（一）严重失职，影响案件的公正审理的；

（二）泄露审判秘密的，导致严重后果的。

第十七条 聘用制司法辅助人员有下列情形之一的，予以训诫、警告或解除聘用合同。

（一）严重失职，影响案件的公正审理的；

（二）泄露审判秘密的，导致严重后果的。

第十八条 根据工作需要，经院党组研究决定，司法辅助人员可以在本院各部门之间流动。

第十九条 本办法由政工科负责解释，自下发之日起执行。

关于基层人民法院职能定位的研究报告

——构建以审判职能为核心的职权配置模式

南宁市江南区人民法院课题组*

一、前言

（一）调研的背景、目的及意义

1. 调研的背景

人民法院的职能定位问题，是一个基础性的理论课题。从已启动和完成的人民法院四轮司法改革来看，四级法院的职能定位、职权配置始终是司法改革的核心问题。人民法院“一五改革纲要”的要点即包括审判方式改革、审判组织形式要符合审判工作规律、法院内设机构及法官管理要科学等内容。人民法院“二五改革纲要”的内容也包括改革和完善诉讼程序制度、审判组织与审判机构、人事管理制度，继续探索人民法院体制改革等。人民法院“三五改革纲要”则更明确地提出审判方式改革要以审判公开为原则，审判管理机制改革要以强化合议庭和法官职责为重点，人事管理制度改革要以建立高素质的法官队伍为核心。人民法院“四五改革纲要”对法院人事管理的改革不仅提出了法院人员分类管理制度，还明确提出法官员额制度；在审判权力运行机制问题上明确了其关键环节即法官、合议庭办案责任制。“四五改革纲要”还明确提出了四级法院职能定位的问题，并将其归类为级别管辖制度、审级监督关系、考评机制、内设机构改革等四大方面的问题。

目前，理论界对人民法院的职能定位问题已有所探讨，但尚不全面、深入，而专门研究基层人民法院职能定位的论著则寥寥无几。2015 年 4 月 30 日，《最高人民法

---

* 主持人：林振明，南宁市江南区人民法院党组书记、院长。课题组成员：刘绍锋、路纳、王小佳、蒙永富、张海志。执笔人：刘绍锋、路纳、王小佳、蒙永富、张海志。

院关于调整高级人民法院和中级人民法院管辖第一审民商案件标准的通知》下发，对一审法院案件管辖标的进行了调整。以广西壮族自治区为例，实际上已将标的在3000万以下的一审民商事案件原则上都交由基层人民法院管辖。这一通知是对“四五”改革纲要中所提出的级别管辖制度改革的落实所作出的一项具体措施，该举措符合职能定位要求、工作规律和审判规律，但因受限于案件受理的角度，故就法院职能定位尤其是基层人民法院职能定位问题整体而言，尚具有一定的局限性。

2. 调研的目的和意义

明确基层人民法院的职能定位，在诉讼大爆炸的现实背景下，在人民群众对司法需求日渐高涨的情势下，能够解决基层人民法院审判工作中的诸多难题：其一，法官的工作压力不断加大，“案多人少”矛盾极速加剧，基层人民法院以现有人力物力越来越难以承受审判等各项工作的巨大压力；其二，从外界视角来看法院，仿佛越来越多的社会群体对司法的公正性表示质疑。近年来围绕个案裁判结果所引发的“舆论审判”“全民审判”屡见不鲜，导致司法公信力和司法权威双双下滑；其三，审判效率不高，重复再审屡见不鲜，涉诉上访案件数量长期保持高位状态，国家有限的司法资源被缠讼、累讼、重复上访无端浪费，司法裁判的安定性、权威性和终局性无从谈起，纠纷解决成本高昂。①

明确基层人民法院的职能定位，还能进一步理顺基层人民法院和中级人民法院之间的关系。长期以来，基层人民法院与中级人民法院之间的关系模糊不清，两者间除了审判业务上的监督指导关系、执行工作上的统一管理关系，尚存在司法政务、司法人事、司法保障、审判管理、教育培训、司法统计、司法警察、司法协助、档案管理等司法行政事务上的多重联系，这也使基层人民法院对自身职能定位更加不确定。

明确基层人民法院的职能定位，还可以厘清审判职能与参与社会管理创新之间的关系。“近年来，人民法院积极探索参与社会管理创新的途径和方式，将‘能动司法’建设作为法院参与社会管理创新的突破口，成绩显著。但同时，能动司法不仅在理论上引发了学术界的广泛关注和争论，而且在实践中不但未能解决多年来人民法院遇到的许多难题，而且也带来了诸多新的困境和挑战。”② 究竟是应当坚守审判职能的“本分”，还是要在“能动司法”上走得更远，基层人民法院的司法实务中，也存在着疑惑。

课题组认为，基层人民法院的职能定位应遵循基本的准则。习近平总书记对司法

① 刘旺洪：《社会管理创新：法院的职能定位与实践路径》，载《法制与社会发展》2012年第6期。

② 刘旺洪：《社会管理创新：法院的职能定位与实践路径》，载《法制与社会发展》2012年第6期。

工作提出了新的要求，即要努力让人民群众在每一个司法案件中感受到公平正义。基层人民法院作为与基层人民群众联系最紧密的司法主体，应当积极投身于实现这一伟大司法愿景的任务中去。在当前司法公信力不高，司法权威不强的现实背景下，如何找准自身职能定位，加大体制机制创新力度，解决影响司法公平正义的深层次矛盾和问题，成为司法机关尤其是基层人民法院的当务之急。司法体制改革的根本目标是提高司法供给的水平，最大限度满足人民群众对公平正义的期待。因此，基层人民法院的职能定位及其改革，也应当以人民群众的司法需求为导向，以符合司法规律为基本前提，以公正和效率为评价基准，从自身职能运行设计到上下级法院职能关系厘清等层面进行推进。

当前，从中央层面启动的新一轮司法体制改革正在有条不紊地推进。司法体制改革不仅给政法干警而且给广大民众带来了非常大的期待和希望，但如果在推进司法体制改革过程中对法院职能，特别是基层人民法院的职能没有准确定位，即对“做什么”不能有清晰的认识，那“怎么做”的问题就无从谈起。在我国，八成以上的纠纷在基层，需要基层人民法院去化解，基层人民法院对自身职能定位的清晰认识显得尤为重要。因此，本课题着重立足于基层人民法院的职能定位，明确基层人民法院在四级法院系统中尤其是与中级人民法院之间的审级关系，着重解决基层人民法院最大程度上实现审判职能所存在的掣肘之处，力图为真正落实司法改革作出贡献。

（二）调研的过程、思路及方法

1. 调研对象的选定

针对基层人民法院审判职能定位存在的问题，课题组选取了广西壮族自治区内外颇具代表性的11家法院作为研究样本，其中广西壮族自治区内8家法院，广西壮族自治区外3家法院。广西壮族自治区内的8家基层人民法院分别来自南宁市（A法院、B法院）、桂林市（C法院、D法院）、百色市（E法院、F法院）、钦州市（G法院、H法院）。广西壮族自治区外的3家基层人民法院分别来自广东省（I法院、J法院）、贵州省（K法院）。其中A法院、E法院均为广西壮族自治区司法改革试点法院，广东I、J法院、贵州K法院均为司法改革先行试点法院。因此，以上调研对象基本上可以反映基层人民法院职能运行的现状。

2. 调研过程

本课题组经过前期论证和准备，制定并修改完善了调研方案，拟定了本次调研的具体步骤、工作安排和进度。具体的调研过程包含理论研究与实证研究两个方面，理论研究的方面包含文献资料的搜集、阅读与梳理，研究现状和现有研究成果的消化、吸收；实证研究的方面包含书面部分和非书面部分两个部分，其中书面的部分主要包含调查问卷的拟定、数据的收集以及数据的统计分析等；非书面的部分主要包含专项座谈、现状调查、区内外法院走访等。

2016 年 2 月，课题组主持人带领成员制定了具体的调研方案，并作出具体分工。2016 年 3 月起，课题组组织精干力量出访省内外具有代表性的基层人民法院，与当地法院院庭领导、一线办案法官座谈交流，实地考察审判职能运行现状，重点关注基层人民法院内部及外部审判职能运行情况。课题组还设计了调查问卷，向人大代表、法院干警、律师、当事人等群体发放，广泛了解各阶层群体对法院审判职能改革的意见和建议。在此基础上，课题组形成了调研报告的基本思路、框架和若干焦点问题。2016 年 8 月完成调研报告初稿，2016 年 11 月定稿。

3. 调研思路及方法

（1）调研思路

课题组在调研基础上，首先探讨法院职能与基层人民法院的审判职能的问题，通过对基本概念、职能演变、职能类型的材料梳理，确定基层人民法院职能应以审判职能为核心的基本论点。

在明确立论的基础上，课题组首先归纳总结了基层人民法院审判职能运行的现状和存在的问题。这一问题分两个层面进行研究，其一为基层人民法院内部审判职能的运行现状和存在的问题，其二为上下级法院之间审判职能的衔接现状及存在的问题。

在了解现状、查找问题的基础上，课题组对国外法院的审判职能进行了考察，并总结了国内试点基层人民法院在审判职能改革中采取的做法和所取得的经验，并对两者进行分析，其启示和借鉴意义成为后续提出对策的铺垫和基础。

最后，课题组就基层人民法院审判职能的实现路径提出意见和建议。包括三个方面的内容，其一为基层人民法院审判职能定位的指导思想和基本原则，其二为厘清基层人民法院内部审判职能的具体路径，其三为理顺上下级法院审判职能关系的具体路径。

（2）调研方法

法社会学的研究方法。从法社会学的角度寻求客观依据，为研究确立科学的价值取向与目标，为基层人民法院的职能定位寻求理论支撑。

实证分析方法。对当前基层人民法院机制运行的现状进行科学观察、描述与分析，侧重于对普遍开展、开展期间较长的机制类型进行考察。课题组一方面通过司法统计、专题调研的方式，重点考察改革试点法院整体运作情况。另一方面通过走访、座谈会、问卷调查等形式，全面了解党委、人大、政府、群众以及社会各界对当前基层人民法院职能、管理模式的评价和意见。实地走访各地基层人民法院，与一线审判法官进行交流，收集相关资料数据，了解法院改革与创新过程中的情况、特点、问题与原因，对基层人民法院开展社会管理及创新职能体系现实困境的原因进行分析和研究，从而为本课题的对策建议提供客观、实证的论据。

比较分析方法。通过比较分析不同省份、不同区域的法院开展审判工作及内部管理体制构建的经验与效果，通过比较分析域外类似制度的理念和方法，就如何科学有效地开展司法审判工作，确定适应我国社会环境、法治环境、法制体系、司法诉讼制度的基层人民法院职能定位进行探讨。

（3）调查问卷发放及回收情况

为摸清基层人民法院审判职能运行的基本情况，课题组制作了具有针对性的法院版、法官版、人大代表版、律师版和群众版五类调查问卷，共发出611份，回收575份。其中，共收到样本法院法官版问卷240份，均由一线法官填写，此次调研对象人数较多、涉及面广，最终呈现的调研结果非常具有代表性（见表1）。

表1　调查问卷发放及回收情况　（单位：份）

	发放问卷	回收问卷	有效问卷	无效问卷	回收率
法院版	11	11	11	0	100%
法官版	240	240	240	0	100%
人大代表版	120	120	120	0	100%
律师版	120	105	105	0	87.5%
当事人版	120	99	94	0	82.5%

4. 调研的限定及说明

（1）调研对象的限定。本课题系广西壮族自治区高院2015年重点课题“司法改革背景下各级人民法院职能定位研究”的分项课题，重点在于研究司法改革背景下基层人民法院职能定位问题。基于研究对象的限制，本课题在调研对象的选定上主要着眼于基层人民法院，而不包括中级人民法院、高级人民法院和最高人民法院。基于此，以及课题逻辑所需，在对上下级法院关系的探讨部分，仅指基层人民法院与中级人民法院的关系。

（2）调研数据范围的限定。为了获得足够且充分的第一手资料，本课题组先后走访了广西壮族自治区区内外11家基层人民法院，但我国基层人民法院众多，虽然课题组尽最大可能获取足够且充分的调研数据，但毕竟无法涵盖全国全部的基层人民法院。课题组以通过调研数据的定向性和随机性两方面的努力，在最大程度上弱化样本的有限性和变量众多对调研数据和研究结论的偏位影响。

二、基层人民法院职能定位的理论及现实依据

（一）职能与法院职能的概念界定

1. 职能的概念界定

职者，主也，事也，常也。词义甚多，本意为分内应为之事，或当属管理之事。

能者，善也，胜任也。词性动名各具，本意取才能、能力。

职、能合属，在侧重主体的视角上，谓指人、事物或机构所能发挥的作用与功能。从人的职能角度讲，是指使一定职位的人完成其职务的能力；从事物的职能角度讲，一般等同于事物的功能；从机构的职能角度讲，一般包括机构所承担的任务、职权、作用等内容。在侧重本性的视角上，职能是指按照某种规则所选取的各种知识、技能、行为与态度的组合所产生的效能。职能包括核心职能、专业职能、管理职能和一般职能。在应然与实然的视角上，职能还可分为事物或机构在理想模型下的应然具象，以及在实际运作中所呈现的实然具象。

2. 法院职能的概念界定

一般而言，法院职能就是法院的职责和功能。法院的职责主要从静态方面反映基层人民法院活动的范围和内容；法院的功能主要从动态方面反映基层人民法院活动的程序、作用和结果。①

在不严格区分职能与功能的含义的基础上，法院职能是指法院在一定目标指引下，通过相关制度和行为所实现的、有助于法院适应当时社会系统的客观结果。②

在狭义上使用“司法”这一概念时，法院职能指“查明事实，确定与之有关的法律，以及就所查明的事实适用有关的法律是司法职能的体现，即对权利主张、争论和争议加以断定。行使一些重要的自由裁量权的职能也可以包括在司法职能里，如在定刑或争取补救措施等方面自由裁量权必不可少。司法职能不是就所适用的法律或在某一特定案件中就某一许可的或适当的诉讼程序提出建议，其从根本上说是判定性的，即裁决争端。”③

---

① 唐善勤：《试论基层人民法院组织设置的理论原则》，中共中央党校法学理论专业2011年硕士学位论文，第6页。

② 卢荣荣：《法院的多重面孔：中国法院功能研究》，西南政法大学法学司法制度专业2012年博士学位论文，第27页。

③ ［英］戴维·M. 沃克编：《牛津法律大词典》，李双元等译，法律出版社2003年版，第613～614页。

（二）基层人民法院职能演变

考察我国法院尤其是基层人民法院职能的历史演变，结合我国国情的转变，能为当今法院尤其是基层人民法院职能改革提供有益的启示。

1. 先秦至清末前

“基层法院”一词及其机构设置并非我国所固有，但我国自古即存在负责纠纷处理之基层审判机构。先秦之前，我国即已出现审判机构和审判官，但限于史料，当时的审判制度已难详考。先秦时期，地方由士师等负责民刑案件，基层司法机构逐渐成熟。秦汉时，廷尉及相应属官负责案件审判。至北齐时，廷尉改为大理寺，成为专门的审判机构。隋唐时，地方则由地方行政长官及配属的决曹掾、参军等负责司法审判。宋时，地方在各路增设提刑典狱公事，负责审查与复核州县案件审判。元代审判制度“尊用汉法”，但在具体管辖上，基于身份不同而分别归由大宗正府、宣政院、寺院主持，该管军官及地方审判机关负责审理。明时，地方上，明朝省级设提刑按察使司，府县级由行政长官及相应属官负责审判。清朝增设督抚，亦有案件审理之职权。此外，清朝还基于满洲族的特别司法保护规定了一些特殊的司法管辖机构和人员，如宗人府、满洲将军、盛京将军等。

总体而言，清末之前的基层司法机构通过案件审判以维护封建皇权为第一要务，但基于传统纲常伦理的要求，在追求调处息讼中也以一种相对稳定的规则处理了基层社会纠纷，并通过刑事案件审判追究罪责，起到了稳定基层社会秩序的作用。在宏观的视野上，历史悠久的审判机构及审判制度也对中华文明的繁荣和发展作出了必要而特殊的贡献。

2. 清末时期

（1）变法图存。随着晚清政治、经济、文化、军事等各方面情况及社会结构的巨大变化，清廷的统治危机不断加深，应该说清末所进行的审判制度变革（包括审判机构及其职能的变革）在根本上还是为了继续维护其存在的基础，统治者意图通过这些变革延续清朝统治时间，挽救自身统治危机。

（2）司法较于行政的独立意义。相较于清末前司法、行政合一的传统，清末在司法审判中提出了审判与行政分立的指导原则，审判机构的设置与存在本身即意味着司法职权独立于行政职权，开创了历史先河。《钦定宪法大纲》规定的并在诉讼法和法院组织法中贯彻的审判独立原则，也是这一功能的具体体现。

（3）传播近代西方法治原则和具体制度。随着法学研习和新式审判机构的建立，一些近代西方基本的法治原则和法律制度得以在中国传播，如依法独立行使审判权原则、回避制度、起诉制度等。

（4）创立现代法院。自袁世凯在天津设高等审判分厅和地方审判厅起，至清廷《各级审判厅试办章程》及《法院编制法》颁行，作为现代法院雏形的新式各级审判厅开始在我国出现。现代法院的设立及其对民刑案件的审理，逐步确立了民刑分立的诉讼审判方式，推行了公开审理与证据主义的审判原则，揭开了中国传统审判制度全面转型的序幕，同时也为后续培养了一批具备近现代法学素养的司法实务人才。

3. 民国时期

（1）落实五权制度。1928 年，国民政府决定以五权制度分掌治权。五权者，行政、立法、司法、考试、监察。此时期之基层法院，首先是作为五权制度组成部分的法院，是落实五权分权思想及制度的一种载体，故该时期基层法院之职能必以落实五权分权制度为首要表现，此具有象征意义及符号意味。

（2）统一行使国家司法权。自清朝道光二十三年与英国订立《五口通商章程》起，中国对外所签订之不平等条约，其受害最深者，莫过于在华外国人享有领事裁判权。第一次世界大战结束后，中国代表团在巴黎和会上提出取消该法外治权，第二年，美国召集华盛顿会议决定派遣中国司法调查团，其调查结果批评中国司法缺点，其一即为新式法院监所太少。此后，“中华民国”大量增添法院监所，并努力革除其他司法弊病，至民国三十六年，各国陆续与“中华民国”签订新约，取消领事裁判权。中国法院对涉外国人案件之恢复管辖与审理，意味着国家收回法权并统一行使。

（3）审理战争罪犯。第二次世界大战结束后，“中华民国”除派员参加东京国际军事法庭审理战争罪犯外，还分别于南京、上海、北平等十地设置军事法庭，审理被告 2365 人。

4. 革命根据地时期

（1）国内革命战争时期

①打击土豪劣绅。虽然《中华苏维埃共和国中央苏维埃组织法》第 36 条规定最高法院下设刑事法庭、民事法庭和军事法庭，第 37 条同时规定了最高法院具有解释法律等四项职权①，第 40 条规定另行制定最高法院组织法，但受限于当时的斗争形势，并未另行制定法院组织法，也未能完全设置各级裁判机构，除了一些处理土豪劣

① 《中华苏维埃共和国中央苏维埃组织法》第 37 条关于最高法院的权限规定如下：“（一）对于一般法律作法定的解释。（二）审查各省裁判部及高级军事裁判所的判决书和决议。（三）审查中央执行委员以外的高级机关职员在执行职务期间内的犯法案件（中央执行委员的犯法案件由中央执行委员会或主席团另行处理之）。（四）审判不服省裁判部或高级军事裁判所冶判决而提起上诉的案件，或检察员不同意省裁判部或高级军事裁判所的判决，而提起抗议的案件。”

绅的案件之外，司法审判活动实际上并未能得以深入开展。

②处理涉军犯罪案件。第二次国内革命战争时期，各边区设有裁判部、革命法庭、惩治反革命委员会和裁判委员会。除此之外，在鄂豫皖苏区还设置革命军事法庭，处理武装部队成员破坏军纪与违反军事行政的犯罪案件。[①]

（2）陕甘宁边区时期

自1937年建立陕甘宁边区政府，至1950年撤销陕甘宁边区建制，陕甘宁边区前后共存在13年。在这13年时间内，陕甘宁边区法院主要审理婚姻家庭、普通刑事等较为简单的案件，但这一段时间的司法实践是“中国共产党在新民主主义革命持续时间最长的司法实践期，这一时期对司法活动的认识和解决问题的方式决定了日后的管理实践”。[②] 所以这一时期的基层人民法院职能在中观层面是保护抗战利益，保护边区民主政权和各抗日阶级的合法权益，在宏观层面在于通过持续地较长时间段的审判实践活动，为此后法院系统建制及审判规则确立总结经验。从微观层面上来说，这一时期的基层人民法院职能主要体现在以下三个方面：

①审判职能。县司法处及行政分区中心县的司法机关即地方法院负责民事、刑事案件的一审。边区法院在案件审理中以社会秩序的稳定和定纷止争为己任，并通过案件审理发挥着维护基层社会正常秩序、推进基层社会改革的作用。

②狱政管理职能。边区法院一直承担狱政管理职能，《陕甘宁边区县司法处组织条例草案》第12条规定：“司法处关于应羁押之人犯，羁押于各该县保安科之看守所，对于人犯教育、工作、生活各项事宜，审判员秉处长之命，得随时到所视察之。”

③生产自给职能。限于当时的特殊情况，边区法院也开展了生产自给运动，生产部门不仅成为边区法院的常设组织，生产活动也成为其主要职能之一。

5. 新中国成立后至改革开放前

（1）废旧立新。随着新政权的建立，中央政府对国民党时期的法院制度予以全面否定，作为上层建筑的法院亦必履行其废旧立新的职能。《中国人民政治协商会议共同纲领》第17条规定要废除国民党政府的法律，制定保护人民的法律，建立人民司法制度。最高人民法院建立后，六大分院及各基层人民法院亦逐步建立起来。新中国法院成立后的工作对废除旧法统、建立新中国的司法体制起着重要的作用。

---

① 王安：《中美法院制度比较研究》，华东师范大学国际关系与地区发展研究院2005年博士学位论文，第18页。

② 于博：《当代中国法院管理体制非行政化问题研究》，河北师范大学法政学院2010年博士学位论文，第54页。

（2）配合社会改革。新中国成立伊始，军事斗争和阶级斗争形势都很严峻，基层人民法院作为司法机关承担着巩固新政权，打击各类敌人以及安定社会秩序的任务，所以非常强调法院对敌对势力的镇压功能。同时，基层人民法院配合土改、镇压反革命、"三反""五反"和建立新的婚姻制度等各项社会改革运动开展审判，取得了很大成绩。

（3）宣传教育。受苏联的影响，新中国成立初期非常重视法院的宣教作用。1951年《人民日报》的一篇社论指出："我们的人民法院一向重视并采用各种方法，进行关于法纪的宣传教育工作，它不仅教育人民减少犯罪，减少纠纷；而且教育人民积极地参加新社会的建设，人民法院向来把关于司法的宣传教育工作，看作审判制度的一个重要的组成部分。"① 党和政府希望通过法院的法纪宣传教育，不断提高人民群众的觉悟，使人民群众能够预防犯罪和纠纷的发生。基层人民法院在此期间大力推进的人民调解工作和对青少年罪犯依靠基层组织和群众给予批评教育的做法，即充分体现了法院的宣教职能。

6. 改革开放至今

（1）基层纠纷解决。改革开放以后，中国社会逐步步入转型期，转型期的中国呈现出多样化、复杂化的矛盾纠纷，基层人民法院对此承担了大量纠纷解决工作。数据显示，改革开放以来我国法院共审（执）结各类案件1.72亿余件，占新中国成立以来审（执）结案件总数的86.00%。其中，刑事案件2070万余件；民事案件10 147万余件；1987年开始试点建立行政审判庭以来，共审结行政案件184万余件；1994年颁布《国家赔偿法》以来，共审结国家赔偿案件2.7万余件；1983年开始实行审执分立机制以来，共依法办理执行案件3821万余件；1988年以来，共审结申诉、申请再审案件229万余件；1983年以来，共办理减刑、假释案件751万余件。② 而这些案件，有超过八成的部分由基层人民法院予以消化。

（2）基层社会控制。有学者认为这是法院的"根本功能"，现代法院无一例外都是国家政权组织的组成部分，无论其具备何种功能及主要功能偏向哪个方面，根本目标都在于通过提供具备权力属性和权威性质的公共服务（如审判），来实现政权正当性的再生产并促进政治系统进而社会系统整体的稳定有序。③ 当代中国基层人民法院的社会控制职能即通常所谓服务大局，主要包括两方面的内容，一方面是基层维稳，

---

① 胡夏冰、冯仁强：《司法公正与司法改革研究综述》，清华大学出版社2001年版，第145页。

② 最高人民法院：《六十载光辉历程一甲子司法为民——数说人民法院审判工作60年》，载 http：//www.court.gov.cn/fabu-xiangqing-119.html，2016年4月23日最后访问。

③ 卢荣荣：《法院的多重面孔：中国法院功能研究》，西南政法大学2012年博士学位论文，第28页。

一方面是服务于当地经济社会发展。

(3) 现实规则确立。基层人民法院和其他各级法院一起通过案件裁判以“动态”和“活体”的形式向当事人展示和说明了市场经济的行为规范及相应后果，树立了现实规则。

(4) 权力制约。中国并非三权分立国家，但法院并不缺少权力制约功能，行政诉讼即是基层人民法院实现该项职能的最主要途径。改革开放以来，我国法院行政审判从无到有，受案范围不断拓展，已涉及所有行政管理领域。在公检法三机关“分工负责、互相配合、互相制约”的刑事诉讼架构中，法院也发挥着重要的权力制约职能。

(三) 基层人民法院职能现状

司法服务作为社会大众一项至关重要的需求，随着社会主义市场经济的确立和迅猛发展以及现代和谐社会的构建，人民群众对该需求的期望日益增长。特别是对处于解决纠纷第一线的基层人民法院来说，尤为直接。但凡事都有界限，一方面基层人民法院承担的司法责任不断加重，另一方面则是在司法运行过程中基层人民法院权责的不明确，多重因素导致基层人民法院往往职权有限，但职责无限。社会生活的多样、多元、多变的特点，不仅仅改变了国家经济、文化体制向多样化转变，也让处理社会纠纷的方式和方法逐步趋向多样性，单一处理机制必须向多元机制转变。

因此，基层人民法院在行使职能时，也必须首要解决的是不能将所有的纠纷解决单纯地寄予诉讼来处理。基层人民法院从审判程序来看是司法审判的第一线，但从外部来看则是纠纷解决的最后一道防线。辩证来看这种双重职责，基层人民法院既要对进入司法程序的纠纷高效地完成司法审判工作，又要通过各种方式引导当事人在诉讼前解决纠纷，避免所有矛盾纷纷涌入法院。传统认识里，法院作为国家统治的一个重要部门，其角色单纯定位为“解决纠纷”。法院应当是社会秩序的守护者，各种社会需求和利益冲突的平衡和裁判者，代表国家和公共利益行使权力。而到了现代社会，随着案件数量的爆炸式增长，法院的角色转换也是越来越频繁和多样。法院不仅要起到解决纠纷的作用，还需要通过司法审判活动对社会秩序进行调控，对权利进行制约，并通过判例的形式制定或影响社会交易规则或政策。这一系列转变带来的复杂而交错的职能也困扰着日常的司法实践。

从图 1 来看，样本法院法官多数认为基层人民法院主要职能应当是审判职能，广西壮族自治区、广东省样本法院尤其明显，选择“审判职能”所占的比重都超过了60%，这表明近几年来法院回归司法本质，突出工作实质、审判科学规律卓有成效。法院作为权利的最后一道屏障，注重审判工作，确定社会规则，减少不必要的行政职能、社会活动也必将是大势所趋。针对目前纷扰复杂的各项职能来说，法院内部对于这些职能的存在以及必要性、合理性也有不一样的看法。

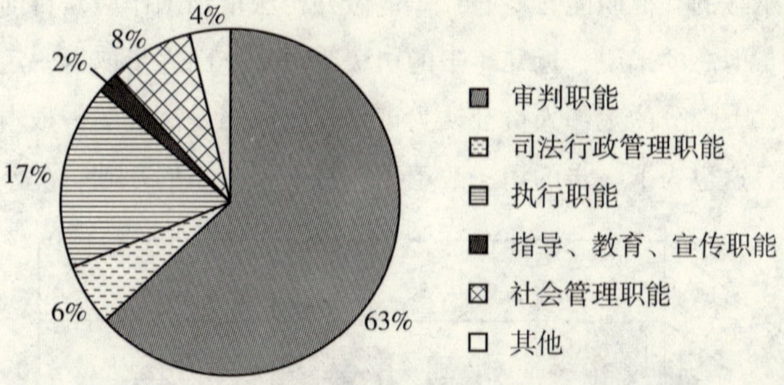

广西壮族自治区样本法院

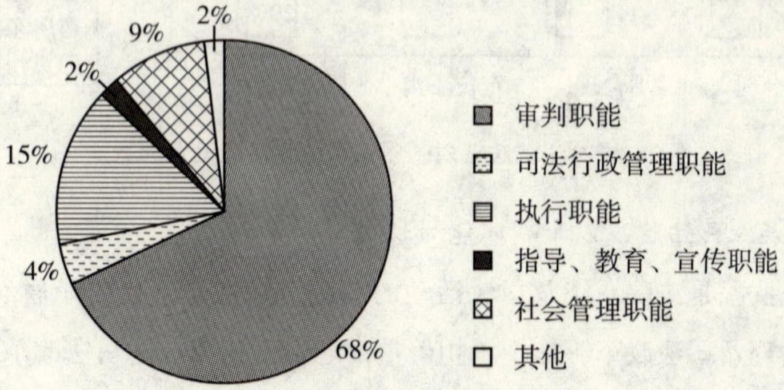

广东样本法院

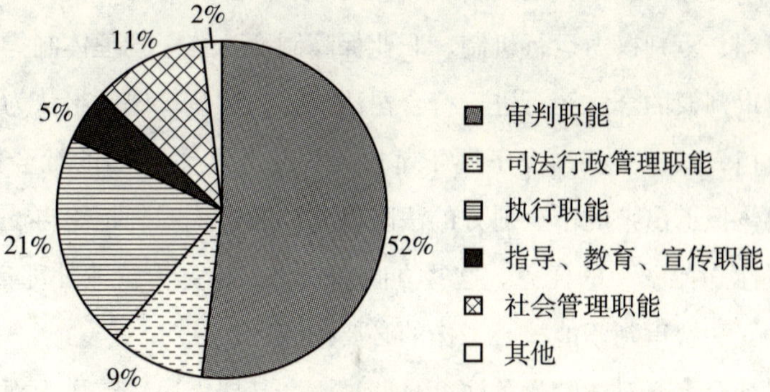

贵州样本法院

图 1　您认为基层人民法院的基本（主要）职能是什么

从图 2 可以看出，当前基层人民法院所涉及的各项职能而并未得到法院内部的多数认可，法院职能定位的纷扰复杂必然造成工作上的困惑。基层人民法院的工作究竟是什么？为了什么？从走访的情况来看，大家的困惑无非就是在现行体制下，法院工作应如何更好地符合科学的司法工作规律，如何正确地处理法院审判独立与党委领导之间、与政府人财物保障之间的多重复杂关系。基层人民法院应如何剥离原就不属于它的也不应当承载的其他职能，专心致志地做好司法审判工作应是目前产生一系列分歧意见的根源。但总的来说，近几年来的司法改革工作已逐步取得一定效果，至少在司法工作圈内，大部分的工作人员都认为审判职能应当是法院的最根本也是最重要的一项工作职能，这也为下一步的司法改革工作打下了坚实的基础。

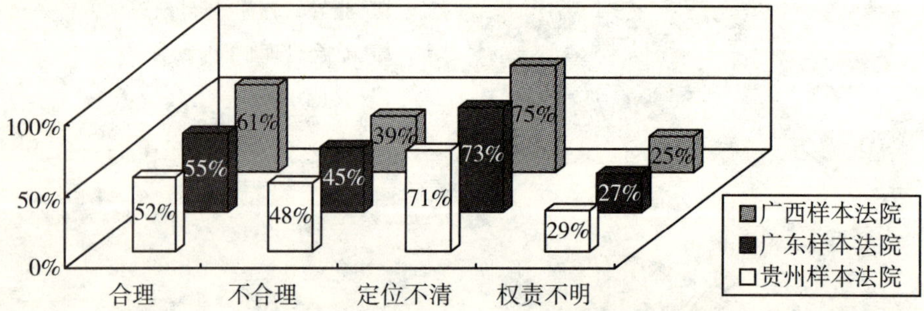

图 2　样本法院法官对基层人民法院职能设置的看法

（四）基层人民法院应以审判职能为核心

基层人民法院是法院系统及司法活动的基础，处在化解社会矛盾纠纷的第一线，在创新社会治理及司法改革工作中承担着重要职责。从当前的司法改革指导性文件及试点法院落实情况来看，重中之重是要解决合理分配司法资源并进行科学重组的问题，从而增加一线办案力量，让更多优秀人才流向办案一线。从改革的内容上来看，在人员分类管理、审判权力运行机制、职业保障制度、统一管理体制等各方面，主要是围绕着完善审判权的合法运行进行符合司法规律的调整。课题组认为，还要从外部减轻法院的负担，减少一些本身不属于基层人民法院职责范围的社会性和行政性工作。如近期媒体报道出来的不少地方的法院以文件的方式明确拒绝再上街打扫卫生等参与其他行政性"摊派"的任务。这些方向和趋势，均是为营造外部良好司法环境，整合资源，确立法院审判职能核心工作的必要措施。

近年来，社会大众对法院的关注度日益高涨，基层人民法院作为面对最多人群的司法机关，通过一系列的工作模式转变，让更多人参与司法审判活动，感受法院工作的公开、透明。如各地法院顺势推出的微信立案、电子送达，开通法院公众号对执行工作进行微博直播等，直接推动了审判工作的公开化。根据最高人民法院 2016 年 11 月 22 日腾讯微博发布的《这三年我们一起创造的数字》一文所公布的数据，2013 年 11 月 21 日至今，最高法各新媒体平台粉丝累计 5330 多万。粉丝数第二年增长

36.4%，第三年增长29%。其中，阅读量最高的微信文章为《最高人民法院关于审理民间借贷案件适用法律若干问题的规定》，阅读数为244 357次。分享量最高的是《人民法院执行查控专线将与全国所有银行实现对接》一文，分享量为17 740次。而诸如法官的工作日常、微博直播审判执行工作则是关注度及阅读数量最多的话题。这些数据反映出来的是社会大众对法院工作，特别是对法院审判职能工作方面的格外关注。这些趋势表明，今后基层人民法院工作的核心和侧重点应当回归到审判职能上来，只有真正做好了审判工作，社会大众才能在每一个具体的案件中感受到司法对权利的终极保障作用。

三、基层人民法院审判职能运行的现状及问题

（一）基层人民法院审判职能的运行现状

1. 基层人民法院内部审判职能运行现状

人民法院司法改革重中之重即是要优化司法审判职能配置，作为一项系统性变革，为保证其有序和实效，司法改革必须注重其运行过程中的科学性、整体性和连续性，避免盲目性、跳跃性和零碎化的改革方案。司法改革不仅对法院内部的工作运转有重大影响，更承载着社会大众的期望——他们希望通过人民法院司法职权运行机制、内部职权配置、有关刑事、民事和行政审判制度和执行体制、上下级人民法院之间的关系和审判管理制度的改革和完善，使基层人民法院的职责得到细化，从而进一步强化审判职权的核心地位。从近期的司法改革纲要及已实行试点的法院来看，司法审判终究还是回到了法律本身，追求法律事实，不再过于强调案件事实本身，这也与实践中办案人员的观念相符。

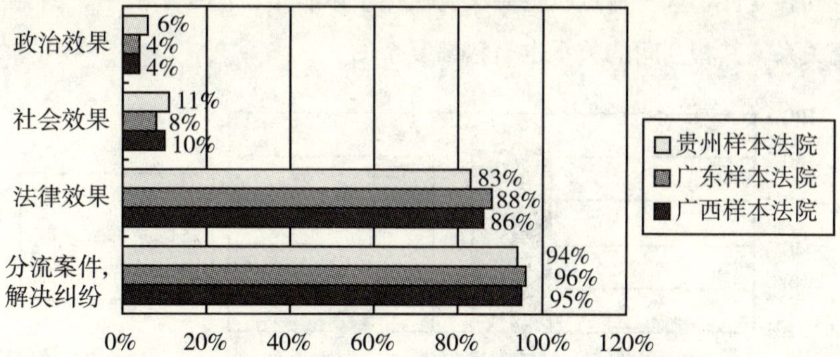

图3　您认为基层人民法院审判职能定位及追求效果是什么

从图3可以看到，样本法院对于基层人民法院的审判职能定位就是分流案件，解

决纠纷。这也符合基层人民法院案件处理的实际。实践中，基层人民法院的司法审判职责是有范围和界限的，法律本身调整的社会关系也是有限的，在立法的时候，也不可能对社会的各个方面矛盾均有预见，法官在自由裁量的时候也不可能无限扩大。基层人民法院作为一审法院，也仅仅只对纠纷享有第一轮的审判权，不具有终局性，案件的最终处理仍需上级法院进行确定和监督。面对众多纠纷，基层人民法院必须高效地发挥司法审判职能予以解决，而对于一些争议较大或者疑难复杂的案件，仍需上级法院进行审理。从法律所规定的各级人民法院审判职能的分配来看，基层人民法院应当侧重于事实审，上级法院侧重于法律审。从效果来看，更多地追求一种法律事实，而不是为达到某种社会效果或政治目的而曲解法律，甚至枉法裁判。这种共识也为进一步落实审判独立做好了充分的准备。

2. 上下级法院之间审判职能衔接现状

上下级法院的核心职能均是审判职能，但在实际运行过程中的确各有偏重。基层人民法院更侧重于对纠纷的实际解决，因而在审理过程中更加注重对事实的查明和确认，而上级人民法院主要调整的是对法律的统一适用问题，更加注重法律本身在实践中的解读。这种审判职能在具体运行过程中的差异定位，主要也是为解决事实审理和法律审理以及客观事实和法律事实之间的合理分工和分配。这一设置，有利于多层次地、多途径地开展审判活动，防止纠纷当事人草率地选择越级处理或是对法律的具体适用造成误解。从上下级法院之间的审判职能分工出发，就可以进一步地确定上下级之间的合理关系。即既不让基层人民法院的审判职权过于扩大，也不让上级法院在审判活动中对基层人民法院进行一定的制约的同时任意扩张其司法审判权，在审查法律适用的同时，把应由基层人民法院主要审理的事实，全揽于一身，从而让上下级之间保持相对的独立性。这一特点也被宪法及法律予以确定，但在实践中，因为上下级之间的紧密关系，其相互间的关系也是错综复杂的。

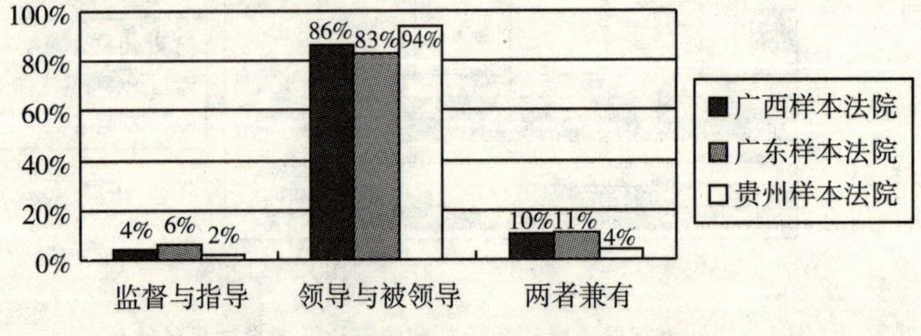

图 4　您认为当前上下级人民法院的关系是什么

图 4 所显示的数据让人感到惊讶。根据《宪法》和《人民法院组织法》的要求，

上下级法院在审判业务上应当是监督关系，而非领导关系，上级法院不应对下级法院如何裁判发号施令。这一规定是为了让各级法院各司其职，依法独立公正行使审判权。但现实调研的情况却是，在实际的司法审判过程中，包括法院的人财物等管理上，仍是受制于上级法院，这导致基层人民法院在审判过程中，除了受上级法院监督的正式情形之外，还会被其他非正式的方式加以限制或者干扰。如审级监督、审级指导和审判管理等方式。审级监督具体有发回重审、改判等。审判管理包括审判质量与效率评估、个案督办、催办制度、重大事项备案及报告等制度。其他比如审务督察、政务督查和司法巡查总体上也可归属于审判管理的范畴。审级指导则包括：（1）上级法院通过制定审判指导意见、发布会议纪要、各类通知文件、官方讲话或答记者问、出版官方刊物等方式制定审判标准原则；（2）个案请示制度；（3）发布典型案例、指导性或参考性案例；（4）案件内核（内审）制度；（5）针对当前热点或难点纠纷所召开的专门审判会议；（6）通过开展专题调研报告、开展业务培训、通过上下级同部门审判业务对口交流等方式指导审判工作（见图5）。

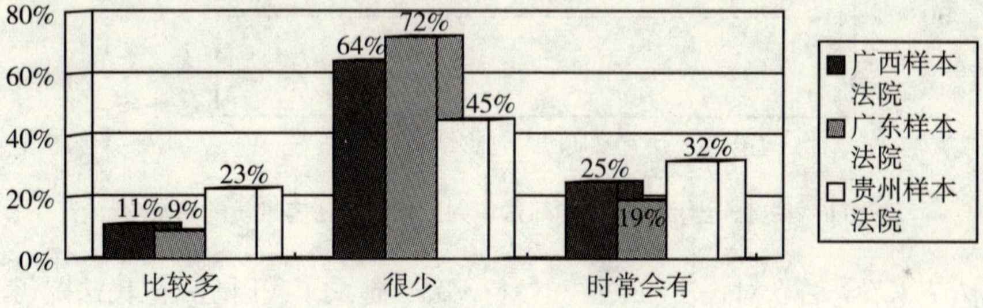

图5　样本法院审级监督、指导和审判管理适用情况

由此可见，大量存在于基层人民法院审判工作中的所谓内部沟通、协调、指导等审判潜规则一直在运行着，尽管在业务上可能达到统一法律效果、社会效果的目的，但从长远上看，仍是对基层人民法院审判工作的独立性造成了伤害。

3. 外界对基层人民法院审判职能现状的评价

（1）司法公信力和权威性不高

基层人民法院司法公信力的生产与确立，与外界社会公众对司法审判过程及结构是否普遍认同和遵守有着极其紧密的联系。它可以通过外界群众的信任和遵守程度来反映。基层人民法院虽然不是司法审判的最后一道程序，但不管是纠纷的事实认定还是法律适用，都应当具有权威性和有效性。对外部来说，对基层人民法院审判职能司法公信力的评价标准应当有一些参考标准。比如现行比较常用的有：上诉率和申诉率；民意满意度调查；裁判结果的实现情况等。在审判活动中，不仅仅需要当事人甚至社会公众的有效参与，还有赖于基层人民法院通过公开的方式，让民众参与到司法活动中来，并就应对新形势进行一定工作方式或机制上的创新。这是由司法公信力的交互性、开放性特征所决定的一个有机联系和相互协调的综合机制。根据课题组从律师和当事人处回收的有效调查问卷来看，社会大众对于法院司法审判工作以及法官的素质满意度虽然有所提升，但结果并不是特别乐观。

图6显示，就法院工作、法官素质、判决结果满意度来看，目前的司法审判工作还任重道远。司法公信力和权威性依靠司法运行中社会公众的有效参与，加强公众对司法活动的参与，也是保障司法活动公正进行并以此提升司法公信力的一个重要方面。在当前的司法改革背景下，加强公众司法参与度是保障改革能够得到社会各方面支持的一个重要基础。

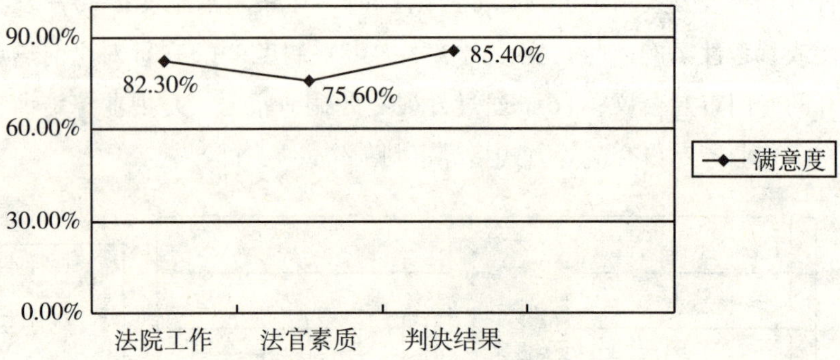

图6 律师、当事人对法院司法审判工作以及法官素质的满意度

从图7来看，公众对司法的关注和参与不高，造成了我国基层人民法院司法公信力不高的公认事实。提高司法公信力是党的十八届三中全会和四中全会中提出的推进司法改革的基本目标之一。习近平总书记强调指出，深化司法体制改革，“要坚持以提高司法公信力为根本尺度。司法体制改革成效如何，说一千道一万，要由人民来评判，归根到底要看司法公信力是不是提高了。”① 因此，完善司法运行的外部和内部机制，努力提升公众参与度，提升司法公信力及权威性是当务之急。

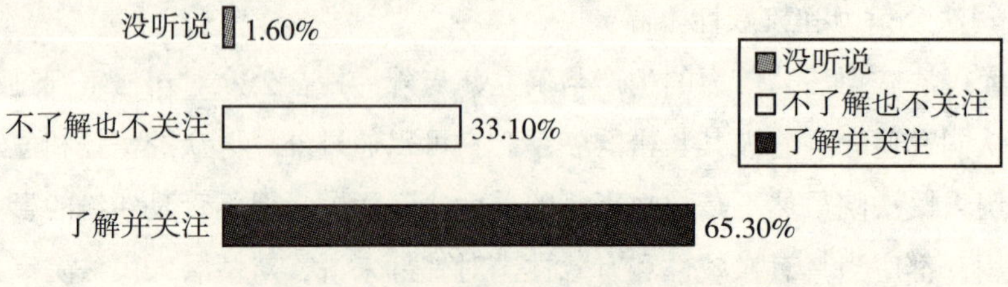

图7 律师、当事人对司法改革的了解和关注度

① 最高人民法院：《六十载光辉历程一甲子司法为民——数说人民法院审判工作60年》，载 http://www.court.gov.cn/fabu-xiangqing-119.html，2016年4月23日最后访问。

（2）案件久拖不决现象严重，司法效率有待提升

基层人民法院讲究司法效率，主要是因为在面对日益暴涨的纠纷数量时要更好地对司法资源进行合理配置，才能既能解决纠纷数量，又保证处理结果的质量，还能减轻当事人的诉累，节约司法成本，这与社会经济发展是相符的，即通过高效的司法效率来提升和保障社会经济的交易效率。司法效率低下必将导致社会各种资源处于不确定状态，造成无故的消耗和浪费。在案件数量日益增长，法院人员配置短缺的大情形下，人民群众对司法效率的需求日益增强。

从图8、图9可以看出，司法效率与司法公正一样，是目前公众对司法比较强烈的需求。解决久拖不决现象，需要提高司法效率，提高效率则必须遵循司法工作规律，着眼于司法为民，科学合理地配置司法资源，健全审判管理制度，不断改革司法工作机制，严格审限管理制度，完善司法评估机制，加强信息化建设。

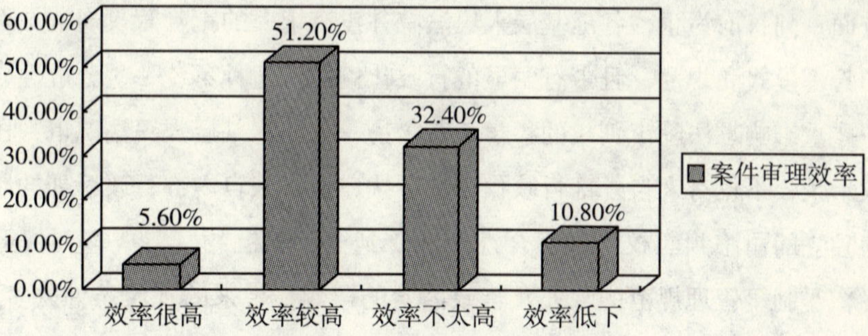

图8　律师、当事人对法院司法效率的评价

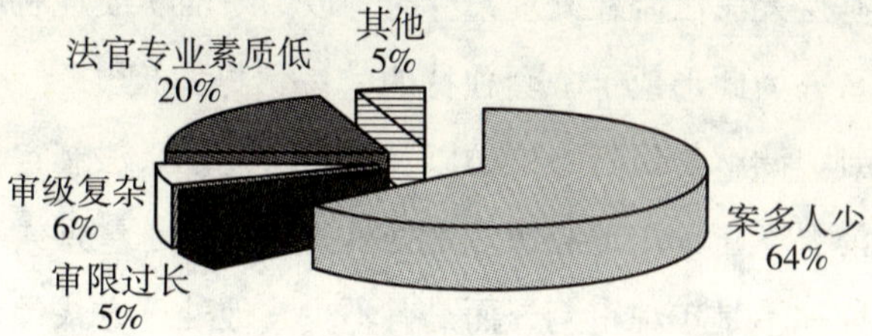

图9　律师、当事人认为影响法院审判效率的因素

（3）裁判尺度不统一，司法公平亟待改善

基层人民法院的司法审判活动的最高价值就是实现公平正义，因此，在审判实践中，只有坚守公平正义原则，才能更好地查明事实并恰当地适用法律；才能在行使自由裁量权的时候，确保纠纷得到实质、公平的解决。当然，提高人民群众的法律意识、提升法官队伍的法治素养是必要条件。我国是成文法国家，基层人民法院在审判

活动中，必须严格遵循法律法规的成文规定，不曲解条文内容及精神。当前裁判尺度不统一的情形在法官行使自由裁量权的时候比较常见，而行使自由裁量权存在的问题主要有：法官对法律规范理解偏差、因法律没有明确规定而不行使自由裁量权、多个法律规范冲突时选择偏差、法官对法律精神和法律原则理解偏差、法官滥用自由裁量权等情形。而造成这种困境的原因一般有：法律规定不明确、法官自身素质不高、现行审判体制不健全、法官的审判活动往往受到上级及社会因素的干扰、裁判文书说理不充分，等等。自由裁量权没有正确行使往往造成同类案件裁判尺度不统一，让民众无法体验法律的统一性，从而导致对司法公平公正的合理性怀疑。

（二）基层人民法院内部审判职能运行存在的问题

1. 审判权运行不顺畅

基层人民法院缺乏统一规范的管理，且过多地受到行政干预，导致审判权运行不畅。一方面，到目前为止，各地基层人民法院并没有统一的审判管理规范，而是形成多样性的管理模式和规范，且带有明显的行政化倾向。这种不统一的分散性、多头性的管理，严重影响了法院审判权的科学运行。另一方面，基层人民法院审判权过多地受到行政干预，不仅有来自外部行政权力的干扰，还有来自内部行政管理的制约。审判权作为独立的司法判断权，却不合性质地受到干预与制约，造成审判权运行不顺畅。最终，受制于管理规范的缺失及行政因素的影响，带来的现实条件的多重阻碍，使得审判权运行机制的改革面临相当大的难度。

2. 审判职能运行无秩序

司法实践中，基层人民法院在处理案件时均以纠纷的实质性解决为目标，最大限度地追求案结事了，并为此形成了一套独特的“综治办案模式”：一是办案手段多元化，包括狭义的审判、调解、执行、信访以及以司法建议、法制宣传等方式参与社会治理，一些案件可能要不止一次地经历多种处理方式；二是包裹式审判，即使以审判方式处理案件，也往往不是单纯审判，而是有不少其他处理方式像包裹一样附着在审判方式上，譬如，审判之前会先行调解，审判之中会释明法律，审判之后会判后答疑；三是运动式办案，即根据政治决策、经济走向、社会情势等的变化而采取应急措施，以“搞运动”“打突击”的方式处理案件，如近年来每逢岁末年初，很多法院都会开展农民工工资案件集中审判、执行活动。① 这种运动式的办案模式，虽能够取得一定的成效，但却是与审判规律相违背的，不仅牵扯了大量审判精力，也成为审判权

① 王庆廷：《四级人民法院的角色定位及功能配置》，载《中州学刊》2015 第 5 期。

有效运行的钳制因素。

3. 审判权责划分不明确

基层人民法院在审判程序中均不同程度地存在着行政化倾向，对审判结果起决定性作用的往往不是主审法官或合议庭，而是审判委员会。在审判实务中，有的法官在遇到疑难案件或影响较大的案件时，为了逃避自己的责任，主动将自己主审的案件提交审判委员会讨论决定。而在审判委员会讨论案件时，往往是“谁官大听谁的”，最后的结果往往是庭审现场之外的院长、庭长决定了案件的处理。这种“审者不判、判者不审”的格局，直接导致办案责任的主体出现错位甚至缺位，办案责任制形同虚设。

4. “案多人少”矛盾较突出

随着中国社会的转型，以及立案登记制实施，诉讼案件呈倍增式增长，但法院审判力量并未随之增加，“案多人少”的矛盾愈加突出。一方面，我国多元化纠纷解决机制并不健全，大量无法消弭于民间的矛盾纠纷涌入法院。根据现代司法理念，司法救济并非首选或唯一的救济途径，而是矛盾纠纷最终的解决途径。在马锡武时代，基层组织调解在化解矛盾纠纷中发挥着重要的作用，大量矛盾纠纷化解在了诉讼外。但随着人本思想的不断渗透，“多一事不如少一事”“司法保底”的思想逐渐使仲裁机构、人民调解机构等诸多诉讼外纠纷解决方式的作用弱化，更多的纠纷涌入法院。另一方面，法院编制的增加和人员的招录则相对滞后。我国法院编制是参照行政编制进行设计安排的，并未考虑审判工作的实际需要。在早期案件较少的时候，法院现有编制尚能应付工作需要，但随着案件增加，法院人员编制少的问题即刻显现。2002 年国家统一司法考试制度、公务员制度改革的施行，招录方式不合理导致的高门槛低能力，更使得法院审判力量捉襟见肘。

5. 审判人力资源配置不合理

基层人民法院普遍存在着案多人少的困难，而审判资源配置不合理则是加剧案多人少的矛盾的主要内部原因。首先，法院内部行政人员与审判人员编制不合理，综合部门行政管理人员过多，导致业务部门审判力量不足。其次，审判力量在各业务部门分配不合理，仅以人数作为划分的依据而未考虑实际审判工作需要，导致现实中出现“案件多的办不完、案件少的没得办”的现象。最后，岗位目标设置不合理导致人力资源浪费。受行政化管理的影响，法院内部对于院领导及普通审判法官采取了不同的考核标准，院领导基本没有办案的要求，而业务庭领导的办案任务指标也相对较少，审判积极性也不高，由此导致人力资源的极大浪费。

(三)上下级法院之间审判职能衔接存在的问题

1. 两级法院司法关系过度行政化

根据我国宪法、人民法院组织法的规定，我国上下级法院在审判工作上是监督与被监督的关系，各级法院在法律规定的范围内履行各自职责，依法独立公正行使审判权，各审级相互独立。但实际情况是，无论是各级法院内部，还是上下级法院之间，行政化的管理理念、管理方法和手段，都被运用于法院工作中的各个领域、各个方面。相对应的，我国上下级法院司法关系也具有了明显的行政化色彩，上下级法院之间的行政级别被过度强调，上级法院演变为“上级领导”，下级法院则退化为“下属员工”，原本的监督与被监督关系也异化为行政关系。无论是自下而上层面的案件请示、重大事项提前报批、案件内审，还是自上而下层面的提前介入、挂牌督办，都近似于半行政化的操作模式，这种现象已经蔓延至执行业务、人事管理、后勤保障等上下级法院关系的方方面面，上下级法院俨然衍变为上下级部门。

2. 两级法院功能同质角色混同

我国法院系统并没有明确的不同审级法院职能分层（职能分工）的制度安排，基层人民法院与中级人民法院都是以办理案件为中心任务，均可作为一审法院审理一审案件，均可作为再审法院审理申诉和再审案件。此外，上级法院可以作为二审法院审理上诉案件，同一案件除存在上诉、抗诉等法定事由外，下级法院认为必要时可以报请移送上级法院审理，上级法院认为必要时可以决定提级管辖。上下级法院在审理案件时都贯彻全面审理原则，不区分事实审与法律审，都要既关注事实认定，又关注法律适用。上诉程序不仅要进行法律审，还要进行事实审。上诉法院不仅可以对初审法院是否错误地适用法律进行审查并纠正，还有权对初审确认的事实进行审理并有权重新确认。这使上诉法院对事实问题的关注无法起到统一法律适用的作用，同时，事实审和法律审的全面审查原则在客观上还起到了强化司法体制行政化的作用。

3. 审判监督体制运行混乱无序

上级法院对下级法院的审判监督应是个案的、事后的，且必须依法、依程序进行。但在司法实践中，上级法院的审判监督却常常偏离正常轨道，监督无序化问题非常突出。比如发回重审适用标准不统一，程序欠公开，随意性较强，一些原本能在二审程序就能够解决的纠纷被发回重审，导致诉讼拖延、司法资源浪费；审判实践中普遍存在的案件请示、内部审理等非正式制度，名义上是确保裁判的正确性，但实质上却导致两审终审制度形同虚设；大量的非程序性监督方式，如以会议、文件等措施预设性要求下级法院贯彻相关司法政策的行政管理式监督，以通过召开审判业务研讨会、就改判发回案件进行意见交换和定期分析通报、开展案件质量评查及通报、指定业务指导文件的业务指导式监督，造成了对审级监督制度的破坏；上级法院对下级法院审判业务的考核不尽科学合理，非但没能起到监督的作用，反而出现相反的效果。这些问题同时强化了下级法院和法官对上级法院和法官的依附性，损害了司法活动应有的独立性和权威性。

4. 审判指导非制度机制常态化

审判指导是上级法院对下监督的重要内容，主要通过审理新型、疑难、复杂案件，解决具有普遍意义的法律问题，以审判工作方式对下指导达到统一法律适用的目的。但司法实践中，我国上下级法院普遍存在着诸如案件请示、内部审理、提前介入、案件督导等非正式监督指导机制。案件请示，即下级法院就重大、疑难案件和法律适用问题向上级法院请示并要求答复。起初，设立案件请示是考虑到低级别法院的法官专业能力相对较低，为保证案件质量，减少冤假错案发生，而要求上级法院对下级法院进行业务指导。但随着法院系统内案件质量评估体系和错案追究制度的推行，诸如上诉率、重审率、改判率等成为重要考评指标并与法官自身利益如收入、升迁等挂钩，某些与上级法院不一致的判决被视为了错案，进而追究法官乃至下级法院的责任。在这种压力下，案件请示成为了下级法院及其法官规避风险、实现利益最大化的有效渠道。但其导致的结果是：下级法院在遇到较为复杂或不复杂而当事人可能上诉的案件时，越来越不愿独立地作出判决，而是径直向上级法院请示，要求上级法院给予指导性意见，并严格地按照上级法院指示意见处理。虽然最高人民法院明确规定案件请示的范围仅限具体案件的法律适用问题，但司法实践中下级法院更多的是对案件的事实认定、诉讼程序、定性等问题的请示。与之相对应的是上级法院的提前介入和案件督导。提前介入是上级法院对下级法院正在审理的重大、敏感或特殊案件，在一审判决作出前，主动提前介入进行指导，而案件督导则是在下级法院审理某个具有广泛社会影响或比较特殊的案件时，上级法院出于种种考虑，对该个案进行的具体督办。但无论是案件请示还是提前介入、案件督导，都偏离了正常的监督指导关系，这些非制度化监督指导机制的常态化运行实质上是对审级监督制度的破坏。

5. 审级监督弱化损害程序价值

发回重审和改判是上级法院二审监督的核心手段，也是现时案件质量评估体系的重要指标。对一审法院而言，这两项指标排名将直接影响上级法院、地方党委、政府对本院的工作评价，进而影响本院的人事任免、经费保障和物质配备；对一审法官而言，这两项指标不仅与自己的人事升迁、奖金挂钩，还有可能被视为错案而受到责任追究。因此，无论是一审法院或一审法官，对案件被发改都有着强烈的抵触心理，因而会采取各种手段和资源尽量避免案件被发改。而对于二审法院而言，案件发改的程序规定本来就十分烦琐，为了缓和因案件发改而引起的上下级法院之间紧张关系，更为了避免因发改而影响到整个法院辖区的审判绩效，二审法院会尽量采取“依法维持、慎重改判、强化调解，严格发回”的司法政策。基于此，受制于案件发改的压力，一二审合作控制案件发、改的数量和频率成了必然选择，而这也衍生出司法实践中常见的发改附加程序：“先沟通、再发文”，二审法院在发改前先与一审法院进行沟通。另外，随着案件请示、提前介入、案件督导等非正式制度的常态化运行，导致了“两审终审”实质上变成了“两审为一审”，审级监督制度被大大地削弱。正常情况下，如果法院独立进行审判，即使一审判决错误，当事人仍可在二审获得救济，此即为二审终审制度的价值目标，但由于案件请示、案件督导、一二审合作控制发改等非正式制度的存在，却变相地剥夺了当事人获得二审救济的权利，由此导致审级制度被架空，两审终审的基本诉讼原则形同虚设。

四、其他国家法院审判职能改革经验借鉴

（一）国外法院审判职能考察

其他国家的先进经验，可为我国改革借鉴。因此有必要放眼世界，对其法院审判职能进行考究，其考察经验可以为我国的改革提供选择性的参考意见。

1. 英美法系国家法院的审判职能

（1）美国法院的主要职能

一是解决纠纷与创造法律。法院的天然职能是解决纠纷，美国也不例外。但美国法院在解决纠纷的过程中，还附随着创造法律的职能。美国作为一个判例法国家，对于在前的判例，实际创制了某种法律规则，在后的判例若与在前的判例具有类似性，则应遵循先例，否则在后的判例便会创制一种新的法律规则，作为更后的判例的先例。

二是违宪审查与宪法、法律解释。美国法院的违宪审查职能是建立在三权分立及分权制衡理论基础上的权力架构，是权力制衡的一种手段，也是美国法院行使政治权力的基础。对宪法和法律的解释职能是违宪审查职能的必然逻辑，美国联邦最高法院认为：任何法律假如与宪法相反，它实际上就不是法律，因此，该法律并不存在。[①]

① ［美］阿瑟·库恩：《英美法原理》，陈朝璧译，法律出版社2002年版，第31～32页。

除了联邦法院外，美国各州法院对本州宪法和法律也享有解释权。

三是有限解决部分政治问题。所谓政治问题是指这样一类问题：如果根据宪法和法律，法院无法建立起判断标准的事情，或者宪法规定由政府其他分支处理的事情，法院就不插手。① 美国法院原则上不干预政治问题，但也不排除某些例外，如美国最高法院对2000年总统大选所作裁决。在种族问题上，美国最高法院的作用更大。以至于美国的学者认为法院已闯入了许多社会和政治活动领域。② 当然，美国法院对政治问题的介入是有限的。

（2）英国法院的主要职能

最高法院职能。英国最高法院于2005年成立后，继受了上议院的司法职能及部分由枢密院司法委员会行使的职能。其职责主要在于审理各个管辖区的民事上诉案件，以及来自苏格兰之外的其他三个司法管辖区的刑事上诉案件。

高级法院职能。此处的高级法院包括上诉法院、高等法院和刑事法院。上诉法院负责不服高等法院和刑事法院一审判决的民事、刑事上诉案件。高等法院负责审理诉讼标的较高或影响较大的民事一审案件，以及不服低级法院判决而提起的民、刑上诉案件。刑事法院负责审理严重的刑事案件和不服治安法院判决的普通二审刑事案件。

低级法院的职能。此处的低级法院包括郡法院、治安法院和专门法院、法庭。郡法院负责该区域内争议较小或标的较小的初审民事案件。治安法院负责轻微刑事案件的初审。专门法院（法庭）独立于民事法院系统和刑事法院系统之外，如反垄断法院、验尸官法院、专业法庭和军事法庭等，具有特别法院（法庭）的性质，负责处理特别事项。

2. 大陆法系国家法院的审判职能

（1）德国法院的主要职能

专门法院的职能。劳工法院（劳动法院）主要处理源于雇主和雇员之间的劳动合同纠纷。行政法院负责裁决全部有关公法的纠纷，只要有关案件没有根据联邦法被具体分配给另一套行政法院管辖。社会法院专门处理公共政府管理法律领域的事务，主要负责作出影响人民生计的社会福利权力的决定。税务法院处理个人或公司与税务机构之间产生的争议。

普通法院的职能。德国普通司法管辖区包括民事司法管辖区和刑事司法管辖区，

---

① 王安：《中美法院制度比较研究》，华东师范大学国际关系与地区发展研究院2005年博士学位论文，第64页。

② 胡伟：《司法政治》，三联书店（香港）有限公司1994年版，第174~175页。

分别负责受理民事案件和刑事案件。在由郡法院、地区法院、地区上诉法院、联邦最高法院组成的四级三审终审制中，各级法院享有不同的司法管辖权。

宪法法院的职能。德国宪法法院包括州最高宪法法院（国家法庭）和联邦宪法法院，前者负责对各州宪法的法律纠纷作出裁决，后者就联邦宪法的问题进行裁决，其对宪法条文的解释具有最终约束力。

（2）法国法院的主要职能

普通法院的职能。法国普通法院系统具有两类职能：一是负责裁决个人之间在民法范围之内的争议，二是对罪犯进行裁决。

行政法院的职能。法国的行政法院系统也具有两方面的职能：一是咨询职能，从法国最高行政法院到地方行政法庭，都具有中央和地方咨询机关的角色，具有咨询职能。二是审判职能。法国行政法院实行三审终审为原则，二审终审或一审终审为例外的诉讼架构，从最高行政法院，到上诉行政法院、地方行政法庭、行政争议庭、专门行政法院都具有各自不同的行政审判职能。

（二）国内试点法院审判职能改革经验

1. 回归审判职能，确保人民法院依法独立履行职责

我国《宪法》规定："中华人民共和国人民法院是国家的审判机关。"《宪法》已经明确了我国人民法院的职能，但近年来人民法院从服从、服务大局出发，不断延伸扩展工作职能，承担了扶贫、城市管理、生态乡村建设、计生等大量不属于法院承担的社会职能，部分工作偏离了人民法院的本质，引起了人民群众的不满和诟病。课题组在调研中发现，试点法院已经逐步开始纠正这种情况，法院职能开始回归到我国宪法和法律规定的"国家的审判机关"的位置上来，保证了人民法院依法独立履行职责。具体表现有：

（1）减少法院承担的社会职能，让法官从非审判事务中解脱出来。在贵州的K法院座谈时，干警们普遍反映他们不再参与党委政府的中心工作和行政事务，甚至包括涉诉信访或群体纠纷等均很少参与，其目的是维护人民法院裁判的终局性和中立性。

（2）出台文件，确保人民法院依法独立公正履行审判职能。一些省市区出台意见和措施，要求确保法院依法独立行使审判权。如2015年1月，贵州省委出台《中共贵州省委关于进一步支持人民法院依法独立公正行使审判权的意见》，强调任何单位或个人不能干预人民法院依法行使审判权。甘肃省研究制定了《甘肃省委政法委、省纪委、省委组织部关于党政机关及其领导干部支持司法机关依法独立行使职权的规

定》，明确领导干部干预司法一律追责处分。

(3) 出台司法文件和建议，引导矛盾双方采取合理解决机制。司法作为社会公平正义的最后一道防线，不应是矛盾化解的首选，更不是唯一选择。人民法院在服务大局过程中应正确理解法院的职能定位，充分认识司法的局限性。在服务大局中不能冲在第一线大包大揽，将所有社会矛盾都引过来通过诉讼途径解决。如A法院就结合本地的司法实情，在充分调研的基础上出台了《南宁市A区多元纠纷化解机制的办法》引导矛盾双方采取合理的纠纷解决渠道，尽量把社会矛盾消融在司法程序启动之前。

2. 引入扁平化管理模式，提升司法效率

近年来，法院审判权运行机制改革主要围绕如何让审理者裁判，由裁判者负责来开展，目的是让人民群众在每一个司法案件中都能感受到公平正义。最高人民法院选择了9家法院进行为期两年的改革试点，其中中级人民法院7家，基层人民法院2家。但除了最高人民法院要求试点的法院之外，全国很多法院自发地加入到了审判权运行机制改革及审判团队建设改革的探索之中。比较典型的改革模式，如J法院所采取的“1+3+1”的模式，由1名法官、3名法官助理、1名书记员组建审判团队；I法院采取的是“1+N”的模式，由1名审判长、1~2名见习法官或1~2名法官助理及速录员组建独任制审判团队；无锡江阴法院所采取的是“1+N+N”的模式，由1名独任法官、若干名法官助理、书记员组成审判团队进行审判；南京市栖霞区法院也对审判团队建设进行了探索，采取了两种模式来推进审判权运行机制改革，组建了五人制和三人制两种审判团队，五人制团队采取1名庭长或副庭长、1名审判员、1名法官助理、2名书记员的工作模式，三人制团队采取1名审判长、1名法官助理、1名书记员的工作模式。通过建立审判团队的方式，一定程度缓解了案多人少的压力，提升了司法效率。

3. 强化信息化建设，助推审判质效的提升

信息化建设是适应新形势新任务、推进人民法院审判能力提升的必然要求，也是贯彻落实司法改革精神，践行公正司法，满足群众多元化司法需求的重要保障。当前试点法院按照最高人民法院的“天平工程”建设要求，深入推进裁判文书、审判流程、执行信息三大公开平台建设，构建阳光司法。一些试点法院借助信息化手段和互联网、微博、微信等平台开展庭审直播、预约立案、电子送达、淘宝拍卖等。还有试点法院依托信息技术手段，开通了司法公开短信服务平台，及时通过手机短信向当事人发送诉讼信息，当事人足不出户就可以了解诉讼全过程。一些法院在科技法庭方面下工夫，打造了科技法庭智能化，法庭不仅能同步录音录像，还有庭审指导和笔录批

注功能等。通过利用科技技术手段，强化法院信息化建设，审判质量和效力有了较大的提升。

（三）启示与借鉴

1. 上下级法院职能分工明确

无论是英美法系还是大陆法系，法院都是由三个以上层级组成，以便有效监督，实现司法公正。同时，上下级法院之间功能的明确分工，能够避免不必要的资源浪费，同时还可以提高司法效率。

2. 基层人民法院侧重事实认定功能

无论在国内还是国外，基层人民法院的数量最多，且审理案件数量也最多。基层人民法院或初审法院审理的重点主要在审查认定事实上，充分发挥其事实认定功能，为上诉审法院提供事实支撑。相对应的，上诉审法院则尽可能将作用发挥在统一法律适用上，除非有新证据或者事实认定存在错误，否则均集中于法律适用。

3. 基层人民法院化解纠纷职能突出

基层人民法院的设置使得其具有明显的地域性特点，较为容易扮演居中调和的角色，因此，基层人民法院天然职能就是化解纠纷，基层人民法院的设置主要目的也在于化解纠纷，不少案件没有实质性的争议，甚至无须进入庭审就能够化解在基层。

4. 基层人民法院类型化趋势明显

纠纷的多元化、复杂化要求解决纠纷的法院能够与之相匹配。国外法院通过设置不同的专门法院，处理特定的纠纷提升审判的效率和质量。我们可以借鉴该做法，知识产权法院的增设体现了专门法院的重要性。当然，鉴于实际情况，短期内我国基层人民法院未必分立专门法院，但可以通过细化专门审判组织来实现专业化审理。

5. 审判权运行成为改革重点

国内改革试点法院无一例外地聚焦在了审判权运行机制改革上，推进法官员额制改革，确立审判权的核心地位；落实司法责任制，革除过度行政化的影响；组建专业审判团队，提升审判质量与效率，其目的就在于革除过度行政化的影响，推动法院向审判职能的回归。

五、基层人民法院审判职能改革的实现路径

（一）指导思想和基本原则

1. 指导思想：符合司法规律，满足司法需求

基层人民法院审判职能定位应符合司法的基本规律，同时满足人民群众的司法需

求，即要以人民群众司法需求为导向，以尊重司法规律为根本，以公正和效率为准绳，寻求从职权配置（审判职能运行）到职能衔接（上下级法院职能关系）的改革与完善。

在当前诉讼大爆炸的现实背景下，在人民群众法治需求日益增长的情势下，人民法院的司法供给已逐渐满足不了人民群众的司法需求。正因如此，当前进行的司法体制改革，毋宁说是一场法治领域内的供给侧改革，其核心是满足人民群众日益增长的司法需求，优化司法资源配置，提升司法供给的质量和效率，提高人民群众对司法的信任度；基本路径是尊重司法规律，完善司法权力运行机制，提高司法运行的效率；根本目标是提高司法供给的水平，最大限度满足人民群众对公平正义的期待。

基层人民法院审判职能定位也应当在尊重司法规律的前提下，以人民群众的司法需求为价值导向，以人民群众所期待的公平正义为最终目标。习近平总书记提出，“努力让人民群众在每一个司法案件中感受到公平正义”。公平正义既是一种社会理想，也是一种国家义务，是司法活动的首要价值追求和终极目标，是人民群众对司法的最终期盼，事关司法的权威和司法的公信力。所以，基层人民法院审判职能定位应当以公平正义为首要和最终目标。而公平正义的衍生即为公正与效率，公正是公平正义的应有之义，效率则是公平正义的延伸，所谓“迟来的正义即非正义”。正因如此，基层人民法院审判职能定位要以公正和效率作为评价基准，即基层人民法院审判职能定位是否清晰准确，都应当从公正与效率价值中寻求评判之准绳。

2. 基本原则：查明事实，解决纠纷

基层人民法院审判职能定位既要符合司法的基本规律，也要符合我国司法的特征和改革大势，尊重基层人民法院既有特点、工作经验等情况，并在此基础上进行相应的制度改良，以降低改革的成本，减少改革的阻力，达到应有的效果。

2013 年 11 月，党的十八届三中全会通过的《中共中央关于全面深化改革若干重大问题的决定》提出明确各级法院的职能定位，将四级法院的角色定位提上了改革日程。2014 年 10 月，党的十八届四中全会通过的《中共中央关于全面推进依法治国若干重大问题的决定》提出，“完善审级制度，一审重在解决事实认定和法律适用，二审重在解决事实法律争议、实现二审终审，再审重在解决依法纠错、维护裁判权威”，则从宏观上明确了一审、二审和再审的任务侧重点，有利于确立各审级法院的职能定位及对应关系。

基层人民法院作为最主要的一审法院，承担了全国百分之八十以上的案件审理工作，其核心角色（任务）就是纠纷解决者，亦即通过“初审法院”来分流案件，在查明事实的基础上，寻求纠纷的实效性解决，将纠纷化解在基层，将当事人从矛盾纠纷中解脱出来。所以，基层人民法院审判职能定位应当以“查明事实，解决纠纷”为基本原则，所进行的相应制度改革，无论是内部职权配置（审判职能运行），还是外部职能衔接（上下级法院职能关系），都应当遵循这一基本原则。基层人民法院的纠纷解决者的角色定位，也决定基层人民法院要尽量直接处理各类案件，担负起绝大多数一审案件的审理任务，通过扩大各类一审案件的管辖范围，使大多数社会矛盾就地就近解决；同时，面对案多人少的现状，尽可能地高效处理各类案件，通过简化诉讼程序、案件繁简分流、完善小额诉讼机制，健全多元化纠纷解决机制等措施，提升司法效率，实现案件的高效、公正处理；再者，在审理上基层人民法院应更偏重事实审，通过打造坚实的事实审，发挥一审查明事实的作用，提升一审质量，为二审创造良好的基础。

（二）厘清基层人民法院内部审判职能的具体路径

如前文所述，基层人民法院的职能定位的核心是审判职能，而充分行使审判职能的主要目的就是查明事实，解决纠纷。要实现基层人民法院依法公正、高效地履行职责，要实现查明事实、解决纠纷的目标，需要围绕审判职能的全面履行而统筹开展以下几方面工作：一是强化履职主体建设。必须要有一支政治素质过硬、业务精湛、司法经验丰富的司法队伍。对此，需要以法官员额制为抓手，建立一套科学和严格的选任法官制度，具体包括建立法官员额制度、建立法院人员分类管理制度、法官遴选制度、法官晋升及惩戒制度等。二是优化资源配置。要根据基层人民法院履行审判职能的需要对现有的人力资源包括法官、法官助理、书记员等进行优化组合，组建以主审法官或合议庭为核心的审判团队。三是科学管理。要引入扁平化管理模式，减少管理层级，还权给主审法官、合议庭，确保主审法官、合议庭依法独立公正行使审判权。四是强化司法责任的落实。要按权责利相统一的原则，科学设置法官业绩评价机制，严格落实主审法官、合议庭、审判委员会及审判辅助人员的审判责任制。

1. 建立符合职业特点的司法人员管理制度，提升履职能力

（1）顶层设计与本土实际结合，积极推进法官员额制改革

实行法官员额制，凸显了司法改革对“人”的因素的关注。法官员额制度的建立，能够进一步完善以法官为主体、审判为核心的工作机制，真正凸显法官的核心地位。

一是法官员额比例的确定。推进法官员额制改革的关键是确定员额制的比例，遵循原则是因案定人，综合考虑多种因素，包括案件数量、案件类型、复杂程度、审理方式、诉讼程序、地区差异、职业能力、审判辅助人员的配置情况及司法保障、辖区人员的诉讼能力等因素。就法官员额比例问题，课题组进行了调研，结果如图所示，

从结果来看基本与中央司法改革办的确定的法官员额比例相符。[①] 课题组认为在坚持39%这个比例的前提下，应该将法官员额尽量向基层人民法院、受理案件数量多的法院倾斜，课题组结合中级人民法院和基层人民法院总体受理案件来看，建议中院的法官员额员额比例一般应定在35% ~39%，基层人民法院应在40% ~45%。调研结果见图10：

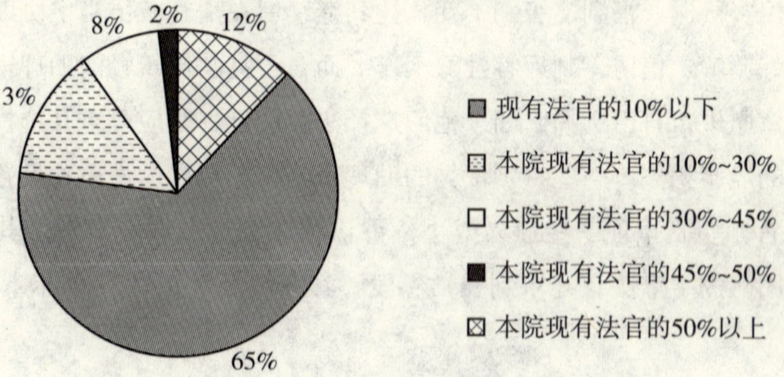

图10 您认为基层人民法院法官员额比例为多少较合适

二是主审法官的选任。对基层人民法院院长、副院长、审判委员会委员、庭长、副庭长、资深法官、高学历年轻法官等人员哪些更适合担任主审法官的调查数据见图11：

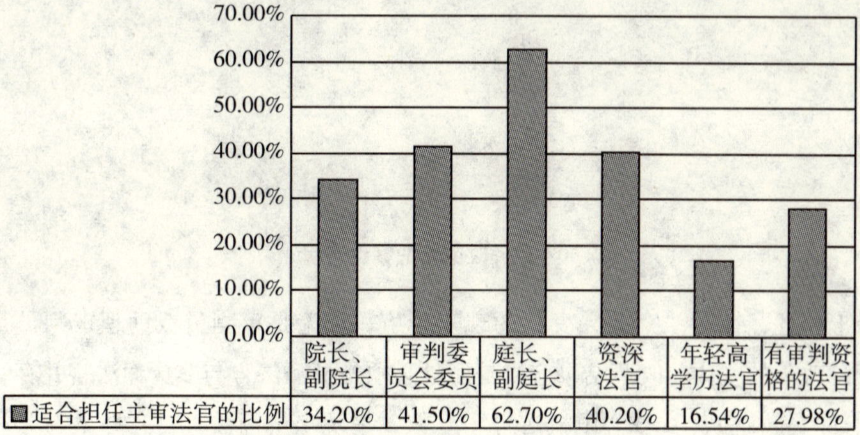

图11 您认为哪些人更适合担任主审法官

司法权是判断权和裁量权，作为行使司法权的主审法官除了扎实的专业知识功底，还需具有丰富的社会经验、崇高的道德修养和职业素质。而这些能力和素质的培养，不经长期审判实践的历练，不可能具备。调研的结果也反映出来，庭长、副庭长

---

① 根据中央司改革办公布的司法改革的总体方案，法官员额比例不能突破39%。

应成为主审法官的主要来源。当然，院长、副院长、审判委员会委员、资深法官也是主审法官来源的重要渠道。对于主审法官的选任需要正确协调好两类人员。一类是未能入额的“老法官”，一类是刚任助理审判员的高学历年轻法官。课题组认为，为了避免人才的流失，除了加大对改革的宣传，加强政治思想工作外，需要从以下途径着手。对于年龄大的“老法官”要充分利用好人员分类管理的五年过渡期的政策优势，保持现有的工资待遇、福利、级别不变，让其继续留在法官队伍当中协助办案，协助主审法官做好调解、信访、判后答疑等工作。而对于高学历年轻的助理审判员应根据他们自己的意愿进行自由选择，如果他们选择法官助理，则应尊重其选择进而完成一名员额法官的经验积累。一些特别优秀的助理审判员，可以尝试单独设置一类权限法官（简易法官）负责审理一些简易或小额诉讼程序案件或案件调解，其裁判文书由其所在审判团队的主审法官（审判长）签发。其案件分流如图 12 所示：

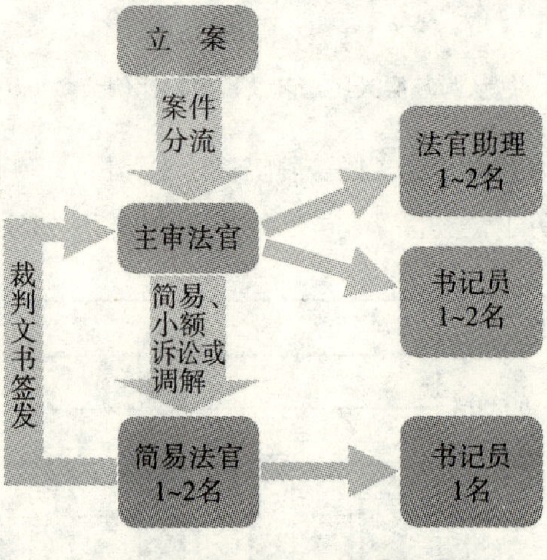

图 12　改革后的案件流程

综上所述，针对“案多人少”的现实矛盾，无论是审判员或助理审判员都是参与员额制改革的主体。改革结果应当是而且必须是员额法官与非员额法官并存，审判团队内部“全权法官”与“限权法官”互依，呈现出员额法官自主办案与非员额法官协助办案，法官助理专司审判辅助性事务与书记员办理事务性工作的现实图景。①

（2）建立人员分类管理机制，配齐配足审判辅助人员

“审判辅助人员是协助法官履行审判职责的工作人员，包括执行员、法官助理、书记员、司法警察、技术调查官等。”② 由于员额制改革后，法官数量将在一定程度

① 王顺华：《组建新型审判团队需要考量的几个要素》，载《人民法院报》，2016 年 7 月 14 日，第 5 版。
② 王伟、闫鹏：《分类人员管理体制下司法辅助人员定位刍议》，载《经济·法学研究》2016 年第 6 期。

上减少，配足审判辅助人员将是人民法院依法履行审判职能的重要保证。推行员额制改革时，必须同步推进人员分类管理机制的建立和完善。

一是科学确定审判辅助人员配置比例。要精确确定各类人员的配置比例，应当对审判事务进行区分后，在诉讼流程的基础上对各种事务的时间消耗及工作量消耗进行流量分析①。从各试点法院反馈的情况来看审判辅助人员十分紧缺。为了让有限的司法辅助人员配置发挥最大的作用，在确定审判辅助人员的配置时必须考虑以下因素：首先，要考虑案件的复杂程度和适用的程序。大部分事实清楚、争议不大的案件一般都采取简易程序审理，即使部分案件适用普通程序，也均采取由一名法官与两名人民陪审员组成合议庭进行审理，采取“1 +1 +1”（1 名法官 +1 名助理 +1 名书记员）的模式最为理想。其次，要考虑民事和刑事审判的不同而区别对待。实践证明，刑事审判部门普遍认为由于送达、提审、投监等程序性事务较多，书记员比法官助理更能发挥作用，而民事案件往往需要组织庭前会议、证据交换、庭前调解、调查取证、司法鉴定等大量的审判性事务，那么法官助理比书记员更能胜任上述工作，从而有利于提高司法效率。再次，考虑配置辅助人员比例时还要考虑法官的工作量，对于主办案件上百件，甚至几百件的法官必须多配置辅助人员，才能完成审判工作。

二是拓宽审判辅助人员的来源渠道，增强其尊荣感。要进一步拓宽和完善辅助人员的来源途径，在案件较多的基层人民法院，可以积极探索以购买社会化服务的方式解决人员不足的问题。目前，基层人民法院在编制外招聘合同制人员从事审判辅助工作和司法行政工作已成为普遍做法。但这种方式招聘的人员普遍面临队伍不稳定、流动性大、人员素质参差不齐等问题。为切实解决这些存在的问题，以保持队伍的稳定性，提高队伍的尊荣感，课题组认为法院人事部门应该做好以下工作：要加大思想政治工作力度，通过定期召开经验交流会议，畅谈工作感想、分享工作成果、提出工作设想和建议等方式，增强审判辅助人员的尊荣感与责任心。要完善工作制度，逐步提高审判辅助人员的工作待遇，福利收入等。要健全奖惩机制，在奖励先进的同时，对不适应或者工作表现不合格的人员坚决劝退或解聘，营造创先争优的良好氛围。要建立定期培训制度和考核机制。通过采取岗前培训、新业务培训、定期专门培训等方式强化对审判辅助人员的培训和教育，同时通过开展庭审竞赛、岗位大练兵等活动对审判辅助人员进行考核与评比，不断提高其工作能力和业务水平。

（3）完善法官业绩评价机制，科学评价和考核法官业绩

一是建立健全法官业绩评价机制。课题组认为，一套符合司法客观规律又科学合

---

① 邹碧华：《审判事务的分工与法官辅助人员的配置探讨》，载《法律适用》2002 年第 12 期。

理的法官业绩评价机制应该包括以下内容：评价内容上，应涵盖法官政治思想、道德品质、审判业绩、工作能力等多方面，重点评价审判工作业绩。对审判业绩的评价应综合考虑办理案件的数量、质量、效率、效果等。同时对裁判质量的认定不仅要考虑实体方面也要考虑程序方面，不能简单以上级法院的发改率、重审率和维持率等指标来评判。评价范围上，不仅要考核裁判文书质量，也要考核庭审驾驭能力、司法调研能力、化解纠纷、解决问题的能力，评价时要考虑到司法的职业特点和司法规律，不能简单以结案率、调解率等几个单一指标评判。评价方法，应采取主客观相结合、量化考核和组合测评相结合的方法。特别是对法官职业道德等评价时需要通过组织测评等方式进行。

二是要灵活运用法官业绩评价结果。建立科学的法官业绩评价机制的关键是运用评价结果。要充分运用评价结果调动法官工作的积极性，将评价结果作为法官晋升、遴选的重要依据。

三是建立不胜任法官的退出机制。长期以来法官“能进不能出”，导致法官队伍参差不齐，不利于法官队伍职业化建设。因此，完善法官业绩评价机制，运用好法官业绩评价结果，必然要求建立不胜任法官的退出机制，真正使能够胜任审判工作的人才留在法官队伍中。

2. 探索建立以主审法官为核心的新型审判团队

对于“何种组织架构最为合适审判权的运行”这一问题，调研显示，当前的审判庭模式已经很难适应审判职能的发挥，特别是随着立案登记制以后，基层人民法院案件的数量大幅度增加，为了实现案件分流、矛盾化解的目标，必须对现有的司法资源，对法官、法官助理、书记员等进行优化组合，建构以主审法官为核心的审判团队（见图13）。

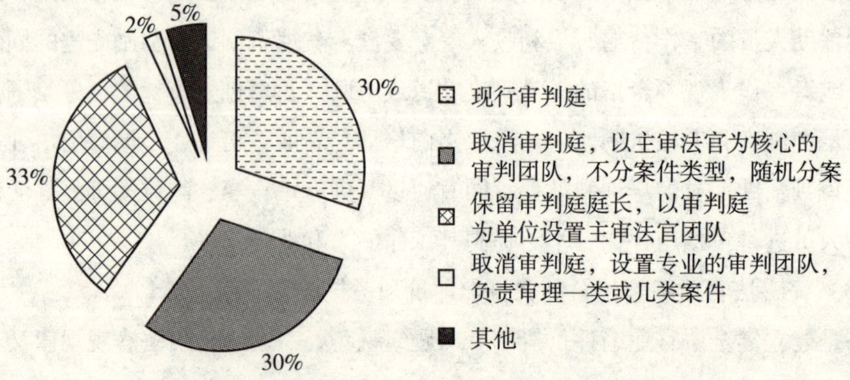

图13　您认为何种组织架构最为合适审判权运行

从试点法院积累的经验来看，新型审判团队的组建是推进人员分类管理，提高资源配置，实现最高效率的必由之路。只有通过组建审判团队，设定若干审判单元，明确目标任务，强化监督和指导，确保达到审判资源优化配置，进而实现合理配置职权和有效发挥职能的“帕累托最优”。目前，通过对试点法院审判团队组建模式的总结和归纳，主要有以下几种：

（1）随机组成合议庭模式。该模式下取消审判庭建制，每名主审法官均配备1名法官助理和1书记员，案件随机分配，需要组建合议庭时，由电脑随机生成合议庭组成人员，谁是案件的承办法官，谁就是该合议庭的审判长。该模式主要适用于一些案件数量较少、入额法官较少的基层人民法院、新设立的基层人民法院。

该模式的主要优点在于有利于减少司法行政化的干扰，有利于避免因合议庭成员长期固定而形成的司法行政化和利益一体化，也有利于打破固定合议庭和固定审判团队的壁垒，防止思维固化，进一步促进各主审法官的交流，有利于统一裁判标准，提升司法的公信力。但对于案件数量多的基层人民法院，完全靠临时随机产生的合议庭在送达排期、调查取证、诉讼保全，案件合议等环节会导致司法资源调配困难，而且会导致一名法官同时参与多个合议庭的工作运作，导致疲于应付而减低审判效能。

（2）审判团队模式。根据法官人数以及与审判辅助人员的不同比例组合，又有不同的划分。在司法实践中主要有以下几种模式为各地采用：①“1+1+1”模式，即由“1名法官+1名法官助理+1名书记员”组成一个审判团队。目前，贵州、江苏、浙江、广东等地大多数改革试点的基层人民法院探索组建此种模式的审判团队。根据案件数量、案件难易程度和辅助人员力量等不同因素，一些地方采取“1+N+N”的动态设置。有的地方建立专门办理简易程序案件的审判团队，将全院所有简易程序案件交给这些团队审理。当然，在“1+1+1”的情况下，法官也可以吸收2名人民陪审员组成合议庭审理案件。②“3+3+1”模式。将原来一个法官加一个书记员“1+1”的结构调整为“3名法官+3名法官助理+1名书记员”的结构。在这种模式下，法官助理与法官之间的搭配是固定的，但是书记员则跟审判团队，不固定搭配法官。③“3+2+3”模式。3名法官正常情况下与3名书记员“一审一书”模式审理独任审判案件，遇有普通程序案件3名法官自然组成合议庭，2名法官助理（这里法官助理的数量是可变的）同时服务于整个团队的送达、取证、庭前会议等工作，书记员则主要负责庭审记录、案卷装订归档等。

该模式审判权运行扁平化，管理和指挥链条最短，各审判团队的自主意识和自我管理较强，有利于整合司法资源，并且容易形成你追我赶、相互竞争的办案氛围，但缺点是独任制审判团队自由裁量权过大，合议制审判团队如果不设审判长，常态化管理的成本较高。

（3）相对固定的合议庭（审判团队）模式。该模式下不取消审判庭的建制，而是在审判庭内根据员额法官的特点建立审判团队、院庭长编入合议庭，参与案件的审理，如图 14 所示。

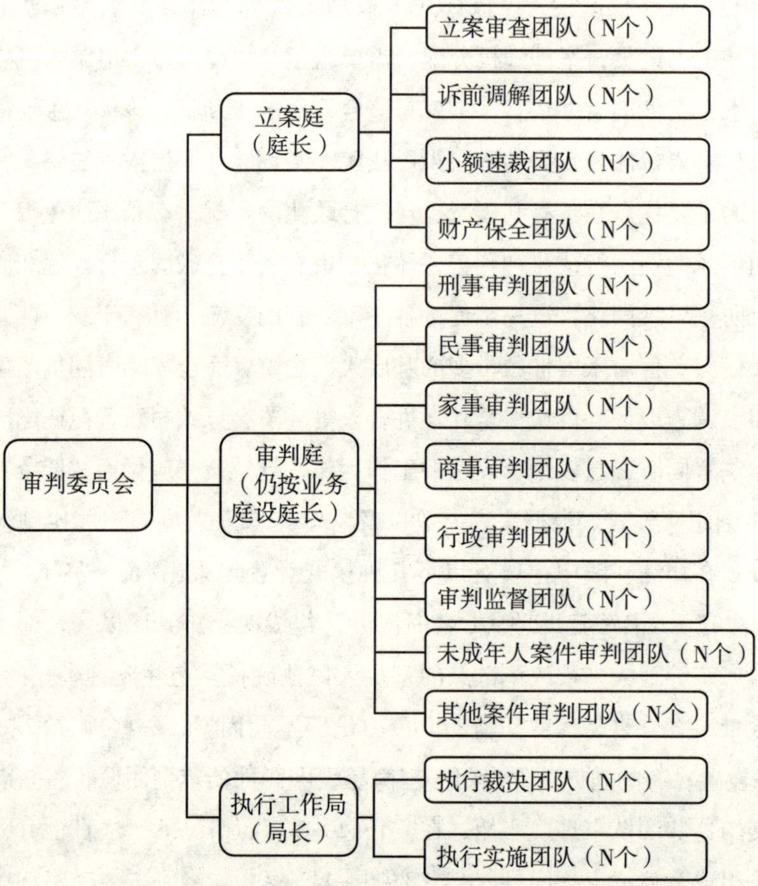

图 14　改革后审判模式运行

与前述第二类模式不同的是，这些审判团队均是在保留审判庭建制的前提下以相对固定的合议庭为基础组建的，另外很重要的一点就是在合议庭或者审判团队中仍然保留了审判长。

该模式的优点有利于促进合议庭运作的实质化和提高团队运作效率，审判长事实上要对合议庭所有案件负责，有利于在强化审判团队自主管理的基础上，进一步保证审判质量。但相对固定合议庭（审判团队）保留事先选任的审判长的情况下，也不排除审判长滥用权力形成新的行政化。

课题组认为，上述审判团队的模式各有利弊，且从不同模式的改革试点实践来看，也均取得了一定的改革成效。因此，选择何种审判团队模式，关键取决于这种模式是否遵循司法规律，是否有利于审判职能的发挥，是否有利于案件分流、纠纷化解。在坚持上述前提下，课题组认为，在探索审判团队建立时，需要重点考虑以下几个方面的因素：

一是案件数量。对于受理案件数量庞大，人数较多的基层人民法院，要实现合议庭的完全随机产生，存在如前所述的诸多困难。而对于一些编制在50人以下，案件数量不多的基层人民法院，或刚成立的法院等则可以取消审判庭建制或者仅设一个综合审判庭的审判团队模式。

二是案件难易程度。对于大部分基层人民法院，特别是基层人民法庭而言，大多数案件相对简单完全可以通过独任庭审理，或者1名法官和2名人民陪审员一起组成合议庭审理，因此，可以积极探索“1+1+1”配置的审判团队，或建立速裁团队专门审理简易程序案件。而对于经济相对发达的城区法院一般受理的疑难、新型案件较多，则可以考虑设立相对固定的专业化审判团队，将新类型、疑难复杂、具有研究价值的案件进行适度归集，使各审判团队相对侧重于审理物权、保险、民间借贷、房地产等相关专业化案件，实现审有所专、审有所精。

三是考虑审判团队人合性要求。因为审判团队是由员额法官、法官助理、书记员组成的团体，具有人合性。因此在团队组建时要考虑团队的人合性，不能一味采取行政手段调配，而要充分尊重各成员的意愿，彰显团队组建的自主性，则有利于团队的紧密合作，实现资源的优势互补，进而发挥团队的整体效益。①

3. 引入扁平化管理，提升审判效率

目前基层人民法院普遍存在内设机构设置过多，又因行政审批式的管理致使审判权与行政权混同、主次颠倒。出现了司法管理与司法服务界限不清、定位不准，法官与行政人员身份混同。结果导致具有审判资格的法官数量不少，一线办案法官却严重不足，司法效率低下。但试点法院通过对法院内设机构的整合和改造，引入扁平化管理后，司法效率得到了显著提高。借鉴试点法院的做法，课题组认为要充分发挥基层人民法院审判职能，有必要对现存的内设机构设置进行改造。改造的基本原则是将当前的科层化管理改造成扁平化的管理，逐步减少管理层级，防止司法行政化。根据审判权、审判辅助权及司法行政权的不同而分成审判部门、审判辅助部门和司法行政部

① 王顺华：《组建新型审判团队需要考量的几个要素》，载《人民法院报》2016年7月14日，第5版。

门三个类别，并遵循三种权利的运行规律，按照权、职、责相统一的原则进行改造和重构。

（1）改造审判部门的设置。独任法官、合议庭、审判委员会在案件审理过程中依法独立行使审判权，说明审判组织具有平等性和独立性。故在进行审判部门改造和管理模式选择时必须体现平等性和独立性。法官是审判组织的基本构成人员和核心业务承担者，审判部门的决策权应属于全体法官。故课题组认为应该设立法官会议作为审判部门的管理决策机构。法官会议由全体法官或全体法官选举产生的代表组成，其职能包括对重大审判事务进行决策；批准审判辅助部门和司法行政部门的年度工作计划；听取关于工作计划执行情况的报告等。① 在法官会议闭会期间，由院长负责部分日常审判管理工作，并对紧急事项采取应急措施。具体而言，改造路径如下：从目前试点法院来看既有保持审判庭设置的模式，也有取消审判庭的模式。② 虽然《人民法院组织法》中对审判庭设置作出了规定，但是“人民法院不以审判庭名义审理案件，所以审判庭并没有审判组织的地位，而属于司法行政机构”。③ 课题组认为，审判庭实际上是存在于主审法官、合议庭等审判组织与院长间的行政管理层级，也是行政权对审判权不当干扰的具体体现。因此，K法院等试点法院在建院时直接取消审判庭设置，确保了合议庭和独任法官真正获得了独立的地位，符合司法运行的客观规律和“以审判为中心”的司法改革的价值目标，符合审判庭改造的基本方向。但是K法院等取消审判庭设置的法院均属于新成立的法院，且规模相对较小，人员和案件数量相对不多。而我国幅员辽阔，地区差异明显，在法院规模大、人数较多、受理案件数多、案多人少矛盾突出的基层人民法院，如果采取“一刀切”，均取消审判庭的设置，势必给改革带来困难，也不符合当前审判实际，且通过多年的实践证明设置不同的审判庭审理不同类型的案件，客观上有利于提高司法效率，一定程度上能缓解“案多人少”矛盾，具有一定的现实意义。综上所述，对于这些法院规模大、人数较多、受理案件数多、“案多人少”矛盾突出的基层人民法院，对审判庭的改造应采取

① 这里涉及审判委员会与法官会议的权力划分。根据《人民法院组织法》规定，审判委员会的任务是总结审判经验，讨论重大的或者疑难的案件和其他有关审判工作的问题，故审判委员会的管理具有全局性、宏观性，而法官会议的职权则主要局限于审判部门之内，两者的权力可以并行。但审判委员会和法官委员会在审判事务的管理中会存在重合的领域，对此，课题组认为结合《第四个五年改革纲要（2014—2018）》关于“建立审判委员会讨论事项的先行过滤机制，规范审判委员会讨论案件的范围”的要求，可以考虑以法官会议为依托建立审判委员会讨论事项的先行过滤机制，凡涉及审判工作的重大事项可先交由法官会议讨论，如经过讨论认为确有必要提交审判委员会讨论决定，再提交审判委员会。

② 胡雅妮、程立武、王薇：《以服务审判为重心的法院职能整合与机构设置——以法院权力的三元划分为基础》，载《尊重司法规律与刑事法律适用研究（上）——全国法院第27届学术讨论会获奖论文集》，第267页。

③ 蒋惠玲：《试论审判机构改革》，载《人民法院报》2004年6月23日，第4版。

循序渐进的按两步走的方式进行，即第一步借鉴I法院等人民法院将审判团队建立在审判庭上，取消副庭长的设置，庭长只负责各团队的对外协调，对内不参与审理的案件不具有裁判权；第二步等条件成熟后再取消审判庭的设置。

（2）整合和撤并审判辅助部门。因审判辅助权与审判工作息息相关，且涉及程序性事项的直接处分，因此必须从规范诉讼程序的运行和处分的角度对审判辅助部门进行设计。具体而言，采取“两步走”战略。一是成立审判辅助工作局，设立局长一名将立案庭和执行局、司法警察划入审判辅助工作局之下，并作为三个独立的内设部门。对于立案和执行局纳入审判辅助工作局无可厚非，但对司法警察也纳入审判辅助工作局，可能很多法院的干警不理解，课题组认为因为司法警察担负着保障法院机关安全、审判安全、提押人犯以及强制执行等工作中，处理的也是程序性方面的工作，因此，课题组认为也应将司法警察也纳入审判辅助工作局管理。二是按照科学、精简、高效的工作要求推行扁平化管理，逐步对审判辅助相关职能整合和相关机构进行撤并。将诉讼送达、保全、鉴定、文书校对、网上办案、裁判文书上网、阳光司法等办公室整合为诉讼服务中心，作为承担审判综合服务工作的机构，根据需要设立相应保全工作组、审判管理工作组等不同的工作小组。

（3）改革现有承担司法行政事务的内设机构。在法院内部，除了承担案件审理的审判权外，还存在着为确保案件正常审理和法院正常运转的司法行政管理权。目前由于司法行政权与审判权存在混同，导致审判权运行不畅，审判权让位司法行政权的情况。因此，对内设机构的改造必须坚持科学、精简、高效、服务审判工作为重心，有利审判职能的实现为原则。目的是通过对当前设置的机构进行改造和整合，从而提高组织的效率和效益。改造路径主要从体现司法效率性方面进行的设计，具体如下：成立司法行政管理局，并设局长一名。下设两个办公室，将负责人事的政工、办公室、新闻宣传等部门和工作整合为综合行政办公室，下设人事组、文秘组、宣传组等工作组；将财务、信息技术等整合为后勤保障办公室，下设财务组、技术服务组等工作组。

改造后，审判部门对案件进行审理和裁判，专司裁判权；审判辅助部门辅助处理程序性工作；司法行政部门负责维护法院日常运作和后勤保障，为审判服务。为了确保审判部门和审判组织的核心地位，必须对审判辅助部门和司法行政部门建立监督制约机制。这种制约机制由法官会议行使，即审判辅助部门和司法行政部门定期向法官会议汇报工作；法官会议有权对审判辅助部门和司法行政部门的工作进行监督和评议；审判辅助部门和司法行政部门执行法官会议制定的工作计划或对法院管理重大事务作出的决策等。这样的设计充分体现了以审判为重心的法院内设机构改革思路。改造后的法院内设机构如图 15 所示。

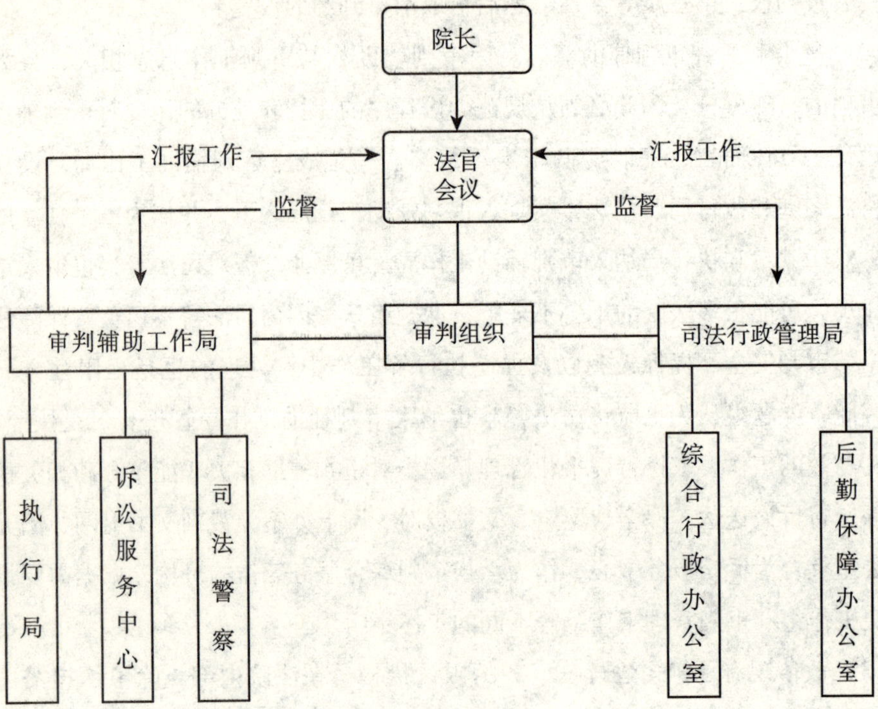

图 15　改造后的法院内设机构示意

4. 还权于审判团队，落实司法责任制

司法权不同于行政权。行政权讲究上令下从、令行禁止，司法权则强调亲历性。因此，建立符合司法规律的审判权运行机制就必须“让审理者裁判，由裁判者负责”。为实现该目标必须强化院、庭长、审判团队的监督和管理，做到权责统一。

（1）建立院、庭长办案机制，强调裁判的亲历性。“让审理者裁判，由裁判者负责”核心就是打破或限制院长、庭长决定个案的权力，防止其以层级管理权代行审判权。应建立审判组织办案机制，突出审判组织在审判权运行中的主体地位，将院、庭长直接选任为主审法官，或独任或通过担任合议庭的审判长，亲自参与案件的审理和裁判，并对案件负责，且负责审理疑难、重大、复杂案件或法律适用存在争议的新型案件，从而实现院、庭长对个案的指导和监督。案件流程图如图 16 所示：

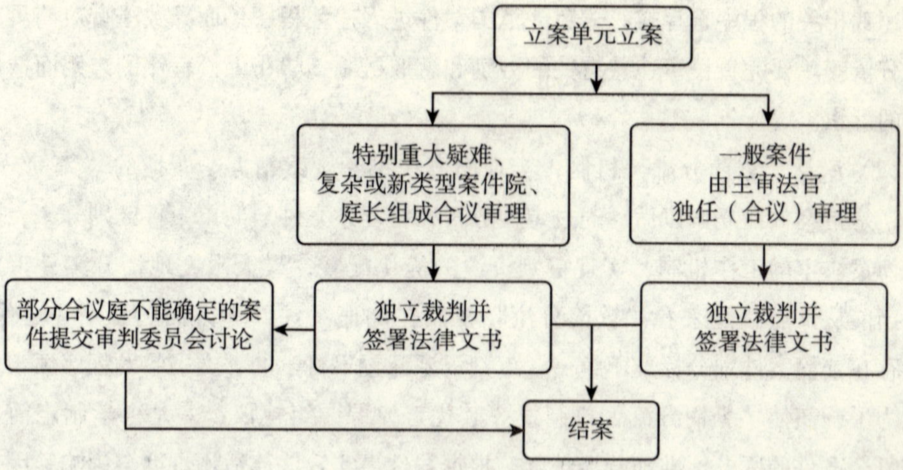

图16　案件流程

（2）落实司法责任制，做到权责明晰统一。一是改革审判委员会制度，推动审判委员会从个案讨论向宏观指导转变，防止审判委员会讨论案件的责任不清，防止审判委员会工作重心仅在讨论个案上。二是要进一步明确院、庭长审判管理和监督职责，规范其行使审判管理权和审判监督权的方式，列明责任清单。三是要推进司法标准化。结合司法流程、司法裁量、司法行为、司法权责、司法公开、诉讼服务等领域和环节制定明确、规范、可操作的标准，规范法官的司法行为和自由裁量权。四是完善司法问责机制。正确区分审判活动和案件相关的责任，即违法审判责任和审判瑕疵责任。对没有故意或者重大过失的，仅造成案件一般差错的，则应当按照审判瑕疵或者案件差错责任追究的程序追究其审判瑕疵责任，并与法官绩效考评和绩效奖金的发放直接挂钩。只有故意枉法裁判、重大过失造成错案的才追究违法审判责任，且应允许法官申辩。

5. 完善相关制度措施，实现案件快速分流

（1）完善速裁机制，确保快速、高效化解纠纷。近年来，法院探索建立的速裁模式，因操作灵活、快捷，采取一站式服务等特点在分流案件、化解纠纷过程中起到了很好的作用，但因现阶段处于探索阶段，缺乏明确的操作规则，存在有速裁案件类型杂、程序不规范、片面追求效率等问题。因此，课题组在调研的基础上，并借鉴试点法院的经验和教训，提出以下建议：一是“多头设置”和“分类设置”我国速裁程序制度。根据案件类型及所设适用程序的不同，分别设置不同的民事速裁程序与不同的民事速裁机制。二是明确标准，建构以简易、小额速裁为主，其他特殊速裁程序和特别速裁机制为辅的速裁程序体系。三是完善与民事速裁相关的配套机制。要完善

民事速裁相关的程序选择权，避免大范围案件进入速裁程序，而导致法官对简易程序的过分依赖。要完善民事速裁有关的激励和惩戒机制，防止诉讼程序的滥用而造成当事人的诉累。

（2）激活“繁简分流”机制，实现简案快结、疑案精办。所谓的“繁简分流”机制，是指案件在立案以后，通过定性分析，将复杂案件与简单案件区别开来，通过建立简案快审的工作机制，实现审判资源的优化配置，最大限度地提升案件审判效率。当前从试点法院来看“繁简分流”机制在加速案件处理方面起到了一定作用，但还存在繁简案件划分标准不统一，审判资源配置不科学的、文书签发程序烦琐等问题。为了确实使“繁简分流”机制发挥其优势，课题组建议：一是科学制定简单案件与复杂案件的区分标准和分流规则。根据案件事实、法律适用、社会影响等因素对案件进行繁简分流，做到该繁就繁，当简则简，繁简得当，努力以较小的司法成本取得较好的社会效果。二是强化立案、审判和审判管理等部门的无缝对接。对于繁简程度难以及时准确判断的案件或在案件审理过程中存在再次分流条件的案件，立案、审判和审判管理等部门要及时进行会商沟通、无缝对接，确保简单案件由速裁团队及时审理，系列案件、群体性或关联性案件原则上在同一审判组织审理。

（3）推行裁判文书繁简分流，实现文书“瘦身”。从当前司法改革的趋势来看，审理程序的繁简分流旨在以合乎理性的规范将各类案件各归其道，使紧缺的司法资源和日益膨大的司法需求在剧烈冲突中得到缓和。裁判文书作为审理结果的体现也应在优化路径中平衡公正与效率的价值——繁其所当繁，简其所当简。因此，在对案件审理进行繁简分流的同时对裁判文书也应进行繁简改革。一是针对繁简分流出来的简易案件可以直接使用令状式和要素式等简式裁判文书，简化说理。二是针对疑难复杂案件，文书中则必须要通过透彻的说理评断，明确展示当事人证据博弈过程，最终形成合理判决理由。如英国法官休厄特有句名言：“不仅要主持正义，而且要人们明确无误地、毫不怀疑地看到法官是在主持正义，这一点不仅是重要的，而且是极为重要的。”看得见的公正无疑要加强说理，让裁判文书受众看得懂，理解得透彻。

（4）进一步规范司法引导下的多元纠纷解决机制。在诉讼需求不断增长并且日趋多元化的情况下，单一的审判机制显得力不从心，多元化纠纷解决机制也一直被提倡，但非诉讼机制的权威性和既定性不强，当下构建多元化纠纷解决机制的重点在于增强非诉机制的公信力，这需要法院做好司法引导工作，激发非诉机制的纠纷解决能力。

（三）理顺上下级法院审判职能关系的具体路径

1. 回归上下级法院的监督与指导关系

总的来说，任何一个国家的上级法院对下级法院的审判活动都会产生影响，只是影响的程度或发生影响的方式各有不同。在我国，基层人民法院和中级人民法院之间，法定关系为监督与被监督，但在司法实践运行中出现关系异化。异化后的关系核心是行政化，其表现载体在于案件请示、案件发改、错案追究、绩效考评、人事管理等种种方面。理论界对异化的上下级法院关系给予了足够的关注，进行了猛烈的批评，并提出了诸多的完善方案。一般地讲，理论界提出的方案意图按照完美理论作出彻底的“釜底抽薪”式的改造，例如变更二审终审为三审终审或有效的三审终审，这涉及国家诉讼制度的变化及基本法律的修订，且不论此类方案是否有效，单就实现可能而言，其难度即可想而知。此类宏大的论述或“完美方案”不是本课题探讨的要点，本课题更乐于从现实出发，在不动大型外科手术的前提下，尝试探索具有可操作性、可复制性的修正方案。

对基层人民法院与中级人民法院关系之修正，核心在于去行政化，理论根基在于审级独立，实现可能在于观念转变，实现路径在于制度重构。普遍认为，包括基层人民法院与中级人民法院在内的上下级法院间的关系已在监督关系之外衍生出管理、协管、指挥、领导、督查等关系，而衍生出的这些关系正在逐步塑造或强化着行政化的趋向。在我国，法院系统虽然被分为四个层级，但每个层级间并不具有隶属性，基层人民法院作为最低层级的法院也并非基于依附方有存在之必要，审级独立要求任何一个层级的法院都要在自己的审级内独立审理和裁判案件。

一个看似众人皆知故而无人提及但却重要万分的“良方”叫做“观念转变”，这是改善包括基层人民法院与中级人民法院关系在内的上下级法院关系的根本与实现可能。无观念之转变，无改善之可能。观念不变，纵有制度规章，亦能万般规避。观察可见，基层人民法院与中级人民法院关系的行政化，已从法院与法院向法官与法官间过渡，此之更有实现观念转变之必要。

在对基层人民法院与中人民级法院关系改良之具体设想上，目前存在一种主流观点，即变上对下的单向制约为上下相互的双向制约。就主流观点来说，除了在事实审与法律审的两分前提下，基层人民法院认定的事实对中级人民法院具有一定的制约这一种情况之外，尚难看到具体可行的下对上的制约方式。我们认为，“不积跬步无以至千里”，在目前的司法环境下，与其探讨基层人民法院对中级人民法院的反向制约，倒不如对当前异化关系的现实载体逐个予以击破。在这个过程中，除了观念转变尤其是上级法院观念转变之外，我们还建议引入第三方监督制约力量，即案件当事人意志。

2. 明确上下级法院事实审与法律审的审判原则

根据《民事诉讼法》第 168 条的规定，第二审人民法院应当对上诉请求的有关事实和适用法律进行审查。实践中，审判人员往往会陷于一个思维上的困境，即是需对上诉请求本身所依据的事实和法律进行审查，还是对被上诉的原审判决所依据的事实和法律进行审查的问题。如果是仅围绕上述请求本身的事实和法律依据进行审查，那么这种审理方式将是一审法院审理工作的重复，而这种重复行为，将加大上级人民法院审理案件的负担，导致诉讼迟延，当事人权益到不到及时的保障。另外，二审法院的重复审理行为，又必将导致一审法院产生依赖心理，反正二审法院会重新全面审查一轮，一审如何裁判，并不会影响权益的最终确认，从而容易导致草率下判。审判活动本身就是一个发现并进行判断的活动，基层人民法院作为纠纷处理的第一线，就空间、时间距离上，最接近纠纷现场，其对证据的收集以及事实的查明，有着得天独厚的条件。因而明确基层人民法院作为一审法院，着重就事实审理的审判职能，对法律客观事实的最终查明，无疑非常关键。而上级法院依照审级独立的原则，应当与基层人民法院事实审原则有所区别，应当根据上诉目的及理由，就有关的一审案件材料以及补充的新证据，对一审判决的结果是否有依据和是否合法进行审查。上下级人民法院之间的这种分工模式，既能体现各审级之间的相互独立性，也能在相互间形成制约和监督作用。那么，就基层人民法院事实审理的工作方式而言，法律事实的查明，有赖于相应规则和制度的确立和适用，我们认为，以下几点规则和制度尤为重要：

（1）确立证据裁判规则。确立证据裁判规则，能够有效地通过客观证据去发现客观事实。一是要围绕以庭审为中心审查证据，不让庭审走过场、形式化，通过当事人双方的抗辩来审查证据的三性。当事人是证据的第一手接触人，通过庭审听取各方意见，有助于法官辨明真伪及证明力度；二是完善非法证据排除规则，该规则从大方面上来说，可以保证案件的质量以及正确的定罪量刑；在实际操作上来看，作为程序性的手段，可以防止或者减少刑讯逼供等一些非法收集证据行为的发生，维护司法公正和保护当事人的合法权益。其做法是：一要严格按照法律所明确的非法证据认定规则；二要根据司法解释等规定尚未具体明确的非法证据审查认定规则。特别是第二种做法，需要法官结合案件的实际情况进行自由裁量。而坚定疑罪从无观念，摒弃有罪推定则是自由裁量的前提和思想准备。

（2）完善诉讼证明规则。诉讼证明规则或标准，是作为审判人员内心自由裁量的尺度，其作用的重要性显而易见。虽然证明规则的作用是对裁判者内心作出裁判的指引，具有很强的主观性，但规则也能反过来对自由心证进行一定的制约或约束，以致自由心证不至过于偏离实际。同时，证明规则也是最终实现法律真实的基础。要完善证明规则，一是要辨明各方当事人的证明责任。严格依照法律的规定对当事人举证责任进行合理的分配。主张法律关系存在的当事人，应当对产生该法律关系的基本事实承担举证证明责任；主张变更、消灭或者权利受到妨害的当事人，应当对该法律关系变更、消灭或者权利受到妨害的基本事实承担举证责任；法律另有规定的除外。依照法律规定以及举证责任分配的一般原则无法确定证明责任时，人民法院可以根据公平原则和诚实信用原则，充分考虑当事人举证能力等因素予以明确。二是要进一步明确人民法院依职权调查收集证据的条件、范围和程序。对当事人因客观原因不能自行收集的证据，如由国家有关部门保存、当事人及其诉讼代理人无权查阅调取的证据，涉及国家秘密、商业秘密和个人隐私的材料等证据，人民法院应当根据当事人申请调查收集。对可能损害国家利益、社会公共利益以及可能存在恶意串通、侵害案外人利益等相关事实的证据，人民法院应当依职权进行收集。对于当事人申请调查收集的证据，与待证事实无关联、对待证事实无意义或者其他无调查收集必要的，人民法院不予准许。三是进一步规范证人、鉴定人出庭作证。证人提供证言，以出庭作证为原则。对于未经人民法院允许，当事人提交的证人书面证言、视听材料等，不能作为认定案件事实的依据。四是严格高度盖然性原则的适用标准。基层人民法院应当根据法律的规定，明确相关案件适用的证明标准。五是强化裁判文书对重要证据是否采纳的说理。办案人员应该按照法律规定全面、客观地审核证据，依据法律规定，遵循法官职业道德，运用逻辑推理和日常生活经验，对证据有无证明能力和证明能力的大小单独进行判断并公开判断的理由和结果。

3. 完善上下级法院审判职能衔接的相关制度

（1）发回重审制度的审视及规范

发回重审制度不仅涉及诉讼架构，而且关涉法院职能定位。现行三大诉讼制度中的发回重审制历来备受学界诟病，三大诉讼法中的发回重审制度既有共同点，也有特殊性。下文对发回重审制度重构之探讨，系基于民事诉讼的范畴，先予说明。

一是发回重审的前提——当事人对直接审理的排除。处分原则是民事诉讼的一项基本原则，基于处分原则的基本内涵，当事人对诉讼程序的启动或终结原则上由当事人决定。在诉讼过程的进行当中，当事人并非应当处于被动的消极地位，对程序性事项的决定，应当存有当事人发表意见和相当程度的决定权。现行《民事诉讼法》对此前相当长一段时间内存在的法院职权主义和法律父爱主义进行了部分修正，《最高人民法院关于适用〈中华人民共和国民事诉讼法〉的解释》第 329 条第 2 款规定一审判决不准离婚的案件，二审认为应当判决离婚，且当事人同意由二审法院一并审理子女抚养、财产分割等问题的，二审法院可以一并裁判。单从该司法解释条文来看，不可谓无进步，但就整个发回重审制度来看，其适用范围过于受限，并无法将当事人对直接审理的排除作为确定发回重审的适用前提。《最高人民法院民事诉讼法司法解释理解与适用》对上述条款的增加作出说明：此前之规定过于绝对，不利于纠纷的化解和诉讼经济。于此，我们不得不追问：过于绝对、不利纠纷化解和诉讼经济的难道只有前述司法解释第 329 条第 2 款这一种情形吗？答案显然并非如此。再追问：假如二审当事人均要求不发回重审而由二审法院直接审理，那么二审法院难道就不能不发回重审吗？二审法院仿佛仍然可以不予理睬而径直发回，但若我们将问题放大到当事人对此表示出极端情绪或引发涉诉信访等常规法律程序之外的情形时，二审法院又是否仍然不予理睬呢？当然，我们对问题放大的情形可能并不妥当，但问题的关键在于当事人有没有权利对发回重审说不。我们认为，这一说不的权利是处分原则的题中应有之义。在民事诉讼中，二审法院对案件之发回重审应全面贯彻以当事人对直接审理的排除作为适用前提。

二是审级利益的保障——释明。发回重审制度的一大理由即保障当事人二审终审的审级利益，避免当事人因一次裁判而无法获得二审纠错的机会。我们之所以不赞成学界某些学者所持有的彻底废除发回重审制度的过激观点，也是基于对当事人审级利益保障的考虑。为了避免二审直接审理对当事人审级利益造成损害之虞，在尊重当事人合意处分的前提下，必须对当事人就合意选择二审法院直接审理之情形作出释明。该释明，应就可能丧失审级利益之后果，予以明确说明。若释明后，当事人仍然合意选择二审法院直接审理，即视为对审级利益自行处分之放弃，此并不违反保障当事人审级利益之法律规定。有一种担心为二审直接作出的裁判可能存在错误，当事人无法再次获得救济，但随之而来的问题是发回重审后作出的裁判亦可能存在错误，当事人再次上诉后，该案仍旧由二审法院予以审理和裁判，此之情形无可避免，此之担心本无必要，况且现行审级架构已作出二审法院法官审判业务能力优于一审法院法官的假定和预设。《民事诉讼法》第 170 条第 1 款第 4 项对违反法定程序之发回重审，《最高人民法院关于适用〈中华人民共和国民事诉讼法〉的解释》第 326 条、第 327 条对遗漏诉讼请求、遗漏当事人之发回重审，大多系基于保障当事人审级利益的考虑。但不论法律所规定之违反法定程度，抑或司法解释所规定之遗漏必要事项，并非非回复到一审程序方可纠正而不得的事项，如遗漏之当事人，二审法院亦可径行追加后作出释明。当二审法院就发回重审与直接审理向当事人作出必要释明，而当事人合意作出选择时，应予充分尊重。但这里必须强调的是，释明是必经程序。同时，释明及征询当事人意见均需以书面形式予以确认。当然，经过释明后，若当事人无法达成合意选择直接审理、合意发回重审或部分当事人选择直接审理部分当事人选择发回重审的，在符合法定发回重审的条件情况下，均需发回重审，以保障当事人的审级利益。

三是发回重审的保障——一减一增。所谓一减，是指对于发回重审的案件，原则上必须抛弃当前与发回重审裁定一同附随之内部函。二审法院对发回重审案件附随内部函的现实做法，应该说对发回重审案件的审理起到了一定的指导作用，但其随之而来的弊端也是显而易见的。随着司法改革的深入推进，司法公开势必达到越来越高的要求和标准，内部函的存在与司法公开的价值取向相悖。对于当事人而言，其虽知晓司法实务中内部函的存在，但对其内容无从知晓，这在很大程度上增加了其对司法公正的担忧。对案件审判质效来说，二审法院发回重审的意见也是当事人充分准备下一阶段诉讼的有效对象，很难想象一场不具有针对性的诉辩对抗对案件重审具有多大程度的价值和意义。因此，有许多当事人千方百计想要获知内部函的具体内容，而法官基于审判秘密的要求又不便于向当事人予以告知，陡然增加了当事人与法院关系的紧张。实际上，就现实中的内部函内容而言，大多并不涉及国家秘密、商业机密或个人隐私，因此并无必要过于强调二审法院发回重审意见的神秘性。并且，在审判独立与审级独立的意义上，内部函的存在有违于此，甚至还有学者认为内部函实际上是一种违宪行为。所谓一增，是指对于发回重审的案件，必须在发回重审裁定书中详细列明发回重审的缘由。目前，二审法院发回重审案件的裁定书所列理由极为简单，有时甚至不知所谓。一审法院尚且可以从内部函得到补充信息，但当事人所得到的二审法院发回重审意见却只有格式化的几个简单术语。上文已强调，原则上应取消内部函，那么在取消内部函的情况下，就必须增加裁定书的实质内容。我们常常强调，要增加裁判文书的说理性，以使当事人了解法院的裁判理由。那么，对于发回重审裁定书而言，因为发回重审关涉当事人的重大关切和切身利益，为何就不能详细阐述得出发回重审这一逻辑结论的具体事由呢？基于增加发回重审理由需得详述的考虑，学界有一种观点甚至主张发回重审在形式上应改裁定书为判决书。当然，突破现行法律的规定，将裁定书改为判决书形式，似无必要，但其内含的增加说理性的主张却可资赞同。当发回重审裁定书详细列明了裁判理由，不仅使当事人获知了二审法院的具体缘由，为下一阶段诉讼的准备有的放矢，而且当事人和一审法院对发回重审所获信息均等，为缓解不当的司法疑虑也颇有益处。当然，不排除有些特殊情况特殊事由不能公开说明，涉及国家秘密、商业秘密或个人隐私的，仍可附随内部函予以补充说明，但应当严格限制其适用的案件数量。

（2）案件请示制度的诉讼化改造

在我国三大诉讼法中，并未有关于案件请示的明文规定。案件请示的形成，是一种司法实践中的经验事实。对于案件请示制度，我们不否认其具有的有效性的正面作用，但也不避讳该制度本身所存在的弊端和问题。从目前的司法政策、文件和学界主流观点来看，对于案件请示制度，普遍认为应对其进行诉讼化改造，这将成为今后一段时间内案件请示制度矫正的发展方向。目前的问题是，案件请示诉讼化改造的细节如何确定。

一是诉讼化改造的核心——由暗变明。案件请示之所以遭到如此之多的批评，就外部视角来看，主要是案件请示存在“暗箱”现象。诉讼当事人并不知道其引发或参与的案件是否会进行请示、如何请示、请示的结果如何，基于信息的不对等，必然会导致怀疑态度的产生，基于此，当事人自然会联想到其纠纷已由二审法院确定基调，一审裁判在已无意义的同时，也基本丧失了对二审裁判结果的期待利益。由此而言，对案件请示制度进行改造的核心，即是通过纳入诉讼法规定的制度范畴，将其存在的暗的一面明朗化，以理顺基层人民法院与上级法院的关系，并消除当事人之合理怀疑。

二是诉讼化改造的途径——提级管辖。现行诉讼法是明确规定了提级管辖制度的，以《民事诉讼法》为例，第38条规定上级人民法院有权审理下级人民法院管辖的第一审民事案件，下级人民法院对它所管辖的第一审民事案件，认为需要由上级人民法院审理的，可以报请上级人民法院审理。这为案件请示制度的诉讼化改造提供了途径和依据。我们需要进一步探讨的是通过怎样的细节使之得以实现。

提级管辖的案件范围：可以非常明确的一点是，并非基层人民法院审理的任何案件都可以报请提级管辖，那么在将案件请示改造为提级管辖范畴后，何种案件才可以报请提级管辖呢。现实法院运作体系中，一般而言基层人民法院只有认为属于难办的案件才会进行请示，所谓“难办案件”包括事实认定难案件、法律适用难案件、社会影响大案件、外部关系介入案件。对于事实认定难案件，我们认为不应列入提级管辖范畴。基层人民法院的一项基本职能就是查明事实，事实难以查明不是推卸责任的正当理由。案件事实的查明，可以通过证据规则的适用、举证责任分配和调查取证等方法来予以获得，由这些证据反映的法律事实即为案件事实。所谓法律适用难案件，是指要么并无可明确适用的法律，要么对现有法律适用存重大争议，要么在案件事实和法律规定之间难以建立有效联系。这一类型的案件属于《最高人民法院关于规范上下级人民法院审判业务关系的若干意见》第3条第3项所规定的“具有普遍法律适用意义的案件”，系于必要时可报请提级管辖的范围。所谓社会影响大案件，是指案件已造成广泛的社会舆论或可能引发潜在的重大社会影响。这一类型案件属于前述若干意见第3条第1项规定的“重大案件”，系可报请提级管辖的范围。对于外部关系介入案件，从纯粹的法治理念来说，应属于由基层人民法院自行审理的案件范围，但就我国现实的司法环境而言，若介入的各方关系已达到可能影响案件正确裁判的程度，那么留下提级管辖这条通道，还是必要的。具体适用依据可套入前述若干意见第3条第4项规定的“有管辖权人民法院不宜行使审判权的案件”的范畴。

提级管辖的程序：对于上述可以纳入提级管辖的案件类型而言，并非只要属于该种类型就一定要提级管辖，而是首先必须存在提级管辖之必要性，若虽属于前述可提级管辖的案件类型，但基层人民法院仍然可以自行予以审理和裁判的，自不必报请提级管辖。关于提级管辖程序的启动，不唯基层人民法院，而且案件当事人也可予以申请。对于由基层人民法院启动的提级管辖，应首先由合议庭提出提级管辖申请报告，在报告中列明需要提级管辖的事由，逐层报请至审委会讨论决定。在逐层报请过程中，若庭长、主管院长、审委会或法官联席会议对案件所遇之困难情况提出解决方案的，自无须再予报请。若庭长、主管院长、审委会同意报请的，需在申请表中签字确认。对于由当事人启动的提级管辖，需由当事人向合议庭提出提级管辖申请书，并首先由合议庭审查决定，合议庭同意的，形成提级管辖申请报告，层报至审委会讨论决定。对于基层人民法院报请的提级管辖申请是否同意，其决定权自然在中级人民法院。至于具体审查的部门，存在由对口业务庭室审查和非对口业务庭室审查两种情况。由这两个审查主体审查各有利弊，考虑到对口业务庭室因若同意提级管辖势必增加自身工作量的天然排斥心理，由非对口业务庭室例如研究室进行审查，仿佛更为可行。虽然由非对口业务庭室进行审查仍然可能存在这种排斥心理，但在并无法律规定若中级人民法院对基层人民法院提级管辖申请不予同意的情况下需报高级人民法院审核以防推诿的前提下，只能两者相较取其轻。中级人民法院对基层人民法院提级管辖申请作出审查，应限定时间。对于决定提级管辖的，并作出同意移送决定书，对于决定不予提级管辖的，并作出不同意移送决定书。对于决定提级管辖的案件，基层人民法院应向当事人予以明示，中级人民法院作出的裁判，不影响当事人的审级利益。对于决定不予提级管辖的案件，基层人民法院应继续审理，并不得再次就此向中级人民法院申请提级管辖，也不得以其他方式主动予以请示、汇报。中级人民法院对提级管辖的案件，在作出裁判后，应向辖区各基层人民法院和社会公众予以公布。

六、结语

本课题组紧紧围绕人民群众对司法的新需求，对人民法院的职能特别是基层人民法院的职能定位进行了探讨和分析，课题组始终认为，基层人民法院的职能定位应该以人民群众的需求作为根本出发点和落脚点。当前人民群众对司法的迫切需求是司法效率、质量和公平正义。本课题围绕司法效率、司法公信力和公平正义等方面对基层人民法院的职能进行了探讨，但法院职能定位本身就是一个十分宏观的问题。因此，课题组希望起到一个抛砖引玉的作用，唤起更多同仁来研究人民法院的职能定位，确保我们的法院特别是基层人民法院的定位符合国情、符合民众需要。

调研成果转化情况

附件1：

南宁市江南区人民法院
要素式裁判文书适用指南（试行）

第一条 为了规范要素式裁判文书制作，实现民事裁判文书繁简分流，提高审判质量和效率，满足人民群众司法需求的目的，根据《中华人民共和国民事诉讼法》及相关司法解释，结合我院审判实践制定本指南。

第二条 要素式裁判文书是指对于某些能够概括出固定要素的案件，在撰写裁判文书时不再分开陈述原告起诉、被告辩称、本院查明和本院认为部分，而是围绕某一要素，陈述原、被告意见及证据和法院认定的理由和依据的法律文书。

第三条 要素式裁判文书适用的案件类型原则为机动车交通事故责任纠纷案件和劳动争议纠纷案件，不区分简易程序和普通程序。此两类案件优先适用要素式裁判文书，涉及个案是否采用要素式文书，由承办法官根据案件争议大小自主决定。

第四条 机动车要素式文书结合《机动车交通事故责任纠纷案件要素式起诉状》和《答辩状》使用，能够进一步提高审判工作的效率。

机动车交通事故责任纠纷案件在立案时，应由人民法院应当向原告发出《机动车交通事故纠纷案件要素式起诉状》，指导原告填写案件相关要素。向被告（第三人）送达《机动车交通事故纠纷案件要素式起诉状》副本时一并送达《要素式答辩状》，并要求被告（第三人）针对《要素式起诉状》的内容填写《要素式答辩状》，于答辩期满前提交。

第五条 劳动争议要素式文书结合《劳动者要素表》《用人单位要素表》使用，能够进一步提高审判工作的效率。

劳动争议案件在立案时，原告除递交起诉状外，还应按人民法院指导填写《劳动争议纠纷案件要素表》，要素表按案件类型区分为涉及工伤保险和不涉及工伤保险两种类型，前述两种类型中按填写主体再区分为用人单位和劳动者两种。

对于劳动者起诉的，在立案时指导劳动者填写《劳动者要素表》，在送达起诉状副本时一并送达《劳动者要素表》副本，并要求用人单位针对《劳动者要素表》的内容填写《用人单位要素表》，于答辩期满前提交。

对于用人单位起诉的，由用人单位针对劳动者申请仲裁时的事项填写《用人单位要素表》，然后将《用人单位要素表》的副本交给劳动者，要求劳动者针对《用人单位要素表》的内容填写《劳动者要素表》，于指定日期前提交。

第六条 庭审时，根据双方当事人填写的要素内容，归纳当事人无争议的内容和有争议的要素。对于被告（第三人）庭前未填写要素表或要素式答辩状的，法官根据要素逐一询问其对要素的意见后，确定有争议的要素后，由当事人进行举证和发表质证辩论意见。

第七条 根据当事人确认的要素和通过审理认定的争议要素，按照本院发布的要素式裁判文书样式填写裁判文书内容。对有争议的要素，可以围绕各要素分析诉辩意见和法院认证过程。裁判意见则依据查明的要素和相关适用法律阐述理由。

第八条 要素式裁判文书的样式说明：（详见各样式末尾）。

机动车要素式裁判文书样式的说明

本样式适用于机动车交通事故一审普通或简易民事案件。

本判决样式由首部、事实、理由、判决结果和尾部五个部分组成。

一、首部

依次写明以下事项：（以下事项如无特别说明的，均与传统文书格式相同）

（一）法院名称；

（二）文书名称；

（三）案号；

（四）当事人的基本情况；

（五）法定代表人；

（六）法定代理人、指定代理人或委托代理人；

（七）法院审理过程

具体包括案由、适用程序、公开或不公开开庭、当事人未到庭参加诉讼的情况等。要素式文书与传统文书相比，可以简略不写法院受理案件时间和开庭审理时间，到庭当事人一般不加说明，但如有当事人未到庭的，要特别注明“某某当事人经合法传唤无正当理由拒不到庭参加诉讼，本院依法缺席审理”。

二、事实部分

根据机动车交通事故案件相关事实要件，逐一进行列举说明：

（一）事故发生概况：该部分概述，基本依据当事人提交的由公安交警部门制作的道路交通事故认定书认定的事故发生事实。

（二）交警部门的责任认定结果：载明交警部门认定的责任结果及依据。

（三）受害人概况：根据受害人要获得各项赔偿应当提供的相关要素信息进行填写。

受害人只是受伤未致残的一般要载明：受害人的姓名和受伤前从事的职业情况；受害人因事故受伤就医情况。

受害人伤残或死亡的还要载明：受害人的近亲属情况；受害人及其近亲属是农村或城镇户籍；受害人伤残等级等。

（四）受害方已获得赔偿情况：写明事故发生后各被告已经赔偿给原告的款项数额。

（五）其他赔偿义务主体的过错情况：事故责任主体的过错情况已在第（二）项即交警部门的责任认定情况里载明，此项主要针对有其他赔偿义务主体的，说明其与事故责任主体的关系和过错情况。如车主、雇主、借用、租赁、挂靠等，依据法律规定存在某种关系即需承担责任的，不需说明过错情况。如雇主、挂靠关系等。依据法律规定存在某种关系且存在过错才需要承担赔偿责任的，说明过错情况。如借用或租赁关系等。

（六）肇事车辆投保情况：载明肇事车辆所投保的交通事故强制险和第三者责任险情况。对计算数额有影响的条款要列明。如商业险是否投保不计免赔等。

（七）其他必要情况：主办人认为个案存在不宜载明在上述六项中但又必须予以说明的情况，可以此项列举。

（八）原告诉讼请求：逐项载明当事人的诉讼请求。

（九）各被告答辩意见：简要陈述各被告答辩的主要观点。

（十）本院核定原告的各项损失：因损失部分仍属于事实，虽有法院论证的过程，但仍放在认定事实部分。可以在每一项赔偿项目下，直接载明法院认定的数额，然后说明据以认定该数额的证据，如果双方当事人对此数额有争议的，可以进行简单论述；

1. 医疗费：

2. 误工费：

3. 住院伙食补助费：

4. 营养费：

5. 死亡赔偿金（残疾赔偿金）（含被扶养人生活费）：

6. 护理费：

7. 鉴定费：

8. 交通费：

9. 精神损害抚慰金数额：×××元（酌定）。

三、本院裁判意见部分

根据交警部门的事故责任认定和各方当事人关系、过错情况，分别确定事故责任人、其他赔偿义务人赔偿责任的承担。根据肇事车辆投保情况，依法法律规定确定保险公司应当承担的赔偿责任。当事人在答辩中对责任提出异议的，要有针对性地加以论述。

四、判决主文部分

对当事人争议的实体问题作出判决。判决主文部分中当事人名称要用全称；判决主文的几项之间统一用分号。有保险公司参加诉讼的，先判决保险公司承担的责任，对超出责任限额的损失部分，判决由各赔偿义务人承担责任。

五、尾部

与传统文书完全一致，依次写明以下事项：

（一）诉讼费用的负担。

（二）如判决生效，义务人不履行义务的后果，权利人申请执行的期限。

（三）如不服判决而上诉，提交上诉状的时间、上诉状正、副本的份数、上诉法院、上诉费（包括收款单位名称、开户银行、账号）以及逾期不交费的后果。

（四）判决书的尾部应当由参加审判案件的合议庭组成人员或者独任审判员署名。合议庭成员有陪审员的，署名为“人民陪审员”；合议庭成员有助理审判员的，署名为“代理审判员”；助理审判员担任合议庭审判长的，与审判员担任合议庭审判长一样，署名为“审判长”；院长（副院长）或者庭长（副庭长）参加合议庭的，应当担任审判长，均署名为“审判长”。

（五）制作文书的时间，为判决签发的日期。

（六）书记员署名。

（七）判决书原本上不写“本件与原本核对无异”。此句文字应制成专用印戳，由书记员将正本与原本核对无异之后，加盖在正本末页的年月日的左下方、书记员署名的左上方。

南宁市江南区人民法院
机动车交通事故责任纠纷案件要素式起诉状

（仅限财产损害）

重 要 声 明

1. 为了使您更好地参加诉讼，保护您的合法权利，特设计此起诉状。

2. 本表所列各项内容都是法官查明案件事实所需要了解的，请您务必认真阅读，如实填写。

3. 由于本表的设计是针对一般机动车交通事故案件，其中有些项目可能与您的案件无关，对于您认为与您的案件无关的项目可以填“无”。对于本表中有遗漏的项目，您可以在本表“需要说明的其他事项”中填写。

4. 本表中有些项目有备选项，如您有备选项中的信息，请在备选项后的（ ）打√，可以多选。

5. 您在本表中所填写内容属于您依法向法院陈述的重要内容。除向法院提交正本一份外，您还须根据被告方的人数提交相应份数的要素表副本，本院将会依法送达给其他诉讼参与人。

请填写以下内容并根据要求附相关证据：

一、原告（赔偿权利人）概况：

姓名：

公民身份证号码：

职业情况：

居住状况：

联系电话：

相关证据：身份证（　　　　）户口簿（　　　　）单位或居委会或村委、派出所证明（　　　　）

二、被告（赔偿义务人）概况

1.（驾驶员）姓名：

公民身份证号码：

职业情况：

居住状况：

相关证据：身份证（　　　　）户口簿（　　　　）单位或居委会或村委、派出所证明（　　　　）

联系电话：

2.（机动车所有人）姓名：

公民身份证号码：（机构代码）

职业情况：

居住状况：

相关证据：身份证（　　　　）户口簿（　　　　）单位或居委会或村委、派出所、交警证明（　　　　）营业执照（　　　　）机构代码证（　　　　）

联系电话：

3. 其他

4.（保险公司）单位名称

住所地：

法定代表人：

联系电话：

相关证据：营业执照（　　　　）机构代码证（　　　　）

5.（第三人）单位名称：

住所地：

法定代表人：

联系电话：

相关证据：营业执照（　　　　）机构代码证（　　　　）

三、事故发生概况：

时间：

地点：

事故各方：行人：

电动车：

机动车：车牌号

相关证据：交通事故认定书（　　　　）调解协议（　　　　）

四、交警部门的责任认定结果及双方对事故认定的意见：

全责：原告（　　　　）被告（　　　　）

主要责任：原告（　　　　）被告（　　　　）

次要责任：原告（　　　　）被告（　　　　）

无责：原告（　　　　）被告（　　　　）

原告对事故认定的意见：

相关证据：交通事故认定书（　　　　）

五、原告诉讼请求：

六、诉请的各项费用构成：

1. 维修被损坏车辆支出的费用：　　元

相关证据：评估鉴定书（　　　　）维修合同（　　　　）维修费发票（　　　　）

2. 车辆所载物品的损失：　　元

相关证据：物品发票（　　　　）

3. 车辆施救费用：　　元

相关证据：施救费发票（　　　　）

4. 车辆重置费用：　　元

相关证据：重置车辆的合同（　　　　）车辆重置费发票（　　　　）

5. 经营性车辆的停运损失：　　元

计算方法：

停运理由及天数；

相关证据：车辆经营证明（　　　　）维修合同（　　　　）

6. 无法使用非经营车辆产生的替代性交通费用：　　元

计算方式：

相关证据：

7. 其他费用：

七、损害方已获得赔偿情况：

八、相关保险合同主体及涉及的保险合同类型：

交强险：

保险期间：

商业三者险：

保险期间：

保险金额：

责任免除情况：

相关证据：交强险保险单（　　　　）商业三者险保险单（　　　　）

九、机动车驾驶员与机动车所有人的关系：

同一人（　　　　）借用（　　　　）雇佣（　　　　）租赁(　　　　)擅自驾驶他人车辆（　　　　）挂靠（　　　　）承包(　　　　)

其他：

相关证据：车辆信息单（　　　　）驾驶人述说（　　　　）挂靠合同（　　　　）承包合同（　　　　）

十、各赔偿义务主体之间关系的说明：

相关证据：

十一、需要说明的其他事项：＿＿＿＿＿＿＿＿＿＿＿＿＿＿＿＿＿＿＿＿

＿＿＿＿＿＿＿＿＿＿＿＿＿＿＿＿＿＿＿＿＿＿＿＿＿＿＿＿＿＿＿＿＿＿＿

＿＿＿＿＿＿＿＿＿＿＿＿＿＿＿＿＿＿＿＿＿＿＿＿＿＿＿＿＿＿＿＿＿＿＿

＿＿＿＿＿＿＿＿＿＿＿＿＿＿＿＿＿＿＿＿。

请对上述内容认真填写并核对清楚后签名。

此致

南宁市江南区人民法院

具状人：

年　月　日

南宁市江南区人民法院
机动车交通事故纠纷案件要素式答辩状
（仅有财产损失）

（　　）桂0105民初字第　　号

重　要　声　明

1. 为了使您更好地参加诉讼，保护您的合法权利，特发本表。

2. 本表所列各项内容都是法官查明案件事实所需要了解的，请您务必认真阅读，如实填写。

3. 由于本表的设计是针对一般机动车交通事故案件，其中有些项目可能与您的案件无关，对于您认为于您案件无关的项目可以填“无”或不填。对于本表中有遗漏的项目，您可以在本表“需要说明的其他事项”中另行填写。

4. 本表中有些项目有备选项，如您有备选项中的信息，请再备选项后的（　）打√。

5. 您在本表中所填写内容属于您依法向法院陈述的重要内容，您填写的要素表副本，本院将会依法送达给其他诉讼参与人。

6.《最高人民法院关于民事诉讼证据的若干规定》第八条第二款规定：对一方当事人陈述的事实，另一方当事人既未表示承认也未否认，经审判人员充分说明并询问后，其仍不明确表示肯定或者否定的，视为对该项事实的承认。因此你方应当认真填写本表。

7. 原告填写的《机动车交通事故责任纠纷案件要素式起诉状》副本本院已经向你方送达，你应当首先对原告填写的要素进行肯定或者否定的陈述，进行否定陈述的，应当陈述你主张的事实、理由及证据。

8. 您应当以本表作为答辩状的组成部分或者以本表作为答辩状在答辩期届满前将本表及其副本提交本院。

请结合《机动车交通事故责任纠纷案件要素式起诉状》填写以下内容并根据需要附相关证据：

一、答辩人身份情况

1. 如答辩人身份为驾驶员请填写以下信息：

（驾驶员）姓名：

公民身份证号码：

职业情况：

居住状况：

2. 如答辩人身份为机动车所有人请填写以下信息：

（机动车所有人）姓名：

公民身份证号码：（机构代码证）

职业情况：

居住状况：

3. 如答辩人身份为其他情况请填写身份信息：

4. 如答辩人身份为保险公司请填写以下信息：

（保险公司）单位名称：

住所地：

相关证据：户口簿（　　　　）身份证（　　　　）单位或居委会或村委、派出所证明（　　　　）

二、事故发生概况：

时间：

地点：

事故各方：行人：

电动车：

机动车：车牌号

相关证据：交通事故认定书（　　　　）

三、交警部门的责任认定结果及答辩人对事故认定的意见：

全责：原告（　　　　）被告（　　　　）

主要责任：原告（　　　　）被告（　　　　）

次要责任：原告（　　　　）被告（　　　　）

无责：原告（　　　　）被告（　　　　）

答辩人对事故责任的意见：

相关证据：

四、答辩人对原告诉请各项费用的意见：

1. 维修被损坏车辆支出的费用：

对金额及计算方式有异议（　　　　）

对金额及计算方式无异议（　　　　）

如有异议请说明理由及依据：

相关证据：

2. 车辆所载物品的损失：

对金额及计算方式有异议（　　　　）

对金额及计算方式无异议（　　　　）

如有异议请说明理由及依据：

相关证据：

3. 车辆施救费用：

对金额及计算方式有异议（　　　　）

对金额及计算方式无异议（　　　　）

如有异议请说明理由及依据：

相关证据：

4. 车辆重置费用：

对金额及计算方式有异议（　　　　）

对金额及计算方式无异议（　　　　）

如有异议请说明理由及依据：

相关证据：

5. 经营性车辆的停运损失：

对金额及计算方式有异议（ ）

对金额及计算方式无异议（ ）

如有异议请说明理由及依据：

相关证据：

6. 无法使用非经营车辆产生的替代性交通费用：

对金额及计算方式有异议（ ）

对金额及计算方式无异议（ ）

如有异议请说明理由及依据：

相关证据：

7. 其他费用：

对金额及计算方式有异议（ ）

对金额及计算方式无异议（ ）

如有异议请说明理由及依据：

相关证据：

五、答辩人已向原告支付的赔偿费数额：

相关证据：

六、答辩人对原告的《机动车交通事故纠纷案件要素式起诉状》中相关保险合同主体及涉及的保险合同类型进行确认：

属实（ ）

不属实（　　　　）

不属实理由：

相关证据：

七、答辩人对原告的《机动车交通事故纠纷案件要素式起诉状》中机动车驾驶员与机动车所有人的关系进行确认：

属实（　　　　）

不属实（　　　　）

不属实理由：

相关证据：

八、答辩人对原告的《机动车交通事故纠纷案件要素式起诉状》中各赔偿义务主体之间关系进行确认：

属实（　　　　）

不属实（　　　　）

不属实理由：

相关证据：

九、需要说明的其他事项：____

____

____

______________________________________。

请对上述内容重新核对，确认后签名。

年　月　日

南宁市江南区人民法院
机动车交通事故责任纠纷案件要素式起诉状
（一般人身损害）

重 要 声 明

1. 为了使您更好地参加诉讼，保护您的合法权利，特设计此起诉状。

2. 本表所列各项内容都是法官查明案件事实所需要了解的，请您务必认真阅读，如实填写。

3. 由于本表的设计是针对一般机动车交通事故案件，其中有些项目可能与您的案件无关，对于您认为与您的案件无关的项目可以填“无”。对于本表中有遗漏的项目，您可以在本表“需要说明的其他事项”中填写。

4. 本表中有些项目有备选项，如您有备选项中的信息，请在备选项后的（ ）打√，可以多选。

5. 您在本表中所填写内容属于您依法向法院陈述的重要内容。除向法院提交正本一份外，您还须根据被告方的人数提交相应份数的要素表副本，本院将会依法送达给其他诉讼参与人。

请填写以下内容并根据要求附相关证据：

一、原告（赔偿权利人）概况：

1.（原告）姓名：

公民身份证号码：

职业情况：

居住状况

联系电话：

相关证据：身份证（ ）户口簿（ ）单位或居委会或村委、派出所证明（ ）

2.（法定代理人）姓名：

公民身份证号码：

职业情况：

居住状况

联系电话：

相关证据：身份证（ ）户口簿（ ）单位或居委会或村委、派出所证明（ ）

3.（法定代理人）姓名：

公民身份证号码：

职业情况：

居住状况

联系电话：

相关证据：身份证（　　　　）户口簿（　　　　）单位或居委会或村委、派出所证明（　　　　）

二、被告（赔偿义务人）概况

1.（驾驶员）姓名：

公民身份证号码：

职业情况：

居住状况

联系电话：

相关证据：身份证（　　　　）户口簿（　　　　）单位或居委会或村委、派出所证明（　　　　）

2.（机动车所有人）姓名：

公民身份证号码：（机构代码）

职业情况：

居住状况

相关证据：车辆信息单（　　　　）身份证（　　　　）户口簿（　　　　）单位或居委会或村委、派出所、交警证明（　　　　）营业执照（　　　　）机构代码证（　　　　）

联系电话：

3. 其他

4.（保险公司）单位名称

住所地：

法定代表人：

相关证据：营业执照（　　　）机构代码证（　　　）

三、事故发生概况：

时间：

地点：

事故各方：行人：

　　　　　电动车：

　　　　　机动车：车牌号

相关证据：交通事故认定书（　　　）调解协议（　　　）

四、交警部门的责任认定结果及双方对事故认定的意见：

全责：原告（　　　）　被告（　　　）

主要责任：原告（　　　）　被告（　　　）

次要责任：原告（　　　）　被告（　　　）

无责：原告（　　　）被告（　　　）

原告对事故认定的意见：

相关证据：交通事故认定书（　　　）

五、原告诉讼请求：

六、财物损失构成：　　元

计算方法：

相关证据：财物发票（　　　）

七、人身损害构成：　　元

1. 医疗费（含后续治疗费）　　元；

相关证据：各医院病历（　　　）、门诊及住院费发票(　　　)

2. 护理费　　元：

计算方法：

护理人员　　人、系聘请（　　　　）或受害人的

相关证据：护理费发票（　　　　）护理人员工资证明（　　　　）单位证明（　　　　）劳动合同（　　　　）

3. 误工费　　元：

计算方法：

误工事由及天数：

相关证据：误工人员工资收入证明（　　　　）单位证明(　　　　)劳动合同（　　　　）纳税凭证（　　　　）

4. 交通费：

交通费计算方法及支出事由：

相关证据：交通费发票（　　　　）

5. 住宿费：

住宿费支出事由及天数：

相关证据：住宿费发票（　　　　）

6. 住院伙食补助费　　元；

计算方法：

相关证据：疾病证明书（　　　　）病历（　　　　）

7. 营养费　　元；计算方法：

相关证据：病历（　　　　）疾病证明书（　　　　）

八、精神损害抚慰金数额：　　元

相关证据：

九、其他费用：　　元

相关证据：

十、受害方已获得赔偿情况：

十一、相关保险合同主体及涉及的保险合同类型：

交强险：(　　　)
保险期间：
商业第三者险：(　　　)
保险期间：
保险金额：
责任免除情况：
相关证据：交强险保险单（　　　）商业第三者险保险单(　　　)

十二、机动车驾驶员与机动车所有人的关系：

同一人（　　　）借用（　　　）雇佣（　　　）租赁(　　　)擅自驾驶他人车辆（　　　）挂靠（　　　）承包(　　　)

其他：

相关证据：车辆信息单（　　　）驾驶人述说（　　　）挂靠合同（　　　）承包合同（　　　）

十三、各赔偿义务主体之间关系的说明：

十四、需要说明的其他事项：______________________________________

____

____。

请对上述内容认真填写并核对清楚后签名。

此致

南宁市江南区人民法院

具状人：

年　月　日

南宁市江南区人民法院
机动车交通事故纠纷案件要素式答辩状

（一般人身损害）

（　）桂0105民初字第　号

重　要　声　明

1. 为了使您更好地参加诉讼，保护您的合法权利，特发本表。

2. 本表所列各项内容都是法官查明案件事实所需要了解的，请您务必认真阅读，如实填写。

3. 由于本表的设计是针对一般机动车交通事故案件，其中有些项目可能与您的案件无关，对于您认为于您案件无关的项目可以填“无”或不填。对于本表中有遗漏的项目，您可以在本表“需要说明的其他事项”中另行填写。

4. 本表中有些项目有备选项，如您有备选项中的信息，请再备选项后的（　）打√。

5. 您在本表中所填写内容属于您依法向法院陈述的重要内容，您填写的要素表副本，本院将会依法送达给其他诉讼参与人。

6. 《最高人民法院关于民事诉讼证据的若干规定》第八条第二款规定：对一方当事人陈述的事实，另一方当事人既未表示承认也未否认，经审判人员充分说明并询问后，其仍不明确表示肯定或者否定的，视为对该项事实的承认。因此你方应当认真填写本表。

7. 原告填写的《机动车交通事故责任纠纷案件要素式起诉状》副本本院已经向你方送达，你应当首先对原告填写的要素进行肯定或者否定的陈述，进行否定陈述的，应当陈述你主张的事实、理由及证据。

8. 您应当以本表作为答辩状的组成部分或者以本表作为答辩状在答辩期届满前将本表及其副本提交本院。

请结合《机动车交通事故责任纠纷案件要素式起诉状》填写以下内容并根据需

要附相关证据：

一、答辩人身份情况

1. 如答辩人身份为驾驶员请填写以下信息：

（驾驶员）姓名：

公民身份证号码：

职业情况：

居住状况：

2. 如答辩人身份为机动车所有人请填写以下信息：

（机动车所有人）姓名：

公民身份证号码：（机构代码证）

职业情况：

居住状况

3. 如答辩人身份为其他情况请填写身份信息：

4. 如答辩人身份为保险公司请填写以下信息：

（保险公司）单位名称

住所地：

相关证据：户口簿（　　　）身份证（　　　）单位或居委会或村委、派出所证明（　　　）营业执照（　　　）机构代码证(　　　)

二、事故发生概况：

三、答辩人对交警部门事故认定的意见：

相关证据：

四、答辩人对原告诉请各项费用的意见：

财物损失方面： 对金额及计算方式有异议（　　　）

对金额及计算方式无异议（　　　）

如有异议请说明理由及依据：

相关证据：

人身损害方面

1. **医疗费**：对金额及计算方式有异议（　　　　）
对金额及计算方式无异议（　　　　）

如有异议请说明理由及依据：

相关证据：

2. **护理费**：对金额及计算方式有异议（　　　　）
对金额及计算方式无异议（　　　　）

如有异议请说明理由及依据：

相关证据：

3. **误工费**：对金额及计算方式有异议（　　　　）
对金额及计算方式无异议（　　　　）

如有异议请说明理由及依据：

相关证据：

4. **交通费**：对金额及计算方式有异议（　　　　）
对金额及计算方式无异议（　　　　）

如有异议请说明理由及依据：

相关证据：

5. **住宿费**：对金额及计算方式有异议（　　　　）
对金额及计算方式无异议（　　　　）

如有异议请说明理由及依据：

相关证据：

6. 住院伙食补助费：对金额及计算方式有异议（　　　　）

对金额及计算方式无异议（　　　　）

如有异议请说明理由及依据：

相关证据：

7. 营养费：对金额及计算方式有异议（　　　　）

对金额及计算方式无异议（　　　　）

如有异议请说明理由及依据：

相关证据：

精神损害抚慰金方面：对金额及计算方式有异议（　　　　）

对金额及计算方式无异议（　　　　）

如有异议请说明理由及依据：

相关证据：

其他费用方面：对金额及计算方式有异议（　　　　）

对金额及计算方式无异议（　　　　）

如有异议请说明理由及依据：

相关证据：

五、答辩人已向原告支付的赔偿费数额：

相关证据：

六、答辩人对原告的《机动车交通事故纠纷案件要素式起诉状》中相关保险合同主体及涉及的保险合同类型进行确认：

属实（　）不属实（　）

不属实理由：

相关证据：

七、答辩人对原告的《机动车交通事故纠纷案件要素式起诉状》中机动车驾驶员与机动车所有人的关系进行确认：

属实（　）不属实（　）

不属实理由：

相关证据：

八、答辩人对原告的《机动车交通事故纠纷案件要素式起诉状》中各赔偿义务主体之间关系进行确认：

属实（　）不属实（　）

不属实理由：

相关证据：

九、需要说明的其他事项：____

____

____。

请对上述内容重新核对，确认后签名。

年　月　日

附件2：

南宁市江南区人民法院
令状式裁判文书适用指南（试行）

一、所谓令状式裁判文书，是指对于小标的案件或者案情简单，双方对事实没有争议的案件，出具类似于一个命令形式的判决书。

二、可以使用令状式裁判文书的类型：

1. 小额诉讼案件。

对于小额诉讼案件，如果当庭宣判的，庭审全程录音录像的，庭审笔录也明确记载了当庭判决内容的，法院可以不再出具书面格式规范的判决书，而仅出具一个简易（令状式）的判决书。

2. 案情简单，双方对事实没有争议和争议不大的特定类型案件。

对于被告仅以缺乏还款能力进行抗辩的民间借贷纠纷、买卖合同案件，以及原告第一次到法院请求离婚，但未提交相关证据，被告又不同意离婚的案件，法院可以不再出具书面格式规范的判决书，而仅出具令状式的判决书。如果当事人不服上诉，法院应当出具答疑书（或法律意见书），在答疑书中可以再进一步详细说明判决理由。

三、对于可能适用令状式裁判文书的案件，应当事先向当事人发放《适用令状式裁判文书告知书》，告知和提醒当事人的相关权利。

广西壮族自治区南宁市江南区人民法院民事判决书

（判决不准离婚或事实清楚的民间借贷案件）

（20××）桂0105民初字第××号

原告×××（写法与传统文书相同）。

委托代理人×××（与传统文书相同）。

被告×××（写法与原告相同）。

委托代理人×××（写法与原告的委托代理人相同）。

上列原告诉被告××××纠纷一案，本院受理后，依法适用××程序，公开开庭进行审理，（未到庭的当事人要进行说明），现已审理终结。

原告因被告（简要说明事由），特向法院提起诉讼，请求判令：1. 解除原、被告双方的；2. ……

本院基于查明的事实，（简要说明理由），依照《中华人民共和国法》第××条第××款之规定，判决如下：

一、……

二、……

案件受理费××元，由××负担。

（上述应付款项，义务人应于本案民事判决书生效之日起十日内履行完毕，如果未按本判决指定的期间履行给付金钱义务，应当依照《中华人民共和国民事诉讼法》第二百五十三条之规定加倍支付迟延履行期间的债务利息，权利人可在本案生效民事判决书规定的履行期限最后一日起二年内，向本院或与本院同级的被执行的财产所在地人民法院申请执行。）

如不服本判决，可在判决书送达之日起15日内向本院或南宁市中级人民法院递交上诉状，并按对方当事人人数提供副本，并在上诉期限届满后七日内预交上诉案件受理费×××××元，款汇：南宁市中级人民法院诉讼费专户；开户行：中国农业银行古城支行南宁市竹溪分理处；账号：010201011887017。逾期不交也不提出缓交、减交和免交申请的，则按自动撤回上诉处理。

审　判　员　　×××

二〇××年××月××日

书　记　员　　×××

令状式裁判文书样式的说明

本样式适用于一审判决不准离婚和事实清楚的民间借贷、买卖合同纠纷简易或普通民事案件。

本判决样式由首部、事实、理由、判决结果和尾部五个部分组成。

一、首部

依次写明以下事项：（以下事项如无特别说明的，均与传统文书格式相同）

（一）法院名称；

（二）文书名称；

（三）案号；

（四）当事人的基本情况；

（五）法定代表人；

（六）法定代理人、指定代理人或委托代理人；

（七）法院审理过程

具体包括案由、适用程序、公开或不公开开庭、当事人未到庭参加诉讼的情况等。令式文书与传统文书相比，可以简略不写法院受理案件时间和开庭审理时间，到庭当事人一般不加说明，但如有当事人未到庭的，要特别注明“某某当事人经合法传唤无正当理由拒不到庭参加诉讼，本院依法缺席审理”。

二、诉辩部分

简要载明原告诉讼事实理由和被告答辩意见，但诉讼请求应详细记载。

三、本院裁判意见部分

简要记载法院查明事实（借贷或买卖）或直接说明根据庭审查明的事实，适用相关法律，载明裁判理由。

四、判决主文部分

与传统文书样式相同。

五、尾部

与传统文书完全一致。

南宁市江南区人民法院
适用简易（令状式）裁判文书告知书

为提高诉讼效率，本案可能采用简易判决，为保护你的诉讼权利，现将有关事项告知如下，请您仔细阅读：

一、简易判决是不详细记载当事人诉辩主张、理由和法院裁判理由的裁判文书，虽然裁判文书上对前述内容没有详细记载，但是这些内容将充分体现在庭审笔录中。

您若对裁判理由不清楚可以向法庭要求复印开庭笔录。

二、完整的庭审记录对您的权利保护非常重要，您应当关注庭审笔录完整记录您的主张和法官裁判的理由。发现没有及时记录的，应当提示法庭及时记录或补正。

三、为了确保您的权利，本案将全程录音或录像。录音或录像将以电子文档形式存卷。必要时您可以向法院申请聆听或观看庭审的录音或录像。

四、您若不服一审判决提出上诉，可在提交上诉状前申请主办法官答疑，本院会以适当的形式详细解释判决理由。本院答疑将记录在案。

附件3：

南宁市江南区人民法院先后制定了《南宁市江南区人民法院司法体制改革试点工作实施方案》《南宁市江南区人民法院人员分类管理实施细则》《南宁市江南区人民法院入额法官初选工作方案》《南宁市江南区人民法院关于首批入额法官初选考试考核工作的实施细则》《南宁市江南区人民法院遴选首批员额法官业绩考察计分标准》《南宁市江南区人民法院关于规范院、庭长审判管理权限的规定》（试行）《南宁市江南区人民法院司法辅助人员培养办法》（试行）等20项与司法体制改革配套的方案和管理制度。因篇幅有限，此处不再一一列出。

司法体制改革背景下法官助理职责问题研究

南宁市江南区人民法院课题组*

一、前言

（一）调研的背景、目的及意义

1. 调研的背景

2013 年，党的第十八届三中全会通过了《中共中央关于全面深化改革若干重大问题的决定》，决定推进法治中国建设，要求“深化司法体制改革，加快建设公正高效权威的社会主义司法制度，维护人民权益，让人民群众在每一个司法案件中都感受到公平正义”。① 由此，一场在司法系统开展的波澜壮阔的自我变革拉开了序幕。2014 年，党的第十八届四中全会明确了司法改革的宏伟蓝图。在公布的报告中明确指出：“明确各类司法人员工作职责、工作流程、工作标准……”② 2014 年，中央全面深化改革领导小组审议通过《关于司法体制改革试点若干问题的框架意见》。此后，一场中央顶层设计、地方试点探索的司法体制改革分三批次在全国范围内展开。2014 年，最高人民法院依照中央的统一部署，攻坚克难，破冰改革，出台了《最高人民法院关于全面深化人民法院改革的意见》（又称“四五改革纲要”）确定要“推动法院人员分类管理制度改革。建立符合职业特点的法官单独职务序列。健全法官助理、书记员、执行员等审判辅助人员管理制度。”③ 2015 年，《最高人民法院关于完善人民法院司法责任制的若干意见》出台，第 19 条规定：“法官助理在法官的指导

---

* 课题主持人：郑白，南宁市江南区人民法院审判管理办公室主任。课题组成员：邓剑长、丘理、杨有荣、包其剑、张菁。执笔人：邓剑长、丘理、杨有荣、包其剑、张菁。

① 《中共中央关于全面深化改革若干重大问题的决定》，2013 年 11 月 15 日正式发布。

② 《中共中央关于全面推进依法治国若干重大问题的决定》，2014 年 10 月 23 日正式发布。

③ 《最高人民法院关于全面深化人民法院改革的意见》（法发〔2015〕3 号 2015 年 2 月 4 日公布）第 48 条。

下履行以下职责：（1）审查诉讼材料，协助法官组织庭前证据交换；（2）协助法官组织庭前调解，草拟调解文书；（3）受法官委托或者协助法官依法办理财产保全和证据保全措施等；（4）受法官指派，办理委托鉴定、评估等工作；（5）根据法官的要求，准备与案件审理相关的参考资料，研究案件涉及的相关法律问题；（6）在法官的指导下草拟裁判文书；（7）完成法官交办的其他审判辅助性工作。”由此，本课题研究的对象——“法官助理职责”有了明确的定位。

2. 调研的目的和意义

《最高人民法院关于完善人民法院司法责任制的若干意见》的出台填补了国内关于法官助理的制度空白，明确了法官助理的职责。但在司法实践中的法官助理职责的运行情况如何？这是本课题组的出发点。因为在本轮司法体制改革启动前，全国绝大部分地方法院并没有设置法官助理这个岗位，这就面临一个问题：在试点法院运行良好的法官助理岗位职责，在全国铺开设立后是否会面临“水土不服”的局面？毕竟，根据最高人民法院的改革精神，法官助理的配置模式以及职能定位，在法官员额制度改革和司法责任制改革中地位关键，起着承上启下的作用，其改革成功与否至关重要。

基于此，本课题通过对理想构建中的法官助理职责与西南地区基层人民法院现实运行中的法官助理职责进行比较，分析理想和现实交错中的法官助理职责的实践轨迹，进而提出法官助理职责能在西南地区基层人民法院有效运行的模式，期冀能为司法体制改革提供有益的补充。

（二）调研的过程、思路及方法

1. 调研对象的选定

针对基层人民法院法官助理岗位职责运行情况，课题组选取了中西南地区颇具代表性的5家基层人民法院作为研究样本，分别为昆明市西山区人民法院、重庆市沙坪坝区人民法院、成都市成华区人民法院、贵阳市花溪区人民法院、长沙市长沙县人民法院。

2. 调研方法

实证分析方法。对样本法院的法官助理现状进行科学观察、描述与分析，侧重于对法官助理岗位职责运行所取得的成效进行调研。2017年4月，课题组通过实地走访各地基层人民法院的形式，通过座谈、走访、问卷等形式，与一线审判法官进行交流，收集相关资料数据，了解法官助理改革与创新过程中的情况、特点、问题与原因，并对法官助理职责运行出现现实困境的原因进行分析和研究，最后再提出具体的解决对策。

二、法官助理职责的演变及价值定位

（一）两大法系代表国家——美国、德国的法官助理职责概况

1. 美国的法官助理职责概况

一般认为，法官助理制度最初源于美国。① 第一位法官助理产生于1875年，由在马萨诸塞州最高法院工作的霍勒斯·格雷法官自费聘请1名哈佛法学院毕业研究生担任。格雷任马萨诸塞州最高法院大法官的时候诉讼案件骤增，法院几乎被淹没在大量的案件里，格雷拼命工作，搞得身心俱疲，遂在哈佛大学法学院找到高才生路易斯·布兰代斯作为自己的助理，并从自己的收入中支付助理工资。1919年，美国国会立法为联邦最高法院法官配备了助理，经过多年的发展，法官助理在联邦法院中得到了普遍运用，在美国司法系统中已经确立法官助理的制度。② 美国法官助理的主要职责包括法律研究、准备开庭备忘录、为法官草拟演讲稿、草拟法律意见、校对法官判决和裁定等。其中，最主要的工作是看起诉状和答辩状等卷宗材料，因为美国是判例法国家，所以法官助理必须根据案情将有关的法律和判例全都找出来，然后归纳出法律要点，整理成一份诉讼要点摘录，法官将以此为据写出法律意见和判决书。应该说，法官最终判决的作出很大程度上依赖于法官助理的前期工作，因此在美国，法官助理被称为是“不穿法袍的法官”。

2. 德国法官助理制度概况

在德国，履行法官助理工作职责的人称为司法公务员，分为州法院的司法公务员和联邦法院的司法公务员。司法公务员的职责包括：接待公民的立案和咨询，阅卷宗材料，查阅相关法律、案例、有关学说观点等资料，向法官提出参考性意见，计算收取诉讼费，办理遗产继承顺序，确认亲子鉴定，依据判决查封拍卖不动产，开庭时旁听，起草判决书，还可以在法官的委托下，主持询问诉讼参与人、进行言辞辩论等。

从两大法系国家法院的情况来看，他们通常在法院内部设立一些法官助理或与法官助理相类似的法官辅助职位，这些法官助理的职责可以分为两类，一类为行使一定司法权的法官助理，另一类为不享有任何司法权职责的法官助理。

（二）我国法官助理职责的发展演变及价值定位

1. 我国法官助理职责的发展演变

在中国的法院中设立法官助理的想法最早是由一批了解美国司法实践的学者提出

---

① 于琳：《双因素理论检视下的法官助理制度》，载《山东审判》2016年第5期。

② 刘晓东：《论美国联邦法官助理制度》，华东政法大学法律学院2009年硕士学位论文，第6页。

来的。[1] 法官助理首次在法院系统确认是在1999年，当年最高人民法院在《人民法院五年改革纲要》提出高级人民法院可以摸索试行给法官配备法官助理。2004年，最高人民法院选定了18家法院作为试点，并下发了《最高人民法院关于在部分地方人民法院开展法官助理试点工作的意见》，法官助理试点工作正式启动。随后历经多年试点发展，2015年《最高人民法院关于完善人民法院司法责任制的若干意见》出台，对法官助理职责再行规定（见表1）。

表1 中国法官助理职责的演变

时间（年）	文件	内容要点	意义
1999	《人民法院五年改革纲要》	提出为法官配备法官助理。[2] 并鼓励各高院先行试点，摸索经验。	首次提出了法官助理的概念。
2002	《最高人民法院关于加强法官队伍职业化建设的若干意见》	试行法官助理制度。[3] 在积极开展试点并取得成功的基础上逐步推广。	首次界定了法官助理制度的定位。
2004	《最高人民法院关于在部分地方人民法院开展法官助理试点工作的意见》	列举了法官助理在法官指导下履行的12项职责，[4] 并在全国18家各级法院先行试点。	首次明确了法官助理的各项职责，并正式开始试点。
2005	《人民法院第二个五年改革纲要（2004—2008）》	在总结试点经验的基础上，逐步建立法官助理制度。	坚定了法官助理改革的方向。[5]

---

① 苏力：《法官遴选制度考察》，载《法学》2004年第3期。

② 1999年的改革纲要提出：随着审判长选任工作的开展，结合人民法院组织法的修改、高级人民法院或以对法官配备法官助理和取消助理审判员工作进行试点，摸索经验。

③ 《关于加强法官队伍职业化建设的若干意见》第29条规定："法官助理是从事审判业务的辅助人员。确定法官员额后，一些不能继续担任法官但符合法官助理条件的人员可以担任法官助理。法官助理符合法官法规定条件的可以被选任为法官。"

④ 该12项职责具体为：1. 审查诉讼材料，提出诉讼争执要点，归纳、摘录证据；2. 确定举证期限，组织庭前证据交换；3. 代表法官主持庭前调解，达成调解协议的，须经法官审核确认；4. 办理指定辩护人或者指定法定代理人的有关事宜；5. 接待、安排案件当事人、诉讼代理人、辩护人的来访和阅卷等事宜；6. 依法调查、收集、核对有关证据；7. 办理委托鉴定、评估、审计等事宜；8. 协助法官采取诉讼保全措施；9. 准备与案件审理相关的参考资料；10. 按照法官要求，草拟法律文书；11. 办理排定开庭日期等案件管理的有关事务；12. 完成法官交办的其他与审判业务相关的辅助性工作。

⑤ 《人民法院第二个五年改革纲要（2004—2008）》第34条规定："推进人民法院工作人员的分类管理，制定法官、法官助理、书记员、执行员、司法警察、司法行政人员、司法技术人员等分类管理办法，加强法官队伍职化建设和其他各类人员的专业化建设。建立符合审判工作规律和法官职业特点的法官职务序列。"

续表

时间（年）	文件	内容要点	意义
2007	《最高人民法院关于在西部地区部分基层人民法院开展法官助理制度试点、缓解法官短缺问题的意见》	归纳了法官助理在审判法官指导下，主要履行6项职责。①	扩大了试点范围，在西部地区814家基层人民法院进行了试点。
2009	《人民法院第三个五年改革纲要（2009—2013）》	建立完善法官助理岗位目标考核管理体系。②	再次肯定了法官助理制度的价值。
2015	《最高人民法院关于全面深化人民法院改革的意见——人民法院第四个五年改革纲要（2014—2018）》	继续推动法官助理制度改革。③	肯定了法官助理改革在推进法院人员的正规化、专业化、职业化建设的重要作用。
2015	《最高人民法院关于完善人民法院司法责任制的若干意见》	明确司法人员职责和权限。法官助理职责确定为7项。④	通过对试点法院的经验的总结，最终明确法官助理的职责和权限，并向全国铺开设立。

通过对我国法官助理职责演变的历史进程进行梳理，不难发现，我国的法官助理与美国的法官助理，虽然名称上相同或者相近，但实际内涵并不一样，法官助理在我国有着特殊的价值定位。

2. 我国法官助理的价值定位

本课题研究的对象是法官助理的职责，最终是为了让法官助理职责能够按照设定

① 该6项职责分别为：审查诉讼材料、组织庭前证据交换、接待案件诉讼参与人、准备与案件审理相关的参考资料、协助法官进行调解、草拟法律文书等职责。

② 《人民法院第三个五年改革纲要（2009—2013）》第21条规定："建立健全以案件审判质量和效率考核为主要内容的审判质量效率监督控制体系，以法官、法官助理、书记员和其他行政人员的绩效和分类管理为主要内容的岗位目标考核管理体系，以综合服务部门保障的能力和水平为主要内容的司法政务保障体系。"

③ 最高人民法院《关于全面深化人民法院改革的意见》第48条规定："推动法院人员分类管理制度改革。建立符合职业特点的法官单独职务序列。健全法官助理、书记员、执行员等审判辅助人员管理制度。科学确定法官与审判辅助人员的数量比例，建立审判辅助人员的正常增补机制，切实减轻法官事务性工作负担。拓宽审判辅助人员的来源渠道，探索以购买社会化服务的方式，优化审判辅助人员结构。探索推动司法警察管理体制改革。完善司法行政人员管理制度。"

④ 《最高人民法院关于完善人民法院司法责任制的若干意见》第19条规定："法官助理在法官的指导下履行以下职责：（1）审查诉讼材料，协助法官组织庭前证据交换；（2）协助法官组织庭前调解，草拟调解文书；（3）受法官委托或者协助法官依法办理财产保全和证据保全措施等；（4）受法官指派，办理委托鉴定、评估等工作；（5）根据法官的要求，准备与案件审理相关的参考资料，研究案件涉及的相关法律问题；（6）在法官的指导下草拟裁判文书；（7）完成法官交办的其他审判辅助性工作。"

的目标高效地运行。那么法官助理职责最初设定的目标是什么？抑或说法官助理职责设定的最初价值是什么？这也是本课题在讨论法官助理职责之前首先要确定的。

（1）法官助理是司法追求公正和效率的选择

从司法体制改革的历史进程可以看出，公正和效率是我国司法体制改革的价值取向。法官助理也是为了追求这一价值目标而产生，即在司法资源紧缺而人民群众对司法需求剧增的紧张供需矛盾中，坚持司法公正和司法效率，从而探索一条解决现实问题的有效途径。但在案多人少的情况下，若不能有效地增加法官人数，就需要在坚持公平和效率的价值目标下另寻途径——增设法官助理岗位。法官助理设置的初衷在于减轻法官的事务性工作量，让法官投入更多的时间与精力去裁判、去研究裁判问题、去总结裁判经验，从而有助于促进案件质量和审判效率的提高，达到追求公正和效率的目标。

（2）法官助理将更好地推进法官职业化

我国将法官助理定位为法官的辅助人员。根据最高法目前的文件精神，法官助理在推进法官职业化起着重要的作用。法官助理岗位的设定有利于分流法官工作。随着审判权力运行机制改革的深入推进，“让审理者裁判，由裁判者负责”的新型审判权力运行机制全面实施，之前由法官负责的非裁判事务势必要从法官身上分离出去。而这些分离的事务则将由审判辅助人员来分担，大部分事务则落在法官助理岗位上。最高人民法院李少平副院长曾表示：法官助理制度的改革在法官员额制改革和审判权力运行机制改革中，起着承上启下的关键作用。法官助理协助法官处理非裁判事务，才能将法官从目前繁杂的事务中抽身出来，专门从事裁判。法官从事专业性的工作，才能体现法官的专业水平、职业素养，从而提升法官的司法形象，进而提升司法公信力。

（3）法官助理是法院人事体制改革的出路

在我国，法官助理的出现还伴随着一样政治任务，即人员分流。在法官员额改革之前，曾有诸多争论，有审判资格但没有能够入员额的审判员将何去何从？法官助理岗位的设立则提供了一种可能。因此，法官助理在新一轮司法体制改革中还充当了人员分流器的作用。

三、法官助理职责的运行实际

在本轮司法体制改革启动前，法官助理制度在我国已经经历了10余年的探索。但探索的范围还是局限于最高法确定的试点法院，本课题组先后到昆明、重庆、成都、贵阳、长沙等地5个基层人民法院进行实地调研，被考察的大部分法院是西南地区基层法院，大部分都曾在最高院统一部署下进行过法官助理试点工作（考察法院见表2）。

表2 本课题组所考察法院基本情况

考察法院	是否有法官助理	是否形成制度	本轮司改之前是否试点
昆明西山区法院	有	有	是
重庆沙坪坝区法院	有	有	是
成都成华区法院	有	有	是
贵阳花溪区法院	有	有	是
长沙长沙县法院	有	有	否

（一）昆明市西山区法院的探索

1. 该院法官助理概况

西山区法院现有入额法官46名，法官助理40名。法官和法官助理的比例为1.15∶1。该院法官助理的来源结构分为两大部分：一部分是由在编未入额法官和在编书记员转任，这一部分人员组成的法官助理共有10人，占全院法官助理的比例为25%；另一部分是面向该院非在编的书记员及社会公开招聘的聘任制法官助理，要求具有法学专业全日制本科学历，或者非法学全日制本科学历的要求通过国家司法考试取得A证，年龄要求30岁以下，这部分聘任制的法官助理共有30人，占全院法官助理的比例为75%（见图1）。

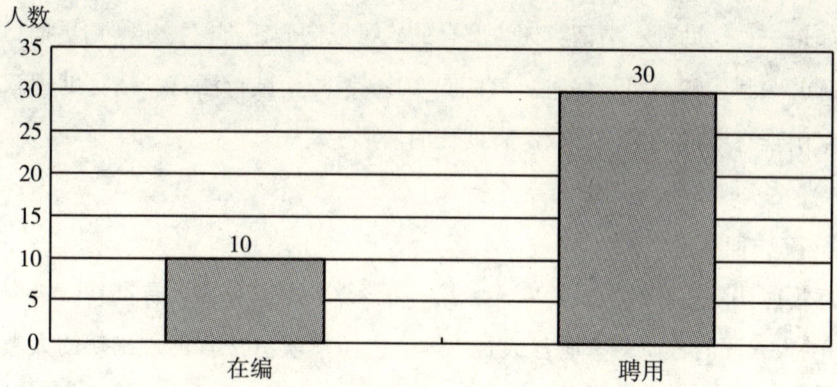

图1 昆明西山区法院法官助理的人员构成

2. 该院法官助理具体运行

（1）工作职责设定

西山区法院规定法官助理工作职责的主要依据还是《最高人民法院关于在部分

地方人民法院开展法官助理试点工作的意见》。其法官助理的工作职责主要包括以下方面工作：①审查诉讼材料，提出诉讼争执要点，归纳、摘录证据；②庭前组织交换证据；③代表法官主持庭前调解，达成调解协议的，须经法官审核确认；④办理承担法律援助义务的律师担任辩护人或者指定法定代理人代为诉讼的有关事宜；⑤接待案件当事人、代理人、辩护人的来访和查阅案卷材料；⑥依法调查、收集、核对有关证据；⑦办理委托鉴定、评估、审计等事宜；⑧协助法官采取诉讼保全措施；⑨准备与案件审理相关的参考性资料；⑩办理案件管理的有关事务；⑪根据法官的授意草拟法律文书；⑫完成法官交办的其他与审判业务相关的辅助性工作。以上关于法官助理的工作职责分配的思路是从职责的形式特征，进行粗略的外观划分，但未考虑职责的实质特征，未对审判事务进行精细划分，法官助理的精力被高度分散在诸多非审判核心事务上，制约了法官助理制度提高审判质效、培养预备法官功用的发挥。

（2）工作职责运行

自2016年法官员额制改革以来，该院打破庭室划分，实行扁平化管理，全院不再设立刑事庭、民一庭、民二庭、行政庭等审判业务部门，而是以员额法官为中心设立32个法官团队，包括刑事、民事、综合三大类法官团队，每个法官团队配备1名法官助理和1名书记员，即“1＋1＋1”审判团队模式。员额法官与法官助理及书记员之间实行双向选择组建审判团队，促进相互进步。审判团队的内部审判事务和分工由员额法官自主决定，该院只对团队进行整体考核，对团队内部则很少干预。在法官、法官助理及书记员之间，法官则处于支配地位，可根据助理、书记员的特点安排工作，如果法官、助理、书记员无法磨合的，可以向政工部门提出申请更换，以保障审判团队的顺利运转、相互促进。该院自2016年开始试行法官、法官助理双向选择以来，未出现有申请更换法官或法官助理的情形。

（二）重庆市沙坪坝区法院的探索

1. 该院法官助理概况

沙坪坝区法院有在编人员196人，第一批入额法官79人，有审判资格但还未入额的有34人，同时该院另有聘任人员158人，虽然没有法官助理确切的人数，但从考察情况来看，该院法官助理资源储备丰富。该院法官助理的来源主要有两种：一是有审判资格但没有入额的同志转为法官助理；二是招录进来的在编干警在没有获得审判职称之前都从书记员转为了法官助理，这部分人员均已经通过司法考试。仅2017年，沙坪坝区法院在重庆市组织部的组织下计划招录16人，均要求具有法律职业资格证书A证且本科阶段为全日制法学类专业。丰富的法官助理人才贮备还得益于重庆市丰富的法学院校学生资源，重庆大学城就在沙坪坝区，而且重庆有西南政法大学、重庆大学等高校，政法人才相对较多。

2. 该院法官助理具体运行

（1）职责设定

该院法官助理不负责开庭记录，但是承担了百分之九十的辅助性事务，包括：负责文书送达、委托评估鉴定、庭前调解、草拟文书、文书校对等辅助性工作。

（2）职责运行

得益于法官助理的丰富贮备，目前该院采取“1 名法官 +1 名法官助理 +1 名书记员”的审判团队模式，对法官助理的考核，采取月度考核，主要依据团队里员额法官对法官助理的评价来考核。该院制定了《审判执行工作绩效评估暂行办法》，以审判管理等信息系统数据为基础，按照一定的数学方法进行量化计算，生成法官、部门审判工作绩效评估值，并建立法官、部门审判绩效档案。分为月度评估和年度评估，具体分为结案数评估、质效指标评估、审判（执行）流程管理、案件质量评查、纪律作风等指标进行全方位的评估考核。该院自 2016 年 9 月启动法官员额制改革以来，迅速落实员额法官、法官助理及其他工作人员的工资，并实现了人、财、物的统一管理。在人案比矛盾比较突出的情况下，该院干警的办案数量及质量均取得突出成绩，反映其干警的高素质及突出的业务能力。

（三）成都市成华区法院的探索

1. 该院法官助理概况

成都市成华区法院现有在编干警 130 多人，入额法官 49 名，法官助理 51 人，法官和法官助理的比例为 0.96∶1。法官助理人员构成情况：在编法官助理 17 名（包括未入额的法官 14 名），聘用制法官助理 34 名（包括从大中院校在读学生中选任的实习法官助理 2 名）（见图 2）。

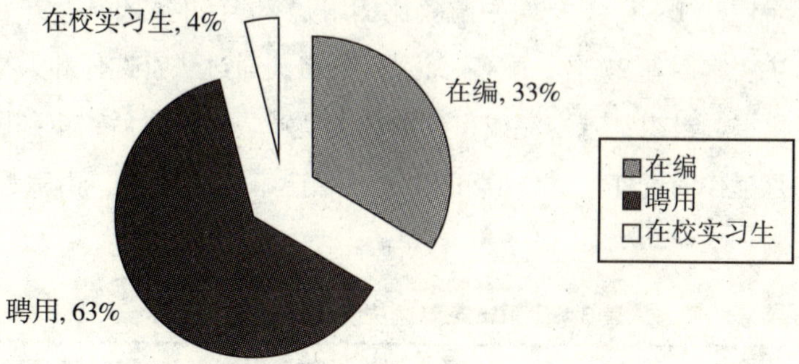

图 2　成都市成华区法院法官助理人员构成

2. 该院法院助理具体运行

（1）职责设定

成华区法院按照最高法的要求，对案件进行了繁简分流。由民一庭负责简易案件，由民二庭、民三庭负责疑难复杂案件，繁简分流的比例是4:6。一些固定类型的案件，直接确定为简案，其余的为复杂案件。为配合繁简分离机制，他们对审判辅助性事务也做分类，分为程序性事务和法务性事务，同时法官助理也相应分为程序性法官助理和法务性法官助理。根据该院的职位设定，法官助理主要承担以下岗位职责：一是办理案件，即通过调解或者委托调解等方式消化案件；二是庭审准备，即为法官开庭审理案件做好必要的庭前准备工作；三是其他辅助性审判工作。其他送达、法庭记录均已经以购买社会服务形式外包。

（2）职责运行

该院较早实行法官助理制度，将法官助理划分为法务助理和程序性助理，制定了《民事审判法官助理岗位职责及年度考评工作实施细则》及《成都市成华区人民法院员额法官及审判辅助人员绩效奖金分配实施细则》，明确了法官助理的职责和考评要求，对法官助理也形成了一个系统的制度管理体系，使其职责得以有效运行。

（四）贵阳市花溪区法院的探索

1. 该院法官助理概况

该院在编干警100人，其中员额法官30名，法官助理34名，法官与法官助理的比例为1:1.1。法官助理人员构成全部来自在编干警并全部具有大学以上本科学历，且硕士研究生3名，占比8.8%（见表3）。法官助理人员的招录主要通过将前期该院未能进入员额、同时自愿转为法官助理的方式进行，少量通过公务员新招录干警补充。该院先行试点“以主审法官为中心”的审判权运行机制改革，在全院普遍推行“主审法官+法官助理+书记员”的团队运作模式，该院主要按照法官、法官助理、书记员“1+1+1”“1+1+2”两种配备比例组建20个办案团队，并且根据团队设置的需要，确认法官助理27名，配备书记员39名，通过法官选任和人事调整两种方式，组建扁平化审判组织，基本完成审判结构的变革。改革以后，审判团队既是办案的基本单元又是工作的责任主体，真正实现了“让审理者裁判，由裁判者负责”的主审法官负责制。

表3 贵阳市花溪区法院人员分布情况

编制	是否通过司考	人数	占总人数比例	其中硕士研究生占比
在编	是	34	34%	8.8%

2. 该院法官助理具体运行

(1) 职责设置

该院依据六项条件（政治条件、学历条件、资历条件、语言文字能力条件、信息化运用能力条件和身体条件），按照“公布条件，自愿报名，组织考核，测评公示，上级审批”的方式，共确认了34名法官助理。一是在身份职称上，所有助理均为法院在编人员，全部具有审判职称。二是在岗位分布上，在立案、审判、执行和审判管理等岗位均安排有法官助理。三是在角色定位上，明确法官助理作为主审法官办案的助手，在法官指导下开展工作，接受法官监督，向法官负责。四是在工作职责上，对法官助理的职责具体细化为以下8项：①接收立案部门移送的案件、进行登记、审查诉讼材料、送达、排期、诉讼保全及调查。②主持当事人进行庭前调解，达成调解协议的，拟写调解书交主审法官审签，送达后结案。③召开庭前会议、提炼争议焦点。未调解成功的案件，法官助理依法调查、收集、核对有关证据材料，在举证期限届满后或当事人举证完毕后组织双方当事人召开庭前会议，锁定证据，对双方认可的案件事实和证据记录在卷，提炼出双方争议焦点，主持双方当事人签庭前议定书。④庭前准备工作完成后将卷宗交主审法官并向其报告相关工作，同时准备与案件审理相关的参考资料。⑤参加庭审。⑥在主审法官指导下，拟写裁判文书。⑦宣判、送达。在法律文书打印校对后，法官助理及时协助主审法官完成宣判、送达工作。⑧其他工作。如：接待本案当事人来访、咨询；审核书记员完成的电子卷宗、纸质卷宗、对拟上网的裁判文书进行技术处理及主审法官安排的其他与案件有关的工作。同时特别规定，根据工作需要，必要时法官助理可以代行书记员的工作职责。这8项职责更好地让法官助理认真履行自己的职责，为法官的审判工作节省了更多的时间。

实践中，在民商事审判团队，花溪法院试行将法官助理细分为实体助理和程序助理，程序助理主要承担上述第①项职责，实体助理主要承担上述第②~⑦项职责。第⑧项职责对实体助理和程序助理有内容上的交叉。法官助理与书记员的最大区别在于，法官助理的职责与审判事务关系更为密切，既包括程序事务，也包括实体事务，故法官助理履职所需的业务要求相较于书记员更高。法官助理作为主审法官办案的助手，在法官指导下开展工作，接受法官监督，向法官负责。因此，法官助理还应是法官的后备力量。改革后，法官助理不能通过在法院一段时间的工作经历直接成为法官，而只能通过法官遴选的方式成为初任法官。

(2) 职责运行

该院主要按照法官、法官助理、书记员配置比例为“1+1+1”“1+2+2”两种模式区别组建了20个办案团队：立案团队2个、刑事审判团队3个、民商事审判团队9个、综合审判团队1个、执行团队4个、审判管理团队1个。“1+1+1”模式主要用于刑事审判团队，“1+2+2”模式主要用于民事审判团队。经过两年的改革实践，该院探索将审判团队定义为“以法官为中心，合理配置一定数量的法官助理、书记员等审判辅助人员的、以完成执法办案为工作目标的、有别于传统办案模式的新型审判组织”。各个团队有效运行。

此外，该院在新的审判权运行机制中，法官负责开庭审理、主持合议、填写裁判意见表、制作签发文书、及时指导和监督法官助理和书记员相关工作，所有的法律文书均由法官自行签发；法官助理作为主审法官办案的助手，在法官指导和授权下主持调解，组织召开庭前会议，拟写裁判文书，接待当事人来访咨询；书记员要负责完成送达、排期保全以及庭前工作。通过分工的方式，将法官从大量的法律事务中解放出来，精心组织庭审，集中精力专司裁判。该院主审法官工作职能主要有三项，即亲历庭审、研判法律以及团队管理。根据数据表明，花溪区法院在司法体制改革机制运行的一年以来，已明显取得初步成效：2015年全院共收案7017件，同比上升37.99%，结案6375件，同比上升35.09%，法定审限内结案率98.33%。司法体制改革后，一审各类案件平均审理周期45.85天，同比缩短23.05天，全院员额法官人均结案数212.5件，同比提高88.31件。裁判法官（不含执行法官）人均结案数346件，同比提高267.35件，其中民商事裁判法官人均结案数达405.44件。

该院充分发挥法官助理召开民商事庭前会议的重要作用，庭审时间明显缩短，调撤率有明显提高。2015年1至2月，民商事审案团队召开庭前会议175个，部分案件经法官助理召开庭前会议，组织质证，归纳争议焦点后主持调解，以调解或撤诉方式结案，未经开庭结案155件，比例达结案总数的59.85%。通过法官助理主持庭前会议工作，组织证据交换、调查询问，锁定证据和争议焦点，及时追加方式人，有效避免因漏列当事人产生第二次开庭，并且书记员合理、科学安排开庭时间，将大部分适用简易程序的案件在庭前会议中完成送达、调解、文书制作、送达，在合法的前提下，确保案件一次庭审结案，避免多次开庭。每一个案件的处理，主审法官用于庭审时间平均约为40分钟，用于制作法律文书平均时长约为36分钟。

（五）长沙市长沙县法院的探索

1. 该院法官助理概况

长沙县法院共有在编干警135人，聘用人员80人，其中员额法官57名，法官助理45人，法官和法官助理的比例为1.27∶1。法官助理全部通过司法考试，其中11

人在编，34 人为聘用合同制（见图3）。

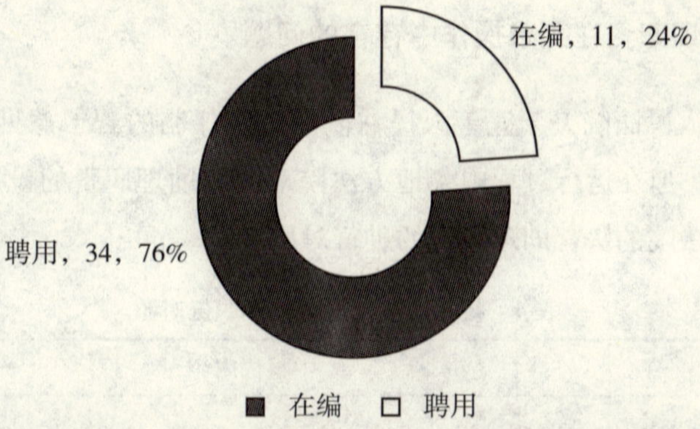

图3 长沙市长沙县法院法官助理人员构成

2. 该院法官助理具体运行

（1）职责设定

长沙县法院在法官相对固定，法官助理人员相对稳定的情形下，对审判资源进行了整合优化，积极探索聘任制法官助理制度改革。长沙县法院通过了《法官助理管理办法》，以“通过国家司法考试”为任职条件，招聘并任命了一批高素质高学历的法官助理，在民事审判第一庭、第二庭实行“1 名法官 +2 名法官助理 +1 名书记员”的人员配置模式，并规定法官助理的工作职责为：①审查材料，提出争点，归纳证据；②召开庭前会议；③代表法官主持庭前调解，达成调解协议的，交由法官审核确认；④接待案件当事人、代理人的来访和查阅案卷材料；⑤依法调查、收集、核对有关证据；⑥办理委托鉴定、评估、审计等事宜；⑦协助法官采取诉讼保全措施；⑧准备与案件审理有关的参考性资料；⑨办理案件管理的有关事务；⑩根据法官授意草拟法律文书；⑪完成法官交办的其他与审判业务相关的辅助性工作。

（2）职责运行

长沙县法院的法官助理大多由合同制工作人员组成，法官助理均为法学科班出身，全部通过了司法考试，不少还是名校研究生毕业，法学功底深厚，经过一段时间高强度司法实践，均能迅速掌握高超的司法技能，完全可以胜任法院的各项工作，在某些方面，甚至比工作多年的法官更加优秀。长沙县法院之所以能吸引优秀人才，其系利用了以下两方面优势：第一，营造良好工作环境，保障法官助理全身心投入工作中去，让法官助理可以全力施展拳脚，肆意挥洒才华；第二，以适当待遇留住法官助理。长沙县法院大力争取党委政府的支持，利用长沙县经济发展较快的优势，能确保法官助理的良好待遇，甚至法官助理的收入能比长沙市其他城区的法官工资高，除考上公务员或者自己不适应法官助理工作等原因外，法官助理一般不主动离开法院。

四、法官助理职责在实践操作中存在的问题

虽然《最高人民法院关于完善人民法院司法责任制的若干意见》中列举了法官助理的7项职责，但在运行过程中各地方法院对法官助理职责的设置仍然无法统一，本课题对被考察法院的法官助理职责的进行对比（见表4）。

表4 被考察法院法官助理职责对照

被考察法院	职责内容
昆明西山区法院	1. 审查诉讼材料，提出诉讼争执要点，归纳、摘录证据；2. 庭前组织交换证据；3. 代表法官主持庭前调解，达成调解协议的，须经法官审核确认；4. 办理承担法律援助义务的律师担任辩护人或者指定法定代理人代为诉讼的有关事宜；5. 接待案件当事人、代理人、辩护人的来访和查阅案卷材料；6. 依法调查、收集、核对有关证据；7. 办理委托鉴定、评估、审计等事宜；8. 协助法官采取诉讼保全措施；9. 准备与案件审理相关的参考性资料；10. 办理案件管理的有关事务；11. 根据法官的授意草拟法律文书；12. 完成法官交办的其他与审判业务相关的辅助性工作。
重庆沙坪坝区法院	承担了90%的辅助性事务，包括负责文书送达、委托评估鉴定、庭前调解、草拟文书、文书校对等辅助性工作。
成都成华区法院	一是办理案件，即通过调解或者委托调解等方式消化案件。二是庭审准备，即为法官开庭审理案件做好必要的庭前准备工作。1. 安排书记员送达起诉书副本、应诉通知书等法律文书，对法律文书送达情况进行监督检查。2. 阅读起诉书，查阅起诉证据，了解案件基本情况。3. 向法官汇报案件基本情况及工作思路。三是其他辅助性审判工作。包括法官助理可以根据工作需要代表法官接待当事人及其代理人，可以根据法官的指导意见草拟裁判文书；按照要求及时、完整、同步录入审判信息，根据法官指令办理财产保全等其他审判辅助性工作；协助法官开展审判公开、“民事法官到社区进院落”等工作。 开庭审理前，法官助理应当开展下列工作： 1. 依法审核当事人及其诉讼代理人资格、权限。2. 审查诉讼材料，提出诉讼争执焦点，归纳、摘录证据；案情重大存在社会稳定隐患的，应当提供案件相关背景资料。3. 案件疑难、复杂的，准备与案件审理相关的法律依据、先例判决索引，尽可能收集相关调研文章、类似典型案例。 在法官指导下，法官助理可以主持召开由双方当事人及利害关系人参加的相关会议，会议内容包括： 1. 确定鉴定机构或者确定鉴定机构的选任方法。2. 解决鉴定争议，即是否应当鉴定。3. 解决保全争议，即财产保全是否合法。4. 解决诉讼主体争议，即诉讼主体是否适格。5. 组织双方当事人交换证据。

续表

被考察法院	职责内容
贵阳花溪区法院	1. 接收立案部门移送的案件、进行登记、审查诉讼材料、送达、排期、诉讼保全及调查；2. 主持当事人进行庭前调解，达成调解协议的，拟写调解书交主审法官审签，送达后结案；3. 召开庭前会议、提炼争议焦点。未调解成功的案件，法官助理依法调查、收集、核对有关证据材料，在举证期限届满后或当事人举证完毕后庭前组织双方当事人召开庭前会议，锁定证据，对双方认可的案件事实和证据记录在卷，提炼出双方争议焦点，主持双方当事人签庭前议定书；4. 庭前准备工作完成后将卷宗交主审法官并向其报告相关工作，同时准备与案件审理相关的参考资料；5. 参加庭审；6. 在主审法官指导下，拟写裁判文书；7. 宣判、送达。在法律文书打印校对后，法官助理及时协助主审法官完成宣判、送达工作；8. 其他工作。如：接待本案当事人来访、咨询；审核书记员完成的电子卷宗、纸质卷宗、对拟上网的裁判文书进行技术处理及主审法官安排的其他与案件有关的工作。
长沙县法院	1. 审查材料，提出争议焦点，归纳证据；2. 召开庭前会议；3. 代表法官主持庭前调解，达成调解协议的，交由法官审核确认；4. 接待案件当事人、代理人的来访和查阅案卷材料；5. 依法调查、收集、核对有关证据；6. 办理委托鉴定、评估、审计等事宜；7. 协助法官采取诉讼保全措施；8. 准备与案件审理有关的参考性资料；9. 办理案件管理的有关事务；10. 根据法官授意草拟法律文书；11. 完成法官交办的其他与审判业务相关的辅助性工作。

通过对被考察法院的法官助理职责设置展开对比（见表4），我们发现，法官助理在职责设置方面仍存在以下问题：

（一）法官助理的工作职责缺乏明确的法律依据

从目前的现实情况来看，与法官的工作职责有《法官法》的明确规定不同，我国法官助理的工作职责缺乏明确的法律依据与制度保障。虽然最高人民法院早在20世纪90年代就开始推行法官助理制度改革，也先后出台了一系列的相关改革文件，其中有些文件对法官助理的工作职责进行了明确的规定，但这些改革文件从性质上来看属于规范性文件，在效力位阶上低于法律，而现行宪法、法院组织法、法官法、诉讼法等重要法律均未涉及法官助理制度及法官助理的工作职责，这种立法层面的缺失对法官助理职责的设置与规范，既导致了实践中的探索“无法可依”“无章可循”，也导致了法官助理职责“名不正言不顺”，处于较为尴尬的地位。因此，这些年的试行中全国各地法院虽然也对法官助理的工作职责进行了一些有益探索，但同时也不可避免地产生了一系列问题，追根溯源，主要与法官助理职责的法律依据和正当性基础的缺失密切攸关。

（二）性质不明，导致职责边界交错

1. 法官和法官助理的职责有交错

对比上述5家基层人民法院对法官助理职责的设定（见表4），就法官助理的性质而言，可以分为两类。一类是法官助理有权论，即享有有限的审判权。主要表现在法官助理虽不能够独立承办案件，但有权以自己的名义组织当事人调解。一类是法官助理无权论，即明确法官助理是审判辅助人员，不具有审判权，法官助理协助法官办理一些关于审判的事务性工作。

现有司法体制改革的相关文件，已经对法官助理地位予以明确，即协助法官履行审判职能的辅助人员。从各个地方的试点来看，各地法院并未将法官助理定位为纯粹的法官助手。从人员构成来看，目前法官助理来源分为六种：一是未入额但已经任命审判员、助理审判员的在编干警，二是通过初任法官培训尚未任命为助理审判员的在编干警，三是其他行政编制的干警，四是事业编制的干警，五是聘用合同制干警，六是在校实习生。相当一部分的法官助理实际上是员额法官改革后未入额但具有审判职称的法官。他们的专业水平、办案经验无法令首先入员额的法官安心的将其当成纯粹的法官助手；就他们自身而言，大部分人可能会比入额的法官年长有资历，所以他们也无法安心地做一个法官助理。实践中，此类法官助理难以管理、难以确定其职责，根据此类人员的审判经验，安排其独立从事庭前调解、审理简易案件等不存在能力不行的问题，但于法无据；如果仅仅将他们当成一般的法官助理，从情感上来讲他们还无法能够很好地进行角色转换，从其能力上来看也是对司法资源的浪费。从各地方的试点来看，对于这部分人员，均采取由其自愿担任法官助理的原则，一般安排其从事案件调解，一旦达成调解，其调解笔录、调解书再由员额法官签字确认。这样的做法符合最高法制度设计的要求，但事实上就有能力单独主持调解且经人大任命为审判员的人员，主持调解并达成协议后，还必须由员额法官签字确认，从工作效率方面来看并未能减轻员额法官的工作量。而且，虽然名义上是受员额法官委托进行调解，实际上他们是在行使着部分的裁量权。在较大的结案压力下，无法排除法官向法官助理推诿工作的可能性，以至于法官助理工作变得不堪重负。在有的团队中，法官认为助理的能力无法胜任，草拟的法律文书远远达不到法官要求，法官担心职权分配不明而担责，主动要求不为自己配备法官助理或干脆“闲置”法官助理，导致审判资源配置的不均与浪费等。总之，当前法官助理职权边界的不清晰不利于法官助理开展具体的审判辅助工作，也在一定程度上阻碍了审判权运行机制的有效运行。

2. 法官助理和书记员的职责交错

很多法院都有关于法官助理的管理办法，有的还有法官助理的岗位说明书，明确法官助理岗位职责和履职要求，貌似其职责非常清晰，然而，要实现法官助理、书记员在职责边界上的明细区分和良性对接，并非易事，因为通过文字列举的方式载明职责，难以穷尽各种情形，必然存在列举不明和职责交叉的问题。从表4的对比来看，在法官助理职责的设置上又可以分成两大类，第一类是按照审判辅助性事务的性质、特点以及权力来源，将法官助理职责进一步明确。比如，将法官助理从事的涉及审判的工作分为程序性事务和实体性事务。第二类是将审判辅助性事务划分为业务性事务和事务性事务，法官助理从事审判业务性的辅助工作、书记员从事事务性的辅助工作。但哪些是审判业务性的辅助工作，哪些是事务性的辅助工作？比如，有的法院的法官助理负责文书的送达，有的则将送达交由书记员负责；有的法院将案件信息录入以及审判系统上文书的制作交由法官助理进行，而有的则将其交由书记员。再如，有的法院认为裁判文书上网应该由法官助理进行审查并上网，有的则认为文书上网工作简单重复，交由书记员即可……各类职责交叉的问题不一而足，这种职责的交叉很容易导致工作中出现推诿、扯皮现象，从而造成工作效率低下的后果。

3. 法官助理内部职责运行不畅

法官助理人员构成复杂，从事事务复杂，且所考察的法院大部分没有对其进行层级分类管理。在一个法院范围内，所有法官助理所从事的工作职责是一样的，但是根据审判辅助性事务的性质，各类事项所需要的能力、精力和时间均不相同。如庭前调解，如果是由审判经验或者生活经验丰富的人来主持，成功调解的概率就大不一样。同样，庭前证据交换、庭前审查案件为法官提供审理思路，所以其性质跟委托鉴定、评估又不一样。所以多数法院考虑到了法官助理和书记员应该进行分类管理，但在法官助理职责具体实施上，没有进行内部细化，导致职责实际运行不畅。

另一种情况是未进行分类管理，法官助理和书记员分工不清。主要表现在一是职责混同，比如关于诉讼文书的送达，法官助理和书记员都有规定。二是角色错乱。有部分法官助理是从优秀书记员中选任，但由于新工作角色定位不明，职责不明确，结果导致两者之间职责不清，工程流程衔接不畅。三是法官助理的异化。有的法院法官助理和书记员岗位职责并未进行分类管理，也就是说还是按照传统的审判模式，法官助理从事的其实就是书记员的工作，但为了迎合顶层的制度改革或解决书记员数量短缺的问题，才增设法官助理岗位，从而导致了法官助理身份的“有名无实”。

（三）法官助理未能有效发挥庭前会议的功能

法官助理是从事审判业务的辅助人员，并不能单独行使审判权。但法官助理可以在法官的指导下履行以下职责：包括审查诉讼材料、庭前调解、庭前证据交换、财产或者证据保全、委托评估或鉴定等事项，这些事项均可以在庭前会议上开展。《最高人民法院关于进一步推进案件繁简分流优化司法资源配置的若干意见》明确指出，要进一步推进案件繁简分流、优化资源配置；要发挥庭前会议功能。法官或者受法官指导的法官助理主持召开庭前会议，解决核对当事人身份、组织交换证据目录、启动非法证据排除等相关程序性事项。对于适宜调解的案件，积极通过庭前会议促成当事人和解或者达成调解协议。对于庭前会议已确认的无争议事实和证据，在庭审中作出说明后，可以简化庭审举证和质证；对于有争议的事实和证据，征求当事人意见后归纳争议焦点。在考察中，我们发现大部分法院未能将法官助理功能在庭前会议上充分发挥。按照制度设计的初衷，庭前会议是在诉讼案件数量越来越大的审判压力下，为了提高审判效率，缓解法官工作压力，节省个案时间而设立的。法官助理在法官的指导或者委托下主持召开庭前会议。由于法官助理不能行使审判权，但在召开庭前会议时或多或少都会行使部分审判权，所以就会出现这样的矛盾：法官希望法官助理在庭前会议对案件询问得越详细越好，而一旦法官助理过多处理该案，庭前会议和开庭审理的界限就会越模糊越不容易平衡。在实践中，会出现两种情况：一是庭前会议走过场。法官助理主持庭前会议没有达到审查诉讼主体资格、解决管辖问题、证据调查、掌握案件事实或确定无争议事实、归纳争议焦点等各类事项，导致开庭审理时重复询问。另一种情况是开庭审理走过场。法官助理主持的庭前会议把需要法官开庭审理的问题都解决了，庭审就成了走过场，如果不处理好，也会让当事人质疑法官的权威。

（四）未入额法官转任法官助理后未能有效发挥其应有职能

1. 未入额法官转任法官助理角色转化存在困难

如前文所述，在我国，法官助理的出现，一直是司法体制改革的内容，其还承担着一项改革任务即人员分流和承接分流出的职能。新一轮司法体制改革过后，审判团队模式会由原来“书记员 + 助理审判员/法官”变成“书记员 + 法官助理 + 法官”的模式，将取消助理审判员制度。在司法实践中，尤其是本轮司法改革启动前，由于基层人民法院里“人案比”矛盾突出，助理审判员的职能在司法实践中已经发生变化，一般充当着审判员的角色，行使审判员的职权，承办着大量的案件，是各基层人民法院办案的重要力量。随着法官职业化改革的推进，员额法官改革已经得到落实，未能入额的助理审判员不再行使审判职权，各地也将停止新任命助理审判员。助理审判员取消后，将面临两个问题：第一，未入法官员额的助理审判员何去何从？第二，原来由助理审判员处理的工作将由谁承接？关于这两个问题，最初的设想显然是寄希望靠法官助理来替代助理审判员的制度设计，将分流出来的人员自愿转任为法官助理；将分流出来的案件归员额法官，非裁判事务归法官助理。制度设计看似美妙，但实践中就有些差强人意。毕竟根据《人民法院组织法》的规定，助理审判员临时代行审判员职务，是法定的法官，而法官助理是法官的助手，履行辅助审判的职责。两者本质迥异，在角色转化、职权衔接上难以顺畅，现实是分流出来的人员既做不好法官助理岗位，也难适应司法行政人员岗位。同样的问题也发生在已经有审判员职称但未能进入员额行列的法官，将这类人员安排当法官助理也是阻力不小。

2. 未入额法官转任法官助理面临的问题和挑战

首先，大批未入额的法官均具备正规学历，并通过了司法考试与公务员考试，平日里承担了较重的办案任务，也具有较强的业务能力，将其直接转为法官助理，那么其失去的不仅是手中行使的审判权，更是法官的身份，其心理落差可想而知。尤其是在司法改革的红利真正落实后，势必又将引起或多或少的心态失衡，极大挫伤了这些人的工作积极性，从而加剧了员额制推进的难度，法院队伍的稳定性也“岌岌可危”。其次，未入额的法官在担任法官助理后，由昨日的“坐堂审案”转变为如今的“协助办案”，很有可能辅助的即为同期进院的法官，甚至是比自己更年轻的法官。在入额法官尚未建立起权威性的情况下，如何管理、指导、调配这些法官助理也将成为现实难题，甚至可能出现法官助理“助而不理”“消极怠工”的尴尬局面。

五、改革进程中法官助理职责的完善

（一）推动立法合理界定法官助理角色

1. 积极推动法官助理立法

法官助理制度在我国现行宪法、法院组织法、法官法、诉讼法等重要法律中均没有予以规定，至今只有文件对其作出规范，这些文件的效力对比法律不可同日而语。法院系统目前应该对试点的法官助理制度进行反思和总结，作出全面的总结评估报告，并应着力推进相关的立法修改或出台，从而维护通过制度变革塑造良法秩序的法治建设目标。

2. 科学界定法官助理角色

法官助理制度源于西方国家，其中美国的法官助理制度出现得最早也最完善，但是，美国的法官助理由法官聘任，完全附属于法官。而我国的法治水平和法官的整体素质决定了我国不宜照搬美国模式而应更多地参照大陆法系的做法，即法官助理的工作流程、工作要求和工作标准应更多地由制度规定，而非按照法官个人的要求办理。对法官、法官助理、书记员职责，可从审判事务类型、重复、复杂的程度进行考虑，高度疑难、低度重复、裁量权要求高的事务，属于审判权中最根本的部分，应由法官从事。对于接近审判权核心部分，一些准备阶段、基础工作，应由法官助理承担。对于辅助的事务性、程序性工作，对判断力、裁量权要求较低，可由法官助理指导书记员完成，除此之外的纯事务性工作，可由书记员负责。

（二）引入限权法官理清法官助理职责边界

1. 理清边界，设立“限权法官”

人员的安置一直以来都是司法改革的难点，如前文所述，法官助理在承接司法改革分流出来的人员即工作职能上，效果并不是特别理想。改革的现实情况是：未能遴选为员额法官的审判员/助理审判员，既做不好法官助理，也做不好书记员，更不能适应司法行政岗位，没有能够为法官减负，反而制约了审判工作的开展。由于人的问题极为突出，审判经验与社会阅历都相对丰富的未入额审判员和助理审判员都是一笔优质的司法资源，如果仅仅将他们定位为纯粹的法官助理，无疑是对司法资源的极大浪费。本课题调研组认为，这部分人同时也是未来员额法官的预备梯队，然是否可以考虑保留此类人员有限的审判权，由其担任“限权法官”，即在员额法官的授权下享有对特定案件（如民事小额诉讼案件、刑事速裁案件）的调解权与裁判权。

2. 理清职责，做到“人尽其才”

“限权法官”可以避免司法资源浪费，从而达到优化资源配置的效果，此类人员既有一定的审判经验，又有足够的业务知识，能处理大量简单案件，可以有效缓解入额法官的办案压力。其次，能够有效为未来员额法官储备人才。“限权法官”在员额法官的授权下，具有一定裁判权，能独立处理简易案件，在处理过程中能起到相对法官助理岗位更好的培养、锻炼效果，为将来晋升员额储备人才。此外，理清了法官助理内部人员分化的问题。因为此类人员仍有机会晋升员额法官，无论是论资排辈还是职业前景都与事业编制、合同聘用制、在读实习生担任的法官助理具有根本性的差别，若不将他们区分开来，都统一任命为法官助理，则无益于法官助理这个职责的设置和运行。当然，引进限权法官制度，在编制、待遇、评定、考核等方面都会产生困难，仍待顶层制度设计，本课题组只是提供了一种可能性。

（三）规范庭前会议发挥法官助理职责功能

庭前会议是法官助理发挥作用的一个重要场合，在这个作用场内，法官助理可以放开手脚，全力施展自己的本领，法官在庭前会议中，仅仅是业务指导和守护人，提出指导性意见，并为法官助理保驾护航。法官助理在庭前会议中，需履行好自身职责。

1. 做好“程序员”

庭前程序的理清，能使庭审工作快速顺利切入正题。法官助理需做好程序事项，减轻法官的程序性事务。

2. 当好“侦查员”

庭前会议是为使正式审判快速有效进展的预备会议。法官助理需初步了解各方的主张，通过庭前会议，可以了解原被告诉讼请求和答辩意见，可以让当事人在庭前会议之后，减少无用、重复的举证，遗漏的证据可以在庭审前补充齐全。

3. 做好“分析员”

法官助理同时也是促进高效审判的“分析员”。可以将无争议、有争议事实进行固定，让法官在开庭时，只需就关键点、争论焦点进行审理，使法官可以集中精力专司裁判，合理搭配进而有效提高审判效率。

4. 当好“服务员”

通过庭前会议，可以组织当事人进行调解。既容纳多组当事人同时进行诉讼，又给当事人提供新的纠纷解决平台，让纠纷化解在庭前，因为在庭前会议进行调解，而不是在法庭上进行审理，可以给予当事人更为宽松的调解环境。

（四）规范法官助理的职能运行

法官助理是法官的助手，履行审判辅助职责。按照最高人民法院的文件精神，法官助理应该可以在繁简分流工作起到重要的作用，但现实是法官助理并没有能够真正发挥其作为辅助人员的作用。如前文所述，各地基层人民法院在案件数量大增、人员不足的压力下，设置法官助理岗位时都或多或少存在偏离制度设计初衷的现象，有些甚至扭曲了法官助理的职责。要么法官助理与书记员混同，增设法官助理岗位只是为了增加名额要人，缓解人手紧缺的现实问题；要么法官助理与改革前的退居二线人员混同，仅将法官助理岗位用来安置未入法官员额的人员。可以说，在实行法官助理这一制度上，我们只完成了“为法官配备辅助人员”这一步，却没有继续进行“合理的分工”，从而使这一制度最终未能实现其预期的目的。

结合最高人民法院规定的法官助理的 7 项职责，课题组考察各地法院法官助理的实际运行情况，发现不同地区、不同法院、不同部门所办案件的要求不可能一致，法官的要求和法官助理的能力也各有不同。过于细致的职责划分在实践中难以一一落实，也似乎并无必要。但为了法官助理这一制度最终能实现其预期的目的，我们还是提出了可能让助理职责有效运行的方式：

1. 以团队目标为导向，进行分工协作

既然法官助理的职责最高人民法院已经规定为 7 项，而且第 7 项还是个兜底条款：完成法官交办的其他审判辅助性工作。所以我们也没有必要再对其职责进行细分。根据本轮司法改革的情况来看，最终会形成由员额法官主导的审判团队，所以我们着眼于团队如何协作能更好地发挥法官助理的功能。实务中更重要的是法官根据法官助理的个人情况合理安排，扬长避短，做到人尽其才。比如对于速审团队的法官助理，由于此类团队的目标就是集中力量高效率处理简单类型案件，此时庭前会议的作用就显得尤为突出，法官助理工作更多侧重于利用庭前会议分流程序性工作、明确案件的基本事实和庭审重点，以防止证据突袭，避免二次开庭。而对于案件繁简分流后繁案团队的法官助理来说，他们更多的按照传统审判流程处理案件，包括处理管辖权异议、保全、评估、鉴定、追加当事人、调查取证等各类繁杂审判辅助事项。也就是说，在繁简分流机制当中，将法官助理的职责进行分类化，相应分为程序性法官助理和法务性法官助理，使法官助理的职责运行得更加顺畅，并以审判团队目标为导向，在最高法规定的职责范围内对法官助理的职责进行有侧重的分类及分工，确保整个审判团队的高效运行。

2. 以法官为中心，明确法官助理、书记员在团队的定位

法官助理虽然是法官的助理，不是由员额法官独自选聘，但在审判团队建设中，被考察法院均采取了双向选择的模式，即法官选助理，助理也在选法官。此种方式，有多数的概率会形成一个双方沟通顺畅的团队。当然，团队的中心必然是员额法官，所以法官助理必须听从员额法官的安排，受其指导，由其授权，员额法官应该有这样的心态转变，在团队建设初期其划分好自己与助理的职权边界。对于法官助理而言，除了完成审判辅助性事务外，还应该承担起团队管理的责任。包括对团队工作绩效的统计分析、指导安排书记员的工作。如果一个审判团队明确了法官指导助理、助理指导书记员的层级管理后，应该不会出现因为职责交叉而工作相互推诿，进而影响团队审判工作的现象。

六、结语

本课题组围绕司法体制改革议程，对法官助理制度的运行情况进行了探讨和分析。随着司法体制改革进一步深入，如何区分法官和法官助理的职责，如何构建符合基层人民法院工作实际及司法客观规律的法官助理制度是课题组的出发点与落脚点。司法改革是一项系统的工程，在构建的新型审判团队中，无论具体形式如何，法官助理均起着承上启下的作用。通过对现行法官助理制度存在的问题进行分析，并从中提出完善法官助理制度的对策，希望为基层人民法院的法官助理制度构建提供决策参考和决策依据。

调研成果转化情况

附件1：

南宁市江南区人民法院
完善司法责任制暂行规定（节选）

六、审判辅助人员的职责

第三十五条 审判辅助人员是指法官助理、书记员、司法技术人员和司法警察。在审判工作中，审判辅助人员协助法官履行审判职能，在法官的安排和指导下开展工作。

第三十六条 法官助理在法官指导下履行以下职责：

（1）审查诉讼材料，协助法官组织庭前证据交换；

（2）协助法官组织庭前调解，草拟调解文书；

（3）受法官委托或协助法官依法办理财产保全和证据保全措施；

（4）受法官指派，办理委托鉴定、评估等工作；

（5）根据法官的要求，准备与案件审理相关的参考资料，研究案件涉及的相关法律问题；

（6）在法官的指导下草拟裁判文书；

（7）完成法官交办的其他与审判辅助性工作。

法官助理因工作需要在审判执行部门以外部门工作的，还应履行相应部门的岗位职责。

第三十七条 书记员在法官指导下履行下列职责：

（1）负责案件的信息录入工作；

（2）办理庭前准备过程中的事务性工作；

（3）办理排定开庭日期等案件管理的有关事务；

（4）接待、安排案件当事人、诉讼代理人、辩护人和其他相关人员的来访和阅卷等事宜；

（5）办理委托鉴定、评估、审计等事宜；

(6) 检查开庭时诉讼参与人的出庭情况，宣布法庭纪律；

(7) 负责案件审理过程中的记录工作；

(8) 担任案件审理过程中的纪律工作；

(9) 完成文书等相关诉讼材料的送达工作；

(10) 校对、装订法律文书；

(11) 整理、归档案卷材料、对诉讼材料进行电子扫描；

(12) 完成法官交办的其他工作或法官助理在职责范围交办的其他工作。

(13) 协助法官助理完成相关审判事务性工作；

(14) 完成法官安排的其他工作。

第三十八条 司法技术人员履行以下职责：

(1) 制定、审核法院司法科学技术项目的技术方案；

(2) 监督、指导法院通信、计算机网络、办公现代化、委托、评估等司法技术辅助工作，组织业务交流和培训；

(3) 依法编制信息化系统建设、应用和运维资金预算，定期制定信息化运维工作计划和工作总结，制定科学规范的信息系统故障紧急处置方案；

(4) 保障本院的广域网运行正常，及时排除故障隐患；

(5) 对本院日常办公设备、业务类应用软件、内部网站、信息系统等进行技术管理和维护；

(6) 对本院会议、远程视频、科技法庭、科技审委会等系统进行日常维护、技术保障和数据存储工作；

(7) 定期归纳整理本院的审判业务信息化需求和行政办公业务信息化需求，做好软件业务需求调研工作；

(8) 严格执行安全保密管理规定，做好网络信息安全的管理工作；严格执行机房管理制度，做好数据备份等数据安全工作；

(9) 负责信息化的资产管理工作，制定日常办公设备、信息系统使用、维护、保障等管理制度；

(10) 为本院审判工作提供技术咨询、技术审核服务；

(11) 负责统一办理对外委托鉴定、评估、审计、拍卖等工作；

(12) 办理院领导交办的其他事项和涉及法院信息化建设的其他有关事项。

第三十九条 司法警察履行以下职责：

(1) 维护审判秩序；

（2）对进入审判区域的人员进行安全检查；

（3）刑事审判中押解、看管被告人或者罪犯，传带证人、鉴定人和传递证据；

（4）在生效法律文书的强制执行中，配合实施执行措施，必要时依法采取强制措施；

（5）协助机关安全和涉诉信访应急处置等工作；

（6）执行拘传、拘留等强制措施；

（7）办理院领导交办的事项和审判工作需要履行的其他职责。

附件2：

南宁市江南区人民法院法官助理管理办法（草案）

第一章 总 则

第一条 为适应本院法官员额制改革和审判权力运行机制改革的需要，进一步落实“让审理者裁判，由裁判者负责”的要求，实现法院工作科学分工和人员分类管理，促进审判质量与效率的提高，根据《关于招录人民法院法官助理、人民检察院检察官助理的意见》（组通字〔2015〕46号）、《法官助理、检察官助理和书记员职务序列改革试点方案》（组通字〔2016〕36号）及《最高人民法院关于完善人民法院司法责任制的若干意见》等相关规定，结合我院实际，制定本办法。

第二条 法官助理是从事审判辅助业务的法院工作人员，在法官的指导下开展工作，协助法官进行与案件审理、进行法律研究、起草法律文书以及其他与案件准备和案件管理有关的工作。法官助理不行使审判权。

第三条 通过设置法官助理，实行“法官——法官助理——书记员”的人员组合模式，依法公正、高效地开展审判工作。

第四条 结合案件繁简分流改革需要，法官助理分为程序性法官助理和法务性法官助理。程序性法官助理负责审查诉讼材料、处理管辖权异议、保全、评估、鉴定、追加当事人、调查取证等各类审判辅助事项。法务性法官助理主要负责协助法官组织庭前调解，庭前证据交换，草拟裁判文书，根据法官的要求准备与案件审理相关的参考资料，研究案件涉及的相关法律问题及其他法官交办的审判辅助性工作。

第二章 任 职

第五条 担任法官助理必须具备下列条件：

（一）具有中华人民共和国国籍；

（二）遵守宪法和法律，严守审判纪律，清正廉洁，恪守职业道德；

（三）年满35周岁以下，身体健康；

（四）有良好的语言表达能力和文字综合能力；

（五）普通高等学校政法专业毕业，具备履行法官助理职责所需的业务素质；

（六）取得法律职业资格。

第六条 下列人员不得担任法官助理：

（一）因犯罪受过刑事处罚的；

（二）被开除公职的；

（三）受过党纪、政纪处分的；

（四）涉嫌违法违纪正在接受审查，尚未作出结论的；

（五）其他不适宜担任法官助理的情形。

第七条 任职程序政工科根据本院实际情况确定选任法官助理的人数，报院党组同意后组织选任工作，政工科负责组织报名、资格审查、笔试、面试、考察等程序，确定拟任人选提请院党组研究确定。

第八条 法官助理由院长任命并颁发任命书。

第九条 法官助理在法官指导下履行下列职责：

（一）审查诉讼材料，协助法官组织庭前证据交换；

（二）协助法官组织庭前调解，草拟调解文书；

（三）受法官委托或协助法官依法办理财产保全和证据保全措施；

（四）受法官指派，办理委托鉴定、评估等工作；

（五）根据法官的要求，准备与案件审理相关的参考资料，研究案件涉及的相关法律问题；

（六）在法官的指导下草拟裁判文书；

（七）完成法官交办的其他与审判辅助性工作。

第三章　管　　理

第十条 政工科负责法官助理的招录、选任、管理、调配、培训及考核等工作。法官助理所在部门负责其日常管理，并根据其工作表现提出考核意见及免除职务意见。

第十一条 法官助理直接配备给指定的法官，对法官负责，由法官进行业务指导、工作安排。

第十二条 法官助理履行职务的有关事项：

（一）为了便于熟悉案情，更好地履行职责，法官助理可以在法官认为需要时参加案件的开庭审理。

（二）在合议庭讨论案件时，法官助理可以列席并发表意见，但对案件无表决权。

（三）法官助理履行职责时，参照诉讼法的规定实行回避。

第十三条 法官助理每年度进行一次考核。由政工科根据法官助理制度运行的实际情况另行制定相应的量化考核标准。

第十四条 法官助理违反法律、法规和审判纪律的，按照《最高人民法院关于人民法院审判纪律处分办法（试行)》和相关规定，追究相应责任。

第十五条 法官助理有下列情形之一的，由院长决定免除其法官助理职务：

（一）年度考核不合格；

（二）不能胜任现职工作；

（三）因工作失误导致案件存在质量问题，造成较严重后果的；

（四）工作中有违法违纪行为；

（五）行为不当，造成一定损失或影响法院声誉的；

（六）其他原因应当免除职务的。

第四章　附　　则

第十六条 本办法由政工科负责解释，自颁布之日起实施。

附件3：

南宁市江南区人民法院法官助理工作手册

纪律篇

三大纪律：

1. 服从管理，一切工作听从法官管理；

2. 廉政纪律，不拿当事人一针一线；

3. 勤奋履职，不用扬鞭自奋蹄。

八项注意：

一、说话要和气；

二、工作要严谨；

三、学习要主动；

四、生活要自律；

五、事前有思考；

六、事毕要回复；

七、事后有总结；

八、心态要感恩。

工作规范篇

为贯彻落实中央、最高人民法院关于在广西壮族自治区司法改革试点工作的重大部署，根据广西壮族自治区高级人民法院转发《最高人民法院关于在西部地区部分基层人民法院开展法官助理制度试点意见及实施方案》（桂高法政〔2008〕5号）、《最高人民法院关于全面深化人民法院改革的意见》《最高人民法院关于完善人民法院司法责任制的若干意见》等相关规定，我院结合工作实际，制定本院的法官助理工作手册。

一、总　则

第一条　为规范法庭法官助理管理，明确法官助理职责，使法官、法官助理、书记员审判团队更好地开展工作，制定本办法。

第二条 法官助理，是指专职审判辅助工作的司法人员。在法官的指导下工作，协助法官进行法律研究，起草法律文书以及其他与案件准备和案件管理有关的工作。但不得越权干涉法官的审判工作。

第三条 法官助理是协助法官办理审判案件辅助性的协助人员，应遵循以下工作原则：

（一）遵循审判规律，审判工作与审判辅助工作适当分离的原则；

（二）分类管理的原则；

（三）确保案件审判质量和效率的原则；

（四）统筹兼顾、稳步推进的原则；

（五）老人老办法、新人新政策的原则。

第四条 法官助理有下列情形之一的，应当自行回避，当事人有权用口头或者书面方式申请他们回避：

（一）是本案当事人或者当事人、诉讼代理人近亲属的；

（二）与本案有利害关系的；

（三）与本案当事人、诉讼代理人有其他关系，可能影响对案件公正审理的。

法官助理接受当事人、诉讼代理人请客送礼，或者违反规定会见当事人、诉讼代理人的，当事人有权要求他们回避。

法官助理有前款规定的行为的，应当依法追究法律责任。

第五条 法官助理以协助法官办案为中心，全方位做好法官的审判工作的辅助性工作，履行以下工作职责：

（一）审查诉讼材料，协助法官组织庭前证据交换；

（二）协助法官组织庭前调解，草拟调解文书；

（三）受法官委托或协助法官依法办理财产保全和证据保全措施；

（四）受法官指派，办理委托鉴定、评估等工作；

（五）根据法官的要求，准备与案件审理相关的参考资料，研究案件涉及的相关法律问题；

（六）在法官的指导下草拟裁判文书；

（七）完成法官交办的其他与审判辅助性工作。

二、案件受理阶段

第六条 （一）审查诉讼材料。审查诉状内容、起诉手续、证据材料是否齐全；

材料不全的，向当事人释明提交相关的诉讼材料，并指导当事人填写《法律文书送达地址确认书》；

（二）案件排期管理。根据案件情况与主审法官、其他合议庭成员、书记员协调，确定证据交换和开庭时间；

（三）指导书记员进行庭前送达：

1. 向被告、第三人等送达起诉状副本、告知诉讼权利义务、诉讼须知、主审法官或合议庭组成人员等；

2. 向原告送达被告提交的答辩状副本及证据材料等；

3. 向双方当事人告知主审法官或合议庭组成人员时，应当告知法官助理姓名及法官助理职责范围；

4. 办理公告送达事项。对无法通过其他方式送达的案件，经主审法官签发后，办理公告送达手续。

（四）审查原告的起诉是否符合受理条件。根据《中华人民共和国民事诉讼法》第一百一十九条和第一百二十四条的规定对原告的起诉进行审查。不符合受理条件的，及时向主审法官汇报，由主审法官决定是否应当驳回起诉。裁定驳回起诉的，应当及时、充分地向当事人释明救济途径；

（五）审查当事人提出的财产保全、证据保全申请，报请主审法官决定。裁定保全的，由法官助理和书记员共同执行保全措施。

三、庭前准备阶段

第七条　（一）审查当事人提出的管辖权异议，提出处理建议报请主审法官决定；

（二）审核当事人情况。需要追加或者更换当事人的，及时报请主审法官决定，并向当事人作出充分释明；

（三）组织庭前证据交换。根据主审法官委托，组织庭前证据交换，指导双方当事人填写《类案要素信息采集表》，固定无争议事实和争议事实，明确争议焦点；

（四）办理司法鉴定相关工作。当事人提出司法鉴定申请的，由法官助理审查后向主审法官提出相关建议。主审法官或合议庭决定进行司法鉴定的，由法官助理办理相关委托手续，明确委托鉴定的事项及内容，组织鉴定人和双方当事人对送检材料和鉴定结论进行质证。经质证后，法官助理认为需要补充鉴定或重新鉴定的，提出相关建议报请主审法官决定；

（五）办理调查取证。当事人申请法院调查或者法官助理认为应当依职权调查的，由法官助理审查后提出相关建议报请主审法官决定；需要调查取证的，由法官助理与书记员共同进行调查，制作调查笔录；

（六）组织庭前调解。根据主审法官委托，组织庭前调解，达成调解协议的，初步审查后报主审法官决定，并草拟调解书；

（七）收集相关材料。根据案情需要，收集与案件有关的法律规定、研究文献、权威案例和关联案件等信息供主审法官参阅；

（八）制作案件审查报告和庭审要点清单。根据《类案要素信息采集表》内容和庭前证据交换情况，制作案件审查报告，案件无争议事实、争议事实及证据情况，明确争议焦点。对需要开庭审理的，制作庭审要点清单，列明争议焦点和庭审中需要解决的问题；

（九）指导书记员做好庭审准备。核查当事人的身份材料、委托代理手续是否齐备，如有缺漏，及时提醒当事人在庭审前提交。核查当事人提交的证据是否齐备、是否需要提交证据原件等，及时向当事人释明，以免影响庭审效率。

四、庭审阶段

第八条 在庭审阶段，法官助理应重视庭审的亲历性，根据撰写裁判文书的需要，听取、记录当事人意见、法官对案件证据的认定。

（一）参加庭审。主审法官根据案件审理的需要决定法官助理是否参加庭审。法官助理参加庭审时，席位与书记员并排，以便法官助理与主审法官、书记员沟通和协助主审法官开展庭审；

（二）履行庭审职责。庭审过程中，法官助理应当在主审法官指挥下参与庭审的相关工作；

（三）组织庭后调解。庭审结束后，根据主审法官委托，组织当事人进行庭后调解。

五、合议阶段

第九条 （一）法官助理可以就案件的处理提出建议，供主审法官参考；

（二）法官助理可以列席合议庭合议和法官会议；

（三）办理提交审判委员会讨论手续。对需要提交审判委员会讨论的案件，由法官助理负责办理提交审判委员会讨论的申请手续和汇报材料，并报请主审法官审核。

六、文书制作和送达阶段

第十条 在裁判文书制作阶段，法官助理需要全面阅卷，了解案件事实，明确裁判方向，根据法官的裁判结果撰写裁判文书。

（一）草拟法律文书。根据主审法官的指导草拟调解书、裁定书和判决书等法律文书；

（二）裁判文书校对。裁判文书经批准签发后，由法官助理与书记员共同做好文书校对工作，发现文书存在问题及时向主审法官反映；

（三）安排宣判。需要宣判的案件，由法官助理安排宣判的时间、地点，并通知各方当事人；

（四）指导书记员办理结案手续。审核同步录入案件电子信息或引入电子卷宗材料是否完备，及时办理结案；

（五）指导书记员按照要求完成裁判文书上网工作；

（六）指导书记员办理诉讼费退费手续；

（七）指导书记员办理上诉手续。当事人提出上诉的案件，在上诉期满后及时将全部卷宗报送上级法院，并办理催收上诉费通知；

（八）指导书记员办理归档手续。对生效案件，及时整理诉讼卷宗，报主审法官审查后，在结案后及时归档。

第十一条 除上述列明事项外，依据案件审判是由法官、法官助理、书记员所构成的团队，法官助理在开展工作中还应处理好审判工作关系，与法官、书记员相互协作、相互配合，与书记员达成良好的沟通，一起合作，保障审判工作的顺利进行。

第十二条 法官助理工作中，应遵守保密义务，不得向他人透露有关案件信息，除非工作需要，不得妄议法院未决和已决案件的是非曲直。

第十三条 在案件未作出裁判前，不得泄露案件信息，不得向当事人表明个人观点，不得与他人讨论，但因工作需要的除外。

第十四条 在与媒体交流时，应事先征得法官同意和授意，发表的言论不能涉及案件的实质性问题，或评论悬而未决的问题，不得泄露司法机密。

第十五条 服从管理，听从指挥。法官助理作为辅助法官工作的司法辅助人员，一切工作应听从法官指挥和管理，在法官安排下开展工作。

第十六条 忠诚为民，公正廉洁。始终忠于国家、忠于人民，忠于法律，秉承公正之心，以事实为依据、以法律为准绳，洁身自好，不拿当事人的一针一线，不收受他人礼金，不接受当事人任何形式的请吃。

第十七条 勤奋履职，秉公办事。自觉完成各项工作，勤于思考，围绕以法官为中心的审判团队，充分发挥主观能动性，秉承公正之心，履行司法职责。

第十八条 工作严谨，生活自律。在工作中应做到说话和气，工作严谨，学习主动，事前有思考，事毕要回复，事后有总结，在生活中要做到严格自我要求，自我约束。

第十九条 对违反法律、法规和审判纪律的，按照《最高人民法院关于人民法院审判纪律处分办法（试行）》和相关规定，追究相应责任。

第二十条 对法官助理的考核，按照本院岗位责任制的相关规定进行。

附件4:

南宁市江南区人民法院
民事案件庭前会议工作规程

（法官助理用）

为正确适用修改后的民事诉讼法和司法解释中关于庭前会议的规定，结合本院审判工作实际，制定本工作规程。

第一条 宣布庭前会议纪律。对违反庭前会议纪律的，会议主持人将给予口头警告、训诫。对不听劝告的，经独任审判员或合议庭决定，可以没收录音、录像、摄影器材，责令退出庭前会议，或者经院长批准予以罚款、拘留。

第二条 核对参加会议的人员身份和资格，包括双方当事人的姓名或名称、性别、出生年月日、民族、住址或住所地、法定代表人姓名及职务、委托代理人姓名及工作单位、代理权限（委托代理人是公民身份代理的还应核对其性别、出生年月日、民族、住址)。

第三条 宣布案件的独任审判员或合议庭成员、书记员名单。

第四条 告知当事人诉讼权利和诉讼义务。

第五条 询问原、被告是否听清告知的当事人诉讼权利和诉讼义务、是否申请审判员或合议庭组成人员、书记员回避。如提出回避申请，应当说明理由。

第六条 听取原告的诉讼请求及被告的答辩意见，确认是否变更诉请，是否提起了反诉，使诉讼请求、答辩意见明确、简化和固定。

第七条 修正诉讼当事人，包括修正在起诉状中错列的当事人基本信息、向人民法院申请追加必要共同诉讼人、通知第三人参加诉讼、申请重新鉴定、申请证人出庭作证。

第八条 组织当事人进行举证和质证。当事人举证和质证必须按照下列规则和要求进行。

（一）当事人所举证据必须符合《中华人民共和国民事诉讼法》第六十三条规定的八种证据形式要求，即书证、物证、视听资料、电子数据、证人证言、当事人的陈述、鉴定意见、勘验笔录。

（二）举证时应向会议主持人及对方当事人提交证据目录及证据副本；书证应提供原件，以供核对；物证要提供原物，原物确实无法提供的，要说明原物存放的地点。

（三）出示和宣读证据时，应陈述证据的名称、来源及基本内容，并说明所要证明的对象。

（四）质证时首先要对证据的真实性发表意见，其次要对证据的形式和取得是否合法发表意见；同时还要对证据与本案有无关联性，能否证明对方所要证明的问题发表意见。否认对方的证据，应当说明理由或提供反驳证据。

（五）对对方的举证不作肯定或否定表态的，视为对证据无异议。

（六）对一方当事人提供的证据，对方当事人质证时可以就相关问题提问。

先由原告就自己的诉讼主张举证，由被告进行质证。

后由被告就自己的答辩主张举证，由原告进行质证。

会议主持人宣读勘验笔录、鉴定结论，征询双方当事人对勘验笔录、鉴定结论的意见。

询问双方当事人还有无新的证据出示。

第九条 对双方当事人均无异议的证据和一致认可的事实，予以固定，并告知双方当事人在开庭审理时不需再举证、质证，仅作说明。

第十条 对双方当事人有争议的证据和事实予以明确，归纳双方争议的焦点问题，并询问双方当事人对固定的争议焦点是否有异议。

第十一条 根据自愿、合法原则，通过交换证据材料、疏导等工作，在事实清楚的基础上主持双方当事人就争议的民事权益进行调解。双方当事人达成调解协议的，由案件承办人或合议庭确认调解协议内容。

第十二条 书记员应对庭前会议的整个活动记入笔录，并由庭前会议主持人、书记员、当事人及其诉讼代理人签名；庭前会议主持人应对庭前会议的成果进行总结，简要填写《庭前会议工作进程管理表》。

改革与完善广西壮族自治区法院系统经费保障机制的调研报告

南宁市西乡塘区人民法院课题组*

一、前言

(一) 研究背景及意义

从20世纪90年代起，为了遏制当时似有愈演愈烈之势的“地方司法保护主义”现象，法学界就已经强烈地呼吁改变司法机关的人财物等资源保障严重依赖地方政府的现状。① 十八届三中全会以后，《中共中央关于全面深化改革若干重大问题的决定》提出改革司法管理体制，推动省以下地方法院人财物统一管理，探索建立与行政区划适当分离的司法管辖制度。随后，中央全面深化改革领导小组第二次会议审议通过了《关于深化司法体制和社会体制改革的意见及贯彻实施分工方案》，明确了深化司法体制改革的目标和原则，制定各项改革任务的路线图和时间表。中央全面深化改革领导小组第三次会议审议通过的《关于司法体制改革试点若干问题的框架意见》，对司法体制改革的若干重点难点问题确定了政策导向，上海、广东、吉林、湖北、海南、青海6个省市改革试点工作已经启动。近年来，国内学者开始关注法院经费保障的状况，对如何解决法院经费保障中存在的问题进行了初步研究，在以下方面取得了一定的成果：一是关于法院经费保障所涉及的政法机关、财政转移支付、法院经费体制改革的内涵和特征的界定较为明确。二是目前已有的文献资料普遍认为政法部门作为国家重要执法机关，是公共财政的保障重点，随着法院经费保障体制改革的不断深入和公共财政基本框架的逐步建立，各级财政部门都加大了对政法机关的保障力度，法院

---

* 主持人：黄顶峰，南宁市西乡塘区人民法院审判管理办公室主任。课题组成员：黄顶峰、兰岚。执笔人：兰岚。

① 蒋惠岭：《司法权力地方化之利弊与改革》，载《人民司法》1998年第2期。

经费保障水平日益提高。但部分学者通过分析法院经费保障状况后发现，仍然存在不少问题。

（二）主要研究内容

"兵马未动，粮草先行"，法院经费保障问题是影响整个司法体制良好运作的关键，改革刻不容缓，但也不能操之过急。长期以来，我国司法系统的经费来源主要是各级财政部门核拨预算内、预算外经费，随着司法改革的开展，该项制度的改革已经成为必然。由于省级财政部门实质上往往只在各地依据其制定的标准上缴的财政经费基础上确定和支出地方法院经费，因为地方差异化，没有统一执行的普遍财政标准，而是保留和推行各个地方不同的经费、工资和收入，在资源保障责任归于省级后是否应奉行省级统一的标准进行资源分配、还是依然维持差异化和一定程度地方化？早在省统管改革制度之前，一些地方法院就表现出不同程度的忧虑，特别是在经济发展水平中等以上的地方法院，司法保障力度相对较好，其预算不足部分可以通过同地方财政沟通得到解决，灵活性较高，而在省级管理模式下，来自地方的经费保障路径被省级替换，地方法院的经费保障水平能否保持过去的水平或不升反降？对于资源较为贫乏的地方法院，省级统管也许意味着更加充沛的司法资源，或许是福音。因而，省级统管下法院经费保障是否应确定并执行统一标准，从本质上体现了是否应通过这一模式消除当下不同地区法院财政包括福利待遇等的差异。按照目前的部分试点省份方案，地方财政部门以统管前最近一年的财政经费为基准上报给省级财政部门，省财政方面的管理权体现在基于地方上缴的经费，支出地方法院的财政经费，这一做法充分承认并保留地方性、差异性标准，但也削弱了省统管在经费保障方面的效力。课题组研究的目的，一是旨在寻找一个三方协调的经费保障机制，在不违背宪法"地方各级人民法院对产生它的国家权力机关负责"规定的同时，把对司法审判干预的可能性和途径降到最低；二是统一规划，突破由于财政富裕程度而影响司法工作的困境；三是总结一套适用于广西壮族自治区法院系统的经费保障机制。

（三）研究计划及方法

本课题主要采取了以下研究方法：1. 文献参考法。对论文主题相关的著作、期刊论文、学位论文、政策文件等文献的查阅，为论文各章节内容写作提供了不同视角。2. 图表数据分析法。通过向广西壮族自治区几个有特点的法院采集数据，这些法院分别具有案件多但经费充足、案件多但经费缺乏、案件少经费也缺乏等特点，用以论述、佐证课题的相关内容。3. 比较分析法。在法院经费保障模式的选择以及法院经费的分类等内容上，以美国、德国、英国、日本等法院系统作为对比分析对象，同时走访正在展开试点工作的贵州法院、湖北法院，调研他们的改革措施和经验，探寻可以借鉴于广西壮族自治区法院系统经费保障机制建立的具体做法。

二、广西壮族自治区法院系统现行经费保障机制的基本情况

法院司法经费专指法院经常支出的费用，包括人员经费、公用经费、业务装备经费和基础设施建设经费等。司法经费保障，是国家对司法经费的保障供给。而司法经费保障机制是国家在司法经费保障供给方面形成的规则、制度，其对于推进司法活动有效开展具有十分重要的意义。

（一）广西壮族自治区法院现行的财政经费流转程序

现阶段法院经费归地方财政掌管的模式下，以基层人民法院为例，经费预算、支出具体流转程序如下：

（1）每年 11 月，基层人民法院根据历年的预算，包含项目和数据、本年度给城区政府提交的报告以及上级下发的各种涉及财政经费的文件等因素，制作该法院下一年度的预算方案，交由办公室主任审核，再由院党组会议通过以后，上报给城区财政局。该环节值得注意的是，预算方案对该法院年度案件数、诉讼费上缴数等反映法院工作情况的数据基本没有反映。

（2）城区财政局下设国库支付中心预算股，该机构将整个城区的单位上报的预算进行整合之后，提交城区人大进行审批。

（3）城区人大开会通过预算方案，财政经费仍然在国库。

（4）法院需要使用经费时，一部分项目可以直接通过电子系统做申请，由城区财政局审核通过后直接拨付；数额较大的项目需要附具体的材料连同申请报告提交给城区政府，该份报告再次需要经过城区财政局局长签字同意——城区分管财政的副区长签字同意——城区区长签字同意三个环节后，具体经费才会拨付给法院。

（5）每年八月底，城区会对预算进行一次微调，各单位需要汇报预算的使用情况，如果还需要增加预算的，在人大审批通过后可以进行增加，如果预算明显用不完的，可能会被删减。

（二）广西壮族自治区不同地区法院经费收支使用情况

1. A 法院：案件多经费多

A 法院的案件数一直名列全区前列，尤其是立案登记制实施以后，该法院收案数增长显著。A 法院所在的市及城区的财政收入亦在全区前列，从表 1 和表 2 中可以看出，A 法院的地方财政拨款每年都有较为显著的增长。

表1　2011～2015年A法院收支情况

年份	中央补助办案专款	地方财政拨款	诉讼费总收入	经费总支出
2011年	262万元	2061.91万元	2068万元	1885万元
2012年	293万元	2029.94万元	1845万元	2428万元
2013年	335万元	2619.37万元	1968万元	3203万元
2014年	316万元	3768.85万元	4153万元	3062万元
2015年	316万元	4554.55万元	11,974万元	4115万元

表2　2011～2015年A法院业务经费支出

年份	办案经费	业务设备购置费
2011年	523万元	226万元
2012年	932万元	974万元
2013年	919万元	439万元
2014年	766万元	326万元
2015年	659万元	281万元

2. B法院：案件少经费少

B法院的案件数在全区基层人民法院里不算多，但在其所在的市各基层人民法院中处在中等数量。B法院所在的市财政收入在全区里排在较靠后的位置，而B法院是个县级法院，其财政收入在该市里亦算是较弱的，从表3和表4中可以看出其地方财政拨款数较低，相应的办案经费支出、业务设备购置费的支出也较低。

表3　2011～2015年B法院收支情况

年份	中央补助办案专款	地方财政拨款	诉讼费总收入	经费总支出
2011年	120万元	244.9万元	32万元	950万元
2012年	179万元	263.5万元	53.44万元	1108万元
2013年	231万元	263.5万元	28.95万元	1035万元
2014年	238万元	275.9万元	94.15万元	1023万元
2015年	238万元	260.4万元	152万元	923万元

表4 2011～2015年B法院业务经费支出情况

年份	办案经费	业务设备购置费
2011年	120万元	124万元
2012年	179万元	142万元
2013年	231万元	123万元
2014年	238万元	127万元
2015年	238万元	127万元

3. C法院：案件多经费少

C法院的案件数在全区基层人民法院里也是排在前列，但C法院所在的城区因为各种原因，财政收入在该市各城区中较弱，虽然该城区对司法经费的划拨上已经尽可能地予以保证，但相对于同一个城市的A法院而言，C法院的地方财政拨款就显得不是那么充足了（见表5、表6）。

表5 2011～2015年C法院收支情况 单位：万元

年份	中央补助办案专款	地方财政拨款	诉讼费总收入	经费总支出
2011年	262	1643	923	2000.39
2012年	287	2133	1137	1992.88
2013年	321	2870	1796	2469.12
2014年	334	3098	2229	3164.88
2015年	334	3615	3200	4381.49

表6 2011～2015年C法院业务经费支出 单位：万元

年份	办案经费	业务设备购置费
2011年	262	137
2012年	287	169
2013年	321	171
2014年	334	186
2015年	334	186

（三）广西壮族自治区现行的经费运行机制可能存在的问题

1. 业务量增长速度远大于经费增长速度

（1）以C法院为例，该院2011年至2015年，收案数逐年增长，尤其2015年收案数较2011年已经翻了不止一倍，但该院中央补助专案专款和地方财政拨款两项收入的增幅不算明显。

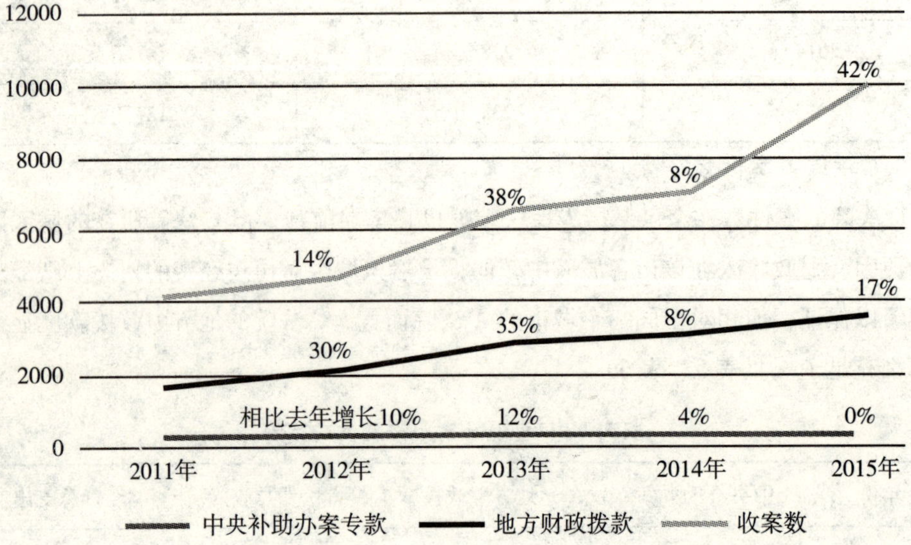

图1　2011～2015年C法院收案与财政拨款、办案专款的增长情况对比

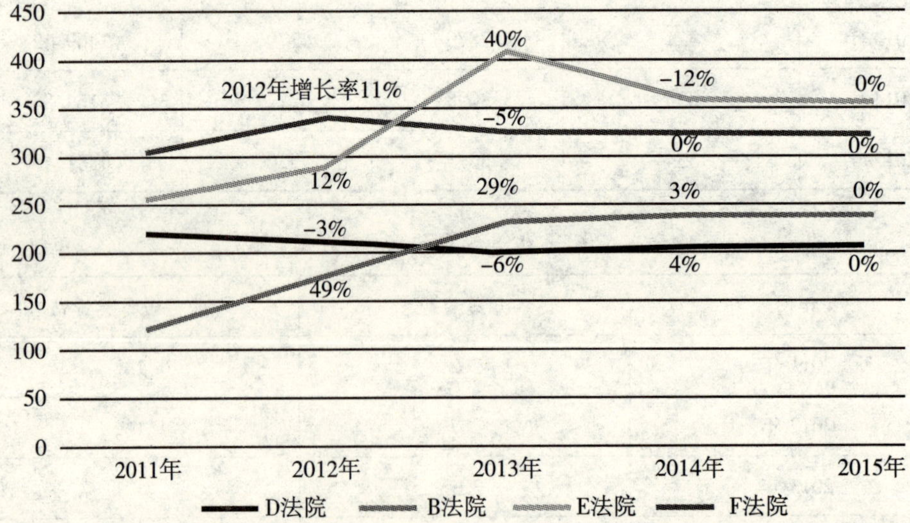

图2　2011～2015年B法院、D法院、E法院、F法院中央补助办案专款的增长情况对比

（2）以B、D、E、F四个法院为例，各院的中央补助办案专款及地方财政拨款的增速均不明显，且不是逐年递增状态。

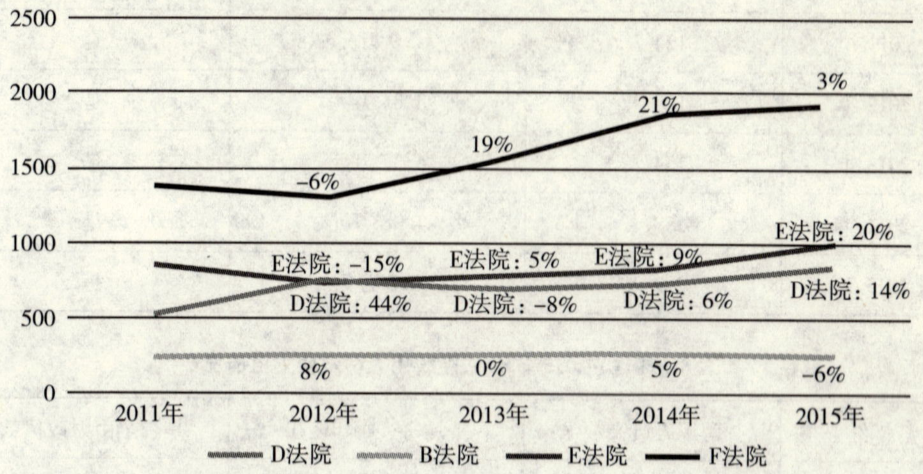

图3 2011～2015年B法院、D法院、E法院、F法院地方财政拨款的增长情况对比

2. 经费保障地区差异较大，横向与纵向不平衡

目前，各级法院经费能否得到保障，直接取决于地方财政的水平。地方财政状况乐观的法院，经费保障力度、购置装备能力、基础设施以及聘用人员配备等措施明显能做到位。① 而地方财政较弱的法院，本身受理案件大多数就不多，诉讼费收入少，地方财政能提供的经费保障常常不能及时到位，甚至会出现被挪用去其他项目的现象，而这些法院的办案成本往往并不见得比经济发达的地区低，在缺乏相应经费的情况下，法院工作的开展必然受到影响。因为存在资金缺口的经济不发达地区的法院为了能把工作进行下去，只能采取从财政预算外找收入，比如每年尽量向地方财政争取返还更多的诉讼费和罚没款，而地方财政、地方政府会对地方法院工作进行支持，往往又取决于该法院每年能上缴的诉讼费、罚没款收入，是否能分担地方财政的负担。所以这就陷入一个死循环，法院经费很难得到一个稳定、有效的分配机制。

以聘用人员工资增长为例，不同地区对聘用人员财政的投入相差较大，以A法院和C法院为例，C法院因为地方财政紧缺，五年间聘用人员实发工资几乎没有增长；但A法院因为地方财政较为宽裕，聘用人员实发工资有增长的体现。

---

① 卢旭光：《浅议法院经费保障改革》，载《人民司法》2009年第2期。

表7　2011~2015年A法院聘用人员经费支出情况

年份	聘用人员人数	平均每人每年支出	是否全由财政拨款
2011年	124人	2.9万元	是
2012年	128人	3.84万元	是
2013年	154人	4.37万元	是
2014年	158人	4.98万元	是
2015年	222人	5.2万元	是

表8　2011~2015年C法院聘用人员经费支出情况

年份	聘用人员人数	平均每人每年支出	是否全由财政拨款
2011年	78人	2.44万元	是
2012年	78人	2.44万元	是
2013年	78人	2.45万元	是
2014年	82人	2.77万元	是
2015年	90人	2.99万元	是

而在调研的六个法院里，除了A法院、C法院之外，其他四个法院的聘用人员薪酬都不是全由财政拨款，聘用人员薪酬也较A法院、C法院低了不少。

表9　2011~2015年B法院、D法院、E法院、F法院
聘用人员经费支出情况

单位：万元/人

年份	B法院平均每人支出	D法院平均每人支出	E法院平均每人支出	F法院平均每人支出
2011年	1.68	2.1	1.66	1.46
2012年	1.8	2.1	1.81	1.73
2013年	1.8	2.3	1.87	2.24
2014年	2.3	2.63	2.2	2.5
2015年	2.67	2.81	2.78	2.19

3. 缺乏公用经费正常增长机制

地方财政手握地方司法机关的财政大权，决定给法院划拨多少数额的经费一般是依据地方经济实力和法院的上年度开支及下年度预算报告，缺乏科学的依据。再加上烦琐的审批程序，有时会出现经费划拨不到位、保障不及时、经费短缺等情况，给司法机关的工作带来不便。这20年来，法院的工作内容发生很大的变化，尤其是这五年，法院不仅是在受理案件数量上激增，而且由于部分法律修改、实施细则等条款的细化，对法院的工作要求越来越细致，法院干警开展工作时需要投入更多的精力和时间，人不够多，就需要增加人员，设备落后，就需要更换新设备，这些都需要经费的保障。在某些特殊和紧急情况下，地方司法机关的部分办案经费地方，财政基本不予安排预算，即使安排，也只安排少量资金，与实际工作需求相差甚远，法院一些需要外出办案的部门比如财产保全、执行等需要到外地出差的工作，主办人的差旅费都不一定能解决，因为经费不到位而延误了办案时机的情况就会出现。大要案、交办案件费用、突出性专项工作等经费没有建立保障机制，在很大程度上影响了这些地方司法机关的办案能力和办案质量。因此，一个长期且合理的经费增长机制是必要的。

三、域外法院经费保障制度

既然课题要研究的是司法经费不再收归地方财政管理的具体操作办法，就不得不去了解该制度下司法经费是怎么流转的。课题组经过查找域外相关资料，以6个国家和地区的经费保障制度为例，通过直观的方式来了解这些国家是怎么运作的。

（一）域外法院司法经费流转的形式和各自特点

1. 美国

美国是联邦制国家，其法院经费制度采取两级管理模式，即联邦法院的司法经费由联邦财政统一保障，州法院的司法经费由州财政统一保障。

图4所展示的流程示意图即州法院的经费流转程序，美国的州法院经费统一保障的制度可以作为我国省级司法经费统管的参考。相对应的，省以下各基层人民法院在每年年末，根据上一财政年度经费支出情况提出经费预算请求，汇总到各市中院，以市中院的名义上报至省高院，省高院统一编制全省法院经费预算方案，并负责对经费使用进行财务审核。到这一步，美国州法院的经费保障制度都是可以借鉴的。

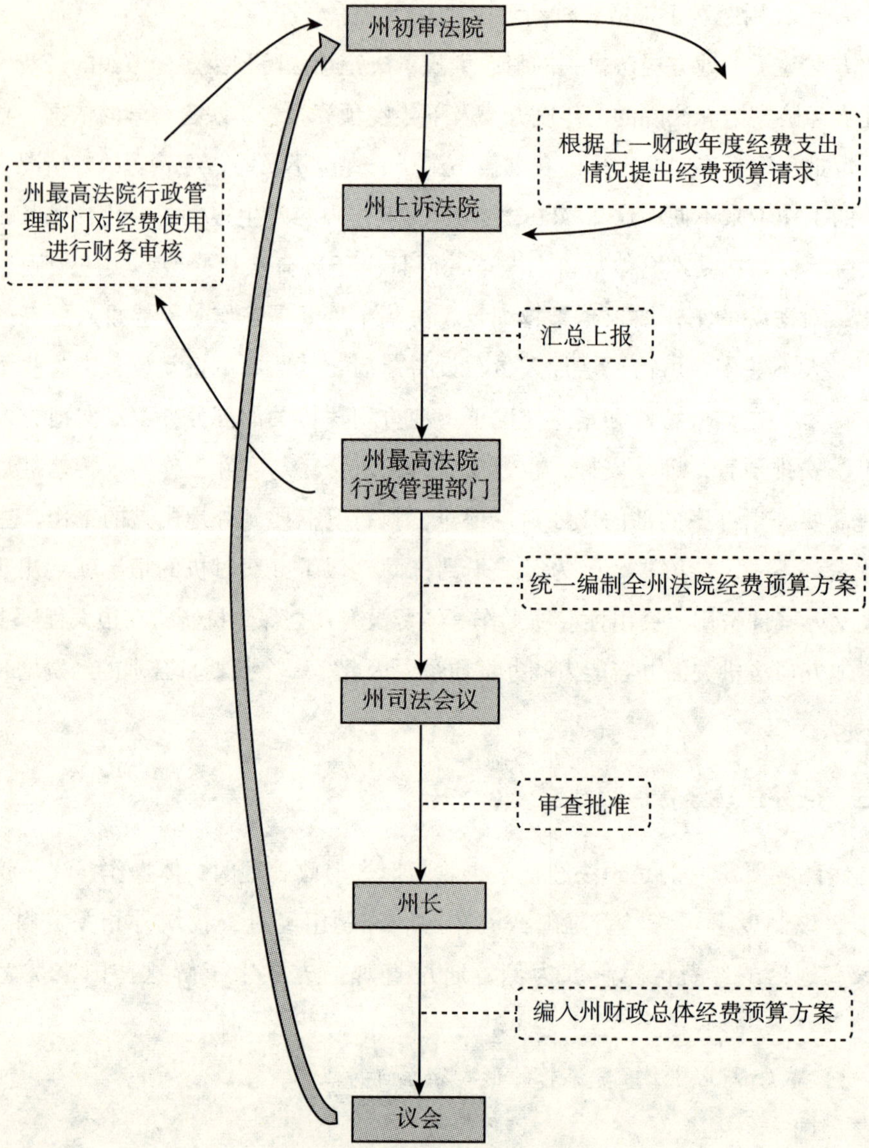

图 4　美国州法院经费制度示意

2. 英国

英国是议会制国家，法院经费预算由司法部起草，纳入国家财政总预算中统一规划，财政部进行指导和必要审查，由议会负责审议批准。

英国国家较小，其虽然不能像美国的州法院经费保障制度那样与我国省级法院相似，但总结起来英国的财政流转也有可以借鉴之处，比如各基层人民法院在使用办公经费、小型办公用品采购等经费时，可以自行核算审批，而大型采购经费需要报省高院审批。

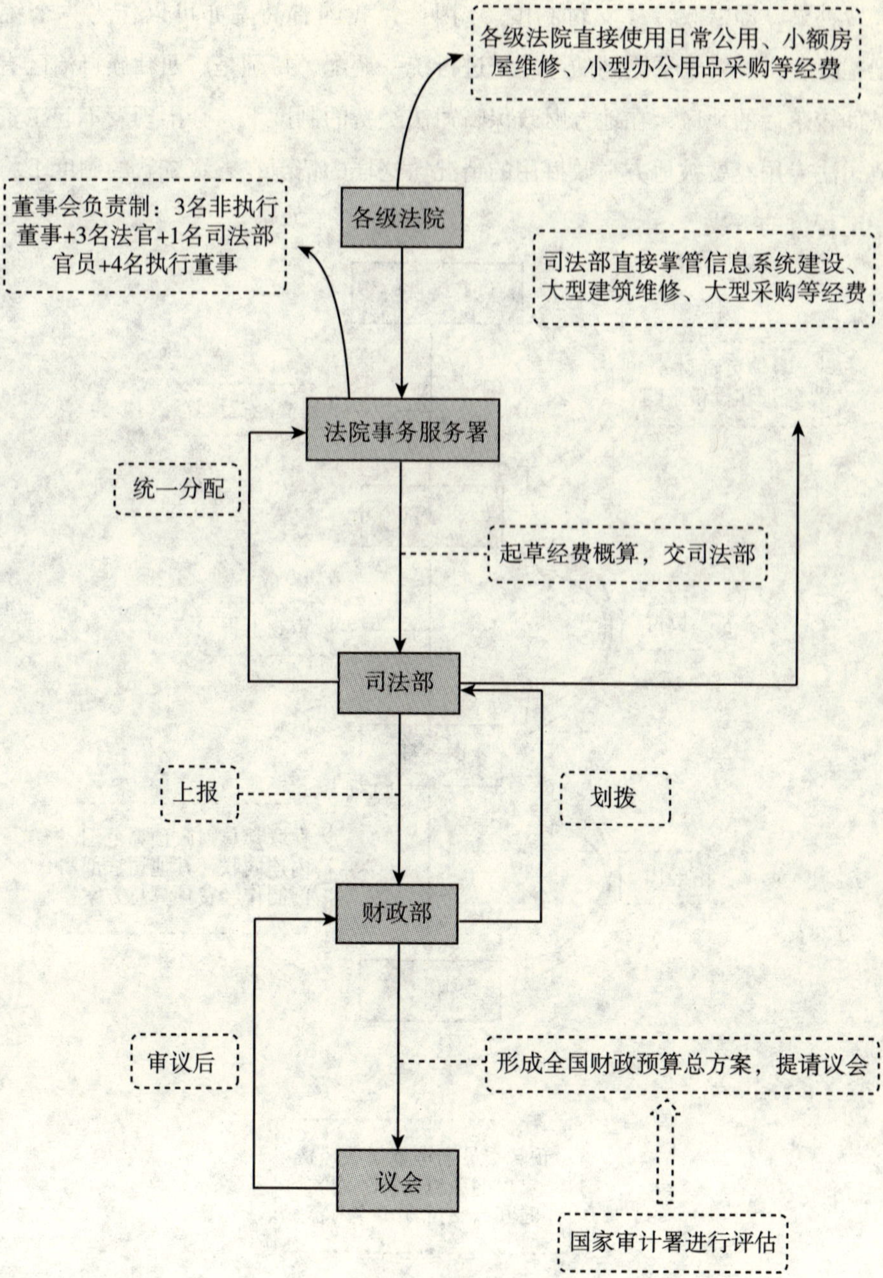

图5　英国法院经费制度示意

3. 德国

德国司法经费由联邦和各州司法部管理，法院经费的管理分别掌握在司法部和法院手中。另外，还有一项最重要的特点就是，以实现各州司法服务水平保持大体均等为目标，经联邦议会批准，经济发展水平高的州应为经济发展水平低的州提供必要的司法经费补贴，即财政转移支付制度。[1] 因此，我国省高院亦可以作为一个统筹部门，把握好各市经济水平之间的差距来进行统一调配，特别是广西壮族自治区有许多经济条件较落后的地区，在地方财政保障司法经费的制度下，会出现发不起工资的情况，或司法专用经费被地方财政挪用的情况，这样的情况在省级统管的制度下将可以得到一定程度的解决。

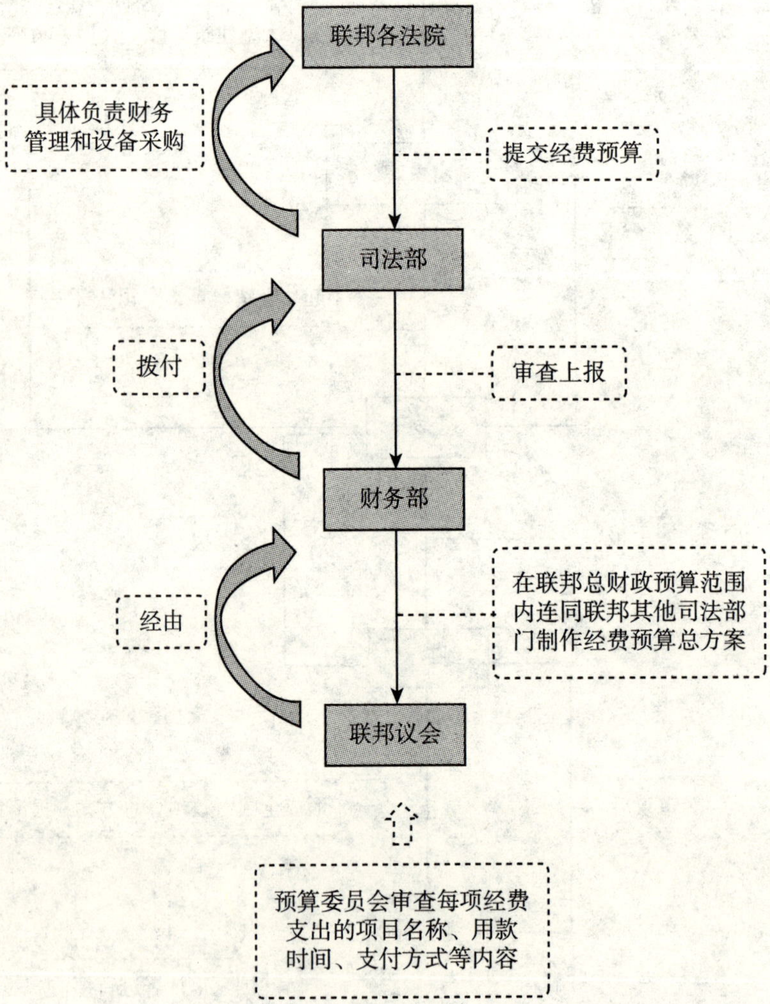

图6　德国法院经费制度示意

4. 法国

法国地方法院的经费在30年前是由地方财政提供的，实践证明同级地方财政保障司法经费的制度安排不利于实现司法的公正性和统一性，后将法院经费保障责任提

① 陈春梅：《德国：精细化管理的法院经费制度》，载《人民法院报》2015年12月25日，第008版。

升到中央层面，由中央财政集中对全国法院经费实现统一保障。此外，法国的制度有可以借鉴之处，即法院司法部在编制和管理法院经费预算的过程中，需要听取法院的意见建议。该制度可借鉴到省级统管制度中来，每年年末，全省以市级法院为单位应召开对下一年度审判执行等工作的计划，突出亮点部署，并在做下一年度预算时有所体现，比如“执行清案月”活动三次等，配齐好办公设备，避免出现到活动开展时因为设备等问题影响进度。

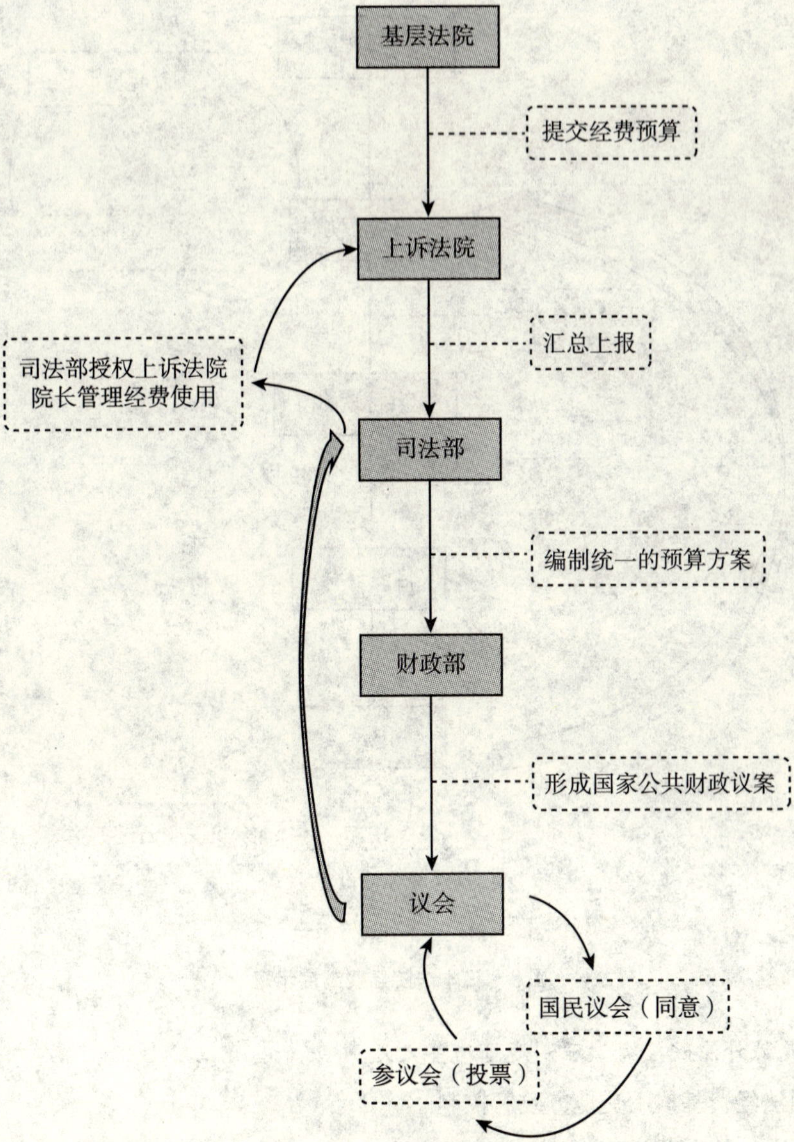

图7　法国法院经费制度示意

5. 日本

日本在第二次世界大战之后，法院经费的预算、管理从行政部门交给最高法院行使。

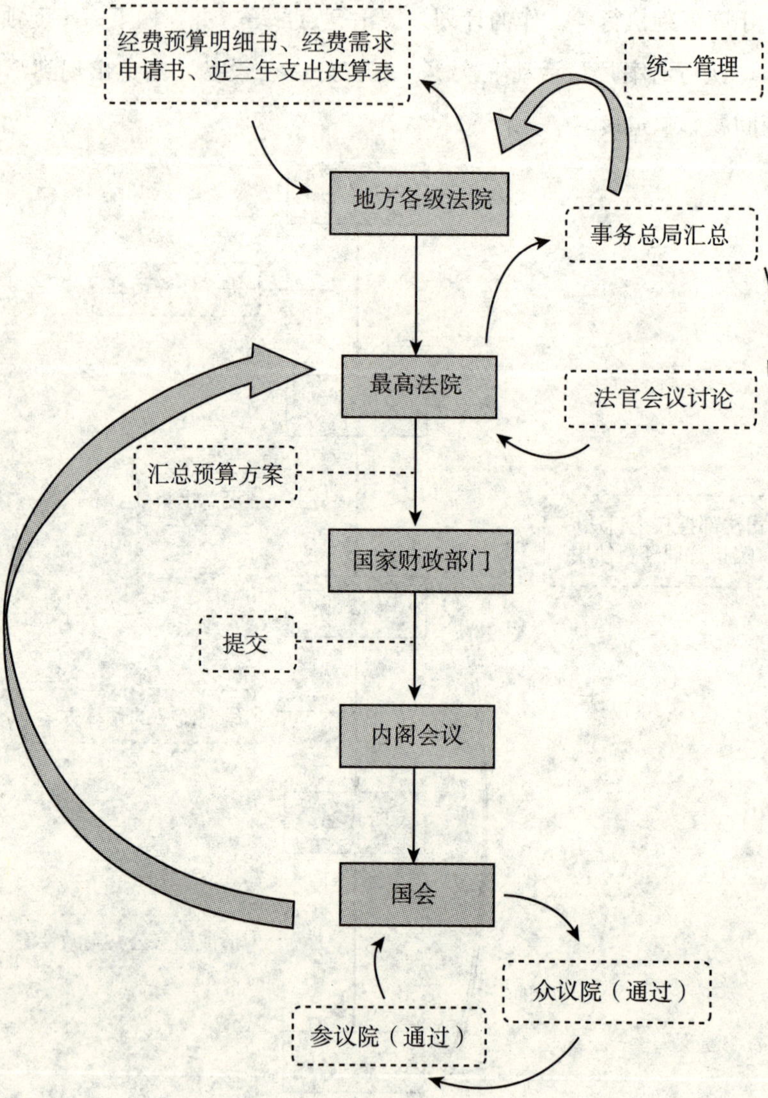

图8 日本法院经费制度示意

（二）域外法院经费管理制度可借鉴之处

1. 司法经费基本不受地方政府控制

世界绝大多数国家司法机关实行财政独立，经费独立预算，完全摆脱了地方当局的控制和影响。美国、英国、日本、德国等国家的司法机关经费预决算、核发和拨款等都与其他政府部门的预算相分离，这样的制度好处在于：一是资金来源稳定充分；

二是在预算和经费分配时能够保证标准的统一性和科学性；三是集中采购的规模效应能在经费使用上得到体现。

比如美国，无论是联邦法院系统还是州法院系统都拥有一套单独的司法预算经费保障机制，与其他国家机关的经费预算相互分立。美国法律明确规定，禁止政府部门对法院经费进行干预。①

法国也是如此，无论是最高法院经费，还是地方法院经费，都由司法部提出司法经费预算，集中提交给议会进行审议批准。议会审批后，由国家财政统一支出，司法部管理实施。如果地方法院需要基础设施建设经费，必须逐级向上级法院提出经费需求；上级法院向司法部提交基础设施建立经费报告，由司法部向国家议会提出经费预算申请；国家议会批准后，地方法院经费预算自上而下启动实施。②

日本法院经费预算由最高法院独立负责编制，不受其他国家机关的控制，内阁虽然可以对法院经费预算提出意见，但它无权修改和变更法院经费预算方案，日本最高法院独立管理法院经费，地方各级法院按照经费预算法案，自行决定本法院的经费支出规模和数额。

2. 司法经费有相关立法保障

将司法经费的来源以相应的法律条款明确下来，是司法经费得到有效保障的前提。

表 10　国外以立法形式保障司法经费的情况

国家	法律法规	规定内容
美国	《反经费短缺法案》	联邦法院的拨款和经费由联邦法院行政管理局局长负责调配
日本	《财政法》《宪法》	法院财政实行独立预算制度，纳入国家总预算
德国	《司法行政法典》	法院经费管理事务主要是由联邦司法部和州司法部负责
法国	《司法行政法典》	司法活动经费由司法部统一管理

另外，英国法院经费预算要经过议会审议批准，形成正式法案后才能付诸实施。这有利于形成由中央财政统一保障的法院经费预算管理制度，而且能够保证法院经费制度的稳定性和权威性。

日本宪法和财政法、地方财政法规定了中央和地方事权及支出责任的范围，明确规定法院行使的司法权属于中央事权范畴，为法院经费纳入中央财政保障提供了宪法

① 张洪松：《美国州法院统一预算体制及其借鉴：以法院预算过程的内部组织为重点》，载《环球法律评论》2011 年第 1 期。

② 梁三利：《法院管理模式研究》，载《南京理工大学学报》2008 年第 5 期。

法律依据。另外，法院资金执行程序和资金支付方式也有明确的法律规定，人员经费开支、资产及劳务开支、其他经常性开支等，都建立了相应的管理办法。①

3. 财政对司法机关的经费投入较为充足

充足的司法经费是公正司法的物质支撑，联合国1985年通过的《关于司法机关独立的基本原则》第7条明确规定："向司法机关提供充足的资源，使之得以适当地履行其职责，是每一会员国的义务。"为保证司法的独立、公正，域外很多国家的财政对司法机关的经费投入较为充足。

表11 国外保障经费投入的情况

国家	相关规定	具体内容
英国	法院、检察院、警察、监狱合计经费	占中央政府全部支出的8.3%②
德国	州法院支出	占州预算的3.5%以上③
巴西	全国法院总预算	占全国预算总额的3.7%④
秘鲁	宪法第238条规定	司法权力机构的预算不少于中央政府日常开支预算的2%。⑤
哥斯达黎加	宪法第177条规定	司法机构的预算额不得少于经济年度日常收入预算的6%。⑥
巴拿马	宪法第208条规定	司法机构的预算不得低于国家全部预算的2%⑦

如美国，法院经费制度具有统一性，联邦和各州都享有各自的财政预算，各州在很大程度上具有独立的税收立法权和税收体系，法院经费从总体上实行二元化保障制度，全国性司法事务由联邦财政保障，各州行政区域内的司法事务由州财政保障。

4. 经费管理制度较完善

美国法院经费根据功能和用途，划分为公用经费、人员经费、业务装备经费、基

① 陈春梅：《日本法院经费模式：集中编制统一保障》，载《人民法院报》2016年4月1日，第008版。

② 贾新怡、唐虎梅：《借鉴有益经验构建符合我国国情的司法经费保障机制》，载《财政研究》2006年第4期，第16页。

③ 《英德美巴司法经费保障情况》，载 http://www.mof.gov.cn \ preview \ xingzhengsifa \ zhengwuxinxi \ tashanzishi \ 200806 \ t20080620 - 47662.html，2016年1月8日最后访问。

④ 陈永生：《域外司法经费：管理相似保障充足》，载《检察日报》2015年3月3日，第003版。

⑤ 陈永生：《域外司法经费：管理相似保障充足》，载《检察日报》2015年3月3日，第003版。

⑥ 陈永生：《域外司法经费：管理相似保障充足》，载《检察日报》2015年3月3日，第003版。

⑦ 陈永生：《域外司法经费：管理相似保障充足》，载《检察日报》2015年3月3日，第003版。

础建设经费等不同的类别，其管理制度具有科学性，从预算编制到预算方案的提交和审批，都遵循了一套严格规范的程序规则。[①] 法院在分配经费时，基本上是根据下级法院审理的案件数量和法院工作成本来拨付经费，而不与法院人员数量直接挂钩。这样管理的好处不仅能够更准确地测算法院经费的分配，也可以防止法院在分配经费时出现干预下级法院依法独立审判的现象。此外，通过对法官工资报酬建立统一标准、对采购项目严格实行公开招标、办公设备及装备有明确规定等辅助措施，保证法院经费制度沿着科学的轨道运行。

日本的法院经费管理有一项特点，即由全体法官组成法官会议，重大司法行政事务的决策权掌握在广大法官手中，法院司法行政机构是法官会议的办事机关，严格执行法官会议的决定。

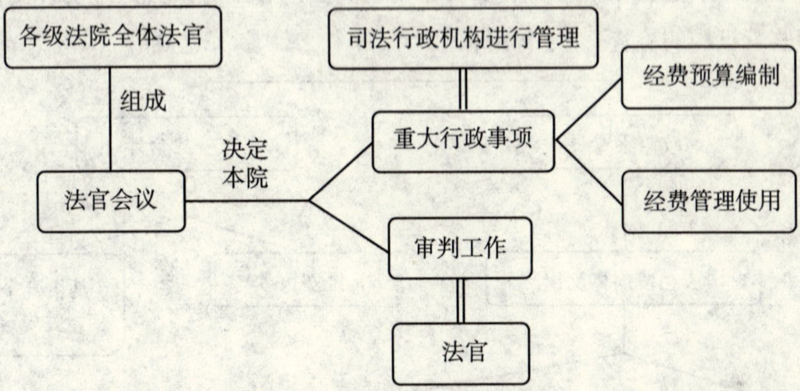

图9　日本法官会议职能流程

5. 经费使用监督制度较完善

以英国为例，英国建立了比较完善的法院经费考核评估体系，定期地对辖区内法院的经费开支情况进行评估，并向上级主管部门报告评估分析结果。法院要根据经费管理部门的评估结果，不断改进经费使用质量，提高经费运行效率。同时，英国建立了严格的法院经费监督体系，形成从法院内部到主管部门，从财政部门到审计部门，从议会到社会民众的全方位、立体式的法院经费监督网络体系。[②]

表12　英国对法院经费运行情况的监督体系

法院内部设立的行政监察职员	监督所在法院的经费开支情况
司法部	定期向议会报告报告法院经费项目的使用状况

① 陈春梅：《美国法院经费制度的特色》，载《人民法院报》2015年11月20日，第008版。
② 陈春梅：《英国：适应其政治体制的法院经费制度》，载《人民法院报》2016年1月29日，第008版。

续表

法院内部设立的行政监察职员	监督所在法院的经费开支情况
财政部	通过预算、成本分析、绩效评价等方式对法院经费进行绩效评估分析
审计部门	定期审计，随时抽查，监督是否有超支情况
议会监察专员	调查法院经费开支情况，要求司法部对调查作出回复

法国的监督体系更为完善，法院经费在实际使用过程中，要接受议会的监督和国家审计部门的审计检查，通过设置财政监察专员和国家公共会计制度对法院经费运行情况进行独立检查，实现对法院经费运行全过程的监督。① 如果经费拨款出现差错，公共会计个人要承担责任，每一名法官也要认真登记和报告其公共经费开支情况，并接受内部监管机构的检查。

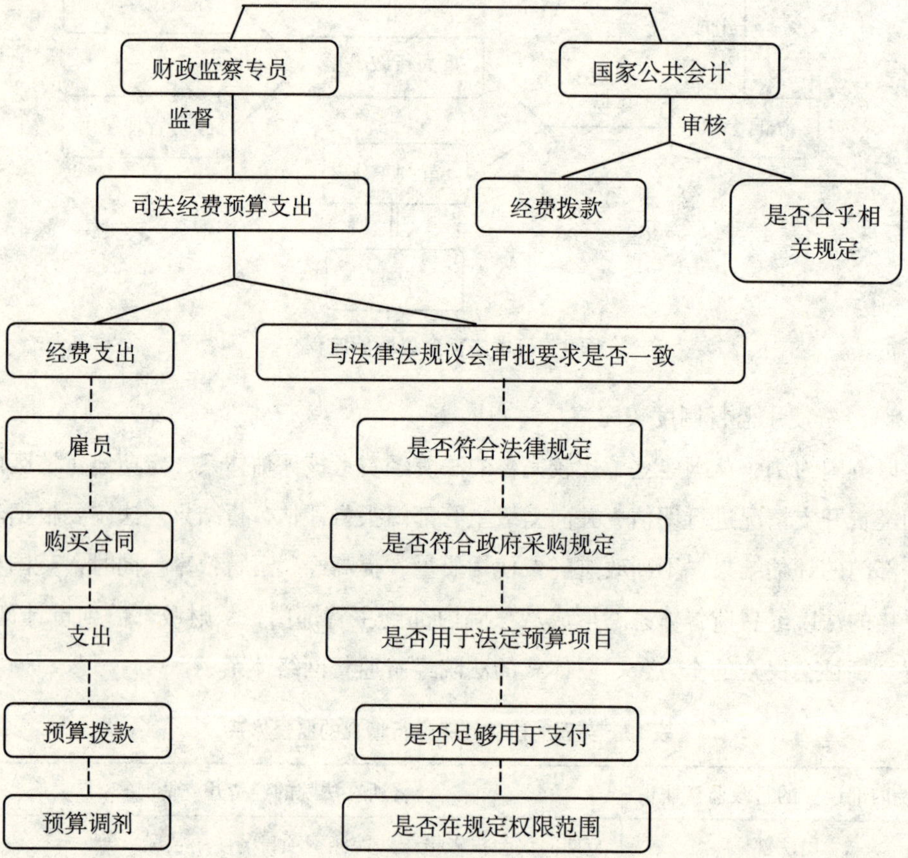

图10　法国对法院经费运行情况的监督体系

① 陈春梅：《由中央统一保障的法国法院经费制度》，载《人民法院报》2016年2月19日，第008版。

四、司法改革开始后省级统管试点法院的改革情况

省级统管对“财”这个方面的改革，意味着省级以下地方各级法院的经费支出不再依靠同级地方财政，而改由省级财政统筹，中央财政则通过转移支付及专项资金等予以补充，各地法院将不向本地财政部门报送预算，不用再去努力争取预算不被或少被扣减，或者申请各种临时的经费增加，同级人大也无须履行审批本地司法机关预决算的手续。在这项改革之后，基层及中级人民法院与同级地方政府每年围绕收入支出预决算的讨价还价等博弈过程，原则上或大部分应该都可免掉了。[①] 省内各级法院的预算即便分别编制，也须汇总为一个整体上的全省法院预算方案，经省级财政部门核准拨付实施，省人大则负责履行审批本省司法预决算案的程序。与此同时，诉讼费等各地法院收入的种种规费无须交地方财政，亦不能再全额或按比例回流到法院，一般应该都是直接纳入省级财政账户。[②]

（一）财政体制变化可能带来的影响

任何社会制度的改革都需要循序渐进的过程，地方各级法院经费由省级统筹，达到中央与省级财政机关协同承担的体制。课题组认为，改革后，最高人民法院本院的经费预算方案由最高人民法院本院编制后报备给全国人大进行审议，全国人大审议通过后交中央财政机关按照预算方案进行专项拨付。而各地方法院的经费管理实行省级统筹，统一由省级人民法院编制经费预算后报备给省人民代表大会进行审议，省人民代表大会审议通过预算后，由省级财政部门对地方各级法院进行拨付。各地方法院将收取的诉讼费用及罚没款等一系列款项全部上缴给省国库，由省国库交至省级财政机关统一进行拨付。通过这样的方式减少了司法经费由地方拨付所导致的地方行政干预的问题，从而逐步减少司法权地方化对法院案件审理结果带来的不良影响。这是借鉴国外制度后，课题组确定的我国司法经费保障制度改革后应该遵循的大方向。

传统的人与财管理体制是一种分散型模式，而改革模式则为“集中型”模式，在现有的政治体制下，司法经费保障以地方为主、上级为辅的模式有其发挥效用的空间，如果地方资源充足，更有利于该地方实现资源良性调配。[③] 当然，事情都有两面性，对于资源不充足的地区，就会出现司法机关得不到充分保障的情况，这也是进行省级法院财务统一管理改革的原因之一。但省级统管后，需要面对许多问题，比如管

---

① 支振锋：《体制决定论的力度与限度——从司法机关人财物省级统管切入》，载《法学杂志》2014 年第 4 期。

② 谢小剑：《省以下地方法院、检察院人财物统一管理制度研究》，载《理论与改革》2015 年第 1 期。

③ 左卫民：《省统管法院人财物：剖析与前瞻》，载《法学评论》2016 年第 3 期。

理主体如何确定？省级管理主体是否具备充分的管理能力？能否保证对每个下级法院做到科学合理的经费配置？法院系统内部原本就存在的行政性依附关系是否会进一步加强？如何避免上下级法院本来存在的监督与被监督关系进一步趋向行政化？

因此，改革后的集中型模式能否顺畅运行？若不能，则需要课题组研究的，便是从哪些方面着手进行修缮或调整。在此之前，课题组前往第一批试点法院了解他们在人财物省级统管改革上的进展情况。

（二）贵州省法院的改革情况

课题组走访贵州省贵阳市花溪区人民法院，该院被确立为全国第一批司法改革的试点法院，改革前，司法经费由地方财政负责，每年年底，基层人民法院制作下一年度的预算方案，并上报城区财政局，财政局将整个城区各个单位的预算方案汇总后制定城区的总预算方案，报城区人大审核，人大审议通过后，基层人民法院的日常开支可以通过系统向城区财政局进行申请，涉及特别项目的开支需要再次向城区政府提交报告并附上相关证明材料，待政府审批通过后，财政局再将该笔款项拨付给基层人民法院。

改革开始后，关于财政省级统管的工作，贵州省高院的计划是在2016年1月1日将财政收归省财政厅统一管理，但在实施过程中，经过调研，发现一些影响进度的问题。一是预算方案应该怎么做，不同的法院之间编制相差也许不大，但工作量却有可能产生巨大差异，应该基于哪些因素对各法院进行经费上的分配，怎样避免省级统管以后法院干警收入出现明升暗降的情况；二是当全省法院和检察院将近200个法院的审核、拨付等工作收归省财政厅，会成为一个庞大的工程，省财政厅现有的工作人员远远不够，需要增加大量的专业财务人员从事该项工作；三是经费审批手续会变得更为烦琐，基层人民法院办公室负责财务的科员如果需要申请经费，面临着需要逐级递交直到处级干部甚至是厅级干部的签批，一定程度上反而比只与地方财政沟通要增加了许多难度；四是对于聘用人员的工资，在省级统管以后，城区财政不能再支付此项开支，因为没有依据，而省级财政也不对此项开支负责，因为省财政负责的是在编干警；五是缺乏长效保障机制，一刀切的涨工资并不是改善法官待遇的科学方案，各法院案件数量相差甚远，甚至同一个法院审理不同类型案件的法官处理的案件数和难易程度也大不相同，只有结合案件完成的数量和质量等因素制定带有奖惩性质的绩效方案，才能更好地调动干警积极性，更科学地管理法院员额改革之后成立的各审判团队。

截至2016年8月，贵州省关于财政省级统管的改革最后确定的方案，是将财政管理的工作委托市财政局进行管理，但具体怎么管理，流程怎么理顺，还需要时间进行调研。

（三）湖北省法院的改革情况

课题组亦走访了目前为止唯一一个完成了法院财政省级统管的省份——湖北省，并选择该省司法改革的试点法院襄阳市襄城区人民法院了解他们的具体操作方案。

改革开始前，湖北省基层人民法院司法经费也是由城区财政负责，每年年底将下一年度的预算方案上报城区财政局，再经城区人大审核通过后，经城区财政局的手将经费下拨。

改革以后，湖北省高级人民法院专门设立了统管全省各法院财政的部门。首先，全省各级法院收的诉讼费和罚没款等费用悉数交归省财政，作为财政统管的经费来源；其次，全省各基层人民法院按照上几个年度的法院支出情况，根据省高院统一下发的操作手册，分门别类地制定下一年度的经费预算方案（制订方案前，省高院会召集全省各法院的专业科班出身的财务人员进行统一培训，确定预算的基础是历年法院的开支基数，跟法院编制有很大关系）；最后，各级法院将本院预算制作好后，通过所在市的中级人民法院汇总，再上报到省高院，省高院汇总全省法院的预算方案后报省财政厅，最后由省人大会议审议通过。

各法院在具体使用经费时，各个项目具体操作如下：一是工资和绩效，省高院依据各法院所在地方其他机关单位的工资确定法院的工资数，年底绩效也是以月平均工资为基数乘以相应的倍数来确定，以此对不同地市的法院进行区分；二是法院日常开支，通过全省统一的“国库收付”系统里的账户管理系统进行申报，自己所在法院两岗（经办岗、审核岗）进行初审和复审，报高院两岗进行初审和复审，进行形式审查后符合预算所列项目的即可直接在系统上批准；三是特殊项目，如采购类开支需要在系统内附采购计划、采购票据等材料，基础建设开支需要提供更充分的文件如会议记录、工程进度等，审批程序要比日常开支烦琐；四是对于500元以上的开支必须使用公务卡。

市财政局成立财政办、监督办，对各法院的开支情况起到监督作用。每年年中，对预算执行率进行通报，如有需要增加预算的，需要通过严格的审批制度进行增加。年终检查预算执行情况，对没有科学合理使用预算方案中各项费用的法院，对下一年度的预算审批进行压缩。

五、完善广西壮族自治区法院系统经费保障机制的构建

改革司法财务管理机制，加强司法经费保障，是深化司法改革的必经之路。完善司法经费保障机制的总体要求是积极适应国家财政管理体制和人民法院司法体制改革

发展的需要，以提高司法审判能力和司法公信力为目标，确保司法经费保障规范化。按照上述要求，改革的主要内容包括：加强司法权作为中央事权的预算匹配机制建设，终极目标是要实现单一制政体下由中央层面统管司法经费预算。考虑到目前“统一领导、分级管理”的司法体制还难以发生根本性转变的宏观背景，课题组认为，在将司法经费保障机制首先由原先的四级保障机制调整为中央和省级二级保障机制后，广西壮族自治区高级人民法院应该如何推进省级财政统管，是这一章需要解决的问题。尽管目前全国司法改革会议对于省级人财物统管的改革步调建议放缓，且广西壮族自治区的员额改革后经费保障改革路径已经暂定为由市级财政负担，介于地方财政和省级统管之间，可称之为一个过渡阶段。但从长远来看，司法经费收归省级统管是必然趋势，本课题依然有研究的意义。

（一）厘清经费来源及结构

司法经费的保障和落实程度关系到司法公正的实现和公民权益的维护，体现了国家法治化的程度，应该有相关立法予以保障。课题组建议可以参考湖北省的做法，实行法院经费由中央、省和地方各级财政分级分类负担，实行两级分类保障机制，按照事权与财权相匹配的原则，也就必然要求法院非税收入划分机制应同时随之改变，即将诉讼费、罚没收入等法院非税收人由目前的上缴同级财政变为上缴至中央和省级。如果按照3∶7的比例将法院非税收入分别上划至省级和地方，可以考虑的具体方案如下：

1. 法院人员工资待遇由自治区财政部门负担

鉴于一些经济不发达、欠发达区域的财政现状，可以考虑将地方各级法院的诉讼费用、罚没收入按一定比例上交自治区财政。自治区财政根据公用经费保障标准核定和拨付法院的公用经费。但在具体的各地工资待遇的确定上，课题组认为应该结合收案数、结案数、诉讼费用及罚没款等上缴数额来对各法院进行区分，由自治区高院统一调控，案件多工作忙的法院工资待遇相对提高，案件少、工作没那么忙的法院工资待遇相对可以调低，这样就避免出现案件多的法院工作量比案件少的法院可以达到十倍甚至更多，但法院干警工资待遇是一样的尴尬情况。另外，也可以保证处于地方财政较差地方的法院干警应得的待遇不被地方财政挪用、迟发。参考美国的做法亦是如此，根据工作量而不是人员数来分配经费。而德国的财政支出转移以平衡各地法院之间的经费分配的制度，也可以用到实践中来。

2. 法院运行经费由地方同级财政部门负担

在国家政权体制没有改变的情况下，法院行政管理权仍然属于地方。为了避免地方法院脱离地方的管理，地方各级人民法院运行经费仍由同级财政负担。同级地方财政也有义务和责任对所管辖的法院运行经费进行切实保障。

3. 法院办案业务经费、装备建设经费由中央财政统一负担

在实践操作中，为切实提高人民法院业务装备经费的使用效益，首先，最高人民法院应拟定人民法院系统业务装备的规划和目标，明确人民法院业务装备经费最低标准，省高院督促辖区内各人民法院按照规划和目标贯彻落实；其次，省高院在划拨、分配业务装备经费前要考虑满足重点需求；三是明确人民法院业务用车的编制及特殊情况下的使用要求。

4. 法院基本建设经费由中央、省级和地方按比例负担

法院基本建设主要包括：行政办公用房建设、两庭建设等内容。两庭建设属于保障中央事权的建设，行政办公用房建设属于保障地方事权的建设。基础设施建设基本上都采用了项目建设的方式，基础设施建设经费的使用要遵循一般的项目经验——单独建账、独立核算、专户储存、专款专用。因此，法院基本建设经费应由中央、省级和地方按比例负担，各级分担的比例可根据各地经济发展状况研究确定，建立完整的资金管理制度，严格执行国家有关基本建设的财务管理规定，提高经费使用与管理的透明度。重视资金的优化使用，强化节约意识，充分发挥资金效益。①

（二）推进公用经费正常增长机制的建立

在加强司法经费保障机制建设的同时，必须重视加强法院司法经费的管理。在法院信息化建设项目、装备采购项目、重点业务费项目上推行绩效管理，深入探索试点，在总结经验的基础上积极扩大预算绩效管理覆盖面。

目前，人民法院公用经费的使用存在的问题是，公用经费的常态化增长节奏赶不上社会经济条件的发展和办案、审判的工作实际，尽管最高人民法院和部分地方高级人民法院出台了关于公用经费标准的意见，但是公用经费的常态化增长和使用情况仍存在较严重的滞后性。之前制定的人民法院公用经费保障标准已经不能很好回应实践工作的需求，在这样的情况下，根据《最高人民法院、财政部关于制定人民法院公用经费保障标准的意见》，各地可根据自身经济发展状况、财力情况以及人民法院实际需求重新制定公用经费标准。保障标准的更新是社会经济背景变化的结果，但是规范性文件具有的相对稳定性要求其不能频繁更替，此时，就需要探讨经费的正常增长标准。因此，课题组认为，公用经费应根据当地经济社会的形势变化、财政保障能

① 湖北省高级人民法院课题组：《改革与完善人民法院经费保障体制的调研报告》，载《人民司法》2009年第9期，第69页。

力、法院工作特点及其客观成本变化等因素适时进行调整，尤其是对案件业务量增长迅速的法院，需及时增长相应的经费。[①] 法院经费预算编制和管理的精细化，是保证法院经费制度合理性和科学性的重要基础。

(三）制定法院年度经费预算科学清晰统一的标准

作为到目前为止的一般做法，地方法院向同级财政提出预算，往往经扣减及核准后由本级人大审议通过，但实施过程中法院随时可因各种超出原有预算却认为确实必要的支出向地方财政申请临时拨款，经过讨价还价有时能够得到足额拨付，而有时则会被大幅度削减甚或遭拒绝。这种机动灵活充满弹性的做法可能贯穿法院年度预算的整个执行过程，导致人大在财政年度前后对法院经费预决算的审议基本上流于形式。但是，课题组经过调研，也了解到当法院经费省级统管的改革全面展开并切实地得到实施以后，地方法院随机应变式地超出预算安排向同级财政争取获得对各种临时支出的资金支持，从一定程度上，反而会受到很大限制。自治区人大通过审议批准的下一年度法院预算在执行中将难以遭到大幅度的突破。考虑到上述的情况，作为省级统管改革的重要内容，法院预算案的编制方法，可以设想两种改革路径：一种是由各基层人民法院主导预算案的编制，逐级汇总到自治区高院加以整合，另一种则是临时组织或常设某种专业的委员会来负责这项专门工作。

第一种路径的大致展开过程是，各基层人民法院于每一财政年度前编制有关本院各项支出和请求相应拨款的方案，不再提交同级地方财政而是在本系统内经由所在市中级人民法院，最后汇总到自治区高院。自治区高级人民法院在整合全省所有法院的预算方案后向自治区财政厅提出整个自治区法院系统的统一预算案，经自治区财政厅核准后再提交自治区人大的正式会议进行审批。课题组经过调研认为，在我国目前的现实条件下，要做到真正的“司法预算独立”或者法院提出的预算案不得被削减尚有困难，对于法院主导编制并提出的预算案，掌握全省各种收支状况并负有收支平衡责任的自治区财政厅肯定会保留予以修改和削减的职能或权力。换言之，法院系统和财政部门及省级政府之间，依然会存在围绕司法预算的金额和内容等进行交涉谈判，且法院还经常会有作出妥协之必要。但我们的努力方向是法院预算在汇总到自治区财政厅时不受到作为行政部门的财政厅的修改，不管改革初期能否实现这样的目标，行政权和司法权严格区分的态度要坚决。

第二种可能的改革路径是，各级法院于每一财政年度前编制有关本院各项支出和

① 唐虎梅、李学升、杨阳、郭丰：《人民法院经费保障体制改革情况调研报告》，载《人民司法》2012年第21期，第70页。

请求相应拨款的方案，最后提交汇总的对象是某个具有相对独立性的专门委员会，该专门委员会可以是每年临时设置也可以是常设的司法预算委员会，成员应该由司法系统、财政部门各自派工作人员组成，还包括外部专家和人大代表或政协委员等人员。由这样的委员会对各法院的预算进行审核汇总，意味着法院系统会同政府财政部门在有一定外部监督和参与的情况下，通过充分的审议讨论形成某种各方都能够承认接受的方案。在此意义上，由司法预算委员会向自治区人大提交的下一年度司法预算案，除了人大按照法定程序进行审议核准之外，已不受任何部门单方面的修改或削减了。

课题组认为，上述第二种司法预算编制方式可以在一定程度上降低省级统管改革可能带来“去地方化却加剧行政化”的副作用，类似于法官遴选委员会起到一个中立客观的作用。[①] 但考虑到设置这样的委员没有可以借鉴的经验，且能否采取这样的设置，前提是省级统管的改革进行顺畅，故课题组认为，第一种较传统的改革路径应该为过渡性的预算编制方式，设置司法预算委员会的方案应作为法院财政省级统管改革努力的发展方向。而每年年中过后，对预算的使用情况做一次集中汇报，各基层人民法院的经费使用情况进展如何，是否需要对经费的预算进行调整，自治区高院和自治区财政厅可以对下半年经费预算进行小幅度地重新调配，这种措施在现有的地方财政管理法院经费的模式下就存在，课题组认为在省级财政统管模式下也可以对此进行保留，亦可以让各级法院不受预算做得不够就拿不到钱的困扰。

预算做好后，到了人大审议司法预算执行情况的阶段，一个详尽地列出各种收支项目明细并能够向媒体及公众公开的决算案，也有助于纳税人了解国家这一年究竟在司法上花了多少钱。这些效应不仅可能从健全司法预决算制度方面发挥促进整个财政体制改革完善的积极作用，而且对于司法公信力的提升，相信亦会有可观的帮助。

（四）完善司法经费的管理制度

省级统管改革后，实行新的司法财务制度，自治区高院财务管理的工作量会大大增加，课题组建议，自治区高院首先是要指导全区各级法院严格贯彻执行各项财务制度和政策，认真研究讨论和决定财务工作重大事项，及时帮助下级法院解决财务工作中的重点难点问题。二是规范全区法院财务工作职责，进一步明晰财务工作职能，各级法院一切财务活动和各类资金以及银行账户归口财务部门统一管理，所有涉及财务

① 朱恒顺：《人财物省级统管能否守护司法公正》，载《中国青年报》2015 年 8 月 4 日，第 2 版。

工作的事项应事先征求财务分管院领导和部门意见，严禁非财务部门承担财务职责，严禁非财务人员经办财务业务。合理设置财务工作岗位，并根据岗位职责要求和业务工作量情况，择优配备数量足够的专职、专业财务人员，形成经费管理、事项管理、经费使用部门相互独立，预算编制、执行、监督机构和岗位相互分离的工作机制。三是配置专业的财务人员，必须由法院在职在编的财务人员担任，业务素质必须符合岗位职责要求，主要依靠招录财经专业本科以上学历的大学生，辅之以选调个别业务骨干等办法解决，在业务上为财务人员参加学习培训创造条件，提高财务人员业务素质。各中级人民法院司法行政部门应设置财务科，负责本级财务工作和对下级人民法院及下属单位财务工作的指导和监督；基层人民法院应配套专职财务人员负责财务工作，按照中级人民法院 3 人以上、基层人民法院 2 人以上的标准配齐专职财务人员，且财务人员的数量要随着财务工作业务量的加大相应增加。人民法庭的财务活动要纳入所属法院的财务部门管理，科学划分财务工作职能，分清相关部门管理权责。四是加强财务管理工作信息化建设，配备专门的计财装备和具有专业知识的与司法业务部门相分离的行政管理人员、提高计财工作人员应用信息化软硬件的能力，提高财务管理水平，以适应新的工作需要。各级法院应自上而下统一使用健全的电子会计系统，利用计算机技术对法院经费运行情况进行管理和监督。各法院每年在向自治区高院提交经费预算方案的同时，提交详细的经费预算管理方案，说明经费预算如何编制、如何执行、会计账目如何管理等，以及详细的执行计划。各级法院建立记录法院经费运行情况的电脑会计系统，并与自治区高院的电脑系统联网。电脑会计系统定期提供每一项拨款的进展报告，使法院经费主管部门有机会了解经费的节余或潜在的经费短缺情况，同时便于对法院经费支出状况进行审核，并为预测下一财政年度法院预算提供依据。在财政年度终止时，法院经费主管部门必须结清账目，并核实每一拨款账户的最终债务额。五是完善财务管理制度，学习研究有关政策的新规定、新要求，客观分析财务管理和财务规章制度的执行情况，针对财务工作的薄弱环节，查找隐患，分析原因，总结规律，堵塞制度和业务流程上的管理漏洞。要将廉政风险防控工作融入到财务部门的职责任务、业务工作和管理流程之中，实现廉政风险防控工作与财务管理工作的协调推进、良性互动，要树立财务制度的权威性，重要财务规章制度要以院文件的形式制定和明确。六是把好审批关口，财务事项实行自下而上逐级审批，先由具体经办的财务部门或财务人员提出审核意见，逐级报经分管领导按规定的权限审批或签署意见后报批，重大支出项目或财务事项要集体讨论决定。七是完善定期报表报送制度和财务分析制度，每月编制财务报表，每季度向分管领导报送财务报表及分析，每年按自治区高院要求及时报送各类财务统计报表及分析报告。

（五）搭建司法经费的监管制度

要保障司法机关经费使用的公正、透明、廉洁，就需要建立健全相应的监管机制。在地方司法机关财务归省级财政统管的机制下，对司法机关财务的监管也应发生相应的变化，可实行上级监督下级的模式。课题组认为，所有使用财政资金的部门，都需要设置专门的监督机构。首先是各法院内部设立内部监督机构，专门负责对法院经费预算和管理进行监督，保证法院财政资金支出的合规性、安全性和有效性；其次，自治区高院和自治区财政厅设置专门的审计部门，行使对法院经费预算执行情况的审计职权，有权自主决定审计的时间、地点和内容，二者共同审核后有权向议会提出审核意见作为人大批准法院经费决算的基本文件，落实内部控制机制，建立不同机构和岗位之间权责分明、相互制约、相互监督的内部控制机制，内部会计控制机制要涵盖内部各项经济业务及相关岗位，重点是严格执行预算管理、收支管理、资产管理、建设项目管理、涉案往来款项管理及合同管理。各级法院院长和财务分管院领导是财务管理工作主要责任人。财务机构和财务人员要根据各自岗位职责、审批权限以及相关财经制度要求，审核、审批并及时办理财务事项，会计和出纳之间严格实行会计监督，定期对账。规范经费收支管理，严格控制“三公经费”支出，规范公务接待费和会议费的开支范围和标准，保证国家有关法律法规、单位内部规章制度以及项目预算和计划严格贯彻执行；最后，经过自治区人大批准的法院经费预算必须向社会公众公布，法院经费支出报表必须对社会公开，自治区高院审计部门定期通过公开出版物公布实际发生的所有法院财政收支数据，接受公众监督。通过对财务事项实行全方位联动管理，形成财务职能部门负责日常管理、项目实施部门负责经费需求论证和项目预算执行、业务相关部门负责审核评估、内部审计部门负责审计和绩效考评、纪检监察部门负责检查监督的协同配合财务管理工作机制。组织人事部门和纪检监察部门要注重日常考核监督，加强对财务机构队伍和财务人员的思想政治和纪律作风情况的检查，监督和管理。

法院经费管理应当坚持会计年度独立原则，每一会计年度的经费必须在该年度内使用，不能进行经费预算结转。但由于情势变更，事先编制的经费预算可能与实际情况不符，坚持会计年度独立原则难免导致经费使用效率和效益的降低。同时，由于法院经费本身的性质和用途所决定，需要将法院经费结转到下一财年使用，如基础设施建设经费。因此，法院经费可以在规定情况下结转到翌年开支。法院经费需要结转使用时，使用单位应当起草结转计算书，每个结转事项都要写明结转理由及结转额度。

（六）尝试建立法院经费保障的绩效评价问责体系

完善我国人民法院经费保障模式离不开对各类经费使用的绩效评估。以法国为例，法国法院经费制度实行绩效预算机制。按照法院经费绩效化管理的要求，法院在经费预算批复的项目内，在保证实现法院经费管理目标和提高经费使用效益的前提下，可以适当调剂各项经费支出的预算额度，但法院人员经费除外。法院经费绩效化管理，能够保证法院在使用经费方面具有更大的自由，同时也承担更多的责任。课题组认为，为了促进法院对经费使用的规范化和高效率，建议自治区高院联合自治区财政厅联合出台《广西法院经费绩效考评办法》，该办法应重点解决几个问题：一是规范专用于人民法院经费使用的绩效评估标准，结合法院实际情况，因地制宜、抓住关键，解决影响财政资金使用效益的问题，创新管理理念、管理办法，优化内部控制，切实提高审判工作经费使用绩效；二是从微观上明确人民法院经费预算或支出的具体操作依据；三是规范人民法院经费在分配、下达、划拨、使用、管理、监督、考核等环节的制度，增强管理责任，提高预算编制的合理性，保证各项财务数据的准确性，加强预算执行管理，建立预算执行预警机制，促进法院职能、发展规划、工作重点得到落实；四是杜绝人头费、运行费挤占专项业务经费，对做到经费合理分配、及时下达、足额拨付、安全使用、规范管理、合理分权、透明高效的法院进行奖励，反之进行惩罚。同时附相关绩效评价量化指标表。通过建立内部岗位责任制和领寻责任追究制度，进一步落实好预算制约、财务公开、监督检查、内部审计、目标考核等各项管理，有效防范和化解经费管理风险。强化专款专月获制，加强财政监督、审计和纪检监督，杜绝人头费、运行费挤占专项业务经费。

六、结语

法院经费制度对司法公正的重要意义不言而喻。如何建立科学合理的法院经费制度，是目前我国司法改革的重要议题。从世界主要国家和地区的情况来看，法院经费制度的具体内容虽然由于国家的政治制度、司法体制、法院制度和财政体制等的不同而存在着差异，但是法院经费制度有其内在的基本规律和相通性。法院经费独立化是司法规律的客观要求。只有实行独立的法院经费制度，才能保障法院依法独立行使审判权。改革我国法院经费制度需要进一步完善法院经费管理机制，形成标准统一，项目明确，内容具体，管理科学，监督严密的经费管理体系。法院各项经费都应当纳入预算管理，禁止预算外经费支出，防止法院经费管理的随机性和任意性。根据各项经费的性质和特点，规定不同类型的经费预算标准，实现经费标准的统一化，结合法院审判执行工作实际，健全相应规章制度，健全法院经费的监督机制，并定期公布经费运行状况，形成内外结合的严密监管网络体系，提高法院经费制度的公开性和透明度。经费改革是一条需要循序渐进慢慢推进的道路，不可一蹴而就，本调研报告虽尚有许多不成熟之处，但在厘清司法经费省级统管的经费来源、经费运行流程、经费使用监督、经费增长机制等问题上有一定成果，希望能给改革提供帮助。

调研成果转化情况

课题组经过查找资料、实地调研以及理论探讨，最终得出上述两万多字的调研报告，并在此基础上总结出三份能适用于广西壮族自治区法院系统司法经费省级统管后的实施办法，供有关部门参考。

附件1：

广西壮族自治区法院经费统一管理实施办法（节录）

第一条 根据中央关于深化司法体制改革的总体要求，按照自治区党委、自治区政府的工作部署，建立法院经费由自治区政府财政部门统一管理的机制，对全区各级法院经费实行省级统一管理，确保司法机关依法独立行使职权，制定本办法。

法院经费统一管理工作的基本原则是：

（一）依法依规，统一管理。法院经费由省级统一管理工作，必须遵照《预算法》等法律法规、《中央关于司法体制改革试点若干问题框架意见》，按中央、自治区预算管理、资产管理、财经制度等相关规定，依法依规开展统管工作。

（二）统筹财力，保障运行。法院经费由省级统一管理，必须确保法院现有经费水平不降低为原则，调整支出结构，统筹财力，确保法院正常工作运转，确保人员工资按时发放。

（三）明确责任，分类保障。经费划分为人员经费、日常运行公用经费、办案经费、业务装备经费、基础设施建设及维修维护经费。中央主要负责办案经费、业务装备经费；自治区主要负责人员经费、日常运行公用经费、基础设施维修维护经费。基础设施建设经费由中央和自治区共同负担。

第三条 统一经费划转口径和方式方法，确保由地方保障经费完整上划自治区财政。

第四条 市县法院的基本支出（包括人员经费和公用经费）、项目支出、基础设施建设支出等全部纳入上划范围，其中，中央和省对市县法院的一般性转移支付补助一并上划，同时，自治区财政继续按原基数补助市县财政。

市县法院的非税收入实行省级统一征管。

第六条 自治区财政统筹中央补助资金、省级财力、市县上划经费，全额保障法院正常经费。

第七条 自治区财政按照上划基数，结合赏花后国家和自治区党委、自治区政府新出台的政策和自治区本级财力状况，核定法院经费总额，统筹安排各级法院支出，优先保障政策范围内人员经费和正常运转需要。

第八条 法院人员经费按中央、自治区出台的工资和津贴、补贴政策予以保障。公用经费按现行保障标准安排，建立完善法院经费保障机制。装备经费根据中央确定的法院装备配备标准及规划予以保障。基础设施建设经费按照党政机关办公用房建设标准和“两庭”建设标准以及自治区发改委批准的立项批复，纳入自治区级预算内固定资产投资计划予以保障。

第九条 自治区财政厅应会同自治区高院制定法院经费管理办法，逐步实现各级法院经费保障与工作量衔接，实现同一类地区、相同级次内基本均衡。

第十条 经费统管后，自治区高院作为省直一级预算单位，统一编制本系统年度部门预算。各级法院年度部门预算在规定时间内编制完毕并上报自治区高院审核汇总，由自治区高院报自治区财政厅。自治区级预算经自治区人民代表大会批准后，由自治区财政厅批复法院部门预算。

第十一条 各级法院所有项目必须在编制年度部门预算时细化到最终执行单位和项目。

第十二条 各级法院应严格按照批复的预算执行，加强预算绩效管理，不得随意调整支出科目和项目。遇到国家、自治区政策调整和重大案件、突发事件等特殊情况，确需调整预算的，由自治区高院汇总后，报自治区财政厅按规定程序审批。

第十三条 各级法院所有财政性资金的收入纳入省级国库单一账户体系管理，各级法院用款计划和支付申请按自治区财政厅国库支付规定办理，通过国库支付系统办理资金支付。

第十四条 各级法院属于政府采购目录范围内的经费支出项目，应按照政府采购相关法律法规编制政府采购预算，执行政府采购。

第十五条 各级法院应科学编制预算绩效目标，加强绩效监控，提高财政资金使用效益。

第十六条 各级法院应依法设置财务机构，配备合格的财务人员，明确财务人员岗位职责。会计、出纳岗位必须分设，财务人员必须持有会计从业资格证书上岗。

第十七条 各级法院应按照“决策、执行、监督”三权相对分离、权责对等、相互制约的内部控制要求，建立健全财务管理内部控制制度体系。

第十八条 各级法院应严格执行各项经费开支范围和标准，优化经费支出结构，确保办案业务需要，提高资金使用效益。

第十九条 各级法院应按照规定对各项经费的使用情况开展绩效评价工作，自治区财政部门会同自治区高院组织开展对全区各级法院经费使用的绩效评价工作，并依据考评结果建立相应的奖惩制度。

第二十条 自治区财政厅会同自治区高院组织对市县法院经费使用情况进行实地检查。对管理不到位或资金使用效益不高的地方，下达整改通知书，相关法院应及时纠正，并将整改情况报自治区财政厅、自治区高院。对违反相关财经纪律的单位和个人，应依照有关法律规定依法处理。

附件2：

广西壮族自治区法院非税收入统一管理实施办法

第一条 为贯彻落实中央关于省级法院财物统一管理的精神，制定本办法。

第二条 法院依法收取的非税收入，全额缴入自治区财政，实行省级统一管理。

第三条 法院非税收入实行省级统一管理后，经费由自治区财政厅按照法院经费保障标准和工作需要，通过部门预算安排，收支不得挂钩。

第四条 法院非税收入项目包括：诉讼费、罚没收入、追缴的赃款赃物以及国有资产有偿使用收入等。

第五条 法院严格依法依规收取非税收入，不得自行增设收费项目、扩大收费范围、违规减免收费、提高或降低收费标准。

第六条 各级法院选择代理银行开设非税收入过渡账户，用于归集、结算以及划转非税收入。

第七条 各级法院收缴非税收入使用的票据由自治区高院统一向自治区财政厅领取，并负责发放、核销和使用的监督管理。各级法院应建立健全非税收入票据领用、保管、缴销、审核等制度，确定专人负责，保证票据安全。

第八条 各级法院的诉讼费、罚没款、国有资产有偿使用收入等非税收入实行省级集中收缴管理。

第九条 缴入省级国库的非税收入应定期对账，依法确认为误征、多征、误缴的非税收入，经执收法院提出意见，由自治区高院会同自治区财政厅审核后予以退还。

第十条 自治区高院定期对非税收入征收或者收取、汇缴、划解、管理进行监督检查。自治区财政、审计、物价、监察等部门按照各自法定的职责，做好非税收入的监督管理工作。

第十一条 各级法院应加强非税收入收缴管理，不得截留、坐支、挪用或滞缴非税收入。

第十二条 违反非税收入管理规定的，按照相关规定予以处理。构成犯罪的，依法追究刑事责任。

附件3：

广西壮族自治区法院经费绩效考评办法

第一条 为加强法院经费管理，强化支出责任，建立科学、合理的法院经费使用绩效评价管理体系，根据《中华人民共和国预算法》等有关法律法规，结合全区法院实际，制定本办法。

第二条 绩效评价应由自治区高院和自治区财政厅统一领导，各中院统一组织管理。严格执行规定的程序，符合真实、客观、公正的要求，依法公开并接受监督。

第三条 绩效考评需明确全区各级法院的权责关系，确保经费使用绩效评价工作的职权和责任相统一。绩效考评针对的是具体司法经费使用情况，考评结果能反映司法经费收支之间的紧密对应关系。

第四条 自治区高院的职责：

（一）制定司法经费绩效考评规章制度；

（二）拟定经费使用绩效考评标准；

（三）审核各级法院经费使用绩效目标和评价指标；

（四）组织实施绩效评价，核实各级法院的绩效自评工作和报告；

（五）监督、指导各级法院绩效管理工作；

（六）其他应由自治区高院负责的工作。

第五条 各级法院的职责：

（一）制定本法院绩效评价实施细则，编制本法院经费使用绩效目标；

（二）检查本院绩效完成情况，并将绩效自评报告汇总各市中院；

（三）根据自治区高院最终考评结果进行整改；

（四）完善项目管理和预算及财务管理等相关制度；

（五）其他应承担的绩效管理工作。

第六条 绩效评价的内容：

（一）各级法院预算编制的合理性；

（二）各级法院在分配、划拨、使用、管理、监督等经费使用环节的具体工作完成情况；

（三）财务数据的真实、准确；

（四）经费使用与提高审判工作之间的关系；

（五）绩效评价的其他内容。

第七条 各级法院年初申报预算时，要将绩效目标编入年度预算；执行中申请追加或调整预算的，应当随追加或调整预算一并上报绩效目标。

第八条 自治区高院应当对各级法院申报的绩效目标进行审核，符合相关要求的可进入下一步预算编审流程；不符合相关要求的，自治区高院可以要求其调整、修改，并按照规定程序重新报批。

第九条 绩效考评的主要依据：

（一）国家相关法律、法规和规章制度；

（二）预算管理制度、财务管理办法、财务会计资料；

（三）各级法院制定的经费使用绩效评价管理制度；

（四）各级法院职能职责及年度工作计划；

（五）各级法院申请预算时提出的绩效目标及其他相关材料，财政部门预算批复，上年度预算执行情况和决算报告；

（六）人大审查结果报告、审计报告及决定、财政监督检查报告；

（七）其他相关资料。

第十条 绩效评价指标要恰当反映目标的实现程度，优先使用最能代表评价对象的、反映评价要求的指标，考虑现实条件和可操作性来获取数据。

第十一条 绩效考评主要分为各级法院自我考评和自治区高院组织考评两种方式。

第十二条 绩效考评应当遵循严格规范的工作程序，包括前期准备、考评程序、各级法院的自评报告撰写、自治区高院的评查报告撰写、考评结果通报等阶段。

第十三条 自治区高院需组建全区绩效考评工作组，负责建立联络制度、明确责任人、制订方案等工作，下达考评通知。

根据需要，绩效考评工作可委托专家、中介机构等第三方实施，在第三方组织参与的情况下，由自治区高院对其工作进行规范。绩效考评工作组人员构成中专业人员人数原则上不低于工作组总人数的2/3。

第十四条 绩效考评工作组根据综合考评情况，撰写绩效考评分析报告，并将初步考评结果反馈给被考评法院，核实相关调整事项，允许被考评法院提出相应材料自证其得分的机会。

第十五条 绩效考评报告是根据绩效考评结果编制，反映被考评法院完成绩效工作的情况。

第十六条 绩效考评报告正文应当说明考评依据、考评过程、考评结果以及需要说明的重大问题；附件包括绩效分析报告、数据整理分析结果、评价计分表、问卷调查处理结果、专家咨询意见、绩效状况及影响因素、存在问题分析诊断、整改策略措施建议等。

第十七条 绩效评价结果分为优、良、中、差四个等级，按百分制综合得分高低按分值划段确定。

第十八条 通过绩效考评工作，对合理分配经费、使用安全、管理规范、透明高效的法院予以继续支持并宣传推广；做法和结果较差的，予以通报批评，并责令其限期整改。

第十九条 绩效评价结果应当在一定范围内向社会公开。

第二十条 在绩效评价工作中发现的违法行为，依照有关规定追究责任。

附件

法院经费绩效考评基础数据

填报单位：

<table>
<tr><td rowspan="2">财政供养人员情况</td><td colspan="2">编制数</td><td colspan="2">**年实际在职人数</td><td colspan="2">控制率</td></tr>
<tr><td colspan="2"></td><td colspan="2"></td><td colspan="2"></td></tr>
<tr><td>经费控制情况</td><td colspan="2">2015年决算数</td><td colspan="2">2016年预算数</td><td colspan="2">2016年决算数</td></tr>
<tr><td>三公经费</td><td colspan="2"></td><td colspan="2"></td><td colspan="2"></td></tr>
<tr><td>1. 公务用车购置和维护经费</td><td colspan="2"></td><td colspan="2"></td><td colspan="2"></td></tr>
<tr><td>其中：公车购置</td><td colspan="2"></td><td colspan="2"></td><td colspan="2"></td></tr>
<tr><td>公车运行维护</td><td colspan="2"></td><td colspan="2"></td><td colspan="2"></td></tr>
<tr><td>2. 出国经费</td><td colspan="2"></td><td colspan="2"></td><td colspan="2"></td></tr>
<tr><td>3. 公务接待</td><td colspan="2"></td><td colspan="2"></td><td colspan="2"></td></tr>
<tr><td>项目支出：</td><td colspan="2"></td><td colspan="2"></td><td colspan="2"></td></tr>
<tr><td>1. 基本建设类</td><td colspan="2"></td><td colspan="2"></td><td colspan="2"></td></tr>
<tr><td>2. 行政事业类</td><td colspan="2"></td><td colspan="2"></td><td colspan="2"></td></tr>
<tr><td></td><td colspan="2"></td><td colspan="2"></td><td colspan="2"></td></tr>
<tr><td>公用经费</td><td colspan="2"></td><td colspan="2"></td><td colspan="2"></td></tr>
<tr><td>其中：办公经费</td><td colspan="2"></td><td colspan="2"></td><td colspan="2"></td></tr>
<tr><td>水费、电费、差旅费</td><td colspan="2"></td><td colspan="2"></td><td colspan="2"></td></tr>
<tr><td>会议费、培训费</td><td colspan="2"></td><td colspan="2"></td><td colspan="2"></td></tr>
<tr><td>政府采购金额</td><td colspan="2"></td><td colspan="2"></td><td colspan="2"></td></tr>
<tr><td>部门整体支出预算调整</td><td colspan="2"></td><td colspan="2"></td><td colspan="2"></td></tr>
<tr><td rowspan="2">楼堂馆所控制情况（完工项目）</td><td>批复规模（m^2）</td><td>实际规模（m^2）</td><td>规模控制率</td><td>预算投资（万元）</td><td>实际投资（万元）</td><td>投资概算控制率</td></tr>
<tr><td></td><td></td><td></td><td></td><td></td><td></td></tr>
<tr><td>厉行节约保障措施</td><td colspan="6"></td></tr>
</table>

广西壮族自治区基层人民法院员额制法官考评机制研究的调查报告

南宁市青秀区人民法院课题组*

一、前言

（一）法官考评制度的内涵

《中华法学大辞典》将法官考评制度定义为："国家审判机关根据有关法律法规，按照权限管理，通过科学的方法、客观的标准，对法官的审判工作实绩、思想品德、审判业务和法学理论水平、工作态度和审判作风等进行考察，作出评价，并以此作为对法官进行奖惩、培训、辞退以及调整等级和工资的依据的一种制度。"①

上述定义可以看出，法官考评制度包含如下特定内容：（1）考评目标的明确性。考评目标是正确评价法官，规范法官行为，提高法官素质，加强对法官的监督管理，保障法官依法独立行使审判权。（2）考评对象的特定性。考评对象是依法行使国家审判权的审判人员，包括最高人民法院、地方各级人民法院和军事法院等专门法院的院长、副院长、审委会委员、庭长、副庭长、审判员和助理审判员。（3）考评标准的程序性。考评标准是按照法律权限、法定标准和法定程序对法官的审判实绩、思想品德、审判业务、法学理论水平、工作态度和审判作风等内容进行考评。（4）考评组织的特定性。法官考评是由特定的法官考评委员会进行，其考评方式主要采取领导与群众相结合、定期考评与不定期考评相结合的形式进行，年度考评作为一种定期考评，是法官考评的主要形式。（5）考评结果的重要性。法官考评的结果是对法官奖惩、培训、免职、辞退以及调整等级与工资的依据。

---

* 课题主持人：陈华婕，南宁市青秀区人民法院伶俐法庭庭长。课题组成员：钟凯、谭妤、梁芳燕、韦伟杰、范俪、胡歆怡、欧阳鹏善。执笔人：钟凯、韦伟杰、范俪、胡歆怡、欧阳鹏善。

① 宋英辉、陆敏主编：《中华法学大辞典·诉讼法学》，中国检察出版社2001年版，第34页。

（二）法官员额制与法官考评制度的关系

在我国司法改革的语境下，法官员额制并不是一个新鲜的话题。早在最高人民法院1999年10月发布的《人民法院五年改革纲要》中就明确提出要“对各级人民法院法官的定编工作进行研究，在保证审判质量和效率的前提下，有计划有步骤地确定法官编制”，并计划“选择不同地域、不同级别的部分法院进行法官定编工作的试点”，“在总结试点法院经验、进行深入调查研究的基础上，2001年向中央组织、人事部门提出法官编制的具体方案”。[①] 时隔15年，2014年3月，周强院长在《最高人民法院工作报告》中，将“大力加强法院队伍正规化、专业化、职业化建设，提高司法能力”作为2014年进一步加强法院队伍建设的年度工作目标。[②]

“正规化、专业化、职业化”（以下简称“三化”）被认为是中国法治工作队伍建设、法院人员分类管理及法官员额制的改革目标。2015年2月，最高人民法院《人民法院第四个五年改革纲要（2014—2018）》将“全面推进法院人员的正规化、专业化、职业化建设”作为本轮司法改革的任务目标，并将“推动法院人员分类管理制度改革”“建立法官员额制度”“改革法官选任制度”“完善法官业绩评价体系”“完善法官在职培训机制”“完善法官工资制度”作为实现这一目标的主要措施。[③] 至此，“三化”成为以法院人员分类管理和法官员额制为重心的改革文本上的预置目标。我们也可以看出，法官员额制与法官考评制度实际上均是为“三化”目标而设立的制度，而在法官员额制改革中，需要选拔出一批具有丰富审判经验、深厚理论功底、素质较高、符合法官条件的人员，其必然需要设置全新、符合实际的法官考评体制，以形成法院内部良性的竞争和激励机制，同时对于员额法官亦起到事后监督的作用。

（三）员额制下法官考评制度设立之价值

事实上能否考评法官，一直存在着两种对立的观点：一种观点认为，对法官进行考评会影响法官的“独立裁判”和“司法权威”。“司法界和媒介的评估，虽然经常能够激励法官改进其工作，但有时也会不合理地把法官置于竞争排序之中。这样的评估经常会受偏见影响，缺乏相应的价值，会受政治和大量传言以及其他缺陷的影响。”[④] 对法官考评持肯定态度的观点则认为：“法官考核时人民法院考察、评价法官

---

① 最高人民法院：《人民法院五年改革纲要》（法发〔1999〕28号）载《中华人民共和国最高人民法院公报》1999年第6期。

② 周强：《最高人民法院工作报告——2014年3月10日在第十二届全国人民代表大会第二次会议上》，载《人民日报》2014年3月18日，第2版。

③ 最高人民法院：《最高人民法院关于全面深化人民法院改革的意见——人民法院第四个五年改革纲要（2014—2018）》（法发〔2015〕3号），载《人民法院报》2015年2月27日，第3版。

④《美国法官行为指南》，载怀效锋主编：《法院与法官》，法律出版社2006年版，第580页。

的重要环节，是人民法院加强队伍建设的重要措施，它对于提高法官素质，促进法官钻研业务，提高法官办案能力；对于选贤举能，正确识别和任用法官；对于鼓励先进，鞭策后进，调动法官积极性；对防止法官腐败现象发生等诸方面，都有积极意义。”①

我们认为，对法官进行考评，所能发挥的作用如下：一是评价作用。对法官进行合理分配的前提是知人善用、因事择人。要判断法官的德才状况、综合素质，据此作出法官人力资源配置的最优化安排，客观考评必不可少。依据一定标准，通过科学考评，掌握法官的政治素质、思想素质、知识能力、业务水平等信息，对法官作出切合实际的评价，为“知人善用”奠定基础。二是导向作用。“社会心理学家认为自我评价、期望评价和团体评价是衡量一个人素质高低的三个重要参数。个人可以借此主动地调节自己的行为去适应所确认的素质测评标准，以提高自己的素质和修养。”② 通过对考评内容和标准的参数设定，使法官明确自身的工作性质、工作职责、工作内容和工作要求。通过科学、公开、细致的法官考评指标体系，可引导法官做好审判工作、提高业务能力。三是激励作用。“奖勤罚懒”“奖优罚劣”是建立客观、规范法官考评体系的应有之义。考评结果事关法官的待遇和前途。“要通过法官的考评，促进法官奋发向上，努力提高自己的业务水平和审理案件的水平，敢于独立行使审判权，勇于审理各种大案、新案、难案；促进法官研究审判工作中的新情况新问题，发现和创造新理论、新规则，在审理案件和理论研究中展现自己的聪明才智。”③ 四是约束作用。法官考评机制既然能激励、导向法官，自然而然也起到约束作用。如果法官不顾考评指标，任意妄为，与之而来就是考评不合格的风险。因此，通过考评能够约束法官，将其规范在既定的轨道上行使职权，办理案件。

二、广西壮族自治区基层人民法院法官现行考评制度评析

（一）我国现行法官考评的法律依据

我国法官考评制度主要依据以下几个制度性规定：第一，1996 年 6 月 26 日最高人民法院颁布的《法官考评委员会暂行组织办法》，对法官考评委员会的相关内容进行了规定；第二，2002 年 1 月 1 日起施行的《法官法》，全面系统地对法官考核和法官考评委员会进行了规定；第三，2006 年 1 月 1 日起施行的《公务员法》，其对“公

① 转引自李太顺：《完善法官考核标准 适应法官职业化要求》，载刘春年主编：《司法精义——审判热点探究》，人民法院出版社 2003 年版，第 27 页。

② 陈昌文：《公共部门人力资源开发与管理》，四川人民出版社 2000 年版，第 329 页。

③ 蔡晖：《法官考评制度改革的若干问题探讨》，载《法律适用》2004 年第 8 期。

务员”概念的明确规定，正式将法官纳入公务员序列管理；第四，2007 年 1 月起施行的《公务员考核规定（试行）》，对公务员考核的政策措施进行全面规定，包括公务员考核的基本原则、内容和标准、程序、结果等相关事宜；第五，2008 年 7 月，《最高人民法院关于当前进一步加强人民法院队伍建设的意见》印发，该意见具体规定了设立考核机构、实施岗位考核、建立业绩档案、落实案件评查等方面的工作，明确提出“要建立完善司法考评体系并全面推开”的目标。由此，建立统一、规范的司法考评体系的工作开始全面展开，这一工作也与提升法官业务素养、实现法官定额定编的工作相伴随，成为强化法官队伍建设目标的重要组成部分。此外，其他一些规范法官行为的制度也构成法官考评的依据，如《法官职业道德基本准则》《人民法院审判人员违法审判责任追究办法》《关于人民法院审判纪律处分办法（试行）》《法官行为规范》等。

（二）从现行法律规定看法官考评制度之构成

1. 考评内容与标准

根据《公务员法》的规定，公务员，是指依法履行公职、纳入国家行政编制、由国家财政负担工资福利的工作人员。我国法官符合上述特征，亦被列入公务员序列。当前我国法官的招录、级别晋升、工资待遇等都是按照公务员的标准进行。因此，法官考评的内容，可分为两大方面：一是法官作为公务员的要求，二是对法官的职业性要求。公务员考核的基本内容一般分为“德、能、勤、绩、廉”，而法官职业性考评的内容，可见《法官法》第 21 条的规定，即“审判工作实绩，思想品德，审判业务和法学理论水平，工作态度和审判作风。重点考核审判工作实绩”。

2. 考评组织

《法官法》第 21 条规定：“对法官的考核，由所在人民法院组织实施。”《法官考评委员会暂行组织办法》也明确规定：“法官考评委员会是人民法院依法设置的指导对法官的培训、考核、评议工作的机构。其职责包括：（一）审查对法官的理论、业务培训规划，指导法官培训工作；（二）审查本院法官年度考核方案，指导考核工作；（三）依据法官等级编制、评定、晋升的有关规定，履行职责；（四）最高人民法院法官考评委员会组织初任审判员、助理审判员的全国统一考试工作。地方各级人民法院、专门人民法院法官考评委员会协助最高人民法院法官考评委员会负责本地区的考试工作；（五）其他应当由法官考评委员会议定的事项。”对于法官考评委员会的组成规定为：“法官考评委员会由本院院长、副院长以及有关部门的主要负责人组成……法官考评委员会设主任一人、副主任一至三人。主任由本院院长担任；副主任由主任提名，法官考评委员会通过。”考评委员会实行民主集中制，其办事机构是人民法院的人事部门。[①]

3. 考评方式

《法官法》第22条规定：“对法官的考核，应当客观公正，实行领导和群众相结合，平时考核和年度考核相结合。”根据《公务员考核规定（试行）》第5条的规定，“公务员的考核分为平时考核和定期考核。定期考核以平时考核为基础。平时考核重点考核公务员完成日常工作任务、阶段工作目标情况以及出勤情况，可以采取被考核人填写工作总结、专项工作检查、考勤等方式进行，由主管领导予以审核评价。定期考核采取年度考核的方式，在每年年末或者翌年年初进行”。法官是公务员身份，其考核方式与公务员无异。

4. 法官考评结果

《法官法》第24条规定：“年度考核结果分为优秀、称职、不称职三个等次。考核结果作为对法官奖惩、培训、免职、辞退以及调整等级和工资的依据。”与此类似，《公务员考核规定（试行）》第16条规定：“公务员年度考核的结果作为调整公务员职务、级别、工资以及公务员奖励、培训、辞退的依据。”我国法官的工资、待遇完全与其行政级别挂钩，如因科员、副科级、科级、副处级、处级等行政职级而享有不同待遇，而不是与法官等级如初级法官、高级法官、大法官等相配套。

（三）对广西壮族自治区基层人民法院法律规定的法官考评制度评析

1. 广西壮族自治区基层人民法院法官考评制度运行情况——以青秀区人民法院为例

截至2016年6月，青秀区人民法院共有在编干警130人，设政工科、办公室、立案庭、刑庭、未成年人综合审判庭、民事审判第一庭、民事审判第二庭、民事审判第三庭、行政审判庭、执行局、审判监督庭、司法鉴定办公室、司法警察支队13个部门。2008年以来，青秀区人民法院根据该院工作实际，先后制定了《青秀区人民法院岗位目标绩效考评细则》《庭审评查、裁判文书评查若干规定》等规范性文件。2011年，该院重新修订《青秀区人民法院工作目标年度考核指标》，以此作为对该院法官和其他工作人员考评的依据。

（1）考评目标

根据上述文件，笔者将青秀区人民法院的考评目标归纳为以下几项：对法官的任务指标进行量化，强化法官的岗位职责，从而确保法官审判工作的顺利开展；通过对

---

① 《法官考评委员会暂行组织办法》第8条、第9条、第10条。

法官工作业绩的量化评价，以量化结果作为奖惩之依据，让法官重视工作质效，以调动法官的主观能动性，从而推动法院审判管理制度的不断完善，实现司法的公正与效率。

（2）考评主体

为使考评工作有效进行，青秀区人民法院成立了专门的法官考评委员会，委员会成员由院领导担任，下设管理办公室，办公室则抽调政治科、纪检、监察、信访、审判委员会的人员组成。法官考评委员会负责对各部门进行考评，各部门则负责考评本部门的法官以及其他工作人员。

（3）考评方式

法官的考评方式有以下三种：①分级考评。根据制定的考评内容与标准，确定各个部门的工作任务，由法官考评委员会根据各个部门的业绩完成情况进行考评，确定不同的等次，各个部门根据本院的工作任务要求，结合本部门实际工作情况，确定本部门每位法官的工作量，对法官工作进行考评，确定不同的等次。②平时考评与年度考评相结合，年度考评是最主要的形式。考评模式主要包括日记、月评、季度考评、年终综合评定的考评模式，日记是由网络自动记录每位法官完成工作的信息，由考评委员会管理办公室每天在网上公布当天记载事项；月评是由各个部门根据量化指标对每月完成工作的情况进行总结汇总，填报月度考评表；季度考评是由考评委员会根据各部门的月度考评表进行季度的考评；年度综合评定则由考评委员会按照季度考评情况进行年度评价。③分类考评。该院将法官工作人员分为三类进行考评，第一类为院领导，主要由青秀区党委组织部门负责，主要采取届中、届末考评的方式进行，无明显届期的，采用每两年进行一次的定期考评；第二类为各部门中层领导，由考评委员会负责，采用年度考评的方式；第三类为法官及其他工作人员，由各部门领导负责进行。

（4）考评内容

法官考评内容方面，主要是对法官的“德、能、勤、绩、廉”等进行全面的考评，将法官的绩效与能力作为考评的重点，包括：①政治思想的考评。一是对廉政建设的考评。该院规定，凡是有法官违法、违纪受到党纪、政纪处分或被追究刑事责任的，除追究自身责任外，同样对该法官的部门负责人进行一定的惩罚。若该部门有法官出现此种情况，则取消该部门及其中层领导当年的评优资格。二是对政治理论学习情况的考评，要求每位法官积极参加政治理论学习，统计参加学习的次数。三是对思想、工作作风的考评，考评法官在审判过程中办案的社会效果以及与其他同志的合作意识。具体而言，就是推定每个法官的该项考评成绩都是合格的，即每个法官都有100分的基数分，根据法官在该方面的具体表现进行加分或扣分，例如：无故不参加本院组织的政治学习的，每次扣3分。②工作态度的考评。主要是考评法官的工作积极性和日常表现，以及遵守组织纪律的状况即出勤情况、法院规章制度的遵守情况、法官的行为规范、庭审仪表，例如，不按规定着装或者迟到早退的，每次扣3分。③工作能力的考评。一是考评办案情况。青秀区法院根据各类案件的特点和各业务庭的实际情况，确定各业务庭的办案指标和结案指标。二是办案质量与效率。青秀区法院将考评指标逐级下发到法院各部门及各个法官，同时以案件质量评查的方式对法官的办案质量进行评价，被评为不合格的案件，则根据具体情况给予扣分处理。三是考评审判综合能力，重点是考评法官的庭审驾驭能力和法律文书制作能力。青秀区法院每年都会举行庭审观摩活动和裁判文书竞赛活动，对法官的该项能力进行考评。四是考评调研、学术研究能力。如青秀区法院在考评办法中明确要求法官每年至少完成一篇调研报告或是发表一篇学术论文，否则不得参加当年的评优。

（5）考评结果的评定与运用

青秀区人民法院以《国家公务员考评暂行规定》为依据，将考评结果分为优秀、称职、不称职三个等次，并将考评结果以书面形式通知法官本人，便于法官了解自身优缺点，明确今后改进方向。同时，该考评结果作为年终奖金和评选先进工作者以及职务职级晋升和确定相关待遇的依据。在结果运用方面：逐月对各部门及每个干警审执结案件数量、质量、效果及信息宣传调研等工作业绩进行量化排名，逐月召开业绩量化考评会，逐庭逐人通报点评；召开办案能手竞赛活动，以量化考评结果为依据选出月办案能手、季办案能手、年度办案能手，并在每月月底的业绩量化考评会上予以表彰奖励。

2. 对广西壮族自治区基层人民法院现行法官考评制度的反思

虽然实施法官考评各项措施在提高审判质量和审判效率、加强法官司法能力和综合素质等方面具有较为显著的作用，但在看到成绩的同时，也应清醒地认识到，现行法官考评制度在实施过程中依然存在许多问题。

（1）考核形式等级化

由于受到司法行政化的影响，法官考评制度带有浓厚的行政化色彩和主观化弊病，由于领导负责制和案件审批制的长期存在，使不同级别的法官之间产生了一定的主从关系和依附关系；由于汇报和请示的做法长期存在，使上下级法院之间产生了实际上的领导和被领导关系。这种行政化管理模式，已经对法官独立性产生威胁，亦影响到法官绩效考核的公平公正。更为严重的是，各级法院都注重对法官审判工作质量的考核，而审判工作质量的考核指标主要是案件上诉数、上诉率、上诉改判发回数及上诉改判发回率，而且案件的审判质量考核分值占总考核分数的将近一半，一审法官担心案件上诉改判后会被扣分，而事先揣摩二审法院法官的判决意见，甚至提前内部请示，这种情况实质上使二审失去了意义，变二审为一审，剥夺了当事人的上诉权。法官的独立性要求"除了法律外，法官没有别的上司"，[①] 上述做法，必然影响法官的独立性。而法官的独立性是保证司法公正得以实现的主要因素，夏普洛（Martin Shapiro）认为："只有独立才能使法院成为中立的第三者，否则法院是没有资格进行审判的，不独立的结果必然会形成法官支持一方对付另一方，造成诉讼中的'二比一'的现状，这种诉讼不管裁判结果是否合理都是不公正的。"[②] 这种行政化的考核制度，最终将导致司法不公正。

（2）考评方式公务员化

《法官法》的实施将法官与行政人员相分离，在确立法官独立的考评制度方面迈出了可喜的一步。但是，作为法官考评制度重要依据的《法官法》，其规定依然具有很重的行政色彩。从法官的入职开始，必须通过公务员考试，同时必须接受政府人事部门的管理，即便是在《法官法》实施之后，法官的级别也是按照公务员的级别换算的。《法官法》第 43 条规定关于法官的处分分为：警告、记过、记大过、降级、撤职、开除。这是典型的行政处分，明显带有公务员管理的行政色彩。此外，法官不仅要接受本院的考评，还要接受人事行政部门的考评，考评内容为德、能、勤、绩、廉五个方面。同时，法官与一般公务员在工资、福利待遇以及退休方面无差别，无法形成法官集体荣誉感和认同感。

（3）考评结果数字化

由于法律对于考核内容及标准没有统一的规定，为了便于操作，法院准将考核内容与岗位责任相结合、以具体的数字量化考核，各项指标有明确的数据衡量，如规定了结案数、结案率、超审限案件率、不合格案件数和基本合格案件率、当庭裁判率、调撤率、归档率、电子信息录入率等，把情况各异的案件审判工作等同于流水线式的生产行业，机械地根据数据来评定法官的能力与等级的做法，不仅不能公正、客观地反映法官的综合素质，而且容易损害法官的工作积极性与审判独立性，背离了诉讼规律，损害了司法权威。

---

① 《马克思恩格斯全集》（第一卷），人民出版社 1995 年版，第 76 页。

② 王利明：《司法改革研究》，法律出版社 2000 年版，第 113 页。

三、员额制改革后引起法官考评方式的转变

（一）员额制改革后法官队伍的特点

1. 法官人数定额化

法官员额制度是指在法院现有编制内，根据审判工作量、法院所辖区域人口、经济发展水平等因素确定法官的员额，把真正符合条件的审判人员确定为法官，形成由法官、法官助理组成的新的审判运行机制，集中行使国家审判权的制度，以保障法官队伍的公正高效。法官员额制改革以后，全国范围内法官人数不得随意增减，各个司法区域内的法官人数要保持稳定。2014 年以来，全国 18 个省（区、市）启动司法体制改革试点，从已经公布试点方案的省份来看，山西敲定的法官员额制比例最低，为 30%，其次是上海，为 33%，广东、湖北、海南、青海、贵州、云南、江苏等省均为 39%。最高人民法院常务副院长沈德咏也强调，法官员额制改革，要严格执行中央确定的法官员额比例和相关政策，不仅不能突破，在第一轮遴选时还要留有余地，为优秀人才留下入额空间。

2. 法官队伍专业化

英国首席大法官爱德华·柯克曾说过："法律是一门艺术，在一个人能够获得对它的认识之前，需要长期的学习和实践。"只有把法律的施行交给精通法律知识，熟谙司法技能，具有较强的伦理观念的法律专业阶层，才能在正义与邪恶、对与错之间做到泾渭分明，不偏不倚，才能树立法律的社会公信力，保障公民的合法权益。司法工作的特点决定了法官应由社会精英来担当，由于我国的法治建设起点很低，法官队伍良莠不齐。直到 1995 年《法官法》通过，法官的基本任职条件才得以确定，但是我国法官的精英化道路依然任重道远。因此，法官员额制的实行意味着要对法官队伍进行一次瘦身，通过确定法官员额比例，并严格限制法官的任命条件，将具有丰富审判经验、深厚理论功底、素质较高、真正符合法官条件的人员确定为法官，以此来确保法官队伍的精良。并辅之以法官助理制度，由司法辅助人员完成除审判工作以外的琐碎事项，保证审判人员有充分的精力专注案件的审理。

3. 入额法官非行政化

目前，法院内部许多素质高、业务能力强的法官不在审判岗位，或者并不直接从事审判工作，其中一部分人担任院长、庭长职务，履行行政管理职责，另一部分则直接从事司法宣传、调研、人事管理、后勤工作，造成这一现象的主要原因在于法官职级的晋升通道对行政级别的依附。实行法官员额制之后，法官将成为法院工作的中

心，主导法院的日常案件审判工作。法官的行政管理职能必定会逐渐弱化，审判人员的工作重心将会转移至案件的审理上，非审判人员的工作重心则向为审判人员提供审判服务方面转变。因此，法院内部工作人员权责会更明确，通过制定内部规章制度，分清人员类别，明确岗位“权、责、利”。让各类人员各归其类，各司其职，各尽其才。

4. 竞争机制良性化

法官员额制有利于形成法院内部的竞争和激励机制，严格选拔出来的法官一旦不能适应法官工作，将会被淘汰。“退出机制”的压力将会迫使法官不断去钻研业务，认真审理每一起案件。法官助理也应设置候补法官机制，即法官助理可以通过努力被选拔为法官，这就使法官助理有积极工作的动力，去竞争法官职位，从而推进法院内部竞争的良性循环，提高法官整体素质，提高司法审判水平。

（二）员额制改革引起法官考评方式的转变

1. 考评理念和考评手段的更新

目前法院对法官普遍使用的考评方法是绩效考评制度，对法官的各项工作设置一系列量化指标，将考核结果通过指标的量化数值来表示，以此来了解法院和法官的工作情况，从而促进法官工作效率的提升以及法院资源的优化配置。由于数字化的考核结果清晰明了，又易于计算与比较，而且一定程度上又非常具有说服力，因此，量化指标的考评方法是当前法院绩效考核体系中不可或缺的元素。实践中，这些量化指标不仅包括“数”“量”“率”“比”等数量名词，而且背后还蕴含着一套系统的运算公式和它们之间关系的说明。例如，对一名执行法官的考核需要考核他的收案数、结案数、自动履行案件数、强制执行案件数、标的到位率、调解数等；对一名审判法官的考核则需要考虑收案数、结案数、调解数、撤诉数、审限期内结案率、上诉率等。

正是因为量化指标的考评方法具有诸多优点，我们在对法官工作考核过程中容易出现“唯量化论”的倾向，我们希望将绝大多数的考核内容和项目都能通过一系列数字演绎出来。但实际上，要对法官进行科学、全面的考核，仅仅靠一组量化指标结果难免会有失偏颇，而是需要对法官的审判质效进行综合评价。同时，各级各地法院实际情况不同，使用同一量化指标的考核结果差别很大，失去了可比性，因而达不到考核的目的。例如，在南宁市青秀区人民法院，一名审判法官一年需要审结 300 件案件，在南宁市邕宁区人民法院一名审判法官一年的工作任务仅有 80 件案件，但是他们面对相同的考核标准，如果他们有一件案件被上级法院发改，那么哪怕工作再出色，他们都与评先评优无缘了，但是 300 件案件出错的概率远远要高于 80 件案件。此外，法院绩效考核的量化指标体系把一些主观性较强的考核内容强制性地量化，也不能真实反映审判、执行活动的确切情况，“为考核而考核”，可能会将审判、执行活动引向歧路。

员额制实行之后，这种“唯数字”的倾向会被逐步打破，违背司法规律的量化指标逐步减少乃至废除，考核的理念及方式、方法会不断更新。在考核中会将定性与定量考核结合起来，端正对量化指标的认识，正确看待数据，重视数据而又不唯数据。综合法官整体工作进行考量，注重量化考核的同时也要注重定性分析，将量化指标作为考核评估的重要参考依据，而不是唯一依据，还要结合法官民主测评与自我管理的内容，使法官的工作内容能够得到全面综合的评估。并且更加注重发挥绩效考核的实际效果，以此来改善法院管理、增进法官自律、激励法官提升。

2. 考评的技术性增强

关于法院信息化建设，周强院长在第二次人民法院信息化工作会议上强调指出：“加快推进信息化建设，是适应新形势新任务、推进人民法院审判体系和审判能力现代化的必然要求，是深化司法改革的重要内容和强大动力，是实现公正司法的重要途径，是满足人民群众多元司法需求的现实需要。人民法院要有效破解人民法院工作面临的现实问题和发展难题，必须紧紧抓住审判体系和审判能力的现代化建设，必须紧紧依靠信息化支持。”因此未来法院各方面的工作肯定必须依托信息化，这当然也包括法院的考评工作。信息化等技术手段的运用，一是为法院管理和法官审判执行工作提供了便利，二是使法官的工作也更加透明化、节点化，实现了法官管理与法官工作信息的即时沟通，这对于避免法院和法官工作中人为因素的干扰具有积极意义。目前我国东部沿海地区地区法院信息化发展水平较高，上海、江苏、浙江等多地法院均开发了审判执行质效评估系统，对适时把握审判执行工作的整体运行情况发挥了重要作用。从上海法院的信息化实践来看，经过多年的努力，现已探索建成了多个应用软件组成的规模化、系统化、智能化、动态化的信息系统，信息化已经融入法院管理的整个过程中。将信息化等技术手段运用到法官的考评工作中，有助于直接从法院的审判执行数据库中调取相关考评数据，确保了数据的准确性、及时性，能有效凸显考评的针对性、实时性和高效性。使考评工作不再拘泥于年终绩效评估或者考核，被评估者也可以实时查看自己的工作绩效情况，改进工作。

3. 考评结果对法官影响更大

员额制改革后，法官人数将大幅减少，法官职业的“精英化”被视为新一轮司法改革的重要基础。正是由于法官的精英化，法官才得以享有较高的职业待遇和职业保障。在过去，对于法官的考评都流于形式化，在工作中只要不犯大错误，考评的结果对法官的地位和待遇基本没有影响。但是员额制改革之后，法官注定会吸引众多目光，接受众多监督。为了确保法官队伍的正规化、专业化、职业化、高素质化，就必须建立科学、合理的法官考评制度，以此来督促、评价法官。要将考评的结果进行全方位的应用，将考评结果与法官评先评优、晋职晋级、获得物质待遇相结合，将物质奖励与精神奖励相结合，将奖励与惩罚相结合，将普遍提高与重点培养相结合，奖勤罚懒，奖优罚劣，鼓励先进，鼓励创新，建立真正的奖惩激励机制。这样才能深入推进法官队伍建设，才能切实加强审判管理工作，有效推动法院科学发展。

四、广西壮族自治区基层人民法院法官考评方案设计

在法官员额制改革的大背景之下，立足于广西壮族自治区经济、社会的发展状况，根据广西壮族自治区基层人民法院现有的人员结构、受理案件数量、考评方式等实际情况，笔者将层次分析法与模糊综合评价法相结合，试图设计一套适合广西壮族自治区基层人民法院法官的绩效考评方法（如图1所示）。

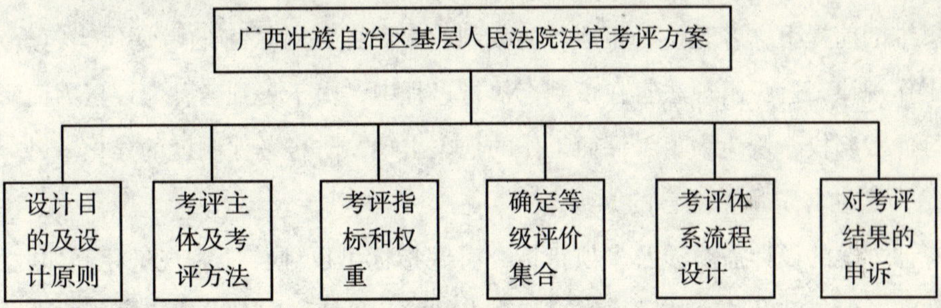

图1　广西壮族自治区基层人民法院法官考评方案

（一）考评方案的设计目的及设计原则

1. 设计目的

根据法官正规化、职业化、专业化的改革方向和司法人力资源配置规律，遵循客观公正、民主公开、实事求是、以人为本的考核原则，引入科学、合理的绩效指标体系，不断完善考评的方式与方法，充分体现权利、责任、利益相一致，通过奖优惩劣、激励先进、淘汰落后等手段，充分调动全体法官的工作积极性和主观能动性，让全体法官成为法院建设的因子，不断提高法官的工作质量和效率，从而推动法院审判管理制度的不断优化，推进公正高效权威的社会主义司法制度的建立，最终实现让人民群众在每一个司法案件中感受到公平正义的目标。具体而言，设计此考评方案的目的在于通过对法官的日常工作进行定性、定量分析来获取较为客观的

考评结果，以此为法官的晋升、薪酬的调整提供依据；为法官改进绩效、规划发展提供指引。

2. 设计原则

（1）以人为本的原则

考评方案的设计应以人为出发点和中心，尊重人的发展规律，满足人的发展需求，紧密围绕激发和调动法官的积极性、主动性、创造性来展开，充分体现各个法官的工作容量，其中包括法官审判、执行工作质量与效率的价值判断数据，也要有体现工作量与工作强度的事实判断数据，通过比较客观的方法实现法官工作质效的横向比较，使考评包含许多能够得到法官认可并能起到激励法官作用的内容，达到充分调动法官工作积极性的最终目的和良好效果，以实现法官与法院的共同发展。

（2）符合审判执行工作规律的原则

法官考评制度要紧密围绕审判、执行工作展开，所有考评内容的设置必须尊重和符合审判执行工作的特点与规律。对法官进行考评，是为了督促法官恪尽职守，认真履职，进而建立公正、高效裁判权运行机制，提升司法公信力，同时又不影响法官在独立思维的前提下，客观、公正地行使裁判权。因此，对法官的考评应当符合审判、执行工作规律，避免出现法官在审判、执行过程中，由于受到各种考评压力而影响其独立行使裁判权，避免为了考评而工作的现象出现，防止考评制度的异化。

（3）定性与定量相结合的原则

考评方案的设计需要涉及多项指标，有些指标可以纯粹地客观量化，如收案数，结案数等，但是涉及法官的理论水平、个人经验、价值取向、办案态度等方面的考评指标就无法通过量化的数据来衡量，因此仅仅通过设置绩效考评的量化指标制度是难以对法官作出客观、全面评价的，一定程度上存在主观介入的评价是合理且必要的。所以要根据法官的职务特点，采用灵活多样的考核方法，将主观与客观、定量考核与定性考核结合起来，设定多层次、全方位的测评主体并赋予不同比例的权重，科学分布和设置话语权，保证主观测评的客观性和说服力。

（4）信息化原则

“任何一种管理职能的实现，都离不开信息，管理本身就是一个信息系统，有效的管理制度首先来自于畅通的信息保障。”① 因此法官考评系统的建立要以信息技术为支撑，通过运用云计算、大数据等科技化手段对法官工作当中各个环节、各个层面

① 锁秀秀：《我国法官绩效考评制度研究》，海南大学2013年硕士学位论文，第48页。

的信息进行收集、整理、加工、分析、判断、利用，并积极创造条件努力提高信息的系统性、时效性、科学性，构建一个综合的信息系统，以此对法官作出客观公正的评价。

（5）民主原则

一项制度能够得以顺利推行的前提是大家对这项制度认可，而大家认可的前提是因为该制度产生的过程足够民主。法官考评机制涉及全体法官的利益，因此法官考评方案的设计要广泛征求意见，在民主基础上集中决策，让法官都能参与方案的设计过程，加强与法官的交流沟通，听取法官的意见建议，反复修改、复核、完善，接受全体法官的监督，这样的制定主体及制定程序的合法性才是确保法官考评机制在实践中能够得以有效执行的前提条件，法官才会积极去维护这项考评制度，对考评的结果也会信服，同时也能在更大程度上促进法官提高自身素养这一目标的实现。

（二）考评主体及考评方法

1. 考评主体

法官员额制实行后，对法官“三化”提出了更高的要求，因此有人认为，传统的考评模式下，考评主体与考评对象都在法院内部，考评者与被考评者比较熟悉，容易走入“人际化”的误区。单一的考评主体也不能对法官作出综合、客观、全面的评价，因此需要由法院外的法律界人士一起来进行，如由人大专门委员会委员和有关工作人员、法学教授、律师等多元的考评主体来对法官进行考评。笔者认为，考评制度的制定程序与考评主体的确定是密切关联的。在法官考评委员会作为常设机构负责对法官业务进行考评的前提下，法官考评制度的设定应当充分吸收全体法官的意见，应在法院内部设立法官考评委员会，对法官进行考评，考评委员会由法院领导、部分中层领导、资深法官组成，并引入外部监督。但是应当确保考评主体与考评对象之间没有直接的利害关系，且对考评委员会成员中的法院领导和法官的考评应交由上级法院的考评委员会进行。

2. 考评方法

绩效考核是企业绩效管理中的一个环节，常见绩效考核方法包括 BSC①、KPI②、

---

① BSC 即平衡计分卡（Balanced Score Card）是常见的绩效考核方式之一，主流经管教育均对 BSC 平衡计分卡绩效管理模式有所介绍。

② KPI 即关键绩效指标（Key Performance Indicator）是通过对组织内部流程的输入端、输出端的关键参数进行设置、取样、计算、分析，衡量流程绩效的一种目标式量化管理指标，是把企业的战略目标分解为可操作的工作目标的工具，是企业绩效管理的基础。

MBO①及360度②考核等，笔者结合法院和法官工作的特点，试图借助这些先进的考核方法，形成一套完整、科学的法官考评方案。

经过对平衡计分卡法（BSC）、关键绩效指标法（KPI）、目标管理法（MBO）、360度反馈法等4种考核方法的对比，结合广西壮族自治区基层人民法院法官现有的考核状况，选取关键绩效指标法（KPI）、目标管理法（MBO）、360度反馈法三种方法相结合的方式作为考评技术手段（见图2）。

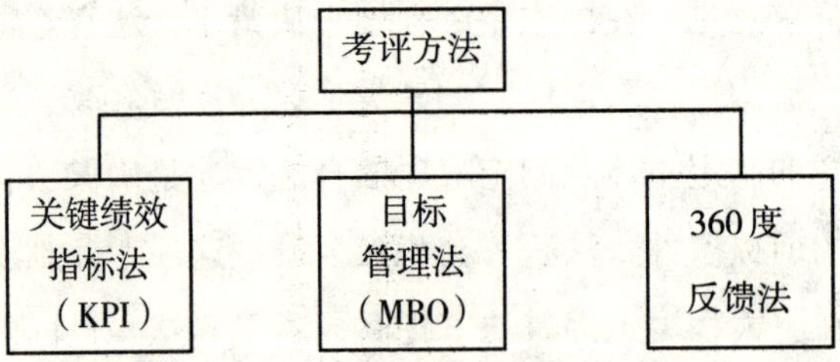

图2 考评技术手段

关键绩效指标法的优点在于可以将对法官的考评分解成各个关键绩效指标，并建立一个关键性指标体系，有利于法院创建以结果为导向的考核、管理体系。关键性指标体系明确了不同部门、不同岗位的工作目标，确保职责分明，责任明确；该体系指标由下而上、又由下而上进行设置，逐层分解，使个人工作目标、部门工作目标与法院工作目标之间保持一致，从而推进法院建设的科学发展；该体系建立了激励与约束的绩效考核体系，为绩效考核结果的评价提供了支撑；该指标体系的理解和运用较容易，在技术操作上也相对简单，容易操作。③

目标管理法的优点在于其评价标准直接反映法官的工作内容，结果易于观测，所以很少出现评价失误，也适合为法官提供建议，进行反馈和辅导。由于目标管理的过程是法官共同参与的过程。因此，法官工作积极性大为提高，也增强了法官的责任心，使法官在工作中不断完善、改进，发挥创新性。目标管理还能够将个人、部门和法院之间的目标统一起来，使三者的努力方向保持一致。目标管理还有助于法院内部的人际关系，适用性强、可操作性强。

360度反馈法的优点在于法官可以获得来自多层面人员对自己素质能力、工作风

① MBO目标管理（Management by Objectiv）是以目标为导向，以人为中心，以成果为标准，而使组织和个人取得最佳业绩的现代管理方法。

② 360度绩效考核法又称全方位绩效考核法或多源绩效考核法，是指从与被考核者发生工作关系的多方主体那里获得被考核者的信息，以此对被考核者进行全方位、多维度的绩效评估的过程。

③ 李淑燕：《A法院绩效考核体系研究》，云南大学2014年硕士学位论文，第32页。

格和工作绩效等的评估意见，较全面、客观地了解有关自己优缺点的信息，以作为制定工作改善计划、能力发展的参考；360 度绩效评估中，反馈给法官的信息是来自于与法官工作相关的多层面评估者的评估结果，所以更容易被法官认可。而且，通过反馈信息与自评结果的比较可以让法官认识到哪些地方需要改进，360 度绩效评估有助于促进组织成员彼此之间的沟通与互动，提高团队凝聚力和工作效率，促进法院内部的发展。

关键绩效指标法、目标管理法和 360 度绩效考核法三者在实际运用中各有优点，各自也存在不足，所以将三者结合起来，能有效弥补单一方法可能导致的评价片面。在设定广西壮族自治区基层人民法院各部门及各岗位的工作目标时，可以采用关键绩效指标法设定指标，进行分解，运用目标管理法确定指标的权重和标准；在考核的实施过程中，可以运用目标管理法进行跟踪、督促、检查、考核，达到目标管理的目的，最终提高绩效。而对于许多无法采取定量分析而必须采取定性分析的指标则可采取 360 度绩效考核法，将定量评价与定性评价紧密结合起来，全面客观地考评法官。

（三）考评指标和权重

科学、合理、全面地设置考评指标，是设计整个考评方案的关键，由于《公务员法》将法官纳入公务员管理范畴，所以对法官的考评必须以《公务员考核条例》为依据，从德、能、勤、绩、廉等几个方面进行考评，同时法官的岗位又具有特殊性，与一般的公务员岗位具有很大差别，这就决定了对于法官的考评不能完全套用公务员的考评标准，而应该在充分考虑审判、执行工作运行规律的基础之上建立符合法官职业特点的考评指标体系，应该遵循全面、科学、合理的原则。设定考评指标应该遵循通用的 SMART[①] 原则，各个指标必须是明确的，内涵和外延应该界定清楚，避免产生歧义，不宜过度概括，否则缺乏可操作性；对于可以量化的考核指标要尽可能的量化，确保考核的准确度，考核不了的指标应该尽量行为化，而且要可以通过相关数据或信息来验证绩效考核指标；考核指标应该是可实现的，指标在付出努力的情况下是可以完成的，考核指标不能定得过高，过高会导致法官压力过大，会影响法官工作的积极性和法官队伍的稳定性，也会影响制度的落实；也不能定得过低，过低则不能对考核对象形成压力，也分不出优劣，达不到考评的目的；考评指标要有时限性，没有时间限制的目标没有办法考核，也会带来考评的不公。完整的绩效考评体系实际

① SMART 原则是指绩效指标必须是具体的（Specific），可以衡量的（Measurable），可以达到的（Attainable），要与其他目标具有一定的相关性（Relevant），并有明确的截止期限（Time - bound）。

就是一个绩效指标设定、实施、考核、反馈、运用、改进，改进之后再设定、再实施、再考核、再反馈、再运用的反复循环的管理过程，这样才能科学推动法官的工作上一个新的台阶。

笔者结合广西壮族自治区基层人民法院绩效考核的实际情况，同时借鉴司法改革试点法院的在法官考评管理方面的有益做法，在充分考虑广西壮族自治区整体经济社会发展水平以及法官整体素质结构的基础上，做到既反映党群机关共性的工作目标，又突出法院的审判执行功能，并广泛征求一线法官的意见建议，结合他们日常工作实际，对广西壮族自治区基层人民法院员额制法官绩效考评指标作如下设计。

从法官的工作职责来看，可以分为两大部分，基本相同的共性工作职责和各具特点的业务工作职责，由此可将法官的绩效考评指标分为两大类，一是共性目标指标；二是业务目标指标。共性目标指标包括队伍建设、目标管理、信息调研宣传、信息化管理、社管综治暨平安建设、保密安全、节能减排和厉行节约、文化建设等方面工作，而对于业务目标指标，则需要根据不同庭室法官的主要业务职责、工作特点来进行设置，可以分为审判部门和执行部门的业务目标。因此按照关键绩效指标法，可设置一级绩效指标（一级 KPI）、二级绩效指标（二级 KPI）。另外，有些主观化的指标如对法官综合素养的评价，无法通过定量考核的方式进行考核，为了弥补定量考核的不足，可以采用360 度反馈法进行考评，使用这一考评方法能使考评体系和考评过程建立在客观的问卷调查数据基础上，同时能获取多层次主体对法官的评价，其中包括院领导、资深法官、律师、案件当事人、法官本人等，更能体现出考评的科学性、合理性、全面性。

关于考评比指标的权重设置，通过向调研的四家法院总共 100 名法官发放调查问卷，收回有效问卷 100 份。通过统计，有 72 名法官认为共有目标和业务目标的权重比应为 35∶75，有 13 名法官认为两者之间的比重应为 20∶80，有 9 名法官认为两者之间的比重应该为 15∶85，有 11 名法官认为两者之间应该是其他比重。毋庸置疑，司法改革后，员额制法官的工作中心就是案件审理，所以，业务目标的指标项必然是法官工作的重点，因此在权重上要有所侧重。根据广西壮族自治区基层人民法院法官工作实际情况，并参考调查问卷获得的数据，笔者认为，对共有目标和业务目标并考核指标权重可以按照百分制来计（总分 100 分），业务目标应占 65% 的权重（65 分），共性目标占 35% 的权重（35 分），这样相对科学、合理，也突出了法官的工作重心。

表1　广西壮族自治区基层人民法院员额制法官考评指标及权重

第一部分：各庭室法官指标及权重一览表，占总分35%的权重

序号	一级 KPI	二级 KPI	所占权重（35分）
1	队伍建设（14分）	政治理论业务学习，参加院里和本部门组织的各类政治理论和业务学习培训，按照各项专题教育学习活动要求完成相关工作，每缺1项扣0.4分。	3分
		党风廉政建设，严格执行廉政建设有关法律法规和廉政纪律，落实院里和本部门党风廉政建设各项要求，每缺1项扣0.2分；因在党风廉政建设重大执法活动、案件质量、审判作风方面，被重点督查或列为限期整改的，扣1分；因违纪被行政处分的，每次扣2分，因违法被追究刑事责任的，实行一票否决，此项不得分。	4分
		党建工作，落实院里和本部门党建工作责任各项工作要求，按要求完党建工作完成各项任务，每缺1项扣0.2分。	3分
		纪律作风，牢固树立司法为民宗旨意识，保持良好的工作作风和工作态度，依法审理好每一个案件，做好每一项工作；严格遵守执行、审判工作纪律和院规院纪，做到令行禁止。违反工作作风和工作纪律被院里通报的，每次扣0.2分。	4分
2	信息化管理工作（4分）	行政办公自动化，规范使用行政办公自动化系统，部门领导和内勤应对法官使用办公自动化办文（签收、阅文、办理）情况进行监督，发现问题的及时在本部门通报，被通报延迟办文的，每次扣0.2分。	2分
		审判执行办公自动化，规范使用审判执行办公自动化系统，审判执行部门的领导和内勤应对本部门法官使用审判办公自动化情况进行监督，重点是审判流程节点的管理，发现问题的及时在本部门通报，被通报违反相关规定的，每次扣0.2分。	2分
3	保密安全工作（2分）	保密工作，严格执行保密法律法规和有关规章制度，部门领导和内勤应加强监督，每发现1次违规行为，扣0.2分，被院里通报的，每次扣0.4分，如发生一票否决事项，此项不得分。	1分
		安全工作，保障人员、车辆安全，做好办公室的防火、防盗，严格执行门禁制度。部门领导和内勤应加强监督，每发现1次违规行为，扣0.2分，被院里通报的，每次扣0.4分，如发生一票否决事项，此项不得分。	2分

续表

序号	一级 KPI	二级 KPI	所占权重（35分）
4	节能减排和厉行节约工作（3分）	水、电、车辆节能减排，办公设备、办公用品管理，重视水、电、车辆以及办公设备和办公用品等的使用管理，会务、接待从简，严格执行财务管理制度，加强节能减排和厉行节约责任意识。部门领导和内勤适时进行抽查，发现问题及时在本部门通报，被通报违反相关规定的，每次扣0.2分。	2分
		文印管理，加强送印文稿的校对排版工作，避免重复印制造成浪费，内勤根据办公室登记的重印文书情况进行统计，年终重印文书份数超过本人送印文书总量5%的，扣0.2分。	1分
5	法院文化建设（2分）	法院文化建设实施意见，加强法院文化建设，拟定中长期规划和年度计划，认真抓好落实。未拟定或未按要求落实的，每次扣0.2分。	1分
6	综合评估（10分）	多主体评价，由多主体对法官1年的工作表现进行打分，包括自我评价，本部门随机3名同事评价，本部门所有领导评价，所有院领导评价，每人打分最高分为10分，最低分为5分，所得平均分为该项最后所得分数。	10分

第二部分：各庭室法官绩效指标及权重一览表，占总分65%旳权重

（1）民事审判庭法官

序号	一级 KPI		二级 KPI	所占权重（65分）		
1	审判质效综合评估指数	公正指标	上诉案件改判、发回重审率（计算公式：改判、发回重审率=中院对该法官上诉案件改判、发回重审数/该法官一审判决结案数，上诉案件含二审抗诉案件。一审判决结案数应扣除民事特殊程序案件。改判原因是事实不清、证据不足，认定事实错误，适用法律错误，不包括出现新证据等原因。高于庭室平均值每1个百分点扣0.5分，直至扣完该项分值为止）。	8分	16分	48分
			生效案件改判、发回重审率（计算公式：生效案件改判、发回重审率=中院对该法官所办案件再审改判、发回重审数/该法官办理生效案件总数，改判原因是事实不清、证据不足，认定事实错误，适用法律错误，不包括出现新证据等原因。高于庭室平均值每1个百分点扣0.5分，直至扣完该项分值为止）。			

续表

<table>
<tr><th>序号</th><th colspan="2">一级 KPI</th><th>二级 KPI</th><th colspan="3">所占权重（65 分）</th></tr>
<tr><td rowspan="8">1</td><td rowspan="8">审判质效综合评估指数</td><td rowspan="4">效率指标</td><td>结案率（计算公式：结案率 = 该法官本年度结案数/收案数，低于庭室平均值每 1 个百分点扣 0.5 分，直至扣完该项分值为止）</td><td>5 分</td><td rowspan="4">16 分</td><td rowspan="8">48 分</td></tr>
<tr><td>18 个月以上长期未结诉讼案件比重（计算公式：18 个月以上长期未结诉讼案件比重 = 18 个月以上长期未结诉讼案件/未结诉讼案件数 ，18 个月以上长期未结诉讼案件是指从立案开始 18 个自然月尚未审结的诉讼案件，不考虑是否变更审限。高于庭室平均值每 1 个百分点扣 0.5 分，直至扣完该项分值为止）</td><td>4 分</td></tr>
<tr><td>平均审理时间指数（高于庭室平均值每 1 个百分点扣 0.5 分，直至扣完该项分值为止）</td><td>4 分</td></tr>
<tr><td>超过审限案件数，在系统内出现超审限案件，每件扣 1 分</td><td>3 分</td></tr>
<tr><td rowspan="4">效果指标</td><td>一审服判息诉率【计算公式：一审服判息诉率 = 1 -（该法官所办案件发生上诉数/该法官一审结案数），高于庭室平均值每 1 个百分点扣 0.5 分，直至扣完该项分值为止】</td><td>5 分</td><td rowspan="4">16 分</td></tr>
<tr><td>民事案件调解率（计算公式：民事案件调解率 = 民事调解结案数/民事案件结案数，低于庭室平均值每 1 个百分点扣 0.5 分，直至扣完该项分值为止）</td><td>4 分</td></tr>
<tr><td>民事案件撤诉率（计算公式：民事案件撤诉率 = 该法官民事案件撤诉结案数/该法官民事一审、二审、再审结案数，撤诉包括当事人主动撤诉和经法院做工作后当事人撤诉，不包括按撤诉处理，高于庭室平均值每 1 个百分点加 0.5 分，上限为 5 分）</td><td>4 分</td></tr>
<tr><td>信访投诉率（计算公式：信访投诉率 = 中院受理的该法官信访投诉案件数/该法官生效案件数，每 1 个百分点扣 0.5 分）</td><td>3 分</td></tr>
</table>

续表

序号	一级 KPI	二级 KPI	所占权重（65 分）
2	调研工作	年度内完成一篇执行工作调研报告的，得 2 分；没有完成不得分。执行工作调研报告在最高人民法院评比活动中获一等奖、二等奖、三等奖、优秀奖的，每篇对应加 1.5 分、1 分、0.5 分、0.3 分；在全区法院评比活动中获特等奖、一等奖、二等奖、三等奖的，每篇对应加 1 分、0.5 分、0.3 分、0.2 分。在前述获奖调研成果中，如证实实现调研成果转化的，每篇调研成果再加 0.2 分（注：同一内容获得多项奖励的，按最高奖项记一次加分，总共 4 分封顶）	4 分
3	学术研究	完成上级法院下达的学术研究任务的得 2 分；未完成不得分。执行工作学术论文获全国法院一等奖、全区法院特等奖的每篇加 2 分；获全国法院二等奖、全区法院一等奖的每篇加 1 分；获全国法院三等奖、全区法院二等奖的每篇加 0.5 分；获全国法院优秀奖、全区法院三等奖的每篇加 0.25 分；获全区法院优秀奖的每篇加 0.1 分。执行工作学术论文在《执行工作指导》上发表的，每篇加 0.5 分；在国家级刊物发表的，每篇加 0.5 分；在省级刊物发表的，每篇加 0.3 分。执行案例入选最高人民法院出版的案例集（册或选编）的，每篇加 0.3 分（注：同一内容获得多项奖励，按最高加分项记一次加分 4 分封顶）	4 分
4	典型案例选编	推选典型执行案例，被中院采用并录入典型案例选编的，每个案例加 1 分，总共 3 分封顶	3 分
5	司法公开三大平台建设	包括法律文书公开、审判流程公开和执行信息公开。法律文书公开根据裁判文书上网率和法律文书差错率计算分值，审判流程公开按照审判流程管理系统中设置的节点情况作为考评内容（出现一次差错扣 0.2 分）	3 分
6	内网数据录入及时准确率	以数据录入的及时、准确、完整为准，根据审判管理部门案件信息修改情况计算分值（出现一次差错扣 0.2 分）	3 分

（2）刑事审判庭法官

序号	一级 KPI		二级 KPI	所占权重（65 分）		
1	审判质效综合评估指数	公正指标	上诉案件改判、发回重审率（计算公式：改判、发回重审率 = 中院对该法官办理的案件上诉后改判、发回重审数/该法官一审判决结案数，上诉案件含二审抗诉案件。一审判决结案数应扣除民事特殊程序案件数量。改判原因是事实不清、证据不足，认定事实错误，适用法律错误，不包括出现新证据等原因。高于庭室平均值每 1 个百分点扣 0.5 分，直至扣完该项分值为止）。	9 分	18 分	48 分

续表

<table>
<tr><th>序号</th><th colspan="2">一级 KPI</th><th>二级 KPI</th><th colspan="3">所占权重（65 分）</th></tr>
<tr><td rowspan="7">1</td><td rowspan="7">审判质效综合评估指数</td><td>公正指标</td><td>生效案件改判、发回重审率（计算公式：生效案件改判、发回重审率＝中院对该法官办理的案件再审改判、发回重审数/该法官办理的生效案件总数，改判原因是事实不清、证据不足，认定事实错误，适用法律错误，不包括出现新证据等原因。高于庭室平均值每 1 个百分点扣 0.5 分，直至扣完该项分值为止）。</td><td>9 分</td><td>18 分</td><td rowspan="7">48 分</td></tr>
<tr><td rowspan="4">效率指标</td><td>结案率（计算公式：结案率＝该法官本年度结案数/收案数，低于庭室平均值每 1 个百分点扣 0.5 分，直至扣完该项分值为止）</td><td>7 分</td><td rowspan="4">19 分</td></tr>
<tr><td>6 个月以上长期未结诉讼案件比重（计算公式：6 个月以上长期未结诉讼案件比重＝6 个月以上长期未结诉讼案件/未结诉讼案件数，6 个月以上长期未结诉讼案件是指从立案开始 18 个自然月尚未审结的诉讼案件，不考虑是否变更审限。高于庭室平均值每 1 个百分点扣 0.5 分，直至扣完该项分值为止）</td><td>5 分</td></tr>
<tr><td>平均审理时间指数（高于庭室平均值每 1 个百分点扣 0.5 分，直至扣完该项分值为止）</td><td>4 分</td></tr>
<tr><td>超过审限案件数，在系统内出现超审限案件，每件扣 1 分</td><td>3 分</td></tr>
<tr><td rowspan="2">效果指标</td><td>一审服判息诉率【计算公式：一审服判息诉率＝1－（该法官上诉案件数/该法官一审结案数），高于庭室平均值每 1 个百分点扣 0.5 分，直至扣完该项分值为止】</td><td>8 分</td><td rowspan="2">11 分</td></tr>
<tr><td>信访投诉率（计算公式：信访投诉率＝中院受理的该法官信访投诉案件数/该法官办理的生效案件数，每 1 个百分点扣 0.5 分）</td><td>3 分</td></tr>
<tr><td>2</td><td colspan="2">调研工作</td><td>年度内完成一篇执行工作调研报告的，得 2 分；没有完成不得分。执行工作调研报告在最高人民法院评比中，获一等奖、二等奖、三等奖、优秀奖的，每篇对应加 1.5 分、1 分、0.5 分、0.3 分；在全区法院评比中获特等奖、一等奖、二等奖、三等奖的，每篇对应加 1 分、0.5 分、0.3 分、0.2 分。在前述获奖调研成果中，如证实实现调研成果转化的，每篇调研成果再加 0.2 分（注：同一内容获得多项奖励的，按最高奖项记一次加分，总共 4 分封顶）</td><td colspan="3">4 分</td></tr>
</table>

续表

序号	一级 KPI	二级 KPI	所占权重（65 分）
3	学术研究	完成上级法院下达的学术研究任务的得 2 分；未完成不得分。执行工作学术论文获全国法院一等奖、全区法院特等奖的每篇加 2 分，获全国法院二等奖、全区法院一等奖的每篇加 1 分；获全国法院三等奖、全区法院二等奖的每篇加 0.5 分；获全国法院优秀奖、全区法院三等奖的每篇加 0.25 分；获全区法院优秀奖的每篇加 0.1 分。执行工作学术论文在《执行工作指导》上发表的，每篇加 0.5 分，在国家级刊物发表的，每篇加 0.5 分，在省级刊物发表的，每篇加 0.3 分。执行案例入选最高人民法院出版的案例集（册或选编）每篇加 0.3 分（注：同一内容获得多项奖励，按最高加分项记一次加分，总共 4 分封顶）	4 分
4	典型执行案例选编	推选典型执行案例，被中院采用并录入典型案例选编的，每个案例加 1 分，总共 2 分封顶	3 分
5	司法公开三大平台建设	包括法律文书公开、审判流程公开和执行信息公开。法律文书公开根据裁判文书上网率和法律文书差错率计算分值，审判流程公开按照审判流程管理系统中设置的节点情况作为考评内容（出现一次差错扣 0.2 分）	3 分
6	内网数据录入及时准确率	以数据录入的及时、准确、完整为准，根据审判管理部门案件信息修改情况计算分值（出现一次差错扣 0.2 分）	3 分

（3）行政审判庭法官

序号	一级 KPI		二级 KPI	所占权重（65 分）		
1	审判质效综合评估指数	公正指标	上诉案件改判、发回重审率（计算公式：改判、发回重审率 = 中院对该法官办理的案件上诉后改判、发回重审数/该法官一审判决结案数，上诉案件含二审抗诉案件。一审判决结案数应扣除民事特殊程序案件。改判原因是事实不清、证据不足，认定事实错误，适用法律错误，不包括出现新证据等原因。高于庭室平均值每 1 个百分点扣 0.5 分，直至扣完该项分值为止）	9 分	18 分	48 分

续表

<table>
<tr><th>序号</th><th colspan="2">一级 KPI</th><th>二级 KPI</th><th colspan="3">所占权重（65 分）</th></tr>
<tr><td rowspan="7">1</td><td rowspan="7">审判质效综合评估指数</td><td>公正指标</td><td>生效案件改判、发回重审率（计算公式：生效案件改判、发回重审率＝中院该法官办理的案件再审改判、发回重审数/该法官生效案件总数，改判原因是事实不清、证据不足，认定事实错误，适用法律错误，不包括出现新证据等原因。高于庭室平均值每 1 个百分点扣 0.5 分，直至扣完该项分值为止）</td><td>9 分</td><td>18 分</td><td rowspan="7">48 分</td></tr>
<tr><td rowspan="4">效率指标</td><td>结案率（计算公式：结案率＝该法官本年度结案数/收案数，低于庭室平均值每 1 个百分点扣 0.5 分，直至扣完该项分值为止）</td><td>7 分</td><td rowspan="4">19 分</td></tr>
<tr><td>6 个月以上长期未结诉讼案件比重（计算公式：6 个月以上长期未结诉讼案件比重＝6 个月以上长期未结诉讼案件/未结诉讼案件数，6 个月以上长期未结诉讼案件是指从立案开始 18 个自然月尚未审结的诉讼案件，不考虑是否变更审限。高于庭室平均值每 1 个百分点扣 0.5 分，直至扣完该项分值为止）</td><td>5 分</td></tr>
<tr><td>平均审理时间指数（高于庭室平均值每 1 个百分点扣 0.5 分，直至扣完该项分值为止）</td><td>4 分</td></tr>
<tr><td>超过审限案件数（在系统内出现超审限案件，每件扣 1 分）</td><td>3 分</td></tr>
<tr><td rowspan="2">效果指标</td><td>一审服判息诉率【计算公式：一审服判息诉率＝1－（该法官办理的案件上诉数/该法官一审结案数），高于庭室平均值每 1 个百分点扣 0.5 分，直至扣完该项分值为止】</td><td>8 分</td><td rowspan="2">11 分</td></tr>
<tr><td>信访投诉率（计算公式：信访投诉率＝中院受理的该法官信访投诉案件数/该法官办理的生效案件数，每 1 个百分点扣 0.5 分）</td><td>3 分</td></tr>
<tr><td>2</td><td colspan="2">调研工作</td><td>年度内完成一篇执行工作调研报告的，得 2 分；没有完成不得分。执行工作调研报告在最高人民法院评比中获一等奖、二等奖、三等奖、优秀奖的，每篇对应加 1.5 分、1 分、0.5 分、0.3 分；在全区法院评比中获特等奖、一等奖、二等奖、三等奖的，每篇对应加 1 分、0.5 分、0.3 分、0.2 分。在前述获奖调研成果中，如证实实现调研成果转化的，每篇调研成果再加 0.2 分（注：同一内容获得多项奖励的，按最高奖项记一次加分，总共 4 分封顶）</td><td colspan="3">4 分</td></tr>
</table>

续表

序号	一级 KPI	二级 KPI	所占权重（65 分）
3	学术研究	完成上级法院下达的学术研究任务的得 2 分；未完成不得分。执行工作学术论文获全国法院一等奖、全区法院特等奖的每篇加 2 分；获全国法院二等奖、全区法院一等奖的每篇加 1 分；获全国法院三等奖、全区法院二等奖的每篇加 0.5 分；获全国法院优秀奖、全区法院三等奖的每篇加 0.25 分；获全区法院优秀奖的每篇加 0.1 分。执行工作学术论文在《执行工作指导》上发表的，每篇加 0.5 分；在国家级刊物发表的，每篇加 0.5 分；在省级刊物发表的，每篇加 0.3 分。执行案例入选最高人民法院出版的案例集（册或选编）每篇加 0.3 分（注：同一内容获得多项奖励，按最高加分项记一次加分，总共 4 分封顶）	4 分
4	典型案例选编	推选典型执行案例，被中院采用并录入典型执行案例选编的，每个案例加 1 分，总共 2 分封顶	3 分
5	司法公开三大平台建设	包括法律文书公开、审判流程公开和执行信息公开。法律文书公开根据裁判文书上网率和法律文书差错率计算分值，审判流程公开按照审判流程管理系统中设置的节点情况作为考评内容（出现一次差错扣 0.2 分）	3 分
6	内网数据录入及时准确率	以数据录入的及时、准确、完整为准，根据审判管理部门案件信息修改情况计算分值（出现一次差错扣 0.2 分）	3 分

（4）执行局法官

序号	一级 KPI		二级 KPI		所占权重（65 分）
1	执行质效综合评估指数	公正指标	违法执行案件数（每 1 件扣 1 分）	5 分	15 分
			执行异议成立案件数（每 1 件扣 0.5 分）	5 分	
			年度被撤销、变更、发回重审原异议裁定的案件数（每 1 件扣 0.5 分）	5 分	
		效率指标	超出法定（正常）期限内未结案件数，不包括申请批准延长期限的案件（每 1 件扣 1 分）	4 分	12 分
			执结率（低于本部门平均执结率的，每低一个百分点扣 0.5 分）	5 分	
			超过审限案件数，在系统内出现超审限案件，每件扣 1 分	3 分	

续表

<table>
<tr><th>序号</th><th colspan="2">一级 KPI</th><th colspan="2">二级 KPI</th><th>所占权重（65 分）</th></tr>
<tr><td rowspan="4">1</td><td rowspan="4">执行质效综合评估指数</td><td rowspan="4">效果指标</td><td>执行标的到位率（低于本部门平均执行标的到位率的，每低一个百分点扣 0.5 分）</td><td>5 分</td><td rowspan="4">21 分</td></tr>
<tr><td>有财产可供执行案件的实际执行率（低于本部门平均指数的，每低一个百分点扣 0.5 分）</td><td>6 分</td></tr>
<tr><td>无财产可供执行案件规范结案率（低于本部门平均指数的，每低一个百分点扣 0.5 分）</td><td>5 分</td></tr>
<tr><td>信访投诉率（投诉信访事由成立的，每件案件扣 0.5 分）</td><td>5 分</td></tr>
<tr><td>2</td><td colspan="2">调研工作</td><td colspan="2">年度内完成一篇执行工作调研报告的，得 2 分；没有完成不得分。执行工作调研报告在最高人民法院评比中获一等奖、二等奖、三等奖、优秀奖的，每篇对应加 1.5 分、1 分、0.5 分、0.3 分；在全区法院评比中获特等奖、一等奖、二等奖、三等奖的，每篇对应加 1 分、0.5 分、0.3 分、0.2 分。在前述获奖调研成果中，如证实实现调研成果转化的，每篇调研成果再加 0.2 分（注：同一内容获得多项奖励的，按最高奖项记一次加分，总共 4 分封顶）</td><td></td></tr>
<tr><td>3</td><td colspan="2">学术研究</td><td colspan="2">完成上级法院下达的学术研究任务的得 2 分；未完成不得分。执行工作学术论文获全国法院一等奖、全区法院特等奖的每篇加 2 分；获全国法院二等奖、全区法院一等奖的每篇加 1 分；获全国法院三等奖、全区法院二等奖的每篇加 0.5 分；获全国法院优秀奖、全区法院三等奖的每篇加 0.25 分；获全区法院优秀奖的每篇加 0.1 分。执行工作学术论文在《执行工作指导》上发表的，每篇加 0.5 分；在国家级刊物发表的，每篇加 0.5 分；在省级刊物发表的，每篇加 0.3 分。执行案例入选最高人民法院出版的案例集（册或选编）每篇加 0.3 分（注：同一内容获得多项奖励，按最高加分项记一次加分，总共 4 分封顶）</td><td>4 分</td></tr>
<tr><td>4</td><td colspan="2">典型执行案例选编</td><td colspan="2">推选典型执行案例，被中院采用并录入典型执行案例选编的，每个案例加 1 分，总共 2 分封顶</td><td>3 分</td></tr>
<tr><td>5</td><td colspan="2">司法公开三大平台建设</td><td colspan="2">包括法律文书公开、审判流程公开和执行信息公开。法律文书公开根据裁判文书上网率和法律文书差错率计算分值，执行流程公开按照执行流程管理系统中设置的节点情况作为考评内容。出现一次差错扣 0.2 分</td><td>3 分</td></tr>
<tr><td>6</td><td colspan="2">内网基础数据录入及时准确率</td><td colspan="2">以数据录入的及时、准确、完整为准，根据审判管理部门案件信息修改情况计算分值。出现一次差错扣 0.2 分</td><td>3 分</td></tr>
</table>

（四）确定等级评价集

等级评价不宜过多，也不宜过少。参照其他文献对于等级评价的设定确定为5级即优秀、良好、中等、合格、较差，其所对应的等集分值分别为90分以上（含90分）为优秀，80分以上90分以下（不含90分）为良好，70分以上80分以下（不含80分）为中等，60分以上70分以下（不含70分）为合格，60分以下（不含60分）为较差（见图3）。

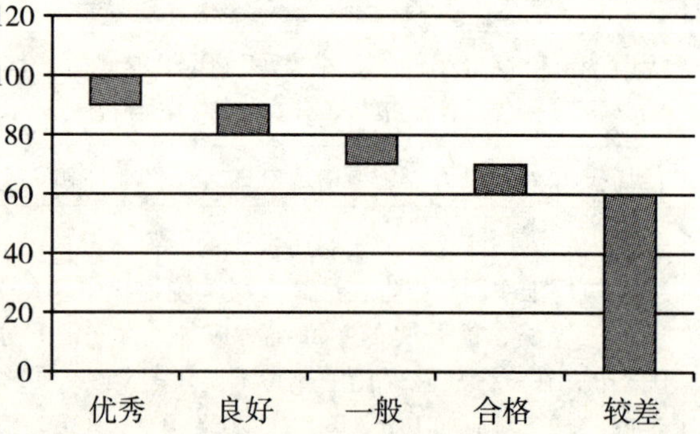

图3　等级评价对应的等级分值

（五）法官考评体系流程设计

针对员额制改革后法官工作的特点，结合相关理论知识和广西壮族自治区基层人民法院工作实际情况，广西壮族自治区基层人民法院员额制法官考评体系的完整流程是：在确定考评原则和考评方法的前提下，制定考评目标、确定考评指标及权重、考评实施、考评结果反馈、考评结果应用和考评体系改进，形成事前计划、事中管理和事后改进的三位一体综合考评系统（见图4）。

1. 制订考评计划。考评计划是开展考评工作的起点和基础，考评计划应根据法院整体的发展目标以及法官的具体工作任务的要求确定。

2. 明确考评目标。考评目标是法官考评工作所要达到的目的。只有结合考评目标，考评工作才会有目的性和方向性，使考评机制真正发挥其应有的作用。绩效评价目标应从法官的管理模式、组织机构出发，设计和确定不同庭室法官的具体考评目标。

3. 确定考评指标及权重。根据法院的考评目标，进一步确定考评指标、指标权重、考评标准。考评指标及权重应根据不同法官的业务性质和特征并采用多种方法合理选取、确定。

4. 考评实施。考评实施是指利用法官考评体系对法官的相关工作活动和绩效进行评判，得到绩效评价结果，并进一步对考评结果进行优劣排序，以此作为法官奖惩、职位升降的依据。

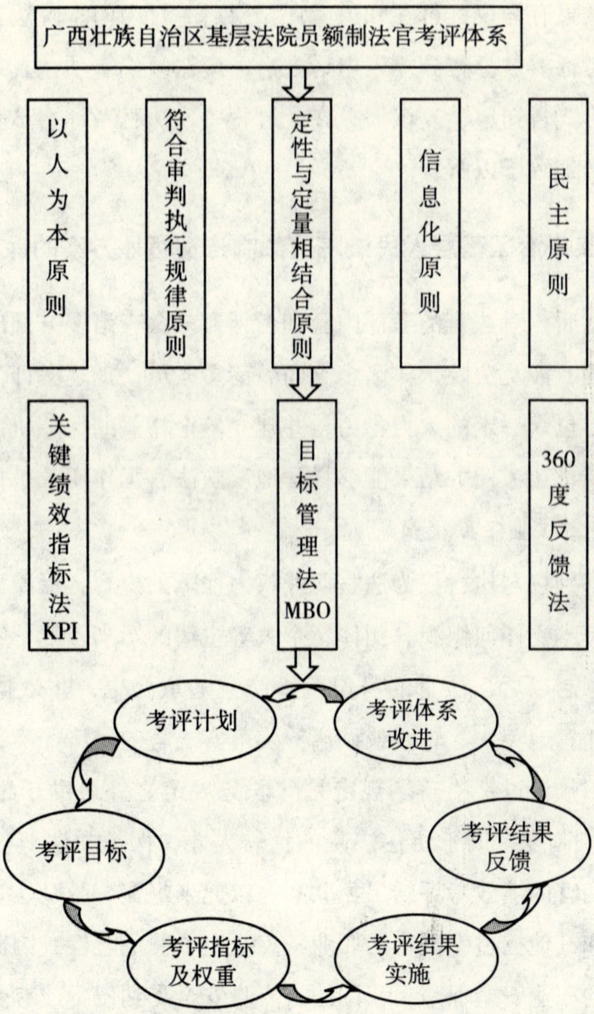

图4　广西壮族自治区基层人民法院法官综合考评系统

5. 考评结果反馈。为了提高法官的工作能力和业务水平，在一个考评流程结束后，需要实施考评结果的反馈，发现被考评对象在工作中存在的问题，发现考评体系中存在的缺陷，如评价指标、评价标准设置不科学，评价方法不够全面等，为进一步优化法官考评体系提供方向。

6. 考评体系改进。针对考评过程中发现的不足、差距，制定更加科学、合理的改进方案，同时督促被考核对象及时改正在考评中存在的问题，为下一个考评阶段的有效实施奠定坚实的基础。

（六）对考评结果的申诉

对考评方案我们要设计合理的救济途径，确保原则性和灵活性相结合。按照考评方案评定被考核人在考核周期内的总分并确定等级评价后，应当将此结果公示，被考评对象如对考评结果有异议，可在知道考评结果后3日内向本院法官考评委员会申请复议，本院法官考评委员会接到复议申请之后，应对复议事项认真审查、核实，并将审查结果以书面形式告知申请复议人，在此过程中，法官考评委员会对考评对象提出的疑问应该耐心、细致予以解释。

五、广西壮族自治区基层人民法院员额制法官考评方案的保障措施

员额制改革以后，对法官的考评内容和考评方式会有诸多方面的变化。法官考评作为一项系统工程，涉及法院工作诸多方面、诸多人员，加之考评流程复杂，考评细节烦琐，因此需要投入一定的人力物力，并建立健全相关的保障机制，来确保法官考评制度的正常运转，让考评的结果能够科学地反映法官工作质效。

（一）完善法官职业保障机制

维护法官的审判权与执行权为法官职业权力保障的内容，保障法官真正依法独立行使审判权，使其不受任何组织、团体、个人等主体的不当干扰；完善法官身份保障制度，法官人员额制以后，法官的身份就不能被随意变更，非依据法定的条件和程序，法官不能被随意地免职、转职或调离等。落实法官的经济保障，完善法官的薪酬待遇制度，汉密尔顿说过："薪酬规定是除职务规定之外最助于维护法官独立的手段。"① 完善的薪酬制度有助于留住法院的优秀人才，保证司法尊严，预防司法的腐败，并将薪酬与法官的绩效考评结果相联系，以此来督促、激励法官恪尽职守。保障法官的人身安全和其他权益，法官的职业特点决定了其危险性，因此要让法官安心履职，必须有足够的职业安全保障，我国法官人身安全受到侵犯或有受侵犯可能的事件时常发生，这与我国目前的司法环境息息相关，并且这种态势在短时间内很难得以扭转，因此对法官人身安全的保障是法官职业保障的重中之重。

（二）完善法官监督惩戒机制

法官考评制度作为一种评价方式，应当与法官的其他监督机制相衔接，才能真正发挥作用。在20世纪90年代，我国着手建构法官惩戒制度，无论是法官惩戒的实体性规则还是程序性规则，都带有西方法官惩戒制度的烙印，依然存在诸多诟病，如"同体惩戒"的模式，将惩戒权限赋予了各级人民法院的监察部门；惩戒程序单一；被惩戒法官救济程序的行政化等。《人民法院第四个五年改革纲要（2014—2018）》

---

① ［美］汉密尔顿等：《联邦党人文集》，程逢如译，商务印书馆1982年版，第396页。

中提出了对我国法官惩戒制度予以进一步改革的计划。我们认为，我国在法官惩戒制度的设立过程中应当依照司法的特性，增强惩戒主体中立的特性；淡化被惩戒法官救济程序的行政管理色彩；推动被惩戒法官的救济程序由行政化走向司法化。具体而言，即被处分法官对人民监察部门作出的处分不服的，应当向上一级人民监察部门提出再次审查的申请；对于上一级人民监察部门作出的决定不服，可以向法官惩戒委员会提出救济，法官惩戒委员会作出的裁决具有终局性。此外，要确立明确的惩戒标准，只有标准明确、统一，才能保证惩戒程序与结果的公平、公正。通过以上诸多方面完善法官惩戒制度，以此为法官考评制度的实施奠定基础。

（三）人事保障

法官考评机制的人事保障涉及法官考评委员会的组成、办事机构的人员保障、考评结果与法官职务职级之间的关系问题。法官考评委员会的人员组成包括法院领导、部分中层领导、资深法官，并引入法学教授、律师等外部监督，任期 3 年至 5 年。其中，法官代表是代表全体法官意志行使考评权力，在考评期间（3 个月至 6 个月）应当享有必要的工作保障，如由原单位给予必要的工作时间和条件。法学教授、律师则应当是由法院聘请作为社会兼职人士，法院应与其所在学校、单位协商给予其必要的工作时间。法官考评委员会办事机构作为常设机构，应当由广西壮族自治区高级人民法院设置专门的人员编制解决办事机构工作人员的职务，随着试点分类管理的推进，法考评委员会办事机构工作人员可以纳入综合管理人员序列。资深法官从办案一线岗位离岗进入考评委员会办事机构的，可以享有不低于内设机构部门负责人副职以上的待遇。

关于基层人民法院内设机构改革情况的调研报告

——以广西壮族自治区区内外若干基层人民法院为研究样本

南宁市邕宁区人民法院课题组*

一、前言

普遍认为，我国司法体制并不是建立在司法审判权（以下简称审判权）和司法行政管理权（以下简称司法行政权）相区分原理的基础上，法院内设机构的设置基本沿袭着行政体制的管理模式，法院和法官的地位、审判业务、法院内部行政管理模式等方面均表现出行政化的特点。法院的业务不仅包括审判业务，还包括很多繁杂的行政事务。为了处理这些事务，法院内设机构不仅设置了与审判业务相关的立案庭、审判庭、执行局，还设置了政工、纪检、办公室、司法行装、研究、宣传、司法警察大队等行政职能机构。而为了对这些机构进行管理，又建立起由院长、分管副院长、部门正职、副职等多层级组成的管理结构。实践中，尽管审判员存在等级之分，但对法院人员（除工勤编外的所有在编人员包括书记员、审判员）的定位均按公务员等级对待。为了解决自己的级别，很多审判员投向行政管理岗位，这样不仅占用大量行政编制，挤占了院领导和作为中层领导的法官的办案时间，也使不少具有审资判格、业务能力较强的法官成为专职的行政管理人员，从而导致法院的工作重心向行政管理化方向倾斜。随着法院受理案件数量的大幅增长，法院内部现行的行政管理模式已难以适应当前形势的发展。由此产生的诸如“案多人少”“审判职能发挥不足”等问题倒逼产生改革，本轮“以问题为导向”的司法体制改革，以司法责任制改革为其核

---

* 课题组负责人：韦玮，南宁市邕宁区人民法院审判管理办公室法官助理。课题组成员：韦玮、朱颜。执笔人：韦玮、朱颜。

心和关键。对法院而言，司法责任制改革主要是为了解决在传统的审判机制和管理模式下审判权与司法行政权不分的状况，落实宪法、法律保障的审判权由人民法院独立行使的规定。然而，审判权运行主体以及运行机制一旦发生变化，内设机构的功能亦必然随之发生改变，可以说，司法责任制改革必然要求内设机构改革必须与之相适应。内设机构设置的本质在于，保障审判权的独立行使，即通过内设机构的科学设置推动凸显审判权在运行过程中的独立性。因此，从这个角度，内设机构改革是司法责任制改革的重要内容，亦是完善审判权运行机制的基本保障。

以党的十八届三中全会为起点进行计算，本轮司法改革推行至今两年多，全国法院员额法官选任以及法院人员分类工作已基本结束。最高人民法院公布《关于全面深化人民法院改革的意见》，即修订后的《人民法院第四个五年改革纲要（2014—2018）》（以下简称《四五纲要》）提出："推进法院内设机构改革，建立以服务审判工作为重心的机构设置模式和人员配置方式"。2016 年 8 月，最高人民法院会同中央编办联合印发《省以下人民法院内设机构改革试点方案》，就科学设置审判业务机构，有效整合非审判业务机构，严格控制机构规模提出明确要求。在中央顶层设计的指引下与最高人民法院的积极推动下，全国各地、各级多家法院正在积极探索内设机构改革，理顺审判权和司法行政权的界限和管理，建立以服务审判工作为重心的机构设置和人员配置方式。作为我国司法系统基础的基层人民法院，审判案件的数量占全国法院审判案件总数的 80% 以上，基层人民法院的工作人员约占全国法院系统工作人员的 80%，且其人事权与财政权往往受制于所在县区。因此，对法院内设机构改革而言，基层人民法院牵涉面最广，影响最大，对本轮司法改革起着举足轻重的作用。本课题组试图通过对若干基层人民法院内设机构设置的现状、存在问题进行调研，并对若干内设机构改革试点法院的做法、经验进行比对分析，旨在探寻关于内设机构改革的共性规律，从而为法院内设机构改革提供参考。

为对基层人民法院内设机构设置的现状、存在问题以及当前内设机构改革的前沿动态进行深入了解，课题组采取实地走访、样本比对等方式，即选取崇左凭祥市法院、北海铁山港区法院、桂林雁山区法院等三家被自治区高院确定为区内内设机构改革试点的基层人民法院，以及涵盖全区 9 个地级市辖区的若干基层人民法院作为抽样样本。同时，实地走访了在内设机构改革方面最早作为"第一个吃螃蟹"的陕西省黄陵县法院以及全国试点示范法院甘肃省兰州新区法院和广东省珠海横琴新区法院，并将其作为本次调研的重要研究样本，与该三家法院参与改革的主要同志进行深入交流、探讨。最终，于 2018 年 3 月中旬形成本调研报告。

二、区内样本法院内设机构设置的基本情况与当前法院内设机构运转存在的主要问题

(一) 法院内设机构的发展历程

1979年以前，法院设置的内设机构不仅很少，而且设置不够规范。1979年，《人民法院组织法》正式颁布，该部法律是新中国首部关于法院内部人员如何组织的纲领性法律。根据《宪法》的规定，人民法院的内部组织由法律规定。根据《人民法院组织法》的规定，包括最高人民法院在内的各级人民法院可设置刑事审判庭、民事审判庭、经济审判庭，中级以上的人民法院还可根据审判工作需要设置相关的审判庭，由此，法院内设机构设置开始规范化。但是，《人民法院组织法》对法院内部人员如何组织，法院内设机构如何设置，规定的非常简陋，并留下了一个兜底条款给各级法院充分发挥的空间。后随着社会经济政治等各方面不断发展，法院受理的案件数量及类型随之不断增加与拓展，进而导致各级法院的内设机构亦随之不断演变。如今，各级法院内设机构的设置，不论从数量上，还是从规模上，已非《人民法院组织法》所能覆盖与规范。

从1999年开始，人民法院已经经历了三轮以五年为一个周期的司法改革，即最高人民法院所发布的《人民法院五年改革纲要（1999—2003)》,《人民法院第二个五年改革纲要（2004—2008)》、《人民法院第三个五年改革纲要（2009—2013)》，每一期司法改革均对法院内设机构配置以及法院内部组织形式改革进行纲要性部署与安排（见表1)。

表1 法院内设机构配置以及法院内部组织形式

	人民法院五年改革纲要（1999—2003）	人民法院第二个五年改革纲要（2004—2008）	人民法院第三个五年改革纲要（2009—2013）
涉及条款	第24条、第25条、第26条、第27条、第28条、第29条	第17条、第25条、第26条、第27条、第28条、第39条、第50条	第18条、第29条
涉及机构	司法行政、执行、人民法庭、法警、司法统计、司法鉴定	执行机构、审委会、人民法庭、专门法院、未成年综合审判庭、少年法院	司法技术辅助机构、诉讼服务机构
主要内容	要求进一步明确审判部门的职责范围和分工；精简司法行政部门；撤并人民法庭；法警、执行人员统一管理；配置专门司法统计、司法鉴定机构	探索建立新型管理模式，实现司法政务管理的集中化和专门化。执行机构统一管理、审判委员会专业化分类改革、铁路法院等专门法院划归法院体系领导，建立综合性少年庭，探索设立少年法院	建立完善司法技术辅助机构的设置；健全诉讼服务机构

客观地说，每一期司法改革对法院内设机构设置均有一定的积极影响，比如分工更细、专业性更强等，但不可否认的是，自改革开放以来，随着经济社会不断发展导致案件的逐年增加，法院的内设机构逐渐增多，各地法院机构设置中，不仅传统审判业务庭均衍生出以序数为单位的内设机构，如民事（经济）审判分设民一、民二、民三等庭室，刑事审判分设刑一、刑二、刑三等庭室，执行局分设执行一处、二处等，按照案件的领域和具体类别，如知识产权审判庭、家事审判庭、涉外经济审判庭、金融审判庭、房地产审判庭、建筑审判庭、畜牧审判庭等门类繁多的专业审判机构纷纷挂牌成立。业务审判庭扩展的同时，各类行政性质的机构也“轮番登场”，后勤办公室、宣传科、装备处、老干部处等综合机构等。目前，除专门法院外（如军事、海事、铁路、森林、矿产等），大多法院的机构设置都是按照最高人民法院机构设置和本省、本地区实际需要上下对应设置的。法院内设机构在每次机构改革统一编制设置后有所停顿，但经过一段时间的沉寂，又会产生设置新的内设机构的需求，由此出现法院事权扩大—功能分化—组建新的审判庭—编制增加人员扩大—申请更多的事权—功能再分化—再组建新的审判庭……如此多回合内向互动后，法院内设机构扩展的外圈不断延展。①

（二）区内样本法院内设机构设置及相关情况

1. 区内样本法院内设机构的设置情况

如今，人民法院已基本形成了相对稳定的内设机构设置模式即“审判业务部门+综合审判部门+行政管理部门”的科层化模式。其中，行政管理机构的数量在所有内设机构中占据了较大的比例（见表2）。

表2　行政管理机构的数量在所有内设机构中占据的比例

样本法院名称	内设机构数量	行政管理机构数量	行政管理机构名称	占比
南宁市邕宁区法院	14	5	政工科	36%
			纪检监察室	
			办公室	
			审管办	
			法警大队	

① 刘忠：《论中国法院的分庭管理制度》，载《法制与社会发展》2009年第5期。

续表

样本法院名称	内设机构数量	行政管理机构数量	行政管理机构名称	占比
南宁市上林县法院	15	5	政工科	33%
			纪检监察室	
			办公室	
			审管办	
			法警大队	
柳州市柳城县法院	15	6	政工科	40%
			纪检监察室	
			办公室	
			研究室	
			审管办（与审监庭合署）	
			法警大队	
桂林市雁山区法院	13	6	政工科	46%
			纪检监察室	
			办公室	
			审管办	
			司法技术辅助办公室	
			法警大队	
钦州市钦南区法院	14	5	政工科	36%
			纪检监察室	
			办公室	
			审管办（与审监庭合署）	
			法警大队	
防城港市港口区法院	12	5	政工科	42%
			纪检监察室	
			办公室	
			审管办	
			法警大队	

续表

样本法院名称	内设机构数量	行政管理机构数量	行政管理机构名称	占比
崇左市凭祥市法院	12	5	政工科	42%
			纪检监察室	
			办公室	
			审管办	
			法警大队	
玉林市玉州区法院	18	6	政工科	33%
			纪检监察室	
			办公室	
			研究室	
			审管办	
			法警大队	
梧州市长洲区法院	11	4	政工科	36%
			纪检监察室	
			办公室	
			法警大队	
贵港市平南县法院	19	7	政工科	37%
			纪检监察室	
			办公室	
			审管办	
			研究室	
			信息技术室	
			法警大队	
来宾市金秀瑶族自治县法院	16	6	政工科	38%
			纪检监察室	
			办公室	
			研究室	
			审管办	
			法警大队	

续表

样本法院名称	内设机构数量	行政管理机构数量	行政管理机构名称	占比
北海市铁山港区法院	10	4	政工科	40%
			纪检监察室	
			办公室	
			法警大队	

通过表2可以看出，样本法院中平均每家法院设置14个内设机构（包含人民法庭），部分样本法院如玉林市玉州区法院、贵港市平南县法院因其派出法庭数量较多，内设机构数量达到18个和19个。各样本法院业务机构和行政管理机构在数量、职能设置上大体上趋于相近，且名称基本统一，业务机构设置有刑庭、民一庭、民二庭、行政庭、审监庭、执行局，也存在个别差异，如南宁市的邕宁区法院和上林县法院、钦州市钦南区法院设置有未审庭，贵港市平南县法院设置有民三庭。样本法院中主要承担行政管理工作的机构平均值为5个。在样本法院内设机构中所占的比例偏大，比重占到36% ~48%。

2. 区内样本法院行政管理机构职能分工情况

对于行政管理机构，虽然职能大致区分为纪检监察“监督”、政工“管人”、办公室“管物”、审管办管“业务”、研究室为“智囊团”，但在具体工作中，存在工作范围交错的现象（见图1）。

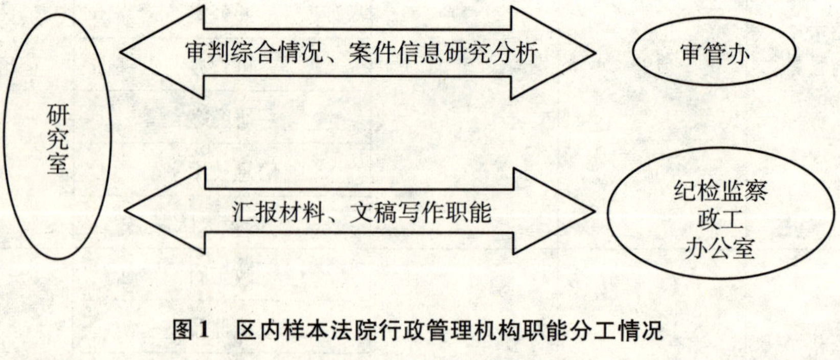

图1 区内样本法院行政管理机构职能分工情况

以研究室为例，有的样本法院是独立设置，有的则是由办公室下辖。自成立审管办后，司法统计和审判管理职能被剥离，研究室的职能定位逐渐偏向行政部门，但对于审判综合情况或案件信息研究分析，与审管办又往往存在工作上的交叉。对于一些行政事务的材料汇报、文稿写作等事项，也存在研究室与纪检监察、政工部门的交叉冲突，甚至出现推诿、扯皮。实践中，一个完整、连贯的工作被分割为若干个部门去实施，使整项工作运行及完成耗时增加、协调成本增加，还容易出现多头领导，具体实施和落实人员无所适从的情形，不利于工作的有效开展。

3. 区内样本法院内设机构审判人员分布情况

表 3　区内样本法院内设机构审判人员分布情况

样本法院名称	审判业务机构		司法行政管理机构		
	改革前具有审判资格人数	改革后员额法官数	改革前具有审判资格人数	改革后员额法官数	员额分配机构
南宁市上林县法院	36	27	13	1	审管办
柳州市柳城县法院	45	28	6	1	审管办（审监庭）
桂林市雁山区法院	23	10	6	0	无
钦州市钦南区法院	40	31	5	1	审管办（审监庭）
崇左市凭祥市法院	16	12	3	3	政工科 纪检监察室 审管办
玉林市玉州区法院	41	37	3	1	研究室
梧州市长洲区法院	28	14	4	2	政工科 研究室
来宾市金秀瑶族自治县法院	24	17	3	1	审管办

员额制改革后，审判人员大幅减少，必然对法院内设机构的设置产生影响。通过表 3 可以看出，员额制改革前后，各样本法院审判人员的人数及分布有了十分明显的变化。首先，在数量上，审判人员明显减少，这符合改革精神要求，也标志着审判人员正朝着专业化、精英化的趋势发展；其次，改革前行政管理机构中具有审判资格的

人员占有一定比例，改革后绝大部分样本法院的行政管理机构中审判人员流向审判岗位，极少数审判人员流向审判有关的综合岗位比如审管办、研究室。

4. 员额制改革后区内样本法院员额法官分布情况

表4 员额制改革后区内样本法院员额法官分布情况

法院名称	审判业务部门	行政管理部门	备注
南宁市 上林县法院	27	1（审管办）	
柳州市 柳城县法院	28	1（审管办）	审管办与审监 庭合署办公
桂林市 雁山区法院	10	0	
钦州市 钦南区法院	31	1（审管办）	审管办与审监 庭合署办公
防城港市 港口区法院	8	0	
崇左市 凭祥市法院	12	3（政工科、纪检组、 审管办各1）	
玉林市 玉州区法院	37	1（研究室）	
梧州市 长洲区法院	14	2（政工科、 研究室各1）	
来宾市金秀瑶族 自治县法院	17	1（审管办）	

注：此统计数据不包含院领导中员额法官数量

表4显示，当前样本法院的行政管理机构基本不配备员额法官，表明在进行司法改革后，具有审判资格的人员回归到了办案一线。但仍有部分法院的行政管理机构保留了1~2位员额法官，主要集中在研究室、审管办等部门。在实行审管办与审监庭合署办公的基层人民法院，保留个别员额法官在审管办这一点毋庸置疑，但仍有个别法院在研究室乃至纪检监察室、政工科这些政务性部门保留了员额法官。

5. 广西壮族自治区内样本法院 2014～2017 年案件受理情况

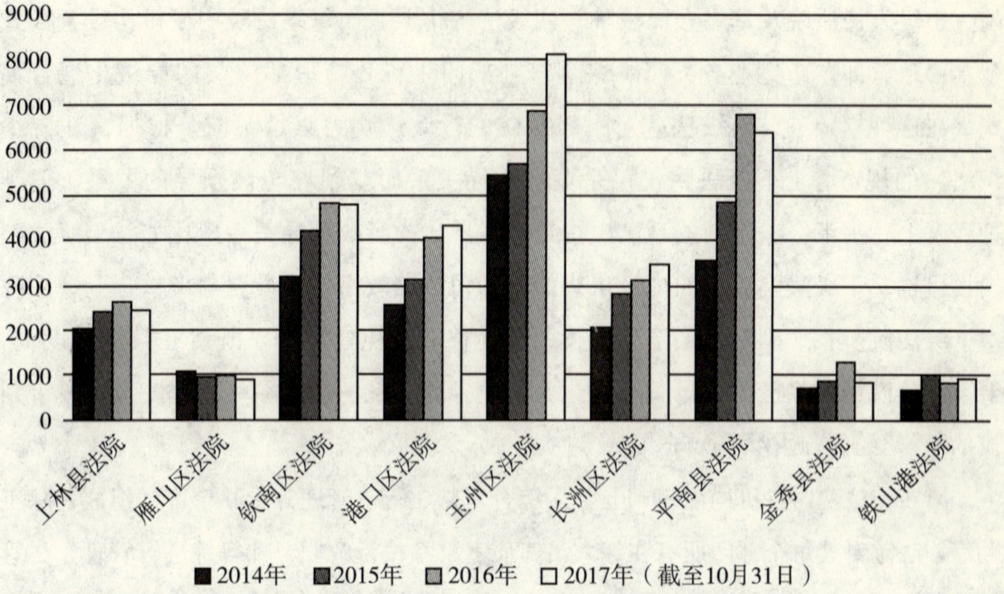

图 2　广西壮族自治区部分基层法院 2014～2017 年收案量统计情况

通过图 2 可以看出，近 4 年来，无论是广西壮族自治区东部沿海地区，还是桂北、桂西等主要城市案件均呈现井喷式增长。员额制改革后原具有审判资格的法官未能进入员额，致使进入员额的一线法官减少不少，而与之相配套的措施未予完善，导致“案多人少”的矛盾进一步加剧。从发展趋势来看，员额制改革将具有审判资格的法官员额化，并将其绝大部分输往审判一线，是符合形势发展的。然而，法院现有内设机构架构与功能暂未能随之相适应，而对整个法院来说，审判事务与非审判事务却随着形势发展不断增多，故不对法院内设机构进行科学合理的改革将严重影响到法院内设机构的运转效率。

（三）当前法院内设机构运转存在的问题及其原因分析

1. 当前法院内设机构运转存在的问题

（1）法院内设机构按行政化模式运转

从法院成立至今，不管是审判部门还是非审判部门，一直都采取行政管理的运转模式，[①] 主要体现在内设机构的设置、运转及人员的管理上。

① 林艳：《人民法院内设机构配置的偏轨与重构》，载贺荣主编：《深化司法改革与行政审判实践研究（上）》，人民法院出版社 2017 年版，第 128 页。

第一，从整个法院系统来看，我国法院系统主要由最高人民法院、高级人民法院、中级人民法院及基层人民法院等四级法院构成，而每级法院内设机构设置模式基本一致，即“审判业务部门+综合审判部门+行政管理部门”的层级化混合模式。在这种模式下，上级法院对下级法院的行政影响力只增不减。根据《法院组织法》的规定，上下级法院仅仅是业务指导关系而非领导与被领导的关系，但某种程度上，上下级法院的关系已由指导关系异化为行政领导关系，比如，上级法院内设机构对下级法院对应的内设机构的各种司法绩效指标的设置与考核，上级法院对下级法院院长、副院长甚至是庭长、副庭长的任免建议等。既然在某种程度上，上下级法院的关系已由指导关系异化为行政领导关系，必然在一定程度上导致审判权的运行受到行政化的影响。

第二，法院内设机构由审判业务、综合审判、行政管理等十几个部门组成，除工勤编外法院对其每个部门所有在编人员实质上都系按行政职务和等级进行管理，尽管法官亦有等级之分，但其工资待遇包括政治待遇均按科员、副科、正科等行政级别予以对待，而非所谓的法官等级。法院内部亦随之建立起院长、副院长、庭长、副庭长、审判员、书记员以及司法行政管理部门正职、副职、科员之间的多层级上下级关系。在这种模式下，院长对所有下级人员、副院长对分管部门人员、部门中层正职对本部门人员的行政影响力是很大的。而审判员必然更多地会考虑自己行政级别的晋升，如此审理案件难免不会受到上级领导包括副庭长、庭长、副院长、院长或者有关党政领导的影响，从而会出现法官只负责审案，而由上级领导定案的“审者不判，判者不审”现象。因此，在实践中，这种层级化的人员管理模式，往往会导致审判权运行的行政化。

第三，实践中，上级法院往往给下级法院下达涵盖几乎所有内设机构的绩效考核任务，法院的各级领导接到考核任务后自然会依次将各种指标下达每个人，然后按照既定的指标任务由各级领导督促各自下属努力完成。在这种体制下，即便是分管业务的副院长、审判业务部门的中层正职、副职也需承担不少的行政管理职能，应对诸多的行政性事务，比如应付绩效考核、信息简报、报表统计、会议学习等。因此，这必然导致分管业务的副院长及相当一部分审判业务部门的正职很少将精力用于办案、积累审判经验或审判业务学习，而是将精力过多花费在行政管理上。

综上，法院内设机构运转行政化已经成为当前法院内设机构改革面临的主要问题，因该问题的存在又会产生其他的问题。

（2）机构设置繁杂，降低行政效能，削弱审判力量

随着案件数量与承载社会职能的不断增多，法院内设机构亦必将有所扩张。然而，法院内设机构越是扩张，“案多人少”的矛盾反而越发明显。从现实情况来看，各地各级法院的内设机构均可算是数量齐备，甚至是有些繁杂，但法院内设机构数量齐备、繁杂，未必就一定能做到精细化、专业化，有时反而会出现行政管理效率低下，审判力量分散等问题。

第一，从发展趋势来看，法院的行政管理事务越来越多，部门之间既定的职责分工，有时跟不上形势的发展，导致出现职能边界模糊，职责分工不明确，部门之间推诿扯皮，导致行政管理效能低下。此外，随着法院的行政管理事务越来越多，法院内部管理具有较强的分散性。在现行的内设机构设置模式下，不同的行政事务分别隶属不同的内设机构，而这些机构又分属于不同的分管副院长进行日常的归口管理，这在实践中极易造成一份文件或一项事务经常涉及几个不同的部门，而这些部门又往往隶属不同的分管副院长，因此，沟通协调、协作运转等需要相互磨合的工作必不可少。如此，行政管理效能自然有所降低。再者，内设机构的扩张也会导致机构臃肿，人员膨胀，部门之间职能交叉甚至出现“真空地带”无人理会的情况。

第二，法院内设机构设置繁多进一步分流和削弱了审判力量，从而加剧了“案多人少”的矛盾。尽管我国拥有世界上数量最庞大的法官群体且各地法官总数逐年递增，但现实是“案多人少”的矛盾持续存在并一定程度上愈演愈烈。课题组认为，其中最大的原因是很多优秀的法官被提拔到各内设机构做中层领导，如前所述，在现行内设机构运转机制下，相当一部分中层领导是很少办案的，原因在于他们要应对大量的行政管理性事务。如此，有限的审判力量再次分流。这就不难理解为什么法院很多非审判部门的中层领导具有法官资格。如前所述，当前各种专业化的审判庭应运而生，尽管“通过依案件性质对案件分流强化司法的专门化程度”是当前法院增设审判庭的正当性基础。[①] 但实践中就有一些新设庭室背离专业化审判初衷，比如未审庭的设置，很多法院未审庭的案件很少，导致不得不去办理其他庭室的案件。这就不能不使人怀疑法院增设机构是为了解决人员的级别待遇问题。

（3）法官自身定位失衡，审判独立功能难以充分有效发挥

第一，法院内设机构设置繁多且管理的行政化致使法官对自身职业属性定位失

① 左卫民等：《最高人民法院研究》，法律出版社2004年版，第9页。

衡。在现行内设机构设置模式下，一般而言，具有审判资格的人基本会按照“审判员—副庭长—庭长—副院长—院长”职业路线晋升，而相应的职务升迁不仅会带来行政级别上的提升，同时自己的法官等级也随之提升。这种升迁模式本身就是一种行政化的典型表现。在这种模式的惯性驱使下，法院的法官不会过多追求法官等级的提升，而是奋力追求行政职务上的晋升。因为，行政职务上的晋升不仅会带来物质待遇上的改善，同时也会带来精神层面上即法官等级的提升。由此导致法官在职业的“专业”追求和行政的“官本位”之间迷茫徘徊，影响了法官自身的定位。为了行政职数的晋升，一些年轻法官不惜到行政管理部门谋个一官半职；一些资深优秀法官为了进入领导层甚至进入到纪检、政工部门工作。同时，一些优秀的法官在得不到级别的情况下，宁愿选择下海或调往其他单位。如此便会造成审判资源流失或浪费，法院的权威性亦受到影响。

第二，法院现行内设机构设置模式必然致使法院内部人员管理模式科层化。如前所述，在这种模式下，法官审案难免不会受到上级领导的影响，从而致使审判独立功能难以充分有效发挥。详言之，我国法院“正、副院长构成院级行政领导层。案件的审理，由法院内部的各审判业务庭完成，庭长是主持审判业务庭工作的中层负责人。法院内部集体领导审判工作的组织机构是审判委员会，具有对重大疑难案件的讨论决定权。合议庭和独任庭则是人民法院具体承办案件的审判组织。”① 这就意味着法院中多个主体都能参与到审判活动中，对案件插手过问，由此造成了审判活动主体的多元化和案件裁判结果的不确定性，同一个案件在同一审级的法院内部可能经历承办法官、合议庭、副庭长、庭长、审判委员会、副院长、院长的多重复合评价。不难发现，恰恰是处于权力最低端的法官才是直接参与案件审理过程的审理者，对一些认为重大或吃不准的案件，时有由审委会决定向上级法院请示的情形。向领导汇报案件，领导听案件承办人汇报而不直接参与审判等。此外，审判委员会从不直接审理案件，只是对经合议庭审理的案件以听取汇报的方式，进行讨论，作出决定。上述做法均带有浓厚的行政色彩。在很长一段时间内这种“审者不判，判者不审”，上级给下级把关的现象虽然在一定程度上起到了审判监督的作用，但也给法官的独立性产生冲击，造成法官不敢判、不想判的消极心理，既然法官只负责审案，而不负责定案，法官就会形成依赖心理，而没有责任感，庭审流于形式，审判质量难以保证，法官的素

---

① 王利明、姚辉：《人民法院机构设置及审判方式改革问题研究（上）》，载《中国法学》1998年第2期第6页。

质难以提高，也违背了审判的亲历性。

2. 法院内设机构运转行政化的原因分析

（1）传统司法文化的影响。自古以来，我国就有司法权与行政权合一运行的传统。在古代，我国地方没有独立的司法机关，地方行政长官集行政权与司法权于一身，地方行政机关兼理司法实务。即便在中央存在专门司法机关，其运行也是按照行政机关的模式。“礼刑合一”“权尊于法”长期成为我国传统法律文化的主要特征，在这种传统法律文化的熏陶下，法院内设机构的设置难免不受其影响，而对司法人员来说，官本位的思想亦深深扎根于心底。在当前，很多人还是将法官等同于行政公务员，有时连我们法官自己亦将自己视为一般的公务员。

（2）行政管理惯性的影响。新中国成立初期，司法体制与法律制度还不够健全，法院职能主要表现在惩戒犯罪上。当时，地方权力机关更多将法院看作为是维护当地治安秩序的主要部门。法院的领导及工作人员绝大部分来自其他行政部门、军转干部或通过招干方式进入的民办教师、工人等，正规法律院校毕业的科班生少之甚少。在这种背景下建立起的法院与行政机关没有明显区别，其运转亦必然行政化。同时，法院建制与其他权力机关从中央到地方均一一对应，法院与行政机关一样均具有相应的行政级别，从基层人民法院到最高人民法院，分别对应行政机关的县处级、厅局级、省部级等。而法院内设机构及人员需配置相应的行政编制，其增减亦须通过组织人事等部门的层层审批。在这种行政管理惯性下，法院内设机构运转难免不被行政“格式化”。

（3）当前绩效考核的影响。按照法律规定，我国上下级法院之间是监督指导关系，而非直接领导关系。但实际上，如前所述，我国上下级法院在一定程度上已由监督指导关系异化为行政领导关系，最直接表现之一为上级法院对下级法院的绩效考核。整个法院系统，自上而下，针对审判业务、行政管理、司法辅助等各项工作制定各种考评指标，进行严格的考评监督管理。实践证明，一旦工作标准被数字化，很容易出政绩。在数字化的绩效考核下，各级法院围绕各种考核指标年年抓管理，层层定指标，争取年终能有一个较好的排名。为此，各级法院以内设机构为单位要准备大量的工作台账，以备上级检查。实质上，当前绩效考核管理模式极大地加剧法院内设机构运转的行政化。

（4）法律制度缺失的影响。当前《人民法院组织法》对内设机构的设置规模、规格、级别均未作出详细、明确的可操作性规定，导致各地各级法院对内设机构的设置呈现不规范、不统一的局面。从中央到地方各级法院为了解决干警的行政级别，往往会想方设法增设内设机构。近年来，不仅传统几大审判业务庭均衍生出以数字编号的一、二、三……庭，其他诸如生态保护、知识产权、家事审判、金融审判等专业审判庭扩展的同时，各类行政性质的部门也“轮番登场”，在政治部、办公室之外，还有研究室、审管办、行装处、司法鉴定处等。[①] 法院内设机构的不断扩张亦加剧了其运转的行政化。

三、广西壮族自治区内外内设机构改革试点法院的改革情况及其比对分析

在司法责任制改革过程中，区内外若干基层人民法院按照司法改革顶层设计的要求，充分发挥创新精神，对其内设机构进行了一些改革探索，且取得了一些成效与经验。为了充分了解内设机构改革试点法院的改革情况，课题组专门对若干内设机构改革试点法院即区内的崇左市凭祥市法院、北海市铁山港区法院、桂林市雁山区法院，以及区外的陕西省黄陵县法院、甘肃省兰州新区法院、广东省珠海横琴新区法院进行考察和研究。

（一）广西壮族自治区内外内设机构改革试点法院的改革情况

1. 广西壮族自治区内内设机构改革试点法院的改革情况

（1）桂林市雁山区法院的改革情况

桂林市雁山区位于桂林市南部，下辖2个镇和2个乡，辖区面积288平方公里，人口约7.4万。以农业为基础，由于历史原因，雁山区贫困人口比例高，基础设施薄弱，经济发展水平相对落后。雁山区法院原为郊区人民法院，成立于1984年9月，1996年12月更名为雁山区人民法院。目前，该院实有中央政法编40人，工勤编2人，共计42人。其中，员额法官14人、法官助理14人、书记员2人、司法行政人员5人、法警5人、工勤2人。核定内设机构设置为：办公室、政工科、立案庭、刑事审判庭、民事审判第一庭、民事审判第二庭、行政审判庭、审判监督庭、执行局（内设执行一庭、二庭）、法警大队、监察室、审判管理办公室、司法技术辅助工作办公室。2017年4月，被广西壮族自治区高级人民法院确定为全区内设机构改革试点单位之一。根据该院制定的内设机构改革实施方案草案，改革后其内设机构设置的主要内容详见表5：

---

① 林艳：《人民法院内设机构配置的偏轨与重构》，载《深化司法改革与行政审判实践研究》第126页。

表5 改革后雁山区法院内设机构设置

内设机构名称	人员构成		主要工作职能
	领导职数	员额法官数	
诉讼服务中心	庭长（主任）1名副庭长（副主任）2名	3	1. 立案工作； 2. 申诉、申请再审案件审查工作； 3. 信访工作； 4. 简易案件审理工作； 5. 审判管理工作； 6. 司法技术辅助工作； 7. 其他诉讼服务工作。
综合审判庭	庭长、副庭长各1名	12（包含4名院领导、1名专委）	共设3个审判团队 1. 民商事审判； 2. 刑事审判； 3. 行政审判； 4. 审判监督工作。
执行局	局长1名、副局长2名	2（含专委1名）	负责执行本院发生法律效力的民事判决、裁定，以及刑事判决、裁定中的财产部分；执行法律规定的仲裁裁决、公证债权文书等其他法律文书；对执行异议、被执行主体的变更、追加进行审查；依照法律规定实施查封、扣押、冻结、扣划等措施，对妨害执行行为人实施拘留、罚款等强制措施；协助其他法院委托的执行工作。
政工科	科长、副科长各1名	0	负责落实上级法院和本院制定的工作制度；负责本院思想政治宣传教育、干部培训和人事管理工作；负责干警政治业务学习的培训工作；负责本院干部奖励处罚的考核呈报工作；负责本院人事编制和人事统计分析工作；负责本院工作人员录用、交流、晋升、任免的考核呈报工作；负责本院工作人员年度考核工作；负责本院干部教育培训管理工作；负责本院岗位目标管理责任制的考核管理；负责本院工作人员工作、福利待遇的管理工作；协助党组抓好工会工作。
纪检监察室	派驻纪检组长1人 监察室主任1人	0	协助党组抓好本院党风、党纪和廉政建设；负责法官违法审判责任追究工作；受理投诉、检举本院干警违法违纪问题；受理纪检、监察对象的申诉。

续表

内设机构名称	人员构成		主要工作职能
	领导职数	员额法官数	
综合行政后勤办公室	主任、副主任各1名	0	负责本院会议的组织安排；督办院党组会议决定事项和上级领导批示交办的事项；负责综合性文稿的起草；负责本院财务、机要文件、印鉴、保密、收发、档案、介绍信的管理；负责新闻宣传、信息撰稿组稿、外事联络等工作；负责其他审判工作后勤保障工作。
法警大队	大队长、指导员、副大队长各1名	0	负责本院的安全保卫工作；负责审判法庭值勤工作；协助执行工作；拘留、押解、看管人犯；负责做好突发事件的临时性、控制性处理工作；协助本院的综合治理工作；履行法律、法规规定的其他职责。

（2）凭祥市法院的改革情况

凭祥市作为面向东盟开放合作的区域性国际口岸城市，是广西壮族自治区口岸数量最多、种类最全、规模最大的边境口岸城市，也是中国通往越南及东南亚最大和最便捷的陆路通道。凭祥市法院始建于1955年7月，管辖4个乡镇，辖区面积650.32平方公里，人口约15万。目前，该院现有中央政法编制59人，事业编制1人，共计60人。其中，员额法院13人，法官助理11人，书记员15人，司法行政人员8人，司法警察9人，其他辅助人员（审管办、司法技术室）3人，派驻纪检组1人。核定内设机构设置为12个：办公室、政工科、监察室、刑庭、行政庭、审监庭（执行裁判庭）、民一庭、民二庭、执行局（下设综合科、执行第一庭、执行第二庭、司法警察执行中队）、立案庭、法警大队。此外，根据审判工作需要，该院自行设置2个机构：审管办、司法技术室。2017年4月，被广西壮族自治区高级人民法院确定为全区内设机构改革试点单位之一。根据该院制定的内设机构改革实施方案草案，改革后其内设机构设置的主要内容详见表6：

表6 改革后凭祥市法院内设机构设置

内设机构名称	人员构成		主要工作职能
	领导职数	员额法官数	
诉讼服务中心	主任1名副主任1名	1	简单民事案件的速裁、审判管理工作、司法鉴定工作、司法统计工作、诉前调解、案件送达。

续表

内设机构名称	人员构成		主要工作职能
	领导职数	员额法官数	
立案庭	庭长1名副庭长1名	1	登记立案、信访工作。
民商事审判庭	庭长1名副庭长1名	3	审理民商事案件。
刑事审判庭	庭长1名	1	审理刑事案件。
审判监督庭（执行裁判庭）	庭长1名副庭长1名	1	审理发回重审案件和本院再审案件；执行异议案件的审查处理。
执行局	局长1名副局长1名	2（含院领导1名）	负责执行本院发生法律效力的民事判决、裁定，以及刑事判决、裁定中的财产部分；执行法律规定的仲裁裁决、公证债权文书等其他法律文书；对执行异议、被执行主体的变更、追加进行审查；依照法律规定实施查封、扣押、冻结、扣划等措施，对妨害执行行为人实施拘留、罚款等强制措施；协助其他法院委托的执行工作。
办公室		0	行政事务、后勤。
政工科	科长1名	1	人事、组织工作，党建工作。
监察室		0	党风、政风廉政建设。
法警大队	教导员1名副大队长2名	0	安全保卫工作；法庭值勤工作；协助执行工作；拘留、押解、看管人犯；负责做好突发事件的临时性、控制性处理工作。
夏石人民法庭	庭长1名副庭长1名	0	
凭祥保税区人民法庭	庭长1名副庭长1名	0	

（3）北海市铁山港区法院的改革情况

北海市铁山港区位于北部湾畔，已成为北海市工业建设的主阵地、广西壮族自治区北部湾经济区三大工业区之一，是广西壮族自治区及中国大西南走向海洋、走向世界的“桥头堡”。铁山港区人民法院成立于1995年6月1日，同年10月26日正式挂牌办公，辖区有南康、营盘、兴港三镇，辖区面积394平方公里，人口约18万人。

核定的政法专项编制 45 人，后勤人员 4 人，合计 49 人。其中，院长 1 名，副院长 3 名，专职审判委员 2 名，内设机构领导职数 16 名。全院设置有立案庭、刑事审判庭、民事审判庭、行政审判庭、审判监督庭、执行局（下设执行一庭、执行二庭、执行综合管理办公室）、司法警察大队、办公室、政工科、监察室 10 个内设机构和执行局下设的 3 个二级内设机构。2017 年 4 月，被广西壮族自治区高级人民法院确定为全区内设机构改革试点单位之一。根据该院制定的内设机构改革实施方案草案，改革后其内设机构设置的主要内容详见表 7：

表 7　改革后北海市铁山港区法院内设机构设置

内设机构名称	人员构成		主要工作职能
	领导职数	员额法官数	
诉讼服务中心	主任 1 名副主任 2 名	方案中未涉及	将立案庭、司法警察大队合并成立诉讼服务中心。主要承担立案、信访、诉讼服务、多元化解、审判管理、司法技术、警务保障、协助执行、机关安保、送达等工作。
综合审判庭一庭	庭长 1 名副庭长 2 名	方案中未涉及	将民事审判庭、行政审判庭合并成立综合审判庭一庭。主要承担民商事审判工作、行政审判工作。
综合审判庭二庭	庭长 1 名副庭长 2 名	方案中未涉及	将刑事审判庭、审判监督庭合并成立综合审判庭二庭。主要承担刑事审判、审判监督工作。
执行局	局长 1 名副局长 2 名	方案中未涉及	保留执行局，撤销执行局下设的执行综合管理室、执行一庭、执行二庭，撤销后原职能由执行局履行。主要承担执行工作。
综合办公室	主任 1 名副主任 2 名	0	将办公室、政工科合并成立综合管理办公室。主要承担综合行政、后勤管理等工作。
监察室	主任 1 名	0	主要承担监督、执纪等工作。

广西壮族自治区高级人民法院之所以选取了上述三家编制规模较小、人数较少、受理案件数量较少的法院作为广西壮族自治区内设机构改革试点法院，课题组认为，主要系考虑该三家法院相对于其他规模较大、人数较多、受理案件数量较大的法院改革阻力相对较少，更便于推进改革。然而，通过走访座谈得知，自 2017 年 4 月被确定为试点法院以来，因种种原因，该三家法院改革进展缓慢，仅仅迫于压力才制定出

本院关于内设机构改革工作实施方案的草案，有的已上报至自治区高院，有的还未上报，都未实质性开展改革工作。

2. 广西壮族自治区外内设机构改革试点法院的改革情况

（1）陕西省黄陵县法院的改革情况

陕西省黄陵县隶属于延安市，位于陕西省中部，辖1个街道办事处、5个镇，常住人口约13万人，煤炭、旅游资源丰富，经济发达。2003年年初，黄陵县法院年均受案1000余件，全院工作人员约50人，除去担任行政职务的，只有8名审判员和8名助理审判员，分布在6个业务庭室和2个派出法庭的审判一线岗位，刑事、民事和行政审判庭平均不到2人，派出法庭平均1人，各个业务庭均无法组成一个完整的合议庭。由于法官数量不足，临时拼凑合议庭的情况较多，既不规范，也有可能使合议制流于形式，进而影响裁判公正。当时上任不久的院长雷钧为了解决这一矛盾，在审判运行模式、审判管理机制等方面进行了大胆创新，发起了一场以取消法院内部业务审判庭、实行法官主审制度的改革。此举措在当年引起全国法律界的广泛关注和激烈争论，被称之为“黄陵模式”。

“黄陵模式”主要包括以下内容：第一，对外保留原有庭、室，依法任命的审判职务全部保留；对内打破原来的庭、室界限，不再设立民事、刑事和行政审判庭，建立法官室，将具有审判资格的审判员和助理审判员划归到法官室，并按照一定序号排列。第二，构建以主审法官为核心的审判运行机制，法院受理的案件全部由主审法官审理，按法官序号轮流分配，即每位法官都有审理不同类型案件的机会，即确定案件主办人的原则是顺序安排，按照事先固定的序列，轮到谁就由谁做该案件的主审法官，不受案件类别、性质和难易程度的限制。第三，推行法官遴选制度。法院内部成立法官遴选委员会，根据相应条件和程序遴选法官。第四，推行法官助理制度。为主审法官配备法官助理、书记员，从而实行“主审法官+法官助理+书记员”即“1+1+1”的人员配置模式。第五，推行案件流程管理。其核心内容是立案庭对受理案件的分流按法官序号进行电脑循环分配，主管院长或庭长不再分派案件，通过专门机制对立案、审理、结案、执行、归档等各个环节进行跟踪管理，严格控制审限。

黄陵法院的这场改革并未真正意义对其内设机构进行整合，仅仅是对审判权的运行机制进行了局部性的自我调整，在一定程度上解决法院内部工作“忙闲不均”的问题，淡化了法院内部行政对审判的影响，加强案件的流程办理。因此，这场改革，具有一定的积极意义。然而，这场改革仅仅持续了四年，最终却以院长雷钧的调离而告终。

这场改革为何没能持续下去？课题组认为，主要存在以下几个原因：第一，从这场改革本身来看，案件不按类型、性质、简易复杂程度一律按固定顺序轮流分配给主办人，无论是谁遇到什么样的案件，主办人须自行审结。这种做法虽在一定程度上解决了"忙闲不均"的问题，但却要求法官是"全才"，而不是"专才"，这不符合现代审判的发展要求，违背了审判趋于专业化的发展规律。第二，对作为改革参与者的法官而言，其改革主体地位并未给予应有的重视，甚至在一定意义上是被完全忽视的，他们在改革中充当的仅仅是服从者的角色，其权益缺少相应配套政策和措施的支持与保障。因此，作为改革参与者的法官们，未必真心支持与拥护。第三，这场改革本身带来一定的行政色彩。院长雷钧是这一场改革的发起者、领导者和践行者，他之所以能够大刀阔斧地发起这场改革并相对顺利地实施和推行，其核心因素恰恰在于我国法院行政化的管理体制。在这种体制下，院长作为"一把手"，是最高权力的持有者，他有权力来推动这场改革。然而，对法院外部而言，根本感受不到这场改革所带来的任何变化，甚至改革本身往往容易被看成是改革发起者和实施者的"个人事业"，权力持有者的一项"政绩工程"。一旦"一把手"调离，接任者往往会按照自己的思路改变。综上，黄陵县法院的这场改革，只不过是在司法改革背景下所进行的一场局部性、短期的、尝试性的自我调整，一旦"一把手"调离，其结果在所难免。

（2）甘肃省兰州新区法院的改革情况

兰州新区地处甘肃中部，是国务院批复的第5个国家级新区，也是西北地区第一个国家级新区。随着新区的快速建设和发展，新区的各类案件也在迅速增加。兰州新区法院在原兰州市中级人民法院兰州新区综合审判庭的基础上，经最高人民法院批复组建设立，于2015年3月27日挂牌成立，于2016年1月4日正式依法履职。为了解决传统法院内设机构存在行政化色彩浓厚、案多人少矛盾突出、人员配置不合理等问题，兰州新区法院从建院之初，即按照司法责任制改革的要求，对内设机构进行了大刀阔斧的改革，建立了以审判为中心的机构设置模式和人员配置方式，落实司法责任制，实行扁平化管理。

兰州新区法院内设机构设置（见图3）的主要内容有：第一，原批复设置有8个内设机构：办公室、立案和审判管理办公室、刑事审判庭、民事审判庭、行政审判庭、审判监督庭、执行局（司法警察大队）、巡回法庭。后兰州新区法院以审判团队取代传统的庭室设置，将机构精简为6个：立案团队（诉讼服务中心）、刑事审判团队、民事审判团队、执行法警团队、司法政务处、审判实务处。不设置审监庭、巡回法庭。再审案件直接分配到相应团队，审判团队法官根据案件情况开展巡回法庭。第二，设院长一名，暂无副院长，不设正副庭长，审判团队负责人负责本团队日常管理、审判质效评查、法官业绩考评、审判运行态势分析等工作，并直接向院长负责。第三，不再设置审判委员会，探索创立了法官会议制度，法官会议分为全体法官会议和专业法官会议。全体法官会议研究决定年度法官工作任务、总结审判经验、统一裁判尺度和法律适用、评查案件质效、就法官考核、奖惩提出意见和建议；讨论其他对法官权利义务有重大影响的事项；专业法官会议主要讨论重大疑难复杂案件等。第四，非审判业务部门只设了司法政务处和审判事务处，司法政务处负责全院党务、人事、政工、宣传、调研、行装、后勤、档案等工作；审判事务处负责审判管理、司法统计、信息化技术等工作，取代了审管办、信息办等机构的职能。根据工作性质和内容的不同划分小组开展工作，建立相对固定、互相协作的小组制。

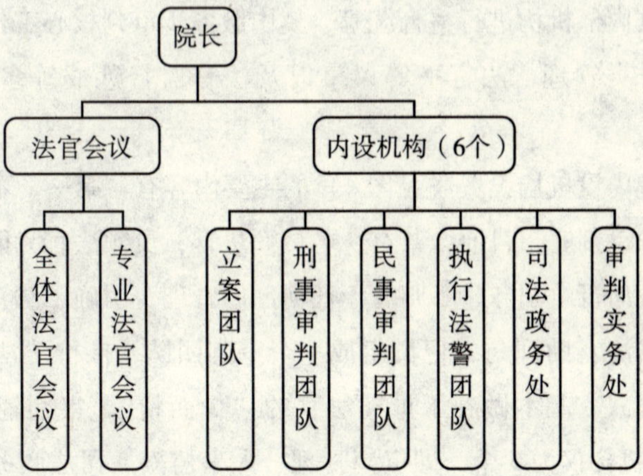

图3　兰州新区人民法院内设机构组织机构

相对传统法院来说，兰州新区法院内设机构设置存在以下几个优势：第一，在机构数量上，兰州新区法院6个内设机构远低于一般传统基层人民法院的10个到15个，避免了因机构众多带来的审判职权碎片化、司法资源分散化等问题。第二，在内设机构分工上，以审判为主要任务的新型审判团队模式充分彰显了法院的职业化、专业化特点，体现了以审判为核心的司法改革方向，为司法资源集聚创造了有利条件。第三，在整合力度上，实行大行政管理机制，司法政务处和审判事务处，综合承担了办公室、审判管理、调研宣传、组织人事、教育培训、党建、装备财务、信息技术、基建后勤等10多个部门的职责，有效解决了多部门之间职能重复、岗位交叉的弊病，有效弱化了综合行政管理机构的管理权限，减少了行政领导职数，修正了行政领导与审判人员失衡的权力机制。第四，在审判权运行上，实行法官会议制度后，全体法官会议突出了法官在法院的核心地位，保障了法官权利，实现了法官职业尊荣，通过对案件进行讨论，明确了法律适用的标准，统一了裁判尺度。

目前，兰州新区法院现有员额法官13名（含院长），司法行政人员15名。其中，司法行政人员总数仅占全院干警的24.6%，且在这15名司法行政人员中具有中央政法编制的仅占3人。13名入额法官全部到一线办案，回归法官本位，优秀人才向办案一线流动趋势明显，约75%以上的司法人力资源配置到办案一线，审判能力得到了进一步加强，有效缓解了“案多人少”的矛盾。

（3）广东省珠海横琴新区法院的改革情况

横琴新区位于珠海市横琴岛所在区域，毗邻我国香港、澳门地区，是国务院开发总体规划明确提出的“一国两制”下探索粤港澳合作新模式的示范区。横琴新区法院于2013年12月26日揭牌成立，并于2014年3月21日正式履职。该院在有限可用资源框架下，对其内部机构进行整合统筹，集中服务于审判核心工作，并率先践行法官员额制、人员分类管理、法官平等议事以及法官监督惩戒等多项综合改革措施并举。

横琴新区法院内设机构设置（见图4）的主要内容有：第一，不设审判庭，以审判团队代替传统的审判庭。目前，共有9名员额法官，员额法官只能从中央政法编制中产生，不担任任何行政职务，不归属于任何部门管理，明确了法官的主体地位。一个法官搭配若干名法官助理与书记员组成一个审判团队，推行“法官＋法官助理＋书记员”的运行模式，基本做到了员额法官的“少而精”，审判辅助人员的“多而全”。第二，内设机构仅为5个，即审判管理、人事监察、司法政务三个办公室，一个执行局，一个法警队，简称“三办一局一队”。原由传统审判庭庭长负责的审判管理职责现由法官会议及审判管理办公室履行，法院内部行政管理职责则由院长、人事监察办公室及司法政务办公室履行。执行局不设员额法官，只设执行员。有关执行异议、申诉以及决定执行管辖权的移转等审查事项由员额法官负责审查和处理；平常诸如财产调查、控制、处分等执行实施事项则由执行员负责。第三，全体法官组成自我管理、民主决策的组织法官会议，决定与审判相关的业务、事务工作，负责研究确定法官工作量的分配、各法官承办案件的类型、各专业合议庭的设置等重大审判事务。2016年4月，法官任命了审判团队内勤组成员和组长，法官无暇管理的事务纳入内勤组职责范围，全面服务法官、服务审判中心工作。

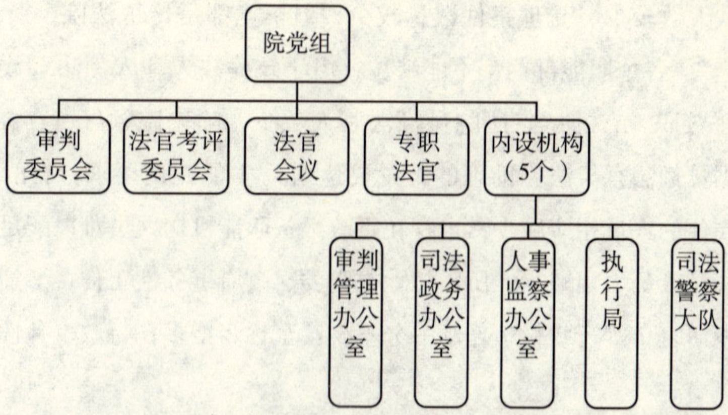

图4 珠海横琴新区人民法院内设机构组织机构

（二）广西壮族自治区内外内设机构改革试点法院改革之比对分析

1. 广西壮族自治区内外内设机构改革试点法院改革之比较与面临的问题

（1）广西壮族自治区内外内设机构改革试点法院改革之比较

如前所述，广西壮族自治区内三家试点法院仅仅制定出本院关于内设机构改革的方案，并未开展实质性改革工作，从三家试点法院提供的方案来看，有的力度较大，有的仅仅略微调整，其中，雁山区法院由原来的14个内设机构（含执行局下设的2个二级内设机构）减少至7个，凭祥市法院由原来的13个（其中，含2个自设机构，不含派出法庭）减少至10个，铁山港区法院由原来的13个内设机构（含执行局下设的3个二级内设机构）减少至6个。如果能够按照制订方案执行，则该三家试点法院都会在一定程度上对其内设机构及工作职能进行精简与整合，至于是否符合改革的内在要求，不得而知。当然，改革方案还未最终敲定。

相比而言，兰州新区法院和横琴新区法院在内设机构改革方面都取得了较好的成效，两者之改革基本上达到了职能清晰、精简高效的目的，主要表现在：一是通过管理职能整合、撤并内设机构、缩减管理层级，法院的组织构架更趋向合理，管理模式趋向扁平化，工作效能一定程度上得到提高和释放；二是有效避免了层层审批、听取汇报等行政化问题；三是一定程度实现了审判权和司法行政权的相对分离，有利于进一步确立法官的主体地位，健全审判权的运行机制。

（2）广西壮族自治区内外内设机构改革试点法院面临的问题

通过座谈，广西壮族自治区内三家试点法院在制订方案时，都面临着以下问题：

第一，人员编制或员额法官人数少，难以完全满足岗位人员安排。试点法院虽编制规模较小、人数较少、受理案件数量较少，但毕竟都是传统法院，所谓“麻雀虽小，五脏俱全”，各个职能部门都不能缺位，由于缺编缺人和入额法官数不足，很多工作人员身兼数职。有的试点法院员额法官人数少，除去院领导，存在“一人庭”的问题；根据员额法官与法官助理的配置要达到1∶1的比例要求，有的试点法院能安排在行政岗位的人员相应减少，也存在行政必备职能机构人员难以配足甚至配备的问题。行政岗位人员大幅减少，所承担地方党委、政府事务性工作、参加各类非专业会议、统计调研宣传等行政性工作却一分不少甚至逐步增多，行政事务性工作难以有效率的完成。

第二，内设机构改革工作缺乏专业规范指导。各试点法院根据《广西壮族自治区机构编制委员办公室、广西壮族自治区高级人民法院关于印发〈自治区以下人民法院内设机构改革试点工作方案〉的通知》（桂高法会〔2017〕1号）制定本院内设机构改革工作方案。但具体操作细则该通知并未涉及和作出明确规定，同时因缺乏专业规范指导，试点法院对于内设机构改革实行后对可能出现的情况缺乏全面而具体的预估。假设法院内设机构进行整合而导致内设机构编制减少，而薪酬待遇和职业保障等配套改革未跟上，其结果难以预测。

第三，人员分类改革后，薪酬待遇和职业保障依旧未最终落地和到位，直接导致内设机构改革工作难以推进。当前，根据《广西壮族自治区高级人民法院关于做好首次法官单独职务序列、法官助理和书记员职务序列等级确定和晋升工作的通知》（桂高法〔2017〕233号）的要求，广西壮族自治区各法院法官和法院各类人员等级工资套改工作已经完成。根据套改方案，工资情况发生以下变化：套改前，工资由职务（岗位）工资、级别（薪级）工资（共划分为27级14档）、岗位补贴、岗位（职务）津贴（法官等级津贴）、生活及工作性补贴等部分构成；套改后，职务（岗位）工资和级别（薪级）工资变更为法官等级工资（行政职务层级与法官等级对应关系详见表8），生活及工作性补贴变更为法官附加津贴，岗位补贴、岗位（职务）津贴（法官等级津贴）保持不变。由于级别（薪级）工资一共划分为27级14档，而法官等级工资和法官附加津贴每一等级标准数额一样，套改后，则不少级别（薪级）工资处于较高层级档位的法官，工资可能呈现“负增长”的现象，这在一定程度上挫伤其对改革的积极性。未来法官单独职务序列之路，任重道远。从当前各级法院静观其变的态度，可以看出法院内设机构改革工作的推进难度不低。

表8 行政职务层级与法官等级对应关系

行政职务层级	法官等级
省部级副职	二级大法官
厅局级正职	一级高级法官
厅局级副职	二级高级法官
县处级正职	三级高级法官
县处级副职	四级高级法官
乡科级正职	一级法官
乡科级副职	二级、三级法官
科员	四级、五级法官

区外的兰州新区法院与横琴新区法院虽取得一定的阶段性成效，但也面临着以下问题：

第一，虽然改革都是体现了精简、高效的原则，但在内设机构的设置依据和具体构建方式上，两家法院基本处于“摸着石头过河”“各行其是”的状态。现阶段，试点法院大多为“孤立”试点，导致对外事务工作对接不对口或不顺畅。由于法院内设机构改革是一项基础性、系统性的改革，既涉及法院内部系统工作的方方面面，也涉及法院外部事务的职能对接。例如，对外交流、接待上的职级对应，干部交流轮岗、出差所涉及的交通、食宿、补助等标准，以及个人住房、医疗、车补等方方面面都与行政职级密切相关，一旦与行政职级脱钩，而相应的人事、组织、财政等部门未予认可，将处于较为尴尬的处境。

第二，内设机构实现精简集中后，原先司法行政岗位上具有审判资格的人员回归至一线业务部门，但是司法行政工作总量未减，司法行政人员不足，为确保司法行政工作的效率和质量，个别试点法院审判团队负责人依然需要兼顾司法行政工作，身心疲惫。

第三，一旦传统审判庭建制取消，各个审判团队相关业务数据的采集、整理、统计以及团队之间事务的协调，如何加强审判管理的加强，还需要进一步探索。同时，法官专业会议、法官全体会议能否较之审判委员会发挥更大的作用，能否促进审判权独立、公正行使，还需根据自身情况进一步调整与实践。

2. 广西壮族自治区外内设机构改革试点法院改革带来的经验启示与法院内设机构改革的掣肘之痛

(1)“先锋革命式”法院内设机构改革的经验启示

相对于区内试点法院而言，兰州新区法院和横琴新区法院在内设机构改革方面之所以能够取得较好的成效，关键在于它们具有以下几大优势：

第一，在先天优势上，兰州新区法院和横琴新区法院都是成立时间不长的“新”法院，没有人员分流，没有编制紧缺等历史遗留问题，不存在打破既有体系的制度障碍和阻力，就像在一张白纸上画图，比较容易绘制美丽的蓝图，同时也可以充分借鉴境外法院的成功经验，大胆进行改革探索和试验。

第二，在财政保障上，兰州新区和横琴新区，一个是国家级新区，一个是国家经济特区，当地经济财政收入较为发达，人、财、物保障到位，两地都已实现财政省一级统管，两家法院实行人员分类管理后，工资高于其他公务员的待遇已经落实，尤其是招聘合同制法官助理和书记员的薪酬水平远高于当地其他城区。

第三，在人事待遇上，兰州新区法院80后人员占全院人员总数的82%，各类人员的政治待遇都能得到保障。横琴新区法院专职法官（至少享受正科甚至副处级待遇），一名专职法官配备3名法官助理和1名书记员，基本上都保证了法官“少而精”，辅助人员“专而足”，让法官专注于审判。

归纳起来，兰州新区法院和横琴新区法院内设机构改革之所以能够取得较好的成效，关键在于法官员额、人员分类管理、单独职务序列与人财物省级统管等配套改革的协同推进。法官员额、人员分类管理、单独职务序列与职业保障等配套与内设机构改革是一环扣一环，若无组织、财政、人社等部门的认可，没有真正协同推进，法院内设机构改革将是消极性、形式性改革，谈不上实质性的改变。鉴于兰州新区法院和横琴新区法院改革模式较为成功，课题组将其称之为“先锋革命式”改革模式。兰州新区法院和横琴新区法院的“先锋革命式”内设机构改革路径无疑为编制规模较小、人数较少或者设立时间较短、没有历史包袱的基层人民法院提供改革模板。

（2）法院内设机构改革的掣肘之痛

当一个开拓创新的主体工程正在如火如荼地搭建，综合配套方面的措施似乎难以让人兴奋起来，这绝不是后期的“装修装饰”的工作，建造现代化法治大厦的工程，如果有一个配套设施没有配合发挥功能，也不能算是一个完备的系统。司法改革的配套工程也是如此。司法体制是国家政治体制、社会体制的重要组成部分，当司法体制改革向纵深推进时，改革的每一步都需要社会体制改革的配套与支撑。党的十九大报告进一步明确提出：“深化司法体制综合配套改革，全面落实司法责任制，努力让人民群众在每一个司法案件中感受到公平正义。”可见，党的十九大期间乃至更长一个时期的司法改革将侧重于综合配套的改革，努力建设一个配套、系统完备的司法体制。

较之“先锋革命式”法院而言，传统法院内设机构改革面临最主要的问题是：

第一，省级以下人、财、物未能实行统管，导致改革的配套措施跟不上，进而致使改革的成效大打折扣。法院的改革省级以下人、财、物这需要地方两级党政部门以及省级财政部门协调配合方可顺利推进。

第二，建立法官单独职务序列，实现法官与行政职级完全脱钩，面临着与整个社会的高度行政化职级标准如何协调的问题。组织、财政、人社等相关部门的协同配合与推进，对法官等级所对应的工作、生活以及退休之后的待遇予以认可和保障，以“社会可以理解的方式”突出法官的职业尊荣，让法官等级和行政职级真正说再见，真正做到“一别两宽，各生欢喜”，方才是法院内设机构改革得以顺利开展的根本保障和前提基础。

四、法院内设机构改革的基本思路与当前状况下的对策建议

（一）法院内设机构改革的基本思路

1. 法院内部管理模式的探讨

（1）域外法院内部管理模式简介①

第一，美国模式。美国法院内部管理是一种以法官和审判为中心的人、财、物的垂直管理模式。具体来说，行政与审判分支运行，法官监督委员会负责法官的管理，人力资源部门负责司法辅助人员的管理。在美国，法院不设审判业务部门，以法官个体作为单独的审判单位，但每个法官有固定的审判法庭。

第二，英国模式。英国法院内部管理采取的是双轨制管理模式，即在司法系统内，法官管理和掌握有关司法审判的最关键部分，行政部门掌握和管理有关司法行政的最关键部分。法官助理、书记员、法庭记录员等行政人员属政府雇员，但其招聘、晋级、绩效、处分和解雇等事项由法院服务署负责。

第三，德国模式。德国法院内部管理将行政管理与审判管理分开，由行政长官负责法庭管理、书记员管理、安全保卫、财务管理、资产配置、设备管理等行政性事务，法官相对固定在某个合议庭或某专门审判委员会审理案件。

第四，法国模式。法国是单一制国家，全国法院由基层人民法院、上诉法院、最高人民法院构成。最高人民法院内部管理主要分两部分即行政服务和司法分庭。全国法院的行政事务主要由司法部决策、掌管。基层人民法院院长有权指派案件、规范案

---

① 林艳：《人民法院内设机构配置的偏轨与重构》，载贺荣主编：《深化司法改革与行政审判实践研究（上）》，人民法院出版社2017年版，第132页。

件的审理与进展，并评价法官，但没有其他行政管理权力。而基层人民法院的管理职能（如物质供应、设施维护等）由上诉法院来完成。

（2）“他山之石，可以攻玉”——域外经验给我国的启示

综上，美国、英国、德国、法国法院的内部管理，尽管模式形态各有差异，但均采取了审判管理与行政管理相分离的模式，司法审判方面的事务由法官或相应机构掌管，而诸如财务、设备、物质供应、行政人员管理、安全保卫等行政性事务由相应行政机构负责。这种将审判事务与行政事务相分离的管理模式最明显的效果即便于法官专注于审判，从而有效保证审判权独立行使与行政效能的提高。然而，需要说明的是，由于权力制度、文化渊源等不同，美国、英国、德国、法国法院内部未像我国法院通过设置大量的内设机构来进行内部管理，相比而言，美国、英国、德国、法国法院法官审判的专注度更高。我国法院内部管理采取的是一种混合制科层化模式，既要管审判事务，又要管行政事务。在这种模式下，院长、庭长作为审判者又作为行政管理者，双重身份角色兼具，自然就为内设机构运转行政化提供了土壤。那么，我国法院内设机构管理该采取怎样一种模式？诚然，我国法院不可能直接复制上述国家法院内设机构管理模式，但又必须要解决“法院内部科层取向的行政权与专业取向的审判权之间的冲突与整合”问题。为此，有人提出“自上而下”设立统一的司法行政管理专门机构，提高行政管理效率，法官退出行政部门。设立司法行政管理专门机构分两步走：首先通过行政授权的方式，在法院内部成立司法行政管理局（处），统筹管理本院并领导下级法院司法行政工作；待时机成熟后，宪法、组织法作出修改，在最高法院下设独立的司法行政管理局，统一管理全国司法行政事务。① 课题组认为，这种做法固然有利于审判权与司法行政权的有效剥离，司法行政权亦能趋于集约化。但是，这种做法须建立在法院人财物中央直管至少省统管的基础上，否则，难以执行。我国各省区发展不平衡的实际状况决定了这种做法在较长一段时间内很难推行。因此，课题组认为，我国法院内设机构改革之路还是要遵循我国的实际情况、司法规律，与法官员额制、人类分类管理制度等改革协同推进，通过有效措施精简与整合内设机构，将审判权与行政管理权适当剥离，从而确保法官专注于审判，独立行使审判权。

2. 法院内设机构改革的基本目标与原则

如前所述，我国法院传统的内部管理模式存在的主要问题未能使审判权与行政管

① 马巍：《论法院内部司法行政管理部门的定位与改革路径》，载贺荣主编：《司法体制改革与民商事法律适用问题研究》，法院出版社2015年版，第92页。

理权有效分离，实行一体化管理，以管理中的层级化去行使审判权，导致审判权运行行政化，从而影响审判权独立职能的有效发挥。因此，法院内设机构改革必须要去行政化。在当前司法改革进程中，去行政化已成为当前学界比较一致的看法。审判作为一门具有其独特价值目的和运作规律的专业化工作，其运作必须要摆脱行政化的管理模式，而作为其主体的法官亦必须要有独立审案的意识，而不能通过行政化思维去处理案件。因此，法院内设机构改革的基本目标，即通过贯彻“去行政化”的理念科学设置内设机构，从而服务与保障法官独立行使审判权，真正实现“让司法者裁判，让裁判者负责”。

“先锋革命式”试点法院的改革经验固然值得借鉴，但法院内设机构改革更应当针对普遍的传统法院。而普遍的传统法院相比“先锋革命式”试点法院来说，不管是先天优势，还是配套保障，均存在不足。因此，对普遍的传统法院来说，内设机构改革还是要有阶段、有步骤地进行，不能追求“一步到位”。因此，课题组认为，应坚持以下几项原则：

一是遵循服务审判原则，将有限的司法力量、司法资源优先配置到审判岗位，向审判部门倾斜，充实一线办案力量；二是遵循司法规律原则，根据审判权与行政管理权相分离的要求，按照扁平化、专业化要求设置审判业务机构，按照集约化、职业化要求整合非审判业务机构；三是遵循精简效能原则，实行“横向减，纵向缩”，尽可能整合现有司法资源，精简内设机构，进一步优化司法职能，减少职能交叉，提升工作效能；四是遵循稳妥推进原则。在改革过渡时期，保证法官及其他人员原核定的编制、领导职数、非领导职数及待遇不变。

3. 围绕三大体系，整合内设机构

就业务而言，法院的业务包括审判业务、司法辅助业务与行政管理业务，不管内设机构如何改革，课题组认为，未来较长一段时期，法院的这三大业务不会减少。因此，法院内设机构改革应当围绕如何理顺法院内部的审判业务体系、司法辅助体系与行政管理体系来进行。

第一，审判业务体系。审判业务体系不能再按行政管理模式的思路构建，要围绕如何保证法官独立行使审判权，专注于审判业务的思路来构建。同时，考虑到审判工作本身具有专业性，因此在审判领域还是要按种类性质即按刑事、民事、商事、行政、立案等组建审判单元或团队去独立行使审判权。而审判单元或团队的运行应当遵循独立高效的原则，避免行政化的运行模式。

第二，司法辅助体系。司法辅助人员主要分综合辅助人员与专业辅助人员。前者主要是指负责综合审判管理及研究的人员即传统法院中审管办人员与研究室人员，后者主要是指法官助理与书记员。实践中，审判管理与审判联系紧密，但审判管理不能再以行政的方式向审判团队或审判员“发号施令”，而是要真正从审判管理的角度向审判团队或审判员提供一些有利于提高审判质量的经验与方法。而法官助理与书记员本身就是以法官为中心的审判团队中的成员，因此对其管理、培训、任务分配、绩效考核等应当由审判团队中的法官来负责。

第三，行政管理体系。法院的行政管理事务主要分对内行政事务与对外行政事务。对内行政事务主要包括四个方面：一是综合保障类行政事务，如信息汇集、财务管理、装备采购、基础建设等；二是辅助审判类行政事务，如诉服管理、信访管理、档案管理、信息技术处理、安全保卫等；三是政工组织类行政事务，如政治思想教育、人事组织管理以及党务、团务、工会等组织建设；四是纪检监察类行政事务，如纪律检查、党风廉政建设。对外行政事务主要是指面向社会公众、政府机关、人大、政协等主体的外事联络工作。上述行政事务在当前法院内部必不可少，应当对其进行集约化管理，防止出现分散化、条块化。

4. 构建以“以法官为中心”的管理体系

如前所述，法院内设机构改革，以服务和保障法官独立行使审判权为基本目标。要实现基本目标，需构建以“以法官为中心”的管理体系。然而，如何构建“以法官为中心”的管理体系？

第一，以法官等级替代行政职级，完善法官职业保障。在现行法院内部管理模式下，法官缺乏职业尊荣感，其主要原因在于法官的工资待遇不取决于法官等级，而取决于自己的行政级别。如前所述，在现行体制下，法官只要级别得到提升，其工资待遇与法官等级自然会随之提升，这直接促使法官更多的追求行政级别，而不是法官等级。如果不改变这种本末倒置的做法，将很难解决法院内设机构运转行政化的问题，也就很难建立以“以法官为中心”的管理体系。因此，未来法院内设机构改革的首要问题应当是建立真正的法官等级制度，即法官的工资待遇取决于自己的法官等级，而不是行政级别，法官不再套用行政级别，但不套用行政级别，不代表不可以转化。如果法官要转向司法行政管理岗位，可以转化为相应的行政级别。但是，一旦转化便不再享有法官资格，更谈不上法官等级。同时，与之相配套的薪酬待遇、职业保障制度必须要跟得上，倘若法官的福利待遇、绩效奖金能够得到保证，且适当高于一般公务员，那么法官的职业尊荣感必然加强。若要做到这样，则应当从中央层面进行顶层设计自上而下去推动落实，而不能将薪酬待遇、职业保障等问题抛给地方政府去解决。

第二，建立人员分类管理制度，让法官“少而精”，同时确保司法辅助人员的“多而足”。如前所述，法院业务主要包括三大块即审判业务、司法辅助业务与行政管理业务，审判业务是法院的中心业务，其他业务均是服务于审判业务，审判业务的主体是法官，司法辅助业务的主体是审判辅助人员，行政管理业务的主体是司法行政人员。据此，要建立“以法官为中心”的管理体系必须建立人员分类管理制度。而人员分类管理制度的建立须进行人员分类管理改革。所谓人员分类管理改革，就是将法院工作人员分为法官、审判辅助人员和司法行政人员，各类别人员各司其职、各负其责、各得其所，其核心内容是法官员额制改革。而所谓法官员额制改革，就是要通过严格考核，选拔最优秀的法官进入员额，并为他们配备法官助理、书记员等审判辅助人员，确保法院85%的人力资源配置到办案一线。因此，要建立“以法官为中心”的管理体系须建立在人员分类管理的基础上，让法官“少而精”，同时确保司法辅助人员的“多而足”。

第三，建立科学合理的绩效考核体系。当前法院系统的绩效考核指标体系，主要是上级法院对下级法院进行考核，再由上级法院根据各下级法院的考核结果进行打分排名，并排列出一、二、三等奖。这种自上而下的考核方式，虽有诸多好的方面，比如有利于督促各下级法院完成各项指标，提高审判效率等，但同时也存在不少弊端，比如各下级法院为了能够争取好的排名，往往会倾其全部力量搞“政绩竞争”，导致大量各类人员包括审判人员为忙于完成各种带有行政指令性的指标任务而疲惫不堪，甚至违背司法规律。可以说，每年的绩效考核体系在很大程度上影响着当年法院内部人员的流向。因此，绩效考核体系的科学设置，直接影响着法院内设机构改革的效果。那么，绩效考核体系该如何设置？课题组认为，绩效考核体系应当围绕“去行政化”、服务与保障审判权独立有效行使的基本目标来设置。为此，可以尝试取消上级法院对下级法院在审判业务方面的指标设置，但这并不意味着不对各级法院的审判业务工作进行考核，各级法院还得根据各自审判团队的实际情况年初制定各审判业务指标（应当有一定的幅度区间）报备上级法院，再由上级法院根据各级法院自行制定的指标任务对各审判团队完成情况进行考核，再以此作为确定当年审判团队获得绩效奖金的依据，各法院之间不作排名。通过这种方式，能够提高审判团队的工作积极性，避免审判权运行的行政化。

第四，建立科学合理的法官等级升降机制。如前所述，法官的工资待遇应当与其法官等级挂钩，法官的工资待遇应当适当高于一般公务员，法官不再配备行政级别，法官若想从事行政管理岗位，可以其法官等级去套改相应的行政级别，但不再享有法官资格。对法官而言，法官等级应当是其尊荣的象征。若如此，法官必然更多追求是法官等级，而不是行政级别。因此，若要建立“以法官为中心”的管理体系，在满足上述条件后，还必须建立一套科学合理的法官等级晋升机制。而法官等级的晋升不能唯领导论或主观论，应当以德、能、勤、绩、廉作为考核依据，而德、能、勤、绩、廉应当将法官审理过的案件及审判行为作为考核对象，且要建立定期晋升与破格晋升制度，从而提高法官晋级的积极性，在一定程度上避免外来的行政干预。但同时要建立相应的降级制度，当法官在德、能、勤、绩、廉等方面出现问题时，也应视情况根据相应规定依照一定程序给予相应的降级处分。在未出现相应的问题时，法官不得随意被降级。

（二）当前状况下法院内设机构改革的对策建议

如前所述，法院内设机构设置过多，导致审判力量分散，审判权运行受阻。因此，法院内设机构应当在以“法官为中心”的管理体系的建立基础上，围绕三大业务体系并借鉴试点法院成功经验进行符合司法规律的精简与整合。然而，由于各方面条件不够成熟，课题组认为，现阶段不宜对内设机构进行大刀阔斧的删减、合并，应当在遵循上述基本原则的基础上进行一些符合当前实际状况的调整。

1. 当前状况下审判业务与司法辅助机构改革的对策建议

（1）审判业务与司法辅助部门的精简与整合

如前所述，传统审判业务部门主要包括立案庭、民庭、刑庭、行政庭与审监庭，后不仅传统审判业务部门不断膨胀，比如衍生出以数字编号的一、二、三……庭，还出现未审庭、家事审判庭、知识产权庭等专业领域较强的庭室，从而导致审判业务部门设置过多，审判力量分散，管理面加宽。当然，法院设置审判领域过精过细的业务庭室，有利于审判专业化的发展趋势，但应当更多地从增加庭室及人员编制的角度考虑。如果上述“以法官为中心”的管理体系能够建立，最终能够以审判团队的形式代替各庭室，既能满足审判专业化的发展趋势，也利于实现审判业务部门的扁平化管理。当前，将一些传统法院作为内设机构改革的试点法院，这些试点法院在各项配套措施未完善之前，也难以对内设机构进行大规模的合并或撤销，即便要对审判业务部门进行整合，也仅仅是内部人员上的整合，不会贸然至组织部门对其内设机构申请合并或撤销。

对司法辅助而言，如前所述，司法辅助主要包括专业辅助与综合辅助，专业辅助主要是指法官助理、书记员协助法官审判案件，综合辅助主要是指审判管理。课题组认为，对专业辅助而言，没必要设置机构比如法官助理或书记员中心去管理法官助理、书记员，法官助理、书记员应当纳入以法官为中心的审判团队中去进行管理。对审判管理而言，可以考虑借鉴“先锋革命式”试点法院的做法，将审判团队纳入到审判管理办公室的管理之下，审判管理办公室对各审判团队的管理不是带有行政色彩的管理，而是真正的“审判管理”即包括审限的跟踪提醒、审判数据的统计分析、审判资源的适时调配等。

（2）审判团队有无必要取代审判庭视情况而定

传统的审判庭建制，承载了司法审判管理和司法行政管理的双重职能，一方面，审判庭建制以刑事、民事、行政等各种诉讼案件类型划分，应该说是符合审判专业化的发展趋势，从多年的运行实践来看，也是基本能够满足法官专业化审判的需要，只是由于集中行使司法审判权和司法行政权，实践中常常出现司法行政职权侵蚀司法审判权的情况，从而导致出现审判权运行“行政化”问题。建立以法官为核心、各类人员互相配合、分工协作的新型审判团队，实行扁平化管理，已成为当前司法改革审判组织模式的方向和趋势。

纵观各地法院改革情况，在推进过程中，审判庭和审判团队的关系，大致包括以下三种模式：一是撤销审判庭或者不设审判庭。有的法院取消了庭室建制和职务设置，建立审判团队；二是留庭不留职。机构易撤不易设，一些法院保留了审判庭架构，但不设正、副庭长；三是留正不留副。只设庭长，负责日常管理、监督、协调事务，不再设副庭长。总的可归纳为，一种是全面取消审判庭建制，完全取消庭长、副庭长职务设置的“先锋革命式”模式，一种是审判庭建制和庭长、副庭长职务依旧保留，但其权力分解，只负责日常管理、监督、协调事务的“温和推进”的改良模式。

传统审判庭建制是取消还是保留，问题的症结还是在于厘清审判权和司法行政权之间的关系。对传统审判庭建制的“破”，是为了建立法官独立行使审判权、实现权责统一的审判运行机制的“立”。假如这种“破”没有解决去“行政化”的问题，那么这种“破”便毫无意义。因此，传统审判庭建制是取消还是保留，关键在于能否保证法官独立行使审判权，避免审判权运行的行政化。就当前情况来看，大部分法院对取消传统审判庭建制还是持保留或观望的态度，其主要原因在于法官的物质待遇还未与行政级别完全脱钩，传统审判庭建制的保留，至少还有可能为法官解决行政级别的问题。因此，课题组认为，在未做到法官等级替代行政级别及其配套的职业保障得到完善的情况下，审判庭建制不宜取消。在保留审判庭建制的情况下，当前法院实施司法责任制改革，取消院庭长对案件的审批权，并建立审判团队，实际上在一定程度上避免了审判权运行的行政化。但课题组认为，未来法院内设机构改革的方向与趋势是精简内设机构，取消审判庭行政建制，除院长、分管副院长外，法官不再配备行政级别，如此才能从根本上避免审判权运行的行政化。

（3）司改背景下审判庭管理理念与模式的重新定位

在保留传统审判庭建制的情况下，审判庭管理理念与模式应当根据当前司法责任制各项改革的要求重新定位。

第一，审判庭的审判权与司法行政权应适当分权与优化配置。当前司改革背景下审判庭应当以建立相对稳定的审判团队与协调审判团队之间的关系为基本理念，各审判团队应独立行使审判权，避免庭长以行政管理为由不当过问或干扰审判团队行使审判权。因此，司改革背景下审判庭应当围绕审判权与司法行政权的分权理念来进行管理，减少司法行政权对审判权的不当干扰，突出审判活动为审判庭工作的中心环节，突出法官在审判工作中的中心地位。

第二，绩效管理与法官自我管理并重。从一些发达国家的法官管理来看，对法官管理是以法官自律为主。但我们实际状况是法院的案件数量不断增加，审判庭的工作任务日益繁重，当前法官群体的职业素质参差不齐，仅仅依靠法官自律是不现实的，容易出现审判庭各项工作如一盘散沙，审判任务也不可能完成好的后果。因此，在当前审判庭面临繁重审判工作的实际情况下，审判庭管理的首要目标应当是效率，绩效管理作为现代管理中一种被广泛应用和认同的理念，也应当是审判业务庭管理的主要理念，主要依据责任轻重、办案质效、办案数量和办案难度等因素，体现法官工作实绩。

第三，庭长职能的转型和修正。在管理体制中，庭长属于行政工作管理者，在当前司法改革形势下，庭长必须始终坚持以审判权为核心的管理观念，在细化和划分各项权力界限，强化监督的同时，也要做好服务与保障。对于不是自己主办的案件，庭长不参与审判工作的具体操作程序，应当基于对实现全庭工作目标的整体调控进行考量。在审判管理权方面，具体职责可体现为行政事务的人事分配、调研宣传、内勤管理等；在审判监督权方面，主要体现在案件流程的监督和控管。再者，对于复杂、疑难、具有重大社会影响的案件，庭长应充分行使审判监督权，改变庭长进行个案指导的方式，可通过庭长提请召开“审判长联席会议”“法官会议”的形式，形成倾向性意见，作为合议庭对案件审理的参考。

(4) 传统审判庭建制下构建新型审判团队的操作路径

第一，以审判团队为基本审判单元和管理单元。传统模式下，审判庭下面的基本单元是合议庭，单元多、人员少，从人力资源管理学角度分析，这往往造成开庭时合议庭成员不齐的问题，影响审判工作按计划推进。另一方面，不利于统一司法尺度和总结审判经验。司法改革模式下，审判团队是审判庭下相对独立的管理单元和审判单元，每个审判团队由若干法官、法官助理和书记员组成，各司其职。传统模式下，传统合议庭突出的是审判人员，而审判团队更加强调各类人员的协同合作。当前现状下，由于法官助理的大量缺位，书记员和法官助理的职责还不具备绝对分清的条件。审判团队内部不固定合议庭，而是根据案件难易程度、法官专业素养等因素灵活组合。在团队模式下，一方面应当强化团队自我管理，依法独立行使审判权，落实“由审理者裁判，由裁判者负责”的原则，提升审判质效。另一方面，审判团队并不是审判庭下设的行政管理分支组织，庭级层面上，庭领导加强审判监督，保证审判权的集中统一行使，防止出现法律适用不统一等问题。

第二，由优秀法官担任审判团队负责人。传统模式下的审判长数量过多，管理职责流于形式，特别是在案件数量大、人员多的审判庭，管理难度很大。由于法官员额制是新生事物，推进过程中又不可避免受到各种因素影响，入额法官的年龄结构、审判经历、司法经验、业务水准都还有较大差异，再加上审判辅助人员缺口较大，目前至少还存在四个“做不到”。一是做不到完全随机分案；二是做不到完全随机产生合议庭；三是做不到入额法官全部具备担任审判长的能力；四是做不到为每一位入额法官配备一名法官助理和一名书记员。受这些因素制约，“合议庭主要以随机产生方式组合”目前只能是一个努力的方向，实践中完全推行还有难度。因此，司法改革模式下，审判团队负责人担任本团队所有案件的审判长，以保证团队全部案件流程中重点环节的规范性，按权限签发本合议庭法律文书，以保证团队内部法律适用标准和裁判尺度的统一。只有突出部分优秀法官的地位和作用，才能很好地实现从庭领导把关定案到法官独立断案的平稳过渡，确保案件质量。如果入额法官素质、资历均衡，还是应当以随机产生合议庭方式为主。

第三，案件质量实行团队自我把关与庭领导监督相结合的方式。为确保案件质量，确立以承办法官为主导的合议庭议事规则，坚持实质性合议；对重大、疑难、复杂、新类型案件或合议庭意见不一致的案件，可先由审判团队负责人主持团队内部讨论，形成参考意见；意见未被合议庭接受，审判团队负责人可向庭长提请召开法官会议或启动重点案件研讨机制进行专题研究，最终意见供合议庭参考。

第四，设置团队负责人联席会议制度。团队负责人联席会议制度可以加强庭领导与审判团队、各审判团队之间在审判业务、审判职能延伸等各项工作方面的沟通，统一类案裁判标准，推动审判团队管理与庭级管理有效衔接，保证审判庭各项工作的顺利开展。需要强调的是，不管是团队负责人联席会议的意见还是庭长的监督指导，都仅仅是参考意见。

2. 当前状况下司法行政管理机构改革的对策建议

（1）司法行政管理机构改革的前提

司法行政管理内设机构改革的前提是人员的分类管理。在理论上，审判系统所承担的审判权和司法行政管理系统所承担的行政权，在权属上具有重要的区别：一是审判权是判断权和裁决权，独立性、中立性是审判权的本质属性，而行政权天生具有倾向性；二是审判权呈现的是被动的，而行政权则要求积极主动地行使权力；三是审判权的机构系统是审计分工，而行政权的机构系统存在层级性。因此，法院审判职能和行政管理职能的双重属性决定了法院审判机构和行政管理机构应该分开。如前所述，我国法院目前的管理模式存在的主要问题就是对审判权和行政权未能有效分离，实行一体化管理，以管理中的层级化去行使审判权，导致审判权的行政化，侵蚀了审判权的独立运行。实现人员的分类管理，是区分法院的审判权和行政权，进行内设机构改革的前提。当前，各地法院已基本完成人员分类定岗，各归其位，已为进一步实现法院内设机构设置符合司法规律和职业特点创造了先行条件。

（2）司法行政管理机构改革的目标与导向

一般认为，司法行政管理机构改革应当以集中化、垂直化管理为改革方向。为此，课题组认为，改革应当分两个阶段进行。

第一阶段目标：拓宽管理职能幅度，实现横向切面的集中化管理。从调研的情况来看，多地法院内设司法行政机构呈现出臃肿的状态，存在具体部门设置标准不一，职能、职责界定不清或交叉重叠的情况。对内设机构进行合并、整合，并重新界定以及适当扩大各机构的职能领域边界，在合理分工的基础上实现各项司法行政管理事务的综合与协调，从而有效减少和控制关联的职能领域之间的边界不清而造成的工作相互推诿扯皮或争抢的现象。因此，对司法行政机构进行合并和重整，实现司法行政管理的集中化势在必行。

第二阶段目标：减少地方干预，实现纵向垂直化管理。我国法院管理饱受诟病的一个问题就是地方化管理体制。由于上下级法院之间在管理事务上的关系缺乏法律规范，实践中，法院的管理多受制于本级党政部门，从而造成法院司法行政管理的地方化。《宪法》规定的上下级法院之间的监督关系，是针对法院的审判权而言。管理职能体现的是司法行政管理应采用行政领导负责制，自上而下实行一体化垂直管理，以确保上令下从，行政管理的有效性。在实践中，上级法院对下级法院部分工作加强了管理，如信息化建设方面，由上级法院统筹，避免因系统平台兼容、技术衔接的问题造成资源的浪费，实现各法院之间顺畅和高效的数据交换、信息共享。目前，全国范围内积极开展省级以下法院人财物统管的试点，将部分具有同性质的司法行政管理职能上提，实现省级或地级市一级法院的司法行政管理工作区域性垂直化统管，对于解决去地方化、行政化具有积极意义。

（3）司法行政管理机构的整合

第一，对司法行政管理职能进行梳理。如前所述，法院的行政管理事务主要分对内行政事务与对外行政事务。对应起来，法院的司法行政管理职能分为对内行政事务管理职能与对外行政事务协调职能。

对内行政事务管理职能，主要是指对法院内部以及法院系统内事务的管理。根据事务属性可以划分为：一是对人的管理，包括机构设置人员编制、各类人员的考录、调配、考核、任免、工资福利、退休等工作，还包括管理人事档案、人事信息的采集分析以及各项组织人事制度的实施，各类人员的培训规划、计划和相关规章制度，队伍的思想政治教育建设等工作；二是对财、物的管理以及与保障审判事务非直接相关的行政工作，包括信息的上传下达、财务管理、固定资产管理、基本设施建设、办公环境运行维护等；三是与审判事务相关的支持性、辅助性事务，包括诉讼服务、信访、档案管理、信息技术、安全保卫等；四是纪检监察职能，包括对违法违纪举报的受理、查办，党风、政风廉政建设等；五是党委、团委、工会等组织建设。

对外行政事务协调职能，主要是指面向党各部委、政府各机关、人大、政协以及社会团体、组织和公众等外事的联络、协调。对外行政事务管理职能主要分散在办公室、研究室、新闻（宣传）、纪检监察等职能部门。

第二，对司法行政管理机构整合的导向。一是以服务审判、精简高效为导向。司法行政管理机构设置的改革也必然围绕着审判为中心进行，以服务审判工作为最终目标，同样以“扁平化”和“去行政化”为改革的方向。二是以人员分类管理为导向。当前，仍有不少具有法官资格的人员在从事司法行政工作，造成法律专业人力资源的浪费，对司法行政效率和司法公正是双重损害。对于司法行政岗位，要建立录用、职业准入标准界定以及职业发展体系，以确保司法行政人员的职业化。对此，可以借鉴或通过相应的行业协会，开展职业培训，提高司法行政人员的职业化程度。

按照法院人员分类管理改革试点推进情况来看，后勤综合部门中，办公室、政工、纪检监察等部门的工作人员，都被列为司法行政人员一大类进行管理，部分法院将研究室、审管办的工作人员列为司法辅助人员一大类进行管理。综合来看，各地区法院的基本情况不同，机关设置的职能划分也不尽相同，从人员分类改革目标导向来看，进行改革，需要首先结合自身情况深入分析，对接改革步骤，依据法院司法行政管理的发展规律和运作实际，对职能相近的行政管理机构予以整合，重新厘定内部职能边界，不能一刀切，而应当从不同处中找共性。

（4）设立综合司法行政管理机构，整合归并，不再分设两级机构

按照小机构大服务的思路，将没有由各类诉讼法等相关法律直接规定和调整的、只能是后勤性、服务性机构进行合并，内部采用行政领导负责制，自上而下实行一体化垂直管理。需要强调的是，由于各层级法院职能定位不同，司法行政管理内设机构绝不能上下完全对口。因为从案件受理数量来看，从基层人民法院到最高人民法院呈现“正金字塔”状，为保障司法审判活动顺利进行，理论上，上级法院的综合司法行政管理部门反而应该呈现“倒金字塔”状，在综合司法行政管理上理应承担较多的管理职能，全局性的统筹和部署，行政管理职能“精细化”，实现部门数量自上而下逐级递减，从而促使基层人民法院行政职能“类型化”。

（5）审判者与管理者身份逐步分离，逐步弱化行政管理领导权限

在法院当前的内设结构中，行使审判权的法官与行使管理权的管理者往往是重叠的。法院的院长、副院长是本院行使审判权的重要角色，同时也是司法行政事务的主要管理者。这种身份的重叠对于两类工作的相互理解、彼此支持固然有一定好处，但从另一方面又成为维护审判独立、遵循司法规律的障碍。院长、分管副院长行使管理和监督职能不可避免地会影响到法官的行为模式、思维方式。因此，在下一步的综合配套改革中，可以考虑减少副院长的职数设置，专设一名管理行政事务的副院长，将更多的行政事务分解到管理层面上，综合司法行政管理机构可只设置正副职各一名，不再设领导岗位，弱化行政管理，减少行政领导配备职数，修正行政领导与办案审判人员失衡的权力机制，增强其服务性。

五、结语

法院内设机构改革作为落实司法责任制的必由之路，是司法改革涉及面最广、触

动利益最大的改革内容之一。如今，司法改革已迈过了决定方向的十字路口，积极稳妥推进法院财物省级统管改革、加快推进法官单独职务序列和工资制度改革落实等去地方化、去行政化措施是绕不过去的突破口。课题组期待改革主体秉持决心和担当，以司法规律和不同现实情况为根基，紧跟改革的初衷，使法院的机构设置和职能整合发挥其最大的效能。

理　论　研　究

法官员额制改革引发的广西壮族自治区民商事案件繁简分流蝶变问题与蜕变的再思考

罗 晖 杨 钉*

【摘要】2016年年底，广西法院系统通过考试与考核的双重选拔，完成了首批员额制法官的遴选和入额工作。法官员额制改革在广西法院系统的推进与施行，一方面促使法官队伍走向正规化、专业化和职业化，但另一方面也意味着一线法官数量进一步精减，审判任务更为繁重。特别是立案登记制实施以来，大量民商事案件涌入法院，更加激化了广西壮族自治区广大中、基层人民法院“案多人少”的矛盾。如果这些案件不能得到及时审理和判决，就有可能形成“中梗阻”，进而导致审判质效下降、信访压力增大、人民群众不满意等新的矛盾和问题。从审判实践来看，民商事案件繁简分流能有效缓解这一难题并切实提高一线法官的审判质效。但是，当前广西壮族自治区民商事案件繁简分流机制本身却存在种种问题，难以实现“繁案精审”和“简案快审”目的。鉴于此，笔者认为，要在法官员额制改革的大背景下解决广西壮族自治区当前民商事案件繁简分流存在的诸多问题，进一步提高分流效率，就必须深入推进法官员额制改革、准确划分繁简案件、简化民事裁判文书和送达方式、完善繁案退出机制、建立符合民商事案件繁简分流特点的法官考评机制，以及健全有机衔接、协调联动、高效便捷的矛盾纠纷多元化解机制。

一、问题引出

立案登记制全面实施和法官员额制的全面推行，使我国部分法院特别是中、基层人民法院面临着“两难”：一是各类案件数量特别是民商事案件数量逐年大幅增长，

---

* 罗晖：南宁市中级人民法院。杨钉：广西壮族自治区高级人民法院。

二是一线办案法官增幅有限，甚至还出现了负增长的趋势。这使人民群众日益增长的司法需求与司法资源有效供给之间出现了巨大的矛盾。为有效破解这一矛盾，进一步提升审判质效，2016年9月出台了《最高人民法院关于进一步推进案件繁简分流优化司法资源配置的若干意见》，要求科学调配和高效运用审判资源，依法快速审理简单案件，严格规范审理复杂案件，做到该繁则繁，当简则简，繁简得当，努力以较小的司法成本取得较好的法律效果。然而，在上述意见中，诸多有关民商事案件繁简分流的规定并未细化，难以在司法实践中准确适用。为此，广西壮族自治区高级人民法院（以下简称广西高院）出台了《全区法院诉讼服务中心升级版建设方案》并在区内选定了10个试点法院，明确将案件繁简分流职能前移至立案庭，希望能通过多元化解、立案调解、小额速裁等多种手段分流50%以上的简单案件，进而让有限的审判资源用于解决真正复杂、疑难的案件。但是，该建设方案也未明确民商事案件繁简划分标准，对繁简分流的配套机制规定也不完善，可操作性不足。因此，必须进一步明确民商事案件繁简分流的标准、分流机制和退出机制，并建立健全相关配套制度，以期进一步优化司法资源配置，实现广西壮族自治区民商事案件繁简分流的高效有序。

二、广西壮族自治区民商事案件繁简分流运行中存在的问题

如前所述，深入推进民商事案件繁简分流不仅是解决立案登记制带来“诉讼浪潮”的“本能应对”，更是推行法官员额制应有的配改措施。但是，我们也必须清醒地认识到，民商事案件繁简分流的标准尚未完善，其运行中也必然会遇到许多新情况新问题，各地法院在民商事繁简分流过程中存在着以下几个共性问题：

（一）民商事繁简案件划分标准不统一，人为因素影响较大

所谓“繁简分流”，最低限度的含义是把案件按简单复杂程度分类并纳入不同的程序中去处理。[①] 我国现行《民事诉讼法》并未规定繁简案件的划分标准，亦未规定各自适用的案件类型。从而导致实践当中，广西壮族自治区绝大多数法院是根据《民事诉讼法》的相关规定以及自身的实际情况对繁简案件进行划分的。其中，典型的划分方式主要有以下五种：一是“定义划分法”，即通过“下定义”的方式确定民商事繁简案件的范围。比如，将涉外民商事诉讼案件、有重大社会影响的民商事案件、标的金额极大的民商事案件、重审和再审的民商事案件等列为“繁案”，而将其

① 王亚新：《司法效率与繁简分流》，载《中国审判》2010年第12期。

余的案件一律推定为“简案”。二是“要件划分法”，即根据民商事案件的具体类型预设不同类型案件“简案”的构成要件，在甄别时只要符合“简案”构成要件的案件即是“简案”，否则为“繁案”。如民间借贷纠纷，借贷金额不大、双方借贷关系明确并且起诉时有书面借据的案件规定为“简案”，反之则为“繁案”。三是“类型划分法”，即根据《民事案件案由规定》中案件类型的规定，将一些类型的案件直接划分为“简案”，而另一些类型的案件则划分为“繁案”。如将人格权纠纷中的人身自由权纠纷、婚姻家庭纠纷中的撤销婚姻纠纷、合同纠纷中的定金合同纠纷定为“简案”，而将人格权纠纷中的隐私权纠纷、婚姻家庭纠纷中的离婚纠纷、合同纠纷中的房屋买卖合同纠纷定为“繁案”。四是“程序划分法”，即按照《民事诉讼法》第142条和《最高人民法院关于适用简易程序审理民事案件的若干规定》第1条的规定划分“简案”和“繁案”，凡是能够根据上述法律条文适用简易程序审理的案件为“简案”，反之则为“繁案”。五是“经验划分法”，即由经验丰富的法官在立案窗口把关，在立案时直接依据法官个人职业经验对案件的繁简难易程度进行判断，如果诉讼中涉及的一方或者双方当事人人数众多、或者案件标的较大、案情复杂，则法官可以直接推定该案是“繁案”，否则案件则为“简案”。综上，前四种划分方法均试图按照一个预先设置好的要件、方案或程序对千差万别的民商事纠纷中的某些特性进行归类，并以此为基础对繁简案件进行甄别，但却未考虑到民商事案件自身具有的复杂性和多元特点。因而这种一厢情愿式的划分，难免出现似易实难与似难实易的困境。而第五种“经验划分法”则强调法官主观经验的重要性，但忽略了立案时案件材料本身的限制对法官主观判断的影响，更不用说主观判断往往具有一定的随意性，法官自身的经验、学识和能力都可能对判断的结果造成不利影响。特别是从广西壮族自治区法院的实际情况来看，大部分法院立案庭所配置的一线立案干警普遍存在“业务素质偏低，年龄层偏高”的特点，严重影响了繁简案件的划分效果。

（二）简案快审不快，繁案精审不精，繁案难以有效退出

当前，广西壮族自治区所使用的锐新审判管理系统在立案、分案、送达流程节点记录以及卷宗智能归档等方面还远未达到“智能化”“规范化”“全程化”的程度。因此，繁简案件在立案阶段的分流在很大程度上取决于立案法官个人的判断，这就使一些“繁案”有可能因为立案法官个人的经验不足而被错误地划分为“简案”。相对于“简案”而言，“繁案”本身案情复杂，适用简易程序审理并不恰当。鉴于此，需要建立繁案退出机制，确保繁简案件审理程序有序转换，从而提高繁简案件的审理效率和质量。但是，繁案退出机制没有现成的经验可循，仍然处于“摸着石头过河”

的探索阶段。实践中，各地法院做法迥异，一些法院认为只要案件进入速裁团队，不管是简案还是繁案，一律由速裁团队审结；一些法院则持完全相反的态度，认为虽然案件进入速裁团队，但一旦发现是繁案，不管是否已经开庭，都应一律移送繁案专业团队来审理；而另一些法院则采取折中做法，即开完庭后才发现是案情复杂的案件不应移送繁案团队，其他时间节点一律移送。同时，关于繁案移送审批手续也存在不同。有的是由立案庭分案法官直接移送，有的是经立案庭庭领导批准后才能移送，而有的甚至需要经过主管副院长的审批。之所以出现不同的移送方式和审判手续，是因为各地法院对于繁简分流机制价值取向的不同，是更注重“简案快审”，还是更倾向于“繁案精审”。但是，由于简易程序和普通程序本身要求不同，无论繁案如何退出，都要涉及重新确定合议庭成员、开庭时间并履行送达义务等问题，必然需要增加诉讼成本、延长审理期间。因此，如果不能建立健全繁案退出机制，不仅繁案难以有效退出，而且将人为制造速裁团队与繁案专业团队的矛盾，不利于法院团结，也与简案快审、繁案精审背道而驰。

（三）缺乏适用于法官员额制背景下的法官考评机制

当前，在推进民商事案件繁简分流改革过程中一个最大的难点在于如何科学合理地计算业务庭繁案审判团队法官与立案庭简案审判团队的工作量并评价法官的业绩。从广西壮族自治区繁简分流改革的试点法院来看，试点法院对于法官的业绩评价主要有以下两种模式：一种是以柳州鱼峰区法院为代表的“人少多办简案，考核指标共同分担”的模式：组成精干人员成立速裁组解决全院近半的民商事案件数，该组与其他业务庭繁案审判团队共同承担上诉率、调解率、发改率等各项指标的考核。在该模式下，速裁团队的案件数以两件或三件折抵一件繁案的比例计数。① 另一种是以桂林象山区法院为代表的“人多办多案，考核指标主次分担”的模式：将审判力量前移至立案庭，由全院70%的员额法官组成数个速裁小组审理全院70%以上的案件，由各业务庭庭长、副庭长成立专业化的繁案小组，而绩效考评中的上诉率、调解率、发改率等各项指标主要由速裁团队来承担，各繁案团队不再承担上述各项指标。在该模式下，速裁团队的案件数不再进行折抵，而是通过未达到或超过绩效考评的指标数来进行减分。但是，不论采用上述哪种模式，如果不能制定出科学的员额法官考核体系，那么案件繁简分流只能是纸上谈兵，更不用遑论系解决“案多人少”的出路。特别是据调研了解，鱼峰法院办案数量最多的法官，每年可以承办700多件民事案

① 欧阳九林：《鱼峰区法院民商事案件繁简分流见成效》，载 http://lzyffy.chinacourt.org/public/detail.php?id=1313，2017年6月15日最后访问。

件。很显然，仅仅依靠一个人无法完成如此繁重的工作任务，在数字的背后离不开法官助理和其他辅助人员的鼎力支持。因此，虽然法官员额制有利于形成法院内部的竞争和激励机制，倒逼法官提高业务技能水平，进而推动审判质效的提升。但是，当前以审判效率为基准的法官业绩考评体系部分指标设定并不科学，也不完全符合审判工作规律和一线法官办案的实际情况，特别是部分法院“一刀切”地对“繁案”和“简案”各自所需的工作量用数字比例的方式进行量化，想当然地认为审理一件“繁案”的工作量就应当等于审理若干件“简案”的工作量，没有考虑到“简案”虽然较“繁案”简单，但相对而言数量更多、审限更短，也需要法官很多的“隐性付出”。总而言之，简单地以数字量化的方式对法官的业绩进行考核，必然使法官“脱简办繁”的现象大量发生，进而引发法官群体对法院管理层的不满和抱怨，不利于审判质效的切实提升。因此，要深入推进民商事案件繁简分流，就必须通过建立科学的考评机制合理调配审判资源，科学计算员额法官、法官助理和其他司法辅助人员的工作量，使优秀的审判资源和员额法官集中到民商事审判一线，从而最大限度地释放法官办案潜力。

（四）多元化矛盾纠纷解决机制设计不健全，运行模式较为封闭单一，多部门协调联动不足

多元化解是案件繁简分流的关键一步，也是有效处理纠纷的有力抓手。社会矛盾纠纷多元化解决机制的实现需要行政机关、司法机关、社会力量多方协同、广泛参与和密切配合。但在司法实践中，往往是由各家法院自己去和相关政府、组织进行协商、谈判，缺乏自上而下统一的制度设计，不免会出现这家法院如能和交通部门达成合作意向，就成立交通巡回调裁室，那家法院如能和金融机构签署合作书，就成立金融调解组的现象，似乎多元化处理纠纷机制运行的好坏完全取决于各家法院各自的社会关系处理，往往出现“剃头挑子一头热”的尴尬局面。由于政府、行业组织等并未制定多元化纠纷化解机制相关文件，最高人民法院亦没有与其他相关部门签署自上而下的会议纪要，实践中一些基层人民法院不便将案件委托相关单位、社区、人民调解组织等进行调解，大大降低了多元化解纠纷机制的实施效果。此外，在员额制改革背景下的法官考核往往要与其工作量相挂钩，但在多元化纠纷解决机制下处理的矛盾纠纷没有案号，故实践中法院的惯例是和当事人协商将在多元化解阶段处理好的案件予以立案受理。但仍有相当一部分纠纷在处理完毕后，当事人因不愿支付诉讼费或认为无必要而导致纠纷无法进入诉讼程序，法官处理这部分纠纷的工作量无法在审判管理运行系统中予以体现，严重影响了法官通过诉前调解的方式参与多元化纠纷解决机

制的积极性。

此外，送达难问题、文书、庭审简化不彻底，与“简案快审”的办案要求不相适应等惯性因素同样成为制约民商事案件繁简分流有效运行的重要因素。

三、广西壮族自治区民商事案件繁简分流有效运行的择路与蜕变

在当前广西壮族自治区大力推进法官员额制改革的背景下，如何规范和保障广西壮族自治区民商事案件繁简分流的有效运行，是当前最紧迫的任务。如前所述，笔者将主要围绕该机制在运行当中四个最亟待解决的问题提出如下建议：

（一）科学确定民商事繁简案件划分标准，准确划分繁简案件

笔者认为，可以考虑“多元划分法”，即在划分民商事繁简案件时综合考虑案件的类型、构成要件、标的额等多种因素对繁简案件进行划分。一方面，根据我国现行《民事诉讼法》第157条规定的“简案三要件”确定民商事案件繁简案划分的基本标准，即案件事实清楚、权利义务关系明确、争议不大的案件为“简案”，但不单纯地以案件标的金额和案件类型确定“简案”的具体范围。下列民商事案件，可以作为“简案”：（1）适用小额诉讼程序案件。（2）选民资格案件、宣告失踪或者宣告死亡案件、认定公民无民事行为能力或者限制民事行为能力案件、认定财产无主案件、确认调解协议案件和实现担保物权案件等适用特别程序案件。（3）适用督促程序、公示催告程序案件。（4）不予受理、未预交案件受理费等程序性案件。（5）申请撤销仲裁裁决案件。（6）适宜速裁的简易程序案件、第二审程序案件。包括但不限于：a. 事实清楚、权利义务关系明确、争议不大的商品房预售合同，买卖合同，金融借款合同，民间借贷，租赁合同，居间合同，承揽合同，供用水、电、气、热力合同等各类合同纠纷；b. 银行卡纠纷、追偿权纠纷、股东知情权纠纷、产品责任纠纷；c. 侵害著作权纠纷、侵害商标权纠纷；d. 身份关系清楚，仅在给付的数额、时间、方式上存在争议的赡养费、抚育费、扶养费纠纷；e. 责任明确，仅在给付的数额、时间、方式上存在争议的机动车交通事故责任纠纷和其他人身损害赔偿纠纷；f. 劳动关系清楚，仅在劳动报酬、工伤医疗费、经济补偿金或者赔偿金给付数额、时间、方式上存在争议的劳动合同纠纷；g. 劳务关系清楚，仅在劳务报酬给付数额、时间、方式上存在争议的劳务合同纠纷；h. 法律关系明确的家事纠纷、离婚后财产纠纷；i. 不服第一审人民法院管辖异议、不予受理、驳回起诉裁定的上诉案件。（7）因被告下落不明适用普通程序审理但适宜速裁的简单案件。（8）事实清楚、权利义务关系明确、争议不大，适用普通程序审理但适宜速裁的简单案件，包括但不限于金融借

款合同纠纷、民间借贷纠纷等各类民商事案件。(9) 其他适宜速裁的简单案件。符合以下条件的案件可以确定为“繁案”：(1) 上级法院发回重审或指令立案受理、指令继续审理、指定管辖的案件；(2) 再审案件；(3) 第三人撤销之诉案件；(4) 涉外、涉港澳台案件；(5) 知识产权纠纷案件，但侵害著作权纠纷、侵害商标权纠纷案件除外；(6) 原告在起诉时提出评估、鉴定申请，人民法院认为应予准许的，或者当事人对诉前评估、鉴定结果有异议，并申请重新评估、鉴定，人民法院认为应予准许的案件；(7) 新类型案件；(8) 破产清算案件；(9) 涉及国家利益、社会公共利益的案件；(10) 当事人一方人数众多的案件；(11) 重大疑难复杂或具有重大社会影响的案件；(12) 其他不宜作为简单案件审理的案件。之所以采用上述的划分标准，主要是基于两点考虑：一是进一步细化了我国现行《民事诉讼法》第 175 条的规定，便于广大一线法官在审判实践中对该法条设置的“简案三要件”进行具体操作；二是兼顾广西壮族自治区的实际情况，将广西壮族自治区各级法院日常审判实践中的“简案”和“繁案”进行归纳和梳理，从中筛选出最常见的一些类型进行规定，并设置了兜底条款，从而既没有机械地拘泥于“简案三要件”，又在客观上扩大了简易程序的适用范围，提高了审判效率。

(二) 多措并举完善繁案退出机制，实现繁简案件有序分流

明确民商事繁简案件的划分标准和分流规则，只是在客观上为提高繁简分流的效率创造了条件。但是，还需进一步完善繁案退出机制，才能最终保障繁简分流工作的有序进行。对于繁案退出机制而言，其关键点在于以下两点：一是繁案退出的时间，即已经适用简易程序审理的“繁案”，在何时可以转为普通程序审理；二是繁案退出的条件，即已经适用简易程序审理的“繁案”，在何种条件下可以转为普通程序审理。笔者认为，对于第一个繁案退出时间点的问题，为了确保案件裁判尺度的一致性，如果发现繁案被错误地划分为简案，但案件已经适用简单程序审理而且承办法官在法庭辩论终结前并未及时将案件退回，那么该繁案应当继续适用简单程序审理，而无须另行分配至审理繁案的相关审判部门或审判团队办理。因为经过一次开庭审理后，主审法官几乎可以完全判断该案是简案还是繁案，进而真正使简单案件得到快速出口，而繁案得以从简单案件的“队伍”中剔除得到精细审理。当下列条件成就时，已经适用简易程序审理的“繁案”应当转换为普通程序审理：(1) 当事人增加或者变更诉讼请求致使案情复杂的；(2) 被告提出反诉或管辖权异议的；(3) 需要追加当事人的；(4) 需要进行调查取证、勘验、鉴定、审计、评估、检测的；(5) 有初步证据证明涉嫌虚假诉讼的；(6) 属于社会舆论关注、社会影响重大或者有涉诉信

访可能的；（7）其他致使案件不适宜作为简单案件审理的情形。

因此，对于繁案退出机制的完善，各院可以采取以下措施：一是借助审判管理系统这一现代化的信息技术手段，在锐新系统的基础上进一步改进，通过细化软件流程、增加案件节点、优化使用界面等措施，对民商事繁简案件转换全过程进行跟踪管理，确保案件转换过程全程留痕。二是加强繁案退出的审查和审批。对于已经分流为简单案件的案件，当不适宜作为简单案件审理的，建议经立案部门负责人审核并报主管副院长批准，承办法官可以在法庭辩论终结前及时将案件退回，由负责程序分流的法官或法官助理另行分配到审理繁案的相关审判部门或审判团队办理。三是积极引导当事人选择适用简易程序，避免出现繁案频繁退出的情况。当繁案已被错误地划分为简案并已适用简易程序审理，且双方当事人同意继续适用简易程序审理的，可以适用简易程序继续审理，无须转至普通程序审理，从而节省案件审理的时间，提高案件审判效率。

（三）深入推进法官员额制改革，建立符合民商事案件繁简分流特点的法官考评机制

一是要根据“简案”和“繁案”的不同特点设置合理的繁简案件折算标准，以提升考核工作的针对性。在民商事审判实践中，法官的工作量通常可以分为显性工作量和隐性工作量。显性工作量是指能“看得见”的工作量，通常表现为案件信息录入、文书送达、诉讼保全、开庭审理、法律文书的撰写以及判后答疑等工作，而隐性工作量则主要是指法官在审理案件的过程中为了准确适用法律、查明案件事实所付出的外人难以看到和体会的时间和精力。[①] 正是由于社会的不断进步、案件日益复杂、裁判标准不断提高，法官在审判案件时除了要综合考虑案件事实、证据和法律适用情况等以外，还要考虑社会各个方面的影响。这势必需要法官投入巨大的时间和精力去掌握和更新法学知识，增加与案件相关的法律资料的阅读和查询，思考并形成案件的审判思路。据统计，广西壮族自治区法院 2016 年新收各类民事案件279 785件，同比增长 19.89%。其中，民事一审案件244 498件，同比增长 18.32%；民事二审案件27 460件，同比增长 30.78%。[②] 从上述数据和审判经验来看，民事一审案件中的“简案”数量往往比“繁案”更多，而且绝大部分案件都在基层人民法院消化。但法官在审理“简案”的过程中所付出的隐性工作量并不比“繁案”少，因为公正的基

① 曾醒萍等：《科学核算法官工作努力实现人案协调》，载《人民法院报》2015 年 10 月 15 日，第 8 版。

② 广西壮族自治区高级人民法院：《2016 年度全区法院审判态势分析报告》，第 8 页。

本要求不能“简”。简易审判在追求快的时候，也不能“糙”。[①] 而过低的繁简案件折算比例往往容易挫伤简案承办法官的积极性。因此，在确定民商事繁简案之间的折算标准时，可以考虑将“繁案”和“简案”按0.6至0.8的系数比例进行折算，即审理1个“简案”等于审理0.6到0.8个“繁案”。这既可以鼓励“繁案”承办法官多办“繁案”，又充分照顾了广大基层法官特别是“简案”承办法官。因为客观上，基层人民法院的“简案”数量更多，多“劳”意味着多“得”，可以弥补“简案”折算比例较低的劣势。此外，要充分发挥信息化技术和审判管理系统的优势，可以根据本院受理的民商事繁简案件数量、审理时间以及办案法官数量等因素动态调整繁简案件的折算标准，从而引导法官有针对性地调整办案方式，节约办案时间，促进审判效率的提升。

二是要针对繁案审判团队和简案审判团队承担的审判任务不同设置不同的考核重点，并对各自团队中的员额法官、法官助理和其他辅助人员进行分别考核。一方面，由于繁案案情相对复杂，需要较长的审理时间，作出裁判所需的证据也必须更加充分，需要法官投入的时间精力也更多。所以，对于繁案审判团队中的员额法官，考核的侧重点应当在于文书合格率、上（抗）诉案件发回改判率和申诉再审率等与案件裁判质量相关的指标。另一方面，简案则恰恰相反。但简案的数量远远多于繁案，如果严格按照繁案的审理标准有可能降低法官的办案效率，因而对于简案审判团队中的员额法官考核侧重点应当在于结案数、法定审限内结案率、超延审限率等与办案效率相关的指标。但是，无论是繁案审判团队还是简案审判团队，从法官助理和其他司法辅助人员职业发展的角度出发，考核法官助理的侧重点应该是协助员额法官办理案件的数量、协助办案的质量以及个人的业务技能水平等，具体应当包括诉讼材料的审查、证据交换的组织、司法文书的写作以及跟案数量等方面的内容。而对于书记员等其他司法辅助人员的考核应当侧重于业务技能水平、协助员额法官办理案件数量以及日常工作表现等，具体包括笔录制作、案件送达、案件归档、跟案数量等。

三是建立员额法官、法官助理和其他司法辅助人员业绩信息化档案。在日常管理中，可以通过审判管理系统将上述三类人员的民商事繁简案件审判业绩数据一一罗列、对比和展示，并进行动态量化的跟踪和管理。这既便于实时观察繁简分流的实施效果，又能充分保障季度考评和年终考评的客观性，真正做到权责一体、奖优罚差、优胜劣汰，从而充分调动广大法官特别是一线法官的积极性。

---

① 吴燕、张慧超：《积极推进我国“繁简分流”改革——专访社科院研究员、博士生导师王敏远》，载《人民法治》2016年第10期。

（四）建立健全有机衔接、协调联动、高效便捷的矛盾纠纷多元化解机制

一是建立诉调对接运行机制，明确对接流程，保障诉调对接工作的有序开展。从广西壮族自治区的审判实践来看，可以考虑根据最高人民法院2009年发布的《关于建立健全诉讼与非诉讼相衔接的矛盾纠纷解决机制的若干意见》，并参照其他省份法院（如广东省高级人民法院于2017年3月9日颁布实施的《广东省高级人民法院关于进一步加强诉调对接工作的规定》），由广西高院制定广西壮族自治区法院系统诉调对接工作的统一规定，进一步明确诉调对接的机构和职责，并明确与之对接的部门范围、对接方式以及相关配套措施，从而推动诉讼与非诉讼纠纷解决方式有机衔接。

二是创立诉调对接工作平台，创新诉调对接工作新模式。由于交通事故纠纷、婚姻家庭纠纷、劳动争议纠纷三类案件在广西壮族自治区中、基层人民法院受理的民商事案件中占比较大，因此，建议由广西高院牵头与交通管理、妇联和劳动仲裁等三部门“先行先试”开展试点，召开“四方会谈”并形成诉调对接的合作文件或者备忘录，便于全区法院统一执行。广西高院还可以与上述部门共同建立示范性诉调对接中心，由四部门派出人员联合进驻办公，方便当事人咨询并选择适当的纠纷解决方式，及时化解矛盾纠纷。在条件具备的情况下，广西高院还可以将与三部门合作的成功经验推广到其他民商事案件领域，进一步扩大全区各级法院与各级行政机关、人民调解组织、仲裁机构、行业性调解组织、民商事调解组织、公证机构、律师协会、工会、妇联和共青团等的合作，充分整合各方各业的社会资源，促使更多的矛盾纠纷能够“一站式”解决，以有效提升矛盾纠纷的预防和化解能力。

三是增设多元化解案号，科学量化诉前联调工作，提高调解队伍整体素质。当前，广西壮族自治区相当多的人民法院并未建立专门的调解团队，甚至没有专门从事案件调解的法官，调解队伍的“主力”来自于没有“入额”的干警。究其原因，就是没有对调解干警设立科学的考评机制，无法合理地量化调解法官的工作量。因此，笔者建议，可以借鉴《广东省高级人民法院关于进一步加强诉调对接工作的规定》第18条有关设置“诉前民调”案号的规定，对在起诉前可以通过多元化解调解结案的案件，增设多元化解案号，并明确调判衔接程序。[①] 如果调解法官能够通过多元化

① 《广东省高级人民法院关于进一步加强诉调对接工作的规定》第18条：立案部门案件分流。立案部门认为起诉案件适宜调解的，编立“诉前民调”案号，向起诉人出具《调解告知书》，告知案件编号、权利义务、调解流程和无正当理由不参与调解的法律后果等相关信息，并及时将案件移交诉调对接部门处理。起诉人要求登记立案后调解的，按照立案后调解流程处理。起诉人不同意参与调解的，应当填写《不参与调解确认书》，说明正当理由。起诉人拒绝填写的，立案部门在《调解情况登记表》上注明情况，并及时登记立案，将案件转入审理程序。

解的方式调解结案，那么在计算调解法官工作量时可以参照“繁案”审理工作量的规定予以执行，即处理1个多元化解调解结案的案件等于审理1个“繁案”的工作量，从而提高调解法官办理多元化解案件的积极性，并鼓励更多学历高、业务能力强、素质水平高的法官和其他干警充实到调解队伍中，进一步提高多元化解水平。同时，还可以通过聘任、选任的形式大力引进“外源”，通过购买社会服务、引入第三方资源、聘请志愿者等方式，从退休法官、退休检察官、退休警官、各类专家学者、律师、人民调解员、法律服务志愿者，以及其他具有较高文化素质和水平的社会成员中选聘专业人员加入法院现有的调解队伍中，以弥补员额制改革后调解法官的不足，更有效处理和化解各类矛盾纠纷。

四、结语

综上，民商事案件繁简分流不仅是当前广西壮族自治区法院有限的司法资源与激增的司法需求之间矛盾的应对之举，从长远来看，其出现和发展是我国司法体制改革特别是法官员额制改革后的必由之路。特别是对于深受案件之累的广西壮族自治区广大中、基层人民法院而言，民商事案件繁简分流已经不是该不该改革的问题，而是该如何改革和完善的问题。而程序的正当性与扩大简易程序的适用范围之间并非相互对立，合理的简易程序恰恰与程序的正当化过程相辅相成。[①] 因此，唯有正确认识民商事案件繁简分流的重要作用，多措并举完善繁简分流的各项机制，才能充分发挥“繁简分流”的作用，实现审判质效并举，真正让人民群众在每一个司法案件中感受到公平正义！

---

① 傅郁林：《繁简分流与程序保障》，载《法学研究》2003年第1期。

司法改革背景下法院分案机制的改革进路

——以正当法律程序为视角

王五洋*

一、观念认知：人民法院分案机制之价值分析

（一）宏观考察：国家政策层面上的法院分案机制

“机制”一词源于希腊文 Μηχανισμός，原指机器的构造及其工作原理。社会学意义上的“机制”，泛指一个工作系统的组织或部分之间相互作用的过程和方式。笔者将人民法院案件分配过程中所依据的规则、原则、程序和方式等，统称为“分案机制”。作为连接立案程序和审判执行工作的重要纽带，法院的分案程序既是保障当事人诉讼权利的关键环节，又是人民法院保持司法廉洁的重点领域之一。然而，长期以来，人民法院案件分配过程不够透明，易成为关系案、人情案等“暗箱操作”的空间，成为廉洁司法的隐患。对此，最高人民法院 2014 年 7 月 9 日发布的“四五改革纲要”中明确，要进一步完善人民法院内部的案件分配制度。相比前三个“五年纲要”，这一纲要对案件分配制度的规定更为丰富和具体（见表 1）。

表 1　四个“五年纲要”的相关规定

	相关规定
一五纲要（1999～2003 年）	建立科学的案件审理流程管理制度
二五纲要（2004～2008 年）	健全和完善科学的审判流程管理制度……在考虑案件类型、难易程度等因素的前提下建立和完善随机分案制度

---

* 王五洋：南宁市中级人民法院。

续表

	相关规定
三五纲要（2009～2013年）	—
四五纲要（2014～2018年）	完善分案制度。在加强专业化合议庭建设基础上，实行随机分案为主、指定分案为辅的案件分配制度。建立分案情况内部公示制度。对于变更审判组织或承办法官的，应当说明理由并公示

（二）观念认知：法院分案机制之认识偏差

为进一步了解法院分案机制的运行状况，笔者依托G省N市中级人民法院立案庭以全市法院分案机制的运行状况为研究样本，以匿名填写调查问卷的形式，对法院分案机制的实践运行情况进行了研究分析。其中，N市中级人民法院立案庭于2017年3至4月分别向社会公众、法官及执业律师各发放调查问卷100份，回收有效问卷233份：法官问卷87份，执业律师问卷79份，社会公众问卷67份。通过分析调查问卷发现，法院分案机制存在如下认识偏差（见表2）：

1. 主体认识偏差：法院分案程序“透明度”不高

表2　人民法院案件分配机制调查问卷统计（一）　　单位：份

对法院案件分配程序是否了解	法院	执业律师	社会公众
了解	53	14	6
一定程度上了解	28	26	13
不清楚	6	39	48

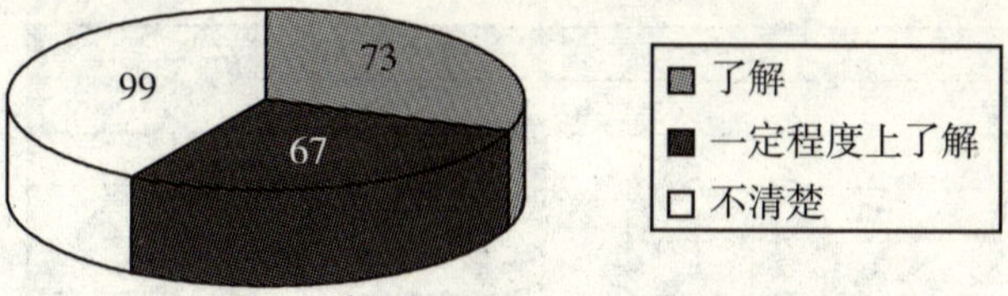

图1　法院分案机制透明度调查对比

根据调查问卷分析可知，现行分案程序的透明度不高，人民法院的分案机制具有一定的“封闭性”：总体来看，接受问卷调查的法院工作人员93.1%表示了解或在一定程度上了解法院的案件分配程序，然而接受问卷调查的执业律师和社会公众中相关比例仅为50.63%和28.36%，有71.64%的社会公众表示不了解人民法院的案件分配程序。

2. 价值认识偏差：分案机制是否影响司法公信

表3　人民法院案件分配机制调查问卷统计（二）　单位：份

法院内部分案程序是否影响司法公正	法院	执业律师	社会公众
影响	27	34	31
不影响，两者没有必然联系	36	17	7
在一定程度上影响	24	28	29

表4　人民法院案件分配机制调查问卷统计（三）　单位：份

法院内部分案程序是否影响司法权威	法院	执业律师	社会公众
影响	19	32	31
不影响，两者没有必然联系	31	21	13
在一定程度上影响	37	26	23

从表3可以看出，受访者中有58.62%的法院人员表示分案程序影响或在一定程度上影响司法公正，接受问卷调查的法院工作人员41.38%认为二者没有必然联系。然而，社会公众和执业律师认为法院内部分案程序影响或在一定程度上影响司法公正的比例分别高达89.55%和78.48%，持相反意见的仅为10.45%和21.52%。

从表4可以看出，受访者中有64.37%的法院人员表示分案程序影响或在一定程度上影响司法权威，35.63%的法院工作人员认为两者没有必然联系。然而，社会公众和执业律师认为法院内部分案程序影响或在一定程度上影响司法权威的比例分别高达80.60%和73.42%，持相反意见的仅为19.40%和26.58%。

3. 效果认识偏差：对法院分案程序过于自信

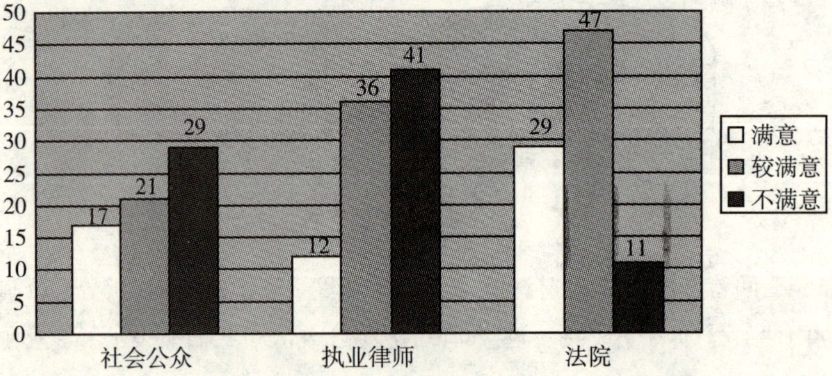

图2　人民法院分案机制满意度调查对比

由图2可以看出，法院人员、社会公众与执业律师三者对法院分案机制满意度呈现出较大的差别。其中，社会公众认为分案程序科学合理、对法院分案机制表示满意或较为满意的占56.72%，有43.28%的社会公众选择不满意，认为不清楚自己的案件的分配过程；执业律师受访者中有51.90%表示不满意人民法院的案件分配程序，选择满意或较为满意的仅占48.10%；法院人员中满意和较满意的占87.36%，不满意的法院工作人员仅占12.64%。通过问卷调查可知，分案程序在法院内部尚未引起足够的自觉与自省。

（三）价值分析：法院分案机制的实践功能

1. “规范化司法”的必由之路

第七届联合国预防犯罪和罪犯待遇大会通过的《关于司法机关独立的基本原则》第14条规定：“向法院属下的法官分配案件，是司法机关的内部事务。”长期以来，案件分配一直被认为是人民法院的司法行政事务，属于内部治理的范畴，所以分案机制长期处于制度和规则空白的状态。分案过程人为因素重、不透明、弹性大，缺乏规则和程序约束，极易滋生腐败。因此，构建科学合理的分案程序，限制分案过程中存在的权力任性与恣意，切实解决审判流程管理中不愿放权、不敢监督、不善管理等问题，保障法官排除干扰、依法依规办案，是人民法院理顺内部治理机制，由“行政化”司法向“规范化”司法转变的必由之路。

2. 深化司法供给侧改革的关键举措

从供求关系来看，人民群众日益增长的多元司法需求与司法能力不足的矛盾，仍然是当前人民法院工作的主要矛盾。[①] 从需求方来讲，人民群众不仅存在着“定分止争”的司法救济需求，更存在着亲历、认识、了解司法产品产出过程的司法认知需求。从供给方来讲，由于立案登记制改革带来的“诉讼浪潮”以及法官员额制改革带来的办案力量不足等问题，广大中、基层人民法院普遍面临着“案多人少”的现实压力。因此，构建科学合理的分案程序，不仅是提高司法生产力的重要途径，也是人民法院进行供给侧改革，解决影响司法公信、制约司法能力深层次问题的重要举措。

3. 人民法院司法公信力的重要源泉

客观地讲，从当下涉诉信访的数量仍居高不下的态势来看，人民群众对司法的认同度还不够高。由于司法公信是人民法院整体工作成果的集中体现，整个审判流程中

---

① 罗灿：《遵循司法规律　推进繁简分流改革》，载《人民法院报》2017年4月22日，第2版。

的任何一个瑕疵均可能伤及目前仍十分脆弱的司法公信。从社会公众的角度来看，当事人渴望了解司法裁判结果产生的整个过程，封闭的分案程序无疑是审判管理流程中的一个“黑点”，容易让社会公众怀疑“猫腻”的存在，更多猜疑“不公开”是对自己裁判不利的决定因素，而不是去分析诉讼本身的客观方面。因此，实现由人为分案向规则分案转变，消除人民群众对“暗箱操作”的合理怀疑，其本身所彰显的“公平、公正、公开、防止权力滥用”等价值理性，不仅是人民群众寻求司法救济的终极关怀和最终归宿，更是司法公信力的重要来源。

二、现实考察：人民法院分案机制之问题透视

美国著名法学家霍姆斯曾经说过：“要想改进，第一步就是看看眼前的事实。”①晚近以来，我国法院系统采取的案件分配制度较为多样，但概括起来不外乎以下几种：

（一）轮流分案模式

纵观中国近代法制史，南京国民政府取得了较为辉煌的立法成就。就法院内部案件分配制度而言，国民政府法院主要采取轮流分案的模式，并对该种分案制度作出了详尽而独具特色的法律规定。1929年8月14日国民政府修正公布的《最高法院组织法》规定，最高人民法院置民事庭及刑事庭，其庭数视事之繁简以司法院院令决定。每庭设推事五人，以一人为庭长，其职责在于监督该庭事务及分配案件。② 以民事案件为例，具体的案件分配程序为“依收案之编号次第，按各推事名次轮流分配”。③《地方法院及分院处务规程》则规定，民事案件“依收文号数及性质，按照事务分配表分配，其配受之推事因故不能担任者，应由庭长自办或指定他庭员担任，或与他庭员配受之案件互易”。④

（二）指定分案模式

指定分案模式，是目前各地法院最为普遍采用的分案方式。立案庭统一立案受理后，根据传统的刑事、民事、行政、执行等案件类型将案件分配到相应的审判执行业务部门，然后由该部门（通常是庭长或者庭长授权内勤）根据案件及部门内法官的具体情况进行二次分案，指定案件的承办法官。该模式的主要优势在于案件的分配主体能够综合审查案件与承办法官的具体情况，兼顾案件类型、案件复杂程度、法官办

---

① 苏力：《送法下乡——中国基层司法制度研究》，中国政法大学出版社2000年版，第391页。

② 兰世民等：《法院分案若干问题研究》，载《法律适用》2012年第6期。

③ 兰世民等：《法院分案若干问题研究》，载《法律适用》2012年第6期。

④ 兰世民等：《法院分案若干问题研究》，载《法律适用》2012年第6期。

案能力、业务特长等各种因素，从而作出最优化选择。然而，指定分案过程不透明、人为因素重且缺乏规则约束，一则易成为关系案、人情案、金钱案寻租的空间，极易滋生腐败；二则该模式存在将案件分配到庭室和各庭室分案到承办法官的两次分案过程，中间环节多，不利于审判效率的提高；三是不同类型案件的难易程度、审理周期不同，指定分案时在案件类型和数量等方面可能对部分法官有所偏重，既影响法官办案的积极性，也不利于科学地进行绩效考评。

（三）统一分案模式

20世纪80年代末至90年代初，由于起诉制度不够完善，许多法院普遍采用从立案到审判全部流程均由业务庭包揽的“自立自审”模式，各类案件的立案受理分散在各审判业务庭，导致立案标准不统一，内部机制运作不畅，关系案、人情案多发等一系列问题。对此，最高人民法院“一五改革纲要”提出建立“科学的案件审判管理流程制度”。此后，全国法院纷纷将原来各业务庭的立案权分离出来成立专门的立案机构，并把审判流程控制权与案件审判权分离，交由立案庭、审判庭分别行使。在该时期，立案庭统一立案后，根据所受理的案件类型、各业务庭的业务分工和法官人员情况，直接将案件分配到具体的承办法官手中。此种分案模式的优势在于省去了各业务部门的二次分案环节，简化了流程，节约了案件的周转时间，提高了审判效率。然而，立案庭集立案、分案、排期、送达等职能于一身，权力过于集中，且不熟悉各部门的工作情况和法官具体情况，难以在案件和承办法官之间作出最优选择，不利于审判质效的提高。

（四）随机分案模式

随机分案，是以法官的案件存量为基础，通过计算机分案软件将新受理的案件根据一定的规则随机确定承办人的案件分配过程。实践中，有的法院随机将案件数量较为平均地分配给不同的法官，也有的通过电脑程序自动将案件分配到案件积存数最少的法官。随机分案具有公开透明、客观公正、高效便民等优点，但实践中也面临着如下适用问题：一是与繁简分流的衔接。2016年，全国地方各级法院共立案受理各类案件2303万件，同比上升18%。[①] 人民群众普遍存在着希望其诉求得到及时、方便、快捷处理的司法效率需求。对此，最高人民法院明确提出要“简案快审、繁案精审”，实现繁简分流。然而，电脑无法识别案件的难易程度和法官的专业特长及业务能力等，随机分案时难以科学地进行繁简分流。二是从技术角度来看，对于关联案件、系列案件以及当事人撤诉之后再起诉的案件，系统还不能自动识别并将案件分配

① 周强：《最高人民法院工作报告》，载 http：//www.npc.gov.cn/npc/xinwen/2017－03/15/content_2018938.htm，2017年5月30日最后访问。

到同一法官手中，不利于审判效率的提高。此外，法官因法定情形需要回避的，由于系统无法识别其身份，仍可能将案件分到其名下审理。三是从绩效考评角度来看，按照优先分到案件积存数量最少的法官手中的原则，客观上存在“鞭打快牛”的现象。同时，也应当考虑院、庭长等人的分案系数问题。

（五）自主选案模式

近年来，尤其是立案登记制实施以来，人民法院受理案件数量普遍呈爆发式增长。为应对当前的“诉讼浪潮”，有效缓解“案多人少”的矛盾和压力，许多法院尝试通过速裁程序、小额诉讼程序、简易程序等多种方式快速解决一大批简易案件，实现繁简分流，让有限的审判资源真正用于解决复杂、疑难的案件。作为配改措施，许多法院尝试让速裁法官自主选案。立案后，速裁庭首先挑走简单或难度相对较小的案件；余下的案件作为复杂案件进行随机分案，或者根据案件类型分配到相应的业务部门，由部门负责人进行指定分案。自主选案的优势在于可以快速地消化掉一大批简易案件，保证了案件的审判效率，但也存在如下弊端：一是违背了法官应当客观、中立原则，可能引发关系案、人情案、金钱案等问题；二是仅仅通过阅卷就决定案件的难易具有主观性，未必能达到速裁的目的；三是简单案件与复杂案件的审理难度与审理周期不具有可比性，难以制定统一的绩效考评标准和尺度。

三、比较分析：法院案件分配机制的域外镜鉴

（一）英美法系

1. 英国模式。一般来讲，英国法院将案件分配到具体的承办法官或者法院的内设部门都是基于一种随机的机制，比如按照原告姓名的首字母顺序、案件编号、时间顺序和案由等。1999 年《民事诉讼程序规定》实施后，英国改变了以往按时间顺序分案“先来的案件先审”的做法，转而采用“多流程体系”——一种充分考虑每一个具体案件的复杂程度，进而将其分配到相应的审判流程并配置相应的审理程序的“分辨式的案件流程管理”体系。英国 1999 年实施的《民事诉讼程序规定》为司法审判设置了明确的量化标准，即诉讼程序从当事人索赔开始，并须表明索赔的类型和标的额。索赔额度在 5000 英镑以下的属“简易程序”；索赔额度超过 5000 英镑而不超过15 000英镑且预计审理时间不超过一天的，属“快速程序”；不适用上述两种程序的案件归为“多极程序”。适用简易程序和快速程序的案件，因标的额或复杂程序

的增加，可由初审法官重新确定诉讼程序。[①] 当事人，无论原告还是被告，均不得自主选择特定的法官审理自己的诉讼案件，但如果某位初审法官刚作出某一裁定，而该裁定现因执行需要或者出现解释争议，基于效率和便利之目的，排定的将要审理后案的法官可以将案件移交作出该裁定的法官，因为作出该裁定的法官显然更清楚裁定的条款和适用范围。

2. 美国模式。与英国类似，美国法院的案件分配制度也经历了一次较大的变革。传统上，美国法院实行“总清单制度”，案件由立案机构统一立案后，并不立即分配给某一具体的承办法官，而是首先集中到“中央库”中，然后根据案件进展的不同阶段，随机确定当天有时间的法官或者按照专业知识确定具体的审理法官。由于每一个程序的法官都要重复花费时间了解已进行的诉讼程序，所以这个制度必然导致诉讼的延迟。为此，美国开始采用“个人诉讼时间表制度”，即在随机分案的基础上，每一位法官按照案件清单自始至终负责管理各自的案件。在美国，当事人不能选择审理自己案件的法官，法官不能选择案件，但在部分法院，当事人可以协商一致共同选择调解法官进行调解。此时，可将案件从随机分案的法官交由被选择的调解法官进行调解，调解不成的，案件仍交由原随机分配的法官进行审理。[②]

3. 加拿大（魁北克）模式。在魁北克，法院利用统计工具衡量每一司法管辖区内的案件审理时间、等待审理时间、审结案件数量、等待审理案件数量以及每位法官的有效工作量，由协调法官根据统计数据来管理法官委派工作，并通过调整不同司法管辖区之间法官的分配来解决案件在某地积压的问题。协调法官则由首席法官以地区为基础从法官中选任，由魁北克政府批准通过后任命。魁北克法院案件分配的另一个特点是法官之间有一个非正式的案件分配调整机制，通过该机制，将有空闲的法官从一个司法管辖地转移到另一个地方审理案件，承担了大比例案件数量的法官可以将其部分工作转移给相对空闲的法官。在魁北克，一个地区的法官可以在数个地方审判法庭审理案件，如果某个法官在其任职地案件不够，原则上他应当通知协调法官其有空闲时间。在此情形下，若某法官被认为在其所在的法院工作量不足，可以要求他到其任职地以外的地方补足其尚欠的工作天数，以确保法官之间工作量分配的更公平。[③]

---

① 详见菲利普·M. 朗布鲁克（Philip M. Langbroek）、马克·法布里（Marco Fabri）：《法院案件管辖与案件分配：奥英意荷挪葡加七国的比较》，范明志等译，法律出版社2007年版，第139页。

② 《美国联邦法院体系与州法院的关系》，载https://zhidao.baidu.com/question/59830273.html，2017年5月25日最后访问。

③ 菲利普·M. 朗布鲁克、马克法·布里：《法院案件管辖与案件分配：奥英意荷挪葡加七国的比较》，范明志等译，法律出版社2007年版，第272~279页。

（二）大陆法系

1. 德国法院案件分配模式。在德国，各个法院都成立有一个主席团，年初制订计划，根据一定的标准，负责确定各个审判庭审判案件的类型。根据《德国法院组织法》第二十一条之五“一、主席团决定合议庭之组织，任命调查法官，规定代理人及分配事务。以上规定，主席团应于司法年度开始前，以该年度为期订定之。院长应自行选定，担任何种裁判任务。每一法官得隶属于数个审判庭”之规定，法院院长也必须审判案件，他可以决定审判哪一类案件，但不能选择审判某一具体的案件。年初制定的案件分配计划，“非因法官或审判庭负荷过重或者工作量太轻或因个别法官之更换或长期事故之必要，不得变更之。于变更前，应给予因事务分配变更而受影响之审判庭庭长表示意见之机会。”①

2. 意大利法院案件分配模式。在意大利，寻求法律正义的人们有权要求他们的案件由“法定法官”来审理和判决。一些法院，如奥地利、意大利和葡萄牙的法院，都有“法定法官”制度和“法官职位稳定”制度，这些国家都把这两个制度作为“法定法官原则”写进了宪法。② 这意味着：（1）法院内部的案件分配是随机的，或者是按照一种非常详细的预设标准进行的，以保证哪个法官审理哪个案件的不可预知性；（2）案件一旦分配给了某个法官，该法官不得拒绝审理，除非特殊情况发生，否则该案件不得再分配给其他人。一般来说，在意大利法院内部，案件仍然是根据案件编号按照“先收到，先分配”的原则分配，也有可能根据法官具体的专业方向，把特定类型的案件（如家事案件、合同案件、未成年人案件等）分配给特定的法官审理。

四、完善路径：人民法院分案机制之制度建设

（一）分案机制改革的目标

“如果根本不知道道路会导向何方，我们就不可能智慧地选择路径。”③《司法机关独立基本原则的声明》指出：“基于组织上、结构上之理由，不须由立法者规定，可由法院自己规定，但必须如同立法者一样，通过法规订定的程序来建立。”由于传统的分案模式缺乏程序和规则的约束，分案过程充满恣意与不确定性，而规则是集体

① 周道鸾主编：《外国法院组织与法官制度》，人民法院出版社2000年版，第451~452页。

② 菲利普·M. 朗布鲁克、马克·法布里：《法院案件管辖与案件分配：奥英意荷挪葡加七国的比较》，范明志等译，法律出版社2007年版，第168页。

③ ［美］卡多佐：《司法过程的性质》，苏力译，商务印书馆1998年版，第63页。

智慧和审慎考虑的产物，公正、公开、不会偏私。在司法改革逐步深入的今天，人民法院的分案制度应当以制度化建设为目标，实现由人为分案向规则分案的转变，通过建章立制、加强管理，解决影响司法公正、制约司法能力的深层次体制机制问题。

（二）案件分配的基本原则

1. 法定法官原则。长期以来，我国法官缺少应有的独立性，审理案件时受到院、庭领导、行政长官、审判委员会等的制约，“审者不判、判者不审”的现象一直饱受诟病。对此，《最高人民法院关于完善人民法院司法责任制的若干意见》第 39 条第 1 款明确规定：“法官依法审判不受行政机关、社会团体和个人的干涉。任何组织和个人违法干预司法活动、过问和插手具体案件处理的，应当依照规定予以记录、通报和追究责任。”法定法官原则在分案程序中，就体现为依照分案规则随机确定承办法官，非经法定程序不得变更。作为程序正义的第一道关卡，从最基本的案件分配开始，确立整个案件审理流程中必须遵守的程序步骤，以减少案件自受理之初就可能存在的权力寻租的空间，确保案件得到客观公正的审理。

2. 公开公正原则。自党的十八届四中全会提出“构建开放、动态、透明、便民的阳光司法机制”以来，人民法院采取了裁判文书上网、庭审直播等一系列措施，司法公开工作取得了较大的成绩。然而，人民法院公开的信息中，实体结果公开的较多，工作流程等公开的较少。显然，更加透明的司法显然还需要过程性司法信息公开。作为司法过程的重要一环，传统分案模式的弊端在于过程不透明、人为因素重、缺乏规则约束。因此，构建科学合理的分案程序，应当以公开公正为原则和目标，排除分案环节的权力寻租和人为操作空间，消除人民群众对分案程序的合理怀疑，以公开促公正、以公开促公信、以公开促廉洁。

3. 高效司法原则。从司法的人民性来讲，法院是为人民而存在的，而非相反。因此，评价人民法院的一切工作成果，应当以是否准确把握、是否有效满足人民群众的司法需求为标准。对分案程序而言，随机分案以司法公正为价值取向，指定分案则以司法效率为主要价值依归。在人民法院案件数量普遍呈爆发式增长的今天，人民群众不仅有司法公正的需求，更存在着司法效率的价值追求。因此，人民法院的分案程序应当在保证司法公正的基础上，兼顾司法效率。

4. 权责统一原则。所谓权责统一，是指在一个组织中特定的个体所拥有的权力应当与其所承担的责任相适应。根据权责统一原则，随机确定的承办法官不得拒绝接收案件，承办人之间不得私自变更；享有指定分案权的主体，必须指定恰当的人选担任案件的承办法官；享有变更审批权的主体，必须严格遵循案件变更程序；享有分案监督权的主体，必须严格监督并对分案过程中存在的渎职舞弊等行为予以惩戒。

（三）分案机制的完善路径

1. 主体维度。案件受理后，原则上应当由立案庭立即进行随机分案，如山西省高院尝试让案件双方当事人在电脑上现场选法官，以消除当事人对“暗箱操作”的怀疑。[①] 但不应赋予承办法官自主选案的权力，因自主选案可能“恣意操纵法官对于个案之管辖”[②]，不符合公平公正、客观、中立的程序正义要求。对于本院再审、重审以及重大、疑难、复杂和新类型的案件，可以由立案部门指定院长、副院长或庭长亲自审理，或者将案件分配至对应的审判执行部门，由该部门负责人根据案件疑难复杂程度和法官的具体情况，指定案件的承办法官。对于因回避、工作调动、健康或外出工作学习等原因需要变更案件承办人的，应当填写《承办法官变更登记表》，经部门负责人确认签字后，由立案部门办理变更手续，并将相应的变更信息在审判管理平台上予以公示。

2. 管理维度。随机分案的，应当在立案受理阶段即时确定案件的承办法官；需要指定分案的，应当设置合理的期限。分案后，应及时将案件移送业务部门审理或执行。案件需要变更承办人的，应重点把握以下几个环节：一是规范审核审批。所有案件变更都需经过业务部门负责人审批，立案部门对登记表进行审查、办理、存档。二是定岗明责。立案部门对案件变更实行专人、专用密码办理，并对具体的案件变更工作负责。三是案件变更要全程留痕，变更理由及结果应当及时通知案件当事人，并在审判管理平台上予以公示。四是审判管理部门定期检查通报情况，分析变更原因，提出改进意见，促进随机分案制度的贯彻执行。

3. 制度维度。（1）与繁简分流程序的衔接。繁简分流是人民法院应对诉讼爆炸、破解“案多人少”难题的重要手段，推行繁简分流的法院一般都成立了快审速裁团队。在案件分配环节，应当由立案部门对符合快审及小额诉讼条件的案件进行筛选，然后按照“简案”编号在速裁团队内部实现随机分配。（2）随机分案与专业化审判团队建设。分案过程中，立案庭应当区分普通案件与“类型案件”：普通案件按照电脑程序在有案件承办资格的法官中随机分配，“类型案件”应当在专业审判团队内部随机分案或者将“类型案件”分配到相应的审判团队，再由庭长或团队负责人根据案件的难易程度、法官的业务能力以及未结案件数量等因素在审判团队内部指定分案。

---

① 周何、孙朝晖：《山西法院系统实施“铁案、精品案、和谐案”工程见成效》，载 http://news.163.com/07/1219/21/403USESK000120GU.html，2017 年 5 月 31 日最后访问。

② 翁岳生主编：《行政诉讼法逐条释义》，台北，五南图书出版股份有限公司 1991 年版，第 3～18 页。

4. 纪律维度。作为审判管理的重要组成部分，法院的分案机制应具备以下特征：一是要以提高法官办案的积极性为目标，并应严格推行绩效考评制度，对于消极办案、拖延办案、故意不报结案等利用均衡分案的漏洞规避电脑随机分案的，应当给予相应的惩戒。二是要严肃分案工作纪律。电脑随机分案后，承办法官不得以任何理由拒绝接收案件；承办法官接收案件后确有理由认为需要变更承办人的，应当履行审批手续，经批准后方能办理变更手续。三是法官违反工作纪律要求将部分案件立在其名下的，立案部门应当予以拒绝。四是纪检监督部门对拒绝接受案件及私下拉拢案件的人员应予以纪律处分。

5. 技术维度。随机分案，不应当是简单地设定电脑程序将案件与承办法官进行自由搭配，也不应当是在法官之间按一定次序的轮流分配，而是要综合考虑“案件复杂程度”“案件审理周期”“同类案件的审理经验”“案结事了”“是否会引发涉诉信访”等要素，运用司法大数据手段对法官审理不同类型案件进行难度系数测算。一是要使大数据测算结果成为科学分案的“指南针”，选择难度系数最小的法官承办相关类型案件，实现案件与承办法官之间的最优匹配。二是要发挥大数据测算结果的“晴雨表”作用，科学地测算法官的工作饱和度，实现均衡分案，防止不同法官之间办案压力“苦乐不均”的情况发生。

五、结语

通过分案机制改革，优化审判流程管理，解决分案环节存在的权力滥用、权力寻租和外部干扰等问题，消除人民群众对程序公正的合理怀疑，既是人民法院以公开促公正、以公开促廉洁、重塑司法公信的内在要求，又是优化司法资源配置、提高司法能力、打造智慧型法院的关键举措。

论法官员额制改革下审判团队的有效组建

——以A市法院若干“员额法官”与“法官助理”的需求状况为参考样本

蒋铁滔　林子焜*

【摘要】我国法院现行内部运行体制、法官的职业特性及当前社会形势决定了法官员额制改革是我国司法体制改革过程中的必经环节，但由此带来一系列诸如“案多人少”矛盾、审判质效压力、员额法官与法官助理的心态波动及审判团队如何组建等现实问题，而解决这些问题的关键还是要看法官员额制改革的成效。法官员额制改革即意味着打破传统的审判权运行模式，组建以员额法官为中心的新型审判团队来运行审判权，真正实现“让审理者裁判，由裁判者负责”。因此，从审判权运行层面，法官员额制改革成效与否很大程度上取决于审判团队的有效组建。在审判团队中员额法官处于核心地位，法官助理起着承上启下的枢纽作用。而本次法官员额制改革，无论是员额法官，还是法官助理，在心态方面波动较大，若不准确认知与正确对待员额法官、法官助理的个人需求状况，势必影响到审判团队的有效组建。因此，笔者通过对A市法院若干不同年龄段不同类型的员额法官和法官助理的需求状况进行调查、归纳和分析，根据其需求差异进行优化组合，借此提出几种典型的审判团队组建模式如“师徒式”“协同式”“类型化”“氛围式”，以期为当前法院如何组建优质稳定的审判团队提供参考。

一、法官员额制改革与审判团队有效组建之间的关系

（一）法官员额制改革是我国司法体制改革过程中的必经环节

截至2017年5月底，全国各级法院已基本完成员额法官的选任工作，法官员额

---

* 蒋铁滔、林子焜：南宁市邕宁区人民法院。

制改革已在全国全面铺开。据不完全统计，法官员额制后，全国绝大部分法院具有办案资格的法官比例将减少40%以上。截至2017年4月底，广西壮族自治区法院共收诉讼案件161 881件（含旧存），同比增长8.68%；共结诉讼案件69 337件，结案率为42.83%，同比增长仅1.83%。[①] 从该趋势来看，法官员额制后员额法官面临的审判任务将十分繁重。面对如此严峻的审判形势，为什么还要进行法官员额制改革？对此，最高人民法院院长周强指出，“法官员额制改革是按司法规律配置审判人力资源，实现法官队伍正规化专业化职业化的重要制度，是实行法院人员分类管理的基础，也是完善司法责任制的基石。建立法官员额制，就是要实现人员分类管理，让优秀法官人才充实到审判一线，建立以法官为中心、以服务审判工作为重心的法院人员配置模式”。[②] 除此之外，我们还可以从以下几个方面来进行理解：

1. 法院现行内部运行体制决定要进行法官员额制改革

很明显，法院现行内部运行体制最大的问题就是“行政化”现象严重。通常情况下，一个普通的基层人民法院内设机构会有14~15个，中层正职以上领导（含院领导）有18~19个。实务中，这些人除传统审判业务庭的中层正职外基本没有办案任务，但大多数又具有审判资格。即便是传统审判业务庭的中层正职领导办案数量也不是很多。而这些人大部分是从审判一线的岗位因表现优秀提拔上来的，提拔后却很少再从事一线审判。从事一线审判的法官基本都是未提拔的一线“老法官”及取得审判资格不久的“新法官”，“老法官”相比“新法官”来说自然要享有一定的“特权”，无论是在办案数量方面还是在办案难度方面会有所差别。如此循环，必然出现“少数优秀法官因走上领导岗位而不办案，一部分优秀法官因为享受不到‘级别’红利而缺乏进取动力或流向体制外”的现象。很显然，这种“行政化”色彩较浓的法院内部运行体制显然是不符合司法规律的，是急需改革的。

2. 法官的职业特性决定要进行法官员额制改革

法官职业化我们已经倡导了很多年，虽经多年改革，却成效不大。究其原因，主要还是没有真正实现人员分类管理，没有强化法官的职业特性。所谓法官职业化，是指法官以行使国家审判权为专业职业，并具备独特的职业意识、职业技能、职业道德和职业地位。[③] 据此，法官必须具备一定的职业能力、操守与地位。在法院，法官就

---

① 该数据来源于广西壮族自治区高级人民法院审管办统计数据。

② 《周强：推进法官员额制改革让优秀法官人才充实到审判一线》，载 http：//www.xinhuanet.com/politics/2015-07/25/c_1116037375.htm，2017年5月25日最后访问。

③ 《最高人民法院关于加强法官队伍职业化建设的若干意见》，载 http：//www.chinacourt.org/article/detail/2002/07/id/8900.shtml，2017年5月25日最后访问。

应当是代表国家行使审判权的唯一主体。因此，未从事审判事务的其他人员就不能是法官，而从事审判事务但不行使审判权的人员也不能是法官，只能作为法官的辅助人员。在我国法院，未从事审判事务的其他人员可能是法官，从事审判事务但不行使审判权的人员也可能是法官，“法官”几乎成了法院人员的行政别称，这显然不符合法官本身的职业特性。

3. 当前社会形势决定要进行法官员额制改革

当前我国经济社会发展正处于转型的关键时期，各类新型社会矛盾纠纷频发，大量社会矛盾纠纷涌入法院，法院正面临前所未有的办案压力。而人民群众的司法需求在不断提高，一旦有某个案件处理不慎，就有可能引发新一轮社会不良反应。那么，如何回应人民群众的司法需求？如何保证让人民群众在每一个司法案件中感受到公平正义？目前，顶层设计给出的良方是通过实施“司法责任制”改革，来真正实现“让审理者裁判，由裁判者负责”，从而确保审判权的独立行使，公正裁判。然而，让什么样的审理者来裁判，又由什么样的裁判者负责？自然是要让现行法官中的精英们来裁判，由他们对自己作出的裁判负责。那么，如何才能遴选出当前法官中的精英？只能通过员额制改革。

（二）法官员额制改革带来的现实问题

迄今为止，尽管全国各级法院员额法官的选任工作已基本完成，但由此带来的现实问题却异常突出，主要表现如下：

1. “案多人少”矛盾进一步加剧

自2015年5月1日实行立案登记制以来，截至2017年3月，全国法院登记立案数量超3100万件，同比上升33.92%。[①] 而本次法官员额制改革，中央确定的是以省为单位、以政法专项编制为基数的39%的员额比例。由于限定了法官入额比例和人数，原先一部分在一线从事审判工作的审判员、助理审判员未能入额，客观上导致从事审判工作的法官人数在减少。在法院原本“案多人少”矛盾尚未改善的情况下，法官人数减少与案件数量增多的现实矛盾将进一步加剧。

2. 短期内审判质效面临压力

案件数量的增多在一定程度上加剧了员额法官的工作量与心理负担，由此审判质效将受到一定的影响；同时，以往法官的裁判文书通常会经过庭室负责人甚至分管院长审批签发，但员额制改革后，员额法官的裁判文书都是自己签发，短期内可能会出

① 于子茹：《立案登记制改革两周年当场立案率超95%》，载 http：//news. xinhuanet. com/legal/2017 -05/18/c_ 129607007. htm，2017年5月25日最后访问。

现裁判标准不统一的情况，审判质量将受到影响；另外，一些长期在综合部门工作的法官转为员额法官后，要重新审理案件，需要一个过程，相对长期从事审判工作的一线岗位老法官来说，其审判质效会有一些差距。

3. 员额法官与法官助理的心态会有所波动

在当前各项配套制度如员额法官遴选、退出、待遇等机制等尚未完善的情况下，员额法官考虑的是工作压力与待遇之间是否成正比。而法官助理是由未入额的审判员或助理审判员担任，尽管作为员额法官的后备人才，但心态难免会有所波动。近两年全国各地法院招录法官助理的情况，不容乐观，部分法院招录法官助理岗位甚至无人问津，[①] 这显然是对法官助理的前景充满担忧所致。

4. 审判团队如何组建

法院进行法官员额制改革，就是要打破传统的审判权运行模式，组建以员额法官为核心的新型审判团队模式。然而，审判团队的高效运行必须依靠各成员之间的有效配合，如果审判团队仅仅是人员简单的排列组合，那么将难以有效处理大量的案件。因此，法院如何将有限的、不同需求的差异个体如法官助理、书记员配备到审判团队中发挥其优势，做到“人尽其才，才有所用”，达到高质高效的效果，是法官员额制改革迫切需要解决的问题。

（三）法官员额制改革成效与否很大程度上取决于审判团队的有效组建

就法官员额制改革带来的上述问题，归纳起来，第一个、第二个问题是“案”的问题，而第三个、第四个问题是“人”的问题，而“人”与“案”之间的矛盾能否有效解决，靠的是一套成熟的机制予以支撑。法官员额制改革走的是以员额法官为中心审判团队化的改革路线。在各项配套制度逐步完善的情况下，审判团队能否解决“案多人少”的矛盾、能否提高审判质效，关键在于审判团队能否有效组建。因此，从审判权运行层面来说，法官员额制改革成效与否很大程度上取决于审判团队的有效组建。

从模式构造来看，审判团队是由员额法官、法官助理、书记员构成，即“员额法官 + 法官助理 + 书记员”模式。从具体比例来看，普遍认为至少要按 1∶1∶1 比例配备。在这个团队中，由员额法官作为负责人统筹和安排审判工作和其他事务，法官助理和书记员服从管理，做好审判辅助工作和其他事务，全体成员各司其职、团结协作，共同完成各项审判任务。因此，建立科学合理、优质稳定的审判团队是法官员额制改革和落实

---

① 吴为：《378 万人参加 24 省份“省考”》，载 http：//epaper. bjnews. com. cn/html/2017 – 04/23/content_679015. htm？div = –1，2017 年 5 月 25 日最后访问。

司法责任制的必然要求，是推动审判权运行机制改革、优化审判资源配置及提高审判质效的必然选择。那么，当下该如何组建科学合理、优质稳定的审判团队？其实，法官员额制后，在各项配套制度未完善之前，无论是员额法官，还是法官助理，在心态方面多少都会有一些波动，有的期望值过高而落差大，有的希望享受改革的“红利”而却未能如愿，有的想入额却未能入额而萌生去意，而有的入额后恐办案压力过大又想退额等，这些都是个人需求方面的若干表现。在法官员额制改革攻坚克难之际，若不准确认知与正确对待员额法官、法官助理的个人需求状况，势必影响到审判团队的有效组建。为此，笔者通过对A市法院若干名不同年龄段不同类型的员额法官与法官助理的需求状况进行调研，从中获取一些普遍性规律，从而为组建优质、稳定的审判团队提供参考。

二、A市法院若干“员额法官”与“法官助理”的需求状况及其分析

为了充分了解法官员额制改革后不同年龄段不同类型的员额法官、法官助理的需求状况，笔者将通过预先设计员额法官、法官助理普通关注的若干需求方面的问题，通过抽样调查的方式，选择A市法院系统内不同年龄段不同类型的员额法官、法官助理各60名作为调查对象。①

（一）不同年龄段不同类型“员额法官”的需求状况及其分析

表1 不同年龄段不同类型的各20名员额法官②需求状况调查

序号	需求项目	不同年龄段需求指数（分数）			需求总指数
		35岁以下	35～45岁	45岁以上	
1	提高收入待遇	40分	40分	40分	120分
2	减轻工作负担	30分	37分	36分	103分
3	缓解心理压力	32分	37分	34分	103分
4	改善身体状况	30分	36分	38分	106分
5	保障职业安全	40分	40分	40分	120分
6	兼顾工作、生活	27分	28分	22分	77分
7	扩展社会交际	26分	24分	18分	66分

① 为了使调查结果尽可能客观、真实，笔者通过填写问卷调查表、电话、微信等方式，了解员额法官、法官助理真实的需求状况。本次调查对象较多，年龄段分布合理，且具有不同身份，故具有一定的普遍性。

② 其中，35岁以下员额法官主要由无行政职务的年轻法官及部分具有副庭长职务的年轻法官构成；35～45岁员额法官主要由具有正副庭长职务的法官构成；45岁以上员额法官主要由长期从事一线审判工作但无行政职务的资深法官构成。

续表

序号	需求项目	不同年龄段需求指数（分数）			需求总指数
		35 岁以下	35～45 岁	45 岁以上	
8	改善婚姻家庭关系	24 分	24 分	16 分	64 分
9	独立审判，不受干扰	40 分	40 分	40 分	120 分
10	减少非审判工作事务	32 分	38 分	32 分	102 分
11	扩展晋升空间	36 分	24 分	8 分	68 分
12	提升职业尊荣感	40 分	40 分	40 分	120 分
13	提升司法权威和公信力	40 分	40 分	40 分	120 分
14	实现自我价值	12 分	7 分	3 分	22 分
三个不同年龄阶段（35 岁以下、35～45 岁、45 岁以上）需求迫切指数：1. 不迫切（0 分）；2. 一般（1 分）3. 迫切（2 分）。					

通过表 1 的数据并结合调研的实际情况分析可以得出：

1. 不同年龄段不同类型的员额法官各层次的需求状况大多不一致，但是对于“提高收入待遇”“保障职业安全”“独立审判，不受干扰”“提升职业尊荣感”“提升司法权威和公信力”方面是高度一致的。由此说明员额法官对法官员额制改革期待很高，希望能够通过本次司改满足相关需求，即提高收入待遇、增强职业安全保障、提升职业尊荣感等。

2. 35～45 岁员额法官与 45 岁以上员额法官在“减轻工作负担”“缓解心理压力”“改善身体状况”方面的需求指数较高，相比而言，35 岁以下员额法官在“减轻工作负担”“缓解心理压力”“改善身体状况”方面的需求指数要低一些。由此说明 35 岁以上员额法官尤其是担任行政职务的员额法官工作负担重，承受的心理压力大，身体健康状态随着年龄不断增长越受关注。

3. 在“兼顾工作、生活”“扩展社会交际”“改善婚姻家庭关系”方面，各年龄段各类型员额法官的需求指数都不是很高，这与法官的职业特性、当前繁重的审判任务及当前社会的高信息化等有关。

4. 在“扩展晋升空间”方面的需求，35 岁以下员额法官的需求指数远远高于 35～45 岁员额法官与 45 岁以上员额法官，由此说明 35 岁以下员额法官还是比较有冲劲的。相对来说，35 岁以上尤其是 45 岁以上员额法官对“扩展晋升空间”方面的需求越来越淡。

5. 在“实现自我价值”的需求方面，各年龄段各类型员额法官的需求指数都很低，由此可以看出当前大部分员额法官仅仅是把“法官”作为一个谋生的职业而已，而不是作为一个为之奋斗终生的事业。因此，我们要实现法官职业化还有很长一段路要走。

（二）不同年龄段不同类型“法官助理”的需求状况及其分析

表2　不同年龄段不同类型的各20名法官助理①需求状况调查

序号	需求项目	不同年龄段需求指数（分数）			需求总指数
		35岁以下	35~45岁	45岁以上	
1	提高收入待遇	40分	36分	36分	112分
2	减轻工作负担	30分	36分	36分	102分
3	缓解心理压力	24分	26分	22分	72分
4	改善身体状况	16分	23分	37分	66分
5	保障职业安全	38分	40分	40分	118分
6	兼顾工作、生活	18分	32分	34分	84分
7	扩展社会交际	25分	18分	16分	59分
8	改善婚姻家庭关系	18分	20分	16分	54分
9	减少非审判工作事务	36分	38分	36分	110分
10	扩展晋升空间	32分	12分	6分	50分
11	提升职业尊荣感	28分	16分	12分	56分
12	提升司法权威和公信力	21分	17分	15分	53分
13	实现自我价值	4分	2分	1分	7分
三个不同年龄阶段（35岁以下、35~45岁、45岁以上）需求迫切指数：1. 不迫切（0分）；2. 一般（1分）；3. 迫切（2分）。					

通过表2的数据并结合调研的实际情况分析可以得出：

1. 相对员额法官而言，法官助理的各项需求指数要低很多，由此说明法官助理对法官员额制改革期待不是很高。在调研中，我们了解到大部分法官助理认为本次法官员额制改革与自己的切身利益关系不大，原本为审判员或助理审判员的法官助理甚至认为本次法官员额制改革阻碍了自己的发展。

---

① 其中，35岁以下的法官助理主要由任命不久的审判员或助理审判员及刚进法院不久但已通过资格考试的书记员构成；35~45岁的法官助理主要由没有通过法律资格考试的在编书记员构成；45岁以上的法官助理主要由长期未从事审判业务的审判员及没有通过法律资格考试的在编书记员构成。本次调查对象不含聘用制书记员。

2. 不同年龄段的法官助理的需求情况差异较大，35 岁以上的法官助理在“减轻工作负担”“兼顾工作及生活”“减少非审判工作事务”方面的需求指数要明显高于 35 岁以下的法官助理。由此说明 35 岁以上的法官助理积极进取的工作状态有所减退。这主要跟本次调查的对象有关，35 岁以上的法官助理主要由没有通过资格考试的在编书记员以及长期未从事审判业务的审判员构成，他们更习惯于过相对安逸的生活。

3. 需要特别注意的是，35 岁以下法官助理有一部分为任命不久的审判员或助理审判员，他们的心态波动较大，主要体现在“提升职业尊荣感”“提升司法权威和公信力”等方面，其需求指数不太符合在法院工作不久的年轻人的正常需求。由此反映出他们对本次法官员额制改革心存异议。但在“扩展晋升空间”方面却又表现出较高的需求指数，由此说明他们还是有积极进取的心态。

4. 无论哪个年龄段的法官助理对于“提升职业尊荣感”“提升司法权威和公信力”“实现自我价值”方面的需求指数都不高，尤其是“实现自我价值”方面的需求指数几乎接近于零，这主要与当前法官助理身份定位模糊、职责定位不清、待遇职业保障不明晰等相关配套制度不完善有关。

总体来说，无论是员额法官还是法官助理，需求指数较高的主要集中在“提高收入待遇”“减轻工作负担”“缓解心理压力”“改善身体状况”“保障职业安全”等需求方面；在“扩展社会交际”“改善婚姻家庭关系”“实现自我价值”等需求方面，员额法官及法官助理的需求指数不是很高，表现不够积极；在尊重需求方面，除了“扩展晋升空间”方面员额法官比法官助理的需求指数要高很多外，法官助理需求指数明显偏低。

三、根据“员额法官”与“法官助理”的需求状况组建优质稳定的审判团队

美国心理学家亚伯拉罕·马斯洛于 1943 年在《人类激励理论》论文中提出马斯洛需求层次理论。该理论将人类需求像阶梯一样从低到高按层次分为五种，分别为生理需求、安全需求、社交需求、尊重需求和自我实现需求。如果套用该理论，可以将上述表 1、表 2 员额法官、法官助理的各项需求进行以下分类：第一，“生理需求”即最底层次的需求视为已经得到满足，故不作归类；第二，“安全需求”包括提高收入待遇、满足基本住房、减轻工作负担、缓解心理压力、改善身体状况、职业安全保障等；第三，“社交需求”包括兼顾工作及生活、扩展社会交际、改善婚姻家庭关系；第四，“尊重需求”包括减少非审判工作事务、扩展晋升空间、提升职业尊荣感、提升司法权威和公信力；第五，“自我实现需求”包括实现自我价值。

该理论认为，当某层需求获得满足后，就会追求更高级别的需求；在多种需求未获得满足前，首先满足迫切需求，当该需求被满足后，后面的需求才显示出其激励作用。通常人类需求按层次逐级递升，但次序不是完全固定，偶尔也会发生变化。① 据此，我们在组建审判团队时，应当根据不同年龄段不同类型的员额法官、法官助理的需求状况来进行配备组合，而不是简单地排列组合。通过各成员的自我激励及相互激励，来发挥审判团队的积极作用。避免出现“员额法官不给力，累死法官助理”或“法官助理不给力，累死员额法官”的情形。那么，我们该如何根据不同年龄段不同类型的员额法官、法官助理的需求状况来组建审判团队？首先，要对个人需求状况进行调查并进行精准分析；其次，根据各自需求状况、兴趣爱好、性格等因素进行初步组建（可采取以“双向选择”为主，以“指定组合”为辅的组建原则）；再次，初步组建完成后，在实践中磨合一段时间再根据实际决定是否予以调整；最后，力争组建优质稳定的审判团队。下面根据上述调研情况及实践当中某些法院的先进做法介绍几种审判团队的组建模式，以供参考。

（一）“师徒式”审判团队组建模式

按法官员额制改革的设计，法官助理是员额法官后备人才的主要来源。然而，如何让法官助理尤其是年轻的法官助理尽快成长起来，使之成为未来的员额法官？这是法官员额制改革务必要考虑的问题。为此，笔者认为，可以采取“师徒式”审判团队组建模式。所谓“师徒式”审判团队组建模式，是指由资深老法官与刚进法院不久且已通过法律资格考试的年轻法官助理进行组合，相互之间形成一种“传”“帮”“带”的师徒关系，从而发挥团队优势。

具体来说，根据上述调查情况，45 周岁以上的员额法官，大多为长年处于审判一线的资深老法官，更为注重“减轻工作负担”“改善身体状况”等方面的需求，对“扩展晋升空间”方面的需求并不是很高，而对“独立审判，不受干扰”“减少非审判工作事务”“提升职业尊荣感”“提升司法权威和公信力”等需求却又保持较高的需求指数，说明该部分员额法官对审判业务还是保持有一种情怀，只是不想太过辛苦，因此在给该部分员额法官配法官助理时，应当配备积极活跃、踏实肯干、进法院不久的年轻助理，从而相互之间形成一种“传”“帮”“带”的师徒关系。如此，对员额法官来说，通过悉心指导，很多事务性工作甚至审判业务工作可以逐渐交由年轻的法官助理来做，比如庭前准备、组织当事人调解、草拟法律文书等工作；对法官助

① 刘烨：《马斯洛的人本哲学》，内蒙古文化出版社 2008 年版，第 33 页。

理来说，通过员额法官“一对一”精心栽培，拥有较好理论基础的法官助理会很快成长。这样，二者在需求方面会得到较大的满足，从而发挥强大的团队作用。实践中不乏成功的案例，比如，贵州省贵定县和遵义市汇川区法院坚持1名资深法官带1名法官助理，汇川区法院让法官与法官助理“双向选择”，通过现代学徒制来实现法律专业技能的传承。①

（二）“协同式”审判团队组建模式

这里的“协同”主要是协助等同的意思。所谓“协同式”审判团队组建模式，是指主要由担任庭长或副庭长职务的员额法官与原为审判员或助理审判员的法官助理进行组合，相互之间形成一种“协助+等同”的关系，“协助”是指法官助理协助员额法官完成相关审判任务，而“等同”主要是指这部分法官助理基本可以等同于法官，除了开庭审理工作，其他工作都能胜任。

具体而言，这种组建模式，主要是针对原来已经办案但办案不久的年轻审判员或助理审判员，因本次法官员额制改革而成为法官助理。实践中，这部分人基本都为法学科班出身，尽管办案年限不长，但对办案流程及思路是比较熟悉的，只是因员额法官比例受限而成为法官助理。这部分人因未入额心态波动较大，本应会更注重尊重需求，但他们在“扩展晋升空间”“提升职业尊荣感”方面的需求指数并不是很高，由此说明员额制改革对其挫伤较大。一旦需求受挫，其很可能流失，对当前的法官员额制改革是很不利的。因为，一旦有了员额法官名额，这部分人可以马上被选任为员额法官而成为办案的主力军。而一批50周岁以上的员额法官会因提前退休、压力过大等退出员额。“一失一退”可能会出现员额法官的断层，这不利于法官员额制改革的推进。因此，针对这部分法官助理，在配备员额法官时，更应当考虑配备一些能够对其有一定促进或导向作用的员额法官。对此，笔者建议配备有一定职务的员额法官如庭长或副庭长。其原因在于，第一，具备庭长或副庭长职务的员额法官，与这部分法官助理之间通常原本就有一种管理与被管理关系，他们的成长离不开庭长或副庭长精心栽培。因此，相对来说，组建审判团队更容易磨合、稳定。第二，从需求的角度，这种审判团队组建模式，基本能够满足双方的需求。对员额法官来说，因他们担任庭长职务，要处理大量行政事务工作并承担管理职责，故他们对“减轻工作负担”“缓解心理压力”“改善身体状况”“兼顾工作、生活”“减少非审判工作事务”等方面需求指数很高。因此，在办案方面，他们更需要这部分法官助理来分担办案压力。从

① 李静思：《法官助理的角色定位与职业构想》，载《公正司法前沿探索》2016年第2期。

某种意义上说，该审判团队的员额法官不仅充当是“指挥员”，更重要充当的是“政治员”即做好这部分法官助理思想工作，使其安心做好自己的助理工作。而对这部分法官助理来说，他们对获得尊重的需求指数更高，需要通过一些具有技术含量的工作来锻炼自己。

（三）“类型化”审判团队组建模式

所谓“类型化”审判团队组建模式，主要针对案件的类型而言的，比如，四川省成都市某法院就组建了专门审理“劳动争议”案件的审判团队，采取“1∶2∶3”审判团队模式即“1名法官+2名法官助理+3名书记员”，年审结案件量近1200件，且审判质量还相当高。在这个审判团队中，员额法官对“劳动争议”相关法律法规、司法解释以及疑难问题有很深入的了解与研究，完全可以称得上该领域的“实务专家”，而2名法官助理及3名书记员均相当给力，法官助理不仅熟悉整个办案流程，能够熟练快速完成庭前庭后的各种审判事务性工作，而且能够做到裁判文书模块化分类草拟等。因此，不仅审判效率高，而且审判质量能够得到保证。值得说明的是，成都市党委政府在财政上对法院给予了很大的支持，员额法官、法官助理甚至书记员的办案干劲十足，这不仅极大满足了员额法官、法官助理“提高收入待遇”方面的需求，而且满足了其“提升职业尊荣感”乃至“实现自我价值”方面的需求。因此，针对受理案件数量大且所在地区经济良好的法院可以借鉴成都法院的做法，围绕“案件类型”来组建审判团队。①

（四）“氛围式”审判团队组建模式

本次调查的法官助理中有一部分是由在编老书记员及未入额的老审判员担任，就其各项需求指数来看，除了“减轻工作负担”“缓解心理压力”“改善身体状况”“保障职业安全”等方面的需求指数较高，其他方面的需求指数都偏低。这部分人因晋升空间受限等原因，已失去积极进取的动力，更多的是倾向于过相对安逸的生活。因此，在实践中针对这部分人来组建相对优质稳定的审判团队不太容易。但是，笔者至A市某城区法院执行局学习发现，这种现象在该局不仅不存在，反而是这部分在编老书记员及未入额的老审判员在发挥余热，他们的经验帮助年轻的员额法官提升工作能力，形成一种“以老带新，你争我赶，团结协作”的良好氛围。笔者将其称为“氛围式”执行团队组建模式。如果我们将其引入或借鉴至审判团队的组建，无疑是一种很好模式。然而，形成一种好的氛围，绝非一朝一夕就能达到，它往往需要一届

① 开永丽：《成都法院：案件细分法庭“重组”》，载http：//www.scfzbs.com/dfdt/201609/55662297.html，2017年5月25日最后访问。

甚至几届领导班子带领大家共同努力才能实现，而一旦形成往往能够持续传承下去。在这种“氛围式”团队模式中，人的尊重需求通常会发挥很大的激励作用。

四、结语

毕竟调研对象有限，因此审判团队的组建并非一定遵循上述几种模式，但是一支优质稳定的审判团队一定是其员额法官、法官助理的作用能够得到充分有效的发挥，而员额法官、法官助理之所以能够在审判团队中充分有效地发挥作用，一定是其某方面的需求能得到满足。因此，审判团队的组建应当围绕各成员之间的需求状况来展开，从而通过相互之间的激励来促使团队优势的有效发挥。

马斯洛需求层次理论视域下的法官助理职能定位新探

朱　颜*

【摘要】“法官助理”承载着与法官员额制、书记员单独序列管理等司法改革彼此衔接、承上启下的重要作用。法官助理制度是否健全完善，攸关法官职业化建设步伐的快慢，决定司法改革的成败。从当前法官助理制度的试点运行情况来看，我国法官助理制度的实施所产生的困境与矛盾，很大程度上来自于顶层设计对于已任命或者即将任命为法官助理的这部分群体各方面需求的忽视。马斯洛理论将需求分成生理需求（Physiological needs）、安全需求（Safety needs）、爱和归属感（Love and belonging）、尊重（Esteem）和自我实现（Self-actualization）五种，依次由较低层次到较高层次排列。将该需求理论中五个层次的需求对应法官助理需求状态的制度性因素，生理需求用薪酬待遇替代，安全需求用职业保障替代，社交或感情需求用人际关系替代，尊重需求用职业尊荣替代，自我实现需求用个人成长替代，构建法官助理制度的马斯洛需求层次模型，给予法官助理独立的晋升、能力提升等职业保障，对于司法改革的深入将起到极大的推进作用。

一、前言

随着我国司法体制改革进入深水区，法官员额制尘埃落定，而紧跟其后的司法辅助人员相关改革也正在如火如荼地展开。2015 年 2 月，《最高人民法院关于全面深化改革的意见》正式发布，明确指出：推动法院人员分类管理制度改革；建立符合职业特点的法官单独职务序列；健全法官助理、书记员、执行员等审判辅助人员管理制

* 朱颜：南宁市邕宁区人民法院。

度。“法官助理”承载着与法官员额制、书记员单独序列管理等司法改革彼此衔接、承上启下的重要作用。法官助理制度是否健全完善，攸关法官职业化建设步伐的快慢，决定司法改革的成败。尽管我国早在1999年就将法官助理的改革与试点推行提上日程，碍于诸多现实与历史因素，在历经了近二十年的摸索之后，“法官助理”这一角色仍然在改革浪潮的尴尬之中前途晦暗不明。内因是事物发展变化的根据，从当前法官助理制度的试点运行情况来看，我国法官助理的实施所产生的困境与矛盾，很大程度上来自于顶层设计对于已任命或者即将任命为法官助理的这部分群体各方面需求的忽视。马斯洛需求层次理论是人本主义科学的理论之一，由美国心理学家亚伯拉罕·马斯洛在1943年在《人类激励理论》中所提出，这一理论实际上是一个积极的人类动机理论，笔者拟从需求层次理论的角度分析目前法官助理运行所面临的种种困境，为我国编制内法官助理①的职能定位研究注入新鲜血液。

二、困惑缺位：当前法官助理制度的运作考察

据笔者粗浅了解，在2017年的省市公务员招录工作中，全国大部分地区的法院系统面临着法官助理岗位招人困难的局面，各大搜索引擎上关于“法官助理”的相关问题也成为一大热点。“法官助理”在我国属于舶来品，国人知之甚微不足为奇，但这一制度无论是在英美法系国家还是大陆法系国家都由来已久。为了实现法官职业化、精英化的司法改革目标，我国自2014年即开启了司法人员分类管理改革的试点工作，以法官员额制改革为主线，辅以相关的司法辅助人员改革。但由于各地法院的制度设计与实践应用不尽相同，现行的《法官法》《法院组织法》等法律法规又未就法官助理的职能定位、薪酬待遇、晋升渠道等作出明确统一的指导性意见，导致了一些实践中的困惑，笔者试就目前法官助理制度在试点法院的运行情况作梳理分析，总结目前我国法官助理制度运行的主要症结所在。

（一）身份失位

现行《法官法》之中只规定了法官的身份职责，而《人民法院组织法》虽对其他法院工作人员有所规定，却缺乏对法官助理的职责定位，学术界对于法官助理的身份角色定位也难以形成一致的看法。《最高人民法院关于在部分地方法院开展法官助理试点工作的意见》中将法官助理定义为“从事审判辅助业务的法官辅助人员”，明

① 就目前改革的现状来看，我国法官助理的构成大致可以分为两大类别，一类是具有公务员身份的，由部分未进入员额的审判员、助理审判员以及已通过初任法官培训但未被任命为助理审判员的法院工作人员转化而成的，另一类是从社会或高校毕业生中国招聘的不具有公务员编制的人员。笔者仅探讨第一类人员，即编制内法官助理的职能定位。

确了其作为法官的助理、司法辅助人员的身份，但并未能将其与书记员的职责定位区分开来。从各地试点法院的实践经验来看，由于地域、历史、人员管理等千差万别，也出现了法官助理不同的角色定位。一是作为法律学徒式的法官助手而存在。例如，贵州省贵定县和遵义市汇川区法院都坚持1名法官带1名法官助理，汇川区法院还让法官和法官助理“双向选择”，真正通过现代学徒制来实现法律专业技能的传承。① 在这一模式下法官助理的组成多为法院的年轻干警尤其是初入社会的法律院校毕业生，既是辅佐法官从事事务性和辅助性工作的助手，也是接受法官管理和业务指导的徒弟，从属性浓厚。二是作为一种变相的助理审判员。在原有的司法体制下助理审判员已经掌握审判权，而在当前司改语境下法官助理是不能参与审判权运行的，但基于优化资源配置，缓解案多人少的矛盾考量，有学者也建议给予法官助理部分审判权。2005年出台的《人民法院第二个五年改革纲要》不再提及取消助理审判员，使关于法官助理的改革又回到了助理审判员上，成为法官员额的储备力量。② 三是作为高级书记员。《上海法院工作人员分类管理办法（试行）》中明确了特别情况下，“法官助理可以代行书记员职责”。③ 法官助理与书记员的职责混同，使一些未能入额而转化为法官助理的法官难以承受落差，亦不利于法官助理制度的构建。各地关于法官助理的角色定位没有形成统一标准规范，法官助理陷入尴尬境地，甚至遭遇“回归助理审判员”的呼声。

（二）待遇缺位

当前法院各项改革都处于摸着石头过河的阶段，作为一项舶来品，法官助理在实践经验和理论构建的双重缺失下，不可避免地将牺牲一部分人的既得利益与期待利益。备受瞩目的四中全会《决定》明确提出要建立有别于普通公务员的薪酬制度，提高法官职级、工资和福利待遇。在如火如荼建立与法官员额制配套的薪酬制度工作中，法官助理的待遇却未能在相关文件中得到规范、确切、统一的定性，这无疑是一种缺位。从手握审判权的法官转岗为法官助理，就意味着这些曾经接受鲜花与掌声的法官失去了昔日的荣耀，又得不到配套的薪资待遇和津贴补助，难免会产生不同程度的不满情绪。此外，司法改革将法院工资制度划分为三种人员，两种待遇。也就意味

---

① 李静思：《法官助理的角色定位与职业构思》，载罗殿龙主编：《广西审判实践与前沿》，法律出版社2015年版，第40页。

② 刘晨：《法院改革中制度移植的反思——从“法官助理回归助理审判员”想开去》，载《法治论坛》第15辑。

③ 李静思：《法官助理的角色定位与职业构思》，载罗殿龙主编：《广西审判实践与前沿》，法律出版社2015年版，第40页。

着同属审判辅助人员，法官助理承担了除开庭与判决之外的将近 90% 的审判流程事务性工作，尤其在一些人均办案数量较多的基层人民法院，却在待遇方面与书记员、执行员、司法技术人员的薪酬待遇得不到明确的区分。

（三）职责错位

《最高人民法院关于在部分地方人民法院开展法官助理试点工作的意见》规定法官助理基本职责有 12 项，《最高人民法院关于完善人民法院司法责任制的若干意见》第 19 条从 7 个方面明确了法官助理的具体职责，但由于表述较为抽象、笼统，职责边界不明，缺少具体的程序性指引，履职时易与法官、书记员交叉覆盖，推诿扯皮。[①] 各地实践做法不一，有的地方法官助理与书记员混同使用，职责不分，法官助理徒有虚名，达不到人员分类管理的目的；有的法官助理被动地参与案件审理程序，仅完成法官交代的事项，大量的事务性工作仍落到法官头上，法官助理难以发挥主观能动性为法官排忧解难；有的法官助理与法官共同完成案件的事务性工作，无分彼此，权责边界不甚明晰，对审判权的运行构成错位。以上种种现象都直接造成了司法资源的浪费，法院人员分类管理制度并未发挥有效作用。

（四）前景困惑

昔日的法官改任法官助理，原本穿上的法袍如今脱下，不仅失去了审判权，薪酬待遇上也较入额法官低了一级，心理落差在所难免。受到员额的限制，他们的未来走向并不明确，能否在过渡期内顺利成为法官抑或转为司法行政人员，目前尚无明确的规定。年轻的法院干警多数都怀着成为法官的职业理想，而由书记员转任的法官助理，似乎在制度层面看是一种职务的“晋升”，但想要坐上审判席成为一名法官，当前的制度环境下，难度较改革前“书记员 - 助理审判员 - 审判员”直白明晰地晋升增大很多。

三、解构探因：法官助理的各层次需求情况分析

（一）马斯洛需求理论概述

马斯洛需求层次理论不仅在心理学上有着深远影响，其具有说服力的思想已经渗透到管理学、社会学、教育学乃至哲学领域。马斯洛理论把人类的需求分成生理需求（Physiological needs）、安全需求（Safety needs）、爱和归属感（Love and belonging）、尊重（Esteem）和自我实现（Self-actualization）五类，依次由较低层次到较高层次排列（见图 1）。

---

① 安顺市中级人民法院课题组：《法官助理制度的研究———基于职能定位与组织设置的交叉影响》。

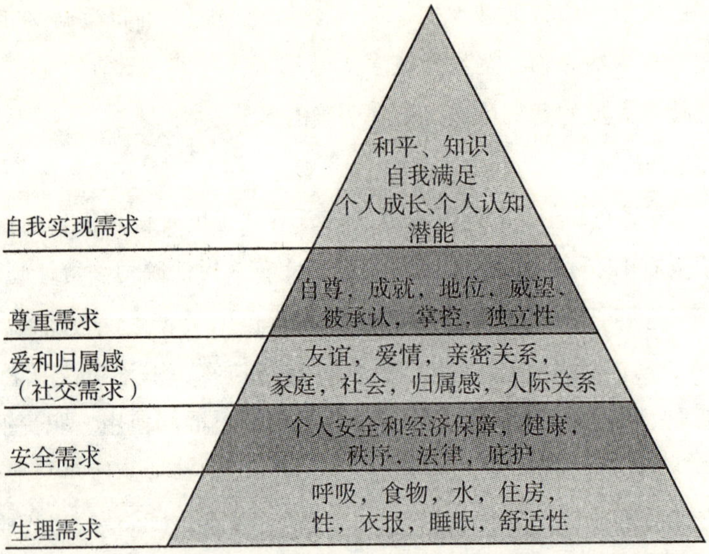

图1　马斯洛的人类需求五层次理论

生理需求是人类基础性的一级需求层次，这一层次涵盖了机体对于食物、睡眠、水、性的需要。作为动机理论的基点，也就是所谓的生理驱动力，生理需要在所有需要中占绝对优势，任何生理需要同时起着疏导其他种种需要的作用。

安全需求在生理需要相对充分地得到满足后出现，是人类寻求稳定、依赖、保护，免受恐吓、焦躁和混乱的折磨，对体制、秩序、法律的需要。它同样可能完全控制机体，几乎可能成为行为的唯一组织者。①

社交需求也可以归纳为对归属感和爱的需求。现代生活人不能脱离社会而存在，人生活在庞大的社交网络之中，就会渴望在所在的社交团体中建立自己的位置，希望得到爱与关怀，并为之而作出努力。

尊重需求是一种对于自尊、自重和来自他人的尊重的需要和欲望②。尊重的需要使人产生一种自信的感情，从而对自身潜力、内在能力发挥最大效力产生积极效应，一旦这一需要受到挫折，将使人产生自卑、无能的感觉。

自我实现的需要指的是人对于自我发挥和自我完成的欲望，一个人能成为什么，他就必须成为什么，他必须忠实于他自己的本性。它的明显出现，依赖于先前所说的生理、安全、社交、尊重等层面的满足。

马斯洛层次理论认为，未得到满足的需求就是人的内在驱动力，而在动力理论

① ［美］亚伯拉罕．马斯洛：《动机与人格》，许金声等译，中国人民大学出版社2012年版，第22页。
② ［美］亚伯拉罕．马斯洛：《动机与人格》，许金声等译，中国人民大学出版社2012年版，第28页。

中，可满足和匮乏居于同等重要的地位。当低层次的需求得到满足时，人类才会追求更高层次的需求，换言之，若较低层次的需求匮乏，机体将仅仅围绕获取该低层次需求而调动所有能力，从而缺乏追求更高层次的动力。人类的行为是动态变化的，各层次需求侧重点的不同构成了人在某一阶段的行为动机差异。法官制度作为本轮司法改革当中人员分类管理的一项人事制度，若能将制度设计的关注点和落脚点聚焦于任命或即将任命为法官助理这部分人群的各层次需求上，将会对顶层设计大有裨益。

（二）法官助理需求层次满足情况分析

反观目前全国范围内推行的增强职业尊荣感，提升办案津贴方案，设计面向的对象均是员额法官，法官助理的需求层面相对被忽视，此时的法官助理待遇、职责、前景均不明晰，通过比对马斯洛需求层析理论不难发现，上述法官助理制度运行中所产生的身份失位、待遇缺位、职责错位、前景困惑等现象，深层次的原因就是法官助理的各项需求得不到制度层面的有效回应。

1. 低层次需要得不到满足

这一特性在由法官转岗为法官助理的人群中尤为突出。一方面，他们为员额制改革让渡了手中原有的审判权，回归处理繁杂的司法辅助事务的岗位；另一方面，配套的待遇津贴方案尚未出台，较强的工作强度没有与之对应的工资收入，尤其是当中大部分人要承担养家糊口的责任。衣食足则知礼仪，仓凛实则知荣辱。根据马斯洛需求理论，得不到满足的需求就会转化为机体的动力，而层次越低，动力越大，如果法官助理的收入无法与付出的劳动相匹配，甚至难以养家糊口，就可能在利益的驱动下作出不利于保持队伍稳定性的行为，因此法院干警“离职潮”现象就不难理解了。江苏淮安4个试点法院招录的27名法官助理，不满1年已有2人辞职，2人离职另行考取公务员，其余的也不同程度存在见异思迁、人心不稳的情况。① 薪资待遇需求得不到满足，不仅影响法官助理队伍的稳定性，还使留任法院的法官助理产生消极怠工的心理，缺乏追求崇高法律职业梦想、投身司法为民事业的热情，大量的事务性工作又将流回法官手里，更加剧了法院“案多人少”的矛盾。

2. 需求层次出现断层

在改革试点法院的司法实践中，法官不认可在法律文书中签署法官助理的名字，认为那是过去助理审判员所承担的责任，法官助理没有审判权。法官助理在人员构成上具有高学历、低龄化的特征。2014年，上海任命了我国大陆地区首批法官助理共

---

① 王晶晶：《江苏省淮安市实施法官助理制度情况调研报告》，载 http：//www. chinacourt. org/article/detail/2015/04/id/1580104. shtml，2017年6月1日最后访问。

231名，平均年龄28.4岁，硕士以上学历占比65.5%。就全国大部分省市招录法官助理的条件来看，具有法学本科以上学历、通过国家统一司法考试是成为法官助理的必要条件。由于物质生活的极大改善，不同于其父辈的思想，这一部分进入法院系统的青年干警通常怀揣着匡扶正义的法官梦，在薪资待遇方面的需求比较弱，他们更多地倾向于追求在职业生涯中的归属感和职业尊荣，他们希望能够在庭审时有自己的一席之地，在自己辅助完成审判案件的裁判文书中体现自己的劳动价值。

3. 需求层次之间界限模糊

进入公务员队伍，其职业廉洁性决定了不能满足物质繁荣的今天多数人的生理需求，但却能够在尊重需求和自我实现需求层次上建立意识对接。[①] 上海市长宁区法院的人员分类改革不再将书记员作为法官后备力量培养，而审判团队中配备的法官助理至少也要经过6年成为三级法官助理才可以参加法官入额考试。[②] 对于新任法官助理的人员而言，员额制改革后，法官员额相对固定，想要实现法官梦已经不能单纯指望原有的路径，此时他们对于较高的工资待遇、对于想要成为法官的职业尊荣感、对于实现自我价值的需求混同于一起。

四、路径研究：基于需求层次理论的法官助理制度建构

一项制度的产生必然是为了回应现实的需求，否则该项制度将会成为“花瓶式”的摆设，不会产生任何有益的作用，乃至会破坏现实制度的运作。马斯洛需求层次理论假定，人们被激励起来去满足一项或多项在他们一生中很重要的需求。更进一步地说，任何一种特定需求的强烈程度取决于它在需求层次中的地位，以及它和所有其他更低层次需求的满足程度。笔者拟在马斯洛需求层次理论视角下，在总结近二十年来关于法官助理任职条件、职责分配、管理制度和保障机制研究的基础上，将这需求理论中五个层次的需求对应法官助理需求状态的制度性因素，生理需求用薪酬待遇替代，安全需求用职业保障替代，社交或感情需求用人际关系替代，尊重需求用职业尊荣替代，自我实现需求用个人成长替代，构建法官助理制度的马斯洛需求层次模型。

（一）第一层次：薪酬待遇

给予法官助理与其工作强度相匹配的薪酬待遇。既然编制内法官助理是法官队伍的后备军力量，那么，一方面，对法官助理实行有别于法院内部其他类别司法辅助人员的单独序列管理，按处理审判辅助事务的难易程度、个人履职能力等情况划分不同

① 张强：《基于马斯洛需求理论的员工激励机制再思考》，载《人力资源管理》2016年第12期。

② 摘自来宾中院调研课题组亲赴上海获取的第一手资料。

层次级别，按照法官助理的等级享受相应的工资标准和福利待遇，并适当向边远地区及案件量大的基层人民法院倾斜。另一方面，给予法官助理防范重大疾病、重大事故、工伤的社会保障制度，并逐步将其纳入人社部《政法干警参加工伤保险试点方案》，免除法官助理承担职业风险后顾之忧。这一层次作为法官助理最基本的需要层次，自然要兼顾身心两方面的生理需求。在保证法官助理衣食住行方面需要的同时，要重视其心理健康和身体健康，关注法官助理的身心亚健康状态，定期或不定期举办健康体检，邀请心理咨询师进行心理咨询疏导，缓解法官助理的工作压力。

（二）第二层次：职业保障

1. 职责范围。最高人民法院在《人民法院法官助理管理办法（征求意见稿）》中将法官助理的职责具体列举为12条，在《最高人民法院关于完善人民法院司法责任制的若干意见》中又将其简化为7条。概括来讲，法官助理主要负责审查诉讼材料和庭前证据交换、组织庭前调解和撤诉、办理财产保全和证据保全、办理评估鉴定等事务。需要明确法官助理对较为深层次的审判辅助工作的介入程度，合理区分哪些事务可以由法官助理自行完成，哪些需经由其辅佐的法官指示或者授权，使法官能够更好地从与审判无关的事务性工作中抽身出来，促进法官专业化精英化。

2. 责任承担。在司法责任制的背景下，有权必有责，权责相统一，法官对其审理的案件负责，法官助理也应当把握法律的准绳，参照法官办案责任的划定，以其参与的程度和职责权限为界承担相应的责任。对于法官交办的明显不合法的事项，法官助理有权拒绝协助。

（三）第三层次：社交需求

1. 法官与法官助理的关系。法官对法官助理进行业务指导，为其积累审判实践经验提供宝贵的借鉴价值。法官助理在法官的授意下完成其辅助性工作，使法官能够抽身于繁杂的事务性工作从而得以专心裁判案件。法官助理作为将来法官的候选人，在这一层面上讲法官是法官助理的“导师”，但法官助理又不完全依附于法官，法官对法官助理的履职进行指导和督促，法官助理对法官行使审判权也起到一定程度的监督作用。

2. 法官助理与书记员的关系。法官助理与书记员同属司法辅助人员，工作性质是相同的，不同的是所从事的辅佐工作疑难程度和核心程度。法官助理的选任条件、职责范围高于书记员，应当允许法官助理在一定限度内可以指挥书记员。

（四）第四层次：职业尊荣

尽管关于“法官助理是否参与庭审”“法官助理是否需要在判决书上署名”之争

仍无定论，笔者认为，在庭审过程中，法官助理应当得到自己的“一席之地”，参与庭审过程，既能准确把握案件主要事实，以准确撰写裁判文书，提升审判业务能力；也是其提升职业尊荣感的细节之一。在庭审过程中，法官助理与书记员可并排坐于审判员正前方，全程参与。

（五）第五层次：考核与晋升机制

1. 完善的考核机制。对法官助理的考核可以分为日常考核和年终考核，可参照法官考核体系建立法官助理单独的考核机制。

2. 科学的晋升机制。对于由未入额的审判员和已经独立具备办案能力的助理审判员转任的法官助理，应当结合其个人意愿与个人专长，编入相应的审判团队或者司法行政部门。在五年过渡期内，优先给予这一部分法官助理通过参加法官遴选进入空缺的员额。另外，一个法官助理变成主审法官应该有公开化、透明化的遴选机制，要为司法辅助人员和司法人员的转任打开大门，公开标准，用公开透明的程序让人人都有机会转任主审法官。① 对于已通过初任法官培训但未被任命为助理审判员的法院工作人员转化的法官助理，依照法官助理级别管理制度达到一定的级别后，允许其自行向法官遴选委员会提出入额申请，经考核后可以被任命为法官。同时也应当拓宽上下级法院之间法官助理、法官的沟通渠道，这样对法官助理尤其是基层人民法院法官助理起到良好的激励作用，缓解法官助理队伍人心不稳的情况，更可为人员科学分类、优化资源配置的改革构想提供强有力的制度支撑和人才保障。

五、结语

法官助理作为一种职业形态而存在，是法律共同体的重要组成部分，而同时又是法官的后备力量，关系到整个司法的现在与未来。因此，法官助理的需求应当得到顶层设计的重视，制度的设计如能以需求层次为视角，给予法官助理独立的晋升、能力提升等职业保障，不断完善法官助理的职业激励机制，对于司法改革的深入推进将起到极大的作用。

---

① 陈瑞华：《司法责任·提升法官职业尊荣感》，载 http：//mp. weixin. qq. com/s？ _ _ biz = MzA5NDI0MzgyMA = = &mid = 210137029&idx = 2&sn = 536e639dcf2c804702ba4d84ed157fd7#rd，2017 年 6 月 1 日最后访问。

初任法官的来源及养成机制研究

——以基层人民法院为视角

谢　玲*

【摘要】《最高人民法院关于全面深化人民法院改革的意见——人民法院第四个五年改革纲要（2014－2018）》［以下简称《第四个五年改革纲要（2014－2018）》］提出要建立中国特色社会主义审判权利运行体系，必须坚持以审判为中心，以法官为中心，全面推进法院人员的正规化、专业化、职业化建设，改革重点包括法官选任制度，特别针对初任法官的来源及培训、任职等提出了改革的方向。初任法官选任是法官选任制度的入口，而目前的初任法官选任存在诸多弊病：一职双考，需同时通过国家司法考试和公务员考试；任职年龄偏低，法官缺乏一定的人生经历和社会经验；法律工作经验把握不严，为了解决案多人少的矛盾而任命不具备业务经验的初任法官；初任法官培训实质为岗前培训，未能真正培养出具备初任法官素质的法官。综合而言，目前要成为一名初任法官，最核心的要素是进入公务员队伍且通过国家司法考试，再工作一定的年限就可以水到渠成、名正言顺地成为一名初任法官，故可以称之为年限制。为此，笔者按照《第四个五年改革纲要（2014—2018）》提出的改革方向，结合目前基层人民法院的实际情况，参照国外选任和培养初任法官的制度，提出初任法官的来源及养成机制的建议：拓宽初任法官的来源，通过提高法官收入及法官尊荣感吸引优秀律师、法律学者等加入法官队伍；改革一职双考制度，健全初任法官任前培训制度，变年限制为考试制，考试合格者方能任命。

* 谢玲：南宁市兴宁区人民法院。

一、不要问我从哪里来——英雄不问出处

（一）出镜人物

一号人物A，31岁，硕士研究生，2010年通过公务员考试，工龄5年，任助理审判员（检察官转任法官）。

A自我介绍：我是2008年通过司法考试，2010年通过公务员考试进入检察院，考的是检察业务，结果分到了办公室，在办公室工作了两年，干着基本与法律不沾边的工作。2012年7月被任命为助理检察员，任命之前没有接触过任何案件，任命之后调至公诉部门，开始做内勤，做了一年内勤才开始慢慢办案。2014年3月考入法院，直接转任为助理审判员，被分在民庭，之前没有接触过民事案件，也没有参加过任何初任法官类的培训，完全是赶鸭子上架，转任后直接办案，觉得自己是空中楼阁，根基不牢，完全是摸着石头过河，缺乏调解、庭审技能，很害怕庭审时遇到突发事件、意外情况自己处理不好。基层人民法院案多人少，被任命后肯定是要办案的，用领导的话就是必须要成长，而且要快速成长。

二号人物B，24岁，本科，2012年通过公务员考试，工龄2年，任助理审判员（非法学专业人员任法官）

B自我介绍：我是新闻专业本科毕业，在大学期间通过了司法考试并顺利进入了法院。进法院后我就在办公室从事新闻方面的工作，除了考司法考试的时候接触过法律，进法院后就没有怎么接触过法律。2014年11月我被任命为助理审判员，如果可以，我也想到业务部门去办办案，但也是心惊胆战，毕竟都没有怎么接触过，理论功底不深，实践经验也没有。

三号人物C，27岁，硕士研究生，2013年通过公务员考试来法院，工龄1年多，助理审判员（法学专业毕业—书记员—法官路径）。

C自我介绍：我是2013年11月通过公务员考试进入法院的，直接分配在民庭，2014年×月被任命为书记员，其实刚入职的公务员在1年的试用期内真正花在业务学习上的时间真的不是很多，我们要参加各种培训，如公务员转任培训、初任法官培训，另外由于新进的公务员没有审判任务，所以庭里的各种调研、考核等零零碎碎的内勤工作，党支部的工作，院里的诸如演讲比赛、辩论赛等各种比赛，甚至小品、跳舞等节目表演都是我们上。这一年我跟的案子不是很多，所以一年下来书记员的活还没有精通，很多问题都还没有接触到。2015年3月我被任命为助理审判员，虽然之前参加过初任法官培训，但并没有太大的作用，还不如在实践中学得多，现在我已经

开始办案了，但心里很没有底。

四号人物D，27岁，本科，2013年通过公务员考试来法院，助理审判员（律师转作法官）。

D自我介绍：我是2013年10月通过公务员考入法院的，之前在律所做了1年的实习律师，之所以选择考公务员还是考虑到一个女孩子做公务员比较稳定，不需要到处奔波。我来法院干了一年多的书记员，因为之前的律师工作也是法律工作的一种，故2015年6月我被任命为助理审判员。其实之前的律师工作对我现在的工作还是有些帮助的，我更容易上手，也更熟悉流程。

（二）后记

初任法官在我国的法律中并无明确的定义。《公务员法》第45条规定："确定初任法官、初任检察官的任职人选，可以面向社会，从通过国家统一司法考试取得资格的人员中公开选拔。"《法官法》第12条规定："初任法官采用严格考核的办法，按照德才兼备的标准，从通过国家统一司法取得资格，并且具备法官条件的人员中择优提出人选。"《法官培训条例》规定："拟任法官，需接受任职资格培训；拟任法官的任职资格培训不得少于三个月。"

根据以上规定可知，初任法官，从过程意义上来说，是指准备被任命为法官的人，也即预备法官；从结果意义上来说，是指刚刚被任命为法官的人，即首次成为法官的人。笔者主要分析第一种意义上的初任法官。

现阶段要想成为一名初任法官，绝大部分需要通过的路径和具备的条件包括：

1. 资格考试：通过国家统一司法考试，这是从事法官工作的门槛。

我国自2002年开始实行国家统一司法考试，通过率一直以低著称，但2008年却飙升到了27%的通过率，自2009年开始，司法考试通过率又有所下滑，2012年降至10%，2013年又升至15.67%。随着法律专业人才的增多，现在全国各地的法检招考中，法院审判业务职位绝大多数都要求通过司法考试才有报考资格，但如果是报考其他岗位进入法院后，通过司法考试的仍可以被任命为法官。

2. 入职考试：作为公务员考试的一部分参加统一招考。

相对于司法考试，公务员考试是比司法考试更关键性的入职考试，只有通过公务员考试后才有可能成为一名初任法官。

3. 年龄条件：年满23周岁，一般的大学毕业生工作一两年后基本都能达到该条件。

4. 工作经历条件：根据《法官法》的规定，本科毕业从事法律工作满2年，硕士研究生以上从事法律工作满 1 年，就符合基层人民法院法官任命的条件。

5. 参加预备法官培训，取得合格证书。根据《法官培训条例》，拟任法官的人员，必须接受预备法官培训。

6. 正式任命。由基层人民法院党组研究决定，最终由基层人民法院院长任命为助理审判员，成为一名初任法官，可以开始正式办案。

（三）小结

1. 流程

初任法官的来源及培养大部分可以通过图 1 来展示（以基层人民法院为蓝本）：

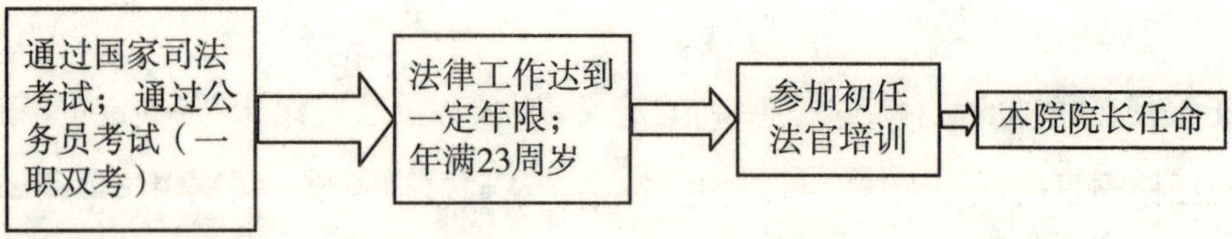

图 1　初任法官的来源及培养流程

2. 特征

目前要成为一名初任法官，最核心的要素是进入公务员队伍且通过国家司法考试，再工作一定的年限就可以水到渠成、名正言顺地成为一名初任法官，故可以称为年限制。

二、我是如何来的——过五关斩六将还是水到渠成

（一）来源单一、一职双考

我国现行初任法官选拔来源单一，实行的是“一职双考”模式，需同时通过司法考试和公务员考试，“一职双考”模式存在一定的弊端，无法选拔出真正的法律人才：

首先，按照《公务员法》的规定，国家可以直接从司法考试合格人员中选拔初任法官、初任检察官，而不要求初任法官、初任检察官必须通过公务员考试。从制度来看，我国初任法官、初任检察官采取的是“一职单考”模式。①

其次，现行初任法官、初任检察官招录考试照搬普通行政机关招录公务员考试模式，无法确保真正具备较高法学素养的人被招录到司法机关：一是笔试科目中的行政职业能力测试、申论科目考试与法官审理案件所需的知识和能力关联度极小，有些地方招

① 苏永霞：《我国初任法官、初任检察官选拔的规章制度》，载 http：//ha. huatu. com/2012/1124/414736. html，2012 年 11 月 24 日最后访问。

考不需要加试法律专业笔试，有些地方虽然加试了法律专业，但是该专业分占整个的笔试成绩比重较小，且该考试也未必能真正考察出应试者对法律知识的掌握情况，且有些地方规定，如果通过了司法考试则法律专业免考，且该科成绩以该专业最高分来确定，如果大部分报考的人都通过了司法考试，那决定性的成绩还是在于行政职业能力测验和申论。二是招录法官的公务员面试题型与一般的公务员题型一样，都为结构化面试，题目的内容基本与法学理论、法律实践、法律问题的解决无关，这种结构化面试难以考察出考生是否真正具备理解、掌握、运用法律专业知识的能力。

（二）年龄要求低

"年满23周岁"是任命法官应具备的最低年龄条件。然而，随着案件的逐年增多，很多基层人民法院为缓解案多人少的矛盾，不管实际办案水平如何及是否具有相应的工作经验，只要能通过国家司法考试和地方公务员考试，达到了这个年龄后就迫不及待下达一纸法官任命书，有些甚至在任命之前就挂名办案。

（三）法律工作经验把握不严

一是根据法律规定，成为一名法官所具备的法律工作经历与学历挂钩，学历越高，所需要的法律工作经验年限越短，这似乎蕴含着一个逻辑：学历越高的人对于法律掌握得更好，具备的社会经验越丰富，法律实践能力也更强，所以只需要更短的时间就可以胜任，故如果一名法律专业的硕士研究生和本科生同时考入法院，从事了1年相同的工作，则硕士研究生在1年后就可以被任命为法官，而本科生必须再经历1年才能被任命。其实，法官不仅要具备一定的法学理论知识，更重要的是要具备丰富的社会经验和各项实践技能，而后者的区别来源于不同的人生阅历、工作的领悟能力及勤劳程序，与学历没有必然的联系。

二是对于何为"从事法律工作"并没有明确的立法解释，仅在全国人大法工委《关于法官法、检察官法等有关问题的询问答复中》界定了"从事法律工作"主要包括"从事国家或地方的立法工作，审判、检察工作，公安、国家安全、监狱管理、劳动教养管理工作，律师，法律教学和研究工作，党的政法委员会以及政府部门中的法制工作等"，而对于何为"审判、检察工作"并没有进一步的解释，因此在实践中，只要是进入法院工作，为了能任命更多的法官办案，无论是在何种岗位上从事何种职务，都认为是从事了法律工作，只要达到了法定工作年限就可以被任命为初任法官。

（四）预备法官培训实质为岗前培训

根据《法官培训条例》，预备法官培训作为拟任初任法官的前置程序，培训时限应为1年以上，培训包括脱产培训阶段和实习阶段，脱产培训一般是在法官学院进行集中培训，时间是1~2个月，重点是进行法官素质和审判技能培训，采取的方式一般为集中授课、分组讨论，培训的内容包括宏观的如素质教育、法学理论，微观的如案例分析、模拟庭审、裁判文书制作，但是不区分民事、行政、刑事业务，都是统一授课、统一学习。在脱产培训阶段只需要完成培训部门布置的作业就可以顺利结业，而不需要再进行淘汰类的考试。接下来就是实习阶段的培训，该培训与脱产培训回到工作岗位后的工作并行不悖，并不需要再去进行额外的实习，只需在实习阶段结束后撰写实习总结，初任法官的培训就顺利结束，政工部门会在履行了一定的手续后颁发合格证书。

我国的预备法官培训实质为岗前培训，具备如下特征：

一是预备法官培训虽然包括脱产培训和实习培训，但本质上就是脱产培训阶段的学习（1~2个月），实习培训并没有专门的体现。

二是脱产培训的课程虽然包括审判技能培训，但培训的方式、培训老师的水平因地区而有所区分，有些老师仍采取传统的填鸭式面授，这种培训的效果可想而知，并不能真正实现培训的目的。

三是脱产培训没有采取考核淘汰制度，所以学不学、学得好与坏都无所谓，反正都能顺利结业，故培训学员没有竞争淘汰的压力，反而有些认为预备法官培训就是“放假式疗养”，能暂时躲避工作的压力。

三、我该从哪里来——条条大路通罗马

（一）他山之石，可以攻玉

表1　其他国家初任法官的选任及培养情况

国家	任职条件	如何培养	如何选任
德国	司法考试	通过第一次司法考试后申请实习培训，由州法院负责安排实习培训的机构，在各司法机关、行政机关、律所分别实习3个月作为必修课，还要选择其他机构实习4~6个月作为选修课，在培训接近尾声时，准备第二次司法考试，主要考察与培训有关的内容，淘汰率为15%，通过第二次司法考试，才能作为法官的候选人，在出现职位空缺的时候被选为法官，之后还有1~3年的试用期，在试用期考核合格后才能成为终身的法官。①	法官选任委员会

① 张灿：《信赖型初任法官遴选机制研究》，上海大学2014年硕士学位论文，第29~31页。

续表

国家	任职条件	如何培养	如何选任
日本	司法考试	通过司法考试后到司法研修所（类似于我国的国家法官学院）进行1年半的学习。第一阶段是3个月的集中学习，培养基础理论和基本实践技能；第二阶段是1年的实务进修，安排所有学生进入全国50个法院、检察院、律师事务所进修，培训课程涉及民事、刑事审判、检察业务和律师事务；第三阶段是3个月的集中培训，总结成果参加考核，考核合格才有资格选择未来职业发展方向。最后由司法研修所根据学员的表现及名额比例确定成为法官、检察官、律师的名单，报最高人民法院、最高人民检察院、日本律师联合备案、注册①。	司法研修所
韩国	司法考试	通过司法考试后，需要到司法研修院进行为期2年的培训，学习法律实务方面的内容。毕业后成绩优秀有志从事法官工作的，向大法院提出申请，由大法院统一任命为预备法官，预备法官的任期为2年，期间不能独立办案，从事的主要是与审判相关的调查和研究工作。期满后，由大法院的全体大法官通过大法官会议决定是否任命为法官。	大法院的全体大法官会议

（二）我国初任法官来源及养成机制的建议

1. 拓宽来源

2015年7月，北京大成（上海）律师事务所从事了16年律师工作的知名律师商建刚被确定为上海市第二中级人民法院三级高级法官拟任人选。②

商建刚是知识产权领域的知名律师，他带领的团队1年为律所创收超过千万，他为何要放弃待遇丰厚的律师职业，突然转行当法官？商建刚坦言："我在律师行业工作16年了，这个工作对我来说没有太多的新鲜感。做法官是我的理想，法官职业对我的吸引力在于：一方面，我是做知识产权保护的，我很想知道，我们国家知识产权保护的界限，哪些要保护，哪些不去保护，哪些保护得多一些哪些少一些，这是一个我很想探索的问题。另一方面，法官在审理案件时具有自由裁量权，那么这个自由裁量的边界在哪里，我也想探索一下。"对于收入，他认为："我对收入这方面没有什么太多的追求，做律师的时候，每年收入要上缴几十万或者上百万的税，但是钱赚到一定程度就没有太多的意义了，多一些少一些都不会影响生活质量。"

---

① 张灿，《信赖型初任法官遴选机制研究》，上海大学2014年硕士学位论文，第31~32页。

② 王巍：《"千万律师"当法官，钱赚到一定程度没太大意义》，载 http://www.xinhuanet.com/legal/2015-07/02/c_127974539.htm，2015年7月2日最后访问。

虽然此例是高级人民法院选拔高级法官，但是根据《第四个五年改革纲要（2014—2018）》“完善将优秀律师、法律学者，以及在立法、检察、执法等部门任职的专业法律人才选任为法官的制度”的规定，该选任制度应适用于所有层次的法官选拔。上海市高级人民法院率先公开选任高级法官、检察官，但情况不容客观，报名参加的优秀律师并不多，本来要选任2名高级法官、2名高级检察官，结果只选出1名高级法官、1名高级检察官，公开选任名额尚未完成，故要吸引优秀的法律人才进入法官队伍，必须要解决的问题是：

（1）提高法官的收入。法官职业之所以对于律师、法律学者等没有诱惑力，很重要的原因在于律师、学者与法官收入差距过大，“千万律师”转行当法官，目前看恐怕只是个体选择，未必能引起鲶鱼效应，大部分的律师、学者还面临着经济上的压力。只有先在收入上有所提升，缩小与律师、学者之间的差距，才能打通法官与律师、法学专家之间的任督二脉，在优秀律师、法学专家当中遴选法官，以提升法官的整体专业水平。对此，上海已出台了《上海市法官、检察官职业保障制度方案》，进入法官员额内的法官、检察官收入水平将暂按高于普通公务员43%的比例安排，并向一线办案法官、检察官倾斜，当然改革的效果还需期待。

（2）提升法官的尊荣感。法官作为社会正义的最终守护者，本应具有最高的职业尊容感，然而，在现实中，待遇低、压力大、当事人的不理解、社会对法官的不信任等让作为法官的主体感受到的不是荣耀、自豪感，而是压力与职业挫败感。如果一项职业既没有经济上的保障，也没有精神上的价值体现，则不仅吸引不了优秀人才，现有的人才也会不断流失，故还法官应有的尊容感，使法官的职业形象成为法律人共同的尊荣和梦想，法官职业才能真正成为法律人所向往的职业，千万律师当法官正是体现了这种追求。

当然，在拓宽法官来源途径的同时，需考虑到现有法官的职业保障，以免出现“宁赠友邦，不与家奴”的诟病，使通过此种遴选方式进入法官队伍的人员与原法官队伍的法官在职级、待遇方面相匹配，同时，还应考虑到律师做法官的任职回避问题。

2. 构建契合初任法官素质的法律人才养成机制

（1）将此“一职双考”变为彼“一职双考”

将法官等同于公务员，不通过公务员考试就不能进入法官队伍的初任法官选拔方式是非常不科学的，有些通过司法考试的优秀法律人才由于未能通过公务员考试而被法院拒之门外。故为了体现法官的职业特征，需要设计能选拔符合法官职业的人员进入法院的考试，该选拔考试仍设置笔试、面试流程，笔试题型不再是行政职业能力测试的题型，可以考虑取消这项考试或者将该门考试定位为法律专业知识考试，侧重于考察法律理论和法律实践，考试范围较司法考试应有所缩减，重点考察实践中常用的法律如民法、刑法、诉讼法、法理学、行政法等，对实践中适用率比较少的可以考虑不纳入考试范围。申论的题型也不再是对国家政策、方针、政治时事的考察，而是与司法紧密联系，可以通过对司法体制的了解、案例分析、社会法律事件的分析等综合考察考生对司法的关注程度、法律思维能力、逻辑分析能力、法学知识储备。面试题型也不再是普通公务员考试的几大类题型，而是围绕法律知识命题，可包括法官道德素质、适用法律的能力、疑难案件的处理能力、口头表达能力等的考察。通过此考试的人员，才能进入法院成为将来初任法官的候选人。

（2）变“岗前培训”为“考试制培训”

目前的预备法官培训为岗前培训，只要参加培训的基本都能结业，未能将具备初任法官水平和不具备初任法官水平的人员进行分流，应将预备法官培训定位为“考试制”培训，考试合格的人才能被正式任命为初任法官，考试不合格的将继续进行工作实习和再培训，直至合格。

①培训时间和内容

培训仍包括脱产培训和实习培训阶段，目前脱产培训的时间过短，且各地法院作法不一，难以达到培训的实效，建议将脱产培训的时间延长为4~6个月。培训的内容应重点放置在审判实务方面，重点培养学员的裁判文书制作能力、庭审驾驭能力、诉讼调解能力、法律分析能力。

②培训老师

关于培训老师，《法官培训条例》明确为“资深法官”。而何为资深，日本专门培训初任法官候选人的司法研修所，将“资深”认定为“具备15~30年工作经验”。在教师的选配上，囊括了资深法官、检察官、律师。在美国，这一队伍还包括一些著名的法学教授，或是其他专门学科的教授。[①] 我国初任法官的培训老师可借鉴此做法，将“资深”明确为从事法律工作满10年或曾经审理过重大、疑难案件的法官，同时还可以邀请优秀的律师、检察官、教授前来讲授。

③培训方式

应突破传统的填鸭式教育模式，采取讲授式教学法、案例分析教学法、现场观摩

---

① 张灿：《信赖型初任法官遴选机制研究》，上海大学2014年硕士学位论文，第39页。

教学法、模拟实践教学法等多种方式相结合的模式。

④培训考核

脱产培训结束后需进行考试，重点测试学员对审判实务各项能力的掌握，考试由各地高级人民法院组织的考核小组进行，考核的方式包括笔试和面试，笔试如裁判文书的制作能力、法律分析能力可要求当场制作裁判文书考察，面试如庭审驾驭能力、诉讼调解能力可采取模拟法庭的方式，由各考官设置各种难题、关卡，考察学员的庭审控制能力及应变能力、调解能力。

脱产培训合格后方可进行下一阶段的实习培训，不合格则本轮培训结束，等待下一次的再培训。实习培训在原单位进行，时间设置为8～10个月，可采取轮岗的方式，在不同的业务部分进行学习，建议在立案部门、审判部门、执行部门轮转，熟悉案件从立案到执行的整个流程，避免出现审判法官只懂案件审理，不懂执行制度。实习培训实行优秀法官督导制，类似于传统的学徒制，由督导法官运用自己的审判经验对预备法官进行指导，告知预备法官某类案件的常规处理方式。[①] 考虑到基层人民法院的办案压力，可以采取“一对多”的小组式督导。预备法官的日常考核打分由各部门督导导师负责，实习培训结束后由政工部门根据各督导导师的考核成绩进行综合评测，考核合格的由政工部门颁发合格证书，考核不合格的还需再延长实习期直至合格，之后才能被任命为初任法官。

① 吴久宏：《论初任法官培训机制之重构——以北京法院为例》，载《法律适用》2012年第8期。

谈我国法官绩效考核机制的完善

——以N市中级人民法院为样本

朱燕婷　李　密　窦红兵*

【摘要】构建法官绩效考核制度是法官管理制度改革的必要组成部分，探索建立、完善一个科学、合理的法官绩效考核机制，对推动法官职业化、司法改革及司法现代化建设具有重要意义。但法官绩效考核机制的考核主体“双轨制”、内容不科学、指标数字化、方式随意性等对法官行使审判权与裁量权的负面影响也越来越受到司法理论界与实务界的批判，应予以改革和完善。法官绩效考核机制应何去何从？如何在既尊重司法规律又保障法官独立与司法公正的前提下，增强法官绩效考核机制的有效性和科学性？笔者试图结合N市中级人民法院的实践探索就这些问题作进一步的理论探讨。

一、引言

法官绩效考核工作随着司法责任制改革的深入推进和全面推开，重要性日益凸显。定期晋升、奖金分配、员额退出、入额遴选等审判管理工作顺利开展，离不开覆盖全面、符合规律、科学合理的绩效考核体系和工作机制。近年来，最高人民法院先后出台4个《五年改革纲要》，其中《第三个五年改革纲要（2009—2013）》，要求建立健全“以法官、法官助理、书记员和其他行政人员的绩效考核和分类管理为主要内容的岗位目标考核管理体系。指标体系构建科学性、绩效考核程序性，指标程序统一性”的绩效考核机制。① 法官绩效考核体系的系统化和规范化是严格审判管理的趋

---

* 朱燕婷：南宁市西乡塘区人民法院。李密：南宁市西乡塘区人民法院。窦红兵：南宁市西乡塘区人民法院。

① 最高人民法院印发《人民法院五年改革纲要》(1999年10月20日公布　法发〔1999〕28号)。

势和潮流。通过法官绩效考核调动好每一名法官的工作积极性，优化和加强内部审判资源的配置，推行法官队伍精英化，在司法改革中显得尤为重要。法官绩效考核是审判管理体制的重要组成部分，作为审判管理的有力抓手，发挥着不可替代的作用。如何确定法官考核的主体和标准，根据绩效考核结果对法官实行优胜劣汰和奖优惩劣，采取有效的措施和方法，对法官进行全面、合理、科学的绩效考评，督促法官进一步增强质效意识和办案责任心，成为当前审判管理研究的重要课题。笔者对我国现行的法官绩效考核机制进行分析，以N市中级人民法院的法官绩效考核机制为实证样本，以期从中发现该机制运行存在的现实问题和出现该问题的原因，针对这些原因和问题进行分析论证，提出切实可行的完善与改革的建议，为促进法官绩效考核机制的发展提供参考。

二、法官绩效考核机制的概述

（一）法官绩效考核的内涵

在管理学中，绩效可以定义为成绩和效果，就是个人、团队或组织从事一种活动所获取的成绩和效果。绩效考核主要是指："考核主体对照工作目标制定绩效标准，采用科学的考核办法，评定员工的工作任务完成情况，员工的工作职责履行程度和员工的发展情况，并且将评定结果反馈给员工的过程。"①

该机制具备一定的反复性、可持续性和周期性，是一个系统的动态管理过程。法官绩效考核机制通过将管理学中的绩效考核与法官的审判实践相结合，以绩效考核为核心内容，提出了法官绩效考核的概念。根据《中华法学大辞典》的解释，法官绩效考核机制是指："国家审判机关根据有关法律法规，按照管理权限，通过科学的方法、客观的标准，对法官的审判工作实绩、思想品德、审判业务和法学理论水平、工作态度和审判作风等进行考察，作出评价，并以此作为对法官进行奖惩、培训、辞退以及调整等级和工资的依据的一种制度。"②

（二）法官绩效考核的流程

要达到公平公正，提高审判质效的法官绩效考核目标，首先要建立一套完善的法官绩效考核流程。

---

① 付亚和、许玉林主编：《绩效考评与绩效管理》，电子工业出版社2009年版，第38页。

② 宋英辉、陆敏主编：《中华法学火辞典诉讼法学》，中国检察出版社2001年版，第34页。

第一，设定绩效考核目的：法官绩效考核的目的应该是正确评价和规范法官的言行，加强监督管理，增强法官的使命感和责任心，提升法院队伍的形象，同时保障法官独立行使审判权。

第二，明确绩效考核的对象：法官绩效考核对象是法官，即依法行使国家审判权的审判人员，在司法改革及员额制改革的背景下，法官绩效考核的对象为员额法官及相当一部分未入额但具有一定审判权的审判人员。

第三，制定考核标准和程序：法官绩效考核的程序及标准是明确的，即按照明确的标准和程序对法官的思想品德作风、审判业务、质效等进行考核。该标准是开展法官绩效考核非常关键的环节，不能过于复杂，应符合审判规律和法官职业特点，根据法院工作目标来设计，便于操作。

第四，选择考核的形式和组织：法官绩效考核由特定的组织以特定的方式方法进行。就法院而言应就年度受结案周期，由考核主体遵循一定的原则，按照标准和时间进行考核。

第五，考核的结果的反馈：法官绩效考核结果是对法官奖惩、培训、免职、辞退以及调整等级与工资的依据，是考核的重要环节，不容忽视。只有将考核结果反馈给法官，让法官理解绩效考核的程序和标准，才能使之信服，并深入思考和改进问题，考核才能真正地发挥作用。考核结果优异的法官可获得职业培训、晋级晋升、评优评先的机会和资格，才能充分调动法官的主动性和积极性，推动法院工作科学发展。

二、法官绩效考核制度运行现状及存在问题

（一）当前法官绩效考核工作的基本现状

法官绩效考核的主要指标为案件质量，在“二五”和“三五”改革纲要的指导下，各地法院在实践的基础上探索和建立各具特色的案件质量评估模式，如上海模式、江苏模式、福建模式、湖南模式、四川模式……2008年1月，最高人民法院在对各地法院实践成果进行总结分析的基础上，制定了《关于开展案件质量评估工作的指导意见（试行）》，2012年对其进行了修改和完善，指标的评估范围更宽更科学了。该指标体系由审判公正、效率、效果三个二级指标以及31个三级指标组成，具体见表1。

表 1 最高人民法院案件质量评估体系各项指标

指标 法院	审判公正指标	审判效率指标	审判效果指标
最高人民法院	1. 立案变更率 2. 一审陪审率 3. 一审判决案件改判发回重审率（错误） 4. 生效案件改判发回重审率 5. 二审开庭率 6. 二审改判发回重审率（错误） 7. 对下级法院生效案件提起再审率 8. 再审审查询问（听证）率 9. 对下级法院生效案件再审改判发回重审率 10. 违法执行率 11. 违法审判率	1. 法定期限内立案率 2. 法官年人均结案率 3. 法官年人均结案率 4. 法定（正常）审限内结案率 5. 结案均衡率 6. 一审简易程序适用率 7. 当庭宣判率 8. 平均执行时间指数 9. 平均审理时间指数 10. 延长审限未结比	1. 一审服判息诉率 2. 申诉率 3. 撤诉率 4. 调解率 5. 信访投诉率 6. 实际执行率 7. 重复信访率 8. 执行标的到位率 9. 裁判主动履行率 10. 调解案件申请执行率

虽然现已形成较为完善的案件质量评估体系，但是针对法官绩效考核还涉及案件以外的其他指标。当前法院系统在法官绩效考核方面的实际操作呈现出极大的不平衡性。最高人民法院内部管理整体是比较宽松的，在绩效考核方面没有形成系统化与成文化的指标体系，而且在年终考核时也是在民主评议的基础上附加一些其他指标（不太严格的案件质量评估指标）。其他各地的法院在改进绩效考核制度的名义下，从 2012 年至今的五六年间，对法官绩效考核进行了大量的实际探索，建立了比较普遍的量化的法官业绩考核制度的做法。如江苏高级人民法院制定的法官绩效考核意见中评估指标体系由分析指标和基础指标构成，其中基础指标有 11 项案件质量评估指标。上海市第一中级人民法院建立的法官绩效考核档案计算机系统设置了 60 多个信息采集点，反映法官的工作效率和质量。

各地法院的法官绩效考核在考核流程、考核机构、考核结果的应用等方面主要依据《法官法》《最高人民法院关于开展案件质量评估工作的指导意见》等规范性文件进行操作，但是在考核指标的设置上就有较大的差异了。实践中有以“民意”因素为主导的传统考核模式，以量化指标为主导的改良传统模式，以定性和定量相结合的综合考核模式……

（二）来自实践的观察——以 N 市中级人民法院法官绩效考核为例

1. N 市中级人民法院法官绩效考核概述

N 市中级人民法院于 1950 年 3 月 2 日成立，下辖 12 个基层人民法院。截至 2017 年 5 月 1 日，N 市两级人民法院共有在编干警 1358 人。其中在编干警 189 人。设有审管办，立案庭，未成年人案件审判庭，民事审判第一庭、第二庭、第三庭、第四庭，刑事审判第一庭、第二庭以及行政审判第一庭、第二庭，赔偿委员会办公室，审判监督庭，执行局共14个审判、执行业务部门，办公室、政治部、纪检监察室、研究室、司法警察支队、司法行政装备处等司法政务职能部门。

近年来，N市中级人民法院围绕“公正与效率”的主题，狠抓队伍建设、审判执行工作、司法政务工作，各项工作都取得了长足的发展，有力地促进社会的和谐稳定与经济发展。2013年来，N市中级人民法院根据《最高人民法院的关于开展案件质量评估工作的指导意见》，先后制定了《庭审评查、裁判文书评查若干规定》《案件评查规定》《N市中级人民法院岗位目标绩效考核办法》等规范性文件11项。其中《N市中级人民法院岗位目标绩效考核办法》作为本院法官绩效考核的依据，具体的考核内容是根据最高人民法院的指导意见制定的，分别赋予不同的数值，以便具体的实施。

2. N市中级人民法院法官绩效考核的基本内容

(1) 考核主体

N市中级人民法院为了更好地进行法官绩效考核工作，成立了法官绩效考核委员会。院党组成员兼任考核委员会委员，委员会下设管理办公室，由政治部、监察室、信访、纪检、审委会、研究室抽调的人员组成。法官考核委员会对各部门进行考核，各部门则对本部门的法官进行考核（其考核主体机构见图1）。

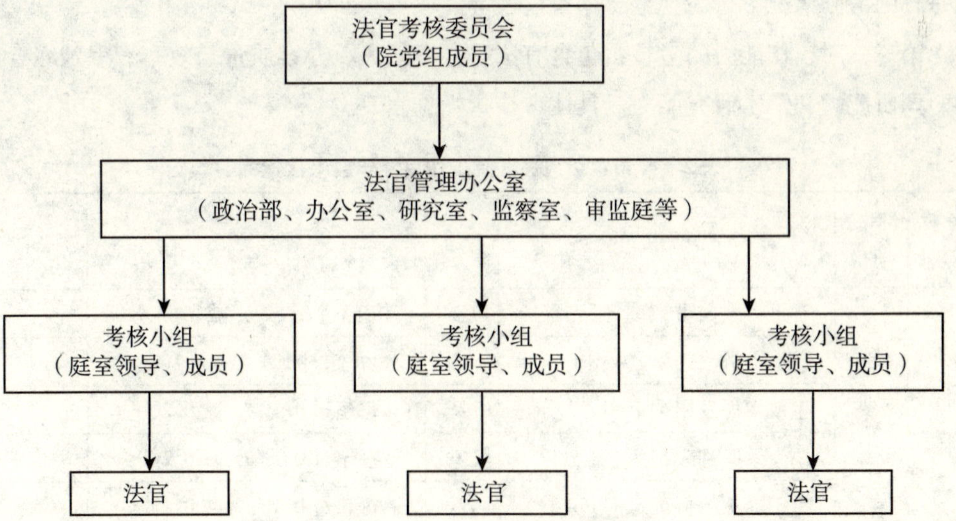

图1 N市考核主体机构

（2）考核方式

第一，分级考核。如图1所示，各部门结合本部门的工作实际和工作总量，确定审判团队的工作量进而确定法官的工作量，对部门法官进行考核，确定等次；法官考核委员会根据本院制定的考核内容与标准，确定各部门的工作任务，对各部门绩效情况进行考核，确定不同等次。

第二，季度考核与年度考核相结合，年度考核为重点。季度考核是部门根据量化指标对每季度完成的工作量进行总结，填报季度考核表；年度考核则是由考核委员会按照季度考核情况进行的年度评价。

第三，分类考核。第一类为党组成员，主要采取定期考核方式；第二类为各部门中层领导，由考核委员会负责，采用年度考核方式；第三类为法官，由部门领导负责考核。

（3）考核内容

N市中级人民法院对法官的“德、能、勤、绩、廉”进行全面的考察，其中法官的工作能力是绩效考核的重点，考核包含以下几个方面：

第一，对政治思想的考核：主要有廉政建设、政治理论学习、思想作风与工作作风的考核。这项考核指标是以100分为基数分，推定每个法官都是合格的，在此基础上根据法官的具体表现扣分或加分。

第二，对工作态度的考核：考核法官的日常表现和工作积极性、组织纪律状况，如每日的考勤情况，行为规范，庭审仪表等。

第三，对工作能力的考核：包含有法官办案任务、办案质量与效率、审判综合能力、调研能力和学术研究能力。具体考核指标见表2：

表2　N市中级人民法院工作目标年度考核指标

考核类别	考核项目	考核指标	标准	评分方法	备注
审判执行工作（53分）	审判质量（16分）	上诉发回重审率（2分）	1‰	每超过0.1‰，减0.05分	
		上诉改判率（4分）	10‰	每超过1‰，减0.1分	
		生效案件发回重审率（2分）	0.2‰	每超过0.1‰，减0.2分	
		生效案件改判率（3分）	1‰	每超过0.1‰，减0.2分	
		撤销变更执行裁定率（2分）	5‰	每超过0.1%，减0.1分	
		法律文书和案卷归档质量检查		每出现1次或1处，减0.1分	

续表

考核类别	考核项目	考核指标	标准	评分方法	备注
审判执行工作（53分）	审判效率（11分）	结案率（2.5分）	91%	每低于1%减0.2分	
		人均结案率（3分）	45件/人	每减少1件/人，减0.05分。结案率达92%的不减分	
		经批准延长审限率（1分）	6%	每超过1%，减0.1分	
		完成上级法院交办任务效率（2分）		每出现1次，减0.2分	
		执行信息录入合格度（0.5分）		每出现1次低于80%，减0.1分	
		结案均衡率（2分）	80%	按季结算，每低于8个数值，减0.1分。	
	审判效果（15分）	民事案件调撤率（3分）	62%	每低于1%减0.1分	
		行政案件诉讼和解率（1分）	35%	每低于1%，减0.1分	
		实际执行率（2分）	75%	每低于1%，减0.1分	
		执行到位率（2分）	35%	每低于1%，减0.1分	
		上诉率（1分）	8%	每超过1%，减0.1分	
		申诉率（2分）	1.5%	每超过1%，减0.2分	
		信访投诉率（3分）	5%	每超过1%，减0.2分	
		民商事判决书上网率（1分）	40%	每超过1%，减0.1分	
	调研工作（5分）	调研工作基础情况（1分）		未达到要求的，每出现一项，减0.2分	
		调研任务完成情况（2.5分）		未达到要求的，每出现一项，减0.2分	
		统计工作完成情况（1.5分）		未达到要求的，每未按时完成一次，减0.1分	
	其他(6分)	指标未涵盖情况			

（4）考核结果的应用

考核结果分为不称职、称职、优秀三个等级，考核结果将以书面形式告知被考核法官本人，法官根据考核结果有针对性地开展以后的自身工作，取长补短。同时，考核结果作为法官评先评优及职务晋升、提高相关待遇的依据。按季度对法官审执案件的数量、质量、效果、信息调研等工作情况进行排名、量化，并进行通报点评。按年度选出年度调解能手、办案能手等。

N 市中级人民法院通过推行法官绩效考核机制，对法官的监督管理得到加强，各项工作都取得一定的成效。第一，提高了该院的审判质效，表现为每起案件的平均结案周期缩短，较上一年度减少 31 天。上诉率、发改率等有所下降，较上年下降 40%，庭审、裁判文书等质量有所提高。第二，提高了法官的综合素质和办案能力。表现为法官撰写信息和调研、学术论文等能力有所提高，裁判文书质量有所提高，营造了良好的学习和竞争氛围，提高了法官的综合素质和办案能力。第三，绩效考核办法的公开也促进了审判流程的公开透明，进一步提高了司法公信力和法院的权威。

（三）影响法官绩效考核机制发展的原因分析

1. 运行环境行政化

几千年来，中国行政和司法合一，司法行政化一直是我国进行司法体制改革的难题，法院行政化色彩较浓，《公务员法》将法官定位为公务员，致使我国对法官绩效的考核具有浓厚的行政化色彩。

首先是法院的行政化，“我国法院实际上一开始就是按照行政体制的结构模式来构建的，当然具有行政化的特征”。[①] 在构成与运作方面法院与行政机关具有相同的基本属性，行政机关要求统一性与效率性，所以内部上下级是服从关系。因此，法院的管理具有一定的行政化色彩，其行政管理带有很大的负面效应。

其次是法官绩效考核标准的公务员化。长期以来法官等同于公务员，因此，对法官的考核参照公务员考评标准，即“德、勤、政、绩、廉”，工资、福利待遇与公务员无差别，无法突出法官的集体优越感。

2. 管理企业化

用企业管理中的过分强调数字化的考核指标对法官进行管理，片面地追求效率，忽略了司法审判工作的复杂性和特殊性，导致考核具有一定的功利性和片面性。“把情况各异的案件审判工作等同于流水线式的生产行业的做法，机械地根据数据来评定法官的能力与等级，不仅不能公正、客观地反映法官的综合素质，而且容易损害法官的工作积极性与审判独立性，背离诉讼规律，损害司法权威。”[②]

---

① 张卫平：《论我国法院体制的非行政化——法院体制改革的一种基本思路》，载《法商研究》2000 年第 3 期。

② 王晓玻：《中国法官业绩考评制度研究——以深圳两级法院为研究样本》，吉林大学 2010 年硕士学位论文。

（四）法官绩效考核制度在实施过程中存在的障碍与难点

通过对N市中级人民法院法官绩效考核机制的实证分析，我们发现法官绩效考核机制的推行使法官的监督管理得到了加强，激励了法官自身的发展，提高了审判管理质效。但是该机制也存在一些需要分析和解决的问题，正视这些障碍与难点，进行综合、理性分析，才能推动法官绩效考核机制的不断发展。

1. 考核主体的“双轨制”

通过对N市中级人民法院的考察，我们发现该院对领导职务法官和非领导职务法官采用不同的考核方式和标准，即考核主体的双轨制。对于普通的法官，考核标准是审判质量和数量，包含结案数、上诉率等案件的指标。对领导干部则采取一岗双责的双重责任制度，由上级法官和同级地方党委对院长和院领导干部进行绩效考核。考核主体的双轨制使没有领导职务的法官一味地追求办案数，重数量而轻质量；而具有领导职务的法官，则只关注管理能力和领导能力，办案数量少，或者不办案，忽视了作为一个法官的角色、职责和所具备的独立意识。

2. 考核内容的不科学性

N市中级人民法院考核内容具有一定的合理性，但有些设置却在一定程度上违背了审判规律，违背了科学性。

首先，考核指标的设置有违科学性。虽然将法官的办案数、上诉率、调解率、结案率等作为反映法官素质和水平高低的指标具有一定的合理性，但也存在问题。以结案数为例，由于受案源的影响，各部门的收案数量是不确定的，即使是同一个部门，案件难易程度不同，审理所需要的方式方法、时间等都是不同的。因此，以办案数作为法官绩效考核的指标在实质上是不公平的。

其次，考核指标作占的权重也是不合理的。通过对N市中级人民法院的考察，我们看出，审判执行指标占50%，而司法政务、队伍建设等指标也占50%。其他考核工作的指标权重与审判管理执行工作的权重基本持平，法官以审判管理工作为中心的法院工作实际与特点没有凸显出来。

最后，法官的道德品行、业务素质等难以量化。“根据考核的内容不同，有些考核指标是需要定量的、是可以量化的；而有些考核指标是需要定性的，是无法用精确的数字表述的，是需要丰富细致的描述与阐释的。”① 比如说法官的德品行、业务素质、职业信仰等考评内容非常复杂，难以概全，因此标准难以确定和量化。

① 山东省东营市中级人民法院课题组：《构建有中国特色的法官考评机制——关于法官考评制度与评价制度的调研》，载《法律适用》2007年第12期。

3. 考核指标的数字化

法官绩效考核量化是该制度一个很难改变的软肋与不足。量化考核指标是各地法院在进行法官绩效考核时采取的主要做法，N市中级人民法院法院也不例外。数据化的指标具有很强的说服力，便于管理和推行，量化的考核指标容易确定，使被考核的法官一目了然。如该院在法官绩效考核时，从审判效率、审判效果、调研情况、审判质量四个方面进行考核，各个大的方面又细化出具体的指标，简单明了。然而，将法官绩效考核的大多数项目和内容都纳入量化考核的范围，存在“唯量化论”的倾向，如对法官的考核内容既有审判效率问题也有审判质量问题，还有审判能力等，这些都应该纳入法官的绩效考核中，但对这三个项目的考核均很难用一个数字明确地表达出来，而大多数涉及综合评价问题，即便是审判效率和审判质量问题也难以单纯运用量化指标加以合理衡量，因此将上述三个项目都纳入量化考核范围是不科学的。另外，考核具体方法的量化设计不科学，从N市中级人民法院所采用的法官绩效考核方法来看，其以法官年度收案数、结案数、审理期限等作为法官审理效率指标的考核依据。由于案件的难易及复杂程度不尽相同，简单的数据不符合法院的裁判规律，也不能完全说明一个法官工作的实际情况。这有可能造成片面地追求案件的数量而忽视案件的审判质量的现象，甚至人为地制造假象以满足考核的要求。

4. 考核方式随意性

首先是缺乏经常性的考核，重视年终考核。对于平时性的考核没有足够的重视，年终考核无法与经常性考核相结合，一些重要的指标在年终考核时并不客观真实，缺乏必要的数据来源，导致法官年终绩效考核不能客观真实地反映法官的具体情况。其次是法官的个人考核得不到重视，侧重业务部门的考核。各部门对本部门法官的考核没有形成具体和统一的考核方案，带有很强的主观性和随意性。

5. 考核组织内部化

对法官进行考核的主体都是法院内部具有领导职务的人，考核具有内部化。考核中涉及定性的考核指标是通过主管副院长、庭长、本部门其他在编干警的民主测评分数按2∶5∶3的权重进行民主测评的方法进行，领导的评定占据了70%的比重。因此法官关注的重点是与领导关系的好坏，这对于不善于与领导打交道而专注于工作的法官来说，有失公平。

三、完善我国法官绩效考核制度的思考

法官绩效考核机制是法院和法官管理的一个重要内容，必须设置明确的目的，并

使之规范化和制度化。考核的方法和内容应体现司法工作的职业特点，出来的结果应用也应该与考核制度设计目的相一致。立足于我国的司法实际，我们应从以下几个方面对法官绩效考核制度进行思考和完善。

（一）完善我国法官绩效考核制度的基本原则

第一，以人为本原则。这里的人既包括社会大众也包括行使审判权的法官。法官绩效考核既要体现法官的工作量和强度，又要体现法官审判质效，绩效考核的内容应既能起到激励法官的作用又能得到法官的认可，体现对法官的尊重，体现以人为本的原则。

第二，符合审判工作规律、主客观相结合的原则。淡化过强的数据化功利色彩，尊重审判工作的规律，保障审判独立，避免出现法官由于各种压力受制于人作出不公正的裁判。由于法官的工作无法完全地客观量化，因此法官绩效考核指标应设置多层次、全方位的测评主体，赋予各指标不同比例和权重，遵循主客观相结合、定性定量相结合的原则。

第三，信息化原则。管理离不开信息系统，法官绩效考核作为法官管理的一个方面，必须保证法官在诉讼过程中各方面信息的采集、加工、整理、反应等，打造一个信息平台，对法官作出一个客观公正的评价，提高法官审判管理水平和审判质效。

（二）法官绩效考核机制的具体完善措施

1. 科学确定考核的主体

现在的法官考核委员会具有内部化、行政化色彩，不利于客观公正地开展法官绩效考核，因此我们建议在遵循主客观相一致的原则及现行法律制度、审判规律的基础上，法官绩效考核仍然由法官考核委员会进行，成员主要有院长、院领导、中层领导、法官、人大常务委员会委员、律师、专家等共同组成。下级法官考核委员会的院长、院领导的考核由上级法官考核委员会去进行。确保考核主体与考核对象之间没有直接的利害关系。

2. 科学设置考核的指标

《最高人民法院关于开展案件质量评估工作的指导意见》为各地方法院提供了一个绩效考核的模板。各法院在确定法官绩效考核指标和细化指标权重和分值时应根据本院的实际情况进行。

第一，科学确定办案基数。根据各业务部门的收案数来确定各业务部门的员额法官，在法官之间采取对存案补平调整动态管理的方法。每月的月中和月末的固定时间，基数为案件平均积存数，对于存案高于平均数的法官，暂不分案，使他们集中精力办理存案；对于存案低于平均数的法官，用新收案件补平。保证法官审理案件的机会均等，科学地确定办案数。

第二，科学确定相关考核指标的权重。司法行政工作与法院队伍建设方面相对于审判业务方面，所占指标比重太大，法官不能专注于提高自身的审判业务能力，因此应减少与审判业务无关的指标权重，增加与审判业务有关的业绩考核权重。实现刑、民、商、行等不同性质案件在统一标准下综合比对权重。

第三，采用定量和定性相结合和的方法。单纯片面运用数字化排名可能会产生等级排名，从而形成一个错误的观念——即使某个法官的行为是可以接受的，但如果他在这样的评估中排在最后，就仍然是个“坏”法官。评估不是为了在法官之间造成竞争的气氛，而是为了鼓励和促进法官工作的改进。① 量化的指标可以对法官绩效进行科学的考核，但是法官职业信仰、法官业务素质、道德品行等难以量化的指标，我们可以借鉴外国的一些做法，用“不适用”“又是如此”“从未如此”等指标来对法官的进行考核。比如对法官庭审驾驭能力的考核见表3：

表3　法官庭审驾驭能力考核

法官姓名：

	优秀	良好	一般	较差
诉讼程序开展情况				
审判准备				
按时开庭				
庭审过程的控制能力				
案件事实和证据的掌握				
协助双方达成协议				
超审限时间				

3. 严格规范考核的程序

第一，法官自我评价。在规定的时间内法官完成并提交法官考核委员会的个人述职报告，报告内容应包含工作业绩、职业道德、完成任务的情况、以后存在的问题等。

第二，民主评价。考核的内容应当包含在测评内容里面。测评内容有优秀、称职、基本称职、不称职四个不同的档次。民主评价应在法院全体法官大会上采用无记

① 怀效锋主编：《法院与法官》，法律出版社2006年版，第602页。

名投票方式进行。

第三，汇总数据进行评议。各业务部门将各法官的审理案件的质量、数量、调研文章、信息撰写、庭审驾驭能力、裁判文书的制作水平等进行汇总后报至法官考核委员会，由法官考核委员会进行评议。

第四，考核结果的反馈。法官有权知悉考核结果，考核结果一般以书面方式告知法官本人，其对考核结果有异议的可以向法官考核委员会提起复议。

4. 法官绩效考评的结果应用

第一，在员额法官设置方面：法院应当根据审判规律和法院实际，根据业务部门的实际情况，科学确定法官工作量，适时调整法官员额配置或者增补审判辅助人员。此外，科学的考核机制可以更好地对法官实行优胜劣汰和监督管理，将考核结果作为法官的去留和晋升的依据。在现在进行员额制改革的背景下，员额法官被考核为不称职的可使其退出员额制，未入额的审判员考核优秀的优先入额。

第二，奖金分配方面：绩效考核奖金的发放应当遵循审判实绩导向，坚持公开、公平、公正的原则，不得与法官等级、行政职级挂钩，应与法官本人的工作绩效挂钩，为鼓励法官更加注重审判质效，提高法官的审判业务能力、工作方法，将绩效奖金向承担主要办案任务的一线法官倾斜，向办案数量多、审判质量好的考核优秀人员倾斜，实现“干多干少不一样”“干好干坏不一样”的奖勤罚懒的目标。

第三，在晋升评优方面：对考核结果优秀的法官优先考虑法官职务和等级的晋升，提供参加国外学习培训、参加学术研究的机会，并且将考核结果作为干部选拔任用的重要参考指标。

第四，在惩戒退出机制方面：法官考核机制与监督机制相结合，如果被认定违反法官职业道德，对该法官的考核可以为不称职，甚至可追究其责任，取消其法官资格。

四、结语

法官绩效考核机制关系法官人事管理制度、法官职业化、精英化及审判管理制度改革，是我国司法体制改革的重要内容。我们应立足于国情和审判实践，建立和完善法官绩效考核机制，使该机制充分积极作用。法官绩效考核机制是一项复杂和庞大的工程，希望更多的人来关注和研究法官绩效考核机制，不断深入探讨与总结经验，逐步解决机制中存在的问题，寻求进一步的突破。

影响法官工作饱和度的因素分析

——以N市法院法官审判工作数据为研究样本

陈　景*

【摘要】 近年来，随着我国社会与经济的快速发展，法院受理的诉讼案件量呈逐年上升的趋势，在一些经济活跃地区甚至出现“诉讼爆炸”的现象，案件量的攀升给法官的审判工作带来了更为严峻的考验。同时，随着司法改革中关于法官员额制遴选工作接近尾声，处在办案一线的法官人数锐减，各级法院“人少案多”的矛盾愈加凸显。法官作为公务员，不可避免地“挑担”着审判业务与非审判任务两大重任。因此，法官本职的审判工作如何才能够实现效率优先，是当下法院工作需要突破的“瓶颈”性问题。笔者将以法官的工作饱和度为切入点，以实现法官审判工作效率优先为目的，通过结合搜集到的法官审判工作数据，对其中的现状因素进行实证分析，深度挖掘影响法官工作饱和度的原因，在此基础上提出优化审判团队建设、推动案件繁简分流以及减轻法官非审判任务的对策，通过提高审判工作效率、人岗匹配的设想和建议，使法官工作饱和度达到司法改革的目标要求。

一、前言

工作饱和度是管理学上的专有名词，在企业人力资源管理及应用中常涉及，主要指员工的有效工作时间与规定的劳动时间相等或近似相等，工作饱和度更多地强调为工作效率，强调人岗匹配。① 将这个概念应用到法院审判工作上，可以理解为：法官的工作饱和度与其工作量、工作难易程度、岗位选配、工作效果以及其他工作任务都有关联。现阶段，一线办案法官的日常工作主要集中在审判业务上，审判团队配置科

---

* 陈景：南宁市武鸣区人民法院。

① 冉斌：《工作饱和度管理》，中国经济出版社2005年版，第21页。

学与否、案件分流状况、程序性与实体性工作区分程度、其他工作任务负担多寡与法官工作饱和度有着千丝万缕的关系。因此，只有基于各因素与设想的工作饱和度之间的关系，找到效率实现的途径，才能使法官工作饱和度达到司法实践中理想的程度。

二、样本研究：从法官的审判工作数据中窥视现状

（一）“人少案多”之现状

笔者选取了N市的两级人民法院作为研究样本，包含了该市中级人民法院以及A－L等12个基层人民法院的有关审判工作数据。由于该市员额法官选任工作已经完成，该市的入额法官人数已确定（见表1），员额制改革后，各法院的办案法官人数都大量削减。

表1　N市两级人民法院员额制改革前后法官数量对比　　单位：人

法院	员额制前法官数	员额制后法官数
N市中级人民法院	204	111
A法院	78	45
B法院	81	47
C法院	119	69
D法院	107	61
E法院	36	21
F法院	49	28
G法院	60	35
H法院	80	48
I法院	91	53
J法院	53	31
K法院	47	27
L法院	42	24

员额制改革之前，按照《最高人民法院关于助理审判员可否作为合议庭成员并担任审判长问题的批复》文件精神，助理审判员被法院任命后，可以担任合议庭组成人员，通过院长或庭长指定也可以担任合议庭的审判长。[①] 也就是说，助理审判员

① 浙江省高级人民法院：你院1983年4月20日〔83〕浙法研字9号请示报告收悉。关于助理审判员可否作为合议庭成员并担任审判长问题，根据《人民法院组织法》第37条第2款的规定，助理审判员由本院院长提出，经审判委员会通过，可以临时代行审判员职务。在履行上述规定的手续后，助理审判员在临时代行审判员职务时，应在工作中依法享有与审判员同等的权利，既可以独任审判，也可以成为合议庭成员，由院长或庭长指定也可以担任合议庭的审判长。但如果该合议庭成员中另有审判员时，则仍应指定审判员担任审判长。

可以行使一般法官的所有职权。但实行员额制后，该市人民法院中很多办案经验稍欠、资历尚浅的助理审判员基本上没能进入员额，从而退出了一线办案队伍，导致能够实际参与实体审判工作的法官人数锐减。

与此同时，该市的诉讼案件量呈现出逐年上升的趋势（见表2），审判一线法官人数的减少与不断增长的案件数量之间矛盾越来越激烈，入额法官将承担较之以往更重的办案压力。此外，法院积案、存案现象较为普遍，新收案件又不断涌入，办案法官承受着新旧案件叠加的双重压力。

表2　N市法院诉讼案件数量情况　　单位：件

法院	旧存案件数		新收案件数	
	本期	上年同期	本期	上年同期
N市中级人民法院	4283	3170	4461	4362
A法院	1136	1076	2384	1404
B法院	1349	1711	2700	1872
C法院	8502	3034	4941	4115
D法院	5415	4577	2687	2421
E法院	283	163	514	391
F法院	607	459	958	871
G法院	596	490	1254	1082
H法院	447	798	1548	1392
I法院	395	447	2126	1617
J法院	191	226	741	704
K法院	53	49	635	556
L法院	84	161	491	536

数据来源：N市审判执行数据大集中系统

数据统计期间：2017年1月1日~4月30日

据悉，自司法改革全面铺开以来，该市两级人民法院每年都有不同程度的人才流失，法官离开法院，到企业、律所执业，加剧了“人少案多”的矛盾。该市法院同时还存在“审判力量减少，辅助力量配备不足”的状况，理想的法官与辅助人员配备比例应在1:2至1:3之间，但该市法院审判部门的法官与辅助人员的配备平均比例仅是1:1.6，辅助力量的不足，也制约着法官办案。

（二）案件难度之现状

随着社会矛盾复杂化、多元化的发展态势，越来越多的群众希望通过利用法律途径维护自己的合法权利和解决纠纷，各种类型的案件层出不穷。因此，在实际办案中，案件类型与办案难易程度会对法官工作效率产生重大影响。主要体现在：一是疑难案件类型比重上升，笔者对C法院① 2017年上半年民事案件收案类型与上年同期进行对比分析发现，金融借款合同纠纷案件增加了21.2%，执行异议之诉案件增加了6.1%，建设工程合同纠纷案件增加了9.8%，劳动争议纠纷案件增加了15.6%。由于上述类型的案件在法律事实查明上更具复杂性，将耗费法官更多的时间去审理。二是取证、保全任务加重，越来越多的当事人在诉讼中请求法院向银行、公安等部门进行调查取证或诉讼保全。法官在案件审理过程中还要亲自外出开展调查取证和保全工作，增加了程序性审判任务工作量。三是送达难，一些财产案件的受送达人出于自身原因以及对法院工作的情绪化排斥，主观上对诉讼文书有意躲避、拒绝签收，使法院送达人员难以及时将法律文书送达给受送达人，造成送达人员需要多次上门、走访，才能完成送达工作。

（三）充斥大量非审判任务之现状

实践中，法官除日常审判业务外，还承担了大量的非审判任务。如与审判工作有关的业务培训、会议讨论等，开展此类非审判业务的工作，客观上可以汲取一些理论观点、知识和经验，来推动审判工作的有效进行。但除此之外，一些饱受争议的其他非审判任务如协助整治、联席会议等也加入了法官的工作日程当中，分散了法官的工作精力和时间。笔者通过向G法院的22名法官发放调查问卷，列举了一些常见的非审判任务作为调查内容，发现这些参与调查的法官都有参加过非审判任务的经历（见表3）。参与调查的法官也表示出为了完成这些额外的工作任务，在办案压力较重的情况下，不得不压缩办案时间，腾出精力去处理这些事务。

表3 G法院法官参与非审判任务情况

任务名称	参加该项任务的法官人数	占参与调查法官的比例
协助整治	15人	68%
志愿服务	18人	82%
撰写调研材料	11人	50%
道德讲堂	7人	32%
业务培训	22人	100%

① 该院所在的城区是N市经济发展程度最高的行政区。

三、原因分析：法官工作饱和度未能体现出效率优先

（一）人少案多矛盾突出

长期以来，人少案多一直是法院有效开展审判工作的症结，不均衡、不协调的审判资源制约着法官工作的高效性、专业性，这主要体现在：

1. 办案法官人数的锐减

随着司法改革法官员额遴选工作接近尾声，按照39%的人员额指标，各级法院的入额法官名单已尘埃落定，未能入额的法官也将不能独立分案、办案，而是转为法官助理或司法行政人员。同时，案件的增长也不以法官的意志为转移，这使人少案多的矛盾上升到极点。

2. 从事一线审判的法官人数偏少

长期以来，我国各级法院法官的行政化倾向相对严重，在实践中，一些法院内部在法官配置上存在不合理现象，大量具备专业知识、职业素养和法官资格的人没有能够直接从事审判工作，而是分布在非审判的综合行政部门，如审管办、研究室等。因此，在司法改革的势头下破解这一难题，是实现法官身份去“行政化”关键任务。[①]

3. “以结案率论英雄”固有思维的影响

在我国，经济领域、政绩领域盛行GDP考核，一些法院也对这种考核模式大肆鼓吹。在结案率GDP考核模式下，很多法官不能成为案件的主人，只能被“看得见”的结案率牵着走，必须在每月、每季度、每年审结多少案件，达到多少以上的结案率。笔者与参与调查的法官谈话得知，一些从事民事审判的法官结案率要达到90%以上，有个别法官表示，他们的主要工作就是办案，但是办案的节奏不能完全掌握在他们手上，而是掌握在体现出高结案率的硬性要求上，这使法官难以对案件质量负责，更加难以对办案效率以及案件的社会效果、法律效果负责。

（二）案件类型与办案难易程度的影响

案件权值模型理论的观点认为，较为复杂的案件需要法官耗费更多的时间去审理。[②] 因此，案件的类型、难易程度是影响法官办案效率的重要考量因素。

1. 案件的案由差异

实践中，法院的立案庭首先会在立案登记时明确该案件的案由，对案件的类型做初步分类。若审判庭在实际审判中发现所认定的法律事实与之前确定的案由不同，则

---

① 丰霏：《法官员额制的改革目标与策略》，载《当代法学》2015年第5期。

② 《美国弗吉尼亚州2013年司法工作负荷评估报告》第3页。

可提出案由变更，但这一情况在审判实践中并不常见。总体而言，在大多数基层人民法院受理的民事类一审案件中，民间借贷纠纷、婚姻家庭纠纷、道路交通事故责任纠纷等案件相对容易处理，案件办结的周期也较短，基本上能够在审限规定的时间内结案。而建设工程施工合同纠纷、金融借款合同纠纷、农村土地林地承包纠纷等案件，由于法律关系较为复杂，法律事实的查清难度也相对较大，调查取证、评估鉴定等司法技术程序烦琐，因而审理的周期一般较长。不同案由的案件所需的平均审理天数不同，主要是因为疑难案件事实认定困难，需要多次组织调查、现场勘验和开庭质证。

2. 同类案件难易程度不同

法院审理的案件门类繁多，即使是同一案由的案件，由于所涉及的当事人人数、诉讼标的、诉讼请求以及案件事实等因素的差异，难易程度也大不相同。这种情况尤其体现在金融借款合同纠纷案件中，有的案件只涉及一笔借款，事实清楚，认定容易，法官只需耗费较少的时间就能审理完结。而有的金融借款案件涉及的款项数量较多，有的案件还存在担保人、抵押物，需要法官花费大量时间去查明案件事实、厘清法律关系。

3. 审判程序上的差异

适用不同的审判程序对案件进行审理所需的时间也不尽相同，当事人主张的权利越多，法官在审理过程中耗时也越长。一是当事人所主张的权利存在差异，有些案件即使案由相同，但由于当事人提出了不同的诉讼请求，如提出反诉，管辖权异议，鉴定、评估、听证、保全的申请等，就会使案件需要经历更多的程序性环节，这直接增加了法官单位时间的工作量。① 仅就保全程序而言，被保全的财产在本地和在外地、同一案件中被保全的财产是一个还是数个，都会让办案法官投入有所差别的工作量。二是不同程序之间的差异性，就基层人民法院审理的民事案件来说，案件适用简易程序相对适用普通程序所耗费法官的时间较短。就中级人民法院来说，审理一审案件较二审案件所花费的时间长。三是结案方式的不同，民事案件的结案方式主要有撤诉、调解、判决、发回重审或依法改判，撤诉、调解的方式在程序上要求不是特别严苛，只要当事人出于他们自愿的意思表示并依法提出申请，基本上就可以顺利结案，这一过程花费法官较短的审理时间。而以判决的方式结案，会经历一个完整的审判程序，需较长的审理周期才能结案。

---

① 江苏省连云港市中级人民法院：《基层法院民事法官案件饱和度调研报告》，载《江西科技师范大学学报》2015 年 10 月第 5 期。

（三）非审判任务工作量的增加

法官作为公务员，不可避免地承担着行政事务、扮演着行政角色，这致使法官长期以来左手“端着”审判业务，右手“端着”行政事务，但往往难以在两者之间寻找平衡。

1. 审判业务以外的负担

“行政化”与“地方化”一直存在于法院，法院以及法官负担了很多审判业务之外的工作，如参与环境整治、扶贫帮带、社会治理以及各种工作会议和活动安排。这些审判业务以外的负担，使法官需要分散精力去处理，挤占了有限的办案时间。有些基层人民法院的法官由于要配合本级党政机关的工作，每周至少要用一天时间从事审判业务外的工作，这些事务占去了大量的办案时间，很大程度上制约了法官工作潜能的发挥，影响了办案效率。

2. 制度因素的制约

在基层人民法院，法官承担非审判业务的多寡、完成任务的情况，在很大程度上决定着本级权力机关、党委政府和上级法院对该法院业绩的评价，进而影响到法院能否从地方和上级获得足够的政策支持。[①] 法院决策层为了使单位能够获得支持和较好的评价，一方面只能调动大量具备审判经验和资格的法官在法院内的综合行政部门专门从事这些非审判任务，减少了法官队伍中实际的办案人数，变相地增加了一线办案法官的审判工作量；另一方面由于法官绩效考核中也包含了这些非审判任务的考评指标，迫使了一线办案法官不得不压缩办案时间，将时间挪用到这些非审判任务之上，有形地增加了法官的工作负担。[②]

3. 法院内部的自我设限

法官的非审判任务压力除了来自法院以外的党政机关，也来自法院内部的自我设限。一是政策理论学习，法官需要花费宝贵的办案时间去开会学习、抄写笔记、参与讨论，但是法院不同于一般的党政机关，其业务工作的开展具有独立性与专业性，花费较多的时间进行上述活动，会顾此失彼。二是调研、论文等任务繁重，有些在一线审判岗位办案的法官，由于办案水平较高、业绩突出，往往会被纳入调研团队，他们不得不在完成审判任务之余参与调研项目，分散了精力和时间。三是会议繁多，主要是上级法院和本院、本庭的各种会议，繁多的会议不仅对法官办案没有推动的助力作用，甚至会在一定程度上影响审判工作的正常运行。

① 何帆：《多少法官才够用》，载《人民法院报》2013 年 6 月 7 日，第 5 版。

② 屈向东：《以案定编：通过审判工作量配置法官员额——基于案件权值模型的分析研究》，载《现代法学》2016 年第 3 期。

四、难题破解：提升法官工作饱和度的对策思考

（一）优化审判团队建设

司法改革中一个重要的任务就是组建符合司法规律的审判团队以及优化司法审判资源配置，这对解决当下法院人少案多、法官审判工作效率低下的问题，起着至关重要的作用。

1. 合理配置审判资源

对于已经入额的法官，必须要放在一线的审判岗位，使其不能长期脱离审判业务，即使其职务设在综合行政部门，也要结合其所熟悉、擅长的审判业务种类，合理分配一定数量的案件，真正实现“审理者裁判、裁判者负责”。在审判团队建设上，通过建立健全扁平化的审判组织模式，以“1 名法官 +1 名法官助理 +1 名书记员”为科学的组建模式，形成稳定、有效的审判团队组合。

2. 分工明确，避免职能重合

司法实践中，无论英美法系还是大陆法系国家的法院，法官助理、书记员等司法辅助人员可以直接协助法官做好审判辅助工作，使法官从烦琐的程序性工作中解脱出来。[①] 笔者认为，我国应当对《人民法院组织法》及最高人民法院相关的实施意见进行内容增补，明确司法辅助人员能够替代法官行使的非实体性但又对审判工作起促进作用的职能，这样一方面可以使法官从烦琐的程序性工作中解脱出来，让法官能够集中时间与精力专心进行案件审理和作出裁判，另一方面也使司法分工更科学、资源配备更加趋于合理。

3. 引导退休法官继续履行职能

退休法官长期在审判岗位上工作，积累的审判经验是其他司法辅助人员不可比拟的。对于已经退休但又有继续工作意愿的老法官，可以采取由政府向社会力量购买服务的形式，引导其回流，纳入审判团队中，担任司法辅助人员，加强退休返聘法官对新任法官助理、书记员的传、帮、带，使团队成员发挥出应有作用，一定程度上可以缓解人少案多的矛盾。

（二）推动案件繁简分流

1. 权衡审判团队办案能力

在同一个法院，由于理论知识功底、社会阅历和实践经验的差异，法官的审判工

---

① 方辉：《中国法官员额配置的优化选择——运用量化分析方法整合相关因素》，载《第一资源》2010 年第 2 期。

作能力也有高低之分，因此组建起来的审判团队，在审判业务上也存在效率上的不同。由此可以根据审判团队的实际办案能力，将难易程度不同的案件科学合理地分配到办案能动性大小有所差异的审判团队中去，这并非将审判团队进行三六九等之分，而是当前诉讼爆炸的现状下，以总体的效率为大局目标，使较为先进的审判团队完成复杂疑难案件的审理工作，也使后进的审判团队循序渐进，积累更多审判工作经验。

2. 促使高效的法律程序得以适用

我国《民事诉讼法》中明确规定了小额诉讼程序、督促程序，但在司法实践中，很少有法院会在受理案件的时候主动向当事人释明这些法律程序的适用规则与条件，从而使一些本来容易处理的民事案件，适用审判周期较长的普通程序。笔者认为，法院应当在受理案件根据案件的诉讼标的、事实理由作出初步判断，积极引导当事人选择高效的法律程序处理纠纷，让这些程序制度能够发挥其优点和作用，推动诉讼程序和非诉讼程序并行，促使对抗性和非对抗性程序各就其位。

3. 科学安排审判程序性工作

法官在一个案件中的程序性工作上花费的时间越多，在实体审判上能够利用的时间就越少。因此对于送达、保全等程序性工作，必须妥当处理。笔者建议通过建立专门的送达团队、保全团队，形成集中处理的办案模式，有效提高整体工作效率。在工作方法上，促使法院与商业银行间形成执行联动机制，建立司法查控系统，使办案法官可以对涉案当事人的银行账户进行预查询，提高保全效率。构建联络人网络机制，通过社区（村委）联络人来配合案件送达工作，提高送达效率。[①] 使送达、保全等程序性事务不再成为法官实体审判工作中的负担，让办案法官在单位时间内能够更大作用于案件审判。

（三）减轻非审判任务的包袱

1. 坚持以审判工作为中心

法政治学的观点认为：案件是法院的核心生产资料，而法官是法院的核心生产力。作为国家审判机关，执法办案始终是法院和法官安身立命之本。法官应当以审判工作为中心，把主要时间、主要力量、主要精力和主要资源用在审判业务之上，摆正法官职业定位。

2. 构建合理的绩效考核机制

应当摒弃不切实际的考核指标，法官非审判任务完成情况在考核中不应占有过高

---

① 马荣：《基层法官合理工作量实证研究与司法应对——以三名人民法庭法官年度工作量为切入点》，载《江苏法制报》2014年8月14日，第00A版。

权重。转变“文风会海”的现状，对于身处审判一线的法官，应当控制与其审判工作关联不大的会议、活动等。使法官可以从非审判任务中解脱出来，也不必过多顾虑这方面任务的完成情况对自身的不利评价。

3. 减少非审判任务的安排

各级法院都在党委的领导下开展工作，但法院并非隶属于政府之下，同时又出现法官不得不配合政府开展某些行政事务的怪象。法院配合党政机关的工作，应当保持在合理限度范围内，如扶贫帮带、协助整治类的工作，党政机关可以在法院职能范围内安排适当的工作，任务分配到法院后，也应当由综合部门的行政人员去协助处理，这一方面可以发挥人民法院服务大局的功能，另一方面也不挤占一线办案法官处理审判业务的时间。

五、结语

法院工作应当以审判为中心，法官工作更要以审判为中心，法官在推动国家法治化进程中扮演者极其重要的角色，法官应如何正确履行审判职能，是社会各界乃至国家都要正确面对和促其实现的现实。“如果说司法是正义的最后一道防线，那法官就可以称之为实现司法公正的操盘手，建立何种制度来评价与激励操盘手，其中所具有的意义固不待言”[①] 因此对于法官而言，在审判工作中受到的来自外部与内部因素的影响，都会直接关系到效率与公正的实现。法官工作饱和度的探讨，以法官单位时间内的工作量为研究对象，这个量化因素也将长期衡量着法官实际的司法审判效率，如何提高效率，就要从提高司法审判资源配置、减轻法官审判工作以外负担着手，通过科学、合理的途径，使法官稳在司法审判一线当好操盘手。

---

① 张建：《指标最优：法官行动异化的逻辑与反思》，载《北方文学》2015 年第 5 期。

员额制改革下法官选任制度的构建与完善

方丽冬*

【摘要】综观中国司法体制改革的探索与实践，法官职业化建设无疑是改革中最不可或缺的一个环节。拥有一支正规化、专业化、职业化的法官队伍，一直是所有中国法律人的期盼和向往。而法官选任制度是法官职业化建设的关键所在，建立科学合理的法官选任制度将对整个司法改革起到极大的促进作用。2014 年 6 月，中央全面深化改革领导小组第三次会议审议通过《关于司法体制改革试点若干问题的框架意见》（以下简称《框架意见》）。《框架意见》提出的一大政策导向就是完善法官选任条件和程序，尊重司法规律，确保队伍政治素质和专业能力。根据《框架意见》的安排，上海、广东、吉林、湖北、海南、青海等省市先后制定各改革试点的工作实施方案，以"人"的改革为突破点，先行试点。如今试点法院的法官职业化建设已取得初步进展，为法官选任制度的完善打下了实践基础。笔者拟在员额制改革的背景下对法官选任制度存在的问题进行分析，据此围绕法官的选任范围、选任机构、选任标准、选任程序、职业保障等提出完善我国法官选任制度的若干建议。

一、前言

对于法官的选任，世界各国方法虽有不同，但均一致地采取高标准、严要求的做法，而我国目前尚未建立起符合法官职业特点的选任制度。国内学者对此的探讨较多地集中在提高学历、年龄条件，延长工作年限，设立选任机构，完善培训考核制度

* 方丽冬：南宁市武鸣区人民法院。

等，[①] 但关于选任的标准、方式、程序等具体的制度设计通常都处于泛泛而谈的状态。随着法官员额制的推行，法官选任制度将面临重大变革，选任法官的条件和程序将更加严格，现有法官将面临入额遴选，法官助理、书记员同样也无法通过原有渠道直接被任命为法官。鉴于此，笔者试图从上海、广东等省市试点法院法官选任的情况出发，以数据分析作为研究的基础，以比较分析作为研究的手段，探讨员额制改革下法官选任制度的具体建构，以期对正在进行的司法体制改革有所裨益。

二、员额制改革下法官选任制度的问题审视

推行法官员额制改革，就是要从现有法官队伍中选出严谨自律、业务精、能力强、经验丰富的优秀法官。如今员额制改革尚未全面铺开，部分法院正在进行积极探索与实践，我们先来看几个试点法院的改革情况。

（一）各地试点法院员额制改革情况

1. 上海试点经验情况

上海将法院工作人员分为法官、司法辅助人员、行政管理人员三类，三类人员占队伍总数的比例分别为33%、52%和15%。[②] 在选任上，法官主要从法官助理中择优选择，上级法院的法官从下级法院中择优遴选，条件成熟时也可以从优秀的律师、法律学者等专业人才中公开选拔。法官遴选委员会设在市高级人民法院，委员会组成人员有15人，包括8名法学界的专家学者及律师代表，另外7名委员来自政法委、法院、检察院、纪委等部门。法院首先组织法官进行笔试、面试等一系列考试，从中选出优秀的法官参加遴选委员会的面试，遴选委员会按照差额的方式选出进入员额的法官。在薪酬保障上，入额法官薪金高于普通公务员43%。[③]

2. 广东试点经验情况

根据广东试点方案，法官员额5年内将逐步减少到39%以下，司法行政人员员额比例调整至15%左右，46%以上人员为司法辅助人员。[④] 佛山市中级人民法院主审法官的选任委员会由该院部分审判委员会委员和律师代表、检察官等构成的法律共同体组成。选任主审法官主要考虑其近5年审判数据、业绩考核排名等情况，且须上台

---

① 孙建：《法官选任制度的构建》，载《法学杂志》2004年第2期；杜瑞芳：《从职业培训视角探索中国特色法官遴选制度》，载《法律适用》2008年第9期；王琦：《我国法官遴选制度的检讨与创新》，载《当代法学》2011年第4期；夏克勤、胡媛：《我国法官选任制度专业化改革思路》，载《人民司法》2014年第11期。

② 陈卫东：《司法改革在试点中探索》，载《中国报道》总第128期。

③ 刘子阳：《上海司法改革全市推行法官收入比普通公务员高43%》，载《新京报》2015年4月24日，第14版。

④ 邓圩：《广东司法改革瞄准去行政化》，载《人民日报》2014年12月9日，第11版。

述职面试，选任委员会现场对述职情况打分，结果向全社会公示。经过组织报名、廉政审查、选拔测评、笔试面试、综合考评、第三方参与等一系列考评考核选出主审法官。目前，佛山、茂名两地法院相继完成了主审法官选任工作，为省法官遴选委员会成立后遴选首批法官入额打好了基础。①

3. 海南试点经验情况

公开信息显示，海南法院确定的法官、司法辅助人员、司法行政人员员额分别为专项编制的39%、46%、15%，并突出向基层倾斜导向，高级人民法院和中级人民法院（含海口海事法院）法官员额比例为38%，基层人民法院为40%。为公开、公平、公正地选任法官，海南高级人民法院成立了海南省法官选任工作办公室，负责组织实施法官选任工作，按照分配法官员额、制定并公布方案、报名及资格审查、考核和考试等程序进行。其中考核计分占60分，主要由院领导测评分、工作实绩考核分、任职资历量化分构成。考试为笔试，成绩占40分。海南法院改革试点方案设立了5年过渡期，过渡期内，各级法院不再任命助理审判员。②

（二）法官选任制度的问题审视

员额制改革的目的是选得出法官、留得住法官。因此，要畅通法官选任路径，制定合理的标准，采取科学的程序，充分考虑法官年龄梯次结构，确保选拔出优秀的法官进入员额。最理想的情况是，按照法官任职条件，通过公开公平的方式，选出最符合审判需要的优秀法官，委以案件裁判的重任。对未能入额的原任法官，则注重发挥其专长，通过法官助理和行政、后勤等渠道进行分流。然而目前各地是根据当地实际情况确定人员数量及任免标准，尚无明确指导政策。谁能成为法官？谁来选任法官？怎么选？如何留住法官等问题仍需在试点中继续探索论证。

1. 多元法官选任路径不畅

司法的现代化和社会的法制化要求法官的构成更加多元化，构筑多层次的法官队伍是司法工作人员素质不断提高的必备途径。十八届四中全会公报提出：“完善法律职业准入制度，建立从符合条件的律师、法学专家中招录立法工作者、法官、检察官制度。”近年来我国也进行了一些法官外部选任的尝试，比如2014年最高人民法院面向社会公开选拔高层次审判人才、2015年上海面向社会公开选任高级法官等，这些举措为法官队伍带来了相互交流学习的极好机会。然而如果没有配套的制度安排来衔

① 许聪：《选任公开公正责任伴随始终——广东法院主审法官选任调查（下）》，载《人民法院报》2015年7月14日，第1版。

② 蒋安杰、严献文、胡娜：《海南司法体制改革试点——法官选任探秘》，载《法制日报》2015年2月4日，第9版。

接法官内部选任机制和外部选拔机制，则会极大地阻碍优秀法律人才的交流。例如，上海改革方案将法官员额定为33%，这一比例已大大缩减了法官的数量，法官内部已形成了激烈的竞争，而外部的优秀学者、律师等就缺乏制度上的保障，他们参与选拔也就变得非常困难，从而破坏了这一良好的互动交流机制。

2. 法官选任机构定位不明

按照最高人民法院的改革方案，在省一级设立法官遴选委员会，委员会委员由法官代表、组织人事部门和社会人士代表组成。而目前各地还没有形成一个完善的法官遴选委员会，也没有良好的配套制度设计。综观各试点省市的改革，除了上海由高院主导，其他试点法院要么政法委书记担任遴选委员会主任，要么办事机构设在政法委，总之均由省委政法委主导。因此，我们要从遴选委员会的职能定位出发，通过具体的制度设计，保障遴选委员会的独立性和公正性。

3. 法官选任的标准不明确

司法改革的成败关键在于“选人”，法官素质的高低决定了司法公正的程度，关系到中国法治化建设的进程。过硬的政治素质、精湛的专业知识、丰富的审判经验及高尚的职业道德是入额法官应当同时具备的条件。据笔者了解，各试点省市改革的方法无外乎三种：一是以院、庭长为主体，按照行政职务构建法官队伍，其余法官转任法官助理；二是以法官等级、工作资历、入职年限为基础，采取“一刀切”的方式，将年轻法官转为法官助理；三是通过考试，综合个人能力进行考核。对于前两种方法，笔者认为行政职务和资历不等同于审判能力，不能将其作为法官专业水平的认定标准；对于第三种方法选出来的法官也可能存在理论水平高而审判经验欠缺的风险。

4. 法官选任的方式、程序不科学

法官的选任如果仅依靠考试或客观指标和书面材料来进行考核，则无法真正体现出法官的审判能力与业务水平。对于考试的方式，由于考察范围与题型设置的差异，更侧重于考察法官的理论水平。对于业绩考核，一些骨干法官由于办理新型疑难案件较多，导致其结案率低，同时上诉率和发改率都较高，势必影响审判质效，法官的优秀与否并不能直观地反映出来。另外，我国法官由于纳入公务员管理范围，法官选任程序行政化色彩较浓，而如今各试点法院在改革上各自为政，法官选任程序各有千秋，需要严格规范。

5. 配套制度不健全，法官选任制度难以发挥作用

（1）从业状况不佳。美国、德国等法治发达国家为给予法官职业保障，设立了职业终身制、职业豁免制等制度，而我国虽有法官职业保障之名，却不能落到实

处，审判权动辄要受其他机构、人员的干预，法官独立的品格被肆意侵犯，在这样一种从业环境下，法官职业的神圣和尊荣得不到体现，也吸引不了优秀的法律人才。

（2）待遇不高。西方国家法官普遍享受高薪制，而我国法官整体待遇不高。

（3）法官培训制度形同虚设。作为成文法系国家，我国目前的法官培训制度流于形式，不够系统科学，亦缺乏针对性，不利于法官的成长。

三、原因分析

改革，不难于制定政策，而难于政策之必行。法官选任制度改革希望选拔出最优秀的法官群体，但又不得不考虑现有的制度安排和改革阻力。以上问题是多方面因素造成的，现就几个较为重要的原因进行分析。

（一）司法体制地方化、行政化

我国各地法院均存在不同程度的行政化倾向，使法官选任不能形成一个协调统一的联动体系。我国各级法院均接受同级党委领导，法院处于类似地方政府职能部门的地位。长期以来，法院自身的运作包括审判业务活动均受到其他权力体的制约，政府控制着法院的财政权，法院录用人员要经过政府人事部门审批，各级人大选举产生本级法院院长，人大对审判员有任命权，同时享有对法院的监督权等。如此多的实权性控制使法官选任不可能按照自身的规律运行。此外，我国法院目前管理体制的行政化问题与司法地方化一样严重，阻碍了法官的流动，导致法官的职业化水平不高。

（二）司法人员非专业化

我国目前法官队伍的整体素质也不尽如人意，尤其是西部地区某些法院，法官断层问题严重，法官的质量得不到保证。此外，我国《法官法》尚未建立起符合法官职业特点的选任制度，初任法官门槛要求偏低，学历要求不合理，司法考试模式设计不科学，法官考核制度不规范，交流和轮岗制度实施不力等问题阻碍了选任制度的开展。

（三）既得利益者的安排

任何一项改革都涉及利益的调整，改革的决策者希望通过构建法官选任制度选出真正优秀的法官，选出具有精湛的专业知识、丰富的审判经验和深厚法律素养的法律践行者。但决策者也自知不能过于理想化，因此会进行利益考量，为减少改革的阻力，对既得利益者作出适当的让步，以保证改革平稳有效推进，因此改革也必然会出现一些“逆向选择”。[①]

四、法官选任制度的构建与完善

随着我国司法体制改革的深入，法官选任制度势必要根据其一般规律及我国实际进行相应的变革。为了构建更为科学合理的选任制度，笔者认为应从以下几个方面努力。

（一）畅通多元法官选任路径

员额制改革的目的在于促进法官的职业化、精英化。那么，哪些人可以成为法官呢？

我们先来看法官的内部选任。在这里，我们要考虑到，基层人民法院案件数量多而疑难案件较少，绝大多数法官所面对的是重复性强且不需要运用太多创新性思维即可解决的纠纷。我们既要提倡法官的精英化，同时也要考虑到基层人民法院的实际情况。因此，笔者不赞成法官员额向基层人民法院倾斜的观点和做法。针对基层人民法院简单案件较多的特点，笔者认为可借鉴其他国家的做法，例如，国治安法院设有负责处理轻罪案件和家庭事务案件的治安法官，[②] 法国的初审法院也有负责劳工纠纷与社会保障纠纷等简单案件审理工作的非职业法官。[③] 我国可在基层人民法院设置两种类型的法官，一种是审理疑难复杂案件的主审法官，此为员额制内的精英法官；另一种是负责审理大量简单案件的简易法官，其不属于员额法官。笔者认为，应当采取多元化的法官选任路径，对法官类别作扩充解释，即法官既包括员额制内的法官也包括审理简单案件的简易法官。如此，既解决了基层人民法院案多人少的问题，又促进了法官的职业化，减少了改革消极因素。

我们再来看法官的外部选拔，如今从社会公开遴选法官已不是英美法系国家的专利，许多大陆法系国家和地区也逐渐拓宽了法官的来源和渠道。但我国在法官收入和法官独立性未得到根本改善之前，大量吸引资深律师和优秀学者担任法官是不可行的。笔者建议，在3～5年的改革过渡期内，可以在中级人民法院以上为律师和法学者预留法官总数5%～10%的员额，过渡期之后可以提升到10%～20%；东部发达地区法院可以略高于这个比例，西部地区法院可以略低。

（二）明确法官遴选委员会的构成与职能

最高人民法院于2014年发布的《人民法院第四个五年纲要（2014—2018）》指

① 张恩铭、李敏慎：《司法体制改革试点工作的潜在问题及解决思路》，载《政法学刊》2014年第6期。

② 高通：《治安法官研究》，载《河南科技大学学报（哲学社会科学版）》2013年第6期。

③ 周建华：《法国民事司法改革论纲》，载《北京理工大学学报（社会科学版）》2013年第6期。

出“在省一级设立法官遴选委员会；完善法官晋升机制；完善法官选任制度等措施，建立以法官为中心的法院人员管理制度”。

那么法官遴选委员会应该由谁来主导？笔者认为，不能由省一级高级人民法院来牵头组建。例如，上海司改方案将法官遴选委员会设在市高级人民法院，由市高级人民法院党组根据遴选委员会提供的法官建议名单统一审批提名后，由各级人民法院院长按照法定程序提请同级人大常委会依法任免。如此，法官的遴选与提名两项重要环节就可能被省一级高级人民法院垄断了，属地人大常委会几乎只有否决权。同理，遴选委员会设在省委政法委也涉及“行政化”问题。笔者主张由省级人大常委会牵头组建法官遴选委员会，这既解决了委员会的中立性问题，也符合现行宪制权力秩序和民主集中制的国家机关活动原则。

法官遴选委员会的构成取决于其具体的职能与权限。我们知道，设置法官遴选委员会主要是为了解决专业技术问题，即对拟任法官专业任职资格的审查和评定，并不涉及庭长、院长等领导干部的任命。[①] 因此，为体现其专业性，遴选委员会成员中法官、检察官和其他法律职业人员应占1/2以上。具体来说，遴选委员会人数以15人为宜，建议包括5名资深法官、3名资深检察官、2名资深律师或知名法学专家、3名组织人事部门人员、2名纪检监察人员。此外，法官遴选委员会的成员应首先由其所属组织进行提名，然后由省一级人民代表大会选举任命，以保证法官遴选工作取得公平、公开、多元的成效。

法官遴选委员会的职能应仅限于对拟任法官人员的遴选，具体包括：一是从现任法官中重新筛选入额法官；二是选拔优秀律师、知名专家学者担任法官；三是从下级法院选拔优秀法官到上一级法院任命；四是从法官助理中选拔人员入额并形成常态化机制。目前，从现任法官中重新筛选入额法官是遴选委员会的首要职能。要通过遴选，确保那些专业知识扎实、办案经验丰富、品行优秀的法官能够按照员额制的要求进入法官队伍。

（三）制定合理的法官选任标准

法官的选任标准应该是多层次的，既要坚持专业水准，也要强调审判经验和道德品行。专业素质不仅体现在学校里所受到的法学教育上，更体现在办案过程中的分析判断、逻辑推理、法律思维和法律适用等方面。针对目前我国四级法院法官任职资格的同一化，笔者认为，应当根据法院审级的不同来确定不同的法官选任条件。如中、

① 石少侠：《对健全司法官遴选制度的几点思考》，载《法制与社会发展》2014年第6期。

基层人民法院侧重化解社会矛盾纠纷，法官应当具有法学本科学历、5年以上审判工作经历、审理过较多数量案件的审判经验等。最高人民法院、高级人民法院法官的考核则应当侧重法律素养和职业经验，具体来说，法官应当具备法学硕士或博士学历、15年以上审判工作经历、办理过一定数量案件并公开发表过相当级别的调研成果。

对于公开向社会遴选的法官，律师，参加遴选的不仅要有实际执行律师业务的年限，还应有级别的限制。如在中、基层人民法院任职至少应是二级律师，最高人民法院、高级人民法院则必须是一级律师。学者参加遴选的，中、基层人民法院可要求担任法学副教授3年以上，最高人民法院、高级人民法院可要求担任法学教授6年以上。

（四）采取科学的法官选任方式、程序

为规范法官选任活动，应当制定法官遴选委员会议事规则，明确选任方式，规范选任程序。对于法官选拔，最普遍的做法就是进行考试。当然，考试的确能检测出法官的法学理论功底，但像庭审驾驭能力等很多业务能力却是一般的考试难以检验的。鉴于考试的局限性，有的试点法院采取考试+考核的方式，在考试之外要对法官近几年的业务成绩进行考核。考核的方式弥补了考试的缺陷，但法官们并不承办同样的案件，有的法官办理疑难复杂案件较多，其判决的上诉率和发改率都较高，因此通过业务考核的方式无法公正地体现出每位法官的真实业务水平。事实上，法官的业务水平主要体现在庭审驾驭能力和裁判文书说理能力上，因此建议采取现场庭审考核和裁判文书制作水平考核的方式进行法官考核。考核人员可以选出一些相似性较强的案件给予法官候选人，通过旁听考察其庭审水平，并要求其在规定时间内制作判决书，对其裁判水平予以考核。审判是一项实践性很强的工作，如果不进行实践上的考核，选拔出来的人很可能理论有余而经验能力不足。

在程序上，应当由各级法院在其员额限度内，差额提出拟任法官人选，报法官遴选委员会择优遴选。经过考核选拔，遴选委员会将评判成绩公示，听取异议并作出答复。最后根据确定的拟任人员，提请人大常委会任命。对于从律师和学者中遴选法官的，由于两者的遴选资格不同，应分别设置不同的选任程序。

（五）完善法官薪酬保障制度

职业化的形成需要一系列的职业保障措施，当下中国的法官职业保障中最突出的问题就是薪酬问题。

在确定法官收入时，笔者建议确立与法官单独职务序列配套的薪酬制度。我们在改革初期可以公务员收入为参照，显著提高法官的薪酬，随着改革的推进逐步缩小与律师的收入差距，将法律职业共同体中的精英吸收、稳定在法官队伍中。此外，薪酬问题还可以从法官的住房保障上进行解决。国家可以为法官们提供一套只有终身使用权没有产权的房屋供法官居住，以解决了法官的后顾之忧。

五、结语

法官选任制度的构建与完善对促进法院队伍正规化、专业化、职业化建设具有重要意义。通过以上分析，我们知道，当前我国法官选任制度面临法官选任路径不畅、选任机构定位不明、选任标准模糊、选任程序不科学、职业保障缺失的问题，这些问题的真正解决将极大地促进法官的职业化建设，并为员额制的全面铺开扫清障碍。然而我国法官选任制度的完善任重而道远，从长远来看，还需要重构法院体制、改造诉讼制度、改革法官制度，并要特别注意其配套的制度设计。只要我们坚定信心、尊重司法规律，就一定能够在改革中找到解决问题的方法，最终实现我国法官队伍职业化、精英化的宏伟目标。

以人力资源管理论法院人员分类背景下聘用书记员的优先转化购买

陆　莎*

【摘要】2013年9月26日，《国务院办公厅关于政府向社会力量购买服务的指导意见》（国办发〔2013〕96号）印发，社会服务购买进入公众的视野。社会服务购买在现阶段对于法院系统而言是一个陌生的“新词”，但其实法院系统实际上的购买操作由来已久。随着案件数量的不断增多，在司法人员分类管理的改革背景下，社会服务购买或多或少能够成为解决“案多人少”难题的一剂良药。笔者通过人力资源管理的视角，来审视法院聘用书记员的现状，发现使用莫布雷模型可以分析书记员离职的本质原因与目前转化购买派遣劳务书记员的困境。鉴于我国关于社会服务购买的研究起步较晚，笔者试图通过借鉴美国关于书记员制度的成熟经验，并根据各地书记员试点的实际，提出按照品位分类法来转化购买书记员的对策，以期对法院系统在人员分类背景下社会服务购买制度的建构有所裨益。

一、引言

目前，司法改革的大旗下，司法人员的分类管理改革正进行得如火如荼。司法人员分类管理的主要内容是以法官为中心，以审判为重心，把法院工作人员分为法官、审判辅助人员和司法行政人员，实行分类管理。

目前，我国每年的案件数量呈现递增的状态，2015年全国法院新收案件近1800万件，同比上升22.81%，新收一审案件数量首次突破千万，新收、审执结案件的同

---

* 陆莎：南宁市马山县人民法院。

比增幅均是2014年的3倍多，也是近10年来的最高水平。① 如此高速增长的案件量下，不可避免提到的是“案多人少”的矛盾。

司法人员分类管理，意味着一直以来被层层琐事重压的法官能够真正重归一线，以审判为重。让繁杂而庞大的法院人员队伍，在人才高度集中与素质良莠不齐并存的现状下，把人才分流疏通，使“道路”上的各种“机动车”与“非机动车”能够各行其道，道路变通途，有效提高人员使用效率，进一步防止人才流失。司法人员的分类管理，或许可以成为解决“案多人少”的良药，而占据法院工作人员组成部分“半壁江山”的聘用书记员们，也应该被纳入人员分类管理的改革之中。

二、现状：“铁打”的法院“流水”的聘用书记员

（一）人员流动大

中共中央组织部、人事部、最高人民法院于2003年10月共同下发了《人民法院书记员管理办法（试行）》，规定“书记员实行单独序列管理”，新招收的书记员要实行“聘任制和合同管理”。随后，以合同管理的派遣劳务工们便在法院“生根发芽”并迅速壮大。以上海市法院为例，其2011年9月、2012年9月、2013年9月都定期招聘劳务派遣书记员，截至2013年9月，全市共有劳务派遣员工2188名，占在编人数的31%。②

以上海市A区人民法院为例，其2011年到2013年9月，一共招聘有311名聘用书记员，离职的书记员为198名，离职率达到61.3%。③ A区法院只是全国法院的一个缩影，如此之高的离职率使聘用书记员的队伍人员更替频繁，人员极其不稳定。许多法官在习惯使用的书记员离职后，更是感到了“断臂”之痛。

（二）队伍专业程度低，分类管理不科学

队伍的专业化，就是指某一类岗位的工作人员要具备与其职业相匹配的职业素养以及能力，工作人员能够以这些能力及素养胜任其岗位任务。目前，对聘用书记员的管理只是将不同岗位的人员笼统地归为书记员，难以对聘用书记员的职业素养和能力提出具体又具针对性的要求，对书记员们的考核的标准自然就难以量化。

这些聘用书记员在法院扮演着辅助的角色：立案事务助理、审判事务助理、执行事务助理、警务事务助理。其实质的工作内容与录用制书记员或编制内书记员的工作

---

① 最高人民法院研究室：《2015年全国法院审判执行情况》，载《人民法院报》2016年3月18日，第4版。

② 张海生：《法院系统劳务派遣员工流失问题研究》，上海交通大学2014年硕士学位论文，第15页。

③ 张海生：《法院系统劳务派遣员工流失问题研究》，上海交通大学2014年硕士学位论文，第18页。

内容大同小异，这些聘用书记员大多都工作在审判一线或在司法行政部门处理各项杂务，工作任务不可谓不繁重。

聘用书记员在法院系统的工作岗位多种多样，但大体上可以分为三类：一是在审判一线部门工作的，如审判庭、立案庭、执行庭等；二是在二线辅助部门工作的，如办公室、网络维护、法警队等；三是从事行政工作的，如财务、人事党务等。聘用书记员的工作职责涵盖的范围也较广，既有直接辅助一线法官处理各类诉讼环节事务的，如立案、审判、执行等，也有负责案卷管理、文字打印等辅助工作的，还有负责行政工作的。这也从侧面说明了反映了法院系统的人手“窘境”，即“案多人少”的矛盾长期存在。在现有的聘用制度下，因为公务员的编制有限，案件量不断大幅度增加等原因，聘用书记员就像“救火员”，并不以人员的专业背景为分类，而是带着补充现有人员力量不足的目的，哪里缺员补哪里，这就注定了这部分的书记员无法获得更科学的管理与职业规划。

聘用书记员虽然都冠名为“书记员”，但是根据其工作内容，可以细分为审判辅助书记员、办公室文员、法警辅警、财务助理、网络管理员等类别，现阶段不进行细分的统一管理，使聘用书记员的考核趋向于平均主义，没有具体而细分的管理、考核、晋升制度。

在这样的背景下，聘用书记员难以得到专业的职业培训与专业管理，而是被当成了一次性的补给工具。

（三）工作任务与薪酬待遇不成正比

实际上，聘用书记员所负责的工作任务在实际操作中与现有的编制内书记员其实是高度重复的，其所肩负的工作职责也与编制内书记员基本一致，但聘用书记员的薪酬待遇却远远低于编制内书记员，甚至在许多地区，聘用书记员的薪酬仅仅停留在最低工资标准线上，使得聘用书记员的生活难以为继，离职成了必然的选择。

一方面，聘用书记员与编制内书记员的工资相差巨大，出现了同岗不同酬的现象；另一方面，简单粗暴的聘用书记员人员管理模式，出现了这么一种现象：同是聘用书记员，拿着相同的薪酬，但工作量却天差地别。审判一线的聘用书记员要处理许多与审判案件相关的工作，要承担开庭记录、送达文书、装订案卷、打印文书等一系列工作，还需要与当事人打交道，许多时候加班加点才能完成工作任务。这类书记员必须本身就具备一定的法律知识背景与专业能力，且承担着一定的岗位风险。对比之下，在二线部门的聘用书记员则相对轻松，专业要求较低，所面临的风险较小。

（四）职业前景狭窄

一是工作单调。聘用书记员从被招聘进法院开始，便开始了一眼就能望到头的职业生涯。这些聘用书记员所从事的辅助岗位都是较为稳定的岗位，但这些都是需要重复操作的岗位，是“熟练工”的岗位，难以满足其个人的发展需求，没有上升的空间。

二是双方缺乏认同。许多求职者把法院工作当做自己职业的过渡，缺乏长期的职业规划；而法院也把这些书记员当做临时工，缺乏长期的激励与培养机制。这就造成了聘用书记员思想上的不稳定，由于缺乏激励机制，且长期面对大量需要重复的工作，使书记员们产生倦怠与应付的心理，逐渐失去工作主动性。

三是缺少职业提升培训。进入法院工作的书记员，更是缺乏相应的职业培训与提升，他们熟悉岗位的过程多是靠自己摸索或者尚未离职的“前任”们简单传授，缺乏系统而有针对性的入职培训。在入职后，也缺乏相应的提高培训，失去了重要的提升通道与发展空间。

四是难以实现岗位提升。在提拔任用方面，聘用书记员缺乏配套的岗位提升通道，其奖励只能是荣誉或者物质奖励，无法在工作的提拔上体现个人的职业价值。久而久之，这就会使聘用书记员失去职业动力，造成人员流失。

三、问题：从莫布雷模型出发审视现状

聘用书记员的流失现状实质上是人力资源理论中的员工流失，人力资源管理学上的莫布雷模型认为人员的流失是一个逐步的过程，员工产生离职的意愿多是在对现在任职单位感到不满意后。但在意愿产生之后，员工并不会立即将离职付诸行动，而是按捺下离职冲动，开始考虑离职可能会给自己带来的后果，根据综合考虑的离职后果再选择其他的解决途径，在衡量得失之后才会作出最终选择。莫布雷模型指出员工流失的主要决定因素为：工作满足与否、在工作单位内部改变工作角色收益的预期、在工作单位外部改变工作角色收益的预期、非工作价值观及偶然因素。①

从莫布雷模型出发，来观察现阶段聘用书记员人员流动频繁的现状，有助于分析聘用书记员队伍不稳定的实质。

（一）工作满足与否

员工将现在工作的岗位价值和可能得到的外部岗位的价值进行比较会得出现有岗位的肯定性或否定性评价与定位。现有的劳务派遣书记员，在入职前，因法院的司法地位，对将要从事的工作都或多或少存在憧憬的心理，而在实际接触后，枯燥且烦琐

① 陈丽君、沈建平：《人力资源混合雇佣模型理论述评》，载《外国经济与管理》2002年第3期。

的工作会渐渐使书记员们失去工作兴趣，这时他们会对目前这份“没有出路”的工作降低满意度，转而寻求外部通道。许多派遣书记员考上公务员或者跳槽到企业继而离职，这本是个人职业道路的必然选择，不可强求个人低就一份难以实现个人价值的工作。这就要求人民法院在进行社会服务购买时提高书记员满意度，提高职业待遇。

（二）在工作单位内部改变工作角色收益的预期

这一因素的内容包括：预期现有工作会发生变化，预期有内部流动的可能性，预期有提升的机会，预期企业管理制度、工作条件会发生变化，预期通过与其他员工交换工作岗位或由于他们的流出而得到晋升机会。进入法院工作后，书记员的工作就被“固定”下来，现有工作内容与制度发生变化的可能性并不大，提升的机会也少之又少，就算其他的书记员更换岗位或离职离开，剩下的书记员也没有晋升的机会，这就会使书记员们产生倦怠与绝望的心理。

（三）在工作单位外部改变工作角色收益的预期

这一因素的内容有：员工对在企业获得认可的工作价值的期望以及对获得外部企业工作机会可能性的预期。既然在工作单位内部无法寻求到提升，又无法提高书记员的工作满足度，那么下一步书记员便会在单位外部寻求“机会”，在比较之后如有更好选择，书记员便会辞职离开。

（四）非工作价值观及偶然因素

员工对家庭价值的看法，生活方式的理念及地域偏好、宗教信仰、文化、对运动的嗜好及其他社会价值等。此项内容看似是书记员的个人原因，但实际上与工作单位也存在千丝万缕的联系，如单位所能提供的人文关怀、相关的文化建设等都会对非工作价值观及偶然因素产生影响。

四、优先转化：促进人员分类改革效率

2013年9月26日，《国务院办公厅关于政府向社会力量购买服务的指导意见》（国办发〔2013〕96号）印发，社会服务购买进入公众的视野。购买公共服务是指通过公开招标、定向委托、招标等形式将原本由自身承担的公共服务转交给社会组织、企事业单位履行，以提高公共服务供给的质量和财政资金的使用效率，改善社会治理结构，满足公众的多元化、个性化需求。现阶段的法院社会服务购买分布于许多领域，如向社会购买心理辅导服务、科技设备管理服务等，这类购买多是由于法院不具备相关的职能能力，向社会寻求帮助，以提高工作的效率与能力。

此外，还有一类社会服务购买长期被人忽视，那就是书记员的聘用。聘用书记员

实质上也是法院购买的一种社会服务，法院由于长期以来受限于额定的编制，而难以应付高速增长的案件量与工作量，不得不向社会购买相关的审判辅助资源，以解决人员不足的困境。

（一）书记员购买与劳务派遣

目前的聘用书记员多为劳务派遣的方式。劳务派遣[①]通常是指派遣机构与被派遣的劳动者之间签订劳动合同，然后向需要派遣的机构派出该名员工，使其在需要派遣机构的工作场所内劳动，接受需要派遣机构的管理、指挥与监督，以完成劳务与生产资料结合的一种特殊用工方式。劳务派遣的存在使用工拥有了更多的弹性，为用人单位节约了人力成本，并减少了用工的风险。

随着法院公务员招录门槛的不断提高，招录进来的公务员多为具有专业法律背景的高学历人才，这就注定了这些编制内书记员无法长期稳定地从事书记员工作，他们要承担更多地法律审判事务，而通过劳务派遣购买到辅助岗位的书记员，就对审判岗位人员进行了补充，有效提高了审判的效率。这实际上已经是一种社会服务的购买，即法院向劳务派遣公司购买了“书记员”这一服务。

（二）优先转化有利于止住书记员的“流水潮”

优先转化购买现有的聘用书记员，是将已经是聘用身份的书记员纳入社会服务购买的范畴内，打破派遣的魔咒，建立专门的书记员购买体系。

对于本身实质上已经是社会购买的聘用书记员，是否还需要转化购买呢？聘用书记员长期以来作为法院的编外“补员”，一直都有着“名不正言不顺”的身份尴尬，而这并不利于提高书记员的工作积极性与热情。在现阶段的改革下，将派遣、聘用转化为社会服务购买，建立专门的体系，进一步规范聘用书记员的管理，对法院人员分类改革有着促进与补充作用。在人员分类改革后，法官助理需要承担比现在更大的工作量，而聘用书记员们有助于分担法官助理的一部分工作任务，提高聘用书记员的工作积极性，提高人员使用的效率，进一步提高人员分类改革后的审判效率。

现阶段的劳务派遣的书记员的共同特点为年轻，且拥有非常大的可塑空间和职业前景，他们是法院系统的新鲜血液，有助于实现法院队伍的年轻化，能够适应现代社会的要求。随着庭审越来越科技化，审判手段越来越自动化，这些新鲜血液大多能够熟练应对现阶段越来越自动化的办公需要与庭审科技化要求。这些派遣书记员大部分都在法院系统工作过一定的时间，拥有相关的职业技能，熟悉法院的日常事务与工

① 莫容:《2003~2004中国就业报告——中国积极就业政策的实践》，中国劳动社会保障出版社2004年版，第175~176页。

作，能够熟练完成法院系统内书记员的工作，胜任书记员的基本工作。

相比于再次面向社会对外公开购买书记员的服务，优先转化这一部分书记员无疑可以提高人力资源的高效配置，省去书记员们熟悉岗位的时间与成本。打破聘用书记员的“派遣”身份，可以增加聘用书记员的“归属感”，提高其职业尊荣感，提高工作积极性与效率，稳定书记员队伍，为审判执行与后勤保障工作提供优质的辅助服务。

五、借鉴：书记员社会服务购买

（一）美国法院系统

美国法院系统除了首席法官、法官助理等人员外，还聘请有行政事务服务人员，这些人员主要可以分为四类：书记官、审前服务官、缓刑事务官和图书管理员。为法官提供专业领域之外的日常事务辅助就是这些行政事务服务人员的主要工作职责。这些辅助人员由首席法官来管理，首席法官将辅助人员分配给法院书记官办公室主任（clerk of court），并由书记官办公室主任来分类管理。

其中，书记官的工作职责与我国法院系统的现有书记员最接近，主要负责的工作为案件流程管理、案件档案整理、经费管理、设备、人事管理以及办公自动化等。

在美国法院系统中，法官与法官辅助人员之间的薪酬体系存在着差异。美国法院系统的薪酬体系相对立体而且具有弹性，也最能直观地体现美国法院人员分类管理的特点，这套薪酬系统就是根据辅助人员不同的工作职责的区别来施行不同的薪酬体系。法官助理的基本薪酬游离于联邦法官之外，叫做“司法薪酬计划”①（The Judiciary Salary Plan，简称 JSP）。在这个薪酬计划里法官助理的薪酬种类高达 180 种，共分为 18 个级别，每级又细分为 10 档。2014 年度联邦法院法官助理的最低起薪为 11 级 1 档（JSP－11－1），为 50790 美金，最高薪酬则达到 147200 美金（JSP－18－10）。美国联邦法院行政事务辅助人员的起薪和最高薪酬都和美国政府公职人员是相同的，行政事务辅助人员在法院系统内就是一般的公职人员，与法官的“高薪”区分开来，只是在行政事务辅助人员内部设置了更多的级别。此外，美国联邦司法系统尊重纯技术的辅助人员，专门为庭审记录员设定了单独的薪酬计划（Court Report Pay Rate，简称 CPPR）。这套独特的薪酬体系共 4 级，其收入区间在 65570 美金至 75406 美金之间。

---

① 王禄生：《法院人员分类管理体制与机制转型研究》，载《比较法研究》2016 年第 1 期。

美国法院系统的薪酬待遇系统的弹性与立体化给我们提供了借鉴，体现了人员分类管理的具体特征，给不同岗位职责的法院员工制定了细化的薪酬晋升体系，能够有效调动员工的生产积极性。

（二）我国各地的书记员改革情况

我国的书记员制度改革试点开始于20世纪90年代末。自1997年开始，改革试点陆续在大连、上海、海南、深圳等地设立，并由此涌现了一批地方性经验。

1. 上海模式①：“集中管理、分散使用”的书记员管理模式是由上海市一中院在1999年建立的。在这个模式里，“集中管理”是指书记员是书记员办公室统一管理下的一员，书记员办公室负责对书记员进行统一的管理、调度、使用与考核等，对书记员进行分组管理，分配各个书记员从事刑事、民事、立案、审监、执行及速录员工作。“分散使用”则是指按照审判工作的规律和特点，结合书记员细化管理后的岗位实际，把书记员分别安排到各个业务庭，为审判员提供法律辅助性工作。

2. 其余模式②：与上海模式分散管理不同，海口施行的是“集中管理、统一使用”的模式；大连则为“部分集中和部分分散”的模式；宝安施行书记员的是“四排定”模式，即“排定主审法官、排定开庭日期、排定审判法庭、排定书记员”。

20世纪开展的书记员改革试点，对书记员的管理模式展开了积极的探索，为聘用书记员的管理提供了借鉴。

六、加强聘用书记员优先转化

要加强聘用书记员的优先转化，首先要解决的是影响队伍稳定的莫布雷模型因素，最根本的是提高聘用书记员的工作满意度，合理规划聘用书记员晋升通道、科学制定薪酬体系、营造良好职业氛围。目前的人员分类改革背景下，想要社会购买优质的书记员服务，必须要在现阶段的聘用公务员制度下寻求突破；想要稳定书记员队伍，减少书记员的离职，就必须在提高书记员素质上下工夫，才能真正提高审判资源的优化配置。

（一）宏观：绘制明确的书记员购买改革蓝图

目前关于书记员的社会购买缺乏统一的上层改革蓝图。现阶段司法改革正进行得如火如荼，关于法官员额制与法官助理制度的改革已经进行了广泛的讨论，顶层设计已经渐渐趋于完善。但是在聘用书记员的改革上，涉及的讨论并不多，缺乏统一的改

---

① 郑晓静：《书记员制度改革的反思与展望》，载《云南大学学报（法学版）》2008年11月期。

② 郑晓静：《书记员制度改革的反思与展望》，载《云南大学学报（法学版）》2008年11月期。

革设计，仍处于各个地区出台文件“各自为政”的局面，这就使各地的制度出现较大的区别，不利于书记员的统一管理。

在改革蓝图的设计上，可以参考品位分类管理办法，品位分类法是人员分类管理方法中的一种，它的主要内容是将品（官阶，等级）和位（职位）作为分类评价的基本要素，以员工所具有的资格条件为主要依据，以职务或级别高低来确定待遇。简而言之，就是将职位分成几个类别，可以使用从易到难的工作内容来分类，形成人员的分阶段管理。

品位分类法更多地应用于公共部门的人力资源管理过程中，比如法国将其公务员分为A、B、C、D四类，具有严格的等级特征；而德国则分为简单职务、中等职务、上等职务和高级职务。其最大的优势在于给人员考核、晋升及薪酬的制定提供了依据。

规范书记员购买规则，将书记员划分为相对的类别，根据书记员所拥有的相关职业条件来确定品类，参考美国的辅助人员划分体系，可以大致将购买的书记员划分为审判辅助类、法警类、技术后勤类等，在确定相应的分级类别后，再细化每个类别里的等级，如拥有相关法律资格条件的审判辅助书记员比没有法律资格条件的书记员等级高，拥有相关职业资格证书的后勤管理类书记员比没有的书记员等级高，拥有会计资格证的财务助理与不拥有会计资格证的财务助理定为不同的等级等。

规范的购买规则有利于书记员的优先转化，现有的聘用书记员可以根据其自身条件对号入座，加快转化效率。

（二）细节：确定优先转化的考核

在绘制了统一的购买蓝图后，根据品位分类，优先转化的书记员需要满足一定资格条件才能实现有效转化。以资格条件为定位导向，确定相关的转化考核与考试。

对于优先转化的书记员，应设置合理的转化考试，根据书记员的分类来设置不同的考核题目等，尽量做到科学全面。如技术辅助类的书记员，可以考虑安排相应的实际操作考核，而审判辅助类的书记员则可以安排相关的速录等操作考核，让考核更加到位。在转化完成后，相应的考核机制可以保留，留作以后购买书记员的门槛考试。

（三）财力：支撑转化的科学薪酬体系

根据品位分类法的定位，可以借鉴美国法院系统的法官助理薪酬计划的概念，推广弹性灵活的聘用制度与薪酬制度，制定根据人员背景的细化待遇条件，分档分等级的薪酬制度可以适应发达地区与欠发达地区的薪酬区间，推动制定聘用书记员的统一标准，稳定书记员的收入，从而加快书记员的转化购买。

（四）管理：科学细化提高考核效率

根据书记员的专业背景与个人资格条件，根据品位分类法制定书记员的细化管理规则。细化管理有利于书记员的科学管理。一方面根据品类分类管理，可以细化确定各个书记员的具体工作职责；另一方面可以将其工作的内容细化管理，实现书记员的立体管理，将具有不同职业资格背景、不同职业能力与不同工作职责的书记员分类管理。

现有的考核制度多为统一的考核制度，将所有庭室的书记员进行统一考核，不同岗位职责与不同职业资格的书记员使用相同的考核标准，并不能体现人员分类管理的优势，也不利于刺激书记员的工作积极性。因此，制定人员分类管理下的配套考核制度势在必行。根据品位分类法，在确定聘用书记员的等级后，每年再根据不同的等级进行考核，以确定书记员的晋升，提高转化后的考核效率。

（五）氛围：提高职业尊荣感

根据莫布雷模型，非工作价值观及偶然因素也是人员离职的重要因素。基于模型理论，在购买书记员时，要进一步营造良好的职业氛围，增加书记员的“融入感”，消除编制内人员与书记员的心理壁垒，稳定书记员队伍，减少书记员的离职，提高书记员综合素质，提高优先转化时书记员的积极性，真正提高审判资源的优化配置，合理解决“案多人少”的矛盾。

七、结语

人员分类改革是司法改革的重要组成部分，也是一场人力资源的动员与“重组”，社会服务购买有效填补了法院的人力与技术的空缺。从人力资源管理理论出发，面对目前聘用书记员队伍的困境，可以通过优先转化购买来刺激书记员的工作积极性，实现人力资源的合理科学配置，这也为后续的社会服务购买确立了规范与准则。

在限制与扩张之间：法官指导司法辅助人员责任的厘定

——以民事诉讼中司法鉴定程序职权责分配为视角

燕纪飞*

【摘要】当前审判人员分类管理和法官员额制改革，对法官的职责有所限制，对审判辅助人员的职责合理扩张是改革的题中之义，从审判辅助事务的类型化角度来看，司法鉴定作为一项重要的、具有专业性的审判辅助事务。明显不同于其他审判辅助事务。明确司法鉴定程序的职权责分配，对于提高司法鉴定评估程序的规范性和充分发挥鉴定评估意见的证据效力是非常必要的。笔者在分析工作人员分类改革和法官员额制改革前后司法鉴定事务的处理现状的基础上，针对司法鉴定事务的特殊性，提出应由具有法官资质的专人负责司法鉴定事务，并针对司法鉴定事务具体操作程序中的乱象，试图构建更具规范性的司法鉴定具体操作制度。

一、引言

随着司法改革的深入推进，以法官职业化为主线、人员分类改革为主要切入点的改革进路已非常明晰。人员分类改革的目标是在当前案多人少、法官所承担的审判边缘性烦琐事务过多的情况下，通过重新配置司法资源，确定法官员额，增加法官助理，并明确法官、法官助理和书记员各自的工作职责权限，将审判核心权力划归法官独享，将审判权外围的非核心职权责分配给法官助理和书记员，从而使法官从一般性事务中脱身专司审判、不断提高审判质效，最终实现法官精英化、职业化目标。

在当前司法裁判水平饱受诟病、司法权威不高的情况下，为提高审判水平、优化

---

* 燕纪飞：南宁市江南区人民法院。

司法资源配置所提出的法官员额制和人员分类改革是符合司法规律的。但是同时，我们也应该看到，在缺乏法官、法官助理和书记员专业培训渠道输出专业人才的当下，如何根据现有的实际情况，在实体法和程序法的框架内合理地厘定法官与司法辅助人员的职权责界限，既充分发挥分类人员的工作积极性，又使分类人员可持续发展，从而制定出可行的具体配套措施，这是非常必要且急迫的。

二、试点法院司法改革中的限制与扩张

为了提升司法队伍的专业化和职业化水平，2014 年上海、广东作为司法改革试点城市率先行进行了包括法院工作人员分类改革和法官员额制在内的司法体制改革。以上海为例，将法院工作人员分成三类职务序列，即法官、审判辅助人员和司法行政管理人员，各自所占的比例是 33%、52%、15%。其中，审判辅助人员包括了法官助理、书记员、司法技术人员和司法警察等，而司法行政人员包括法院办公后勤、人事监察等行政人员；将审判事务划分为审判核心事务（如开庭和法律文书制作）和审判辅助事务，审判辅助事务具体包括：立案、分案排期、诉讼材料送达、财产和证据保全、鉴定评估和审计、调查取证、庭审笔录、法律文书校对印发和送达、上诉材料的处理、案卷归档以及整个流程的网上办案以及组织证据交换、归纳争议焦点、搜集相关的法律条文和案例、起草法律文书等。上海试点法院的做法为审判辅助事务管理模式构建提供了一个框架，法官需要对自己审理的案件负责，即“由审理者裁判，由裁判者负责”，而法官助理要分担许多法官的审前事务，开启了对身陷庞杂烦琐事务的法官减负、限权、限责的好头，其积极意义表现如下：

1. 行政权的限制，司法权的扩张

“法院在司法裁判的决策问题上仍然没有改变行政审批占据主导地位的基本格局。中国法院仍然没有形成法官统一行使审理权和裁判权的制度，法院内部仍然存在着从院长、副院长、庭长、副庭长直至审判长的行政审批机构，那种带有行政会议色彩的审判委员会也在继续发挥着司法裁判的决策作用。”① 法官员额制改革不仅仅是在法官选任规则和标准上更为严格，更是对司法权重新进行了正确的定位，首先，员额制法官独立行使审判权要求摆脱行政色彩较浓的“请示”“审者不判、判者不审”等尴尬模式，真正实现“审理者裁判、裁判者负责”，从而限制行政权的界限，扩张了司法权的实质范围，行政权与司法权界限分明，互不干涉，各司其职；其次，员额

① 陈瑞华：《司法裁判的行政决策模式：对中国法院“司法行政化”现象的重新考察》，载《吉林大学社会科学学报》2008 年第 4 期。

制法官职称的晋升与待遇的提升不再比照公务员的行政级别晋升标准，从根本上改变法院内部行政化加剧的趋势；再次，取消未入额法官的法官职称，改变目前法院许多工作人员有法官职称却并不办案的情况。

2. 员额法官职权责的限制，审判辅助人员职权责的扩张

法官员额的确受制于法官工作量的影响，而影响法官工作量的因素包括案件数量、案件难易程度、法官的工作职责权限范围。在案件数量和难易程度等客观因素无法改变的情况下，法官员额制改革的依据就是科学划分法官与审判辅助人员在审判权整个运行过程中的职责权限范围，限制法官的职责权限，扩张审判辅助人员的职责权限，从而在“案多人少”的局面下实现法官员额制和精英化。

3. 粗放式的限制，专业化、集约化的扩张

在法官需要对审判权运行整个过程中的事务承担责任的“大法官”模式下，一方面，由于职责不明，所以其他辅助人员责任心不强，工作质量低下，工作效率非常粗放；而另一方面，大量的审判辅助事务挤占了法官为作出高质量的裁判所必需的准备时间，影响了审判质量和效率。而在法官员额制和人员分类管理机制下，人尽其才，权责统一，既有利于提高各分类人员的职业责任感，也保证了工作质量和效率，实现人力资源的优化；根据各类人员的职业特点，建立相应的录用、培训、考核、晋升制度，从而实现队伍管理的科学化和规范化，工作统筹实现集约化。

法院人员分类改革和法官员额制改革的积极意义不可小觑，但是改革之初、试点之初，笔者认为仍然有许多配套的具体措施和制度需要进行顶层框架设计或者通过地方创新性的实践来推进：

1. 如何保证审判辅助人员完全可以胜任其职务项下的工作职责问题

改革前书记员要做的工作也比较明确，但是书记员缺乏待遇保障，流动性大。在岗的书记员配备严重不足且部分书记员工作责任心不强、工作能力较差，因为送达不合法、审判程序出错或者需要追加当事人的案件诉讼材料送达不合法等问题，案件常常需要二次开庭或被发回重审。庭审笔录更是不严谨，裁判文书的打印盖章、送达、案件移送的处理过分拖沓和迟延，待归档的案卷堆积如山。因此，培养出懂法律、懂程序、责任心和上进心都比较强的书记员也是当务之急。

2. 试点法院对于法官及审判辅助人员笼统的职权责界定划分是否符合审判权运行规律及诉讼法的相关原则

“法官的职责定位应该是越单纯越能体现其职业特殊性，而确定法官助理的职责范围应当把握一条基本原则，即在不影响法官实体裁判权的前提下，法官助理应尽可

能承担为审判服务的相关事务，既不能‘缺位’，又不能‘越位’”。[①] 试点法院将开庭审理和最后拟定判决书的核心审判权定由员额法官行使，其他诸如庭前证据交换、归纳争点等事项及其他事务根据是否需要根据专业的法律知识作出判断而全部分配给法官助理和书记员完成。根据直接言词原则，一个法官没有亲自听取当事人的举证、质证，甚至连争议焦点都不需要归纳，那法官依据什么作出判决？笔者认为，法官的审判职责主要为核心审判工作，即“在案件处理过程中，必须由职业法官亲自完成或者在场完成的具有独立决策性质的审判工作”,[②] 案件繁简分流后，主办法官还是应该亲自参加证据交换程序，归纳焦点的事务也不宜由法官助理代劳；对于疑难复杂的案件开庭过程中所遇到的事项的处理，主办法官可以安排法官助理或书记员督促办理。

3. 试点法院将司法鉴定程序笼统地与调查取证、草拟法律文书等事务相等同并分配给法官助理处理，没有体现出司法鉴定程序的特殊性

就当前的司法实践来看，“案多人少”的矛盾突出，涉及司法鉴定的案件数量不断增多，主办法官们往往对处理司法鉴定的繁杂事项很有压力，从审查当事人的鉴定申请请求是否必要和全面，到精确提供备选的鉴定机构（好多鉴定事项并没有明确的对口鉴定机构）、组织双方当事人选择鉴定机构、向各方当事人释明权利义务，再到组织双方当事人提交检材并对检材进行质证，委托了鉴定机构后还要配合鉴定机构的专业要求召集当事人或通知各种事项，鉴定意见作出后还要组织质证程序、通知鉴定人出庭接受质询等，个案的特殊性和法官的非专业性，导致了主办法官对鉴定程序的畏难情绪，那些积压下来超长审限的案件大多都是涉及鉴定的案件。笔者认为，在当前审判人员分类管理和法官员额制改革的背景下，对法官的职责有所限制，对审判辅助人员的职责合理扩张是改革的题中之义，从审判辅助事务的类型化角度来看，司法鉴定作为一项重要的、具有专业性的审判辅助事务，明确司法鉴定程序的职权责分配，对于提高司法鉴定评估程序的规范性和充分发挥鉴定评估意见的证据效力是非常必要的。

三、我国民事诉讼中的司法鉴定程序运行现状

司法鉴定是指在诉讼过程中司法鉴定人运用科学技术或专门知识对诉讼涉及的专门性问题进行鉴别和判断并提供鉴定意见的活动。[③] 民事诉讼中的案件事实涉及各行

---

① 李立新：《法院人员分类管理改革探析——以新一轮司法体制改革为背景》，载《法律适用》2010 年第 5 期。

② 王静、李学尧、夏志阳：《如何编制法官员额：基于懂事案件工作量的分类与测量》，载《法制与社会发展》2015 年第 2 期。

③ 全国人大常委会 2005 年发布的《全国人大常委会关于司法鉴定管理问题的决定》对司法鉴定概念作出的立法界定。

各业，许多案件中证实待证事实的方法往往超出必须对该事实作出认定的法官的能力，作为查明案件事实的一种重要方法，司法鉴定在诉讼中的作用也越来越重要。笔者所讨论的民事诉讼司法鉴定是指在民事诉讼活动中对案件的某些专门性问题进行鉴别和判断的活动，具体包括鉴定、审计、评估等事项。民事诉讼中的鉴定，一般包括当事人自行委托的鉴定和法院委托的鉴定，而笔者所要探讨的仅是指民事诉讼中由法院委托的鉴定制度。

（一）司法鉴定在当前民事诉讼司法实践中的运行

根据《人民法院对外委托司法鉴定管理规定》第 2 条的规定，人民法院司法鉴定机构负责统一对外委托和组织司法鉴定。未设司法鉴定机构的人民法院，可在司法行政管理部门配备专职司法鉴定人员，并由司法行政管理部门代行对外委托司法鉴定的职责。各地法院关于司法鉴定评估程序的操作方式并不统一：

1. 尚未进行法官员额制改革的法院模式

尚未进行法院工作人员分类改革和法官员额制的法院，对司法鉴定程序的具体操作也不一致。很多法院就司法鉴定事项专门成立了司法鉴定管理办公室，名义上是安排一个有法官资质的人员配一两个书记员具体负责司法鉴定事项，但实际操作中具有法官资质的人员另有他用，具体司法鉴定要处理的事项仍是由主办法官及其书记员亲自完成，署名却是司法鉴定管理办公室的工作人员，所有的材料准备好后移交给司法鉴定管理办公室，由司法鉴定管理办公室的人员负责出具委托函、通知缴费及传递鉴定报告等事项。实际上，司法鉴定所有的实际事务都还是需要主办法官和其书记员来完成，包括：在庭审法官主持下，双方当事人直接协商选定司法鉴定机构后，准备好司法鉴定所要求的所有材料后移交给司法鉴定办公室，由司法鉴定办公室出具委托函给鉴定机构；在双方当事人协商不成时，安排双方当事人到中级人民法院从鉴定机构名册中摇珠选择鉴定机构，但是司法鉴定所要求的所有材料仍然由主办法官及其书记员来完成。

有的法院在设置司法鉴定管理办公室后，采用的是设置专职程序法官来处理司法鉴定评估案件，该程序法官同时还专门负责证据调查工作。比如，笔者查阅的一个租赁合同纠纷案件的鉴定评估程序，这个案件需要对租赁场地建筑物和构筑物的建筑成本进行司法评估，自当事人提出书面申请后，主办法官就将该案卷宗移送给该专职程序法官，程序法官全权负责将鉴定评估程序完成后，将多了一沓评估材料和评估意见书的卷宗重新移给主办法官，主办法官就可以径行开庭并作出裁判了。笔者发现，这一沓多出来的评估材料涉及的评估事项种类繁多，而且当事人异议较大，多次提交反驳证据，光是发表质证意见的询问笔录就有 6 份，组织鉴定人到现场评估 3 次。案件开庭时，当事人还申请了鉴定人出庭接受质询（鉴定人出庭接受质询程序的安排也是转给程序法官处理），程序法官先要求当事人提出书面异议，并通知鉴定人书面答复，当事人仍有异议才安排了鉴定人出庭。因为该程序法官经验丰富，所有的程序事项处理得非常完备，对当事人的程序权保障也非常充分，当事人提出的比如测量起算点等异议事项被鉴定人一句“测量起算点是原、被告自己扯绳确定的”而完美排除了质疑。这个案件当事人争议非常大，但因为评估意见合法、公平、公正，合议庭采纳了该评估意见结论，并据此作出了让当事人心服口服的判决。身陷鉴定评估程序繁杂之苦的笔者及同仁们分享交流后发现，这种由程序法官专司司法鉴定评估事项的职责分配模式，无论是从效率方面考虑，还是从专业性和证据效力方面分析，实在是太高效高质了。在需要进行司法鉴定评估的案件数量不断攀升的背景下，趁着审判人员分类改革和法官员额制改革的契机，将民事诉讼中的职权责（如本案中探讨的鉴定评估程序职责）从员额法官身上独立出来，绝对是员额法官的福音。

2. 法官员额制改革试点法院模式

司法改革方案中是将司法鉴定评估程序列为审判辅助事务，交由法官助理处理。由法官助理对各自的司法鉴定案件负责处理。

（二）当前司法鉴定程序运行实践中存在的主要问题

作为一项法定证据种类，司法鉴定意见具有很高的证明力，而且实际上也直接或间接地影响着法官对其他证据的判断。但在具体的司法实践中，现有的立法对鉴定程序规定的较为笼统，启动鉴定程序往往给民事案件审判增添了很多的复杂性，同时也引起了一系列的问题，导致了一定的司法鉴定评估乱象，在一定程度上影响了法院对案件的公正审理。

1. 高昂的鉴定费用导致当事人都不愿意申请鉴定

汽车、挖掘机、电子产品或电器因涉及质量问题需要鉴定的，鉴定费用动辄大几万十多万，即使是笔迹、指纹鉴定也要根据诉讼标的来计算，有的标的额较大的，费用也相当高。人身损害伤残鉴定价格比较合理，一般是几百元到一千元，当事人基本上能接受。鉴定预缴费用较高的，当事人考虑到诉讼风险和承担能力往往都不主动申请鉴定，法院释明后只能根据举证原则进行判决，虽然法律规定了法院可依职权委托鉴定，但是司法鉴定作为社会服务购买项目，鉴定费用由谁承担却没有明确规定，实践中无法操作。

2. 诉讼进程的严重拖延

傅郁林教授说，与国外法官动辄上千的年结案量比，我国法官 2011 年年人均结案量才39件，似乎法官工作量大是个伪命题，但是基层法官工作量超大的事实却又是客观存在的。确实，法官案件多，一个案件因司法鉴定评估搁置下来再被重新拿出来安排下一步骤常常需要较长时间，何况司法鉴定评估程序具体操作起来非常繁杂，法院这边处理起来也是非常耗时。委托材料移交给鉴定机构后，因为对鉴定没有期限限制，鉴定机构出具鉴定意见报告的时间往往也非常久。有很多涉及司法鉴定的案件光是鉴定就要1年时间，当事人非常不满。

3. 法院对司法鉴定意见的质证、认证和采信时存在一系列问题

在当前司法实践中，由于对鉴定意见的本质特征缺乏必要的认识，即使经过了质证和询问鉴定人程序（实际上当事人的质证往往也无法触及根本，都是游离于专业外的，法官无法借助专业的辅助来审查鉴定意见的科学性、可靠性），当事人申请专家辅助人出庭质询鉴定人的情况也很少。是否同意当事人重新鉴定的申请理由，质证、认证时对鉴定意见证明力的审查判断及内心确认，在裁判文书和判后答疑中对鉴定意见采信与否的理由阐述，这些都是既让法官感觉棘手又让当事人深感困惑的。例如，在对鉴定意见的审查和采信上，法官通过庭审往往无法对鉴定意见的证明力作出判断，在无法拒绝裁判的前提下只能行使较大的自由裁量权，法官最终对鉴定意见的认证和采信也缺乏公信力。

4. 很多具体操作事项缺乏统一的规定

现行《民事诉讼法》规定了当事人有补充鉴定、重新鉴定的申请启动权，但是对于申请的审查、申请的时间期限、鉴定机构和鉴定人员如何重新挑选、是否应当同意重新鉴定、有无明确条件、法官不同意的是否需明确理由并增设复议程序、重新鉴定的次数限制等并未作出详细规定。

5. 缺乏规范性导致影响鉴定意见的证据效力的负影响因素增多

司法鉴定“一方面，其有助于揭示案件的事实真相，使实体正义得以实现；另一方面，鉴定意见的运用也关联程序正义，如果不能够在鉴定的运用中充分注意到程序正义的问题，那么鉴定意见本身的正当性就会受到很大影响，可以说鉴定的运用主要涉及程序是否符合正义的问题”。[①] 无论是在司法改革试点法院还是在尚未进行改革的法院，只是存在由主办法官还是由法官助理负责司法鉴定事项的职责的不同，每个法官或每个法官助理都是各自行使司法鉴定评估职责，对司法鉴定评估程序事务都没有集中处理，这就可能会因对鉴定程序具体注意事项可能不够专业而导致鉴定偏

---

① 张卫平：《鉴定的启动机制与程序正义》，载《法制日报》2005年8月6日，第3版。

差，比如对当事人进行有关鉴定方面权利义务释明不当，或者鉴定事项有所遗漏或者不精确等，每一个因素存在的瑕疵都可能影响鉴定意见的证据效力。

四、法院对于司法鉴定事务职权责分配的制度建构设想

法院人员分类管理制度改革和法官员额制的目标是：专人、专岗、专业和专管。按照司法改革的制度设想，司法鉴定评估审计属于法官助理职责下的程序性事项，至于法官助理应如何具体来行使这一职责却并没有明确。“规范的鉴定程序应该是科学、民主、便捷的，并能体现现代诉讼兼顾公正与效率的精神。”① 因司法鉴定程序的可替代性和专业性，同时考虑到司法鉴定程序所需要的工作量，笔者认为，为充分实现司法鉴定所追求的公正与效率目标，应将民事诉讼中的司法鉴定职责集中后分配给专门的法官助理专人负责。

（一）专设法官助理负责司法鉴定事务的理论依据

1. 司法鉴定评估的专业性和程序正当性的要求

司法鉴定评估的专业性和程序正当性要求非常高。如果在司法鉴定评估过程中有一个环节失误，就可能导致整个鉴定意见都不能被采用，造成时间和金钱成本的巨大浪费。因此，司法鉴定评估所涉及的所有具体步骤，都要既体现出尊重鉴定的专业性要求，还要遵循司法程序的正当性要求。威廉姆·道格拉斯指出：“正是程序决定了法治与恣意的人治之间的基本区别。”② 作为鉴定科学的门外汉，主办法官对鉴定结论审查，实际上更多考虑的是鉴定程序的正当性、鉴定过程的逻辑性以及对鉴定人当场应对和表述的观察来判断鉴定意见的可靠程度。不同专业的鉴定所依据的科学理论和技术方法肯定不同，所需要准备的材料也不同，这对主办法官来说是一件头疼的事，但是对于专门负责此事务的法官助理来说，不仅有时间进行相关法律和基础知识的学习，而且积累多了可以找到规律、共性，处理起来就会变得得心应手。

2. 实验科学与司法鉴定评估所体现的法庭科学的差异性

实验科学是在受控的实验室条件下进行，通过对诸多变量的控制和改变来检验某个变量与实验结果是否存在必然关系，具有可重复性及客观性。但是法庭科学则不同，司法鉴定评估的司法目的性决定了鉴定人需要运用个人的知识、经验对物证检验结果及物证与案件的关系进行推理和论证，这个过程中或多或少地会带有鉴定人的主观色彩，而且鉴定前后检材的收集和保管受环境和人为因素影响较大，影响的变量因

---

① 卞建林、郭志媛：《规范司法鉴定程序之立法势在必行》，载《中国司法鉴定》2005年第4期。

② 尹晋华主编：《法律的真谛——写给执法者的书》，中国检察出版社2006年版，第240页。

素很多，法庭科学所得出的意见确定性不强。受检材所限，重复检验机会往往不现实，鉴定结果不能重复被验证。实验科学与司法鉴定评估所体现的法庭科学的差异性，也要求法院中负责处理司法鉴定评估程序事项的工作人员必须既要具有法律的专业性，同时也必须钻研和积累鉴定评估所涉专业的一定知识，因为法院的鉴定准备工作在一定程度上影响着鉴定结论的科学性和客观性，以及法律上的程序合法性。

3. 与鉴定无关的信息污染“隔离”

相对于司法改革前由主办法官亲自负责司法鉴定程序，改由主审法官以外的专人负责司法鉴定，有利于避免主审法官的先入为主的偏见。随着司法机关工作人员与鉴定人之间关系的固化和利益所驱动，鉴定人往往会迎合主审法官预判的心理而作出偏离客观性的鉴定意见。主办法官向鉴定人有意或无意中传输了信息污染源，比如向鉴定人透露太多案件信息，往往会影响鉴定人的独立分析判断能力，从而影响鉴定的科学性。“为了保证鉴定结论的准确性，鉴定人有权了解案件，但了解案情要适度，只能限于与被鉴定问题直接有关的情况，不能用案情解释与被鉴定问题毫无直接联系所出现的差异点，不能用一个鉴定结论之间的偶然联系作为另一个鉴定结论的依据，更不能依据案情进行猜测性鉴定。”① 将司法鉴定职权从主办法官的权限中剥离，在一定程度上就是为防止与鉴定无关的信息污染，而在鉴定人与主办法官之间设立的一道“隔离墙”。

4. 司法人才培养规律的要求

“无论是德国的司法辅助官还是日本的书记官，能够承担审判权限都是建立在职业专门化或职业化基础之上的。”② 配备专门的法官助理负责司法鉴定职权，培养负责司法鉴定事务的专门人才，正是符合了“要将优秀的法律人才留在同样需要专业储备的审判辅助职位”的要求。

（二）民事诉讼程序中司法鉴定事务职权责分配的制度构建

1. 以事定岗，以岗定人

可以继续沿袭现在依法设定的司法鉴定管理办公室这样一个职权部门，但是一定要将司法鉴定职权集中分配给一个具有法官资质的人，按照改革的试点模式，这个具有法官资质的人可以是未入额法官也可以是法官助理，通过专门的训练来贯彻设计好的程序，在这个程序中，可以过滤掉所有与委托无关的污染信息，从而以最小暗示的方式向鉴定人表明问题，并传递好相关材料。法院应根据本院涉及司法鉴定案件的工作量来决定专门负责司法鉴定评估程序的专职法官助理的数量。

---

① 王俊民：《司法鉴定的程序性公正若干问题研究》，载《中国司法鉴定》2005 年第 4 期。

② 傅郁林：《以职能权责界定为基础的审判人员分类改革》，载《现代法学》2015 年第 4 期。

2. 司法鉴定程序的启动需要在主办法官指导下进行

民事诉讼中司法鉴定的目的是解决诉讼涉及的专门性问题。诉讼涉及的专门性问题是一个外延很广泛的概念，对于具体哪些事项属于诉讼涉及的专门性问题，现行法律没有明确规定，由案件的具体情况决定。有的案件不存在专门性问题，就不需要进行鉴定；有的案件比较复杂，可能要进行多项鉴定，或者为了减少当事人成本支出在多项鉴定评估的情况下按逻辑上的先后顺序进行，往往前面鉴定评估意见出来后就没有必要再做下一个鉴定评估了。对当事人提出的鉴定申请的审核及鉴定申请的启动，应由主办法官作出是否准予的决定。主办法官就鉴定事项作出准予鉴定的决定后，应当与专司司法鉴定事务的法官助理就待证明事实及鉴定事项进行沟通，并在鉴定事项的确定及具体表述上听取专司司法鉴定的法官助理的意见。司法鉴定程序启动后，由专司司法鉴定事务的法官助理负责处理全部司法鉴定事务。

3. 司法鉴定实施程序中规范性制度的构建

在鉴定机构进行鉴定的过程中，法院的工作主要是根据鉴定机构的要求补充检材、需要各方当事人到场的则通知当事人以及根据鉴定机构的定价通知当事人缴费及逾期不缴的法律后果。为避免鉴定过分迟延，积极主动向未在一定期限内完成鉴定程序的相关鉴定评估机构发出督办建议函，督促其尽快推进鉴定程序，以加强对鉴定机构的监督，强化法院的职权管理。

4. 鉴定意见的质证程序

法院在收到鉴定机构的鉴定意见书后送达各方当事人并确定质证时间、当事人申请鉴定人出庭接受质证和询问的具体事项。鉴定意见书要求需有完备的论证过程，详细陈述计算、论证和推理的过程，以备当事人进行质证和法院的认证。笔者认为，司法鉴定意见书作为证据的一种，在专司司法鉴定的法官助理将通知事项安排好后，应由主办法官亲自听取各方当事人对于司法鉴定意见书的质证意见及对鉴定人的质询。

五、结语

“在劳动分工得以发展的当代社会里，分工具有整合社会机体、维护社会统一的功能……社会发展的等级越高，它的专业化水平就越高。但这并不是说，专业化发展得越快就越好，而是说它必须根据需要的发展而发展。”① 有专业需求必然需要专业分工，民事诉讼中的司法鉴定作为一项重要的、具有双重专业性的事务，迫切需要我们在司法实践中不断总结经验，直至上升到规则层面进行更加科学、系统的规范。

---

① 埃米尔·涂尔干：《社会分工论》，渠东译，三联书店2000年版。转引自傅郁林：《以职能权责界定为基础的审判人员分类改革》，载《现代法学》2015年第4期。

审判团队社会惰化之风险防控

——以社会心理学的群体努力模型为视角

秦海彬　甘　芳*

一、引言

社会心理学认为，当个体的努力无法进行单独评价时，个体在群体工作中就会减低自己的努力，即所谓“社会惰化”。在传统法官单干模式向审判团队模式转变后，法官、审判辅助人员的个体努力会被审判团队的群体所覆盖，法官、审判辅助人员的心理也在发生微妙的变化。如果忽视这些变化，仍然沿用原有的绩效管理体制，法官、审判辅助人员可能会降低工作努力程度，从而导致审判团队的工作效率下降，如广州市天河区法院在审判辅助人员改革过程中曾经出现了“1 +1 +1 <3”甚至“1 +1 +1 <2”的局面。因此，法院如何防控审判团队社会惰化的风险显得尤为重要。

二、审判团队社会惰化的心理描述与认知

在群体情景下，当个体无须单独为某事负责或不会被单独评价，群体成员的责任感都会被消散而导致个体降低其努力程度。① 在法官案件终身负责制和现行法官绩效管理体制下，法官及审判辅助人员因个人工作努力被审判团队所吸收而可能会出现社会惰化。

（一）实地访谈：群体情景下审判辅助人员的心理描述

社会惰化概念源自于社会心理学，用于描述个体在群体工作中会降低努力程度的

---

* 秦海彬：南宁市良庆区人民法院；甘芳：南宁市横县人民法院。

① ［美］戴维·迈尔斯：《社会心理学》，侯玉波、乐国安、张智勇等译，人民邮电出版社2016年版，第271页。

现象。了解审判团队对法官及审判辅助人员产生的心理影响是认知审判团队个体在审判团队中工作努力程度变化的前提条件。

访谈材料一：

甘某，在法院工作5年的聘用书记员。

问：你到法院工作已经5年了，法院的人员分类管理改革会对你产生哪些影响？

答：我还是继续做书记员，没多大差别的。搞审判团队的话，法官办理的案件数量可能比之前要多好多，开庭笔录、装订案卷等其他工作量会很大，工作会更累。工作累的话，就去其他办公室逛逛，找人聊聊天，反正审判团队的工作好坏跟我没多大关系，何必把自己搞得太累？我在法院的收入和在大城市工作的同学相比少得可怜。来法院工作主要考虑离家近，能多陪伴家人，与其一年到头为那两千多的奖金忙忙碌碌，还不如多抽些时间陪伴家人。

访谈材料二：

王某，在法院工作2年的在编书记员。

问：作为一名在法院工作2年的在编书记员，法院的人员分类管理改革会对你产生哪些影响？

答：改革之后，能做法官助理吧。我挺愿意做法官助理的，我大学读的是法学专业，也想跟着法官多锻炼。在法官的指导下，我会努力参与、完成审判辅助性工作。如果法官将裁判文书起草工作全部交给我，我可能会应付不过来，实在没办法就草草地起草后交给法官了。我只是拟稿，法官最后定稿、签发呢，裁判文书有错误的话，那也是法官的责任。在审判团队中，我工作努力与否，领导很难看得见。审判团队的工作做得好，有奖励、荣誉也是法官的。法官助理嘛，只能“俯首甘为孺子牛”。

访谈材料三：

李某，在法院工作5年并且已经独立办案2年的助理审判员。

问：你在法院已经独立办案2年了，法院的人员分类管理改革会对你产生哪些影响？

答：改革后我会做法官助理，毕竟办案经验和能力还不足嘛，只能协助法官办案了。现在即使不用法官的指导，我也能做好那些审判辅助性工作。如果法官将裁判文书起草工作全部交给我来做，我会有些抵触情绪的。因为裁判文书起草工作都由我来做了，那法官做什么嘛，只是坐在审判席上开开庭而已嘛。以前我还会为如何解决案件纠纷而加班加点，以后这个包袱可以丢给法官了，多抽些时间和精力陪伴家人。毕竟付出再多的汗水，那成果是属于法官的，到头来还是为他人做“嫁衣”。

访谈材料四：

赵某，在法院工作30多年，还有3年就面临退休的老法官。

问：作为一名将要退休的老法官，法院即将进行法院人员分类管理改革会对你产生哪些影响？

答：我还挺愿意做法官助理，为年轻法官服务的。在一线审理案件二十多年了，确实有些累了，也该退居“二线”了。法官助理对我来说倒是一个不错的选择，既可以不用对案件负责，也能实现自己职业生涯“软着陆”。替法官跑跑腿，看看诉讼材料，组织当事人进行证据交换、庭前调解，剩下的工作就交给法官了。我再过3年就要退休，做法官助理后，我想用更多时间享受天伦之乐。至于荣誉什么的，对我来说也没太大意义，只要工作不出大问题就行了。

在与上述四位不同类型的法院工作人员的访谈中，笔者发现四位受访者在审判团队工作中均出现不同程度的社会惰化。通过对上述四位受访者出现的社会惰化进行原因梳理，我们不难发现，聘用书记员、在编书记员、助理审判员、审判员出现社会惰化的共性在于审判团队情境下审判团队的业绩与个体工作业绩的关联性减弱，而这种关联性减弱的深层根源在于，现有条件下其个体的工作努力程度在审判团队的群体语境下无法或很难被评价而导致个体责任被消散。这就是社会心理学领域所谓的“社会惰化”。

或许有人会提出仅对四位法院工作人员的访谈内容进行分析，样本太少，结论会以偏概全，审判团队出现社会惰化现象应实属偶然，不应当小题大做。但案件的审判过程其实就是法官完成一项创造性任务的过程，在这个过程中法官结合主客观因素创造每一份“司法产品”——公平正义的裁判。根据我国心理学家关于创造性任务情境下社会惰化因素的研究结果表明，创造性任务情境下存在社会惰化。① 同时，根据国外关于社会惰化的160多项实验研究结果显示，社会惰化在群体工作中普遍存在，并且随着群体规模的增大，个体在群体中所付出的努力程度在减小（见图1）。② 基于此，结合国内外对于社会惰化的研究成果来看，这种社会惰化现象看似“偶然”，其实并非“偶然”。

---

① 李晓丽、阎力：《创造性任务情境下社会惰化影响因素研究》，载《心理科学》2011年第34期。

② ［美］戴维·迈尔斯：《社会心理学》，侯玉波、乐国安、张智勇等译，人民邮电出版社2016年版，第271页。

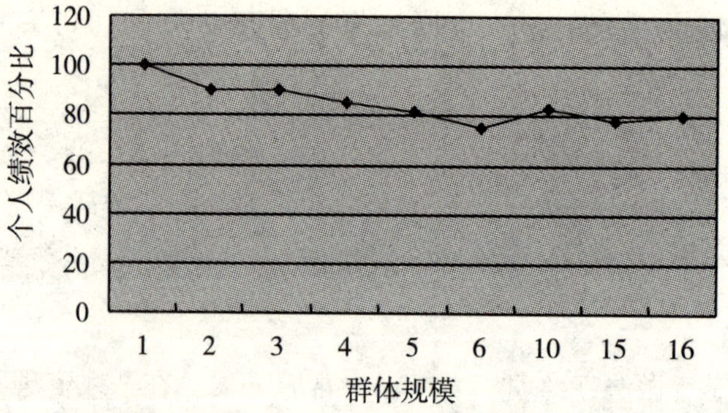

图1　随着群体规模的增大个体所付出的努力程度在减小

（二）心理解读：不同审判组合下工作努力程度的比较分析

卡饶（S. J. Karau）提出群体努力模型（collective effort model，CEM）认为，个体在群体活动中付出的努力程度取决于行为结果的工具性与效价，如果群体活动中个体行为与群体绩效的回报没有直接联系，或个体感觉到群体绩效的重要性不大，就算结果很重要个体也不会付出努力。[①] 笔者在参考该群体努力模型的基础上结合我国法院人员分类管理改革实践，构建我国法院法官单干模式和审判团队模式的群体努力模型（见图2）。

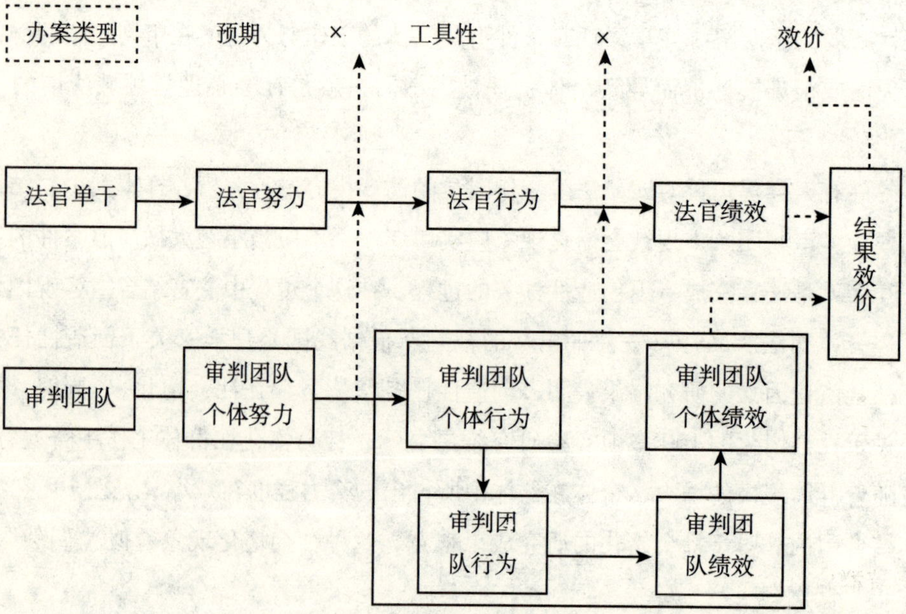

图2　不同审判主体模式的群体努力模型

① 王雁飞、朱瑜：《国外社会惰性的理论和相关研究的概述》，载《心理学进展》2006年第1期。

显然，在法官单干模式下采取现有的案件终身负责制和现行绩效管理体制，法官的结果效价与法官工作努力行为直接“挂钩”，法官工作越努力，自身得到的结果效价就越高。在正常的工作负荷内，法官能够保质保量地完成审判工作；如果实际工作量超过法官正常负荷，法官就会出现“5+2”“白+黑”的工作状态。

在审判团队模式下，如果个体努力与个体绩效能够直接“挂钩”，个体就能够预测到自身努力行为的结果效价，即使个体努力融入审判团队中，个体也会提高在审判团队中的工作努力程度，甚至有可能会出现“1+1+1>3”的局面；如果审判团队的个体努力行为与个体结果效价未能产生直接联系，个体经过再三权衡后会降低自身工作的努力程度。

令人担忧的是，现实中大部分法院的绩效管理体制仍然停留在对法官审判工作的绩效上，这可能导致审判团队中审判辅助人员无法对自身努力行为作出合理预期，就会作出减低自身工作努力程度的行为。在这样的情形下法官再如何加班加点，由于审判团队出现了社会惰化，最终可能导致“1+1+1”的审判团队出现“1+1+1<3”甚至“1+1+1<2”的局面。

综上所述，如何降低审判团队的社会惰化风险将会成为法院人员分类管理改革中不可回避的重要课题。

三、审判团队社会惰化的心理调查与诊断

群体努力理论认为，群体出现社会惰化的因素主要包括工作特征、群体、个体、群体管理四个方面。[①] 笔者选取N市H县法院作为调查样本，从上述四个方面的因素分析基层人民法院工作人员在审判团队中努力程度的心理状态。[②]

（一）问卷取样：审判团队社会惰化的心理调查

为能客观反映该基层人民法院工作人员在审判团队中努力程度的心理状况，笔者以调查问卷的方式对N市H法院工作人员进行心理调查。该调查问卷共设置20个问题，基本涵盖审判团队的工作特征、个体、群体、团队管理四个方面因素（见表1）。

① 李晓丽、阎力：《创造性任务情境下社会惰化影响因素研究》，载《心理科学》2011年第34期。

② 本次调查对象为N市H县基层人民法院从事审判工作的63名法院工作人员（含聘用制书记员）。从调查对象的性别分布上来看，男性38人、女性25人；从被调查人员年龄分布来看，在20岁至30岁的25人、30岁至40岁的26人、40以上的12人；从职务分布来看，审判员21人、助理审判员17人、书记员25人（含聘用书记员）；从被调查人员对审判团队的角色期待来看，员额法官23人、法官助理28人，书记员12人。虽然该调查对象仅为该法院部分人员，但从调查对象的性别、年龄、职务及在审判团队的角色分布来看，调查对象具有代表性、典型性，故在很大程度上能够反映基层人民法院工作人员对审判团队的心理状况。

表1 审判团队中工作努力程度的自我评价

选项 问题	如果你遇到以下情形，结合在审判团队所承担的角色，工作努力会改变吗？	提高努力	不改变	降低努力
工作特征	1. 你所在的审判团队在审判工作中遇到疑难、新型案件时			
	2. 你的工作内容对整个审判团队的审判工作影响重大时			
	3. 你的工作成果在整个审判团队工作中易于识别时			
	4. 你所在的审判团队审理的案件延长审理期限时			
	5. 你的工作内容与审判团队的其他成员的工作联系紧密、依赖性强时			
群体	1. 你所在的审判团队人数足够多、规模比较大			
	2. 你所在的审判团队成员彼此熟悉、关系融洽			
	3. 你所在的审判团队工作业绩容易被领导注意到时			
	4. 你所在的审判团队成员间工作中配合状况不佳			
	5. 你所在的审判团队的案件审理难度超出审判团队能力范围时			
个体	1. 你的个人工作责任感很强烈			
	2. 你发现审判团队中他人工作不努力			
	3. 你因工作强度大而身心疲惫			
	4. 你所在的审判团队成员间的职责分工明确清晰			
	5. 你向审判团队作出完成某项工作的承诺			

续表

问题＼选项	如果你遇到以下情形，结合在审判团队所承担的角色，工作努力会改变吗?	提高努力	不改变	降低努力
团队管理	1. 你所在法院对同一领域内的审判团队间有竞争			
	2. 法院每季度或每月对你所在的审判团队进行绩效考评			
	3. 法院对优秀的审判团队予以经济性奖励			
	4. 法院对工作不努力的人员予以经济性惩戒			
	5. 法院根据你的工作努力情况予以经济性激励或惩戒			

上述自评表每题设 5 分、0 分、－5 分三档分值。自评表的分值在 75 分～50 分区间，表明审判团队存在社会惰化现象的情况，自评表的分值在 50 分以下则表明审判团队的社会惰化现象较为严重。自评结果显示：调查对象的自评表分值在 100 分～75 分占 15%，75 分～50 分占 52%，在 50 分～25 分占 11%，在 25 分以下占 22%（见图 3）。

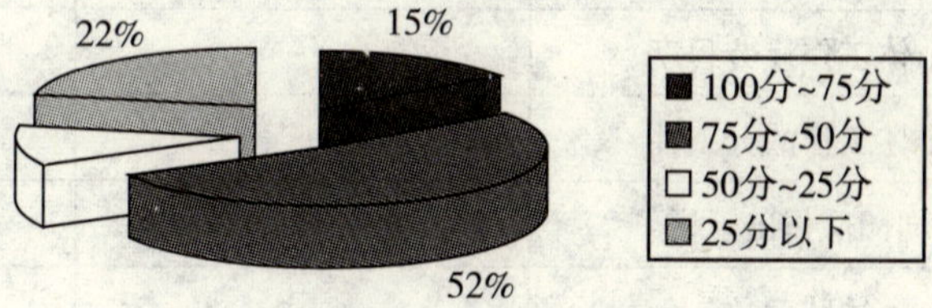

图 3　调查对象的所得分值分布

调查结果令人担忧，85% 的调查对象在审判团队中可能出现社会惰化现象，而超过 33% 的调查对象在审判团队的社会惰化现象比较严重。

（二）心理诊断：审判团队社会惰化的心理透视

对于上述四个方面的因素与审判团队社会惰化的关联性强弱程度，即自评表中问题所描述的因素与个体努力程度关联性的心理认同指数，[①] 笔者认为，在正相关的情

① 调查对象对问题中情形的心理认同指数计算公式为：该问题选项人数/调查对象的总人数再乘以 10。

形中，心理认同指数在6以上的因素对审判团队惰化具有研究价值；在负相关的情形中，心理认同指数在2以上的因素对审判团队惰化具有研究价值。经过数据统计与分析，得出自评表中努力程度与关联性问题所描述情形的心理认同指数（见表2）。①

表2 审判团队中工作努力程度与问题所描述情形的心理认同指数

	影响审判团队努力因素的心理认同指数	正相关心理认同指数	负相关心理认同指数
工作特征	案件难易类型	★★★★	
	个体工作的重要性	★★★	
	个体工作可识别性		
	案件审理期限		☆
	个体工作依赖性	★	
群体	团队规模		
	团队成员熟悉性		
	团队工作可识别性	★	
	团队配合状态不佳		☆☆
	案件难度与团队能力	★	
个体	个体责任感	★★★	
	不努力的影响性		☆
	个体工作疲劳程度		☆☆☆☆
	个体工作的分工性	★	
	向团队作出承诺	★★★★	
团队管理	团队竞争		
	团队绩效评价	★	
	优秀团队的奖励	★★★	
	不努力者的惩戒	★	
	个体努力的绩效反馈	★★★	

在上述审判团队中工作努力程度与问题所描述情形的心理认同指数表中，我们不

① 为了方便统计，笔者将正相关的心理认同指数在6-7、7-8、8-9、9-10的分别用★、★★、★★★、★★★★表示，在负相关的心理认同指数在2-3、3-4、4-5、5以上的分别用☆、☆☆、☆☆☆、☆☆☆☆表示。

难发现，法院工作人员对于影响审判团队个体努力因素的心理认同指数有正、负相关两种情形，并且表中所描述的情形为★或☆的数量越多表明法院工作人员对审判团队中工作努力程度与问题所描述情形的心理认同越强烈。通过对上表中在正、负相关的心理认同指数的因素进行梳理，我们可以清晰地发现，可以通过改变影响审判辅助人员在审判团队中的工作努力程度的因素，进而改变审判辅助人员在审判团队中工作努力的预期，从而能够有效防控审判团队的社会惰化风险。

同时，在上述因素中有些因素属于审判实践的客观因素，无论是法院还是审判团队都是无法改变的，如基于客观原因而导致审判期限的变更。另外，还有一些因素则属于审判团队管理者的管理艺术范畴，法院只能通过培训等间接方式提升审判团队管理者的管理水平而不宜直接干预。因此，有必要对上述因素进行简单的区分。笔者将影响审判团队成员的工作努力程度因素区分为：不可控制因素、法院可控制因素、审判团队可控制因素三类（见表3）。这样就可以更加清晰地了解法院可以通过改变哪些因素以降低审判团队的社会惰化风险。

表3　影响审判团队成员的工作努力程度因素的分类

分类 列项	不可控制因素	法院可控制因素	审判团队可控制因素
具体情况	1. 个体工作间的依赖性 2. 案件的审理期限的长短 3. 团队工作的可识别性 4. 审判团的办案能力 5. 个体不努力的影响性	1. 案件难易的类型 2. 个体疲劳程度 3. 个体工作的分工性 4. 对审判团队进行绩效评价 5. 对优秀审判团队予以经济性奖励 6. 对工作不努力者予以惩戒 7. 个体努力绩效在审判团队的反馈	1. 审判团队配合的融洽度 2. 个体责任感 3. 向审判团队作出承诺

我们发现在影响审判团队成员的工作努力程度因素的分类中，法院的可控制因素有7项，其中，第1项、第2项处于法院的分案环节，第4项、第5项、第6项、第7项是对审判团队及其个体的评价和激励，而第3项则是第7项的前提条件。在分案环节，法院在随机分案的原则下应当兼顾案件难易程度和审判团队办案数量的饱和度。而审判团队及其个体的评价和激励方面才是法院降低审判团队社会惰化风险的关键所在。至于个体工作的可分性，其实就是审判团队成员间的职责分工，这在《最高人民法院关于完善人民法院司法责任制的若干意见》中已有明确规定，在此不再讨论。

综上可知，构建审判团队及其个体工作努力的评价机制和激励机制才是法院对审判团队社会惰化进行风险防控的“良药”。

四、审判团队社会惰化之风险防控

基于上述对审判团队社会惰化的心理诊断，法院应当构建审判团队及其成员的量化评价和激励机制以降低审判团队社会惰化风险。这也是社会心理学所公认的降低社会惰化最行之有效的途径。因此，笔者将结合法院人员分类管理的改革实践，就如何构建审判团队及其成员的量化评价和激励机制进行深入探讨。

（一）看得见的努力：审判团队及成员的量化评价机制

1. 审判团队工作量的量化评价机制

在坚持随机分案的基础上，增设节流阀式的分案控制机制，即设置审判团队办理案件的警戒线。当某个审判团队的未结案件数达到或超过警戒线，便停止对该审判团队分配新的案件，直到该审判团队的未结案件数低于警戒线，再开始分配新的案件。基于此，对审判团队的审判工作进行量化评价，评价内容包括审判团队审理案件数量情况和质量情况两方面。

（1）审判团队审理案件数量的量化评价。以民事案件为例，通过调查统计发现，审理一件简易程序的民事案件需要时长约为6.48小时，审理一件普通程序的民事案件需要时长约为24.16小时。[①] 由此可以看出，审理一件普通程序民事案件的工作量大约是审理一件简易程序民事案件工作量的4倍，由此就可以计算出审判团队一年的审判案件的工作量。当然，“案件权值”计算法可以精确量化审判团队的工作量，但是该计算法需要大量的统计数据，在此基于统计数据的限制采取比较简单的计算方法。

法院将同一审判领域的一年内受理案件数除以该领域内所组建审判团队数量，即可得出该领域内审判团队办理案件的平均数，依此作为审判团队工作量的评估基线。假定将审判团队审理的案件达到该平均数视为该审判团队办案任务情况且评定为100%，然后将此标准作为评估审判团队的工作量的中间线，划分为10个档次并赋予对应的分值。

（2）审判团队的工作质量的量化评价。在此借鉴《海南省法院完善司法责任制业绩评价体系的实施意见》中关于法官的定量评价的办法，从审判质量、审判效率、

① 陈涉云、孙文波：《法官员额问题研究》，中国民主法制出版社2016年版，第127页。

审判流程管理三个方面（满分 10 分）对审判团队的办案质量进行量化评价（见表4）。

表4 审判团队的办案质量进行量化评价

类型	审判质量	审判效率	审判流程管理
内容	1. 改判、返回重审案件率 2. 案件质量评查情况 3. 裁判文书出错率	1. 审判团队结案率 2. 超审限案件数 3. 审批延限率	1. 网上办案情况 2. 案件归档率 3. 裁判文书上网率 4. 审判流程管理规定的情况

实践中对上述 10 个二级指标赋予相应的分值，当出现审判团队审理的案件未达到上述指标的情况时应当酌情减分（具体酌情降分的办法可以由法院自主决定），最后综合统计以计算一个审判团队在审判质量情况评估所得的分值。我们再将一个审判团队的工作量所得分值与审判质量所得分值相加，便得出该审判团队的最终所得分值。依此类推，可以计算出该领域内每个审判团队的评估分值。

2. 审判团队成员的量化评价机制

（1）法官的量化评价。由于法官对审判团队具有领导职责，审判团队的工作情况量化评价基本可以反映出法官的工作情况，因此对法官的量化评价可以参照审判团队定量评价办法，此处不再重复。

（2）审判辅助人员的量化评价。将评价内容分为两个方面：综合评估、工作业绩评估。对应所占分值分别为 3 分、7 分，满分为 10 分。综合评估则由该审判团队的法官对审判辅助人员进行综合评价。工作业绩评估下设 3 个二级指标：协助办案数（2 分）、裁判文书质量（2 分）、审判流程管理（3 分），其中审判流程管理指标下设网上办案情况（1 分）、裁判文书上网情况（1 分）、案件归档率（1 分），具体的评价办法可以参考《海南省法院完善司法责任制业绩评价体系的实施意见》关于法官助理的定量评价方法。

（二）应得到的回报：审判团队及成员的量化激励机制

1. 审判团队的量化激励机制

审判团队的激励机制是建立在对审判团队的审判工作评价的基础上，在保证审理案件质量的前提下对审理案件数超出预设办案数量时给予审判团队的经济性奖励，可采取对超出部分以超额累进制方法建立若干等级。对不同等级分别设置不同的奖励标准分别计算奖励金额，不同等级的奖励金额之和，即是该审判团队所得的奖励。例如可预设的办案数量为 100 件，超出件数在该审判数的 20% 以内每件奖励 100 元，即第一等级的奖励标准；超出件数在该审判数的20% <超出件数<50%，每件奖励100元×（1+50%），即第二等级奖励标准；超出件数该审判数值的50% <超出件数<100%，每件奖励100元×（1+100%），即第三等级奖励标准，依此类推。

2. 审判团队成员的量化激励机制

审判团队个体的量化奖励机制比较复杂，这涉及对审判团队的经济性奖励如何二次分配的问题。笔者认为将工作量和贡献值共同作为分配审判团队的奖励依据比较适宜。

（1）审判团队个体工作量的计算。在此以基层人民法院民事审判为例，基层人民法院审理的民事案件中，简易程序民事案件大致占80%、普通程序民事案件大致占20%，以民事案件审判流程的每个环节工作量（以小时为单位）及出现频率分别计算法官、法官助理、书记员的审理民事案件的工作量。[①] 笔者以《员额法官问题研究》一书中单个案件处理流程及耗时表为计算依据来计算民事案件审判流程每项环节的工作量。计算结果显示，审理一起民事案件流程的消耗的时间量（单位为小时）如下：阅卷工作1.28、送达0.92、财产保全0.3、调解0.74、庭前准备1.28、开庭审理1.97、合议定案0.74、裁判文书制作3.53、归档结案1.04。[②] 根据《最高人民法院关于完善人民法院司法责任制的若干意见》关于司法人员的责任和权限的规定，笔者认为，法官负责开庭审理、合议定案、裁判文书制作；法官助理负责阅卷、送达、财产保全、庭前准备；书记员负责庭审笔录、归档结案。据此得出，法官、法官助理、书记员在审理一件民事案件需要的时间大致分别如下：6.24小时、4.52小时、3.01小时。但是，如果法官助理参与裁判文书写作，以最简单地同等比例区分为法官参与裁判文书制作工作量1.765小时、法官助理参与裁判文书制作工作量1.765小时。可见，在进行相应调整后，法官、法官助理、书记员在审理一件民事案件的工作量大致如下：4.48小时、6.29小时、3.01小时。

（2）审判团队个体在案件审理中贡献值的确定，这是一个需要深入调查研究的课题。笔者简单地以审判团体个体工作职责的重要性为依据，假定整个案件的贡献值为10，那么法官、法官助理、书记员的贡献值分别为5、3、2。最后通过工作量×贡献值计算方法计算审判团队奖励分配比例。在法官助理不参与裁判文书写作的情况下，按照31.2∶13.56∶6.02的比例分配；在法官助理参与裁判文书写作的情况下，

---

① 计算方法为：审判流程每个环节耗时乘以出现频率，再分别乘以简易案件与普通案件分布比例（简易乘以80%，普通乘以20%），最后相加得出每个环节的工作量。

② 陈涉云、孙文波：《法官员额问题研究》，中国民主法制出版社2016年版，第127页。

则按照22.4∶18.87∶6.02的比例分配。

综上所述，构建审判团队及其成员的量化评价机制和量化激励机制，可以实现审判团队及成员的工作努力可识别化管理，从而从体制上对审判团队的社会惰化进行风险防控。

五、结语

建立法院审判事务团队化的初衷，就是通过审判事务分工及其专业化提升法院的审判效率，缓解“案多人少”的压力。然而，如果继续沿用现有法官绩效管理体制对审判团队进行管理，忽视审判团队及其个体的工作努力情况的评价与激励，就会导致审判团队出现社会惰化。因此，构建审判团队及其成员的量化工作评价机制和激励机制是防控审判团队社会惰化风险的关键。当然，审判团队社会惰化的风险防控与法院人员分类改革的其他方面息息相关，这就要求我们不仅要善用法学、社会学、经济学、管理学等其他学科或交叉学科的微观思维，还要有纵览全局的宏观思维。

图书在版编目(CIP)数据

南宁法院司法改革探析 / 张培健主编. -- 北京 :
法律出版社, 2018
ISBN 978-7-5197-2558-7

Ⅰ. ①南… Ⅱ. ①张… Ⅲ. ①司法制度-体制改革-
研究-南宁 Ⅳ. ①D927.671.64

中国版本图书馆 CIP 数据核字(2018)第 170567 号

南宁法院司法改革探析
NANNING FAYUAN SIFA GAIGE TANXI

张培健 主编

策划编辑 邢艳萍
责任编辑 邢艳萍
装帧设计 汪奇峰

出版 法律出版社
总发行 中国法律图书有限公司
经销 新华书店
印刷 永清县金鑫印刷有限公司
责任印制 吕亚莉

编辑统筹 法律应用·大众读物出版第二分社
开本 787 毫米×1092 毫米 1/16
印张 32.25
字数 580 千
版本 2018 年 8 月第 1 版
印次 2018 年 8 月第 1 次印刷

法律出版社/北京市丰台区莲花池西里 7 号(100073)
网址/www.lawpress.com.cn
投稿邮箱/info@lawpress.com.cn
举报维权邮箱/jbwq@lawpress.com.cn
销售热线/010-63939792
咨询电话/010-63939796

中国法律图书有限公司/北京市丰台区莲花池西里 7 号(100073)
全国各地中法图分、子公司销售电话:
统一销售客服/400-660-6393
第一法律书店/010-63939781/9782　西安分公司/029-85330678　重庆分公司/023-67453036
上海分公司/021-62071639/1636　深圳分公司/0755-83072995

书号:ISBN 978-7-5197-2558-7　**定价**:106.00 元